몬순 아시아와 오세아니아

중국	인구수 세계 1위, 쌀·밀·차·석탄 생산량 세계 1위, 돼지 사육 두수 세계 1위, 한족과 55개 소수 민족, 시사 군도 및 난사 군도 영토 분쟁	인도	힌두교와 불교의 발상지, 힌두교 국가, 쌀과 밀 생산량이 많음, 나시고렝(볶음밥), 첨단 산업(벵갈루루, 뭄바이) 발달
필리핀	크리스트교 국가, 이슬람교도와 갈등(민다나오섬), 지열 발전	인도네시아	인구수 세계 4위, 커피와 카카오 생산량이 많음, 세계 최대 이슬람교 신자 수, 지열 발전
타이	불교 국가, 식민 지배를 받지 않음, 쌀 수출량이 많음, 송끄란 축제(4월)	베트남	쌀과 커피 수출량이 많음, 퍼, 아오자이
		싱가포르	열대 우림 기후, 다민족 국가, 중계 무역
말레이시아	이슬람교 국가, 종교 관련 휴일이 많음	스리랑카	불교 국가, 힌두교도와 갈등, 차 생산량이 많음
오스트레일리아	사바나 기후(다윈), 지중해성 기후(퍼스), 석탄·철광석·밀 수출량이 많음, 양 사육 두수가 많음, 애버리지니(원주민)		

건조 아시아와 북부 아프리카

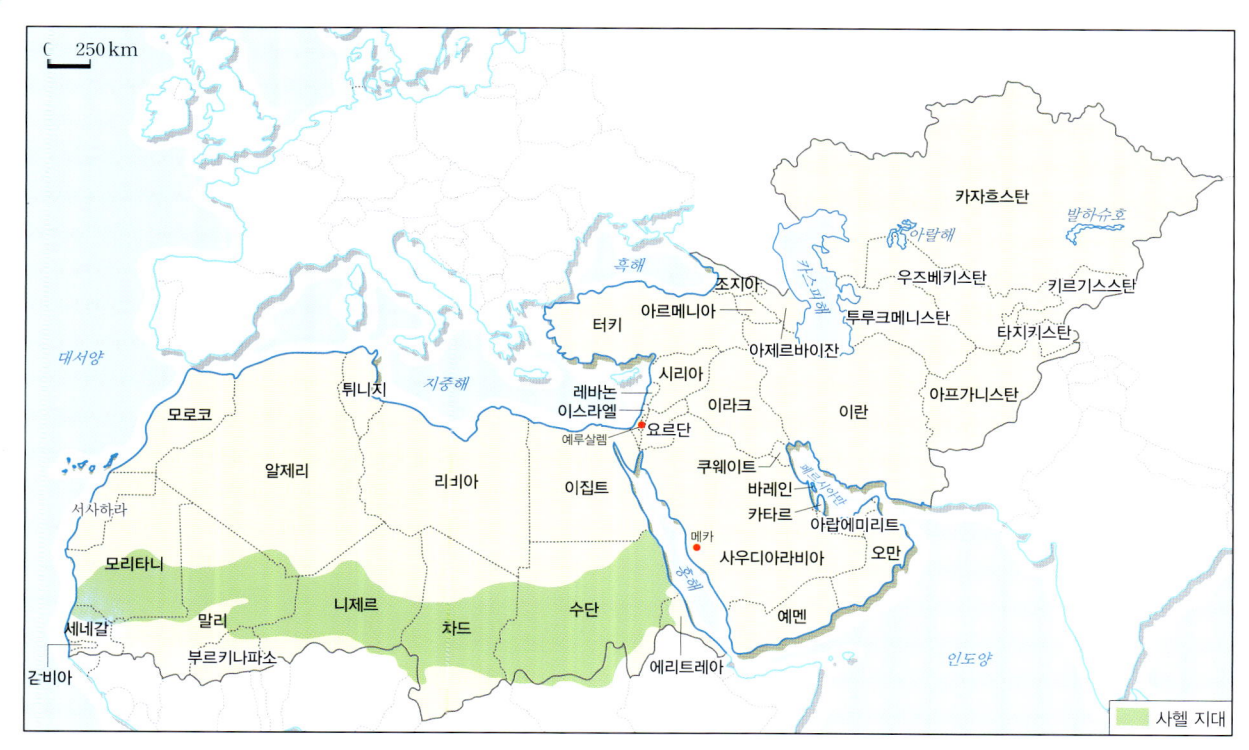

이란	카나트(지하 관개 수로), 시아파, 석유·천연가스 매장량 매우 많음, 아랍 에미리트와 자원 분쟁(아부무사섬)
이라크	석유 매장량이 매우 많음, 터키·시리아와 물 분쟁(티그리스·유프라테스강), 고대 문명의 발상지
터키	동서양 문명의 교차로, 아나톨리아고원, 케밥, 관광 산업 발달, 쿠르드족의 분리·독립 운동
시리아	정부군인 시아파와 반군인 수니파 간의 내전 지속, 2016년 기준 난민 발생 수 세계 1위
이스라엘	유대교 국가, 크리스트교·유대교·이슬람교의 성지(예루살렘) 위치, 이슬람교도와 팔레스타인 분쟁
사우디아라비아	이슬람교 최대의 성지(메카) 위치, 석유 매장량이 매우 많은 세계적 석유 수출국
카타르	천연가스 매장량이 매우 많음, 천연가스 주요 수출국
아랍 에미리트	아부다비·두바이 등 7개의 토후국으로 구성된 연합국, 국제 석유 시장 위치, 관광 산업 발달, 인공 섬 개발
이집트	삼각주, 수단·탄자니아·우간다·케냐·에티오피아 등 나일강 상류 국가들과 물 분쟁, 고대 문명의 발상지
페르시아만	전 세계 석유 매장량의 절반 이상이 매장
카스피해	석유와 천연가스를 둘러싼 러시아·아제르바이잔·이란·투르크메니스탄·카자흐스탄 간의 자원 분쟁
사헬 지대	사하라 사막 남쪽의 건조 및 반건조 지역, 사막에서 열대 기후로 옮아가는 점이 지대, 급속한 사막화
차드, 수단	사헬 지대의 대표적 사막화 지역(차드호, 수단 다르푸르 분쟁 관련)
아랄해	지나친 관개 농업(목화) 확대로 사막화 심화

아이슬란드	대서양 중앙 해령에 위치한 화산섬, 두 판이 갈라지는 경계, 간헐천, 지열 발전, 비 유럽 연합 국가
영국	서안 해양성 기후, 풍력 발전, 산업 혁명 발상지, 세계 도시(런던), 스코틀랜드 분리 운동, 유럽 연합 탈퇴
노르웨이	피오르 해안, 수력 발전, 천연가스 주요 수출국, 비 유럽 연합 국가
에스파냐	태양광(열) 발전, 카탈루냐와 바스크의 분리 운동
프랑스	전력 생산에서 원자력 비율이 매우 높음, 세계 도시(파리), 로렌 공업 지역(철광석), 소피아 앙티폴리스(첨단 산업)
이탈리아	지중해성 기후, 태양광(열) 발전, 북부의 제3 이탈리아 산업 지구(장인형 경공업), 파다니아의 분리 운동
스위스	4개 언어(독일어, 프랑스어, 이탈리아어, 로망슈어)를 공용어로 사용하는 중립 국가, 비 유럽 연합 국가
벨기에	네덜란드어를 사용하는 북부 플랑드르와 프랑스어를 사용하는 남부 왈로니아의 갈등
독일	태양광(열)·풍력 소비량 비율이 높은 편, 루르·자르 공업 지역(석탄), 유럽 연합 국가 중 인구가 가장 많음
러시아	냉대 기후가 널리 나타남, 천연가스 생산량이 매우 많음, 천연가스 주요 수출국

미국	기후	지중해성 기후(샌프란시스코), 냉대 습윤 기후(시카고), 온대 습윤 기후(뉴욕), 툰드라 기후(배로)
	지형	서부의 신기 습곡 산지(로키산맥), 동부의 고기 습곡 산지(애팔래치아산맥), 빙하호(오대호)
	자원	석유·천연가스·바이오 에너지 생산량이 매우 많음
	농업	옥수수 생산량과 수출량이 매우 많음
	공업	러스트벨트-오대호 연안(디트로이트), 선벨트-태평양 연안(샌프란시스코), 멕시코만 연안(휴스턴)
	도시	세계 도시(뉴욕), 동심원 구조(시카고)
캐나다		냉대 기후가 널리 나타남, 천연가스 생산량이 많음, 수력의 소비량 비중이 높은 편

사하라 이남 아프리카

수단, 남수단	민족·종교 분쟁 이후 분리 독립, 원유의 생산과 수송을 둘러싼 갈등 지속	남아프리카 공화국	지중해성 기후(케이프타운), 다이아몬드와 금 생산량이 매우 많음, 아파르트헤이트 정책
나이지리아	유전 개발로 델타 지역 환경 오염, 민족·종교 분쟁(크리스트교–이슬람교)	에티오피아	고산 기후(아디스아바바), 커피의 원산지
코트디부아르, 가나	카카오 생산량이 매우 많음	잠비아	코퍼 벨트, 구리와 코발트 매장량이 많음
콩고 민주 공화국	코퍼 벨트, 콜탄 광산 개발로 열대림 파괴	르완다	민족 분쟁(후투족과 투치족)
나미비아	한류 사막(나미브 사막)	탄자니아	사파리 관광

멕시코	혼혈과 원주민 비율이 매우 높음, 북아메리카 자유 무역 협정과 마킬라도라, 아즈텍 문명 발상지, 종주 도시(멕시코시티)	자메이카	흑인 비율이 가장 높음, 과거 노예 무역의 거점
		페루	잉카 문명 발상지, 쿠스코 태양제, 원주민 비율이 높음
베네수엘라 볼리바르	석유 수출국 기구 회원국, 석유 매장량이 매우 많음, 석유 시설 국유화	볼리비아	원주민 비율이 매우 높음
		칠레	한류 사막(아타카마 사막), 구리 매장량 1위
에콰도르	열대 고산 기후(키토)	아르헨티나	백인 비율이 매우 높음, 팜파스
브라질	중·남부 아메리카에서 인구가 가장 많음, 포르투갈어, 수력 발전, 바이오 에너지 생산량이 많음, 커피와 철광석 수출량이 많음, 소 사육 두수가 많음, 아마존 열대림 파괴 문제		

세계 전도 ①

▶ 다음 물음에 해당하는 지역을 지도의 A~O에서 골라 쓰시오.

1. 쌀 생산량이 가장 많은 국가는? (   )
2. 힌두교와 불교의 발상지가 위치한 국가는? (   )
3. 이슬람교 신자 수가 가장 많은 국가는? (   )
4. 매년 송끄란 축제가 개최되는 불교 국가는? (   )
5. 해안 지역에 한류 사막이 발달한 국가는? (   )
6. A~D 중 유럽 연합에 가입하지 않은 국가는? (   )
7. 이슬람교 최대의 성지가 위치하며, 석유 매장량이 매우 많은 세계적 석유 수출 국가는? (   )
8. 아프리카와 아시아에서 크리스트교도와 이슬람교도 간 분쟁이 발생한 국가는? (   ), (   ), (   )

정답 1. N 2. J 3. L 4. K 5. I 6. D 7. F 8. G, H, M

▶ 다음 물음에 해당하는 지역을 지도의 A~H에서 골라 쓰시오.

1. 최상위 계층의 세계 도시가 위치한 국가는? (　　　)
2. C~H 중에서 백인의 비율이 가장 높은 국가는? (　　　)
3. 구리 매장량이 가장 많으며, 해안 지역에 한류 사막이 발달한 국가는? (　　　)
4. 남아메리카에서 인구가 가장 많으며, 포르투갈어를 사용하는 국가는? (　　　)
5. 북아메리카 자유 무역 협정에 가입하였으며, 마킬라도라가 위치한 국가는? (　　　)

BON. 본 N 제

세계 지리

Structure
구성과 특징

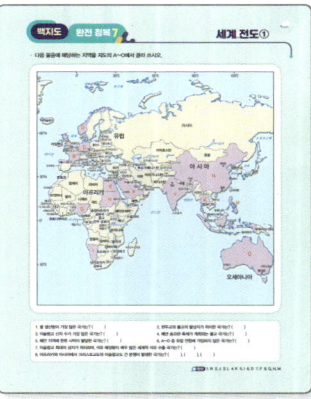

부록편

세계 지리 학습의 기본이 되는 지역 지리 내용을 8개의 백지도로 나누어 정리하였습니다. 이를 통해 주요 지역의 위치와 특색을 완벽하게 이해할 수 있도록 하였습니다.

핵심 개념 정리

❶ 내용 정리 : 2015 교육과정 교과서에서 학교 시험에 출제될 가능성이 높은 주제를 선정하여 기본 개념과 중요 개념을 쉽고 보기 좋게 정리하였습니다.

❷ 자료, 그래프, 지도로 살펴보기 : 다수의 교과서에서 다룬 자료만을 골라 자세히 분석하고 정리하였습니다. 개념과 함께 관련지어 학습하세요.

❸ 학생용 첨삭 : 개념 이해를 돕기 위해 핵심 개념과 어려운 용어를 쉽게 풀어서 첨자로 제공합니다.

핵심 개념 CHECK

❶ 개념 정리 후 곧바로 주요 자료와 핵심 개념을 점검할 수 있도록 구성하였습니다. 이해가 부족한 부분은 바로 앞 핵심 개념 정리를 통해 확인하세요.

❷ O/X 문제 풀이를 통해 개념 이해 정도를 보다 정확하게 확인할 수 있도록 구성하였습니다. 헷갈리는 개념을 함정 선지로 제공하여 실전을 완벽하게 대비할 수 있도록 하였습니다.

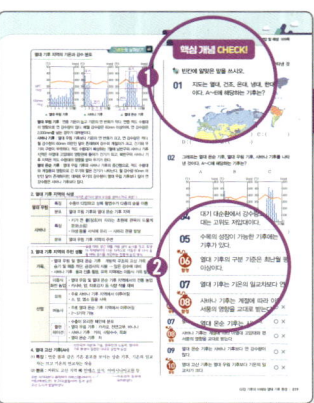

WHERE & WHY

❶ 심화 자료를 자료에서부터 문제 적용에까지 한 번에 점검할 수 있는 자료 분석 코너입니다. 문제 풀이 교재에서 놓치기 쉬운 깊이 있는 자료 분석을 별도로 제공합니다.

❷ 자료를 분석한 후 [백지도로 확인하기] – [자료 분석에 적용하기]를 통해 자료 분석에서 문제 적용까지 단계적으로 개념을 확인할 수 있습니다.

기출+예상 문제로 주제 정복하기

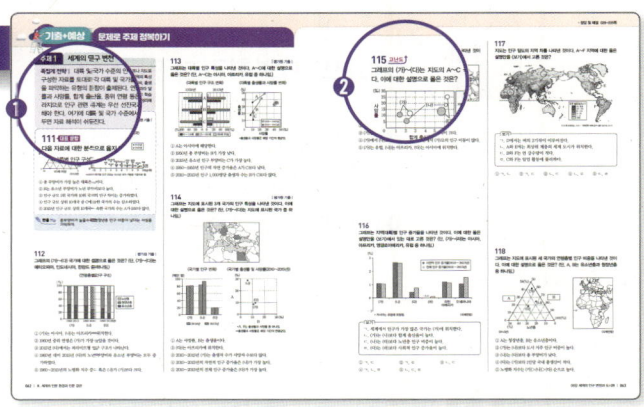

❶ 족집게 전략, 대표 문항 : 수능에서 출제 가능성이 가장 높은 대표 문항을 선별하여 문제 접근 전략을 알려 줍니다. 또한 주요 개념의 출제 패턴이나 문제 풀이에 도움이 되는 방법을 한 줄 TIP으로 제시해 줍니다.

❷ 기출 문항과 예상 문제를 모두 다뤄 수능을 완벽하게 대비할 수 있도록 하였습니다. 특히 고난도 문항은 1등급을 갈랐던 기출 문항, 새로운 유형의 문항을 제시하여 특수한 문항에도 잘 대처할 수 있도록 하였습니다.

해설편

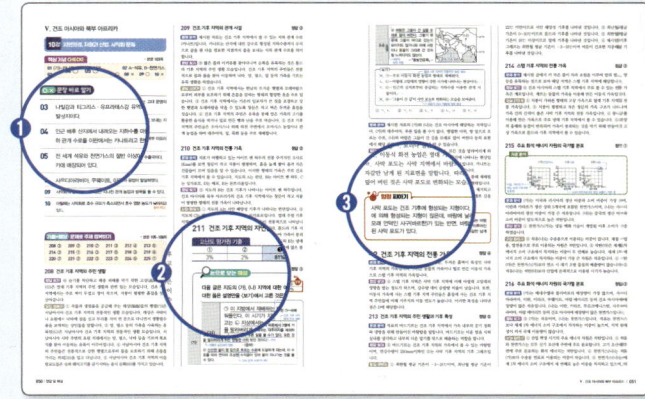

❶ O/X 문장 바로 알기 : O/X 확인 문제의 경우 빠른 정답과 눈으로 확인하는 정답을 함께 수록하여 학습자의 학습 속도 조절을 용이하게 하였습니다. 학습자가 쉽게 이해하고 넘어간 경우 빠른 정답으로 확인하고 문제 풀이로 바로 넘어갈 수 있으며, 학습자가 개념 이해가 어렵다고 판단한 경우, 눈으로 보는 해설을 통해 정확하게 오개념을 잡아낼 수 있습니다.

❷ 눈으로 보는 해설 : 문항 첨삭을 통해 해설을 빠르게 이해시켜 주는 시스템입니다. 자료 및 제시문 분석, 정답 설명, 오답 선지의 틀린 부분을 바로바로 확인할 수 있습니다.

❸ 고난도 문항 해설 : 자료 분석이 복잡해 시간이 오래 걸리거나, 매력적 오답이 있는 문항을 선정하여 함정 선지와 함정을 피하는 방법을 알려 줍니다.

Contents
차례

I

세계화와 지역 이해

01강 세계화와 지역 이해

I 단원 핵심 지역 PREVIEW

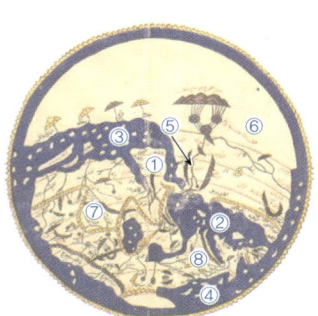
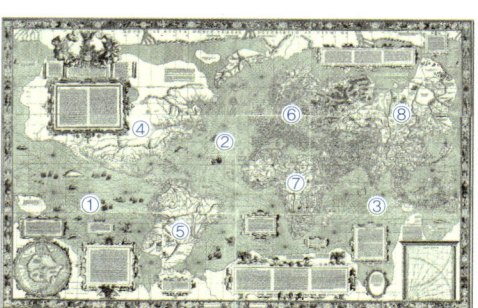

프톨레마이오스의 세계 지도(150년경)		알 이드리시의 세계 지도(1154년)		메르카토르의 세계 지도(1569년)	
①	대서양	①	아라비아반도 (메카)	①	태평양
②	지중해	②	지중해	②	대서양
③	인도양	③	인도양	③	인도양
④	유럽	④	대서양	④	북아메리카
⑤	아프리카	⑤	나일강	⑤	남아메리카
⑥	아시아	⑥	아프리카	⑥	유럽
⑦	인도	⑦	아시아	⑦	아프리카
		⑧	유럽	⑧	아시아

01강 세계화와 지역 이해	주제 1 세계화와 지역화	· 세계화 　· 지역화 　· 지리적 표시제
	주제 2 고지도에 나타난 세계관	· 프톨레마이오스 세계 지도 · 알 이드리시 세계 지도 · 메르카토르 세계 지도 　· 혼일강리역대국도지도 · 천하도 　　　　　　　· 지구전후도
	주제 3 오늘날의 지리 정보 활용	· 지리 정보 　· 중첩 분석 　· 지리 정보 체계(GIS)
	주제 4 세계의 지역 구분	· 지역 　· 지역성 　· 지역 구분 　· 문화권

▶ 출제되는 문항이 무엇인지 파악하여 효율적인 공부를 하자!

수능을 기준으로 Ⅰ단원에서는 보통 두 문항 정도 출제된다. 첫째, 고지도에 대한 정보를 물어보는 문항이다. 이 경우 시대별 주요 지도가 갖는 핵심적인 특징(제작 시기, 반영된 세계관 및 종교관, 표현된 대륙 등)을 비교하여 학습한다면 큰 어려움 없이 문제를 해결할 수 있다. 둘째, 나머지 한 문항은 세계화, 중첩 분석을 통한 최적 입지 선정, 지역 조사와 지역 구분에 대한 내용이 번갈아가며 출제된다. 즉, Ⅰ단원은 고지도 관련 내용을 중점적으로 공부하는 것이 좋다.

▶ 고지도를 제외한 나머지 부분은 이렇게 공부하자!

지리 정보 체계(GIS)의 중첩 분석 원리는 최근 지리 정보 기술이 사회의 많은 분야에서 활용도가 높은 만큼, 원격 탐사와 함께 비교적 중요하게 다뤄질 것으로 예상된다. 주어진 여러 조건을 모두 만족하거나, 평가 항목별 합산 점수가 가장 높은 국가를 찾는 문항이 출제될 것이다. 이 주제는 개념 암기보다는 반복된 문제 풀이를 통해 시간 단축 노하우를 축적하고, 주요 국가들의 지도에서의 위치에 익숙해지는 것이 관건이니 문제를 많이 풀어 보아야 한다. 또한 지역 구분에서 문화 지역과 함께, 쟁점을 기준으로 지역을 구분한 Ⅳ~Ⅶ단원의 몬순 아시아와 오세아니아, 건조 아시아와 북부 아프리카, 유럽과 북부 아메리카, 사하라 이남 아프리카와 중·남부 아메리카의 지역 경계와 주요 국가를 지도에서 숙지해 두는 것이 좋다.

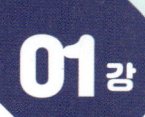
세계화와 지역 이해

주제 1 세계화와 지역화

1. 세계화 : 다양한 분야에서 세계가 하나의 공동체로 통합되는 현상
→ 정치, 경제, 사회, 문화 등

배경	교통 · 통신의 발달로 시 · 공간적 거리 단축
영향	• 경제의 세계화 : 상품 판매 범위 확대, 지구적 차원의 협력과 분업을 통한 경제 성장, 관광객 증가 • 문화의 세계화 : 국경을 초월한 세계 문화 형성, 다양한 문화의 상호 작용과 새로운 문화 창조 • 부정적 영향 : 빈부 격차 심화, 문화의 획일화

2. 지역화

(1) **의미** : 지역의 자율성 · 고유성을 증대하고 잠재력을 길러, 각 지역이 세계적 차원에서 독자적 가치를 지니는 현상

(2) **지역화 전략**

지리적 표시제	지역의 지리적 특성을 반영한 상품이 그 지역에서 생산되었음을 증명 · 표시하는 제도 예 프랑스 샴페인
장소 마케팅	지역의 특정 장소를 하나의 상품으로 인식하고 이미지와 시설 등을 개발하는 전략 예 삿포로 눈 축제
지역 브랜드화	지역의 상품과 서비스, 축제 등을 브랜드로 인식시켜 지역 이미지를 높이는 전략 예 뉴욕 'I ♥ NY'

주제 2 고지도에 나타난 세계관

1. 서양의 세계 지도와 세계관

(1) **고대의 세계 지도**

바빌로니아 점토판 지도	• 기원전 600년경 제작, 현존하는 최고(最古) 세계 지도 • 신바빌로니아 왕국과 그 주변 및 미지의 세계 표현
프톨레 마이오스 세계 지도	• 서기 150년경에 제작된 그리스 · 로마 시대 지도 • 최초로 경 · 위선 개념과 투영법을 사용하여 세계 각 지역(유럽, 북부 아프리카, 아시아 등)을 표현

→ 지구를 구형으로 인식하였기 때문이다.

◀ 바빌로니아
점토판 지도

프톨레마이오스 ▶
세계 지도(복원본)

(2) **중세의 세계 지도** : 종교적 세계관이 담긴 지도가 많음

구분	티오(TO) 지도	알 이드리시 세계 지도
제작	유럽(13세기경)	이슬람 문화권(1154년)
세계관	크리스트교	이슬람교
표현 범위	아시아, 유럽, 아프리카 등의 구대륙	
방위	위쪽이 동쪽	위쪽이 남쪽
중심 도시	예루살렘 →에덴동산	메카

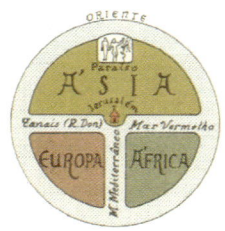
▲ 티오(TO) 지도

▲ 알 이드리시 세계 지도

(3) **근대의 세계 지도**

① 대항해 시대 이후 아메리카, 오세아니아가 표현되기 시작

② 메르카토르 세계 지도(1569년) : 직각으로 교차하는 경위선을 이용해 직선 항로를 찾을 수 있어 나침반을 활용한 항해에 유용, 고위도 지역으로 갈수록 면적과 형태가 확대 · 왜곡되는 단점이 있음

2. 동양의 세계 지도와 세계관
→하늘은 둥글고, 땅은 평평하고 네모지다고 인식하는 사상

(1) **중국의 세계 지도**
→중국을 세계의 중심이라고 생각하는 사상

특징	• 천원지방(天圓地方)의 세계관과 중화사상이 반영 • 나침반과 종이의 발명, 인쇄술 개발로 다양한 지도 제작 예 화이도(1136년), 대명혼일도(1373~1434년) 등
지리 인식의 확대	• 15세기 : 정화의 항해로 아프리카 동부 지역까지 확대 • 17세기 : 마테오 리치가 제작한 곤여만국전도(1602년)에 의해 유럽, 아메리카, 오세아니아, 남극 대륙까지 확대

(2) **우리나라의 세계 지도**

혼일강리역 대국도지도	• 조선 전기(1402년)에 국가 주도로 제작 • 중화사상 반영, 조선과 중국이 상대적으로 크게 표현
천하도	• 조선 중기 이후(17~18세기) 민간에서 제작 • 천원지방의 세계관과 중화사상이 반영 • 실제 세계와 함께 상상 속의 국가들이 표현(도교의 영향)
지구전후도	• 조선 후기(19세기) 최한기와 김정호가 제작 • 지구전도와 지구후도로 구성 → 구대륙과 신대륙을 동서 양반구로 구분 • 경 · 위도 개념 반영, 아메리카와 오세아니아 표현 • 중화사상을 극복한 사실적인 지도로 평가

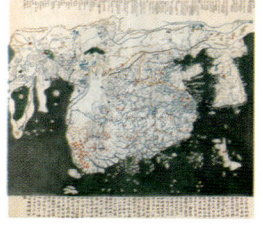
혼일강리
역대국도지도

천하도 ▶

지구전도   지구후도

◀ 지구전후도

주제 3 오늘날의 지리 정보 활용

1. 지리 정보
(1) 지리 정보의 종류

공간 정보	장소나 현상의 위치, 형태를 나타내는 정보
속성 정보	장소나 현상의 인문 · 자연적 특성을 나타내는 정보
관계 정보	다른 장소나 현상과의 관계를 나타내는 정보

(2) 지리 정보의 수집 방법

직접 조사	해당 지역을 직접 방문하여 지리 정보 수집
간접 조사	지도, 문헌, 통계 자료, 사진 등을 통해 지리 정보 수집
원격 탐사	항공기나 인공위성을 이용한 지리 정보 수집

2. 지리 정보 시스템(GIS)

의미	각종 지리 정보를 컴퓨터에 입력 · 저장한 후 사용자의 요구에 따라 분석 · 종합하는 지리 정보 관리 체계
특징	• 필요에 따라 자료의 통합과 분석 · 수정 및 보완 용이 • 공간의 이용과 관리에 대한 의사 결정에 도움
활용	토지 이용 계획 수립, 재해 및 재난 관리 등에 이용

→ 다양한 주제도를 이용한 중첩 분석을 통해 의사 결정에 필요한 자료를 제공한다.

주제 4 세계의 지역 구분

1. 지역성과 지역 구분

지역성	하나의 지역에 나타나는 고유한 특성
지역 구분	설정한 기준에 따라 지역의 경계가 달라짐
점이 지대	두 권역의 특성이 섞여서 나타나는 지역

→ 다른 곳과 구별되는 특성이 나타나는 공간적 범위

2. 다양한 지역 구분

자연적 구분	지형, 기후, 식생, 토양 등을 기준으로 구분
문화적 구분	종교, 언어, 민족 등을 기준으로 구분
사회 · 경제적 구분	인구, 산업, 소득 수준 등을 기준으로 구분

→ 열대·건조·온대·냉대·한대·고산 기후 지역

지도로 살펴보기 📖

세계의 문화 지역(문화권) 구분

세계 여러 지역을 종교, 언어, 민족 등의 문화 요소나 유사한 문화 경관이 나타나는 지역을 하나의 공간적 범위로 묶은 것을 문화 지역 또는 문화권이라고 한다. 지리적으로 가까운 지역은 교류가 많아 비슷한 문화가 나타난다.

→ 지리적 기준으로 아메리카 대륙을 구분할 경우 파나마 지협을 경계로 북아메리카와 남아메리카로 나눈다.

핵심 개념 CHECK!

• 정답 및 해설 004쪽

🖋 빈칸에 알맞은 말을 쓰시오.

01 중세 시대의 세계 지도 (가), (나)의 명칭은?

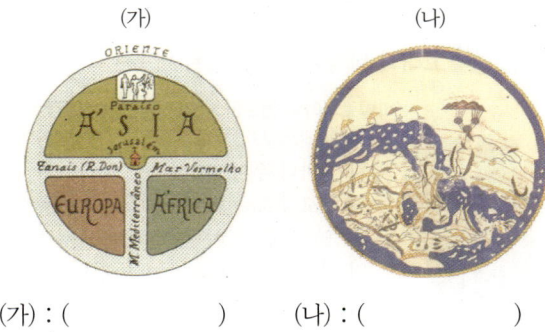

(가) (나)

(가) : (   )   (나) : (   )

02 우리나라에서 제작된 세계 지도 (가), (나)의 명칭은?

(가) (나)

(가) : (   )   (나) : (   )

🖋 다음의 설명이 맞으면 '○', 틀리면 '✕'에 표시하시오.

03 교통의 발달로 사람이나 물자의 이동에 공간적 제약이 커졌다.   ○ ✕

04 세계화로 지역 간 격차가 커지고 문화가 획일화되는 문제가 발생하기도 한다.   ○ ✕

05 세계에서 가장 오래된 세계 지도는 프톨레마이오스 세계 지도이다.   ○ ✕

06 프톨레마이오스의 세계 지도는 지구가 구체라는 인식에 기초하여 제작되었다.   ○ ✕

07 함정 티오(TO) 지도는 지도의 위쪽이 남쪽, 알 이드리시 세계 지도는 지도의 위쪽이 동쪽이다.   ○ ✕

08 메르카토르 세계 지도는 목적지까지의 항로가 직선으로 표현되어 항해에 유용하였다.   ○ ✕

09 함정 천하도는 혼일강리역대국도지도보다 지도의 제작 시기가 이르다.   ○ ✕

10 지구전후도에는 아메리카와 오세아니아 지역이 표현되어 있다.   ○ ✕

11 앵글로아메리카와 라틴 아메리카는 문화적 요소를 기준으로 지역을 구분한 것이다.   ○ ✕

동·서양의 옛 지도에 반영된 세계관은 어떻게 다를까?

HOW & why

---

❸ 미지의 세계에 존재하는 가상의 섬

자료 1 고대의 세계 지도에 반영된 세계관

❶ 두 개의 동심원 사이 → 육지를 둘러싼 바다

〈바빌로니아의 점토판 지도(기원전 600년경)〉

고대 메소포타미아 지역의 바빌로니아 사람들은 육지가 바다 위에 떠 있다고 생각하여 세계를 평평한 원반 모양으로 묘사하였다. 바다(❶)로 둘러싸인 육지(❷)의 중심에는 현실 세계인 바빌로니아 왕국이, 원 밖으로는 삼각형으로 미지의 세계(❸)가 표현되어 있다.

❷ 육지의 중심에는 수도 바빌론과 유프라테스강 등이 그려져 있다.

❷ 지중해 연안 지역과 유럽은 아프리카와 아시아에 비해 자세히 표현되었다.

❸ 아시아 **〈프톨레마이오스의 세계 지도(150년경)〉**

고대 로마인들은 지구를 구체로 인식하여 경위선망(❶)을 설정하였고, 이를 평면에 투영하는 방식으로 지도를 제작하였다. 지중해 연안 지역 및 유럽(❷), 아시아(❸)와 아프리카(❹)까지 구대륙 대부분이 표현되어 있다.

❹ 북부 아프리카   ❶ 지구가 구형임을 나타내고자 경위선을 곡선으로 표현하였다.

자료 2 중세와 근대의 세계 지도에 반영된 세계관

〈티오 지도(13세기경)(좌), 알 이드리시의 세계 지도(1154년)(우)〉

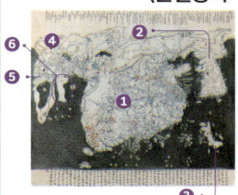

아라비아 반도(메카)

크리스트교의 영향으로 과학적 지도 제작이 어려웠던 중세 유럽의 티오 지도는 동쪽(에덴동산)을 위로 두었으며, 중심에 예루살렘(❶)이 있다. 반면, 활발한 상업 활동을 펼치며 지리적 지식의 범위를 넓혀갔던 이슬람권의 알 이드리시 세계 지도는 남쪽을 위로 두었으며, 중심에 메카가 위치한다. 두 지도에는 아시아(❷), 유럽(❸), 아프리카(❹), 지중해(❺), 나일강(❻) 등이 표현되어 있다.

❶ 고위도로 갈수록 면적이 지나치게 확대되어 왜곡이 발생한다.

〈메르카토르 세계 지도(1569년)〉

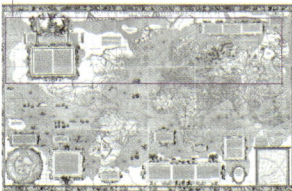

유럽인은 15세기 대항해 시대가 열리면서 더욱 넓은 세계를 인식하게 되었으며, 메르카토르 세계 지도에는 아메리카를 포함한 오늘날의 세계가 대부분 나타나 있다. 직각으로 교차하는 경위선을 이용해 목적지까지의 직선 항로를 찾을 수 있어 나침반을 이용해 항해하는 상인과 탐험가들이 많이 사용하였다.

콜럼버스가 신대륙을 발견한 1492년 이후 지도에 아메리카 대륙이 표현되기 시작하였다.

자료 3 동양(우리나라)의 세계 지도에 반영된 세계관

〈혼일강리역대국도지도(1402년)(좌), 천하도(17~18세기)(우)〉

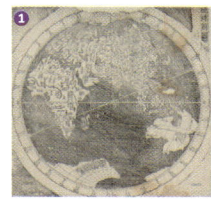

가상 국가

일찍이 나침반과 종이, 인쇄술이 발달한 중국의 영향으로 당시 조선의 세계 지도에는 중국 중심 세계관이 반영되어 중심에 중국이 크고 자세히 표현되었다. 두 지도에는 모두 중국(❶), 조선(❷), 일본(❸)이 표현되어 있고, 혼일강리역대국도지도에는 유럽(❹), 아프리카(❺), 아라비아반도(❻) 등도 나타난다. 천하도는 천원지방 사상의 영향으로 세계를 하나의 원으로 표현하였으며, 도교의 영향으로 가상 세계도 나타난다.

〈지구전후도(1834년)〉

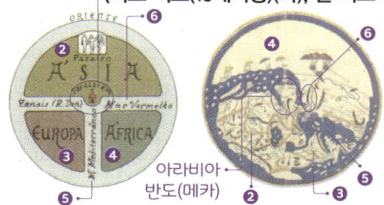

실학의 영향을 받아 중국 중심의 세계관에서 벗어난 지도로, 경위선과 남·북회귀선이 표현되어 있다. 지구전도(❶)에는 구대륙인 아시아와 유럽, 아프리카가, 지구후도(❷)에는 신대륙인 아메리카와 오세아니아가 그려져 있다.

혼일강리역대국도지도에서는 조선이 상대적으로 크고 자세히 표현되어 국토를 주체적으로 인식했음을 알 수 있다.

자료 분석에 적용하기

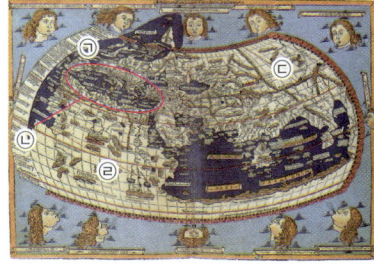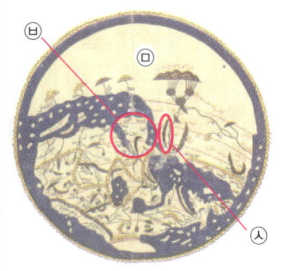

Q1 왼쪽의 지도는 서양의 고대 및 중세 시대에 제작된 세계 지도 중 일부이다. 이를 보고 괄호 안의 내용 중 알맞은 말을 고르시오.

(1) ㉠은 (유럽 / 아시아)이다.

(2) ㉡은 (인도양 / 지중해)이다.

(3) ㉢은 (아시아 / 아프리카)이다.

(4) ㉣과 ㉤은 서로 (같은 / 다른) 대륙이다.

(5) ㉤은 ㉥보다 (남쪽 / 북쪽)에 위치한다.

(6) ㉦은 (나일강 / 황허강)이다.

HOW & WHY 정답 Q1 (1) 유럽 (2) 지중해 (3) 아시아 (4) 같은 (5) 남쪽 (6) 나일강

주제 1 세계화와 지역화

족집게 전략 | 세계화가 어떤 경향성을 띠는지를 묻는 주제이다. 또한 세계화 과정에서 지역화의 경향도 나타남을 이해해야 한다. 암기를 통해 해결하기보다는 세계화와 지역화의 경향성을 사례 중심으로 이해하는 데 초점을 두어야 한다.

001 대표 문항
| 평가원 기출 |

다음은 '경제 활동의 세계화' 단원에 대한 수행 평가 보고서의 일부이다. (가)에 들어갈 내용으로 가장 적절한 것은?

> **수행 평가 보고서**
> ○학년 ○반 이름 : ◇◇◇
>
> 주제 : (가) 와/과 관련된 신문 기사 조사하기
>
> **조사 내용 Ⅰ**
> 미국의 치킨 업체 A사는 중국 매장에서 중국인들의 아침 식사인 요우티아오(기름 빵)와 또우장(콩즙)을 판매하고 있다. 한편 미국의 피자 업체인 B사는 밥을 메뉴에 추가하여 중국 소비자들의 마음을 얻었다. …(후략)…
> – □□신문 2017년 ○○월 ○○일 –
>
> **조사 내용 Ⅱ**
> 서울에 본사를 둔 자동차 업체 C사는 'S' 발음을 좋아하는 인도 소비자들의 기호에 맞추어 차량의 이름을 지었다. 또한 비포장 도로가 많은 도로 사정과 터번을 쓰는 인도인의 편의에 맞추어 차량을 개발했다. …(후략)…
> – △△일보 2016년 ○○월 ○○일 –

① 세계 도시의 성장
② 정보 통신 기술의 발달
③ 다국적 기업의 현지화 전략
④ 첨단 산업의 입지 요인 변화
⑤ 생산 시설 이전에 따른 산업 공동화

 한줄 Tip 현지화 전략은 세계화를 추구하는 과정에서 각 지역의 고유한 의식, 문화, 기호, 행동 양식 등을 존중하는 전략이다.

002
다음 글을 통해 알 수 있는 세계화의 특징으로 가장 적절한 것은?

> 우리나라의 아이돌 그룹인 ○○○의 뮤직 비디오가 세계에서 가장 짧은 기간에 인터넷 동영상 공유 사이트에서 조회 수 1억 건을 넘어섰다. ○○○은/는 누리 소통망(SNS)을 적극 활용하여 홍보하였으며, 동남아시아, 앵글로아메리카와 유럽 등지에서 큰 인기를 얻고 있다. ○○○을/를 비롯한 많은 가수들이 K-POP을 주도하고 있으며, 전 세계 많은 사람들이 우리나라 가수들의 노래와 춤을 즐기고 있다.

① 국경의 의미가 점차 강화되고 있다.
② 국가 간 경제적 상호 의존도가 낮아지고 있다.
③ 세계의 각 지역이 지닌 문화의 고유성이 강화된다.
④ 문화의 확산은 과거에 비해 느린 속도로 진행된다.
⑤ 정보 통신 기술의 발달로 문화 확산의 공간적 제약이 작아졌다.

003
다음의 두 글 자료를 통해 공통적으로 학습할 수 있는 주제로 가장 적절한 것은?

> • '샴페인(Champagne)'은 프랑스어로 '샹파뉴'라고 하며, 프랑스 샹파뉴 지역에서 생산된 포도만을 사용하여 전통 양조법으로 생산한 와인을 말한다. 샹파뉴 지역은 다른 포도 생산지에 비해 연평균 기온이 상대적으로 낮은 기후 특징을 바탕으로 신맛이 강한 샴페인을 생산하여 세계적인 경쟁력을 갖추게 되었다.
>
> • 인도의 다르질링은 홍차로 유명하다. 이곳은 인도의 다른 지역에 비해 서늘하고 습한 기후 특징으로 독특한 향과 맛을 지닌 홍차가 생산된다. 이러한 지리적 특징을 이용하여 지역 명칭이 들어간 '다르질링 홍차'라는 상표가 만들어졌으며, 다르질링 홍차는 세계 여러 지역으로 수출되고 있다.

① 다국적 기업의 현지화 전략
② 세계화에 따른 문화의 획일화 문제
③ 지리적 표시제에 따른 지역화 사례
④ 지역 축제를 활용한 장소 마케팅 사례
⑤ 노동자의 권리 향상을 위한 공정 무역의 필요성

004 고난도
다음은 세계 지리 수업 장면이다. 교사의 질문에 대해 적절하게 대답한 학생만을 고른 것은?

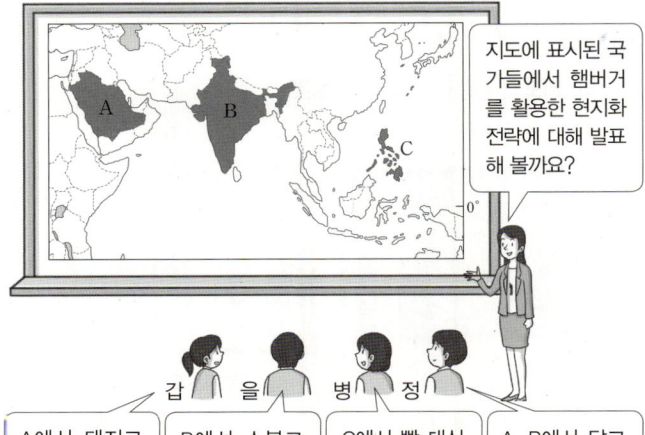

① 갑, 을   ② 갑, 병   ③ 을, 병   ④ 을, 정   ⑤ 병, 정

주제 2 고지도에 나타난 세계관

족집게 전략 | 다양한 고지도의 특징을 비교하여 묻는 문항이 자주 출제된다. 단순히 고지도의 이름을 암기하기보다는 고지도의 모습을 보고 해당 고지도가 제작된 시기, 영향을 받은 생각이나 지도 제작법 등을 이해하고 그 차이점과 공통점을 비교하며 학습해야 한다.

005 대표 문항
| 평가원 기출 |

(가)~(다) 지도에 대한 설명으로 옳은 것은?

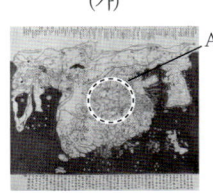 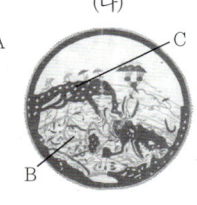 

(가)　　　　(나)　　　　(다)

① (가)는 지구가 구체(球體)라는 인식이 반영되어 있다.
② (나)는 지도의 위쪽이 동쪽이다.
③ (다)는 이슬람교 세계관에 따라 제작되었다.
④ A는 B 대륙에 위치하고 있다.
⑤ C와 D의 바다는 모두 지중해를 나타낸 것이다.

 한줄 Tip 어느 곳이 지도의 중앙에 위치하는지에 따라 지도 제작에 영향을 준 종교나 사상을 추론해 볼 수 있다.

006
| 평가원 기출 |

(가), (나) 지도의 공통점으로 옳은 것은?

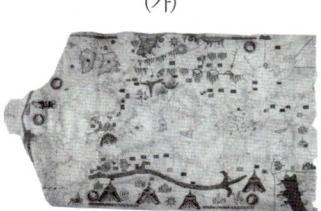 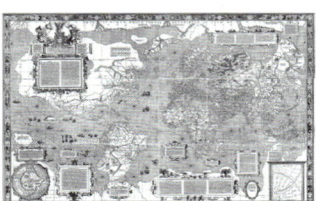

(가)　　　　　　　　(나)

〈포르톨라노 해도〉　　〈메르카토르의 세계 지도〉

① 항해를 목적으로 제작되었다.
② 오세아니아 대륙이 표현되어 있다.
③ 지도의 위쪽이 동쪽을 가리키고 있다.
④ 대륙의 면적이 정확하게 표현되어 있다.
⑤ 지도의 중심에 종교적 이상향이 표현되어 있다.

007
| 평가원 기출 |

(가)~(다) 지도에 대한 옳은 설명만을 〈보기〉에서 고른 것은?

 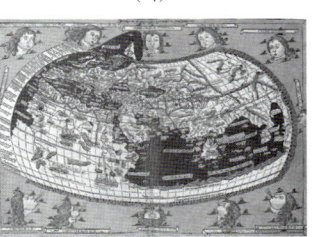

(가)　　　　　　　　(나)

〈보기〉
ㄱ. (가)는 경·위선이 직각으로 교차하여 항해용으로 사용되었다.
ㄴ. (나)는 지구가 구체(球體)라는 인식에 기초하여 제작되었다.
ㄷ. (가)와 (나)는 지도의 위쪽이 동쪽이다.
ㄹ. (가)와 (나)에는 모두 지중해가 표현되어 있다.

① ㄱ, ㄴ　② ㄱ, ㄷ　③ ㄴ, ㄷ　④ ㄴ, ㄹ　⑤ ㄷ, ㄹ

008 고난도↑

(가)~(다) 지도의 특징을 그림의 A~D에서 고른 것은?

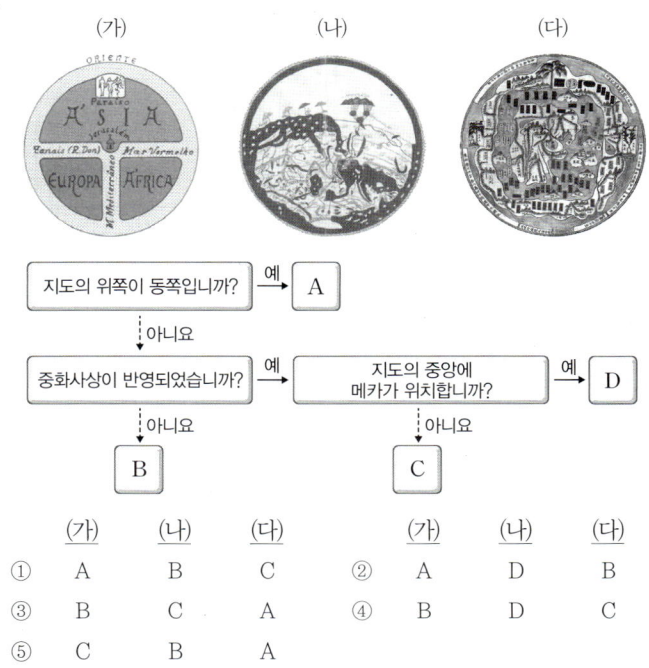

	(가)	(나)	(다)		(가)	(나)	(다)
①	A	B	C	②	A	D	B
③	B	C	A	④	B	D	C
⑤	C	B	A				

009

(가), (나) 지도에 대한 옳은 설명만을 〈보기〉에서 고른 것은?

(가)

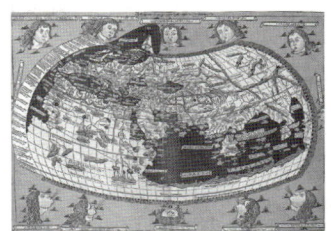

(나)

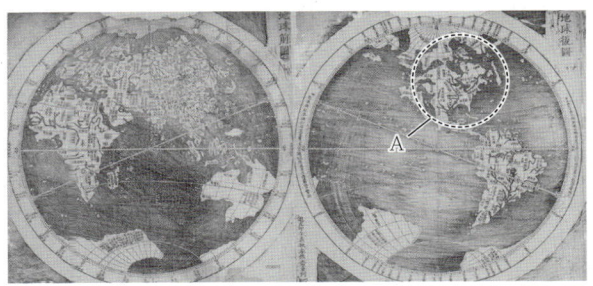

┌─보기─────────────────────────┐
ㄱ. (가)는 (나)보다 제작 시기가 이르다.
ㄴ. (가)에는 (나)의 A지역이 표현되어 있다.
ㄷ. (가), (나) 모두 경위선의 개념이 사용되었다.
ㄹ. (가)는 우리나라, (나)는 유럽에서 제작된 세계 지도이다.
└──────────────────────────────┘

① ㄱ, ㄴ   ② ㄱ, ㄷ   ③ ㄴ, ㄷ   ④ ㄴ, ㄹ   ⑤ ㄷ, ㄹ

010

(가) 지도와 비교한 (나) 지도의 상대적 특징을 그림의 A~E에서 고른 것은?

(가)

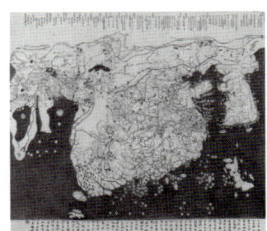

(나)

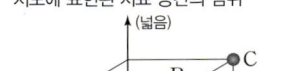

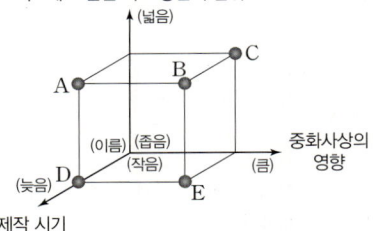

① A   ② B   ③ C   ④ D   ⑤ E

주제 3 **오늘날의 지리 정보 활용**

족집게 전략 | 지리 정보 시스템(GIS)의 중첩 원리를 활용한 최적 입지 선정 문항이 많이 출제되는데, 대부분 각 항목별로 합산 점수를 차근차근 계산하면 쉽게 풀 수 있다. 다만 난도 조정을 위해 해당 국가를 지도에서 찾아야 정답을 찾을 수 있도록 출제하는 경우가 많으므로 지도에서 자주 접한 국가들의 위치를 익혀 두어야 한다.

011 대표 문항 | 평가원 기출 |

다음 자료를 토대로 하나의 국가를 선택하여 농업 기술 센터의 건립을 지원하고자 한다. 가장 적합한 국가를 고른 것은? (단, 합산 점수가 가장 높은 국가를 선택함.)

〈점수 산정 기준〉

구분 평가 항목	평가 점수			가중치
	1점	2점	3점	
농업 종사자 수 (만 명)	1,000 미만	1,000~ 3,000	3,000 이상	1
1인당 국내 총생산 (달러)	3,000 이상	1,000~ 3,000	1,000 미만	1
옥수수 경작 면적당 생산량(kg/ha)	3,000 이상	1,000~ 3,000	1,000 미만	2

* 합산 점수는 평가 항목당 평가 점수에 가중치를 곱한 값의 합임.

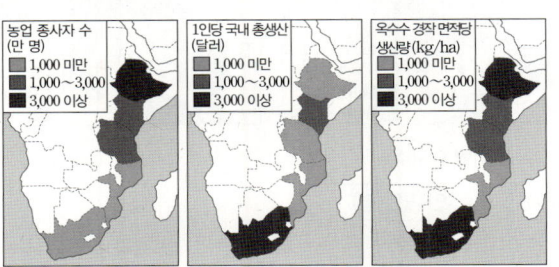

① 에티오피아   ② 케냐   ③ 탄자니아
④ 모잠비크   ⑤ 남아프리카 공화국

✏️ **한줄 Tip** 평가 점수에 가중치를 곱하는 것을 잊으면 안 돼!

012
| 평가원 기출 |

지리 정보 수집 방식 (가), (나)에 대한 옳은 설명만을 〈보기〉에서 있는 대로 고른 것은?

(가) 실내 조사에서 정리된 지리 정보를 확인하고 보완하기 위해 계획된 경로를 따라 현장을 직접 방문하여 해당 지역의 지리 정보를 수집하는 방식이다.

(나) 지표면으로부터 반사 또는 방출되는 에너지를 인공위성이나 항공기 등에 탑재된 센서로 감지하여 지리 정보를 수집하는 방식이다.

〈보기〉
ㄱ. (가)의 주요 조사 방법으로는 관찰, 실측, 면담이 있다.
ㄴ. (나)의 활용 사례로 북극해 해빙(解氷)의 면적이나 남극 상공의 오존층 파괴 범위 파악 등을 들 수 있다.
ㄷ. (나)는 (가)보다 지리 정보 수집에 활용된 시기가 늦다.
ㄹ. △△여행사 관광 프로그램 속의 유럽 여행지에 대한 만족도 조사에서는 (나)가 (가)보다 적합하다.

① ㄱ, ㄴ　　② ㄱ, ㄹ　　③ ㄷ, ㄹ
④ ㄱ, ㄴ, ㄷ　　⑤ ㄴ, ㄷ, ㄹ

013

유럽에 이동 통신 5G망의 거점 국가를 선정하고자 한다. 조건에 가장 적합한 국가를 고른 것은? (단, 인구가 제시된 5개 국가만을 고려함.)

〈조건〉
• 국가별 1인당 국내 총생산(GDP)이 30,000달러 이상인 국가
• 국가별 휴대 전화 사용 비율이 100%를 초과한 국가
• 위의 두 가지 조건을 모두 만족한 경우 인구가 가장 많은 한 개의 국가를 선정함

〈국가별 1인당 GDP〉

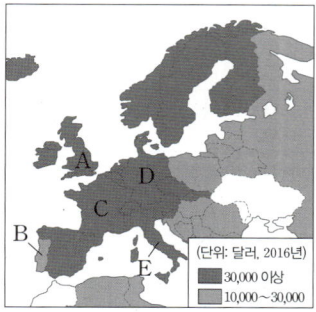

〈휴대 전화 사용 비율〉

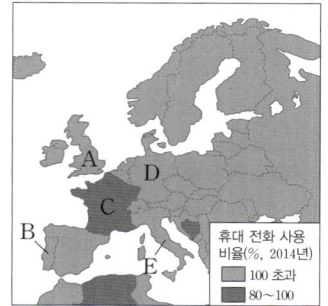

〈국가별 인구수〉

국가	인구(만 명)
A	6,540
B	1,042
C	6,446
D	8,171
E	5,950

(2017년)

① 독일
② 영국
③ 프랑스
④ 이탈리아
⑤ 포르투갈

014 고난도↑
| 평가원 기출 |

남아메리카에 전자 제품 공장을 건설하려고 한다. 조건에 가장 적합한 국가를 지도의 A~E에서 고른 것은?

〈조건〉 항목별 배점 기준은 다음과 같으며, 합계 점수가 가장 높은 국가에 공장을 건설할 예정임.

〈배점 기준〉

인구 (만 명)	점수	도시화율 (%)	점수	청장년층 인구 비율(%)	점수
1,500 이상	3	80 이상	3	67 이상	3
1,000~1,500	2	70~80	2	65~67	2
1,000 미만	1	70 미만	1	65 미만	1

〈국가 정보〉

국가	인구 (만 명)	도시화율 (%)	청장년층 인구 비율(%)
볼리비아	1,073	68.5	61.1
칠레	1,795	89.5	68.9
콜롬비아	4,823	76.4	68.7
파라과이	664	59.7	63.8
페루	3,138	78.6	65.3

(2015년)

① A　　② B　　③ C　　④ D　　⑤ E

015

(가), (나) 지도에 대한 옳은 설명만을 〈보기〉에서 고른 것은?

(가)

(나)

〈보기〉
ㄱ. (가)는 다양한 지리 정보를 그림으로 표현하였다.
ㄴ. (나)는 지도의 수정이 불가능하다.
ㄷ. (가)는 (나)보다 지도의 제작 시기가 이르다.
ㄹ. (가)는 (나)보다 산지와 하천의 위치가 정확하게 나타난다.

① ㄱ, ㄴ　　② ㄱ, ㄷ　　③ ㄴ, ㄷ　　④ ㄴ, ㄹ　　⑤ ㄷ, ㄹ

족집게 전략 | 세계의 지역 구분 기준이 무엇인지 묻거나, 문화 지역 특징을 제시하고 해당 문화 지역을 찾는 문항이 출제될 수 있다. 세계 문화 지역 구분을 토대로 기후에 따른 지역 구분, 종교에 따른 지역 구분 등을 비교하여 알아 두는 것이 좋다. 문화 지역에 영향을 주는 대표적 자연·인문 환경이 기후와 종교이기 때문이다.

016 대표 문항
| 교육청 기출 |

다음 자료는 어느 문화 지역에 대한 모둠별 탐구 주제를 정리한 것이다. 이에 해당하는 지역을 지도의 A~E에서 고른 것은?

구분	분야	탐구 주제
모둠1	인종	원주민과 이주민의 혼혈 비율이 높은 이유는 무엇인가?
모둠2	언어	대부분의 주민들이 에스파냐어와 포르투갈어를 사용하게 된 배경은 무엇인가?
모둠3	종교	가톨릭 성당의 성모 마리아상이 다른 지역에서 볼 수 없는 독특한 모습으로 나타나는 원인은 무엇일까?

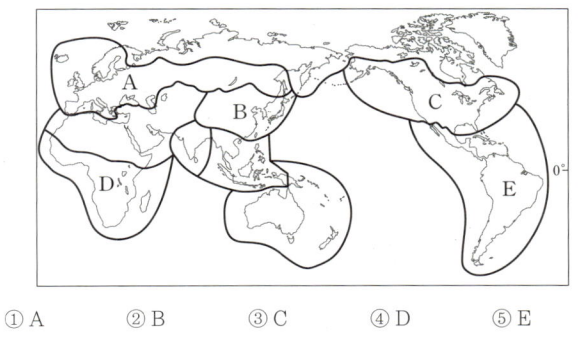

① A　　　② B　　　③ C　　　④ D　　　⑤ E

✏️ **한줄 Tip** 라틴 아메리카 문화 지역은 에스파냐와 포르투갈로부터의 식민 지배 영향을 받았어.

017

다음 세계 지도의 지역 구분 기준으로 옳은 것은?

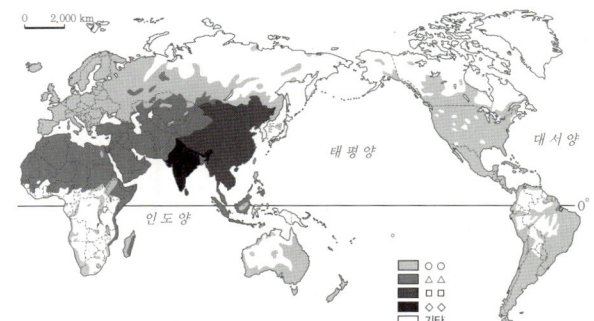

① 세계의 기후
② 세계의 주요 종교
③ 소속된 대륙 축구 연맹
④ 국가별 1인당 국내 총생산
⑤ 전통 가옥의 주요 건축 재료

018

다음은 어느 문화권을 여행하면서 보낸 엽서 내용의 일부이다. 이에 해당하는 문화권을 지도의 A~E에서 고른 것은?

> ○○아, 잘 지내고 있니?
> 나는 오늘 메카에 도착해서 △△△ 모스크를 방문했어. 뜨거운 태양 아래 높이 솟아있는 첨탑과 돔 형태의 지붕이 정말 아름다웠어. 이곳의 주민들은 이슬람교를 믿고 종교적 교리에 따라 돼지고기를 금기시하고 있어. 사막의 열기 속에서 자라는 대추야자 나무의 열매는 너무 달콤한 맛이었어.

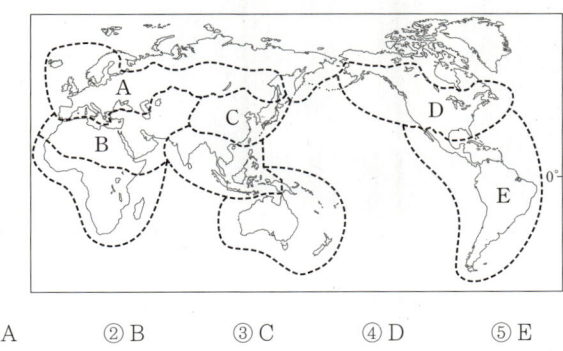

① A　　　② B　　　③ C　　　④ D　　　⑤ E

019

두 지도와 관련된 옳은 설명만을 〈보기〉에서 고른 것은?

〈세계의 문화 지역 구분〉

〈세계의 기후에 따른 지역 구분〉

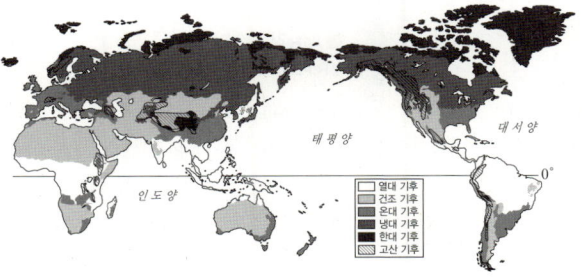

보기
ㄱ. 건조 문화 지역은 대부분 건조 기후에 속한다.
ㄴ. 냉대 기후는 북반구보다 남반구에서 넓게 나타난다.
ㄷ. 아프리카 대륙은 크게 두 개의 문화 지역으로 구분된다.
ㄹ. 앵글로아메리카 문화 지역과 라틴 아메리카 문화 지역을 구분하는 기준은 기후 조건이다.

① ㄱ, ㄴ　　② ㄱ, ㄷ　　③ ㄴ, ㄷ　　④ ㄴ, ㄹ　　⑤ ㄷ, ㄹ

Ⅱ 세계의 자연환경과 인간 생활

Ⅱ단원 핵심 지역 PREVIEW

열대 기후(A)		건조 기후(B)		온대 기후(C)		냉대 기후(D)		한대 기후(E)	
Af	키상가니, 싱가포르, 마나우스	BS	테헤란	Cfb	런던, 웰링턴	Df	모스크바	ET	배로
Aw	다르에스살람, 다윈, 쿠이아바	BW	카이로, 리야드	Cs	로마, 케이프타운, 퍼스, 샌프란시스코	Dw	이르쿠츠크	EF	그린란드
Am	양곤			Cfa	상하이, 뉴욕, 부에노스아이레스				
AH	아디스아바바, 키토, 라파스			Cw	칭다오				

02강 기후의 이해와 열대 기후 환경	**주제 1** 기후의 이해	• 기후 요소 • 기후 요인 • 기후 구분
	주제 2 열대 기후의 특징과 주민 생활	• 열대 우림 기후 • 사바나 기후 • 열대 몬순 기후 • 열대 고산 기후

03강 온대, 건조, 냉 · 한대 기후 환경	**주제 1** 온대 기후의 특징과 주민 생활	• 서안 해양성 기후 • 지중해성 기후 • 온난 습윤 기후 • 온대 겨울 건조 기후
	주제 2 건조 기후의 특징과 건조 지형	• 사막 기후 • 스텝 기후 • 건조 지형
	주제 3 냉 · 한대 기후의 특징과 빙하 · 주빙하 지형	• 툰드라 기후 • 빙설 기후 • 빙하 지형

04강 세계의 주요 대지형과 특수 지형들	**주제 1** 세계의 주요 대지형	• 고기 습곡 산지 • 신기 습곡 산지
	주제 2 관광지를 이루는 화산 및 카르스트 지형	• 카르스트 지형 • 화산 지형
	주제 3 해안 지형의 형성과 특징	• 리아스 해안 • 피오르 해안 • 해안 지형

II 단원   학습 SOLUTION

▶ 개념에 대한 완벽한 이해만이 만점 받는 지름길이다!

기후 부분은 3~4 문제는 기본으로 출제되며, 그 중 한 문제는 항상 정답률 50% 미만의 고난도 문제인 경우가 많다. 때때로 암기할 내용이 너무 많다고 느껴질 수 있다. 그러나 위도에 따른 일사량 차이, 대기 대순환과 관련된 기압대의 위치와 탁월풍의 방향, 지구의 공전에 따른 계절 변화 원리, 해류의 순환 등을 완전히 이해하고 있다면 기후 그래프를 해석하거나 지도에 표시된 지역에 어떤 기후가 나타나는지 세세한 암기 없이도 추론이 가능하다. 따라서 기후 부분은 무작정 외우려하기 보다 원리에 대한 이해를 바탕으로 관련 내용을 암기하는 것이 좋다.

▶ 주요 지형의 생김새와 지도상의 위치에 주목하자!

지형 부분은 2~3 문제 정도로 출제되며 대체로 평이하다. 각 지형의 이름, 형성 원인, 특징을 중심으로 개념을 정리하자. 기후 관련 지형은 건조 및 한대 기후 개념과 연결하여 이해해야 한다. 특히 이 지형들은 우리나라에서 보기 힘든 지형이므로 모식도나 사진 등을 통해 생김새를 잘 알아 두는 것이 좋다. 대지형은 신기 조산대와 고기 조산대, 안정육괴로 나누어 대강의 위치를 알고 있어야 하며, 카르스트 지형, 화산 지형 등 특수 지형 또한 대표 지역의 지도상 위치를 꼭 기억해야 한다.

02강 기후의 이해와 열대 기후 환경

주제 1 기후의 이해

1. 기후 요소와 기후 요인

(1) 기후와 기후 요소

① 기후 : 일정한 지역에서 장기적으로 나타나는 대기의 평균 상태

② 기후 요소 : 기후를 구성하는 요소 ⑩ 기온, 강수, 바람, 습도 등

(2) 기후 요인 : 기후 요소의 지역적 차이를 가져오는 원인

위도	→ 고위도로 갈수록 태양 에너지가 넓은 면적으로 분산되기 때문이다. 태양 입사각에 따른 일사량의 차이로 기온에 영향을 줌 → 저위도에서 고위도로 갈수록 기온은 대체로 낮아짐
수륙 분포	육지와 바다의 비열 차로 기온의 연교차에 영향을 줌 → 동위도의 해안 지역은 내륙 지역보다 기온의 연교차가 작음
지형	풍향에 의한 기류는 강수의 지역 차에 영향을 줌 → 상승 기류가 형성되는 바람받이 사면은 하강 기류가 형성되는 비그늘 사면보다 강수량이 많음 ⑩ 편서풍의 비그늘 사면에 형성된 파타고니아 사막
해발 고도	해발 고도에 따른 지구 복사 에너지 흡수량 차이로 기온에 영향을 줌 → 해발 고도가 높아질수록 기온은 낮아짐
해류	해류의 성질에 따라 기온과 강수량에 영향을 줌 → 비슷한 위도에서 난류가 흐르는 해안은 한류가 흐르는 지역보다 기온이 높고 강수량이 많음(⑩ 북대서양 해류와 유럽), 한류가 흐르는 중위도 대륙 서안은 대기가 안정되어 사막 형성 ⑩ 페루 해류와 남아메리카 서안의 아타카마 사막

자료로 살펴보기

대기 대순환

→ 북동 무역풍과 남동 무역풍이 만나 적도(열대) 수렴대를 형성한다.

→ 극동풍과 편서풍이 만나 한대 전선을 형성한다.

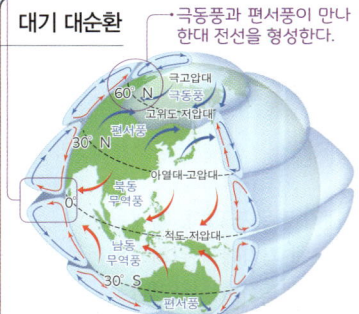

대기 대순환은 위도별 지표면의 불균등한 열 분포를 해소하기 위해 발생한다. 기온이 높은 적도 부근에서는 더운 공기가 상승해 **적도 저압대**가 형성되며, 이때 상승한 기류가 고위도로 이동하다 남·북위 30° 부근에서 하강하며 **아열대 고압대**를 이룬다. 기온이 낮은 극지방에서는 찬 공기가 하강해 **극고압대**가 형성된다. 이러한 대기 순환과 지구 자전의 영향으로 지표면에서는 고압대에서 저압대로 탁월풍이 분다. 남·북위 30° 부근에서는 적도 쪽으로 **무역풍**이, 고위도 쪽으로 **편서풍**이 분다. 양 극지방에서는 남·북위 60° 부근으로 **극동풍**이 분다. 남·북반구의 대기 순환은 대칭적이며, 지구 공전에 따른 태양의 회귀로 기압대가 7월에는 북쪽으로, 1월에는 남쪽으로 이동한다.

2. 세계의 기후 구분

→ 적도에서 양 극지방으로 가면서 열대-건조-온대-냉대-한대 기후 순으로 분포한다.

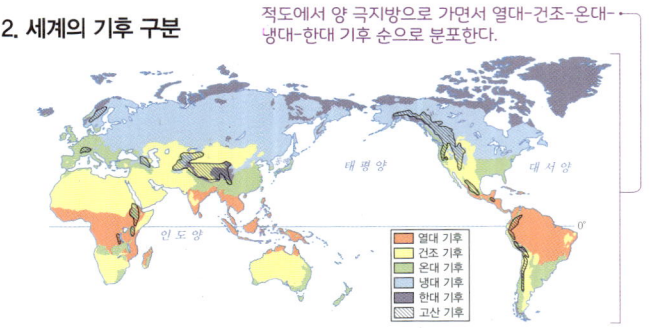

1차 구분			2, 3차 구분
수목 기후	열대 기후 (A)	최한월 평균 기온 18℃ 이상	열대 우림 기후(Af) 사바나 기후(Aw) 열대 몬순 기후(Am)
	온대 기후 (C)	최한월 평균 기온 −3~18℃	서안 해양성 기후(Cfb) 지중해성 기후(Cs) 온난 습윤 기후(Cfa) 온대 겨울 건조 기후(Cw)
	냉대 기후 (D)	최한월 평균 기온 −3℃ 미만, 최난월 평균 기온 10℃ 이상	냉대 습윤 기후(Df) 냉대 겨울 건조 기후(Dw)
무수목 기후	건조 기후(B)	연 강수량 500mm 미만	스텝 기후(BS) 사막 기후(BW)
	한대 기후(E)	최난월 평균 기온 10℃ 미만	툰드라 기후(ET) 빙설 기후(EF)

주제 2 열대 기후의 특징과 주민 생활

1. 열대 기후의 특징

(1) 열대 기후 : 최한월 평균 기온이 18℃ 이상임

(2) 열대 기후의 특성 : 연중 기온이 높아 기온의 연교차가 작음, 기온의 일교차가 기온의 연교차보다 큼, 강한 일사로 인한 스콜이 내림

→ 열대 기후 지역에서 내리는 대류성 강수로, 짧은 시간에 집중적으로 쏟아지며 오후 시간대에 주로 발생한다.

(3) 열대 기후의 구분

열대 우림 기후 (Af)	특징	• 연중 적도 수렴대의 영향 → 연중 스콜이 내림 • 월 강수량 60mm 이상↑
	분포	콩고 분지, 동남아시아 적도 부근, 아마존 분지 등
사바나 기후 (Aw)	특징	• 건기와 우기의 구분이 뚜렷함 • 건기는 아열대 고압대, 우기는 적도 수렴대 영향
	분포	아프리카 열대 우림 주변, 인도 및 인도차이나 반도, 오스트레일리아 북부 등
열대 몬순 기후 (Am)	특징	• 열대 우림 기후와 열대 사바나 기후의 중간형 • 계절풍의 영향 → 긴 우기와 짧은 건기
	분포	인도차이나 반도 서부 해안, 남아메리카 북동부 등

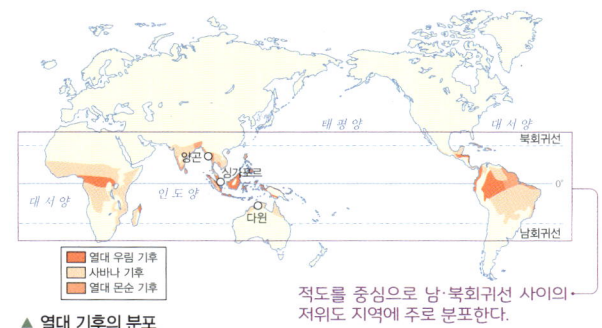

▲ 열대 기후의 분포

→ 적도를 중심으로 남·북회귀선 사이의 저위도 지역에 주로 분포한다.

핵심 개념 CHECK!

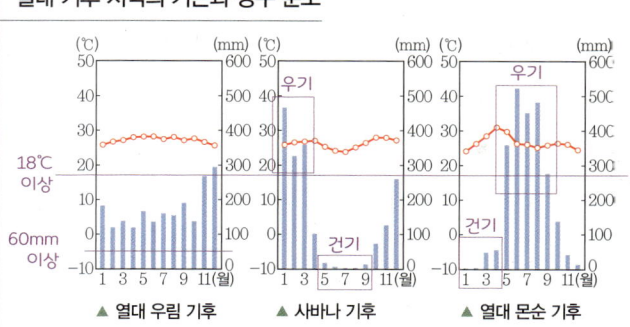

그래프로 살펴보기

열대 기후 지역의 기온과 강수 분포

▲ 열대 우림 기후　▲ 사바나 기후　▲ 열대 몬순 기후

- **열대 우림 기후** : 연중 기온이 높고 기온의 연 변화가 작다. 연중 적도 수렴대의 영향으로 연 강수량이 많다. 매월 강수량은 60mm 이상이며, 연 강수량은 2,000mm를 넘는 경우가 대부분이다.
- **사바나 기후** : 열대 우림 기후보다 기온의 연 변화가 크고, 연 강수량은 적다. 월 강수량이 60mm 미만인 달이 존재하여 강수의 계절차가 크고, 건기와 우기의 구분이 뚜렷하다. 적도 수렴대가 북상하는 7월에 남반구의 사바나 기후 지역은 아열대 고압대의 영향권에 들어가 건기가 되고, 북반구의 사바나 기후 지역은 적도 수렴대의 영향을 받아 우기가 된다.
- **열대 몬순 기후** : 열대 우림 기후와 사바나 기후의 중간형으로, 적도 수렴대와 계절풍의 영향으로 긴 우기와 짧은 건기가 나타난다. 월 강수량 60mm 미만인 달이 존재하지만, 대체로 우기의 강수량이 열대 우림 기후보다 많아 연 강수량은 사바나 기후보다 많다.

2. 열대 기후 지역의 식생

→ 아마존 분지의 열대 우림을 셀바스라고 부른다.

열대 우림	특징	수종이 다양하고 상록 활엽수가 다층의 숲을 이룸
	분포	열대 우림 기후와 열대 몬순 기후 지역
사바나	특징	• 키가 큰 풀(장초)이 자라는 초원에 관목이 드물게 분포(소림) • 야생 동물 서식에 유리 → 사파리 관광 발달
	분포	열대 우림 기후 지역의 주변

3. 열대 기후 지역의 주민 생활

→ 숲을 태워 생긴 재를 거름 삼아 농사를 짓고, 토양이 척박해지면 다른 지역으로 이동한 후 다시 숲을 태워 경지를 개간하는 전통적 농업 방식

가옥		• 열대 우림 및 열대 몬순 기후 : 개방적 구조의 고상 가옥 → 습기 및 해충 차단, 급경사의 지붕 → 많은 강수에 대비 • 사바나 기후 : 풀과 진흙 활용, 유목 지역에는 이동식 가옥 발달
산업	이동식 화전 농업	• 열대 우림 및 열대 몬순 기후 지역에서의 전통 농업 • 카사바, 얌, 타로감자 등 식량 작물 재배
	유목	• 주로 사바나 기후 지역에서 이루어짐 • 소, 양, 염소 등을 사육
	벼농사	• 주로 열대 몬순 기후 지역에서 이루어짐 • 2~3기작 가능
	플랜테이션	• 수출이 유리한 해안에 분포 • 열대 우림 기후 : 카카오, 천연고무, 바나나 • 사바나 기후 : 커피, 사탕수수, 목화 • 열대 몬순 기후 : 차

→ 선진국의 자본과 기술, 원주민의 노동력, 열대의 기후 환경이 결합된 대규모 상업적 농업

4. 열대 고산 기후(AH)

(1) **특징** : 연중 봄과 같은 기온 분포를 보이는 상춘 기후, 기온의 일교차는 크고 기온의 연교차는 작음
(2) **분포** : 저위도 고산 지역 ⓔ 안데스 산지, 아비시니아고원 등

→ 주변 저지대보다 쾌적하여 라파스(볼리비아), 키토(에콰도르), 보고타(콜롬비아) 등과 같은 고산 도시가 발달하였다.

→ 아프리카 동부에 위치하였다.

✎ 빈칸에 알맞은 말을 쓰시오.

01 지도는 열대, 건조, 온대, 냉대, 한대 기후의 분포를 나타낸 것이다. A~E에 해당하는 기후는?

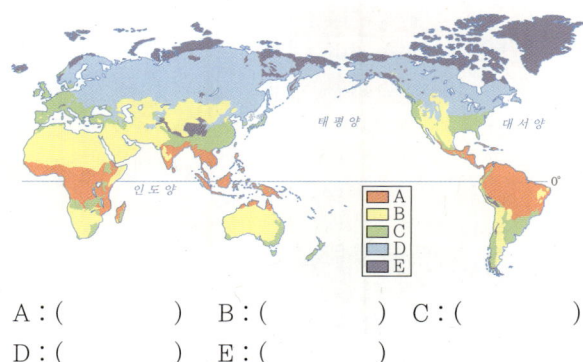

A : (　　　　　)　　B : (　　　　　)　　C : (　　　　　)
D : (　　　　　)　　E : (　　　　　)

02 그래프는 열대 몬순 기후, 열대 우림 기후, 사바나 기후를 나타낸 것이다. A~C에 해당하는 기후는?

A　　　　　B　　　　　C

A : (　　　　　)　　B : (　　　　　)　　C : (　　　　　)

✎ 다음의 설명이 맞으면 'O', 틀리면 'X'에 표시하시오.

03 적도 저압대에서는 무역풍이 수렴하여 대류성 강수의 빈도가 높다.　O　X

04 대기 대순환에서 강수량보다 증발량이 많은 기압대는 고위도 저압대이다.　O　X

05 수목의 성장이 가능한 기후에는 열대, 온대, 한대 기후가 있다.　O　X

06 (함정) 열대 기후의 구분 기준은 최난월 평균 기온 18℃ 이상이다.　O　X

07 열대 기후는 기온의 일교차보다 연교차가 작다.　O　X

08 (함정) 사바나 기후는 계절에 따라 아열대 고압대와 편서풍의 영향을 교대로 받는다.　O　X

09 열대 몬순 기후는 사바나 기후보다 연 강수량이 많다.　O　X

10 (함정) 열대 고산 기후는 열대 우림 기후보다 기온의 일교차가 크다.　O　X

세계의 기후 구분 연습
: 열대 기후가 나타나는 지역은 **어디일까?**

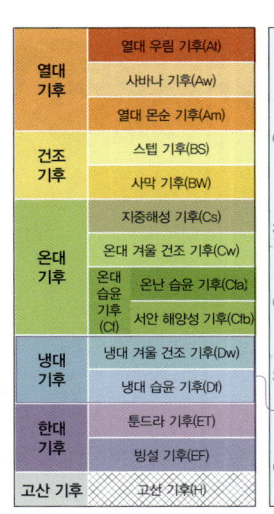

	1차 기후 구분 및 기준			2 · 3차 기후 구분 및 기준		
수목 기후	열대 기후 (A)	최한월 평균 기온 18℃ 이상		열대 우림(Af)	연중 고온 다습	• f : 매월 강수량 60mm 이상 • w, m : 최건월 강수량 60mm 미만 → = Af와 달리 건기가 존재한다.
				사바나(Aw)	여름 우기, 겨울 건기	
				열대 몬순(Am)	여름 긴 우기, 겨울 짧은 건기	
	온대 기후 (C)	최한월 평균 기온 -3~18℃ → 연교차가 매우 크다.	서안	서안 해양성(Cfb)	해양의 영향(연중 습윤, 여름 서늘, 겨울 온난)	• s : **여름 건조** • w : **겨울 건조** • f : **연중 습윤** → = Cs와 Cw에 비해 강수의 계절차가 적으며, 뚜렷한 건기가 존재하지 않는다. • a : 최난월 평균 기온 22℃ 이상 • b : 최난월 평균 기온 22℃ 미만, 월평균 기온 10℃ 이상인 달이 4개월 이상
				지중해성(Cs)	여름 고온 건조, 겨울 온난 습윤	
			동안	온난 습윤(Cfa)	여름 고온 다습	
				온대 겨울 건조(Cw)	여름 고온 다습, 겨울 한랭 건조	
	냉대 기후 (D)	최한월 평균 기온 -3℃ 미만, 최난월 평균 기온 10℃ 이상		냉대 습윤(Df)	겨울이 한랭, 강수의 계절차가 작음	
				냉대 겨울 건조(Dw)	대륙성 기후가 뚜렷, 겨울에 혹독한 추위	
무수목 기후	건조 기후 (B)	연 강수량 500mm 미만 (증발량 > 강수량)		스텝(BS)	S : 연 강수량 250~500mm	**〈기후 구분 예시〉 열대 우림 기후** ① 연 강수량이 500mm 이상? (A, C, D, B, E) ② 최한월 평균 기온이 18℃ 이상? (A, C, D) ③ 매월 강수량이 60mm 이상? (Af, Aw, Am) (=건기 없이 연중 다습한가?) → (Af, Aw, Am)
				사막(BW)	W : 연 강수량 250mm 미만	
	한대 기후 (E)	최난월 평균 기온 10℃ 미만		툰드라(ET)	T : 최난월 평균 기온 0~10℃	
				빙설(EF)	F : 최난월 평균 기온 0℃ 미만	

→ 건조 기후는 강수량이 적어서, 한대 기후는 기온이 낮아서 나무가 자라지 못한다.

수목의 유무와 최난월 및 최한월 평균 기온에 따라 1차 기후를 구분한 후 기온과 강수량으로 2 · 3차 기후로 세분한다. 기온이 높아 나무가 잘 자라는 열대 기후는 남 · 북회귀선 사이에 분포한다. 연중 적도 수렴대의 영향을 받는 **열대 우림 기후**는 적도 부근, 적도 수렴대와 아열대 고압대의 영향을 번갈아 받는 **사바나 기후**는 열대 우림 기후 주변, 계절풍의 영향을 받는 **열대 몬순 기후**는 대체로 저위도 대륙 동안에 분포한다.

백지도로 확인하기

Q1 지도를 보고 괄호 안의 내용 중 알맞은 말을 고르시오.

(1) A는 B보다 기온의 연교차가 (작다 / 크다).

(2) A, E, I, J는 1월이 (건기 / 우기)이다.

(3) B, F, K는 연중 (적도 수렴대 / 아열대 고압대)의 영향을 받는다.

(4) C는 E보다 7월 평균 기온이 (낮다 / 높다).

(5) C, G, L은 (1월 / 7월)에 적도 수렴대의 영향을 받는다.

(6) D는 G보다 연 평균 기온이 (낮다 / 높다).

(7) D와 H는 연중 (무더운 / 봄과 같은) 기온이 나타난다.

(8) E와 J는 (계절풍 / 편서풍)의 영향을 받는다.

(9) F와 K는 최건월 강수량이 60mm (미만 / 이상)이다.

WHERE & WHY 정답 Q1 (1) 크다 (2) 건기 (3) 적도 수렴대 (4) 낮다 (5) 1월 (6) 낮다 (7) 봄과 같은 (8) 계절풍 (9) 이상

주제 1 | 기후의 이해

족집게 전략 | 대기 대순환의 계절에 따른 변화와 이로 인해 나타나는 각 기후대별 특징을 묻는 문항이 주로 출제된다. 대기 대순환 모델을 먼저 이해하고 각 위도대별 기압대와 강수 분포, 풍향 등을 1월에는 남쪽으로, 7월에는 북쪽으로 이동시키면 된다. 또한 대기 대순환에 따른 각 기후대의 계절별 특징을 정리해 두어야 한다.

020 대표 문항
| 평가원 기출 |

지도의 A~D 지역에 대한 설명으로 옳은 것은? (단, (가), (나) 시기는 1월과 7월 중 하나임.)

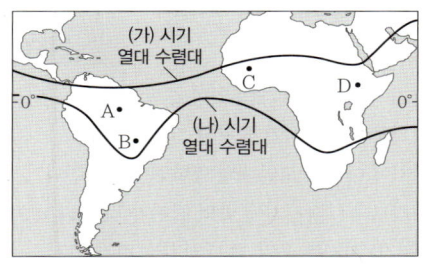

① (가) 시기에 B는 A보다 대류성 강수 일수가 많다.
② (가) 시기에 C는 B보다 정오의 태양 고도가 낮다.
③ (나) 시기에 B는 C보다 아열대 고압대의 영향을 많이 받는다.
④ B는 (나) 시기보다 (가) 시기에 밤의 길이가 길다.
⑤ (가), (나) 시기 모두 D는 A보다 강수량이 많다.

✎ **한줄 Tip** 열대 수렴대가 북상하면 7월, 남하하면 1월이야.

021
| 평가원 기출 |

다음 글의 ㉠~㉤에 대한 설명으로 옳지 않은 것은?

적도 부근 지역은 태양 복사 에너지의 유입량이 많아, ㉠ 지표면의 가열에 의한 상승 기류가 활발한 곳이다. 상승한 대기는 남·북위 25°~30° 부근에서 하강 기류가 되어 ㉡ 아열대 고압대를 형성한다. 그리고 하강한 대기는 다시 ㉢ 적도 쪽으로 이동하여 열대 수렴대를 형성한다. 한편, 기울어진 지구의 자전축으로 인해, ㉣ 태양 복사 에너지가 지표에 수직으로 전달되는 지점은 계절에 따라 이동한다. 따라서 열대 수렴대가 남북으로 이동하게 되어 건기와 우기가 반복되는 ㉤ 사바나 기후 지역이 나타난다.

① ㉠에 의해 대류성 강수가 발생한다.
② ㉡은 지중해성 기후 지역의 여름 기후에 영향을 준다.
③ ㉢의 과정에서 발생하는 바람은 무역풍이다.
④ ㉣은 북회귀선과 남회귀선 사이에 위치한다.
⑤ 남반구의 ㉤은 7월에 대부분 우기이다.

022
| 평가원 기출 |

다음 글의 (가)~(다) 기후에 대한 설명으로 옳은 것은?

쾨펜에 따르면 열대 기후는 최한월 평균 기온이 18℃ 이상인 기후로 강수 특성에 따라 다음과 같이 세분된다. (가) 은/는 연중 습윤하며 모든 달의 강수량이 60mm 이상이다. (나) 은/는 건기와 우기가 뚜렷하고 가장 건조한 달의 강수량이 60mm 이하이다. (다) 은/는 (가) 와/과 (나) 의 중간형으로 월 강수량이 60mm 이하인 달이 있기는 하지만, 고온 다습한 계절풍의 영향을 받아 대개 연 강수량이 2,000mm를 넘는다.

① (가)는 편서풍대에 나타나며 해류의 영향으로 강수량이 많다.
② (나)는 동남아시아와 오스트레일리아 북부에서도 나타난다.
③ (다) 지역은 세계 최대의 목화 생산 지역이다.
④ (나) 지역은 (다) 지역보다 단위면적당 수목 밀도가 높다.
⑤ (가)~(다) 모두 연교차가 일교차보다 크다.

023

그래프는 위도대별 강수량과 증발량을 나타낸 것이다. 이에 대한 옳은 설명만을 〈보기〉에서 고른 것은? (단, (가), (나)는 강수량, 증발량 중 하나임.)

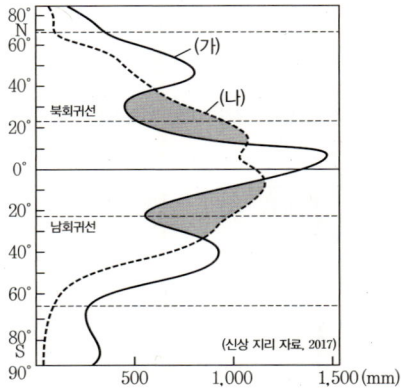

(신상 지리 자료, 2017)

보기

ㄱ. (가)는 증발량, (나)는 강수량이다.
ㄴ. 강수량이 가장 적은 지역은 증발량이 가장 많다.
ㄷ. 무역풍이 수렴하는 지역은 증발량보다 강수량이 많다.
ㄹ. 강수량이 가장 많은 지역은 대류성 강수의 빈도가 높다.

① ㄱ, ㄴ ② ㄱ, ㄷ ③ ㄴ, ㄷ ④ ㄴ, ㄹ ⑤ ㄷ, ㄹ

024

그림은 두 기후를 쾨펜의 기후 구분에 따라 분류한 것이다. (가)~(마)에 들어갈 조건을 〈보기〉에서 고른 것은?

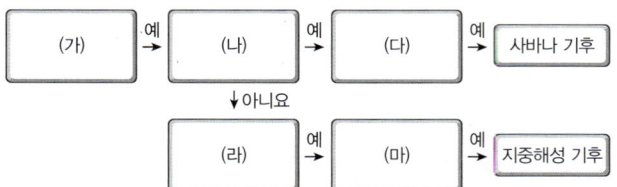

┌ 보기 ┐
ㄱ. 여름이 건조합니까?
ㄴ. 연 강수량이 500mm 이상입니까?
ㄷ. 건기와 우기의 구분이 뚜렷합니까?
ㄹ. 최한월 평균 기온이 18℃ 이상입니까?
ㅁ. 최한월 평균 기온이 −3~18℃ 사이입니까?

	(가)	(나)	(다)	(라)	(마)
①	ㄱ	ㄹ	ㄴ	ㄷ	ㅁ
②	ㄴ	ㄱ	ㅁ	ㄹ	ㄷ
③	ㄴ	ㄹ	ㄷ	ㅁ	ㄱ
④	ㄷ	ㄱ	ㄹ	ㄴ	ㅁ
⑤	ㄷ	ㄴ	ㄹ	ㅁ	ㄱ

025

적도 수렴대의 위치가 그림과 같을 때, 지도의 A~E에서 나타나는 현상으로 옳은 것은?

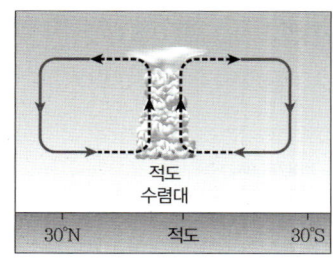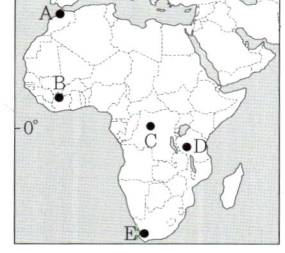

① A는 한대 전선의 영향으로 비가 자주 내린다.
② B는 아열대 고압대의 영향으로 고온 건조하다.
③ C는 온화한 기온대가 나타나며 일교차가 크다.
④ D는 고온 건조하여 초원의 풀들이 시들어 있다.
⑤ E는 적도 수렴대의 영향으로 비가 자주 내린다.

026

그래프는 두 시기의 위도별 강수량 분포를 나타낸 것이다. 이에 대한 설명으로 옳지 않은 것은? (단, (가), (나)는 6~8월, 12~2월 중 하나임.)

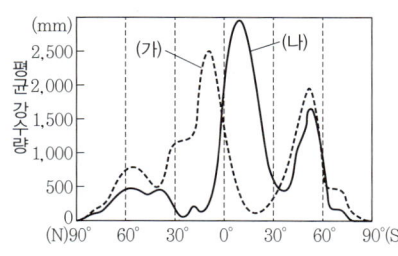

① A는 (가) 시기에 적도 수렴대의 영향을 받는다.
② A는 (가) 시기보다 (나) 시기에 평균 기온이 높다.
③ B는 (나) 시기에 아열대 고압대의 영향권에 들어간다.
④ B는 (나) 시기보다 (가) 시기에 밤의 길이가 더 길다.
⑤ A와 B 모두 (가) 시기는 우기, (나) 시기는 건기이다.

027 고난도↑

그림은 지구의 공전을 나타낸 것이다. 이에 대한 설명으로 옳은 것은? (단, (가), (나)는 동지, 하지 중 하나임.)

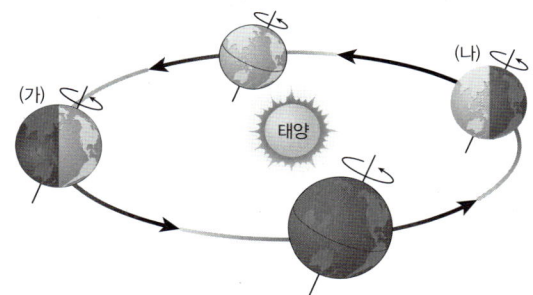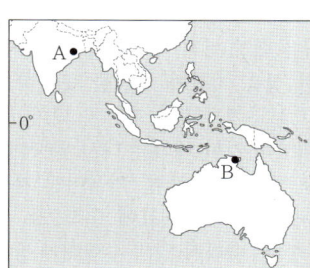

① A는 (가) 시기보다 (나) 시기에 강수량이 많다.
② B는 (나) 시기보다 (가) 시기에 평균 기온이 높다.
③ (가) 시기에 A는 B보다 낮과 밤의 기온 차가 작다.
④ (가) 시기에서 (나) 시기까지의 기간에 A의 낮 길이는 점차 길어진다.
⑤ (나) 시기에서 (가) 시기까지의 기간에 적도 수렴대는 B로 점차 가까워진다.

028 고난도↑

그래프는 대륙별 (가)~(라) 기후의 분포 비중을 나타낸 것이다. 이에 대한 설명으로 옳은 것은? (단, A~D는 남극, 아프리카, 남아메리카, 오세아니아 중 하나이며, (가)~(라)는 쾨펜의 1차 구분에 따라 분류한 기후임.)

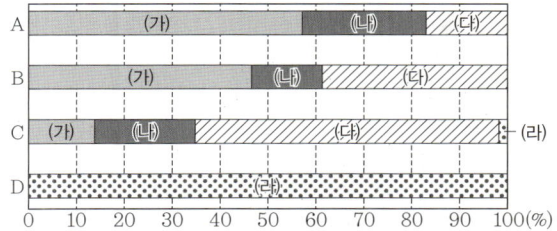

① (가)는 (나)보다 연 강수량이 많다.
② (나)는 (다)보다 연 평균 기온이 높다.
③ (다)는 (라)보다 기온의 연교차가 크다.
④ (라)는 (가)보다 강수량 대비 증발량이 많다.
⑤ (가)와 (라)는 무수목 기후, (나)와 (다)는 수목 기후이다.

029

다음 글은 기후 요인에 대해 서술한 것이다. 지도의 각 지역을 (가)~(마) 요인의 사례로 제시한 것 중 적절하지 않은 것은?(단, (가)~(마)는 수륙 분포, 위도, 지형, 해류, 해발 고도 중 하나임.)

기후 요소의 지역적 차이를 가져오는 다양한 원인을 기후 요인이라고 하며, 대표적 기후 요인으로 (가) , (나) , (다) , (라) , (마) 등이 있다. (가) 은/는 태양의 입사각 차이, (나) 은/는 대륙과 해양의 비열 차이, (다) 은/는 공기의 밀도 차에 따른 지구 복사 에너지의 흡수량 차이 때문에 지역 간 다른 기후가 나타나는 원인이 된다. 그리고 수온에 따라 구분되는 (라) 와/과 풍향에 따라 기류의 방향을 달라지게 하는 (마) 도 지역 간 기후 요소의 차이를 유발한다.

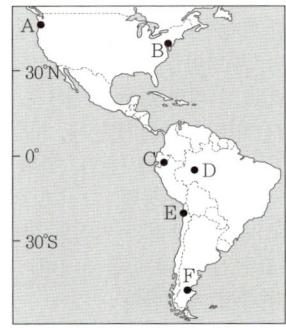

① (가) – A는 D보다 연평균 기온이 낮다.
② (나) – B는 C보다 기온의 연교차가 크다.
③ (다) – C는 D보다 최난월 평균 기온이 낮다.
④ (라) – E는 B보다 연 강수량이 적다.
⑤ (마) – F는 A보다 연 강수량이 적다.

주제2 **열대 기후의 특징과 주민 생활**

족집게 전략| 열대 기후 지역을 설명하는 글 자료, 또는 기온 및 강수 그래프를 토대로 지도에서의 위치를 연결하게 하는 지역 추론 문항이 주로 출제된다. 열대 우림, 사바나, 열대 몬순, 열대 고산 기후의 특성을 비교하여 정리하고, 각 기후를 대표하는 지역의 위치도 알아 두자.

030 대표 문항 | 평가원 기출 |

다음 자료는 세계의 축제를 소개하는 여행 블로그의 일부이다. (가)~(다) 지역의 기후 그래프를 〈보기〉에서 고른 것은?

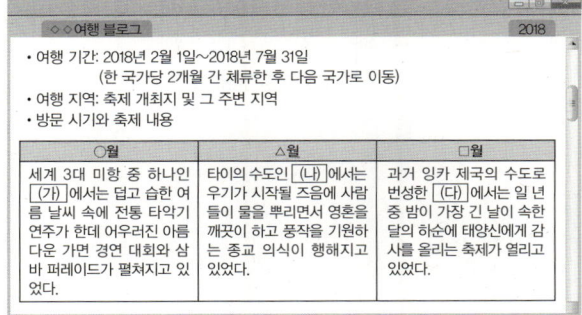

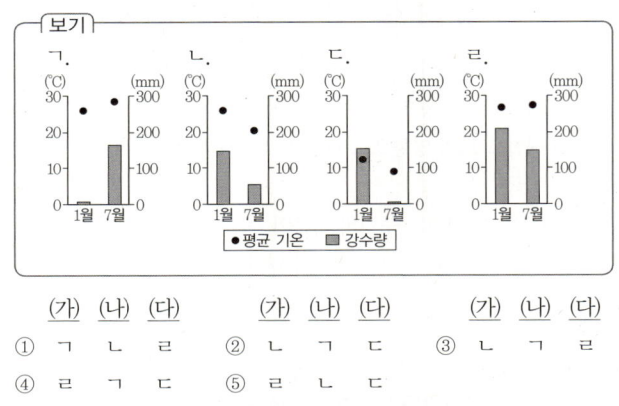

	(가)	(나)	(다)		(가)	(나)	(다)		(가)	(나)	(다)
①	ㄱ	ㄴ	ㄹ	②	ㄴ	ㄱ	ㄷ	③	ㄴ	ㄱ	ㄹ
④	ㄹ	ㄱ	ㄷ	⑤	ㄹ	ㄱ	ㄴ				

🖉 **한줄 Tip** 사바나 기후는 기온이 높은 달이 우기, 낮은 달이 건기야.

031 | 평가원 기출 |

그래프는 지도에 표시된 세 지점의 누적 강수량을 나타낸 것이다. A~C에 대한 설명으로 옳은 것은? (단, 세 지점은 각각 A~C 중 하나임.)

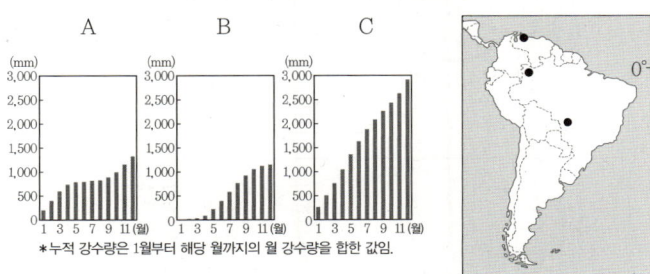

*누적 강수량은 1월부터 해당 월까지의 월 강수량을 합한 값임.

① A에서는 7월보다 1월의 밤 길이가 길다.
② A에서는 6~8월에 북동 무역풍이 우세하게 나타난다.
③ B에서는 1월보다 7월에 정오의 태양 고도가 높다.
④ C에서는 건기와 우기가 뚜렷하게 나타난다.
⑤ C는 B보다 북회귀선에 가깝다.

032
| 평가원 기출 |

그래프는 지도에 표시된 세 지역의 월평균 기온을 나타낸 것이다. (가)~(다) 지역에 대한 설명으로 옳지 <u>않은</u> 것은? (단, 세 지역은 해당 국가의 수도임.)

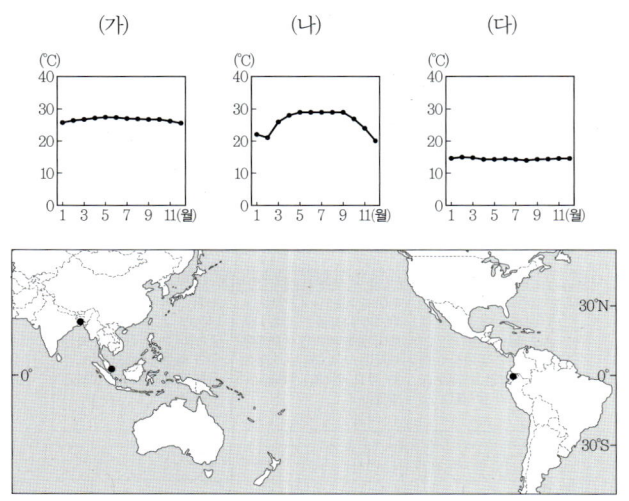

① (가)는 기온의 일교차가 연교차보다 크다.
② (나)는 계절풍의 영향으로 벼농사가 발달하였다.
③ (다)는 해발 고도의 영향으로 연중 우리나라의 봄과 같은 기온이 나타난다.
④ (가)는 (나)보다 건기와 우기의 구분이 뚜렷하다.
⑤ (가)는 (다)보다 대류성 강수 일수가 많다.

033
| 평가원 기출 |

그래프는 ○○ 학생의 여행지 중 출발지와 도착지의 기후를 나타낸 것이다. 출발지와 도착지를 바르게 연결한 선을 지도의 A~E에서 고른 것은?

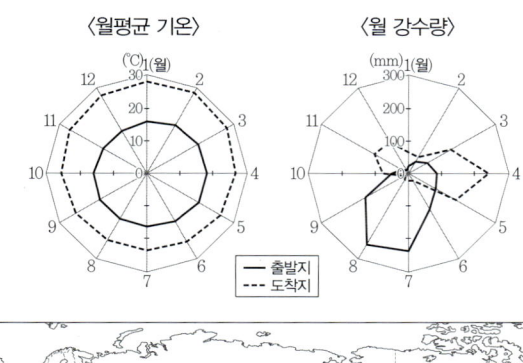

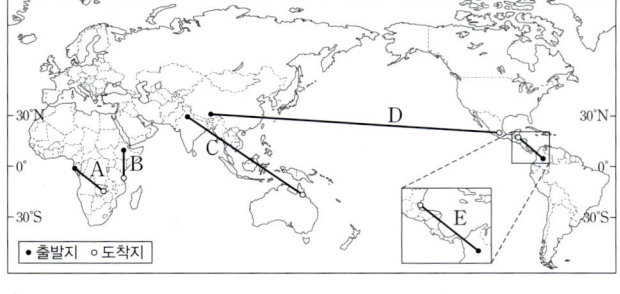

① A   ② B   ③ C   ④ D   ⑤ E

034
| 평가원 기출 |

그림은 열대 기후 지역에서 볼 수 있는 대표적인 식생 경관을 스케치한 것이다. (가) 지역에 대한 (나) 지역의 상대적 특징을 그래프의 A~E에서 고른 것은?

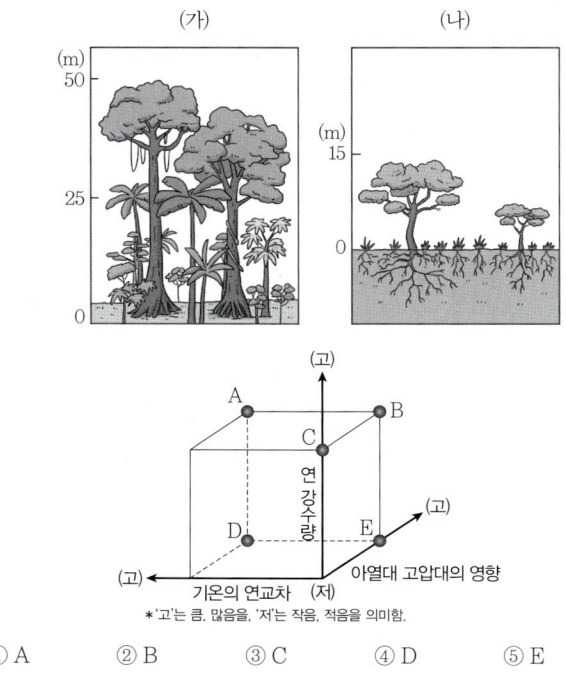

*'고'는 큼, 많음을, '저'는 작음, 적음을 의미함.

① A   ② B   ③ C   ④ D   ⑤ E

035

다음 글은 열대 기후 지역의 특성에 대해 서술한 것이다. (가)~(마)에 대한 설명으로 옳지 <u>않은</u> 것은?

> 열대 기후 지역에 분포하는 (가) 은/는 잦은 강수로 양분이 씻겨 내려간 척박한 토양이다. 그래서 숲을 태워 생긴 재를 거름 삼아 농사를 짓지만, 수년이 지나면 토양의 양분이 소실되어 더 이상의 농경은 어렵다. 그러면 다른 지역으로 이동한 후 다시 숲을 태워 경지를 개간하고 농사를 짓는데, 이런 방식으로 작물을 재배하는 농업을 (나) (이)라고 한다. 한편 열대 기후 지역에서는 유리한 기후와 저렴한 노동력, 그리고 선진국의 자본과 기술이 결합된 (다) 을/를 행하는 지역도 많다. (라) 지역에서는 카카오, 천연고무, 바나나 등을, (마) 지역에서는 커피, 목화, 사탕수수 등을 주로 재배한다.

① (가)는 산화철이 잔류하여 붉은색을 띤다.
② (나)는 얌, 카사바 등 주로 식량 작물을 재배한다.
③ (다)는 대규모 상업적 농업으로 상품 작물을 재배한다.
④ (라)는 계절에 따라 풍향이 달라져 강수량의 계절차가 크다.
⑤ (마)는 아열대 고압대와 적도 수렴대의 영향을 교대로 받는다.

036

다음은 여행 전문가가 작성한 기사 내용 중 일부이다. 기사에서 소개하는 지역의 기후를 그래프의 A~E에서 고른 것은?

서경 72°, 남위 13.5°에 위치한 쿠스코는 안데스산맥 해발 3,399m 지점의 분지에 있는 잉카 제국의 수도이다. 여기서 기차에 몸을 실었다. 기차는 스위치백을 거듭하며 고지를 오르고 올랐다. 이어지는 강과 산길을 굽이치며 드디어 '잃어버린 공중 도시' 마추픽추에 당도했다. 쿠스코에서 마추픽추까지는 기차로 4시간 정도 소요되고, 기차역에서 버스로 굽이진 산길을 40분 정도 간 다음, 걸어서 다시 30분 정도 올라가야 하는 힘겨운 여정이다. 그래서일까? 도착한 대부분의 여행자는 고산병을 겪는다. 현지인이 따뜻한 차를 권한다. 이들이 즐겨 마시는 코카차이다. 한 모금 마시니 속이 따뜻해지면서 어지러움이 가셨다. 이곳을 여행할 때는 따뜻한 물을 많이 마시고, 가급적 천천히 움직이는 게 좋다.

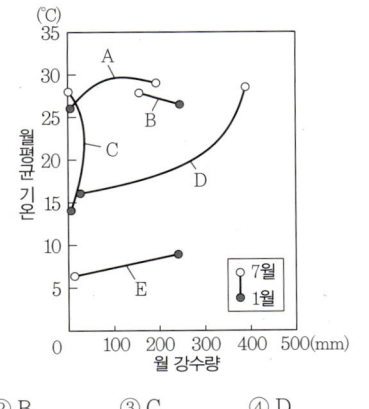

① A   ② B   ③ C   ④ D   ⑤ E

037

지도의 (가), (나) 기후 지역에 대한 옳은 설명만을 〈보기〉에서 고른 것은?

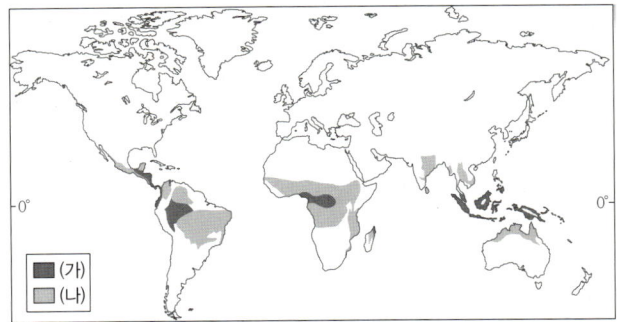

〈보기〉
ㄱ. (가)는 연중 봄과 같은 기온대가 나타난다.
ㄴ. (나)는 산성의 회백색 토양이 널리 분포한다.
ㄷ. (가)는 (나)보다 강수량의 계절적 편차가 작다.
ㄹ. (나)는 (가)보다 단위 면적당 식생 밀도가 낮다.

① ㄱ, ㄴ   ② ㄱ, ㄷ   ③ ㄴ, ㄷ   ④ ㄴ, ㄹ   ⑤ ㄷ, ㄹ

038 고난도↑

지도는 아프리카의 시기별 풍향을 나타낸 것이다. 이에 대한 설명으로 옳은 것은? (단, (가), (나)는 1월, 7월 중 하나임.)

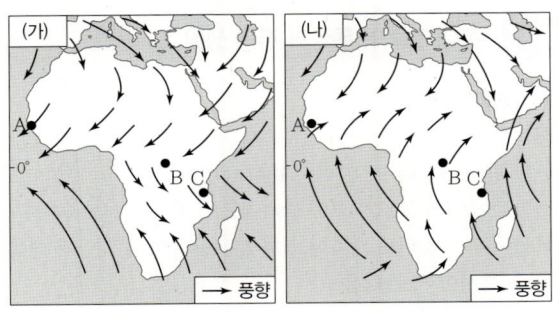

① (가) 시기의 강수량은 A가 B보다 많다.
② (나) 시기의 평균 기온은 C가 A보다 높다.
③ (가)와 (나) 시기의 기온 차는 B가 C보다 크다.
④ 건기에 C의 풍향은 남풍보다 북풍 계열이 탁월하다.
⑤ 정오 시 A에서의 그림자는 (나) 시기보다 (가) 시기가 길다.

039 고난도↑

그래프는 지도에 표시된 두 지역의 월평균 기온과 월 강수 편차를 나타낸 것이다. (가), (나)에 대한 설명으로 옳은 것은?

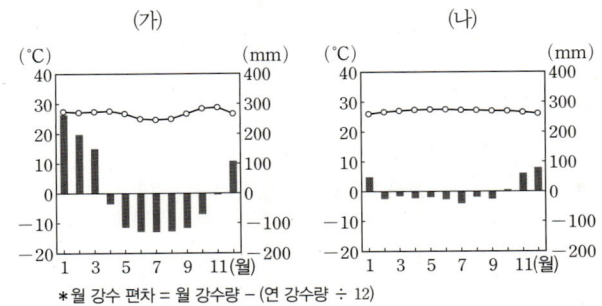

*월 강수 편차 = 월 강수량 − (연 강수량 ÷ 12)

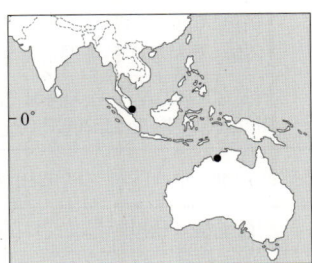

① (가)의 낮 길이는 건기가 우기보다 길다.
② (나)는 월 강수량이 60mm 미만인 달이 존재한다.
③ (가)는 (나)보다 1월에 정오의 태양 고도가 높다.
④ (나)는 (가)보다 임업에 활용하기 불리한 식생이 많이 분포한다.
⑤ (가), (나)의 강수는 대부분 편서풍에 의한 지형성 강수이다.

03강

온대, 건조, 냉·한대 기후 환경

주제 1 온대 기후의 특징과 주민 생활

1. 온대 기후의 특징

(1) 특징

① 최한월 평균 기온이 −3℃ 이상 18℃ 미만임

② 계절별로 태양의 고도가 크게 달라지므로 기온의 연교차가 큰 편

③ 편서풍이 부는 중위도 대륙에 걸쳐 분포하여 대륙 서안과 대륙 동안의 기후 특성이 서로 다름

④ 낙엽 활엽수와 침엽수가 함께 혼합림을 이룸

⑤ 농업 발달에 유리하여 일찍이 문명과 도시 발달 → 인구 밀집

자료로 살펴보기 🔍

다른 기후가 나타나는 대륙 서안과 동안

• 대륙 서안과 동안은 모두 편서풍의 영향을 받는다. 그러나 바람이 불어오는 서쪽이 바다인 대륙 서안은 편서풍의 영향이 큰 반면, 동안은 편서풍이 대륙을 지나오면서 성질이 약화되어 계절풍의 영향을 더 많이 받는다.

• 유라시아 대륙 서안의 리스본은 겨울에는 따뜻한 바다에서 불어오는 편서풍의 영향으로 따뜻하고 비가 많으며, 여름에는 아열대 고압대의 영향으로 덥고 건조하다. 대륙 동안의 칭다오는 겨울에는 차가운 대륙에서 불어오는 북서 계절풍의 영향으로 춥고 건조하며, 여름에는 뜨거운 바다에서 불어오는 고온 다습한 계절풍의 영향으로 덥고 습하다. 이에 대륙 동안의 칭다오는 대륙 서안의 리스본보다 기온과 강수량의 계절차가 크다. [대륙은 해양보다 비열이 작아 여름과 겨울의 기온 변화가 크기 때문이다.]

(2) 온대 기후의 구분

① 대륙 서안 : 편서풍의 영향으로 기온의 연교차가 작음

서안 해양성 기후 (Cfb)	특징	연중 바다에서 부는 편서풍의 영향 → 여름이 서늘하고 겨울이 온화해 연교차가 작음, 강수가 고름
	분포	위도 40~60° 부근 → 서부 유럽, 북아메리카 북서 해안, 칠레 남부, 오스트레일리아 남동부 등
지중해성 기후 (Cs)	특징	• 여름 : 아열대 고압대의 영향 → 고온 건조 • 겨울 : 편서풍과 한대 전선의 영향 → 온난 습윤
	분포	위도 30~40° 부근 → 지중해 연안, 미국 캘리포니아, 칠레 중부, 오스트레일리아 남서단 등

② 대륙 동안 : 계절풍의 영향으로 기온과 강수량의 계절 차가 큼

온난 습윤 기후 (Cfa)	특징	연중 습윤, 여름이 무덥고 건기가 뚜렷하지 않음
	분포	위도 30~40° 부근 → 중국 남부, 미국 남동부, 남아메리카 남동부, 오스트레일리아 동부 등
온대 겨울 건조 기후 (Cw)	특징	여름에는 고온 다습, 겨울에는 한랭 건조 → 기온의 연교차와 강수의 계절차가 매우 큼
	분포	위도 20~30° 부근 → 중국 남부, 인도차이나반도 북부, 남아메리카의 아르헨티나 중부 등

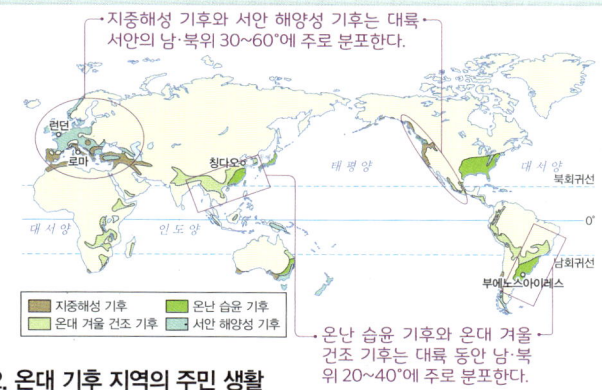

→ 지중해성 기후와 서안 해양성 기후는 대륙 서안의 남·북위 30~60°에 주로 분포한다.

🟫 지중해성 기후　🟩 온난 습윤 기후
🟨 온대 겨울 건조 기후　🟦 서안 해양성 기후

→ 온난 습윤 기후와 온대 겨울 건조 기후는 대륙 동안 남·북위 20~40°에 주로 분포한다.

2. 온대 기후 지역의 주민 생활

(1) 온대 서안 기후 지역

→ 연중 강수가 고르고 겨울이 온화해 목초지 조성에 유리하기 때문이다.

서안 해양성 기후 지역	농목업	• 혼합 농업 발달 : 곡물 재배 + 가축 사육 • 낙농업, 화훼 농업 발달 : 대도시가 많은 북해 연안
	생활	• 연중 강수량이 고름 → 내륙 수운 발달 • 흐린 날이 많아 맑은 날 일광욕을 즐김 [건조한 여름을 잘 견딘다.]
지중해성 기후 지역	농목업	• 여름 : 수목 농업 발달 예 올리브, 오렌지나무 등 • 겨울 : 곡물 농업 발달 예 밀, 귀리, 보리 등 • 알프스 산지의 이목 : 여름에는 고지대의 초지에서 방목, 겨울에는 저지대에서 가축 사육
	가옥	여름철 열기 차단을 위해 벽은 두껍고 창문은 작게 만듦, 햇빛을 반사하기 위해 벽을 하얗게 칠함

(2) 온대 동안 기후 지역

→ 중국 남부와 베트남 북부 지역은 겨울에도 온화해 벼의 2기작이 이루어진다.

농목업	• 동남 및 동아시아 : 벼농사 발달, 산지 지역의 차 재배 • 북아메리카 남부 : 목화·콩 등의 작물 대규모 재배 • 남아메리카 남부 : 대규모 기업적 목축업, 밀농사 발달
생활	홍수와 가뭄이 자주 발생 → 다목적 댐 건설

주제 2 건조 기후의 특징과 건조 지형

1. 건조 기후의 특징

(1) 특징 : 연 강수량이 500mm 이하 → 강수량보다 증발량이 많음, 나무가 자라기 어려움(무수목 기후), 기온의 일교차가 매우 큼

(2) 구분

사막 기후 (BW)	특징	• 연 강수량 250mm 미만 • 매우 건조하여 식생의 생장이 어려움, 맑은 날씨가 지속되어 기온의 일교차가 큼
	분포	남·북회귀선 부근의 아열대 고압대 지역, 한류가 흐르는 대륙 서안, 바다로부터 멀리 떨어진 대륙 내부, 탁월풍의 비그늘 지역 등
스텝 기후 (BS)	특징	• 연 강수량 250~500mm • 짧은 우기동안 단초가 자라 초원 형성, 유기물이 풍부해 비옥한 흑색의 토양 분포
	분포	아프리카 사헬 지대, 몽골과 중앙아시아, 오스트레일리아 북동부 등의 사막 주변 지역

→ 강수에 의한 유기물 손실이 적기 때문이다.

자료로 살펴보기 🔍

사막의 형성 원인

대기 대순환의 아열대 고압대

중위도 대륙 서안의 한류 연안 지역

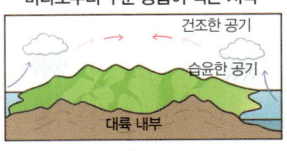
바다로부터 수분 공급이 적은 지역

탁월풍의 비그늘(바람의지) 지역

- **아열대 고압대 지역** : 연중 하강 기류의 영향을 받아 사막이 형성된다. 예 사하라 사막, 룹알할리 사막
- **중위도 대륙 내부 지역** : 바다와 멀리 떨어져 수분을 공급받기 어렵기 때문에 사막이 형성된다. 예 고비 사막, 타클라마칸(타커라마간) 사막
- **중위도 대륙 서안의 한류 연안 지역** : 차가운 바닷물이 대기를 안정시켜 상승 기류 형성을 막아 사막이 형성된다. 예 나미브 사막, 아타카마 사막
- **탁월풍의 비그늘 지역** : 지형성 강수 발생 이후 고온 건조한 바람이 지속적으로 불어와 사막이 형성된다. 예 파타고니아 사막

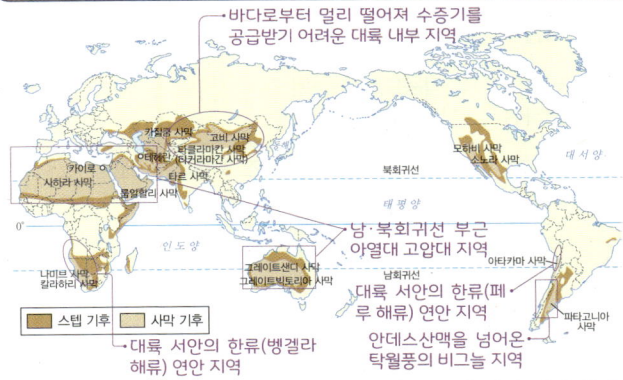

2. 건조 기후 지역의 지형 : 바람과 유수(流水)에 의한 지형 형성 활발

성인	형성 과정 및 종류
바람	• 형성 : 바람에 의한 침식 및 퇴적 작용 • 종류 : 삼릉석, 버섯바위, 사막 포도, 사구(바르한) 등
유수	• 형성 : 포상홍수의 침식 및 퇴적 작용 • 종류 : 페디먼트, 와디(건천), 플라야, 선상지, 바하다 등

└ 모래가 바람에 날려 제거되어 자갈만 넓게 깔린 지표면
└ 산기슭에 형성되는 완경사의 침식면
└ 복합 선상지

3. 건조 기후 지역의 주민 생활

(1) **사막 기후 지역** : 물을 구할 수 있는 곳에서 농경 및 취락 형성 → 오아시스 농업과 관개 농업 발달
└ 오아시스, 외래 하천 등이 해당한다.

(2) **스텝 기후 지역** : 유목 생활, 대규모 농업 지역 형성 → 우크라이나의 흑토 지대, 아메리카·오스트레일리아의 기업적 농목업
└ 대규모로 밀을 재배하거나 소나 양을 방목한다.

주제 3 냉·한대 기후의 특징과 빙하·주빙하 지형

1. 냉대 기후와 한대 기후

(1) **냉대 기후**

특징	• 최한월 평균 기온 −3℃ 미만, 최난월 평균 기온 10℃ 이상 • 기온의 연교차가 큰 대륙성 기후, 긴 겨울과 짧은 여름 • 침엽수림(타이가)과 척박한 산성 토양인 포드졸 분포
구분	• 냉대 습윤 기후(Df) : 강수량이 연중 고름 • 냉대 겨울 건조 기후(Dw) : 여름에 강수가 집중되며 겨울이 건조함, 기온의 연교차가 매우 큼

(2) **한대 기후**

특징	• 최난월 평균 기온이 10℃ 미만 • 기온이 매우 낮아 나무가 자라기 어려움(무수목 기후)
구분	• 툰드라 기후(ET) : 짧은 여름 동안 평균 기온이 0℃ 이상으로 올라가 풀과 이끼류 등의 식물이 자람 • 빙설 기후(EF) : 일 년 내내 0℃ 이하 유지 → 지표면이 연중 눈과 얼음으로 덮여 있어 인간의 거주가 어려움

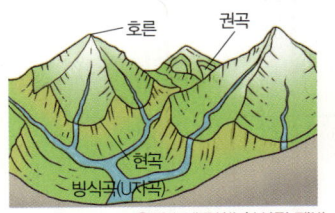

2. 냉·한대 기후 지역의 주요 지형

빙하 지형	침식 지형	권곡, 호른, U자곡(빙식곡)과 피오르 해안
	퇴적 지형	빙력토 평원, 모레인, 드럼린, 에스커
주빙하 지형		• 영구 동토층 : 연중 녹지 않고 동결되어 있는 층 • 활동층 : 여름에 일시적으로 융해되는 층 • 구조토 : 토양 속 수분의 결빙과 융해가 반복되는 동안 자갈과 모래가 크기별로 분류되면서 형성된 다각형의 지형 • 솔리플럭션 : 여름철에 활동층이 경사면을 따라 아래쪽으로 흘러내리는 현상

└ 해수면 상승으로 U자곡에 바닷물이 들어와 형성된 협만

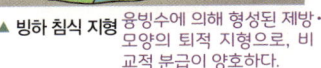

▲ **빙하 침식 지형** 융빙수에 의해 형성된 제방 모양의 퇴적 지형으로, 비교적 분급이 양호하다.

▲ **빙하 퇴적 지형** 빙하의 이동 방향을 따라 빙하 퇴적물이 숟가락 엎어 놓은 모양으로 쌓인 언덕

3. 냉·한대 기후 지역의 주민 생활

(1) **냉대 기후 지역** : 주로 밭농사와 임업(목재 및 펄프 공업) 발달

(2) **한대 기후 지역** : 농사 불가능해 순록 유목 및 수렵 활동, 고상 가옥
└ 영구 동토층까지 기둥을 깊게 박고 지면으로부터 바닥을 높게 띄움, 난방열 차단

핵심 개념 CHECK!

• 정답 및 해설 014쪽

✏️ 빈칸에 알맞은 말을 쓰시오.

01 지도는 서안 해양성 기후, 지중해성 기후, 온대 겨울 건조 기후, 온난 습윤 기후의 분포를 나타낸 것이다. (가)~(라)에 해당하는 기후는?

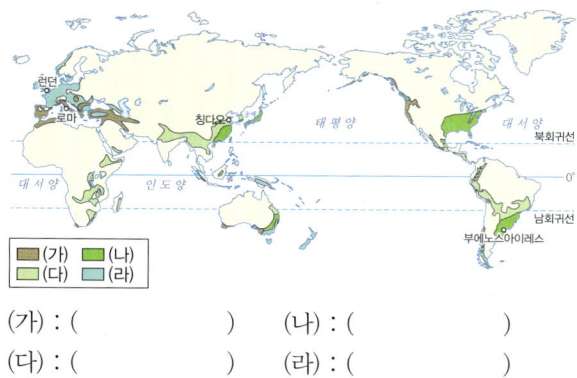

(가) : (　　　　　)　　(나) : (　　　　　)
(다) : (　　　　　)　　(라) : (　　　　　)

02 지도는 아열대 고압대, 한류, 대륙 내부, 비그늘 사면의 원인으로 사막이 형성된 지역이다. (가)~(라) 사막의 형성 원인은?

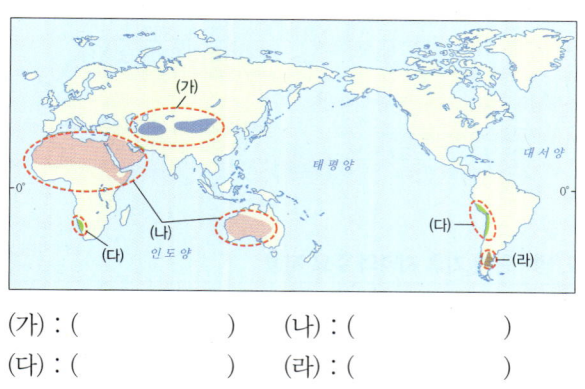

(가) : (　　　　　)　　(나) : (　　　　　)
(다) : (　　　　　)　　(라) : (　　　　　)

03 그래프는 사막 기후, 서안 해양성 기후, 툰드라 기후를 나타낸 것이다. (가)~(다)에 해당하는 기후는?

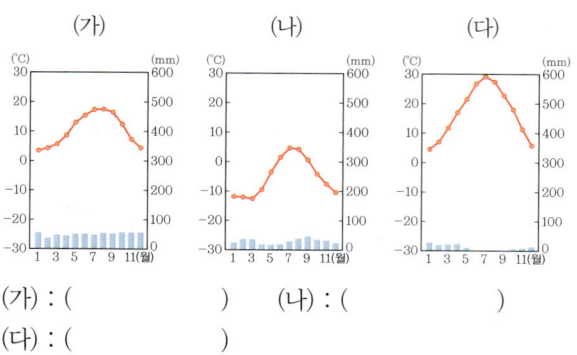

(가) : (　　　　　)　　(나) : (　　　　　)
(다) : (　　　　　)

✏️ 다음의 설명이 맞으면 'O', 틀리면 'X'에 표시하시오.

04 중위도의 비슷한 위도에서 대륙 동안은 대륙 서안보다 기온의 연교차가 크다. ○ ✕

05 지중해성 기후는 여름 강수량이 겨울 강수량보다 많다. ○ ✕

06 서안 해양성 기후는 계절에 따른 강수의 편차가 작은 편이다. ○ ✕

07 대륙 동안은 대륙 서안보다 계절풍의 영향을 많이 받는다. ○ ✕

08 서안 해양성 기후 지역에서는 여름에는 수목 농업이, 겨울에는 곡물 농업이 이루어진다. ○ ✕

09 계절풍의 영향을 받는 아시아 지역에서는 벼농사가 발달하였다. ○ ✕

10 (함정) 한류의 영향으로 형성된 사막은 대륙 동안이 대륙 서안보다 많다. ○ ✕

11 (함정) 여러 개의 선상지가 연속적으로 발달하여 이어진 복합 선상지를 바르한이라고 한다. ○ ✕

12 바람의 침식 작용으로 형성된 건조 지형에는 버섯바위, 삼릉석 등이 있다. ○ ✕

13 유수의 침식 작용으로 형성된 건조 지형에는 페디먼트가 있다. ○ ✕

14 신대륙의 스텝 기후 지역에서는 대규모로 기업적 농목업이 이루어진다. ○ ✕

15 건조 기후와 한대 기후는 나무가 자라기 어려운 무수목 기후에 해당한다. ○ ✕

16 사막 기후 지역에는 유기물이 풍부해 비옥한 흑색의 토양이 분포한다. ○ ✕

17 (함정) 건조 기후 지역은 기온의 일교차가 크고, 화학적 풍화 작용이 활발하다. ○ ✕

18 빙설 기후 지역에서는 짧은 여름철에 지의류가 자란다. ○ ✕

19 냉대 기후 지역에 분포하는 포드졸은 회백색의 강한 알칼리성 토양이다. ○ ✕

20 빙하의 침식으로 형성된 지형으로는 호른, 권곡, 현곡 등이 있다. ○ ✕

21 빙하 퇴적 작용으로 형성된 지형은 하천 퇴적 작용으로 형성된 지형보다 분급이 양호하다. ○ ✕

22 구조토는 토양층의 동결과 융해의 반복으로 형성된 주빙하 지형이다. ○ ✕

23 (함정) 솔리플럭션 현상은 북극보다 남극에서 관찰하기 쉬운 현상이다. ○ ✕

중위도 대륙 동안과 서안의 농목업 경관은 왜 다를까?

▲ 벼농사

▲ 차 재배

▲ 혼합 농업

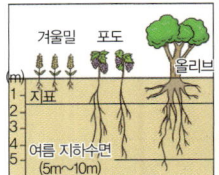

▲ 지중해성 기후 지역의 작물(좌)과 수목 농업(우)

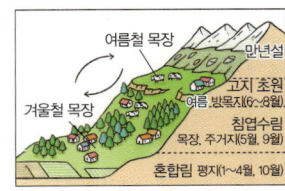

▲ 알프스 산지의 이목

> 2016년 기준 중국 > 인도 > 인도네시아 > 방글라데시 > 베트남 순이며, 상위 5개국 모두 아시아 계절풍 지역에 속한다.

- **대륙 동안**의 동부 및 동남아시아 온대 기후 지역에서는 **벼농사**가 활발하다. 벼는 성장기에 높은 기온과 풍부한 물이 필수적인데, 대륙 동안은 여름철 바다에서 불어오는 고온 다습한 바람의 영향으로 강수량이 많기 때문에 벼농사에 유리하다. 중국 남부, 베트남 등 여름철이 특히 고온 다습한 저위도 지역에서는 일 년에 두 번 벼농사를 짓는 2기작도 이루어져 쌀 생산량이 매우 많다. 한편, 중국, 타이완 등 겨울 기온이 온화하고 여름철 강수량이 많으며 배수가 잘 되는 온대 기후의 산지 지역에서는 **차 재배**가 활발하다.

- 중위도 **대륙 서안**의 **서안 해양성 기후** 지역은 과거 빙하의 영향으로 토양이 척박하다. 이런 문제점을 해결하기 위해 가축의 배설물을 토양에 영양분으로 공급한다. 그래서 식량 작물 재배와 함께 가축 사육을 위한 사료 작물 재배가 병행되는데, 이를 **혼합 농업**이라고 한다. **지중해성 기후 지역**은 고온 건조한 여름철에는 곡물 재배가 어렵다. 그러나 포도, 레몬, 오렌지 등은 일조량이 풍부한 기후로 인해 당도가 높아진다. 그래서 여름철에는 과수 농업이 주로 이루어지는데, 이를 **수목 농업**이라고 한다. 밀, 보리 등의 곡물은 온난 습윤한 겨울철을 중심으로 재배한다. 한편 **알프스 산지**에서는 여름철에는 고지대로, 겨울철에는 저지대로 이동하면서 가축을 사육하는 **이목**이 행해진다. 지중해성 기후 지역에서는 고온 건조한 여름철에는 목초가 자랄 수 없으므로 서늘한 고지대로 이동하고, 겨울철에는 온난 습윤하여 목초가 자랄 수 있는 저지대로 이동한다.

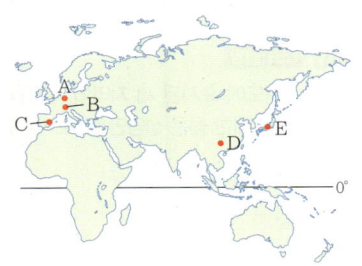

백지도로 확인하기

Q1 다음 물음에 해당하는 지역을 아래 지도의 A~E에서 골라 쓰시오.

(1) 여름철의 고온 건조한 기후로 수목 농업에 유리한 지역은? (　　　)

(2) 계절에 따라 가축 사육지의 해발 고도가 달라지는 전통 목축업이 행해지는 지역은? (　　　)

(3) 계절풍의 영향으로 쌀 재배가 활발한 지역은? (　　　),(　　　)

(4) 차(茶)의 기원지로 차 생산량이 가장 많은 지역은? (　　　)

(5) 겨울철을 중심으로 곡물 농업이 이루어지는 지역은? (　　　)

(6) 혼합 농업이 가장 활발하게 이루어지는 지역은? (　　　)

자료 분석에 적용하기

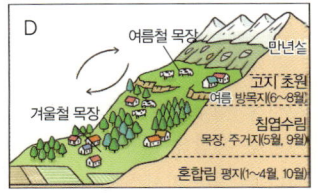

Q2 왼쪽 자료는 온대 기후 지역의 주요 농목업 방식을 나타낸 것이다. 괄호 안의 내용 중 알맞은 말을 고르거나, 빈칸에 알맞은 기호를 쓰시오.

(1) A는 계절풍의 영향을 받는 대륙 (동안 / 서안)에서 이루어지는 농업이다.

(2) B 농업은 (지중해성 / 서안 해양성) 기후가 나타나는 지역에서 이루어진다.

(3) C는 여름철이 (고온 건조 / 온난 습윤)한 지역에서 이루어지는 농업이다.

(4) D는 여름철에 (고지대 / 저지대)로 이동하고, 겨울철에 (고지대 / 저지대)로 이동하여 가축을 사육한다.

(5) 여름 강수 집중률이 높은 아시아는 주로 (　　　) 농업이 발달하였다.

(6) 연중 편서풍의 영향을 받는 서부 유럽에서는 주로 (　　　) 농업이 이루어진다.

(7) B 농업이 이루어지는 지역은 A 농업이 이루어지는 지역보다 겨울 강수 집중률이 (높다 / 낮다).

WHERE & WHY 정답 Q1 (1) C (2) B (3) D, E (4) D (5) C (6) A Q2 (1) 동안 (2) 서안 해양성 (3) 고온 건조 (4) 고지대, 저지대 (5) A (6) B (7) 높다

주제 1 온대 기후의 특징과 주민 생활

족집게 전략 | 기후 그래프와 지도에서의 지역을 연결하는 문항이 주로 출제된다. 따라서 대륙 서안의 서안 해양성 기후와 지중해성 기후, 대륙 동안의 온난 습윤 기후와 온대 겨울 건조 기후의 기온 · 강수 특성을 반드시 각 기후별 대표 지역의 위치와 함께 알아 두어야 한다.

040 대표 문항
| 평가원 기출 |

그래프는 지도에 표시된 세 지역의 시기별 기온 편차를 나타낸 것이다. A~C 지역에 대한 옳은 설명만을 〈보기〉에서 있는 대로 고른 것은?

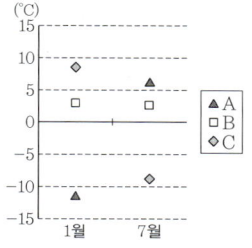

* 기온 편차 = 시기별 각 지역의 기온 – 시기별 세 지역 기온의 평균

〈보기〉
ㄱ. 1월에 낮 길이는 A~C 중 C가 가장 길다.
ㄴ. 7월에 A는 B보다 강수량이 적다.
ㄷ. 7월에 B는 C보다 아열대 고압대의 영향을 크게 받는다.
ㄹ. 연중 강수 분포는 A~C 중 B가 가장 고르다.

① ㄱ, ㄷ ② ㄱ, ㄹ ③ ㄴ, ㄷ
④ ㄱ, ㄴ, ㄹ ⑤ ㄴ, ㄷ, ㄹ

✏️ **한줄 Tip** 그래프를 보기 전에 지도에 표시된 각 지역이 어떤 기후 지역인지 써 두면 빠르게 자료를 해석할 수 있어!

041
| 평가원 기출 |

지도에 표시된 A, B는 어느 기후 지역의 일부를 나타낸 것이다. A, B에 대한 옳은 설명만을 〈보기〉에서 있는 대로 고른 것은?

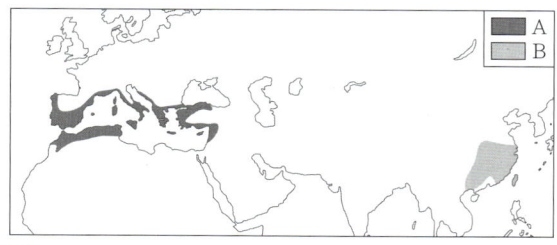

〈보기〉
ㄱ. A는 편서풍의 영향으로 연중 습도가 일정하다.
ㄴ. B는 계절풍의 영향으로 기온의 연교차가 크다.
ㄷ. B는 A보다 하계에 강수가 집중되는 정도가 크다.
ㄹ. A에서는 수목 농업, B에서는 벼농사가 널리 행해진다.

① ㄱ, ㄷ ② ㄴ, ㄹ ③ ㄱ, ㄴ, ㄷ
④ ㄱ, ㄷ, ㄹ ⑤ ㄴ, ㄷ, ㄹ

042
| 평가원 기출 |

그래프의 (가)~(다) 도시를 지도의 A~E에서 고른 것은?

〈월 강수 편차와 1월 평균 기온〉

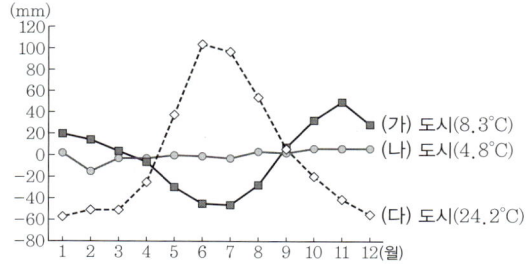

(가) 도시(8.3℃)
(나) 도시(4.8℃)
(다) 도시(24.2℃)

* 월 강수 편차 = 월 강수량 – (연 강수량/12)
** 괄호 안의 기온은 해당 도시의 1월 평균 기온임.

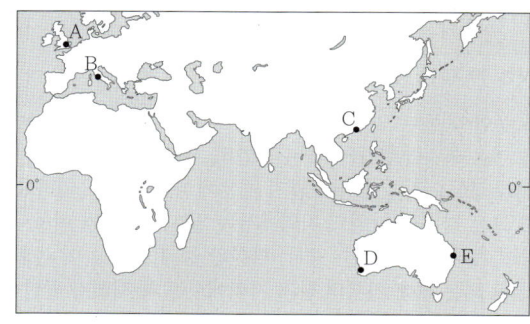

	(가)	(나)	(다)		(가)	(나)	(다)
①	A	C	D	②	A	C	E
③	B	A	C	④	B	A	D
⑤	B	E	C				

043

그래프는 세 지역의 월평균 기온과 강수량을 나타낸 것이다. (가)~(다) 지역에 대한 설명으로 옳은 것은?

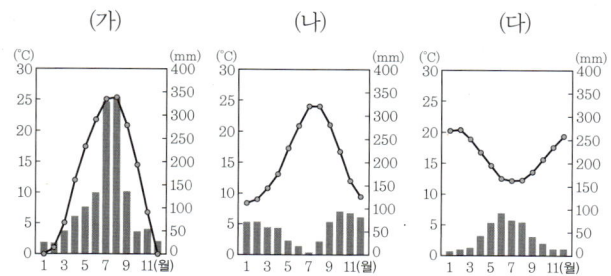

① (가)는 계절풍의 영향을 받는다.
② (나)는 혼합 농업이 주로 이루어진다.
③ (다)는 연중 편서풍의 영향을 받는다.
④ (나)는 (가)보다 벼농사가 발달해 있다.
⑤ (다)는 (나)보다 7월에 낮의 길이가 길다.

044

(가), (나) 시기에 A~E 지역에서 나타나는 현상으로 옳은 것은? (단, (가), (나)는 1월, 7월 중 하나임.)

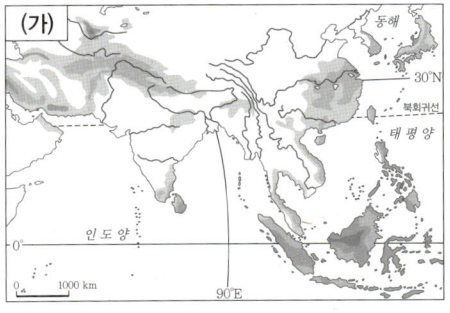

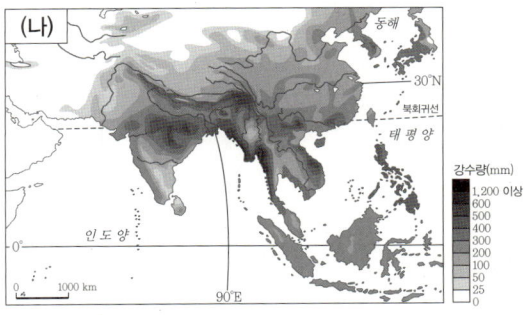

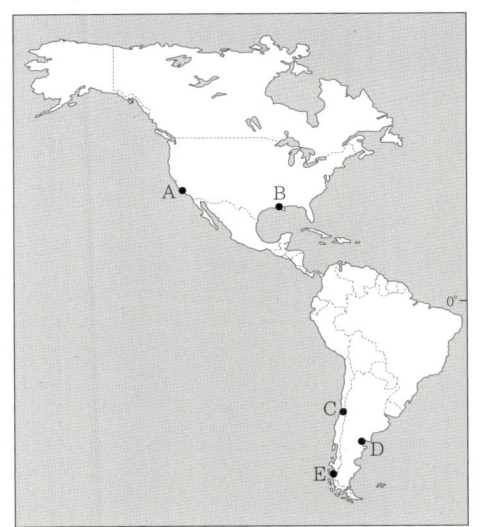

① (가) 시기에 A는 가뭄 피해가 잦다.

② (가) 시기에 B는 허리케인이 자주 통과한다.

③ (가) 시기에 C는 아열대 고압대의 영향을 받는다.

④ (나) 시기에 D는 잦은 스콜로 침수 피해가 빈번하다.

⑤ (나) 시기에 E는 폭염으로 인한 열대야 발생 일수가 많다.

045

다음 글의 (가) 지역에 해당하는 기후를 그래프의 A~E에서 고른 것은?

(가) 여행은 여름이 제격이다. 겨울은 흐린 날이 많아 멋스러움을 제대로 느낄 수 없다. 하지만 여름은 맑은 날이 지속되고 일조량이 풍부하다. 그래서 주변에 포도밭이 많다. (가) 의 최고 특산품은 와인이며, 토마토의 생산량도 많다. (가) 은/는 깎아지른 절벽 위에 오밀조밀 집들이 모여 있다. 건물은 모두 흰색, 혹은 파스텔 색조로 칠해져 있어서 화사하고 산뜻한 느낌을 준다. 짙은 색깔의 집은 찾아볼 수 없다. (가) 의 건물이 밝은 데는 그럴만한 이유가 있다. 7월의 태양빛이 워낙 강렬하고 따갑기 때문이다. 한낮에는 선글라스를 끼지 않으면 얼굴이 찌푸려질 정도로 눈부시다. 흰색으로 외벽을 칠하면 햇빛을 반사시키므로 실내 온도가 많이 올라가지 않는다고 한다.

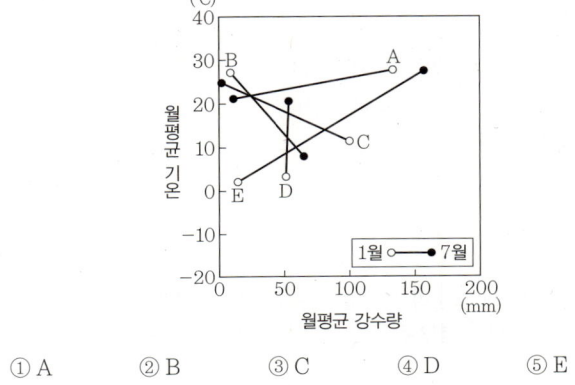

① A   ② B   ③ C   ④ D   ⑤ E

046

다음 글은 온대 기후 지역에 분포하는 식생에 대해 서술한 것이다. (가), (나) 기후에 대한 옳은 설명만을 〈보기〉에서 고른 것은?

(가) 에 분포하는 식생은 여름철의 고온과 가뭄에 견디는 품종들이 주종을 이룬다. 잎이 작고 딱딱하며 두꺼운 나무들을 쉽게 볼 수 있다. 이는 증산 작용으로 인한 수분 손실을 막기 위해서이다. 이런 이유로 여름이 되면 주변 풀들은 모두 말라있지만 나뭇잎은 푸른색을 유지한다.

(나) 에는 광택이 나는 잎을 가진 식물들이 많다. 큐티쿨러라는 피막이 잎을 감싸고 있기 때문이다. 이는 여름의 강한 비바람, 겨울의 추위와 건조 등 가혹적인 환경으로부터 보호하기 위한 일종의 코팅 막이다. 이런 이유로 이 지역의 나뭇잎들은 미끄럽고 햇빛을 받으면 반짝거린다.

보기

ㄱ. (가)는 계절풍의 영향을 받는다.

ㄴ. (나)는 대륙 동안에 주로 분포한다.

ㄷ. (가)는 (나)보다 기온의 연교차가 작다.

ㄹ. (나)는 (가)보다 아열대 고압대의 영향을 많이 받는다.

① ㄱ, ㄴ   ② ㄱ, ㄷ   ③ ㄴ, ㄷ   ④ ㄴ, ㄹ   ⑤ ㄷ, ㄹ

047

지도는 유럽의 농업 지역을 구분한 것이다. (가)~(다) 농업에 대한 설명으로 옳지 <u>않은</u> 것은? (단, (가)~(다)는 낙농업, 수목 농업, 혼합 농업 중 하나임.)

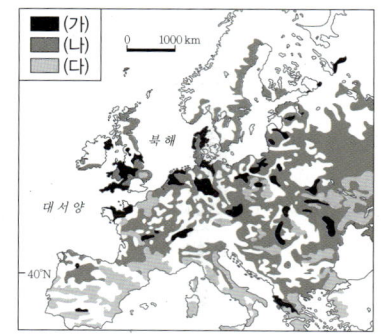

① (가)는 여름이 서늘한 지역이 유리하다.

② (나)는 농업과 목축업이 결합되어 있다.

③ (다)는 여름철에 주로 곡물을 재배한다.

④ (가)는 (나)보다 대도시 주변에 발달한다.

⑤ (다)는 (가)보다 가축 사육의 비중이 낮다.

048

(가), (나)는 지중해 일대의 시기별 강수 분포와 풍향을 나타낸 것이다. A~D 지역에 대한 설명으로 옳은 것은? (단, (가), (나)는 1월, 7월 중 하나임.)

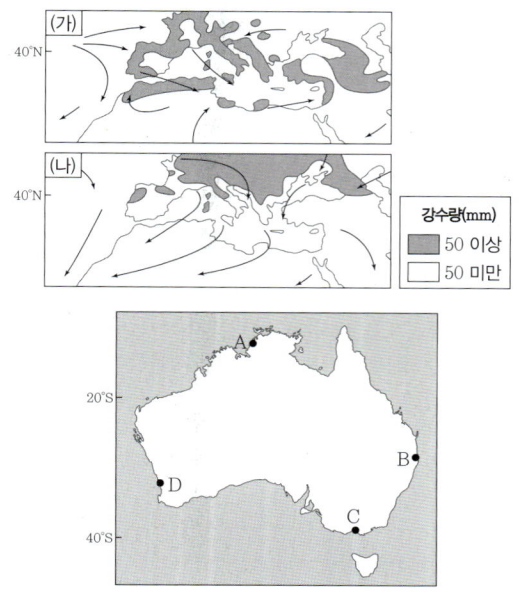

① (가) 시기의 강수량은 B가 D보다 적다.

② (가) 시기의 평균 기온은 C가 B보다 높다.

③ (나) 시기에 A는 북동 무역풍의 영향을 받는다.

④ (나) 시기에 C는 아열대 고압대의 영향으로 건기가 된다.

⑤ (가) 시기와 (나) 시기 간 강수량 차이는 A가 D보다 크다.

049 고난도↑

그래프는 두 지역의 1월과 7월 평균 기온 및 강수량의 합을 나타낸 것이다. A~C에 해당하는 지역을 지도의 (가)~(다)에서 고른 것은?

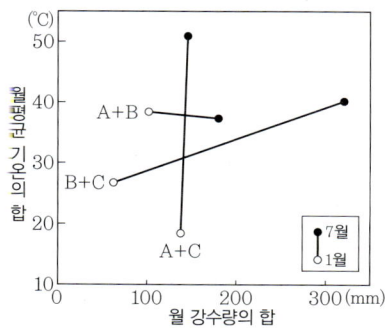

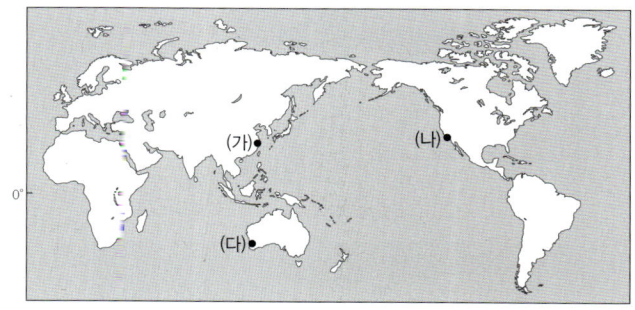

	A	B	C		A	B	C
①	(가)	(나)	(다)	②	(가)	(다)	(나)
③	(나)	(가)	(다)	④	(나)	(다)	(가)
⑤	(다)	(가)	(나)				

주제 2 건조 기후의 특징과 건조 지형

족집게 전략| 기후 그래프와 지도를 연결하는 문항, 성인별 사막을 비교하는 문항, 건조 지형의 형성 과정 및 특징을 묻는 문항 등이 주로 출제된다. 특히 건조 지형은 모식도나 사진을 통해 출제되는 경우가 많으므로 형성 원인뿐만 아니라 형태도 함께 알아 두어야 한다.

050 대표 문항

| 평가원 기출 |

그래프는 지도에 표시된 세 지역의 월평균 기온 및 누적 강수량을 나타낸 것이다. (가)~(다)에 해당하는 지역을 지도의 A~C에서 고른 것은?

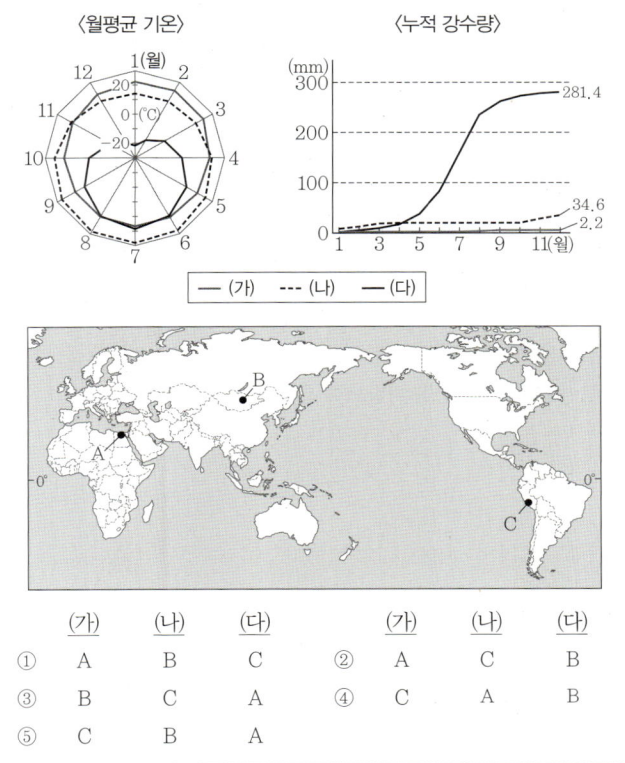

〈월평균 기온〉   〈누적 강수량〉

— (가) ···· (나) — (다)

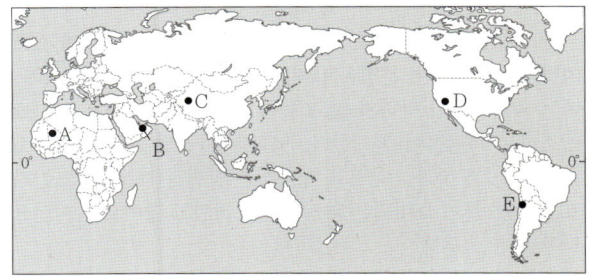

	(가)	(나)	(다)		(가)	(나)	(다)
①	A	B	C	②	A	C	B
③	B	C	A	④	C	A	B
⑤	C	B	A				

✏️ **한줄 Tip** 한류 영향을 받는 저위도 연안은 여름이 비교적 서늘하다.

051

| 평가원 기출 |

지도의 A~E 지역에 대한 설명으로 옳은 것은?

① A – 주변의 높은 산지로 인해 편서풍의 바람그늘이 되어 건조하다.
② B – 한류의 영향으로 상승 기류가 발생하지 않아 건조하다.
③ C – 열대성 저기압에 의해 여름철에만 강수가 발생한다.
④ D – 강한 산성을 띠는 척박한 토양이 넓게 분포한다.
⑤ E – 바람의 퇴적 작용으로 만들어진 바르한을 볼 수 있다.

052

| 평가원 기출 |

다음 자료는 건조 기후 지역에서 발달하는 지형을 나타낸 것이다. A~D에 대한 옳은 설명만을 〈보기〉에서 고른 것은?

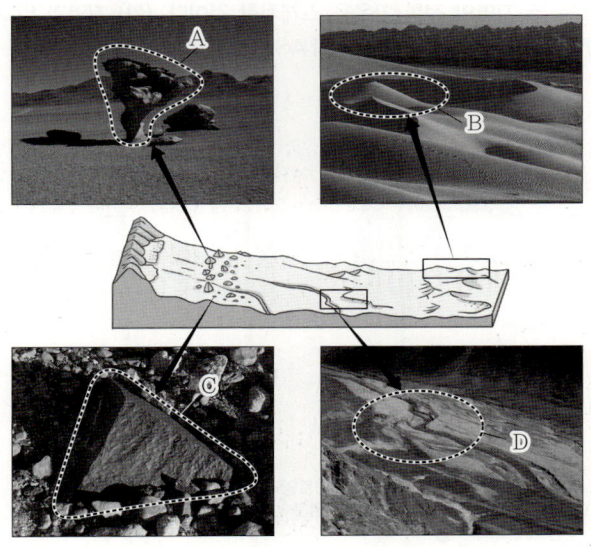

〈보기〉
ㄱ. A는 주로 포상홍수의 침식 작용으로 형성된다.
ㄴ. B가 연속적으로 발달하면 바하다라고 부른다.
ㄷ. C는 주로 바람에 날린 모래의 침식으로 형성된다.
ㄹ. D는 대부분 비가 내릴 때만 일시적으로 물이 흐른다.

① ㄱ, ㄴ ② ㄱ, ㄷ ③ ㄴ, ㄷ ④ ㄴ, ㄹ ⑤ ㄷ, ㄹ

053

| 평가원 기출 |

다음 글의 밑줄 친 ㉠~㉣에 대한 옳은 설명만을 〈보기〉에서 고른 것은?

연 강수량 250mm 미만인 ㉠ 이 기후 지역에서는 식물이 자라기 매우 어려우며, ㉡ 바람에 의한 침식 작용과 퇴적 작용이 활발하게 일어난다. 평소 지표수를 보기 힘든 이 지역에서는 ㉢ 비가 내리면 일시적으로 물이 흐르는 하천이 나타난다. 주민들은 기온의 일교차가 크고 건조한 기후 특성에 적응하여 ㉣ 독특한 생활 방식과 문화 경관을 만들어 낸다.

〈보기〉
ㄱ. ㉠ – 북반구보다 남반구에 더 넓게 분포한다.
ㄴ. ㉡ – 삼릉석과 버섯바위의 주요 형성 요인이 된다.
ㄷ. ㉢ – 와디라고 하며 지하 관개 수로의 주요 물 공급원이다.
ㄹ. ㉣ – 지붕이 평평하고 벽이 두꺼운 흙벽돌집이 나타난다.

① ㄱ, ㄴ ② ㄱ, ㄷ ③ ㄴ, ㄷ ④ ㄴ, ㄹ ⑤ ㄷ, ㄹ

054

자료는 두 지역의 전통 가옥을 스케치한 것이다. (가) 지역과 비교한 (나) 지역의 상대적 특성을 그림의 A~E에서 고른 것은?

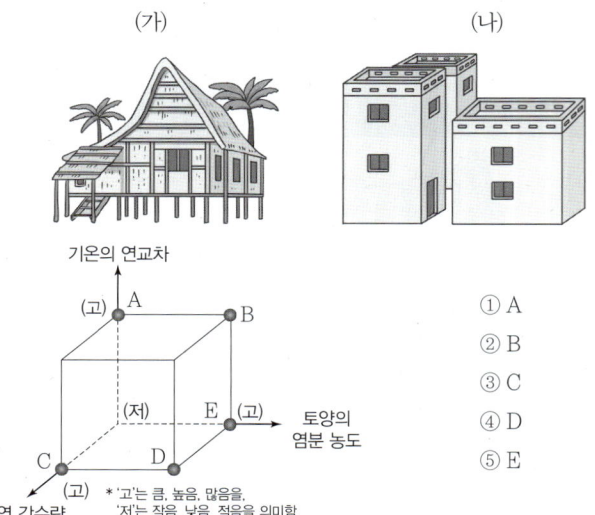

(가)   (나)

기온의 연교차

① A
② B
③ C
④ D
⑤ E

* '고'는 큼, 높음, 많음을.
'저'는 작음, 낮음, 적음을 의미함.

055

다음은 학생이 작성한 수행평가 보고서이다. 밑줄 친 '사막'이 분포하는 지역을 지도의 A~E에서 고른 것은?

환경에 적응한 생명체들

3학년 1반 ○○○

'웰위치아 미라빌리스'는 밑동에서 혀뿌리를 닮은 두 장의 잎을 내는데, 잎 하나의 길이가 약 9m에 육박한다. 새벽 안개가 잎에 부딪히면서 형성되는 이슬을 먹기 위해 잎이 길어진 것이다. 이 식물은 <u>사막</u>의 혹독한 환경을 견디기 위해 기괴한 모습을 하면서 1,000년 이상을 버틴다.

사막에서 직접 물을 만들어 먹는 '거저리'라는 딱정벌레가 있다. 이 곤충은 큰 일교차와 안개를 이용한다. 새벽에 모래언덕에 올라 경사면에서 머리를 아래로 향한 채 물구나무를 서면 등에 있는 돌기에 안개의 수증기가 달라붙는다. 작은 수증기는 점점 커지면서 물방울이 되어 등을 타고 내려와 마침내 입으로 들어가게 된다.

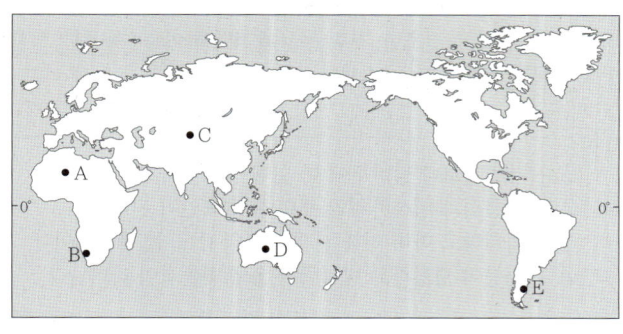

① A   ② B   ③ C   ④ D   ⑤ E

056

다음 글은 건조 기후 지역에 대해 서술한 것이다. ㉠~㉤에 대한 설명으로 옳지 않은 것은?

사막 기후는 기온의 일교차가 커서 [㉠]이/가 활발하다. 사막에 분포하는 모래, 자갈, 암석 등은 그 결과로 생긴 풍화 산물로 볼 수 있다. 그리고 강수량이 부족해 식생이 빈약하고, 이 때문에 바람에 의해 형성되는 지형들이 많다. 버섯바위, 삼릉석 등은 바람에 날린 모래의 침식으로, ㉡ 바르한은 바람에 날린 모래가 쌓이면서 형성된다. 사막 기후에서 유수는 지표면을 덮듯이 넓게 퍼져 흐르는데, 이를 포상홍수라고 한다. 포상홍수에 의해 만들어진 대표적인 지형이 ㉢ 페디먼트이다. 사막 기후보다 강수량이 많은 스텝 기후 지역에서는 ㉣ 목축업이 이루어지고, ㉤ 비옥한 토양이 분포하여 대규모 상업적 농업이 발달하기도 한다.

---

① ㉠ – 수축·팽창에 의해 암석이 붕괴되는 현상이다.
② ㉡ – 바람받이 사면은 바람의지 사면보다 완경사이다.
③ ㉢ – 유수의 퇴적으로 두꺼운 충적층이 형성되어 있다.
④ ㉣ – 신대륙은 구대륙보다 기업적 방목의 비중이 높다.
⑤ ㉤ – 두터운 부식층을 바탕으로 흑색을 띠는 토양이다.

057

다음은 영화 소개 자료의 일부이다. (가) 지역에 대한 설명으로 옳은 것은?

〈카나트의 청소부, Kariz〉

• **개요** : 다큐멘터리 | 52분
• **감독** : 마가 골리푸르
• **줄거리**

'카나트'는 지하에 만든 관개 수로로 [(가)]에서 처음 시작되었다고 한다. 3천 년 이상의 역사를 지닌 카나트는 물을 공급하는 가장 기본적인 수단으로, [(가)]은/는 이것을 통해 흐르는 지하수에 의존하여 문명을 유지해 왔다. 그래서 지금도 [(가)]에는 지하수로가 막히지 않고 물이 잘 흐를 수 있도록 카나트를 청소하는 사람들이 존재한다. 영화는 일평생 카나트를 청소해 온 한 남자를 따라 카나트를 청소하는 방법과 과정, 그리고 카나트를 통해 물이 소비되는 과정을 관조적이고 경이로운 시선으로 담아낸다. …(후략)

---

① 기온의 일교차가 크다.
② 화학적 풍화 작용이 활발하다.
③ 적도 수렴대의 영향을 많이 받는다.
④ 커피 플랜테이션 농업이 발달하였다.
⑤ 회백색의 산성 토양이 널리 분포한다.

058 고난도↑

다음 자료는 북부 아프리카의 유목 방식을 나타낸 것이다. 이에 대한 설명으로 옳은 것은? (단, (가), (나)는 6~8월, 12~2월 중 하나임.)

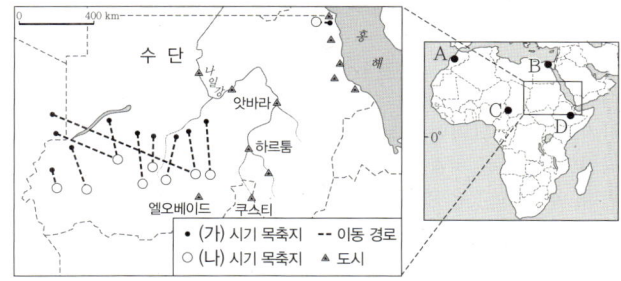

① A는 (가) 시기에 곡물 농업을, (나) 시기에 수목 농업을 한다.
② B의 (가) 시기는 (나) 시기보다 아열대 고압대의 영향이 강하다.
③ C의 (가) 시기는 (나) 시기보다 기온의 일교차가 크다.
④ D의 (나) 시기는 (가) 시기보다 강수량이 많다.
⑤ (가) 시기의 강수량은 A가 C보다 많다.

059 고난도↑

다음 자료에 대한 옳은 설명만을 〈보기〉에서 있는 대로 고른 것은? (단, A, B 시기는 6~8월, 12~2월 중 하나이고, (가)~(다) 지역은 모두 해발 고도 500m 미만에 위치함.)

〈알프스 산지의 A, B 시기 방목지 해발 고도〉

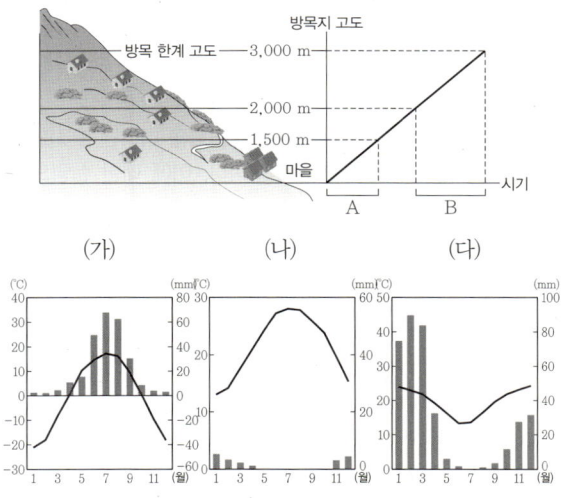

보기
ㄱ. A 시기에 (가)는 초원의 풀들이 자란다.
ㄴ. B 시기에 (가)의 낮 평균 길이는 (다)의 밤 평균 길이보다 길다.
ㄷ. B 시기의 강수 집중률은 (다)>(나)>(가) 순으로 높다.
ㄹ. (나)는 A 시기보다 B 시기에 아열대 고압대의 영향을 많이 받는다.

① ㄱ, ㄷ   ② ㄴ, ㄹ   ③ ㄱ, ㄴ, ㄷ
④ ㄱ, ㄴ, ㄹ   ⑤ ㄴ, ㄷ, ㄹ

주제 3 냉·한대 기후의 특징과 빙하·주빙하 지형

족집게 전략 | 냉대 기후의 출제 포인트는 회백색의 산성 토양인 포드졸과 단순림인 침엽수림이 분포해 임업에 유리하다는 점이다. 특히 여름 강수 집중률이 높은 냉대 겨울 건조 기후는 대륙성 기후가 탁월하여 기온의 연교차가 매우 크다는 점을 알아 두어야 한다. 한대 기후에서는 툰드라 기후 위주로 출제된다. 빙설 기후는 인간 거주가 어렵지만 툰드라 기후는 수렵, 어로, 순록 유목 등의 생활이 가능하기 때문이다. 특히 반복되는 동결·융해의 과정에서 형성된 주빙하 지형과 고상 가옥의 특징을 기억해 두자.

060 대표 문항
| 평가원 기출 |

그래프는 (가), (나) 지역의 월평균 기온과 누적 강수량을 나타낸 것이다. 이에 대한 옳은 설명만을 〈보기〉에서 고른 것은?

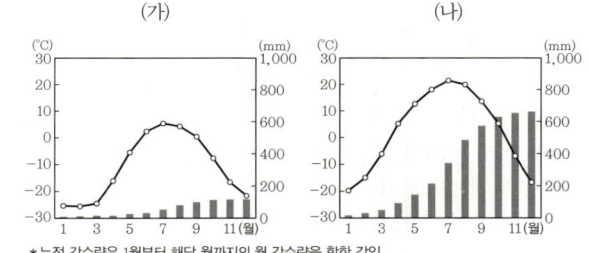

＊누적 강수량은 1월부터 해당 월까지의 월 강수량을 합한 값임.

보기
ㄱ. (가)에서는 순록을 볼 수 있다.
ㄴ. (나)에는 상록 활엽수림이 넓게 분포한다.
ㄷ. (가)는 (나)보다 최난월 강수량이 적다.
ㄹ. (나)는 (가)보다 기온의 연교차가 작다.

① ㄱ, ㄴ   ② ㄱ, ㄷ   ③ ㄴ, ㄷ   ④ ㄴ, ㄹ   ⑤ ㄷ, ㄹ

✏️ 한줄 Tip 툰드라 기후와 빙설 기후는 최난월 평균 기온 0℃로 구분해야 해!

061
| 평가원 기출 |

A~E 지형에 대한 설명으로 옳은 것은? (단, A~E는 각각 드럼린, 모레인, 에스커, 현곡, 호른 중 하나임.)

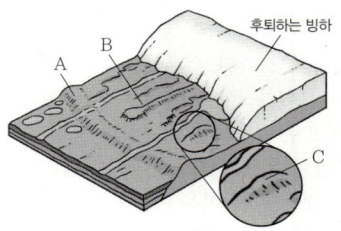
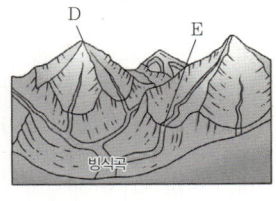

① A는 크기가 비슷한 모래 퇴적물로 이루어져 있다.
② B는 융빙수에 의해 형성된 제방 모양의 퇴적 지형이다.
③ C는 빙하기 이후 A가 풍화와 침식을 받아 형성되었다.
④ D는 빙하기 이후 하천의 침식에 의해 형성되었다.
⑤ E는 빙식곡에 빙하 퇴적물이 쌓여 형성되었다.

062

| 평가원 기출 |

지도의 (가)~(다) 지역에 대한 옳은 설명만을 〈보기〉에서 있는 대로 고른 것은?

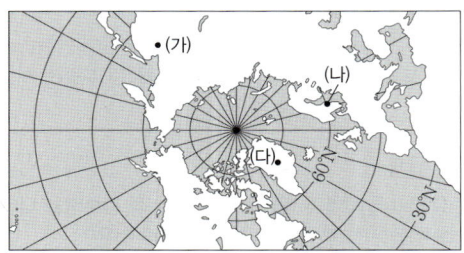

┌ 보기 ┐
ㄱ. (가)에는 침엽수림이 분포하며 포드졸성 토양이 나타난다.
ㄴ. (나)의 가옥 대부분은 지면으로 열이 전달되지 않도록 바닥을 높이 띄운 형태로 지어진다.
ㄷ. (다)에는 최후 빙기의 빙하가 후퇴하면서 형성된 빙력토 평원이 넓게 분포한다.
ㄹ. (가)~(다) 중 기온의 연교차가 가장 큰 곳은 (가)이다.

① ㄱ, ㄷ   ② ㄱ, ㄹ   ③ ㄴ, ㄷ
④ ㄱ, ㄴ, ㄹ   ⑤ ㄴ, ㄷ, ㄹ

063

다음 글의 밑줄 친 '이 지역'에 대한 설명으로 옳은 것은?

이 지역의 가옥은 바닥에 기둥을 설치하여 지표면과 건축물 사이에 공간을 만들어 둔다. 난방열이 얼어 있는 토양층에 전달되거나, 또는 기온이 올라가면 토양에 포함된 수분이 녹아 토양층이 요동치면서 흘러내려 가기 때문이다. 이로 인해 가옥이 붕괴될 우려가 있으므로 독특한 방법으로 건축물을 시공한다. 석유나 천연가스를 운송하기 위해 설치한 송유관도 기둥을 땅 속 깊숙이 박아 지면에서 띄워 놓았는데, 이것도 같은 이유 때문이다.

① 강수량보다 증발량이 많다.
② 화학적 풍화 작용이 활발하다.
③ 겨울철에 백야 현상이 나타난다.
④ 전통 음식은 대부분 곡물로 만든다.
⑤ 여름철에 지표에 작은 이끼가 자란다.

064

다음 자료의 ㉠~㉂에 대한 설명으로 옳지 않은 것은?

토양 속 수분의 ㉠ 동결·융해가 반복되면 토양에 포함된 물의 대류 현상이 나타난다. 그 결과 토양층이 팽창하기도 하고 수축하기도 한다. 그러면서 토양층에 포함된 암설이 토양으로부터 분리되면서 ㉡ 큰 자갈은 바깥쪽에, 작은 자갈과 모래는 안쪽에 쌓인다. 이런 과정을 통해 암설들은 기하학적 무늬를 가진 지형을 만든다. 그 모양은 지표의 경사에 따라 다양하게 나타난다. 경사가 완만한 사면에서는 다각형이나 원형으로, 경사가 급한 사면에서는 줄무늬 모양으로 나타난다. ㉢ 이 지형이 분포하는 범위는 설선부터 ㉣ 삼림 한계선까지이다.

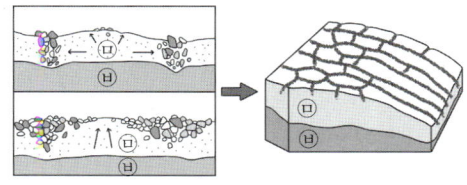

① ㉠은 물리적 풍화 작용에서 나타난다.
② ㉡은 물질의 분급 작용이 진행됨을 의미한다.
③ ㉢은 빙하에 의해 형성된 빙하 지형으로 분류된다.
④ ㉣은 파리 협정이 이행되지 않으면 고위도로 이동한다.
⑤ ㉤이 ㉥의 위 사면에서 이동하는 현상은 주로 여름에 나타난다.

065

다음 자료는 알래스카 지역의 땅속 온도 변화를 나타낸 모식도와 B 토양층 두께에 따라 지역을 구분한 지도이다. 이에 대한 설명으로 옳지 않은 것은?

〈땅속 온도 변화〉   〈B 토양층 두께에 따른 지역 구분〉

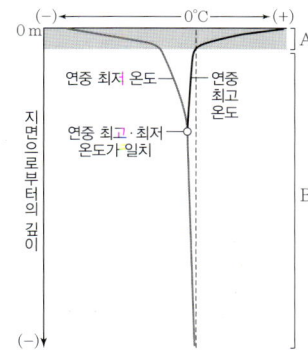
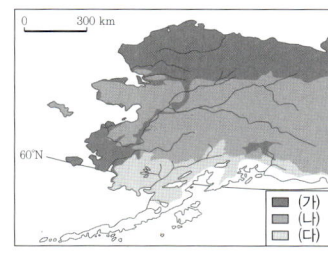

① A층의 표면에는 구조토가 형성된다.
② A층의 두께는 대체로 백야 발생 일수와 비례한다.
③ A층은 B층보다 연중 기온의 변화 폭이 크다.
④ (가)는 (나)보다 B층이 분포하는 평균 깊이가 깊다.
⑤ (다)는 (가)보다 솔리플럭션이 발생하는 빈도가 높다.

066

표의 (가), (나) 지형에 대한 설명으로 옳은 것은?

지형	형성 과정
(가)	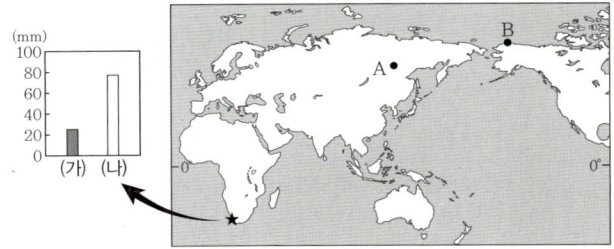 모래와 자갈이 혼합된 지표면에 바람이 불면서 모래가 제거된 결과 지표면에 자갈만 남아 넓게 깔리게 됨
(나)	이동하던 물체가 퇴적물 위를 훑고 지나가면 기존 퇴적물의 형상이 숟가락을 엎어 놓은 볼록한 모양으로 변형됨

① (가)는 난류가 흐르는 연안에서 주로 형성된다.
② (나)는 연중 고온 다습한 환경에서 주로 형성된다.
③ (가)는 (나)보다 식생이 빈약한 지역에서 주로 형성된다.
④ (나)는 (가)보다 증발량이 많은 지역에서 주로 형성된다.
⑤ (가)는 흑색 토양이, (나)는 적색 토양이 분포하는 지역에서 주로 형성된다.

067 고난도↗

그래프는 ★ 표시 지역의 (가), (나) 시기별 강수량을 나타낸 것이다. 이를 바탕으로 지도의 A, B 지역에 대한 옳은 설명만을 〈보기〉에서 있는 대로 고른 것은? (단, (가), (나)는 1월, 7월 중 하나임.)

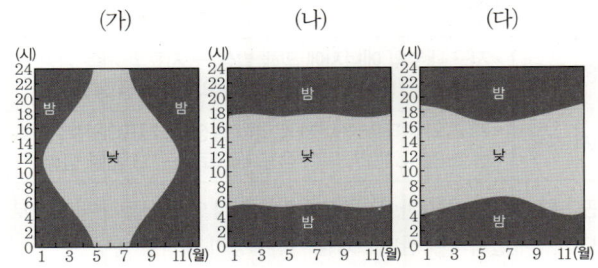

〈보기〉
ㄱ. A는 (가) 시기에 호우 피해가 나타난다.
ㄴ. B는 (나) 시기에 솔리플럭션 현상이 나타난다.
ㄷ. A는 B보다 (나) 시기의 일조 시수가 많다.
ㄹ. B는 A보다 (가)와 (나) 시기 간 평균 기온 차이가 작다.

① ㄱ, ㄷ　　　② ㄴ, ㄹ　　　③ ㄱ, ㄴ, ㄷ
④ ㄱ, ㄴ, ㄹ　　　⑤ ㄴ, ㄷ, ㄹ

068 고난도↗

다음은 세계 지리 수업 장면 중 일부이다. 교사의 질문에 대한 답변 내용 중 오류가 없는 학생을 고른 것은?

교사 : 칠판에 제시된 그래프는 이번 시간에 공부할 (가)~(다) 지역의 월별 낮의 길이 변화입니다. (가)~(다) 지역에 대한 에피소드가 있으면 발표해 볼까요?

갑 : 인류학을 전공하신 아빠는 라틴 아메리카의 (가) 지역 인종 분포에 대한 논문으로 박사 학위를 받았습니다.
을 : 우리나라 연구진이 개발한 회백색 산성토에 잘 적응하는 밀 품종은 (나) 지역으로 대량 수출된다고 합니다.
병 : 해외에서 사귀었던 친구가 냉대 기후 지역인 (다) 지역 출신이라 쌀쌀맞고 차가운 면이 많았습니다.
정 : 폭우 피해가 많은 (가) 지역과 폭설 피해가 많은 (나) 지역을 위해 저희 가족은 매년 성금을 내고 있습니다.
무 : 작년 7월에 여행한 (다) 지역은 정오에 태양이 북쪽에 있었고, 태양의 고도는 (나)가 (다)보다 높았습니다.

① 갑　　② 을　　③ 병　　④ 정　　⑤ 무

세계의 주요 대지형과 특수 지형들

세계의 주요 대지형

1. 대지형의 형성

(1) 지형 형성 작용 → 융기·침강 / → 습곡·단층

내적 작용	• 지구 내부의 에너지에 의해 발생 → 지표의 기복 형성 • 조륙 운동, 조산 운동, 화산 활동으로 대지형 형성
외적 작용	• 지구 외부 태양 에너지에 의해 발생 → 지표의 기복 감소 • 풍화, 침식, 운반, 퇴적 작용 등으로 소규모 지형 형성

(2) 판 구조 운동 : 지각판이 내적 작용의 영향으로 이동하면서 서로 부딪히거나 갈라지며 산맥·고원·평야 등의 대지형 형성

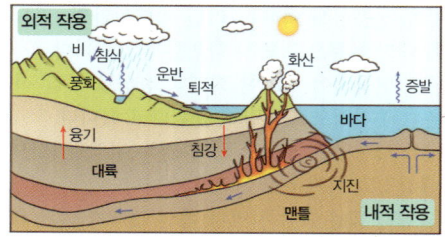

내적 작용으로 형성된 대지형은 외적 작용에 의해 기복이 감소하면서 다양한 소규모의 지형으로 변화한다.

2. 대지형의 특징과 분포

안정 육괴	형성	시·원생대 조산 운동 이후 오랜 침식으로 형성
	특징	• 기복이 작고 안정 → 순상지와 구조 평야 발달 • 철광석 매장
	분포	대륙의 중앙부에 넓게 분포 예 앙가라 순상지
고기 습곡 산지	형성	고생대~중생대 초 조산 운동으로 형성된 이후 오랜 침식을 받음 퇴적된 지층이 오랫동안 지각 변동을 거의 받지 않고 수평 상태를 유지하는 지형 예 유럽 대평원
	특징	• 해발 고도가 낮고 경사가 완만, 산지의 연속성이 약함 • 지각이 비교적 안정된 상태, 석탄 매장
	분포	안정육괴 주변에 주로 분포 예 스칸디나비아산맥, 우랄산맥, 애팔래치아산맥 등
신기 습곡 산지	형성	중생대 말~신생대 조산 운동을 받아 형성
	특징	• 해발 고도가 높고 험준하며, 산지의 연속성이 뚜렷함 • 지각이 불안정하여 지진과 화산 활동 활발 • 석유와 천연가스 매장
	분포	대륙의 경계부(조산대)에 주로 분포 예 알프스·히말라야산맥, 로키·안데스산맥 등

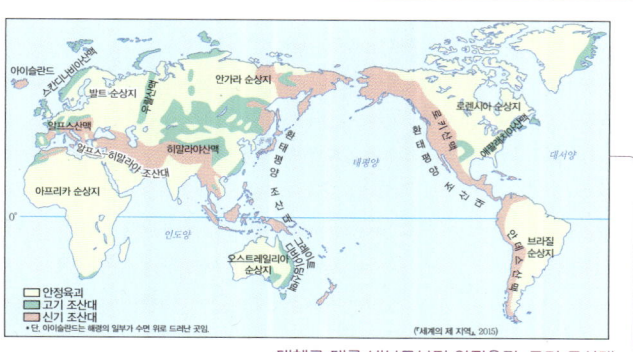

대체로 대륙 내부로부터 안정육괴, 고기 조산대, 신기 조산대의 순으로 위치한다.

판 구조 운동과 판의 경계 유형

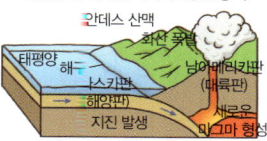

두 개의 판이 서로 갈라지는 경계 / 두 대륙판이 수렴하는 경계 / 해양판과 대륙판이 수렴하는 경계 / 두 개의 판이 어긋나서 미끄러지는 경계

• **두 판이 갈라지는 경계** : 대륙판이 분리될 때 일부 지각이 내려 앉아 지구대가 형성되는데, 동아프리카 지구대가 대표적이다. 해양판이 분리될 때는 갈라진 두 판 사이로 마그마가 흘러나와 해령을 형성하며 지각을 확장하는데, 아이슬란드가 대표적이다. → 지각이 두꺼워 마그마가 지상까지 이르지 못해 화산 활동이 활발하지 않다.

• **두 판이 수렴하는 경계** : 대륙판과 대륙판이 충돌할 때 대규모의 습곡 산맥이 형성되는데, 히말라야산맥이 대표적이다. 해양판과 대륙판이 충돌할 때는 밀도가 높은 해양판이 대륙판 밑으로 밀려들어 가면서 육지에는 습곡 산맥, 해저에는 해구가 형성된다. 남아메리카의 안데스산맥이 대표적이다.

• **두 판이 어긋나서 미끄러지는 경계** : 판과 판이 서로 미끄러질 때의 마찰로 인해 지진이 빈번하게 발생하는데, 태평양판과 북아메리카판 사이의 샌안드레아스 단층이 대표적이다.

관광지를 이루는 화산 및 카르스트 지형

1. 화산 지형

(1) 다양한 화산 지형 → 흘러나온 용암의 점성에 따라 화산의 형태가 다르다.

순상 화산	점성이 작고 유동성이 큰 현무암질 용암이 분출 이후 멀리 흐르며 형성된 완경사의 방패 모양 화산
용암 돔 (종상 화산)	점성이 크고 유동성이 작은 유문암·안산암질 용암이 분출 이후 멀리 흐르지 못해 형성된 급경사의 종 모양 화산
성층 화산	반복적 분화로 화산 쇄설물과 용암류가 화구 주변에 여러 층으로 겹겹이 쌓이며 형성된 화산 예 일본의 후지산
칼데라	화구 부근이 함몰되면서 형성된 분지 → 칼데라에 물이 고이면 칼데라호 형성 예 미국의 크레이터호
주상 절리	용암이 냉각 시 수축되면서 형성된 기둥 모양의 절리 예 영국의 자이언츠 코즈웨이
용암동굴	용암의 상층과 하층의 냉각 속도 차이로 형성된 동굴
용암 대지	유동성이 큰 현무암질 용암이 지각의 틈을 따라 대규모 열하 분출하여 형성된 넓고 평탄한 지형 예 인도의 데칸고원

(2) 화산 지대의 주민 생활 → 예 미국 옐로스톤 국립 공원, 아이슬란드, 뉴질랜드 북섬 등

① 독특한 화산 지형과 온천·간헐천을 활용한 관광업, 비옥한 화산회토 토대의 농업, 구리·주석 등 지하자원 바탕의 광업 발달

② 뜨거운 지하수를 이용한 지열 발전 예 미국, 필리핀, 인도네시아 등

③ 화산 활동으로 인한 인명과 재산 피해 발생

→ 예 이탈리아의 포도·오렌지·올리브 재배

화산 활동에 의한 자연재해

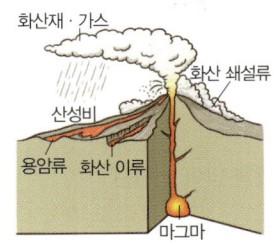

화산재·가스
화산 쇄설류
산성비
용암류 화산 이류
마그마

용융 상태의 용암이 흘러내리는 **용암류**는 느리지만 고온이므로 화재를 발생시킨다. 황산화물과 질소 산화물이 포함된 **화산 가스**는 산성비를 초래해 광범위한 지역에 피해를 준다. **화산재**는 햇빛을 차단해 기온을 낮추고, 항공기 운항에 지장을 준다. 화산 쇄설물과 화산 가스 등이 뒤섞인 **화산 쇄설류**는 빠른 속도로 흘러내려 막대한 인명 피해를 유발한다. 화산재가 물에 섞여 쓸려 내려가는 **화산 이류**는 가옥과 농경지를 매몰시킨다.

2. 카르스트 지형

(1) **형성** : 탄산칼슘이 주성분인 석회암이 탄산가스를 포함한 빗물이나 지하수의 용식 작용을 받아 형성 → 고온 다습한 기후 지역에서 잘 발달, 주변에 붉은색의 풍화토(테라로사) 분포
└ 암석의 물질이 물과 화학적으로 반응하여 녹는 과정을 말한다.
└ 석회암이 용식되고 남은 철분이 산화되었기 때문이다.

(2) **다양한 카르스트 지형**

돌리네	• 석회암이 지표수에 용식되어 형성된 움푹 파인 와지 • 인접한 돌리네와 결합되면 우발라(우발레) 형성
카렌	지표에 노출된 석회암이 빗물에 용식된 후 남아 뾰족하게 돌출된 암석 예 마다가스카르의 그랑 칭기
탑 카르스트	석회암이 흐르는 물의 차별적 용식 작용을 받아 형성된 탑 모양의 봉우리 예 베트남의 할롱 베이, 중국의 구이린
석회화 단구	물에 녹아 있던 탄산칼슘의 침전으로 형성된 계단 모양의 지형 예 터키의 파묵칼레
석회동굴	땅속으로 흘러든 빗물이나 지하수에 석회암이 용식되어 형성된 동굴 → 동굴 내부에 탄산칼슘이 침전되어 종유석, 석순, 석주 등 형성 예 슬로베니아의 포스토이나 동굴

주제3 해안 지형의 형성과 특징

1. 해안 지형의 형성

(1) **해안 지형의 형성 영향 요인** : 파랑, 연안류, 조류, 바람, 해수면 변동 및 지반 운동 등
└ 해수면 위에서 부는 바람에 의해 발생하는 파도
└ 연안을 따라 해안선과 평행하게 이동하는 해수의 흐름

(2) **곶과 만의 지형 형성 작용**

① 곶 : 파랑 에너지가 집중되어 침식 활발 → 침식 지형 형성
② 만 : 파랑 에너지가 분산되어 퇴적 활발 → 퇴적 지형 형성

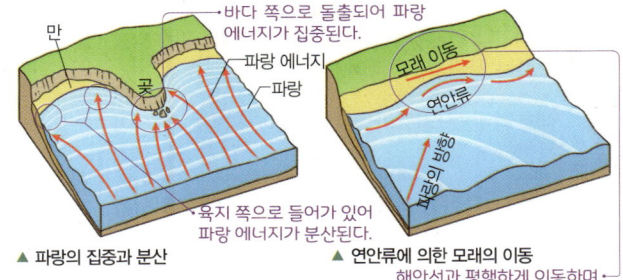

만
곶
바다 쪽으로 돌출되어 파랑 에너지가 집중된다.
파랑 에너지
파랑
육지 쪽으로 들어가 있어 파랑 에너지가 분산된다.
모래 이동
연안류
파랑의 방향
▲ 파랑의 집중과 분산
▲ 연안류에 의한 모래의 이동
해안선과 평행하게 이동하며 퇴적 지형을 형성한다.

---

2. 리아스 해안과 피오르 해안

리아스 해안	하천의 침식 작용으로 형성된 계곡(V자곡)이 바닷물에 침수되어 만들어진 해안
피오르 해안	빙하의 침식 작용으로 형성된 계곡(U자곡)이 바닷물에 침수되어 만들어진 해안

└ 피오르 해안은 리아스 해안보다 해안선이 내륙으로 깊숙이 들어와 있다.

리아스 해안과 피오르 해안의 비교

지반이 침강하거나 해수면이 상승하면 섬과 만이 발달하여 리아스 해안과 피오르 해안이 형성되기도 한다. 두 해안 모두 후빙기 해수면 상승으로 형성되었으며 해안선이 복잡하다. 한편, 리아스 해안에 비해 피오르 해안은 대체로 해안선이 내륙으로 깊숙이 들어와 있고 수심이 깊은 편이며, 피오르 해안은 리아스 해안보다 빙하의 침식이 활발하게 일어났던 고위도 지역에 주로 분포한다. 예 노르웨이 북서 해안, 뉴질랜드 남섬의 남서부 해안, 칠레 남부 해안, 캐나다 서부 해안 등

3. 다양한 해안 지형

(1) **해안 침식 지형** : 곶에서 주로 발달(암석 해안)
└ 오스트레일리아 남동부의 포트캠벨 국립 공원이 세계적 관광지로 유명하다.

해식애	파랑의 침식 작용으로 형성된 해안 절벽
파식대	해식애가 후퇴하면서 앞쪽에 남은 평탄한 침식면
시 스택	파랑의 차별 침식으로 단단한 부분이 남아 형성된 돌기둥
시 아치	파랑의 차별 침식으로 단단한 부분이 남은 아치 모양의 지형
해식동	해식애의 약한 부분이 파랑의 차별 침식으로 파여 형성된 동굴
해안 단구	과거의 파식대 또는 퇴적 지형이 융기 또는 해수면 하강으로 현재의 해수면보다 높은 곳에 위치하게 된 계단 모양의 지형

(2) **해안 퇴적 지형** : 만에서 주로 발달(모래 해안, 갯벌 해안)

사빈	하천이나 주변 암석 해안에서 공급된 모래가 파랑과 연안류에 의해 해안에 퇴적되어 형성 예 프랑스의 니스 해변
해안 사구	사빈의 모래가 바람에 날려 퇴적된 모래 언덕
사주	파랑이나 연안류가 모래를 둑처럼 길게 퇴적시킨 지형
석호	후빙기 해수면 상승으로 형성된 만의 입구를 사주가 막으면서 형성된 호수 예 이탈리아의 베니스
갯벌	• 밀물 때는 바다에 잠기고 썰물 때는 드러나는 지형 • 조차가 큰 곳에 잘 발달 예 캐나다의 펀디만, 독일·네덜란드·덴마크의 북해 연안, 아마존강 하구, 우리나라 서해안 등

└ 점토, 모래 등이 조류에 의해 퇴적되어 형성된다.

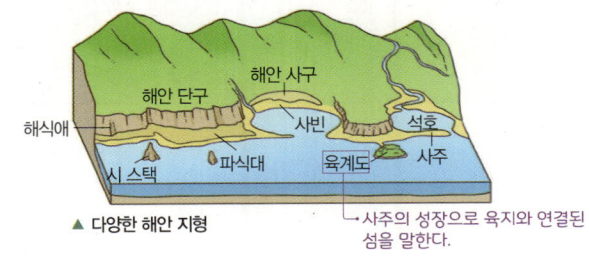

해안 사구
해안 단구
해식애
시 스택
파식대
육계도
사빈
석호
사주
▲ 다양한 해안 지형
└ 사주의 성장으로 육지와 연결된 섬을 말한다.

핵심 개념 CHECK!

✏️ 빈칸에 알맞은 말을 쓰시오.

01 지도는 세계의 대지형을 안정육괴, 고기 조산대, 신기 조산대로 구분한 것이다. (가)~(다)에 해당하는 대지형은?

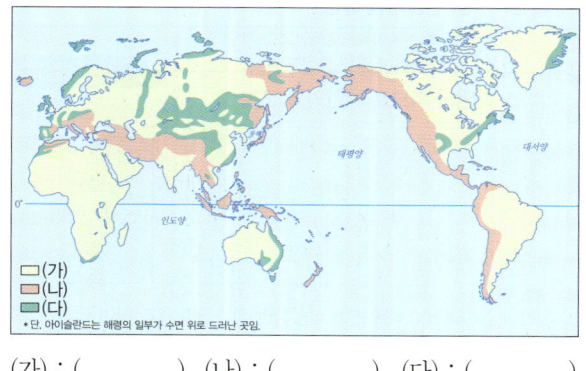

• 단, 아이슬란드는 해령의 일부가 수면 위로 드러난 곳임.

(가) : (   )   (나) : (   )   (다) : (   )

02 그림은 화산 활동으로 인한 자연재해인 용암류, 화산 쇄설류, 화산재, 화산 이류를 나타낸 것이다. A~D에 해당하는 자연재해는?

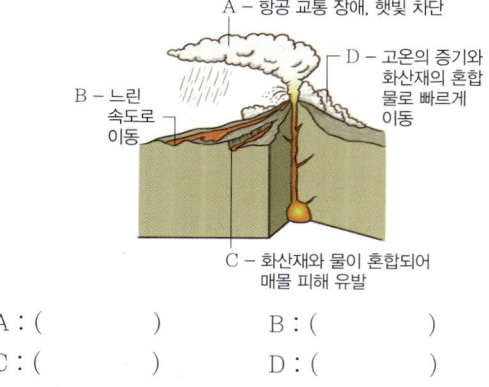

A – 항공 교통 장애, 햇빛 차단
D – 고온의 증기와 화산재의 혼합물로 빠르게 이동
B – 느린 속도로 이동
C – 화산재와 물이 혼합되어 매몰 피해 유발

A : (   )   B : (   )
C : (   )   D : (   )

03 그림은 사빈, 사주, 석호, 시 아치, 시 스택, 파식대, 해식동, 해식애를 나타낸 것이다. A~H에 해당하는 해안 지형은?

A : (   )   B : (   )   C : (   )
D : (   )   E : (   )   F : (   )
G : (   )   H : (   )

✏️ 다음의 설명이 맞으면 'O', 틀리면 'X'에 표시하시오.

04 조륙 운동, 조산 운동은 지형 형성 작용 중 내적 작용으로 분류된다.   O X

05 외적 작용은 지표면의 기복을 감소시키는 평탄화 작용을 한다.   O X

06 구조 평야는 신생대에 조산 운동을 받아 형성된 지형이다.   O X

07 석유는 주로 고기 조산대에, 석탄은 주로 신기 조산대에 매장되어 있다.   O X

08 고기 조산대는 신기 조산대보다 지진, 화산 활동이 빈번하다.   O X

09 동아프리카 지구대는 두 판이 수렴하는 경계의 대표적 사례이다.   O X

⑩ (함정) 용암 대지는 주로 조면암질 용암의 열하 분출로 형성된다.   O X

11 현무암은 종상 화산보다 순상 화산에 많이 분포한다.   O X

12 칼데라는 화구의 주변이 함몰되면서 형성된 지형이다.   O X

13 용암류는 화산 쇄설물과 화산 가스 등의 혼합물로 빠른 속도로 이동하며 인명 피해를 유발한다.   O X

14 화산재는 기온을 떨어뜨리고 항공기 운항에 지장을 준다.   O X

15 카르스트 지형은 석회암의 용식 작용으로 형성된 지형을 의미한다.   O X

16 곶은 파랑 에너지가 집중되는 부분으로 해안 침식 지형이 잘 발달한다.   O X

⑰ (함정) 조류는 연안을 따라 해안선과 평행하게 이동하는 해수의 흐름으로 파랑에 의해 형성된다.   O X

18 빙하의 침식을 받은 빙식곡이 침수된 해안을 리아스 해안이라고 한다.   O X

⑲ (함정) 리아스 해안은 대체로 피오르 해안보다 평균 수심이 깊다.   O X

20 해안 단구는 지반이 침강하거나 해수면이 상승하면서 형성된다.   O X

21 파랑이나 연안류의 퇴적 작용으로 형성되는 지형으로는 사빈, 사주 등이 있다.   O X

㉒ (함정) 석호의 물은 염도가 낮기 때문에 농업용수로 이용한다.   O X

㉓ (함정) 점토질 물질이 파랑의 영향으로 퇴적된 지형을 갯벌이라고 한다.   O X

화산 활동과 지진이 자주 발생하는 지역은 어디일까?

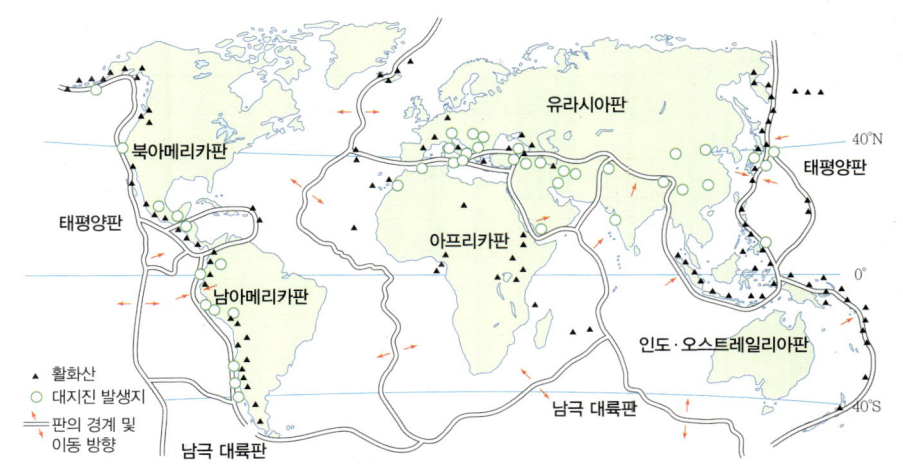

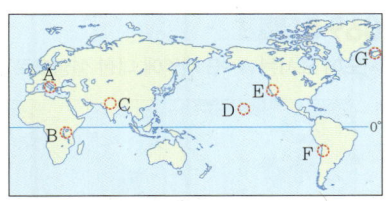

- 활화산
- ○ 대지진 발생지
- ═ 판의 경계 및 이동 방향

- 지각은 10여 개의 크고 작은 판으로 이루어져 있다. 이 판들은 맨틀 위에 떠 있는데, 맨틀의 대류에 의해 판이 이동하면서 서로 부딪히기도 하고 갈라지기도 한다. 이때 판의 경계 부분은 충격이 가해지면서 지진과 화산 활동이 일어난다. 지각이 불안정한 곳은 대부분 화산 활동과 함께 지진을 동반한다. 특히 환태평양 조산대에는 세계 화산의 70% 이상이 집중되어 있고 지진의 발생 빈도도 높아 '불의 고리'라고 불린다.
- 일부 판의 경계에서는 화산 활동을 동반하지 않고 지진만 일어나기도 한다. 히말라야산맥은 대륙판과 대륙판의 충돌로 형성된 두꺼운 지각판을 마그마가 뚫고 올라오지 못해 지진은 빈번하게 발생하지만 화산 활동이 일어나지 않는다. 두 개의 판이 어긋나면서 미끄러지는 샌 안드레아스 단층도 지진 빈도만 높은 지역이다.
- 지각판의 경계에서 멀리 떨어져 있는데도 화산 활동이 발생하는 곳이 있는데, 이를 열점이라고 한다. 미국의 하와이와 옐로스톤 국립 공원이 대표적인 열점이다.

Q1 다음 물음에 해당하는 지역을 아래 지도의 A~G에서 골라 쓰시오.

(1) 대륙판과 대륙판이 갈라지면서 화산 활동과 지진이 빈번한 지역은? ( )
(2) 해양판과 해양판이 갈라지면서 해령이 형성된 지역은? ( )
(3) 해양판과 대륙판이 충돌하면서 화산 활동과 지진이 빈번한 지역은? ( )
(4) 대륙판과 대륙판의 충돌로 지진이 빈번한 지역은? ( ), ( )
(5) 지각판이 어긋나면서 미끄러지는 지역은? ( )
(6) 지각판의 경계에서 멀리 떨어져 있으면서 화산 활동이 발생하는 지역은? ( )
(7) 불의 고리에 위치한 지역은? ( ), ( )

Q2 다음 자료는 판의 경계 유형을 나타낸 것이다. 괄호 안의 내용 중 알맞은 말을 고르거나, 빈칸에 알맞은 기호를 쓰시오.

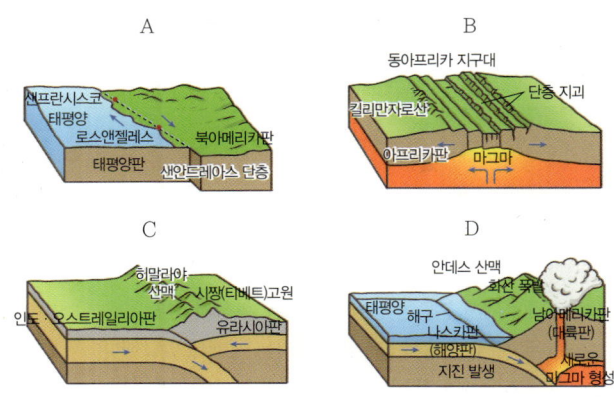

(1) A는 지각판의 경계에 위치하면서 (지진 / 화산) 활동이 빈번하게 발생한다.
(2) B는 대륙판과 대륙판이 (충돌하면서 / 분리되면서) 화산 활동과 지진이 빈번하게 나타난다.
(3) C는 (대륙판과 대륙판 / 대륙판과 해양판)이 충돌하여 지각판의 두께가 두껍다.
(4) D는 밀도가 높은 해양판이 대륙판 아래로 섭입하면서 (해구 / 해령)을/를 형성한다.
(5) ( ), ( )는 화산 활동은 거의 일어나지 않고 지진 발생 빈도만 높다.
(6) ( ), ( )는 두 개의 판이 충돌하면서 습곡 산맥이 형성되는 경계이다.
(7) 알프스-히말라야 조산대는 ( )에 해당한다.

WHERE & WHY 정답 Q1 (1) B (2) G (3) F (4) A, C (5) E (6) D (7) E, F Q2 (1) 지진 (2) 분리되면서 (3) 대륙판과 대륙판 (4) 해구 (5) A, C (6) C, D (7) C

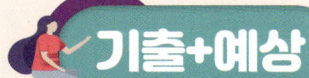

주제 1   세계의 주요 대지형

족집게 전략 | 대체로 지도에 표시된 대지형의 특징을 묻는 문항이 출제된다. 따라서 주요 대지형의 분포와 특징, 판 경계의 유형별 특징과 사례 지역을 반드시 지도에서의 위치와 연결하여 학습해 두어야 한다.

069 대표 문항 | 평가원 기출 |

지도에 표시된 A~E 지역에 대한 설명으로 옳은 것은?

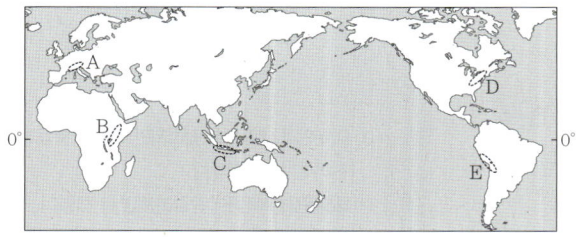

① A에서는 새로운 지각이 지속적으로 형성되고 있다.
② B의 산지 대부분은 신생대 습곡 작용으로 형성되었다.
③ C에는 시·원생대에 조산 운동을 받은 후 침식을 받아 형성된 고원이 나타난다.
④ D는 두 판이 분리되는 경계로 화산 활동이 활발하다.
⑤ E에서는 두 판의 충돌로 형성된 높고 험준한 산지가 나타난다.

✎ **한줄 Tip** 동아프리카는 두 대륙판이 분리되면서 지구대가 형성된 곳임을 기억해!

070

그림은 건축 유형에 따른 건물의 충격 흡수 방식을 나타낸 모식도이다. (가), (나) 건축 설계에 대한 옳은 설명만을 〈보기〉에서 고른 것은?

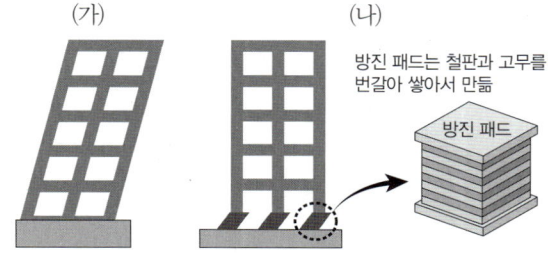

방진 패드는 철판과 고무를 번갈아 쌓아서 만듦

방진 패드

┌ 보기 ┐
ㄱ. (가)는 지표에서 전달되는 충격에 강한 편이다.
ㄴ. (나)는 판의 경계 지역에서 적용할 필요성이 크다.
ㄷ. (가)는 (나)보다 건축 설계에 적용된 시기가 늦다.
ㄹ. (나)는 (가)보다 지진 발생 시 건물 붕괴 피해가 적다.

① ㄱ, ㄴ   ② ㄱ, ㄷ   ③ ㄴ, ㄷ   ④ ㄴ, ㄹ   ⑤ ㄷ, ㄹ

071 | 평가원 기출 |

다음은 학생과 교사가 어떤 국가에 대해 스무고개를 하고 있는 장면이다. (가)에 들어갈 질문으로 적절한 것만을 〈보기〉에서 있는 대로 고른 것은?

학생	교사
⋮	
• 여섯 고개 : 고기 조산대에 위치하고 있습니까?	아니요
• 일곱 고개 : 지진이 많이 발생합니까?	예
• 여덟 고개 : (가)	예
• 아홉 고개 : 인구 순위 세계 1위 국가와의 국경 지대에 세계에서 해발 고도가 가장 높은 산이 있습니까?	예

┌ 보기 ┐
ㄱ. 빙하를 볼 수 있습니까?
ㄴ. 지각판끼리 충돌하는 지역입니까?
ㄷ. 현재 활동하는 화산이 열을 지어 분포하고 있습니까?
ㄹ. 최근 대규모 쓰나미(지진 해일)로 인한 피해가 발생한 적이 있습니까?

① ㄱ, ㄴ   ② ㄱ, ㄷ   ③ ㄷ, ㄹ
④ ㄱ, ㄴ, ㄹ   ⑤ ㄴ, ㄷ, ㄹ

072 | 평가원 기출 |

그림은 세계 대지형과 관련된 경관이다. (가)~(라)에 대한 설명으로 옳은 것은?

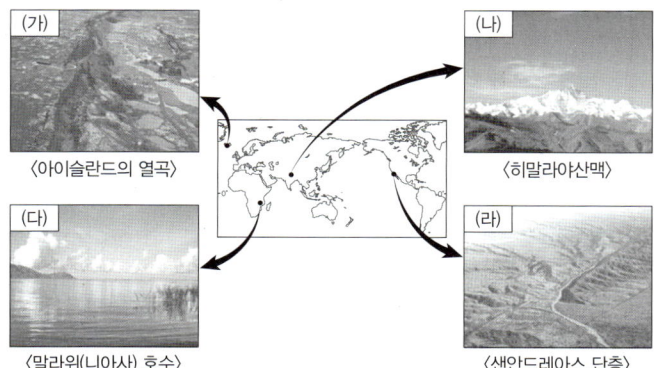

〈아이슬란드의 열곡〉   〈히말라야산맥〉
〈말라위(니아사) 호수〉   〈샌안드레아스 단층〉

① (가)는 해령에서 분출한 용암이 굳어져 형성되었다.
② (나)는 두 개의 판이 어긋나 미끄러지는 경계에 발달했다.
③ (다)는 과거에 대륙 빙하가 후퇴하면서 형성된 호수이다.
④ (라)는 대륙판과 대륙판이 충돌하는 곳에서 발달했다.
⑤ (가)~(라)의 주변 지역에서는 화산 활동이 활발하다.

073

지도의 (나) 산지와 비교한 (가) 산지의 상대적 특성을 그림의 A~E에서 고른 것은?

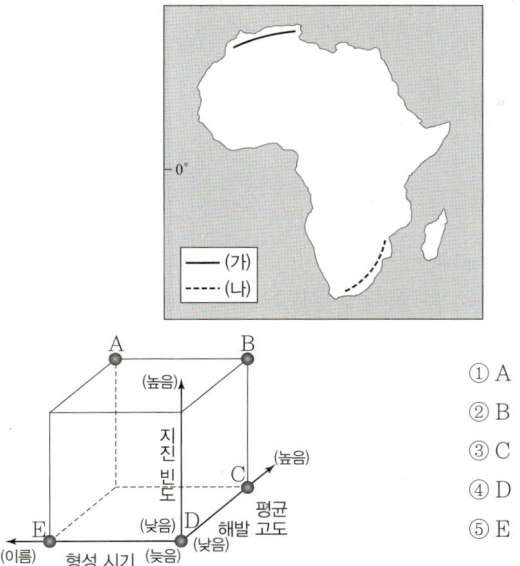

① A
② B
③ C
④ D
⑤ E

074

그림은 판의 경계 유형을 나타낸 모식도이다. (가), (나)에 대한 설명으로 옳은 것은?

① (가)의 결과로 해령이 형성된다.
② (나)의 사례로 지구대를 들 수 있다.
③ (가)는 (나)보다 화산 활동의 빈도가 높다.
④ (나)는 (가)보다 해구가 형성될 가능성이 높다.
⑤ (가), (나)는 모두 지각판이 분리되는 경계이다.

075

지도의 A~D 지역에 대한 설명으로 옳은 것은?

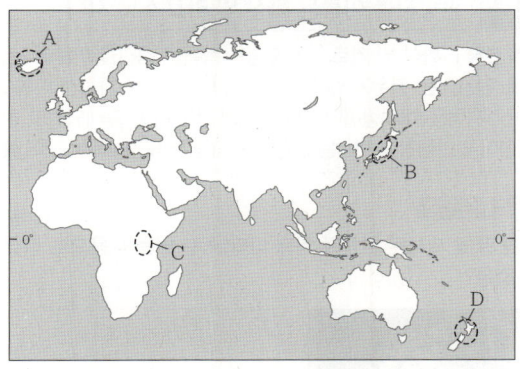

① A에는 해구가 분포한다.
② B에는 지구대가 분포한다.
③ C에는 습곡 산맥이 분포한다.
④ D에서는 새로운 지각이 형성된다.
⑤ A는 발산 경계, B는 수렴 경계이다.

076 <u>고난도</u>↑

그래프는 두 금속 자원의 생산량 상위 5개국을 나타낸 것이다. (가), (나)에 대한 설명으로 옳지 <u>않은</u> 것은? (단, A, B는 남아메리카 국가 중 하나임.)

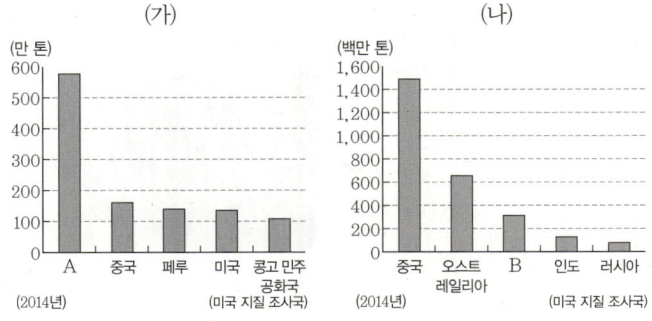

① (가)는 (나)보다 오래된 지층에 주로 매장되어 있다.
② (나)는 (가)보다 인류 역사에서 사용된 시기가 늦다.
③ A에는 한류의 영향으로 형성된 사막이 분포한다.
④ B에는 유역 면적 세계 최대의 하천이 분포한다.
⑤ A는 태평양과, B는 대서양과 접하고 있다.

주제 2 관광지를 이루는 화산 및 카르스트 지형

족집게 전략 | 화산 및 카르스트 지형은 독특한 경관을 이루어 관광 자원으로 활용되는 경우가 많기 때문에 함께 출제될 가능성이 높다. 특히 화산 지형은 대지형이나 자연재해와 관련하여 출제되기도 하므로 각 지형이 인간생활에 끼치는 영향에 초점을 두어 공부하는 것이 좋다.

077 대표 문항
| 평가원 기출 |

사진과 글에 제시된 현상에 의해 나타날 수 있는 내용으로 적절하지 **않은** 것은?

> 암흑
> ―바이런―
>
> 나는 꿈을 꾸었는데
> 그 모두가 꿈은 아니었다.
> 눈부신 태양이 빛을 잃고,
> 별들은 영원한 공간에 싸여
> 빛도 없이, 길도 없이 방황했다.
> 얼음장 같은 지구는 달도 없는
> 우주에서 검게 가려진 채 돌고
> 있었다. …(후략)…

① 비옥한 토양이 형성된다.
② 대규모 재산 피해가 발생한다.
③ 일사량이 줄고 기온이 하강한다.
④ 지진이나 산사태가 함께 일어난다.
⑤ 용식 작용에 의한 지하 동굴이 형성된다.

✎ **한줄 Tip** 용식 작용으로 형성되는 지형은 카르스트 지형이야.

078
| 평가원 기출 |

다음 자료에서 제시된 지형에 대한 설명으로 가장 적절한 것은?

> 오른쪽 사진은 중국의 유명한 관광지인 윈난성 쿤밍의 석림(石林)이다. 뾰족한 돌기둥이 하늘 높이 솟아 있고, 돌기둥 사이의 지표에는 붉은색의 점토질 토양이 나타난다. 이곳은 구이린(계림)의 기묘한 봉우리들과 같은 암석으로 이루어져 있다.

① 땅 속에서 용식되고 남은 것이 지표에 노출되었다.
② 암석의 경연 차에 따른 차별 침식으로 형성되었다.
③ 건조 분지에서 수분이 증발함으로써 결정화한 것이다.
④ 주빙하 기후 환경에서 동결과 융해에 의해 형성되었다.
⑤ 지하수와 함께 암석의 성분이 용출되어 지표에서 굳어진 것이다.

079
| 평가원 기출 |

다음 자료의 (가), (나)에 대한 설명으로 옳은 것은?

(가)　　　　　　　　　(나)

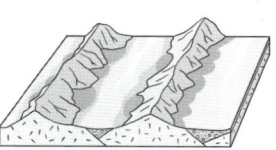

암석으로 이루어진 구이린(桂林)의　　　'죽음의 계곡'이란 이름을 가진
기묘한 봉우리들　　　　　　　　　　분지의 선상지와 플라야

① (가)의 봉우리는 점성이 큰 용암이 분출하면서 굳어져 형성된 것이다.
② (가)의 평지는 융빙수에 의해 운반된 빙하 퇴적물이 쌓여 형성된 것이다.
③ (나)의 산지는 석회암이 일부 용식되고 남겨져 형성된 것이다.
④ (나)의 분지는 건조 분지로, 수분이 증발되면 저지대에 염분이 주로 집적된다.
⑤ (가)와 (나) 모두 화학적 풍화보다 기계적 풍화가 활발하다.

080

다음은 뉴스 원고의 일부이다. ⊙~⊗에 대한 설명으로 옳지 **않은** 것은?

> ⊙ 불의 고리에서 자연재해가 연쇄적으로 발생하고 있습니다. 현재 일본은 화산재와 ⓛ 화산 가스로 상공이 뒤덮였고, 화산으로 유발된 눈사태로 소방대원 1명이 숨지고 6명이 다쳤습니다. 지난달부터 심상치 않은 조짐을 보이던 ⓒ 필리핀의 마욘 화산은 현재 대규모의 화산재를 뿜어내고 있으며, 분화구에서 분출된 ⓔ 화산 쇄설류와 ⓜ 용암류로 인해 주변 학교들은 모두 휴교하였습니다. ⓗ 인도네시아는 23일 자바섬 남부 ⊗ 해저에서 발생한 지진이 진도 6.4를 기록했습니다. 인도네시아는 지난해 12월 16일 새벽 1시에도 규모 6.5의 지진이 발생한 바 있었는데, 자정을 넘긴 시간에 발생하여 대응이 어려워 큰 피해가 발생했던 지역입니다.

① ⊙은 환태평양 조산대를 의미한다.
② ⓛ는 수증기와 결합해 산성비가 된다.
③ ⓒ과 ⓗ은 지각판의 경계에 위치한다.
④ ⓜ은 ⓔ보다 이동 속도가 빠른 편이다.
⑤ ⊗은 ⓔ보다 해일을 유발할 가능성이 높다.

081

다음은 관광 자원으로 활용되는 두 지형에 대해 서술한 것이다. (가), (나) 지형과 동일한 과정으로 형성된 지형의 사례로 적절하지 <u>않은</u> 것은?

| (가) | 습윤 기후에서 탄산칼슘을 다량 포함한 암석이 지표에 노출되면, 암석의 절리를 따라 침투한 빗물이 암석과 화학 반응을 한 결과 견고한 부분만이 불규칙적으로 남아 뾰족한 암석 탑을 형성하는데, 이런 지형을 카렌이라고 한다. |  |
| (나) | 탄산칼슘이 용해된 온천수가 산 위에서 흘러내리면서 탄산칼슘을 침전한 결과, 계단식 논 모양의 온천을 형성하였다. 멀리서 보면 마치 하얀 목화송이를 쌓아 둔 것처럼 보인다하여 목화의 성이라는 뜻으로 파묵칼레라고 부른다. |  |

① 지표면이 움푹 파인 돌리네, 우발라가 형성된다.
② 지하수의 용식 작용으로 지하에 동굴이 형성된다.
③ 지하의 빈 공간이 무너져 내려 칼데라가 형성된다.
④ 동굴 내부에 종유석, 석순 등의 미지형이 발달한다.
⑤ 차별적인 용식 작용으로 탑 카르스트가 만들어진다.

082

다음은 화산 지형에 대해 서술한 것이다. ㉠~㉤에 대한 설명으로 옳지 <u>않은</u> 것은?

> 지하 깊은 곳에서 생성된 마그마가 지각의 틈을 통해서 지표로 흘러나오는 것을 ㉠ <u>화산 활동</u>이라고 한다. 화산이 폭발하면 ㉡ <u>용암</u> 외에도 화산 가스, ㉢ <u>화산재</u> 등 다양한 화산 파편들이 분출된다. 분출이 끝나면 ㉣ <u>용암동굴</u>, ㉤ <u>주상 절리</u> 등 화산 지형을 남기는데, 이런 지형들은 관광 자원으로 활용되기도 한다.

① ㉠-지형 형성 작용 중 내적 작용의 사례에 해당한다.
② ㉡-현무암질 용암은 유문암질 용암에 비해 점성이 작다.
③ ㉢-햇빛 차단으로 기온이 떨어지고 항공 교통이 마비된다.
④ ㉣-상층의 용암이 하층의 용암보다 먼저 굳기 때문에 형성된다.
⑤ ㉤-용융 상태의 용암이 굳으면서 부피가 팽창하기 때문에 형성된다.

083

다음은 카르스트 지형에 대해 서술한 것이다. ㉠~㉤에 대한 설명으로 옳지 <u>않은</u> 것은?

> ㉠ '$CaCO_3 + H_2O + CO_2 \rightarrow Ca^{2+} + 2HCO_3^-$'는 카르스트 지형의 형성 과정을 화학식으로 표현한 것이다. 즉, 카르스트 지형은 ㉡ 석회암에 포함된 탄산칼슘이 물과 화학적으로 반응하면서 형성되는 지형이다. 반응의 속도는 ㉢ 주변 환경과 ㉣ 기반암의 특성에 따라 달라진다. 대표적인 카르스트 지형으로는 돌리네, 우발라, 석회동굴 등이 있고, 석회동굴 내부의 ㉤ 종유석, 석순 등도 카르스트 지형에 해당한다. 한편, 석회암이 용식되면 탄산칼슘이 제거되면서 석회암 풍화토인 ㉥ 테라로사가 형성된다.

① ㉡-화학적 풍화 작용의 사례에 해당된다.
② ㉢-고온 다습한 환경일수록 ㉠의 속도는 빠르다.
③ ㉣-석회암에 절리가 많을수록 ㉠의 속도는 빠르다.
④ ㉤-㉠의 역반응으로 탄산칼슘이 침전된 결과물이다.
⑤ ㉥-기반암인 석회암과 동일한 색깔을 가진 토양이다.

084 고난도⬆

그래프는 어느 발전 양식의 설비 용량 상위 10개국을 나타낸 것이다. 이에 대한 설명으로 옳지 <u>않은</u> 것은? (단, A, B는 북아메리카 국가 중 하나임.)

(국제 에너지 기구, 2015년)

① A의 서부 해안에는 신기 조산대가 분포한다.
② B의 동부 해안에는 피오르 해안이 발달하였다.
③ 발전소는 화산 지대 주변에 입지하는 것이 유리하다.
④ 발전 설비 용량 상위 5개 국가는 모두 신기 조산대가 지나간다.
⑤ 발전 설비 용량 상위 10개 국가 중 절반 이상은 불의 고리가 지나간다.

주제 3   해안 지형의 형성과 특징

족집게 전략 | 빙하 지형과 함께 출제되는 경우가 많고, 지도를 통해 리아스와 피오르 해안을 비교하거나 사진 및 모식도를 토대로 주요 지형의 특징을 묻는 문항이 많이 출제된다. 따라서 지도에서 주요 해안의 위치를 숙지하고, 주요 해안 지형을 침식 지형과 퇴적 지형으로 구분해 각각의 형성 과정을 잘 정리해 두어야 한다.

085 대표 문항 | 평가원 기출 |

다음은 '세계의 하천 및 해안 지형' 단원의 수업 장면이다. 교사의 질문에 옳은 대답을 한 학생만을 고른 것은?

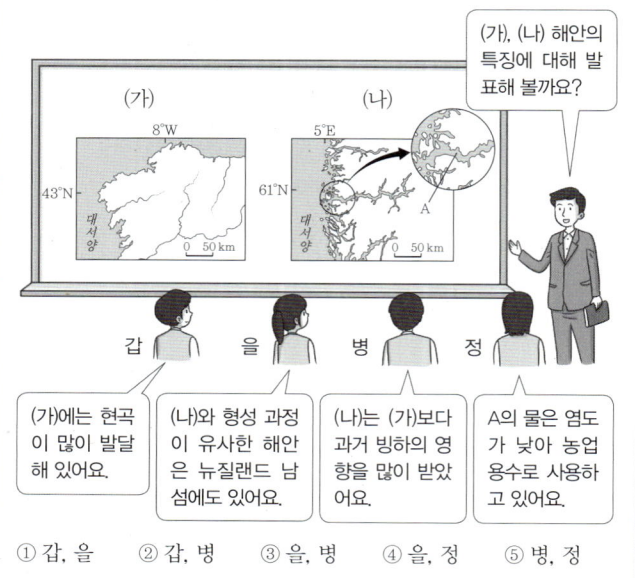

① 갑, 을   ② 갑, 병   ③ 을, 병   ④ 을, 정   ⑤ 병, 정

✏️ **한줄 Tip**   리아스 해안은 하천의 침식을, 피오르 해안은 빙하의 침식을 받았음을 잊지 말자.

086 | 평가원 기출 |

지도의 A~D 지형에 대한 옳은 설명만을 〈보기〉에서 고른 것은?

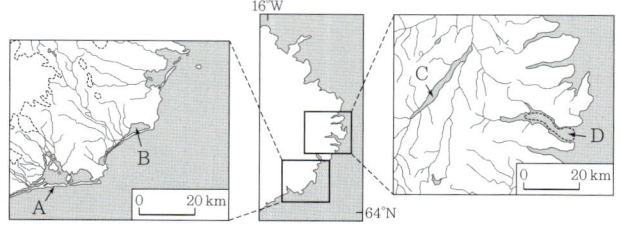

〈보기〉
ㄱ. A는 주로 조류에 의한 퇴적 작용으로 형성되었다.
ㄴ. D는 빙하에 의해 침식된 골짜기가 침수되어 형성되었다.
ㄷ. B는 C보다 물의 염도가 낮다.
ㄹ. D는 B보다 평균 수심이 깊다.

① ㄱ, ㄴ   ② ㄱ, ㄷ   ③ ㄴ, ㄷ   ④ ㄴ, ㄹ   ⑤ ㄷ, ㄹ

087 | 평가원 기출 |

(가)~(라) 지형에 대한 옳은 설명만을 〈보기〉에서 고른 것은?

(가)

〈미국 데스밸리의 바르한〉

(나)

〈이집트 화이트 사막의 버섯바위〉

(다)

(라)

〈영국 더들 도어의 시 아치〉   〈오스트레일리아 보암비만의 사빈〉

〈보기〉
ㄱ. (가)와 (나)의 주요 형성 요인은 바람이다.
ㄴ. (가)와 (라)는 퇴적 작용에 의해 형성되었다.
ㄷ. (나)는 (다)보다 습윤한 환경에서 형성되었다.
ㄹ. (나)는 (라)보다 해수면 변동의 영향을 크게 받는다.

① ㄱ, ㄴ   ② ㄱ, ㄷ   ③ ㄴ, ㄷ   ④ ㄴ, ㄹ   ⑤ ㄷ, ㄹ

088

지도의 A~E에 대한 설명으로 옳지 않은 것은?

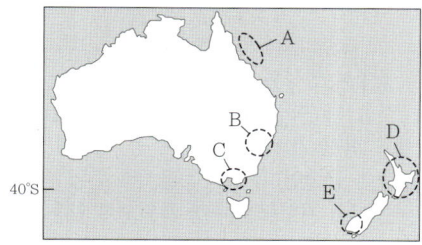

① A에는 대규모 산호 군락지가 해안에 분포한다.
② B는 고기 습곡 산지의 일부로 탄전이 분포한다.
③ C에는 파랑의 침식으로 형성된 시 스택이 분포한다.
④ D는 환태평양 조산대가 지나가며 간헐천이 분포한다.
⑤ E에는 해수면 상승으로 형성된 리아스 해안이 널리 분포한다.

089

그림은 해안 지형을 나타낸 모식도이다. A~G 지형에 대한 설명으로 옳지 않은 것은?

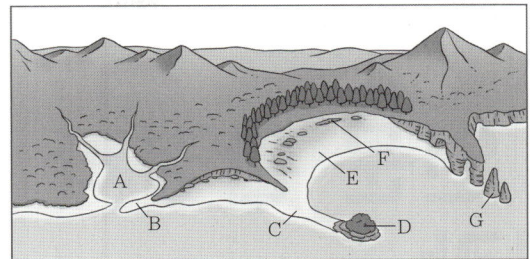

① A 호수는 시간이 경과하면서 규모가 축소된다.
② B, C는 조류의 퇴적 작용으로 형성된 지형이다.
③ D는 과거 섬이었으나 C의 발달로 육지화 되었다.
④ E는 퇴적 작용으로, G는 침식 작용으로 형성된다.
⑤ F는 바람에 날린 E의 퇴적물이 쌓이면서 형성된다.

090

사진의 (가) 지형에 대한 옳은 설명만을 〈보기〉에서 고른 것은?

┌ 보기 ┐
ㄱ. 배후에는 대규모 해안 사구가 분포한다.
ㄴ. 평탄면은 현무암질 용암이 열하 분출한 결과이다.
ㄷ. 토양층에 분포하는 퇴적물은 원마도가 높은 편이다.
ㄹ. 해수면보다 고도가 높은 것은 지반이 융기했기 때문이다.

① ㄱ, ㄴ   ② ㄱ, ㄷ   ③ ㄴ, ㄷ   ④ ㄴ, ㄹ   ⑤ ㄷ, ㄹ

091

다음 자료의 밑줄 친 '이 지형'이 분포하는 해안에 대한 설명으로 옳지 않은 것은?

> 지도에 표시된 해안 지역에 넓게 분포하는 이 지형은 주로 조차가 크고 파랑의 작용이 약한 해안에서 잘 발달한다. 과거에는 이 지형을 쓸모없는 땅으로 여겨 간척하여 육지로 만드는 경우가 많았다. 그러나 최근에는 이 지형의 생태적 가치와 중요성이 새롭게 부각되면서 일부 국가에서는 역간척 사업을 추진하기도 한다.

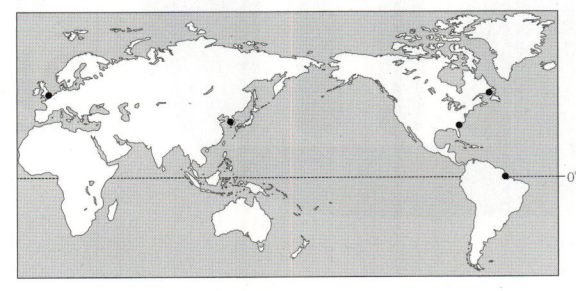

① 조력 발전에 유리한 입지 조건을 가졌다.
② 오염된 바다를 정화해주는 자정 능력이 탁월하다.
③ 서식하는 생물 종이 다양하여 생태적 가치가 높다.
④ 수심이 깊은 협만이 발달하여 항구로 이용하기 적합하다.
⑤ 조류의 퇴적 작용으로 형성된 지형이 만입부에 분포한다.

III 세계의 인문 환경과 인문 경관

III단원 핵심 지역 PREVIEW

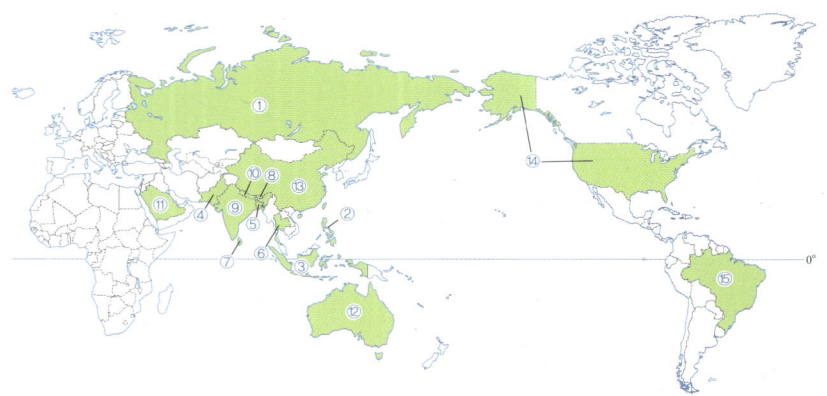

① 러시아	천연가스 수출량이 매우 많음	⑪ 사우디아라비아	석유 수출량이 매우 많음
② 필리핀	아시아에서 크리스트교 신자 수 비중이 높음	⑫ 오스트레일리아	석탄 수출량이 매우 많음, 양 사육 두수가 많음
③, ④, ⑤	아시아에서 이슬람교 신자 수 비중이 높음 (③ 인도네시아, ④ 파키스탄, ⑤ 방글라데시)	⑬ 중국	쌀·밀·차·석탄 생산량 1위, 돼지·양 사육 두수 1위, 인구수 1위
⑥, ⑦, ⑧	아시아에서 불교 신자 수 비중이 높음 (⑥ 타이, ⑦ 스리랑카, ⑧ 부탄)	⑭ 미국	옥수수 생산량 1위, 천연가스 생산량이 매우 많음, 유전자 변형 작물 재배 면적 1위
⑨, ⑩	아시아에서 힌두교 신자 수 비중이 높음 (⑨ 인도, ⑩ 네팔)	⑮ 브라질	소 사육 두수가 매우 많음, 커피 생산량 1위, 유전자 변형 작물 재배 면적 증가율 1위

05강 주요 종교의 전파와 종교 경관	**주제 1** 세계 주요 종교의 분포와 전파	• 크리스트교 • 이슬람교 • 불교 • 힌두교 • 유대교 • 종교의 전파
	주제 2 세계 주요 종교의 성지와 경관	• 예루살렘 • 메카 • 룸비니 • 바라나시

06강 세계의 인구 변천과 도시화	**주제 1** 세계의 인구 변천	• 인구 피라미드 • 대륙별 인구 증가율
	주제 2 세계의 인구 이주	• 경제적 이주 • 정치적 이주 • 난민 • 대륙 간 인구의 유출과 유입
	주제 3 세계의 도시화와 세계 도시 체계	• 대륙별 도시화 순위 • 세계 도시 • 세계 도시 체계

07강 주요 식량 및 에너지 자원과 국제 이동	**주제 1** 주요 식량 자원과 국제 이동	• 쌀 • 밀 • 옥수수 • 목축업
	주제 2 주요 에너지 자원과 국제 이동	• 석탄 • 석유 • 천연가스 • 신 · 재생 에너지

III단원 학습 SOLUTION

▶ **대륙별로 비교하는 학습을 하자.**

문제에서 주요 종교의 대륙별 비중, 대륙별 인구수와 인구 비중, 대륙별 인구의 유 · 출입, 대륙별 식량 자원의 생산 비중 등 많은 지표들을 대륙별로 제시하는 경우가 상당히 많다. 실제로 개념 학습을 통해서는 배우지 않는 경우가 많기 때문에 자료 분석이 까다로운 편이다. 이러한 문제를 해결하기 위해서는 각 지표에 해당하는 대륙별 순위를 익혀두는 것이 가장 좋다. 무작정 외우는 것은 쉽지 않지만, 그러한 순위가 나타나게 된 합리적 근거와 함께 암기하면 어렵지 않게 자신의 것으로 만들 수 있다.

▶ **주요 국가들의 인구수를 알고 있으면 자료 분석이 쉬워진다.**

각 국가들의 인구수를 알고 있으면 쉽게 풀리는 문제들이 있다. 그렇기 때문에 국가들의 인구수를 대략적으로 알고 있다는 것은 큰 강점이 된다. 모든 나라의 인구수를 알 수는 없기 때문에 적어도 1억 명 이상, 더 많게는 8,000만 명 이상의 국가들까지는 알아 두면 좋다. 신자 수가 많은 국가, 국내 총소득이 많은 국가, 자원 소비량이 많은 국가, 인구 유출이 많은 국가 등 직접적으로 인구수를 물어보지 않는 문제들도 인구수를 통해 쉽게 정답에 접근할 수 있기 때문에 인구수를 파악하고 있으면 상당한 도움이 된다.

05강 주요 종교의 전파와 종교 경관

주제 1 세계 주요 종교의 분포와 전파

1. 세계 주요 종교의 분포와 특징

(1) 보편 종교와 민족 종교

보편 종교	전 인류를 포교 대상으로 삼고 교리를 전파하는 종교 예 크리스트교, 이슬람교, 불교
민족 종교	같은 문화를 공유하는 특정한 민족 중심으로 교리를 전파하는 종교 예 힌두교, 유대교

그래프로 살펴보기

종교별 인구 구성 비율

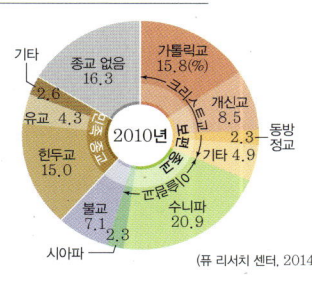

기타 2.6
종교 없음 16.3
가톨릭교 15.8(%)
크리스트교
개신교 8.5
2010년
동방 정교 2.3
기타 4.9
유대 4.3
힌두교 15.0
수니파 20.9
불교 7.1
시아파 2.3

(퓨 리서치 센터, 2014)

세계 종교 신자의 절반 이상이 보편 종교를 믿는다. 크리스트교, 이슬람교, 힌두교, 불교의 순으로 신자 수 비율이 높고, 힌두교는 민족 종교이지만 보편 종교인 불교보다 신자 수가 많다. 크리스트교 종파 안에서는 가톨릭교 신자 수 비중이 가장 높고, 이슬람교는 수니파가 시아파보다 신자 수 비중이 높다.

(2) 세계 주요 종교의 분포와 특징

크리스트교	분포	유럽, 아메리카, 오세아니아, 아프리카 중·남부 지역에 주로 분포
	특징	• 전 세계에서 가장 신자 수가 많고 넓은 지역에 퍼져 있음 • 유일신교, 예수를 구원자로 믿음 _정교회, 그리스 정교 등으로도 불린다._ • 가톨릭교(남부 유럽, 라틴 아메리카, 필리핀), 개신교(북서부 유럽, 앵글로아메리카, 오세아니아), 동방 정교(그리스, 러시아, 동부 유럽)로 분화
이슬람교	분포	북부 아프리카, 서남·중앙·동남아시아에 주로 분포
	특징	• 유일신교, 종교와 세속의 구분이 모호하며 경전인 쿠란의 가르침에 따라 5대 의무 실천 • 술과 돼지고기를 금기시함 • 여성들은 얼굴이나 몸을 가리는 베일(부르카, 니캅, 히잡 등)을 착용함 _신앙 고백, 예배, 자선 활동, 라마단, 성지 순례_ • 다수의 수니파와 소수의 시아파로 나뉨
불교	분포	동아시아 및 동남아시아에 주로 분포
	특징	• 석가모니의 가르침을 토대로 성립, 신에 대한 신앙보다 스스로 마음을 다스리는 수양·해탈 중시 • 평등·윤회 사상을 근본으로 삼고, 살생을 금함 • 상좌부 불교(동남아시아), 대승 불교(동부 아시아), 라마교(몽골, 티베트)로 구분 _소승 불교라고도 한다._
힌두교	분포	남부 아시아(인도, 네팔 등)에 주로 분포
	특징	• 수많은 신을 인정하는 다신교, 선행과 고행을 통한 수련 중시, 윤회 사상을 믿음 • 소를 신성시하며 소고기를 먹지 않음, 카스트 신분 제도에 기반한 생활 양식이 존재함

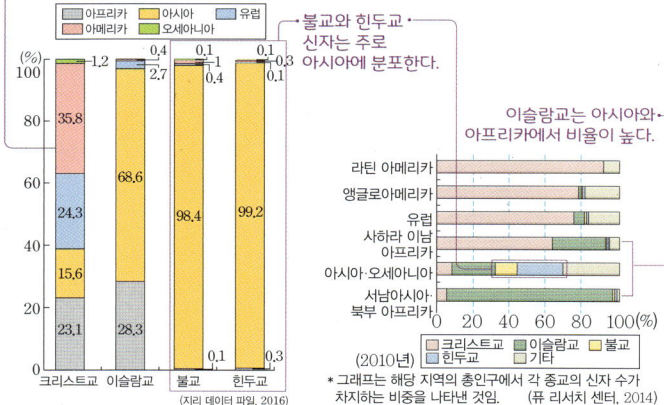

크리스트교는 다른 종교에 비해 여러 지역에 분포하며, 아메리카와 유럽에서 비율이 높다.

불교와 힌두교 신자는 주로 아시아에 분포한다.

이슬람교는 아시아와 아프리카에서 비율이 높다.

(아프리카 / 아시아 / 유럽 / 아메리카 / 오세아니아)

(%)	크리스트교	이슬람교	불교	힌두교
100	1.2 / 0.4		0.1 / 0.1	0.1 / 0.3
80	35.8	2.7	1 / 0.4	0.1
60	24.3	68.6	98.4	99.2
40	15.6			
20	23.1	28.3		
0			0.1	0.3

(지리 데이터 파일, 2016)

▲ 주요 종교의 지역(대륙)별 신자 수 비율

라틴 아메리카
앵글로아메리카
유럽
사하라 이남 아프리카
아시아·오세아니아
서남아시아
북부 아프리카

0 20 40 60 80 100(%)
(2010년)
(크리스트교 / 이슬람교 / 불교 / 힌두교 / 기타)

* 그래프는 해당 지역의 총인구에서 각 종교의 신자 수가 차지하는 비중을 나타낸 것임. (퓨 리서치 센터, 2014)

▲ 지역(대륙)의 종교별 신자 수 비율

2. 세계 주요 종교의 발생과 전파

크리스트교	발생	유대교를 모체로 서남아시아의 팔레스타인 지역에서 발생
	전파	로마 제국의 국교가 되면서 유럽 전역으로 전파 → 지리상 발견 시대 이후 유럽 열강의 식민지 개척 과정을 통해 세계 각지로 전파
이슬람교	발생	7세기 초 아랍의 원시 신앙과 유대교를 토대로 서남아시아의 메카에서 발생
	전파	군사적 정복과 상업 활동을 통해 서남아시아를 중심으로 북부 아프리카와 이베리아반도, 동남아시아(인도네시아, 말레이시아 등)로 전파
불교	발생	기원전 6세기경 인도 북부 지역에서 카스트 제도와 브라만교에 대한 개혁 운동으로 시작
	전파	교역로를 따라 남부 아시아, 동남아시아(미얀마, 타이 등), 동아시아 등지로 전파
힌두교	발생	브라만교를 바탕으로 고대 인도에서 발생
	전파	인도 전역으로 전파 → 민족 종교이지만 주변 일부 국가(네팔 등)에도 전파

육상 및 해상 교통로를 따라 중계 무역을 하는 이슬람 상인을 통해 멀리 떨어진 동남아시아까지 전파되었다.

자료로 살펴보기

세계 주요 종교의 출현 시기

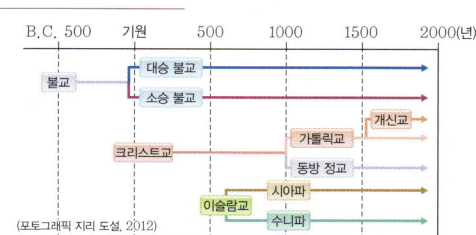

B.C. 500 기원 500 1000 1500 2000(년)

불교 — 대승 불교 / 소승 불교
크리스트교 — 가톨릭교 — 개신교 / 동방 정교
이슬람교 — 시아파 / 수니파

(포토그래픽 지리 도설, 2012)

불교는 보편 종교 중 가장 먼저 출현한 종교로, 기원전 6세기경 인도 북부에서 발생하였다. 이후 개인의 해탈을 강조하는 상좌부(소승) 불교와 중생 구제를 강조하는 대승 불교로 나뉘었다. **크리스트교**는 1세기 초 예수에 의해 창시되었다. 로마 교회에서 1054년 동방 정교가 분리되어 나왔으며, 16세기 초반 종교 개혁으로 인해 개신교가 생겨났다. **이슬람교**는 보편 종교 중 가장 늦게 형성된 종교로, 7세기 초 아라비아반도에서 무함마드에 의해 창시되었다.

주제 2 　세계 주요 종교의 성지와 경관

1. 세계 주요 종교의 성지

┌→ 크리스트교(성묘 교회)뿐만 아니라 유대교
　（통곡의 벽)와 이슬람교(바위의 돔 사원)의
　성지도 이스라엘에 위치한다.

크리스트교	• 팔레스타인 지역(예루살렘, 베들레헴, 갈릴리호) : 예수의 행적이 남아있는 장소 • 바티칸 : 4세기 교황청 입지 후 가톨릭교의 중심지
이슬람교	• 메카(사우디아라비아) : 이슬람교 최대의 성지 → 성지 순례의 목적지, 예언자 무함마드의 탄생지 • 메디나(사우디아라비아) : 무함마드의 묘지가 있는 곳
불교	• 룸비니(네팔) : 석가모니 탄생지 • 부다가야(인도) : 석가모니가 깨달음을 얻은 장소
힌두교	바라나시(인도) : 갠지스강 물이 영혼을 정화한다고 믿음 → 목욕을 하거나, 화장한 시신의 재를 뿌림

2. 세계 주요 종교의 경관

크리스트교	• 십자가와 종탑이 보편적, 예배 건물 모습은 종파별로 다양함 • 가톨릭교(성당) : 뾰족한 탑과 둥근 천장, 대체로 규모가 크며 장식이 정교하고 화려함 • 개신교(교회) : 대체로 규모가 작고 형태가 단순함 • 동방 정교 : 돔 형태의 지붕, 화려한 내부 장식
이슬람교	• 모스크 : 중앙의 돔형 지붕과 주변의 첨탑, 집단 예배와 지역의 공공 행사가 거행되어 규모가 큼 • 아라베스크 문양 : 우상 숭배 금지 교리 → 사람이나 동물 대신 꽃·나무 덩굴·문자 등을 기하학적으로 표현
불교	• 불상을 모시는 불당, 부처의 사리를 모시는 탑 → 지역에 따라 다양한 재료로 지어짐 ┌→ 흙을 구워 만든 벽돌로 쌓아 올린 탑 • 탑 : 우리나라는 석탑, 중국은 전탑, 일본은 목탑이 주를 이룸
힌두교	• 정교한 장식의 외관, 사원의 외벽과 내부에 다양한 신들의 모습을 그림이나 조각상으로 표현 • 가트 : 갠지스강 가의 목욕 의식을 준비하는 계단

자료로 살펴보기

아시아의 다양한 종교 경관

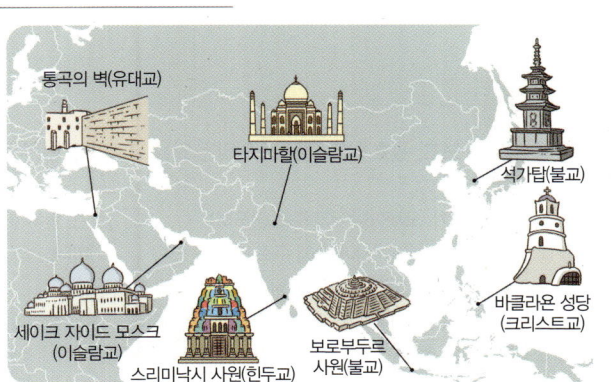

통곡의 벽(유대교)
타지마할(이슬람교)
석가탑(불교)
세이크 자이드 모스크 (이슬람교)
스리미낙시 사원(힌두교)
보로부두르 사원(불교)
바클라욘 성당 (크리스트교)

아시아에는 주요 종교의 성지가 위치해 있고, 모든 보편 종교와 힌두교·유대교 등의 주요 민족 종교가 분포하여 다양한 종교 경관을 관찰할 수 있다. 크리스트교는 십자가와 종탑이 보편적으로 나타나며, 이슬람교는 돔과 첨탑으로 구성된 모스크가 특징이다. 불교는 불상과 탑이 대표적인 경관이다. 유대교의 성지인 이스라엘의 예루살렘에는 '통곡의 벽'이 있다.

빈칸에 알맞은 말을 쓰시오.

01 지도는 특정 종교의 신자 수 비율이 상대적으로 높은 국가들을 나타낸 것이다. (가)~(라)에 해당하는 종교는?

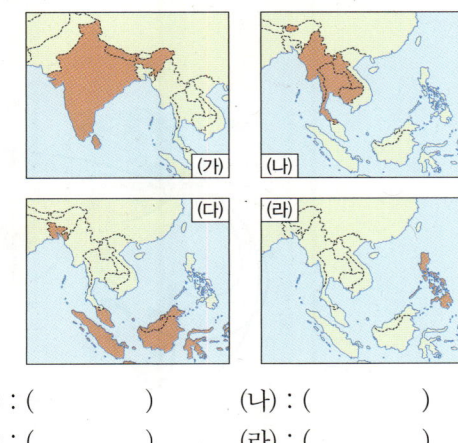

(가)　(나)
(다)　(라)

(가) : (　　　　　)　　(나) : (　　　　　)
(다) : (　　　　　)　　(라) : (　　　　　)

02 지도는 주요 종교의 성지를 나타낸 것이다. A~C에 해당하는 종교는?

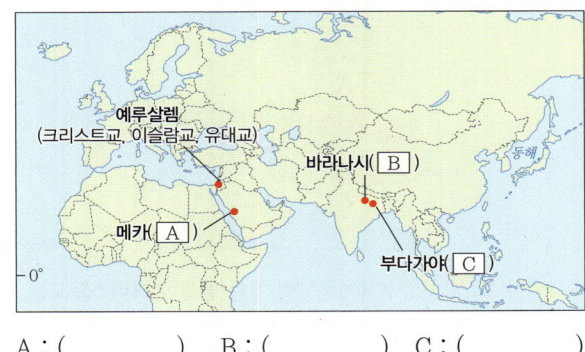

예루살렘 (크리스트교, 이슬람교, 유대교)
바라나시([B])
메카 [A]
부다가야 [C]

A : (　　　　　)　B : (　　　　　)　C : (　　　　　)

다음의 설명이 맞으면 'O', 틀리면 '×'에 표시하시오.

03 힌두교는 보편 종교에 속한다.　　　O ×

04 크리스트교와 이슬람교는 유일신교이다.　　　O ×

05 불교는 소를 신성시하여 불교 신자들은 소고기를 먹지 않는다.　　　O ×

06 이슬람교는 크리스트교보다 발생 시기가 이르다.　　　O ×

07 서남아시아에서 발생하였으며, 이스라엘의 신자 수 비중이 높은 종교는 유대교이다.　　　O ×

08 세계 신자 수는 불교가 힌두교보다 많다.　　　O ×
함정

09 바티칸은 예수의 탄생지이다.　　　O ×

10 크리스트교는 우상 숭배 금지와 관련하여 아라베스크 문양이 발달하였다.　　　O ×
함정

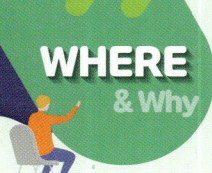

주요 종교는 주로 **어디**에 분포할까?

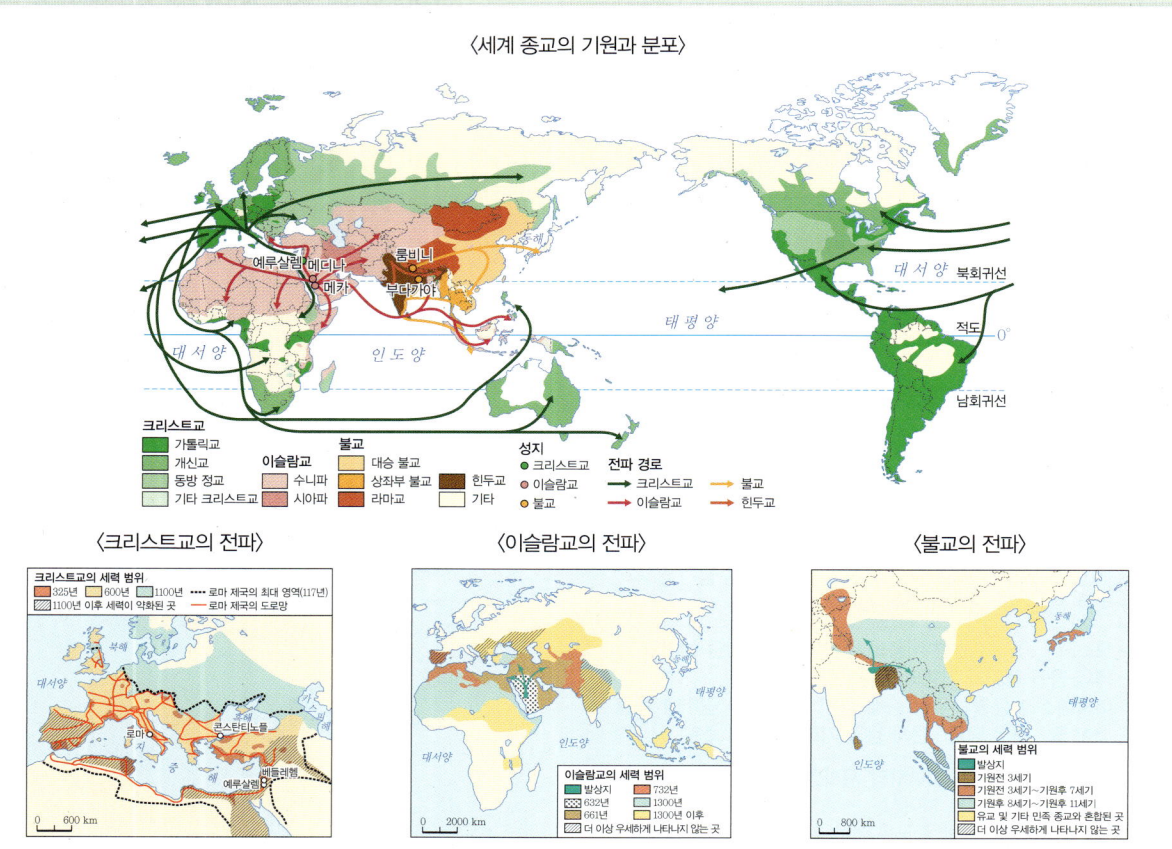

〈세계 종교의 기원과 분포〉

크리스트교
- 가톨릭교
- 개신교
- 동방 정교
- 기타 크리스트교

이슬람교
- 수니파
- 시아파

불교
- 대승 불교
- 상좌부 불교
- 라마교
- 한두교
- 기타

성지
- 크리스트교
- 이슬람교
- 불교

전파 경로
- 크리스트교
- 이슬람교
- 불교
- 힌두교

〈크리스트교의 전파〉

크리스트교 세력 범위
- 325년
- 600년
- 1100년
- 1100년 이후 세력이 약화된 곳
- 로마 제국의 최대 영역(117년)
- 로마 제국의 도로망

0 600 km

〈이슬람교의 전파〉

이슬람교의 세력 범위
- 발상지
- 632년
- 661년
- 732년
- 1300년
- 1300년 이후
- 더 이상 우세하게 나타나지 않는 곳

0 2000 km

〈불교의 전파〉

불교의 세력 범위
- 발상지
- 기원전 3세기
- 기원전 3세기~기원후 7세기
- 기원후 8세기~기원후 11세기
- 유교 및 기타 민족 종교와 혼합된 곳
- 더 이상 우세하게 나타나지 않는 곳

0 800 km

1세기 초 서남아시아(예루살렘)에서 발생한 **크리스트교**는 로마 제국의 국교가 되면서 유럽 전역으로 확대되었다. 이후 선교 활동과 식민 지배를 통해 가톨릭교는 주로 라틴 아메리카와 필리핀, 개신교는 주로 앵글로아메리카와 오세아니아에 전파되었다. 7세기 초 서남아시아(메카)에서 무함마드가 창시한 **이슬람교**는 군사 활동으로 북부 아프리카를 정복한 뒤 중앙아시아에서 이베리아반도에 이르는 제국을 건설하며 널리 전파되었고, 13세기 중반 이슬람 상인을 통해 동남아시아까지 전파되었다. 기원전 6세기 남부 아시아(인도)에서 석가모니가 창시한 **불교**는 하층민의 지지로 인도 전역에 확대되었고, 스리랑카와 동남아시아, 티베트와 중국을 거쳐 우리나라와 일본에 전파되었지만 인도에서는 거의 사라졌다.

자료 분석에 적용하기

〈세계 주요 종교의 분포〉

A B C D 기타

Q1 왼쪽 지도를 보고, 괄호 안의 내용 중 알맞은 말을 고르거나, 빈칸에 알맞은 말을 쓰시오.

(1) A는 유럽, 아메리카, 오세아니아에 주로 분포하는 (　　　), B는 북부 아프리카와 서남아시아, 인도네시아 등에 주로 분포하는 (　　　)이다.

(2) C는 동아시아와 타이, 미얀마 등의 동남아시아에 주로 분포하는 (　　　), D는 인도와 그 주변 국가에 주로 분포하는 (　　　)이다.

(3) A와 B의 발상지는 모두 (서남아시아 / 남부 아시아)에 위치한다.

(4) C와 D의 발상지는 모두 (서남아시아 / 남부 아시아)에 위치한다.

(5) A는 발생 시기가 B보다 (이르고 / 늦고), C보다 (이르다 / 늦다).

(6) B 신자 수가 가장 많은 국가는 동남아시아에 위치한 (　　　)이다.

WHERE & WHY 정답 Q1 (1) 크리스트교, 이슬람교 (2) 불교, 힌두교 (3) 서남아시아 (4) 남부 아시아 (5) 이르고, 늦다 (6) 인도네시아

• 정답 및 해설 026~029쪽

주제 1 · 세계 주요 종교의 분포와 전파

족집게 전략 | 세계의 종교 분포를 대륙 및 지역 수준에서 파악한 다음, 세계의 주요 국가와 종교적 다양성이 두드러진 동남 및 남부 아시아에 위치한 개별 국가에서 다수가 신봉하는 종교가 무엇인지를 잘 파악하고 있어야 쉽게 접근할 수 있는 주제이다. 이와 더불어 각 종교의 발상지, 발생 시기, 경관 특성 등도 잘 파악해 두어야 한다.

---

092 대표 문항 | 평가원 기출 |

그래프는 지도에 표시된 네 국가의 A~D 종교별 신자 수를 나타낸 것이다. 이에 대한 설명으로 옳은 것은? (단, A~D는 불교, 이슬람교, 크리스트교, 힌두교 중 하나임.)

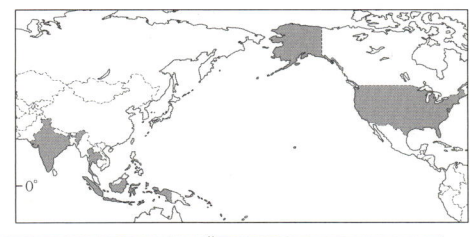
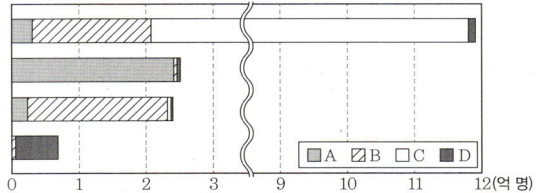

0　1　2　3　9　10　11　12(억 명)

□A ▨B □C ■D

① A는 보편 종교, B는 민족 종교로 분류된다.
② C는 하나의 신만을 믿는 유일신교이다.
③ D의 최대 성지에는 모스크와 카바 신전이 있다.
④ C와 D의 발상지는 서남아시아에 위치한다.
⑤ 전 세계 신자 수는 A > B > C > D 순으로 많다.

 한줄 Tip 한 국가의 종교 신자 수는 대체로 인구수에 비례한다는 사실을 기억하자.

---

093 | 평가원 기출 |

그래프는 세 국가의 종교별 신자 수 비중을 나타낸 것이다. A~C 종교에 대한 설명으로 옳은 것은?

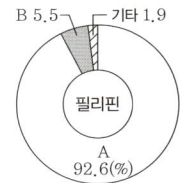 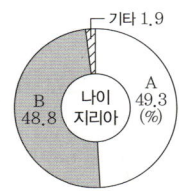 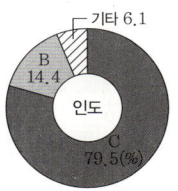

B 5.5 ─ 기타 1.9 / 필리핀 / A 92.6(%)

기타 1.9 / B 48.8 / 나이지리아 / A 49.3(%)

기타 6.1 / B 14.4 / 인도 / C 79.5(%)

① A는 메카로의 성지 순례를 종교적 의무로 한다.
② B의 발상지는 나이지리아와 동일한 대륙에 위치한다.
③ A는 보편 종교, B는 민족 종교로 분류된다.
④ B와 C는 모두 유일신을 믿는 종교이다.
⑤ 전 세계 신자 수는 A > B > C 순으로 많다.

---

094 | 평가원 기출 |

표의 (가)~(다) 종교에 대한 옳은 설명만을 〈보기〉에서 고른 것은? (단, (가)~(다)는 불교, 이슬람교, 크리스트교 중 하나임.)

〈지역별 총인구 대비 신자 수 비중〉
(단위 : %)

지역\n종교	아시아·태평양	앵글로아메리카	서남아시아 및 북부 아프리카	유럽	중·남부 아프리카	라틴 아메리카
힌두교	25.3	0.7	0.5	0.2	0.2	0.1
(가)	24.3	1.0	93.0	5.9	30.2	0.1
(나)	11.9	1.1	0.1	0.2	0.0	0.0
(다)	7.1	77.4	3.7	75.2	62.9	90.0
기타	31.4	19.8	2.7	18.5	6.7	9.8
합계	100	100	100	100	100	100

*오세아니아는 아시아·태평양에 포함되고, 기타에는 무종교가 포함됨.

┌─ 보기 ─────────────────────────────┐
ㄱ. (가)의 대표적 종교 경관으로는 모스크가 있다.
ㄴ. (나)의 주요 성지로는 룸비니, 부다가야 등이 있다.
ㄷ. (다)는 수많은 신을 인정하는 다신교이다.
ㄹ. (가)는 보편 종교, (나)는 민족 종교로 분류된다.
└────────────────────────────────────┘

① ㄱ, ㄴ　② ㄱ, ㄷ　③ ㄴ, ㄷ　④ ㄴ, ㄹ　⑤ ㄷ, ㄹ

---

095 고난도↑ | 평가원 기출 |

그래프는 (가)~(다) 국가의 보편 종교 A~C 신자 수 비율을 나타낸 것이다. 이에 대한 설명으로 옳은 것은? (단, (가)~(다)는 말레이시아, 스리랑카, 파키스탄 중 하나임.)

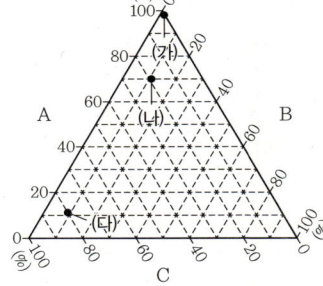

*그래프의 점은 (가)~(다) 국가의 보편 종교 신자 수의 합을 100%로 한 종교별 비율을 나타낸 것임.

① (나)는 파키스탄에 해당한다.
② B의 발상지 국가는 (가)와 국경선이 맞닿아 있다.
③ C의 신자 수가 가장 많은 대륙은 아시아이다.
④ B는 C보다 발생 시기가 이르다.
⑤ 전 세계 신자 수는 C가 A보다 많다.

096

지도는 네 국가의 종교별 신자 수 비중을 나타낸 것이다. A~D 종교에 대한 설명으로 옳은 것은?

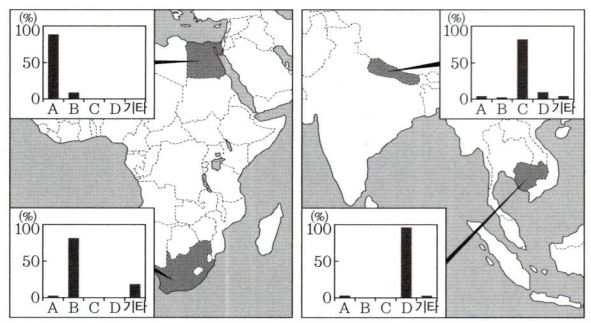

① A는 세계 신자 수가 가장 많은 종교이다.
② B는 메카로의 성지 순례를 종교적 의무로 여긴다.
③ C는 하나의 신(神)만을 신봉하는 유일신교이다.
④ D는 아시아 각지로 전파되었으나 발상지에서는 쇠퇴하였다.
⑤ A는 소고기를, C는 돼지고기를 먹는 것을 금기시한다.

097

표는 어느 국가의 종교 관련 공휴일을 나타낸 것이다. 이 국가를 지도의 A~E에서 고른 것은?

월/일	공휴일 명칭
1월 21일	타이푸삼(힌두 기념일)
5월 19~20일	석가탄신일
5월 22일	누줄 알 쿠란(무슬림 기념일)
6월 5~6일	하리라야 푸아사(무슬림 명절)
8월 11~12일	하리라야 코르반(무슬림 명절)
9월 1~2일	아왈 무하람(무슬림 신년)
10월 27~28일	디파발리(힌두 신년)
11월 9일	선지자 무하마드 탄신일
12월 25일	성탄절

*2019년 기준임.

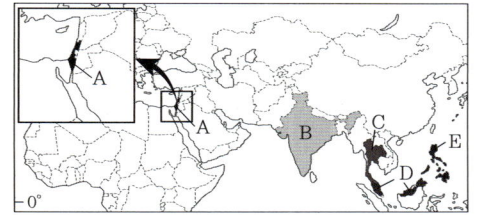

① A
② B
③ C
④ D
⑤ E

098 고난도

그래프는 동남아시아 3개국의 종교 신자 수 비중을 나타낸 것이다. 이에 대한 설명으로 옳은 것은? (단, (가)~(다)는 말레이시아, 베트남, 필리핀 중 하나이고, A~C는 불교, 이슬람교, 크리스트교 중 하나임.)

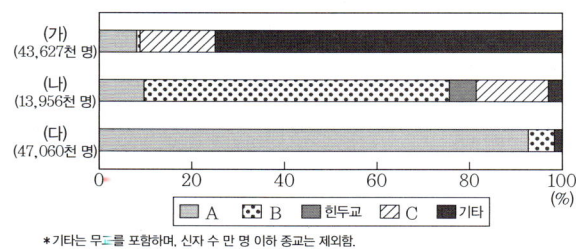

*기타는 무교를 포함하며, 신자 수 만 명 이하 종교는 제외함.
**괄호 안의 ⇥치는 총인구임.

① (가)는 B의 세계 신자 수 1위국과 국경을 접한다.
② (나)의 민다나오섬에서는 B와 C 간에 갈등이 발생하고 있다.
③ A는 B보다 종교의 발생 시기가 이르다.
④ B는 C보다 세계 신자 수가 적다.
⑤ (나)는 크리스트교, (다)는 이슬람교의 신자 수가 가장 많다.

099

그래프는 세 종교의 지역별 분포를 나타낸 것이다. (가)~(다) 종교에 대한 설명으로 옳은 것은?

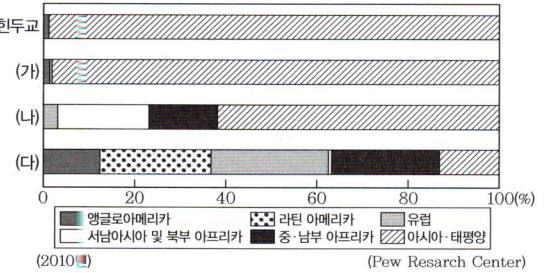

(2010년)   (Pew Resarch Center)

① (가)는 아라비아 반도의 메카에서 발생하였다.
② (나)는 유럽 열강의 식민 지배 과정에서 확산되었다.
③ (다)는 개인의 수양 및 해탈을 강조한다.
④ (가)는 (나)보다 동부 아시아 지역으로 전파된 시기가 늦다.
⑤ (나)는 (다)보다 동남아시아 지역의 신자 수가 많다.

100 고난도↑

다음은 세계 지리 수업 장면 중 일부이다. (가), (나) 종교에 대한 옳은 설명만을 〈보기〉에서 고른 것은? (단, 신자 수 기준 세계 4대 종교만 고려함.)

> 교사 : 지도는 남부 아시아에 위치한 주요 국가를 나타낸 것입니다. A~D 국가를 종교와 관련지어 설명해 볼까요? 단, 신자 수 기준 세계 4대 종교만 고려합니다.
>
>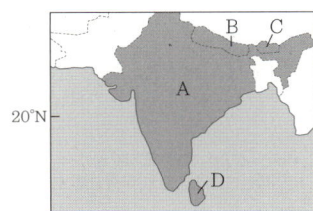
>
> 갑 : A는 (가), (나) 종교의 발상지입니다.
> 을 : B는 (가) 종교의 신자 수 비중이 높습니다.
> 병 : C와 D는 (나) 종교의 신자 수 비중이 높습니다.
> 교사 : 네, 모두 옳게 설명하였습니다.

┌ 보기 ┐
ㄱ. (가)는 (나)보다 세계 신자 수가 많다.
ㄴ. (가)는 민족 종교, (나)는 보편 종교로 분류된다.
ㄷ. (가)는 돼지고기 섭취, (나)는 소고기 섭취를 금기시한다.
ㄹ. (가), (나) 모두 유일신교이다.

① ㄱ, ㄴ   ② ㄱ, ㄷ   ③ ㄴ, ㄷ   ④ ㄴ, ㄹ   ⑤ ㄷ, ㄹ

주제 2 세계 주요 종교의 성지와 경관

족집게 전략 | 세계 주요 종교의 발생 및 전파와 더불어 각 종교의 성지가 어디에 위치하는지, 각 종교의 경관 특색이 어떠한지에 대해서 묻는 주제이다. 그래프나 지도 자료를 토대로 종교를 판별한 후 해당 종교와 관련된 경관 및 성지를 찾거나, 종교 경관을 제시한 후 그 특성을 찾는 유형으로 출제될 수 있으므로 이에 잘 대비해 두어야 한다.

101 대표 문항 | 평가원 기출 |

다음 자료는 여행 중인 두 학생이 주고받은 전자 메일이다. 밑줄 친 ㉠~㉢에 대한 설명으로 옳지 않은 것은?

>
>
> 안녕? ○○야! 나는 불교의 발상지로 알려진 나라를 여행 중이야. 이 나라 영화에서는 단체로 춤을 추는 군무(群舞)를 자주 볼 수 있어. 그 이유는 ㉠ 이 나라 사람들 대다수가 믿는 종교에 춤, 음악과 관련된 신들이 많기 때문이야. 또 10개 이상의 공용어를 사용하는 이 나라에서 군무는 소통의 의미를 갖고 있어.

> 그래! □□야. 나는 오늘 차를 타고 싱가포르와 국경을 접한 이 나라로 넘어왔어. 이 나라는 여러 민족과 종교가 공존해서 다양한 축제가 열려. 그 중에는 ㉡ 소를 신성하게 여기는 종교의 신자들이 모여 신들을 찬양하는 타이푸삼 축제가 있어. 또 ㉢ 이 나라 사람들이 가장 많이 믿는 종교와 관련된 하리라야 푸아사 축제도 있어.
>
>

① ㉠은 민족 종교에 해당한다.
② ㉠에는 성지로 여기는 강가에서 목욕과 기도를 하는 의식이 있다.
③ ㉡의 대표적인 종교 경관은 첨탑과 둥근 지붕이 있는 모스크이다.
④ ㉢에는 '라마단'이라 불리는 금식 기간이 있다.
⑤ ㉠과 ㉡은 동일한 종교이다.

✏️ **한줄 Tip** 싱가포르와 말레이시아는 위치 특성상 이슬람교, 힌두교, 불교 등 다양한 종교 경관이 나타난다는 사실을 알아 둬.

---

102 | 교육청 기출 |

자료는 어떤 종교와 관련된 아시아 국가의 국기에 대한 설명이다. 지도의 A~E 중 이 종교의 신자 수 비율이 가장 높은 국가를 고른 것은?

힘을 바탕으로 정의를 구현시켜 성지를 수호한다는 의미

무함마드가 알라신의 계시를 받을 때 초승달과 별이 떠있었다는 것에서 유래

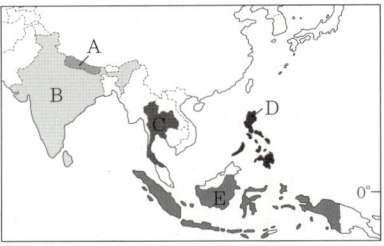

① A
② B
③ C
④ D
⑤ E

103

| 교육청 기출 |

다음 자료는 여행기의 일부이다. (가), (나) 종교에 대한 설명으로 옳은 것은?

(가) 신자들이 현세의 죄를 씻고 안락한 내세를 기원하며 성스러운 강에서 목욕하는 모습을 보았다.

(나) 신자들이 특정한 시간에 사원에 모여 메카 방향으로 일제히 기도하는 모습을 보았다.

① (가)의 대표적인 종교 건축물은 모스크이다.
② (나)의 발상지는 남부 아시아에 위치한다.
③ (가)는 (나)보다 발생 시기가 늦다.
④ (나)는 (가)보다 세계 신자 수가 많다.
⑤ (가)는 보편 종교, (나)는 민족 종교이다.

104

| 교육청 기출 |

다음 영화의 배경이 되는 지역에서 신자 수 비중이 가장 높은 종교에 대한 설명으로 옳은 것은?

이 영화는 와즈다라는 10살 소녀의 이야기를 다룬 것이다. 와즈다는 이웃집 압둘라가 타고 다니는 자전거가 항상 부러웠는데 마침 단골 가게에 마음에 쏙 드는 자전거가 들어온다. 엄마에게 자전거를 사달라고 조르지만, 엄마는 "여자는 자전거를 타면 안 된다."며 사주지 않는다. 그래서 와즈다는 학교에서 열리는 쿠란 퀴즈 대회에 참가하여 우승 상금으로 자전거를 사려고 하는데 …(중략)… 이 영화가 계기가 되어 와즈다가 살고 있는 지역의 여성들은 자전거를 탈 수 있게 되었다고 한다.

① 윤회 사상이 있으며 해탈을 중요시한다.
② 사원에 다양한 모습의 신들이 조각되어 있다.
③ 유럽 국가의 식민지 확대 과정에서 주로 전파되었다.
④ 불상과 사리가 봉안된 탑이 대표적인 종교 경관이다.
⑤ 신자들은 하루에 다섯 번씩 성지를 향해 예배를 드린다.

105

다음 자료의 (가)~(다)에 해당하는 종교 경관을 A~C에서 고른 것은?

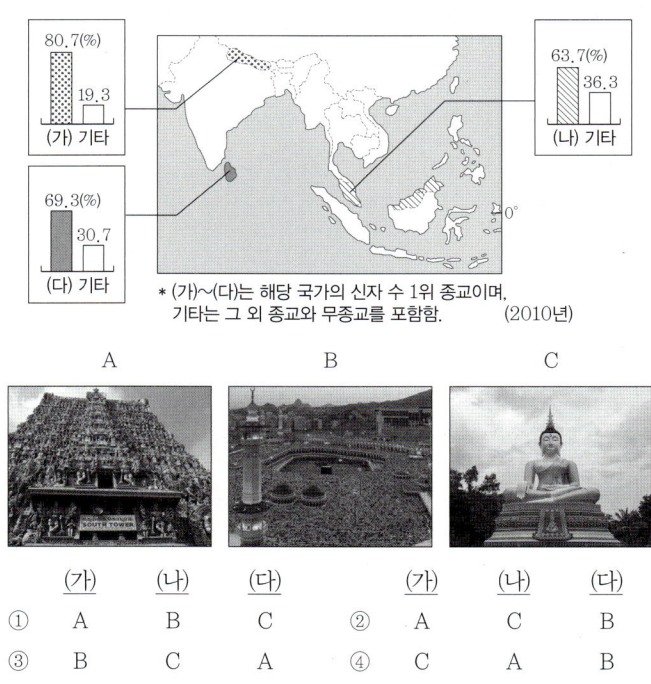

* (가)~(다)는 해당 국가의 신자 수 1위 종교이며, 기타는 그 외 종교와 무종교를 포함함. (2010년)

	(가)	(나)	(다)		(가)	(나)	(다)
①	A	B	C	②	A	C	B
③	B	C	A	④	C	A	B
⑤	C	B	A				

106

지도는 세계 보편 종교의 전파 경로를 나타낸 것이다. A~C 종교에 대한 옳은 설명만을 〈보기〉에서 고른 것은?

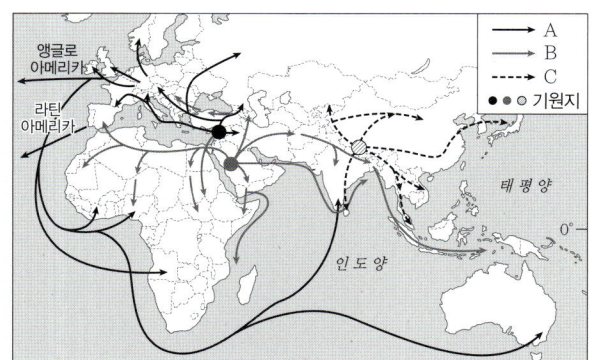

〔보기〕
ㄱ. A는 B보다 세계 신자 수가 많다.
ㄴ. A는 C보다 전파된 지역의 범위가 넓다.
ㄷ. B는 C보다 발생 시기가 이르다.
ㄹ. C는 A보다 발상지의 기후 환경이 건조하다.

① ㄱ, ㄴ ② ㄱ, ㄷ ③ ㄴ, ㄷ ④ ㄴ, ㄹ ⑤ ㄷ, ㄹ

107
다음은 세계 지리 수업 장면 중 일부이다. 교사의 질문에 옳은 내용을 답한 학생은?

교사 : 지도에 나타난 인구 이동의 도착지에서 흔히 볼 수 있는 모습은 무엇인가요?

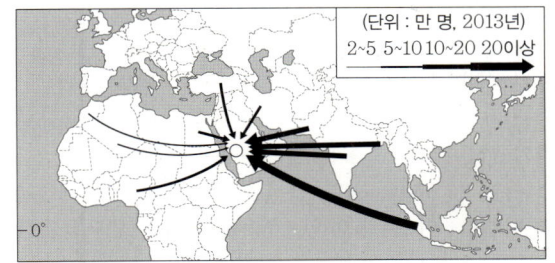

(단위 : 만 명, 2013년)
2~5 5~10 10~20 20이상

갑 : 강에서 목욕을 하는 사람들을 볼 수 있어요.
을 : 십자가를 짊어지고 고행을 체험하는 사람들을 볼 수 있어요.
병 : 검은 휘장을 두른 카바 신전을 도는 사람들을 볼 수 있어요.
정 : 사리가 봉안된 석탑 주변을 돌며 소원을 비는 사람들을 볼 수 있어요.
무 : 더운 날씨를 피하기 위해 반팔과 반바지를 입은 여성 신자들을 볼 수 있어요.

① 갑   ② 을   ③ 병   ④ 정   ⑤ 무

108
다음 글의 밑줄 친 (가) 종교에 대한 옳은 설명만을 〈보기〉에서 고른 것은?

(가) 종교를 신봉하는 사람들은 바느질이 옷의 영혼을 손상시킨다고 여겨 바느질을 하지 않은 하나의 천으로 전통 의상을 만들어 입는데, 여성들의 옷을 '사리'라고 부른다. 사람들은 채식을 선호하고 소를 신성시하므로 소고기를 먹지 않으며, 거리에서는 천천히 활보하는 소들을 볼 수 있다.

▲ (가) 종교의 사원

보기
ㄱ. 종교의 발상지는 서남아시아이다.
ㄴ. 특정한 민족을 중심으로 포교되는 종교이다.
ㄷ. 다신교이며, 선행과 고행(苦行)을 통한 수련을 중시한다.
ㄹ. 경전의 가르침에 따라 신앙 실천의 5대 의무를 엄격히 지킨다.

① ㄱ, ㄴ   ② ㄱ, ㄷ   ③ ㄴ, ㄷ   ④ ㄴ, ㄹ   ⑤ ㄷ, ㄹ

109 고난도↑
그래프는 지역별 보편 종교의 신자 수 구성비와 인구수를 나타낸 것이다. (가)~(다) 종교가 발생한 국가를 지도의 A~C에서 고른 것은?

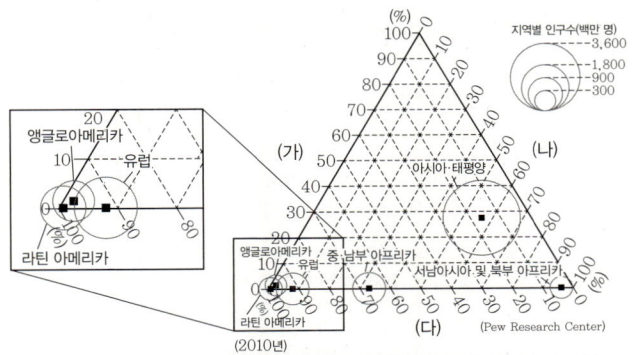

지역별 인구수(백만 명)
－3,600
－1,800
－900
－300

(Pew Research Center)
(2010년)

* 그래프에서 원의 중심값은 (가)~(다) 종교의 지역 내 신자 수 합을 100%로 한 종교별 비율을 나타낸 것임.

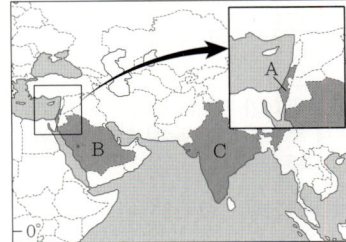

	(가)	(나)	(다)
①	A	B	C
②	A	C	B
③	B	C	A
④	C	A	B
⑤	C	B	A

110
다음 자료에 나타난 (가), (나) 종교에 대한 설명으로 옳은 것은?

《(가) 종교의 모습을 담고 있는 페루의 화폐》

《(나) 종교의 모습을 담고 있는 캄보디아의 화폐》

① (가)의 여성들은 전통 의상인 사리를 입는다.
② (가)의 신자들은 술과 돼지고기 섭취를 금기시한다.
③ (나)의 신자들은 소를 신성시하여 소고기를 먹지 않는다.
④ (가)의 세계 신자 수가 (나)의 세계 신자 수보다 많다.
⑤ (가)는 보편 종교, (나)는 민족 종교에 속한다.

06강

세계의 인구 변천과 도시화

주제 1 세계의 인구 변천

1. 세계의 인구 성장과 인구 분포

(1) 세계의 인구 성장

변화	산업화 이전에는 느리게 증가하다가 산업 혁명 이후 빠르게 증가 → 1960년 약 30억 명에서 2017년 약 75억 명으로 급증
원인	생활 수준 향상, 의료 기술 발달, 공공 위생 시설 개선 등에 따른 사망률 감소, 경제 발전에 따른 인구 부양력 증대
경향	선진국보다 개발 도상국의 인구 증가율이 높음 → 개발 도상국 비중이 높은 아시아와 아프리카가 최근의 인구 성장 주도

(2) 세계의 인구 분포

특징		북반구>남반구, 해안>내륙, 저지대>고지대에 주로 거주하여 불균등하게 분포
분포	밀집 지역	기후가 온화하고 평야가 분포해 산업과 도시 발달에 유리한 곳 예 북서부 유럽, 동아시아, 남부 아시아, 북아메리카 북동부 등
	희박 지역	자연 조건이 불리해 농업·경제 활동이 어려운 곳, 교통 발달이 미약한 곳 예 캐나다와 러시아, 그린란드, 북부 아프리카 및 오스트레일리아 내륙 등

그래프로 살펴보기 📊

지역(대륙)별 인구 분포와 변화

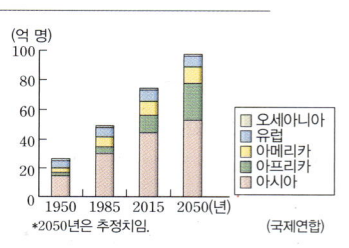

(억 명)
*2050년은 추정치임.
(국제연합)

인구수는 2015년 기준 아시아가 가장 많고 오세아니아가 가장 적다. 1950~2015 **인구 증가율은 아프리카가 가장 높고, 유럽이 가장 낮다.** 아메리카는 인구 증가율이 아프리카보다 낮지만 유럽보다는 높다. 이는 개발 도상국 비율이 높은 라틴 아메리카에서 인구 증가율이 높고, 유럽은 일부 선진국에서 인구 감소가 나타나는 등 인구 증가율이 매우 낮기 때문이다.

2. 세계의 인구 변천

(1) **인구 변천 모형** : 출생률과 사망률의 변화에 따라 인구 성장을 단계별로 나타냄 → 국가의 경제 발전 수준에 따른 인구 성장 과정을 파악하는 데 용이

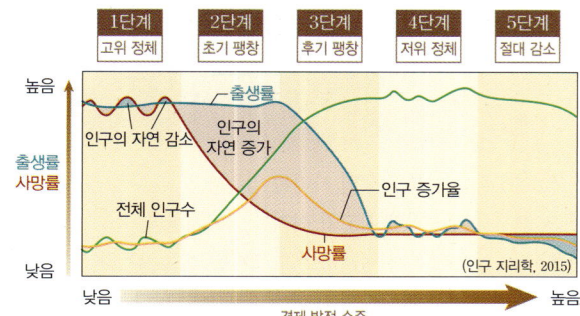

▲ 인구 변천 모형

---

(2) 인구 변천 모형의 단계별 특징

1단계 (고위 정체)	출생률과 사망률이 모두 높아 인구 증가율이 낮음 → 인구 성장 정체 → 경제 발전 수준이 낮아 질병, 자연재해, 식량 부족 등으로 인한 사망률이 높다.
2단계 (초기 팽창)	출생률이 여전히 높고, 의료 기술 발달 및 생활 환경 개선 등으로 사망률이 급감 → 인구의 폭발적 증가
3단계 (후기 팽창)	여성의 사회 진출, 인구 억제 정책 등으로 출생률이 급감하여 인구 증가율 둔화 → 인구 성장 둔화
4단계 (저위 정체)	안정된 식량 공급, 높은 의료 수준 등으로 출생률과 사망률이 모두 낮아 인구 증가율이 낮음 → 인구 성장 정체
5단계 (절대 감소)	저출산 현상이 지속되어 출생률이 사망률보다 낮음 → 인구의 자연적 감소

(3) **지역별 인구 변천의 차이** : 국가별, 지역별 경제 발전 수준에 따라 인구 변천 과정이 다르게 나타남

아프리카	개발 도상국의 비중이 높아 1950년대 이후 인구의 자연 증가율이 세계 평균보다 높음
아시아, 라틴 아메리카	1950년대에는 인구의 자연 증가율이 높았음 → 경제 발전 및 산아 제한 정책 시행 등으로 출생률이 감소해 인구의 자연 증가율이 낮아짐
유럽, 앵글로 아메리카	선진국의 비중이 높아 출생률이 지속적으로 감소하여 인구의 자연 증가율이 낮음, 유럽 일부 국가에서는 인구의 자연적 감소가 나타남

그래프로 살펴보기 📊

선진국과 개발 도상국의 인구 구조

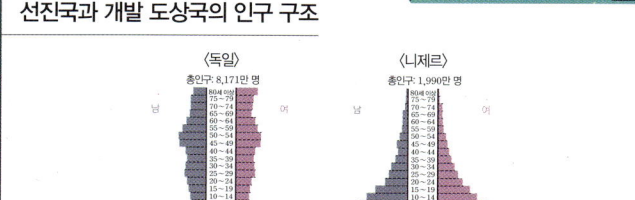

선진국인 독일은 유소년층 인구 비중이 낮고 노년층 인구 비중이 높은 **방추형에 가까운 인구 구조**로, 고령화와 노동력 부족 문제가 나타난다. 개발 도상국인 니제르는 유소년층 인구 비중이 높고 노년층 인구 비중이 낮은 **피라미드 형태의 인구 구조**로, 인구 급증으로 인한 **식량 및 자원 부족, 기아와 빈곤 문제** 등을 겪는다.

주제 2 세계의 인구 이주

1. 인구 이주의 요인과 특징

(1) 인구 이주의 요인

① 유입(흡인) 요인 : 높은 임금 수준, 풍부한 일자리, 쾌적한 주거 환경, 안정된 국가 체제 등

② 유출(배출) 요인 : 자연재해, 불안한 일자리와 낮은 임금 수준, 정치적·종교적 박해 등

(2) 인구 이주의 유형

① 이주 동기에 따른 구분 : 자발적 이주, 강제적 이주

② 이주 기간에 따른 구분 : 일시적 이주, 영구적 이주

③ 이주 원인에 따른 구분

반면, 숙련 노동자는 해외 근무 지원 등 더 높은 소득, 나은 생활 환경을 찾아 이동한다. 예 유럽 → 미국

경제적 이주	주로 소득 수준이 낮고 일자리가 부족한 개발 도상국에서 소득 수준이 높고 일자리가 풍부한 선진국으로의 이동(미숙련 노동자의 이동) 예 멕시코인의 미국으로의 이동
정치적 이주	민족 탄압, 내전, 테러 등이 발생하거나 극심한 경제난을 겪고 있는 국가에서 이웃 국가 등지로 이동 예 유럽으로 이주하는 북부 아프리카와 서남아시아의 난민
환경적 이주	기후 변화나 자연재해 피해를 입어 다른 국가로 이동 예 해수면 상승으로 인한 투발루와 키리바시의 환경 난민

서남아시아는 원유 가격 상승에 따른 자본 유입으로 기간산업 투자가 증가해 노동력이 많이 유입된다. 예 아랍 에미리트

지도로 살펴보기

세계의 경제적 · 정치적 인구 이주

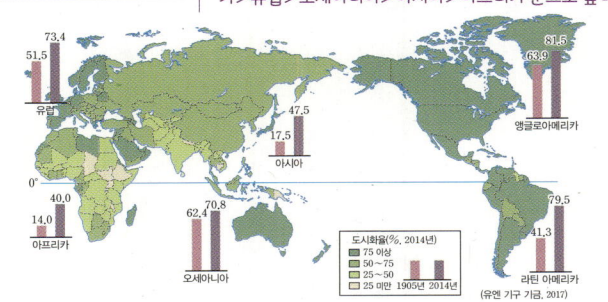

경제적 이주는 아프리카에서 유럽, 라틴 아메리카에서 앵글로아메리카, 동남 및 남부 아시아에서 서남 및 동아시아 등지로 이루어진다.

2. 인구 이주에 따른 지역 변화

유출 지역	긍정적	해외 이주 노동자들의 송금액 유입으로 지역 경제 활성화, 실업률 하락 등
	부정적	지속적 생산 연령 인구 유출, 고급 기술 및 전문 인력 해외 유출 → 경제 성장 둔화, 사회 분위기 침체 등
유입 지역	긍정적	부족한 노동력 확보로 경제 활성화, 문화 다양성 증대
	부정적	문화적 차이에 따른 갈등 발생, 이주자의 집단 주거지 형성으로 지역 갈등 및 도시 문제 발생

주제 3 세계의 도시화와 세계 도시 체계

1. 도시화와 도시 체계

전체 인구 중 도시에 거주하는 인구가 차지하는 비율

(1) **도시화** : 도시 인구 증가 및 도시적 생활 양식이 확대되는 현상. 도시화율을 토대로 초기 → 가속화 → 종착 단계로 구분

(2) **세계의 도시화** : 1950년대에 약 30%였던 도시 인구 비율이 점차 증가하여 오늘날 세계 인구의 약 50% 이상이 도시에 거주

선진국	산업 혁명 이후 점진적으로 진행되어 종착 단계에 도달
개발 도상국	제2차 세계 대전 이후 산업화와 함께 빠르게 진행되어 가속화 단계에 해당하는 곳이 많음

도시화가 둔화되고 교외화 현상이 나타난다.

지도로 살펴보기

지역(대륙)별 도시화율

도시화율은 2014년 기준 앵글로아메리카>라틴 아메리카>유럽>오세아니아>아시아>아프리카 순으로 높다.

- 선진국 비율이 높은 앵글로아메리카 · 유럽 · 오세아니아와 식민 지배의 영향으로 빠르게 도시화가 진행된 라틴 아메리카는 도시화율이 높다.
- 개발 도상국 비율이 높은 아시아와 아프리카는 1950~2014년 도시인구 증가율이 매우 높지만 도시화율은 다른 지역에 비해 낮다.

2. 세계 도시 : 국가 경계를 넘어 세계적 중심지 역할을 하는 대도시

등장 배경	교통 · 통신 발달에 따른 경제 활동 세계화, 자유 무역 확대, 다국적 기업 활동 확대, 자본 및 금융의 국제화 등
특징과 역할	다국적 기업 본사 및 관련 업무 기능 집중, 생산자 서비스업 발달, 정보 통신 네트워크와 최신 교통 체계 발달 → 세계 경제 활동 조절, 분쟁의 조정 · 통제, 국제회의 개최

3. 세계 도시 체계

예 국제 금융 영향력, 다국적 기업 본사 수, 생산자 서비스업 집중도, 국제기구 본부 수, 국제 항공 승객 수 등

의미	서로 다른 계층의 세계 도시들이 기능적으로 연계된 체계
구분	중심성을 나타내는 지표를 토대로 계층성을 파악하여 구분
형성	교통 · 통신의 발달 → 도시 간 생산품 및 인구 이동, 자본 흐름 등의 상호 작용을 토대로 세계 도시들이 일정한 계층 체계 형성

최상위 세계 도시(런던, 뉴욕, 도쿄 등)는 선진국에 위치한다.

▲ 계층별 세계 도시 분포 하위 세계 도시에서 최상위 세계 도시로 갈수록 도시 수는 감소하나, 보유 기능은 다양해진다.

자료로 살펴보기

세계 도시의 종합 경쟁력 순위

2017년 5개 지표를 기준으로 각 도시의 종합 경쟁력 순위를 도출하면 최상위 계층 세계 도시인 뉴욕, 런던, 파리, 도쿄의 종합 경쟁력이 높다.

순위	도시	값
❶위	뉴욕	63.2
❷위	런던	62.9
❸위	파리	53.2
❹위	도쿄	47.4
❺위	홍콩	44.7
❻위	싱가포르	39.1
❼위	시카고	38.3
❽위	로스앤젤레스	38.1
❾위	베이징	37.0
❿위	워싱턴	34.4

(에이티커니, 2017)

사업 활동(30%) / 인적 자본(30%) / 정보 교류(15%) / 문화 교류(15%) / 정치 참여(10%)

사업 활동, 인적 자본, 정보 교류, 문화 교류, 정치 참여를 기준으로 순위를 정한 것으로, 조사 기관에 따라서 순위가 달라지기도 한다.

핵심 개념 CHECK!

• 정답 및 해설 029쪽

01 그래프는 지역(대륙)별 인구 자연 증가율의 변화를 나타낸 것이다. A~D에 해당하는 지역(대륙)을 쓰시오.

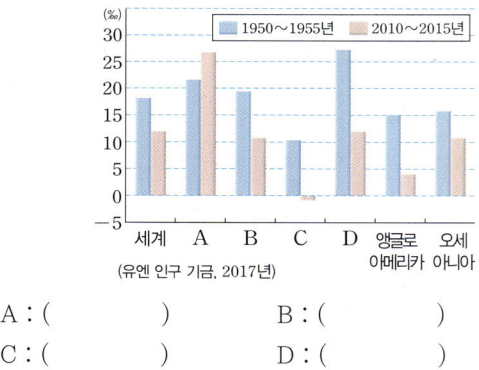

(유엔 인구 기금, 2017년)

A : (   )   B : (   )
C : (   )   D : (   )

02 다음은 세 국가의 인구 피라미드를 나타낸 것이다. A~C에 해당하는 국가를 쓰시오. (단, A~C는 시에라리온, 일본, 칠레 중 하나임.)

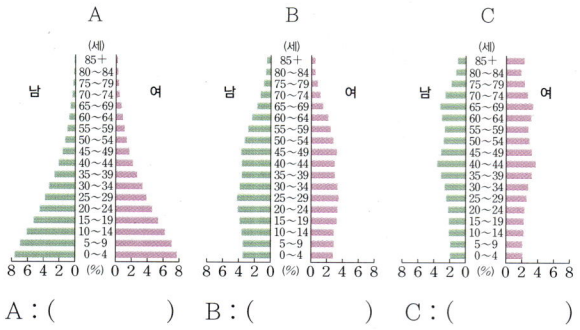

A : (   ) B : (   ) C : (   )

03 그래프는 두 시기의 지역(대륙)별 도시화율을 나타낸 것이다. 이를 보고 괄호 안의 내용 중 알맞은 말을 고르시오.

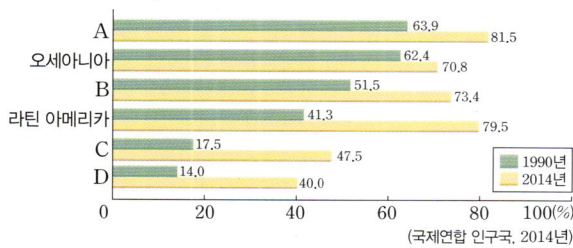

(국제연합 인구국, 2014년)

(1) A는 (유럽 / 앵글로아메리카)이고, B는 (유럽 / 앵글로아메리카)이다.

(2) C는 (아시아 / 아프리카)이고, D는 (아시아 / 아프리카)이다.

(3) A와 B에는 도시화의 (가속화 / 종착) 단계에 이른 국가가 많고, C와 D에는 (가속화 / 종착) 단계에 도달한 국가가 많다.

(4) A와 B는 C와 D보다 최상위 세계 도시에 속하는 도시의 수가 (많다 / 적다).

🔖 다음의 설명이 맞으면 'O', 틀리면 'X'에 표시하시오.

04 인구 증가율은 선진국이 개발 도상국보다 대체로 높다. O X

05 유럽은 일찍부터 산업이 발달한 지역으로 인구 밀도가 높은 편이다. O X

06 인구 변천 모형에서 인구의 자연적 증가율은 3단계가 5단계보다 높다. O X

07 일부 선진국에서는 사망률이 출생률보다 높아 인구의 자연 감소가 나타난다. O X

08 유럽과 앵글로아메리카는 아시아와 아프리카보다 노년층 인구 비중이 높다. O X

09 선진국의 인구 피라미드 모양은 대체로 종형을 이룬다. O X

10 함정 미숙련 노동자는 주로 개발 도상국에서 선진국으로 이주한다. O X

11 시리아, 이라크, 아프가니스탄 등은 난민 유입국이다. O X

12 경제적인 원인에 따른 인구 유출 지역은 해외 이주 노동자들로부터 송금액이 유입된다. O X

13 인구 유입 지역에서는 지역 주민과 이주민 간에 문화적 갈등이 발생하기도 한다. O X

14 서남아시아의 사우디아라비아, 아랍 에미리트는 여성이 남성보다 많다. O X

15 함정 도시 인구 증가율은 가속화 단계가 종착 단계보다 높게 나타난다. O X

16 2014년 기준 앵글로아메리카는 라틴 아메리카보다 도시화율이 높다. O X

17 함정 2014년 기준 도시화율이 가장 낮은 지역(대륙)은 아시아이다. O X

18 세계 도시를 선정할 때 정치적 측면에서 다국적 기업의 수를 고려한다. O X

19 뉴욕, 런던, 도쿄는 최상위 세계 도시이다. O X

20 아시아에서 종합 경쟁력 순위가 가장 높은 도시는 홍콩이다. O X

21 세계 도시의 경우 생산자 서비스업 종사자 비율이 대체로 높다. O X

22 세계 도시 체계에서 상위 도시는 하위 도시보다 보유 기능이 다양하다. O X

23 함정 세계 도시 체계에서 최상위 도시는 하위 도시보다 개수가 많다. O X

국가 및 지역(대륙) 간 인구 이동은 어떻게 이루어질까?

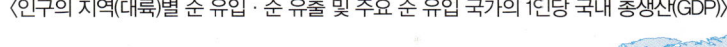

〈인구의 지역(대륙)별 순 유입·순 유출 및 주요 순 유입 국가의 1인당 국내 총생산(GDP)〉

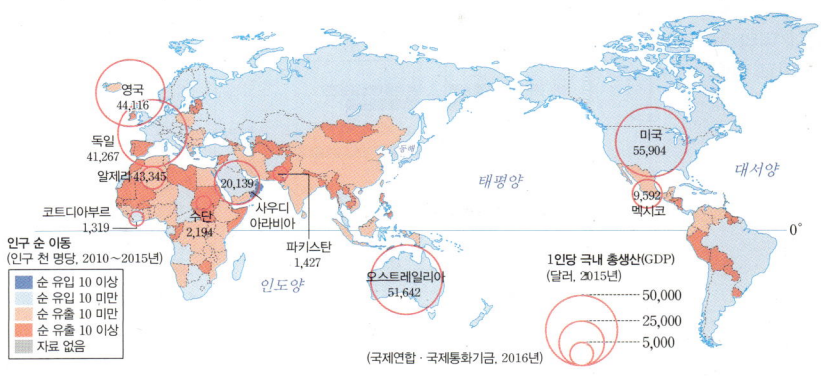

영국 44,116
독일 41,267
알제리 43,345
코트디부아르 1,319
수단 2,194
20,139
사우디 아라비아
미국 55,904
9,592 멕시코
파키스탄 1,427
오스트레일리아 51,642

태평양
대서양
인도양

인구 순 이동
(인구 천 명당, 2010~2015년)
■ 순 유입 10 이상
■ 순 유입 10 미만
■ 순 유출 10 미만
■ 순 유출 10 이상
■ 자료 없음

1인당 국내 총생산(GDP)
(달러, 2015년)
○ 50,000
○ 25,000
○ 5,000

(국제연합·국제통화기금, 2016년)

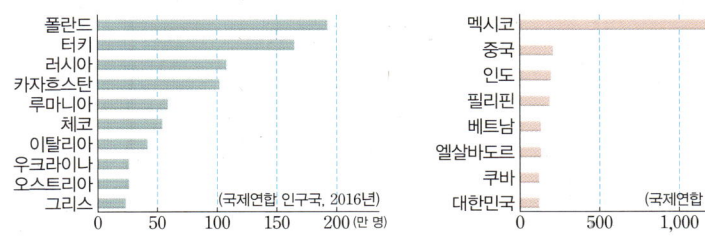

〈독일로 유입된 출신 국가별 총 이주자 수(2015)〉

폴란드
터키
러시아
카자흐스탄
루마니아
체코
이탈리아
우크라이나
오스트리아
그리스
0 50 100 150 200 (만 명)
(국제연합 인구국, 2016년)

〈미국으로 유입된 출신 국가별 총 이주자 수(2015)〉

멕시코
중국
인도
필리핀
베트남
엘살바도르
쿠바
대한민국
0 500 1,000 1,500 (만 명)
(국제연합 인구국, 2016년)

- 인구의 국제 이동은 **경제적 요인**에 따른 이동이 주를 이룬다. 경제적 요인에 의한 인구 이동은 소득이 낮고 고용 기회가 적은 **개발 도상국**에서 고용 기회가 많고 생활 기반이 잘 갖추어진 **선진국**으로 이동하는 경우가 많다.
- 유럽의 영국과 독일, 앵글로아메리카의 미국, 오세아니아의 오스트레일리아, 서남아시아의 사우디아라비아는 대표적인 인구 유입국이다. **독일**의 경우 동부 유럽에 속하는 폴란드, 루마니아 등지와 경제 발전 과정에서 꾸준히 노동력을 공급해왔던 터키 등으로부터의 인구 유입이 활발하다. **미국**은 지리적으로 인접해 있고 저렴한 노동력이 풍부한 멕시코로부터의 인구 유입이 활발하다. **사우디아라비아**와 **아랍 에미리트** 등의 서남아시아 국가들은 인구 유입으로 청장년층의 성비가 높게 나타나는 것이 특징이다. *외국인 근로자 비중이 전체 인구의 80% 이상이며, 인구 구조에서 20~40대 남성 비율이 매우 높다.

Q1 다음 물음에 해당하는 지역(대륙)을 그래프의 A~E에서 골라 쓰시오.

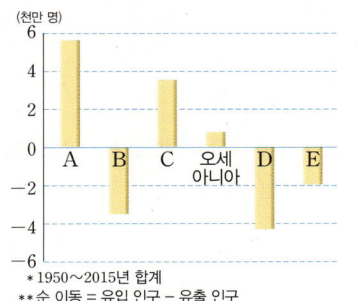

〈지역(대륙)별 인구 순 이동〉
(천만 명)
6
4
2
0 A B C 오세아니아 D E
-2
-4
-6
* 1950~2015년 합계
** 순 이동 = 유입 인구 - 유출 인구

(1) 유입 인구가 유출 인구보다 많은 지역(대륙)은? (   ), (   )
(2) 유출 인구가 유입 인구보다 많은 지역(대륙)은? (   ), (   ), (   )
(3) 인구가 가장 많은 지역(대륙)은? (   )
(4) 도시화율이 가장 높은 지역(대륙)과 가장 낮은 지역(대륙)은? (   ), (   )

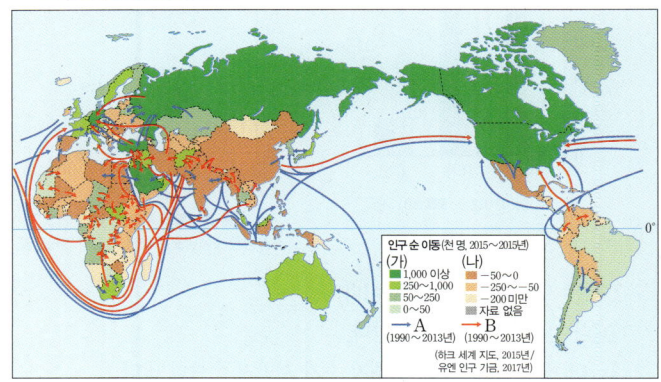

인구 순 이동(천 명, 2015~2015년)
(가)
■ 1,000 이상
■ 250~1,000
■ 50~250
■ 0~50
→ A (1990~2013년)

(나)
■ -50~0
■ -250~ -50
■ -200 이만
■ 자료 없음
→ B (1990~2013년)

(허크 세계 지도, 2015년/유엔 인구 기금, 2017년)

Q2 지도는 세계의 인구 이주를 나타낸 것이다. 이를 보고 괄호 안의 내용 중 알맞은 말을 고르시오.

(1) (가)는 인구 (유입 / 유출) 국가이고, (나)는 인구 (유입 / 유출) 국가이다.
(2) (가)는 주로 (선진국 / 개발 도상국)이고, (나)는 주로 (선진국 / 개발 도상국)이다.
(3) A는 (경제적 / 정치적) 이주이고, B는 (경제적 / 정치적) 이주이다.
(4) A는 B보다 출발지와 도착지 간 평균 거리가 (길다 / 짧다).
(5) '높은 임금 수준, 쾌적한 주거 환경' 등이 흡인 요인으로 크게 작용하는 인구 이동 유형은 (A / B)이다.
(6) 내전이 배출 요인으로 크게 작용하는 인구 이동 유형은 (A / B)이다.

주제 1 **세계의 인구 변천**

족집게 전략| 대륙 및 국가 수준의 인구 관련 통계를 그래프나 지도로 구성한 자료를 토대로 각 대륙 및 국가를 판별한 뒤, 해당 지역의 특성을 파악하는 유형의 문항이 출제된다. 연령층별 인구 비중, 성비, 출생률과 사망률, 합계 출산율, 중위 연령 등은 경제 발전 수준에 따라 달라지므로 인구 관련 통계는 우선 선진국과 개발 도상국을 비교 학습해야 한다. 여기에 대륙 및 국가 수준에서의 특이점을 더하여 정리해 두면 자료 해석이 쉬워진다.

111 대표 문항 | 평가원 기출 |

다음 자료에 대한 분석으로 옳지 <u>않은</u> 것은?

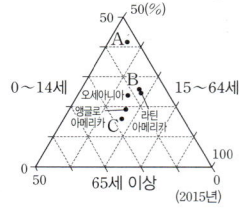

〈대륙별 인구 구성〉

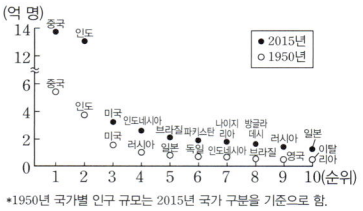

〈세계 인구 규모 상위 10개국〉

*1950년 국가별 인구 규모는 2015년 국가 구분을 기준으로 함.

① 총 부양비가 가장 높은 대륙은 A이다.
② B는 유소년 부양비가 노년 부양비보다 높다.
③ 인구 규모 1위 국가와 10위 국가의 인구 차이는 증가하였다.
④ 인구 규모 상위 10개국 중 C에 속한 국가의 수는 감소하였다.
⑤ 2015년 인구 규모 상위 10개국에 속한 국가의 수는 A가 B보다 많다.

✏️ **한줄 Tip** 총 부양비가 높을수록 청장년층 인구 비중이 낮다는 사실을 기억하자.

112 | 평가원 기출 |

그래프의 (가)~(다) 국가에 대한 설명으로 옳은 것은? (단, (가)~(다)는 에티오피아, 인도네시아, 핀란드 중 하나임.)

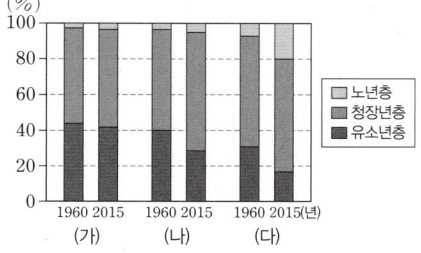

〈연령층별 인구 구조〉

① (가)는 아시아, (나)는 아프리카에 위치한다.
② 1960년 중위 연령은 (가)가 가장 높았을 것이다.
③ 2015년 (다)에서는 피라미드형 인구 구조가 나타난다.
④ 1960년 대비 2015년 (다)의 노년 부양비와 유소년 부양비는 모두 증가하였다.
⑤ 1960~2015년의 노령화 지수 증가 폭은 (나)가 (가)보다 크다.

113 | 평가원 기출 |

그래프는 대륙별 인구 특성을 나타낸 것이다. A~C에 대한 설명으로 옳은 것은? (단, A~C는 아시아, 아프리카, 유럽 중 하나임.)

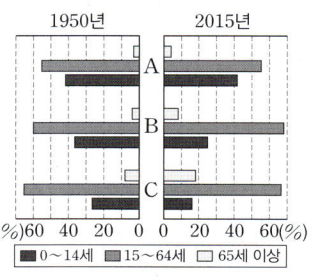

〈대륙별 인구 구조 변화〉   〈대륙별 출생률과 사망률 변화〉

*출생률과 사망률은 해당 기간의 평균임.

① A는 아시아에 해당한다.
② 1950년 총 부양비는 B가 가장 낮다.
③ 2015년 유소년 인구 부양비는 C가 가장 높다.
④ 1950~1955년 인구의 자연 증가율은 A가 C보다 낮다.
⑤ 2010~2015년 인구 1,000명당 출생자 수는 B가 C보다 많다.

114 | 평가원 기출 |

그래프는 지도에 표시된 3개 국가의 인구 특성을 나타낸 것이다. 이에 대한 설명으로 옳은 것은? (단, (가)~(다)는 지도에 표시된 국가 중 하나임.)

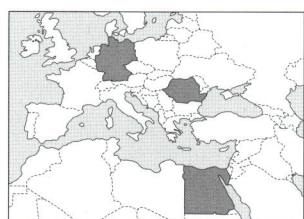

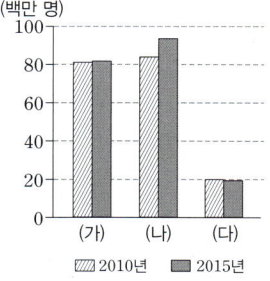

〈국가별 인구 변화〉

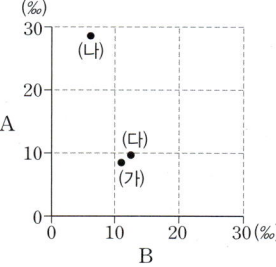

〈국가별 출생률 및 사망률(2010~2015년)〉

*A, B는 출생률과 사망률 중 하나임.
**출생률과 사망률은 해당 기간의 연평균임.

① A는 사망률, B는 출생률이다.
② (다)는 아프리카에 위치한다.
③ 2010~2015년 (가)는 출생자 수가 사망자 수보다 많다.
④ 2010~2015년의 자연적 인구 증가율은 (나)가 가장 높다.
⑤ 2010~2015년의 전체 인구 증가율은 (다)가 가장 높다.

115 고난도↑

그래프의 (가)~(다)는 지도의 A~C 국가의 인구 자료를 나타낸 것이다. 이에 대한 설명으로 옳은 것은?

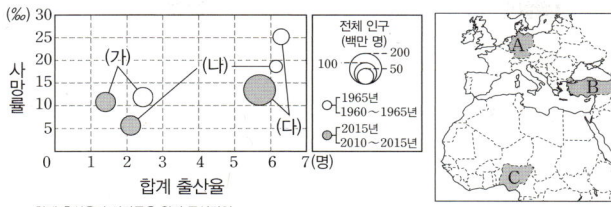

* 합계 출산율과 사망률은 원의 중심값임.
** 전체 인구는 1965년과 2015년 기준이며,
합계 출산율과 사망률은 1960~1965년과 2010~2015년 기준임.

① A는 C보다 2015년 총인구가 많다.

② B는 C보다 1965~2015년 인구 증가율이 높다.

③ (가)는 (다)보다 1965~2015년 사망률의 감소 폭이 크다.

④ (가)에서 (나)로의 인구 이동보다 (나)에서 (가)로의 인구 이동이 많다.

⑤ (가)는 유럽, (나)는 아프리카, (다)는 아시아에 위치한다.

116

그래프는 지역(대륙)별 인구 증가율을 나타낸 것이다. 이에 대한 옳은 설명만을 〈보기〉에서 있는 대로 고른 것은? (단, (가)~(라)는 아시아, 아프리카, 앵글로아메리카, 유럽 중 하나임.)

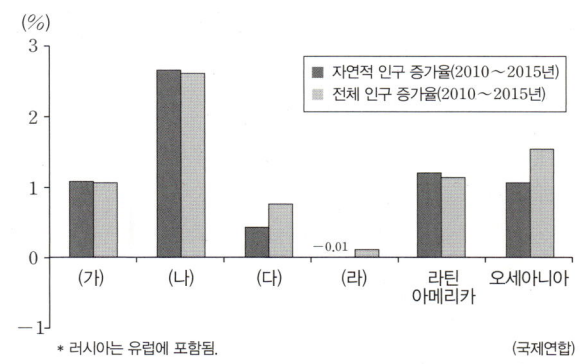

* 러시아는 유럽에 포함됨.

(국제연합)

보기
ㄱ. 세계에서 인구가 가장 많은 국가는 (가)에 위치한다.
ㄴ. (가)는 (나)보다 합계 출산율이 높다.
ㄷ. (나)는 (다)보다 노년층 인구 비중이 높다.
ㄹ. (다)는 (라)보다 사회적 인구 증가율이 높다.

① ㄱ, ㄷ   ② ㄱ, ㄹ   ③ ㄴ, ㄷ

④ ㄱ, ㄴ, ㄹ   ⑤ ㄴ, ㄷ, ㄹ

117

지도는 인구 밀도의 지역 차를 나타낸 것이다. A~F 지역에 대한 옳은 설명만을 〈보기〉에서 고른 것은?

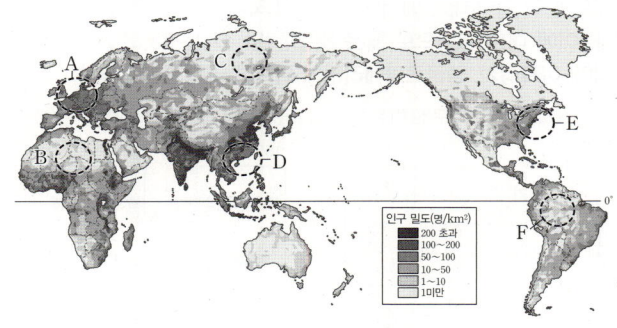

(디르케 세계지도, 2015 / 국제연합 세계 인구 전망 보고서, 2017)

보기
ㄱ. D에서는 벼의 2기작이 이루어진다.
ㄴ. A와 E에는 최상위 계층의 세계 도시가 위치한다.
ㄷ. B와 F는 연 강수량이 적다.
ㄹ. C와 F는 임업 활동에 불리하다.

① ㄱ, ㄴ   ② ㄱ, ㄷ   ③ ㄴ, ㄷ   ④ ㄴ, ㄹ   ⑤ ㄷ, ㄹ

118

그래프는 지도에 표시된 세 국가의 연령층별 인구 비중을 나타낸 것이다. 이에 대한 설명으로 옳은 것은? (단, A, B는 유소년층과 청장년층 중 하나임.)

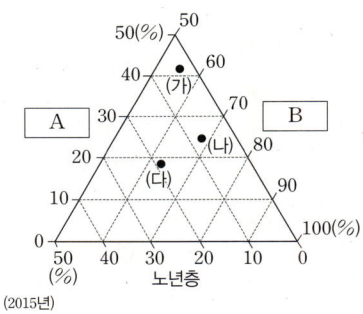

(2015년)

(국제연합)

① A는 청장년층, B는 유소년층이다.

② (가)는 (나)보다 도시 거주 인구 비중이 높다.

③ (나)는 (다)보다 총 부양비가 낮다.

④ (다)는 (가)보다 1인당 국내 총생산이 적다.

⑤ 노령화 지수는 (가)>(나)>(다) 순으로 높다.

119 고난도↑

그래프는 각 지역(대륙)에서 인구 1위인 국가의 인구 특성을 나타낸 것이다. 이에 대한 설명으로 옳은 것은? (단, (가)~(다)와 A~C는 각각 아시아, 아프리카, 앵글로아메리카에 위치한 국가 중 하나임.)

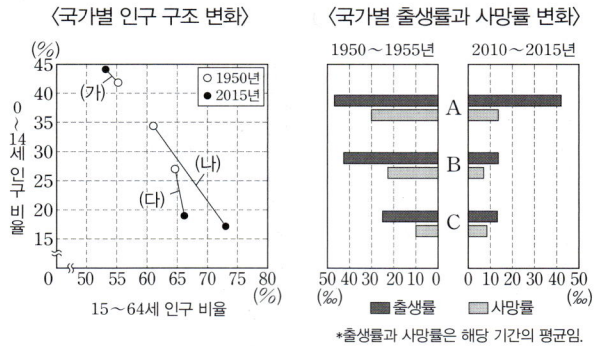

〈국가별 인구 구조 변화〉　〈국가별 출생률과 사망률 변화〉

*출생률과 사망률은 해당 기간의 평균임.

① (가)는 (나)보다 1950년의 노년 인구 비율이 높다.
② (나)는 (다)보다 1950~1955년에 인구의 자연 증가율이 낮다.
③ A는 B보다 2015년의 노령화 지수가 높다.
④ B는 C보다 1950~2015년의 총 부양비 변화가 크다.
⑤ (가)는 아시아, (나)는 아프리카, (다)는 앵글로아메리카에 위치한다.

120

그래프는 지역(대륙)별 인구 지표를 나타낸 것이다. 이에 대한 설명으로 옳은 것은?

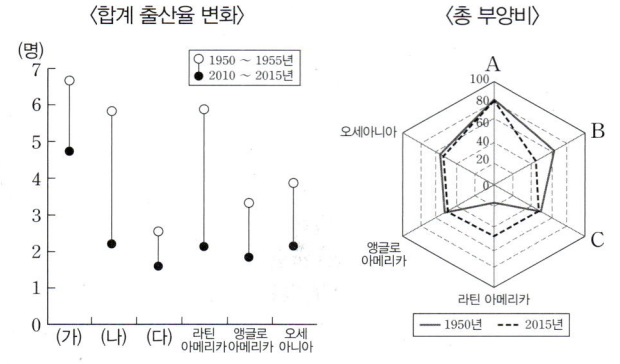

〈합계 출산율 변화〉　〈총 부양비〉

① (가)는 (나)보다 인구의 자연 증가율이 낮다.
② (나)는 (다)보다 중위 연령이 높다.
③ (다)는 (가)보다 도시화율이 낮다.
④ A는 인구 순 유출, C는 인구 순 유입 지역이다.
⑤ C는 B보다 2015년의 청장년층 인구 비중이 높다.

주제 2 **세계의 인구 이주**

족집게 전략 | 대륙(지역) 및 국가 간 인구 이동 통계를 그래프 및 지도의 형태로 제시한 후, 이를 분석하여 각 대륙(지역) 및 국가의 특성을 비교하는 유형의 문항과 인구 이동 지도나 각국에 거주하는 이주민들의 출신 국가별 수나 비중 등을 제시하고 이를 분석 및 해석하는 유형의 문항이 많이 출제되고 있다. 이에 대비하기 위해서는 대륙(지역) 및 국가의 지리적 특성을 종합적으로 이해하고 있어야 한다.

121 대표 문항 　　　　　　　　| 평가원 기출 |

다음 자료에 대한 설명으로 옳은 것은? (단, A~C는 (가)~(다) 중 하나임.)

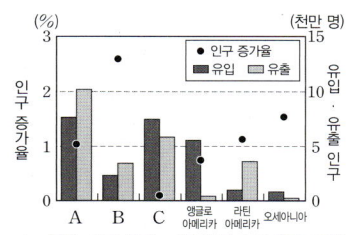 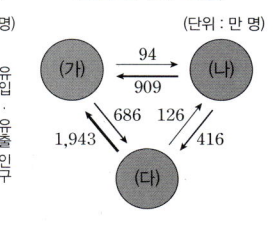

〈대륙별 인구 증가율 및 유입·유출 인구〉　〈대륙 간 인구 이동〉

* 유입·유출 인구는 대륙 내 국가 간 이동도 포함됨.
** 인구 증가율은 2010~2015년 평균이며, 인구 이동은 2015년 조사 자료임.

① A는 유출 인구가 많아 총인구가 감소하고 있다.
② C는 세계에서 인구가 가장 많은 대륙이다.
③ B에서 A로 이동한 인구는 B에서 C로 이동한 인구보다 많다.
④ 유입 인구에서 유출 인구를 뺀 값은 유럽이 앵글로아메리카보다 크다.
⑤ (나)는 (다)보다 인구 증가율이 높다.

✏️ **한줄 Tip** 대륙(지역) 및 국가의 인구 증가는 자연적 증가와 사회적 증가를 통해 이루어진다.

122 　　　　　　　　　　　　| 평가원 기출 |

그래프의 (가)~(라)에 해당하는 국가를 지도의 A~D에서 고른 것은?

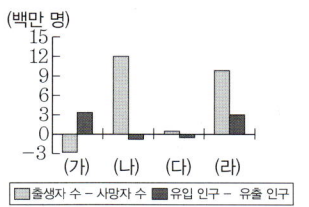 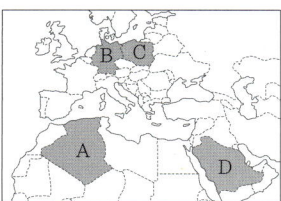

* 1955~2015년 기간 누적값임.

	(가)	(나)	(다)	(라)
①	A	B	C	D
②	A	C	D	B
③	B	A	C	D
④	B	C	A	D
⑤	C	A	D	B

123
| 평가원 기출 |

그래프는 (가), (나) 국가에서 해외로 이주한 인구의 국가별 분포를 나타낸 것이다. (가), (나)에 해당하는 국가를 지도의 A~D에서 고른 것은?

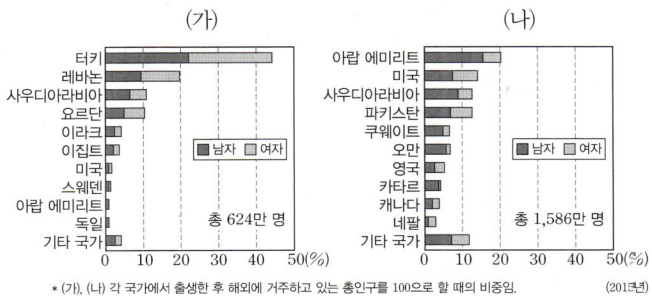

* (가), (나) 각 국가에서 출생한 후 해외에 거주하고 있는 총인구를 100으로 할 때의 비중임. (2015년)

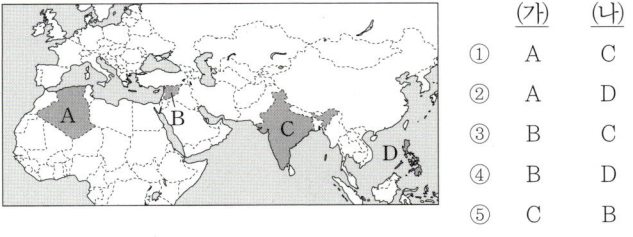

	(가)	(나)
①	A	C
②	A	D
③	B	C
④	B	D
⑤	C	B

124 고난도↑
| 평가원 기출 |

그래프는 (가), (나) 국가에 각각 거주하는 이민자의 출신 국가별 비율을 나타낸 것이다. (가), (나)에 해당하는 국가를 지도의 A~D에서 고른 것은?

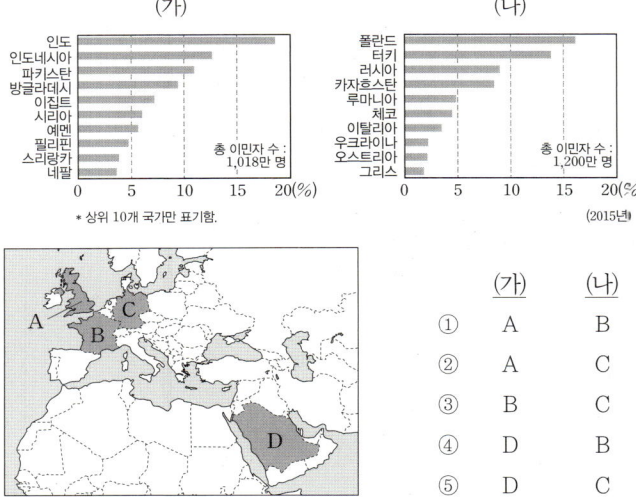

* 상위 10개 국가만 표기함. (2015년)

	(가)	(나)
①	A	B
②	A	C
③	B	C
④	D	B
⑤	D	C

125

그래프는 유럽 주요 국가로의 이주자 수를 나타낸 것이다. (가)~(다)에 해당하는 국가를 지도의 A~C에서 고른 것은?

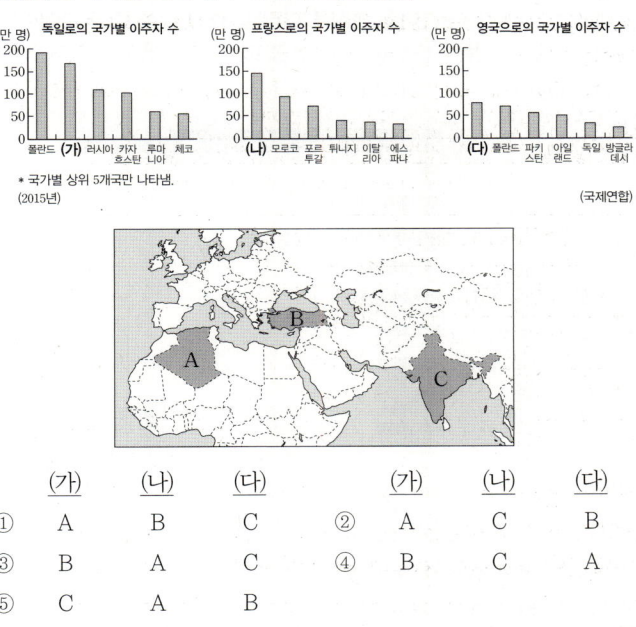

	(가)	(나)	(다)		(가)	(나)	(다)
①	A	B	C	②	A	C	B
③	B	A	C	④	B	C	A
⑤	C	A	B				

126

지도는 페르시아만 연안 지역의 인구 이동을 나타낸 것이다. 이 인구 이동에 대한 옳은 설명만을 <보기>에서 고른 것은?

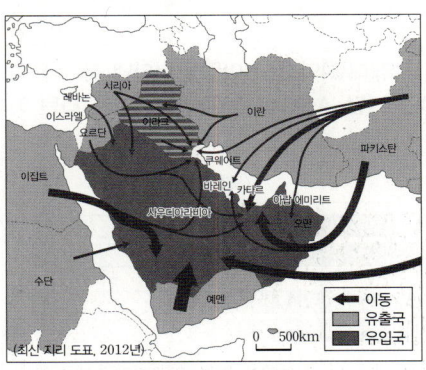

* 화살표의 굵기는 이주자 규모의 상대적 크기임.

[보기]
ㄱ. 이슬람교 발상지로의 성지 순례에 해당한다.
ㄴ. 유입국은 유출국보다 청장년층의 성비가 대체로 높다.
ㄷ. 산유국의 오일 머니를 바탕으로 한 경제 개발과 관련이 깊다.
ㄹ. 유출국은 모두 종교 및 인종(민족)의 차이로 내전이 발생하고 있다.

① ㄱ, ㄴ ② ㄱ, ㄷ ③ ㄴ, ㄷ ④ ㄴ, ㄹ ⑤ ㄷ, ㄹ

127

그래프는 국가 간 인구 이주 변화를 나타낸 것이다. A~D 국가에 대한 설명으로 옳은 것은? (단, A~D는 아랍 에미리트, 인도, 멕시코, 미국 중 하나임.)

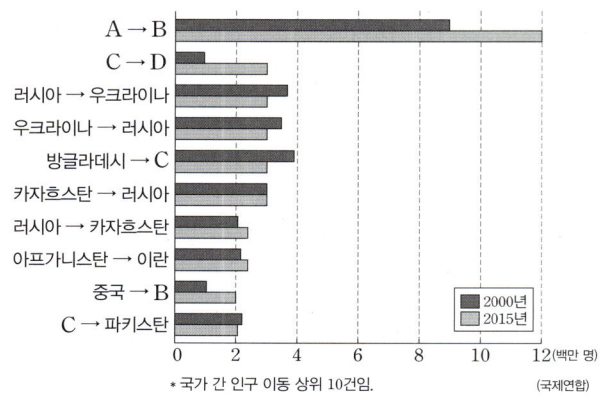

* 국가 간 인구 이동 상위 10건임.　(국제연합)

① A는 B보다 소득 수준이 높다.

② B는 C보다 합계 출산율이 높다.

③ C는 D보다 청장년층의 성비가 낮다.

④ D는 A보다 총인구가 많다.

⑤ A와 B는 크리스트교, C와 D는 이슬람교 신자 수 비중이 가장 높다.

128 고난도↑

그래프는 세 지역(대륙)의 인구 이동을 나타낸 것이다. 이에 대한 설명으로 옳은 것은? (단, A~C는 아시아, 아프리카, 라틴 아메리카 중 하나임.)

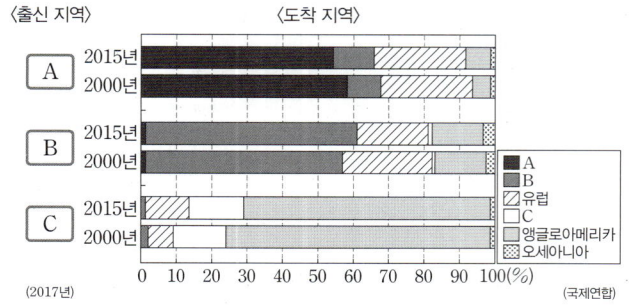

(2017년)　(국제연합)

① 총인구 1, 2위 국가는 B에 위치한다.

② A는 B보다 2000~2017년의 국제 인구 이동 규모가 크다.

③ A~C 모두 인구 순 유입 지역(대륙)이다.

④ A~C 모두 유럽으로의 인구 유출 비중이 높아졌다.

⑤ A는 아시아, B는 아프리카, C는 라틴 아메리카이다.

129

지도는 인구 순 유입 국가와 순 유출 나타낸 것이다. (가) 국가군과 비교한 (나) 국가군의 상대적인 특성을 그림의 A~E에서 고른 것은? (단, (가), (나) 국가군의 특징은 각 국가군의 평균을 기준으로 함.)

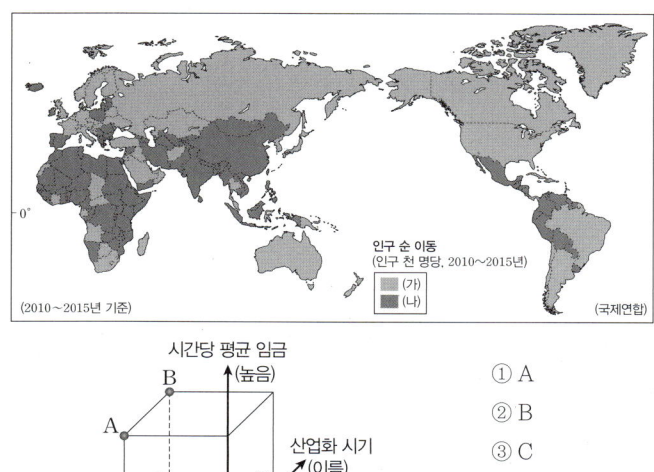

① A ② B ③ C ④ D ⑤ E

130

다음 자료에 대한 설명으로 옳은 것은? (단, (가)~(다)와 A~C는 각각 아시아, 앵글로아메리카, 유럽 중 하나임.)

〈(가), (나) 대륙으로의 인구 이동〉 (단위 : 만 명)

유출국＼유입국	(가)	(나)
(가)	-	737
(나)	97	-
(다)	1,943	1,663
아프리카	909	249
라틴 아메리카	456	2,553
오세아니아	33	27

〈대륙별 인구 특성〉

* 총인구는 2015년, 인구 증가율은 2010~2015년 평균임.

① A는 B보다 노령화 지수가 높다.

② B는 C보다 국가 수가 적다.

③ (가)와 (나)는 인구 순 유출 지역(대륙)이다.

④ (나)는 (다)보다 소득 수준이 높다.

⑤ (가)는 A, (나)는 B, (다)는 C이다.

131

(가), (나) 인구 이동에 대한 옳은 설명만을 〈보기〉에서 고른 것은?

(가)

(나)

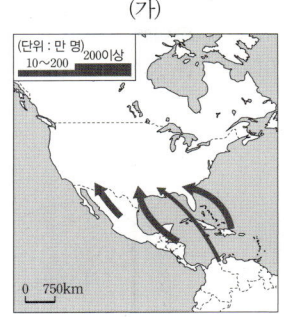 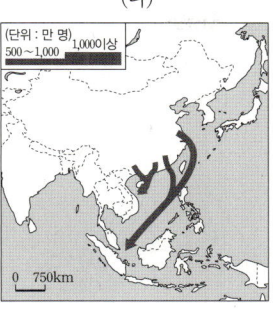

┌─ 보기 ─────────────────────────────┐
│ ㄱ. (가)는 소득 향상을 위한 경제적 이동이다.   │
│ ㄴ. (나)는 직장을 은퇴한 고령 인구의 이동이다.   │
│ ㄷ. (가), (나)는 자발적 이동의 성격이 크다.   │
│ ㄹ. (가)는 (나)보다 유입 지역에서의 이주자의 경제적 위상이 높다. │
└────────────────────────────────┘

① ㄱ, ㄴ   ② ㄱ, ㄷ   ③ ㄴ, ㄷ   ④ ㄴ, ㄹ   ⑤ ㄷ, ㄹ

132

(가), (나) 인구 이동에 대한 설명으로 옳은 것은?

┌────────────────────────────────┐
│ (가) 이슬람 경전에 따르면 무슬림은 일생에 한번은 메카의 대사 │
│   원인 카바 신전을 찾아 순례를 해야 한다. 하지는 이슬람력 │
│   으로 마지막 달인 '순례의 달'이 시작된 뒤 10일 이내에 이뤄 │
│   지는데, 하지 기간에는 매년 전 세계에서 오는 200만~300 │
│   만 명의 신자로 메카 인근이 인산인해를 이룬다. │
│ (나) 멕시코에 진입한 중남미 이민자들이 긴 화물 열차 꼭대기에 │
│   올라탄 채 남부 오악사카주(州) 익스테펙을 출발한 후 미국 │
│   국경으로 이동하고 있다. 캐러밴(중미 출신 이민자 행렬)은 │
│   미국 국경에 도달하기 위해 화물 열차에 위험하게 몸을 싣고 │
│   있다. │
└────────────────────────────────┘

① (가)는 자원 개발 및 건설업의 수요 증가가 원인이다.
② (나)는 전쟁이나 정치적 억압이 주요 원인이다.
③ (가)는 일시적, (나)는 영구적 이동의 성격이 크다.
④ (가)는 국내 이동, (나)는 국제 이동의 성격이 크다.
⑤ (나)는 (가)보다 가족 단위로 이루어지는 비율이 낮다.

133

그래프는 유입 인구 기준 상위 15개국의 인구 이동 관련 자료를 나타낸 것이다. (가)~(다)에 해당하는 국가를 지도의 A~C에서 고른 것은?

순위	국가명	유입 인구	총인구에서 유입 인구가 차지하는 비중
1	(가)		
2	독일		
3	러시아		
4	사우디아라비아		
5	영국		
6	(나)		
7	캐나다		
8	프랑스		
9	오스트레일리아		
10	에스파냐		
11	이탈리아		
12	(다)		
13	우크라이나		
14	타이		
15	파키스탄		

(2015년)   (세계경제포럼)

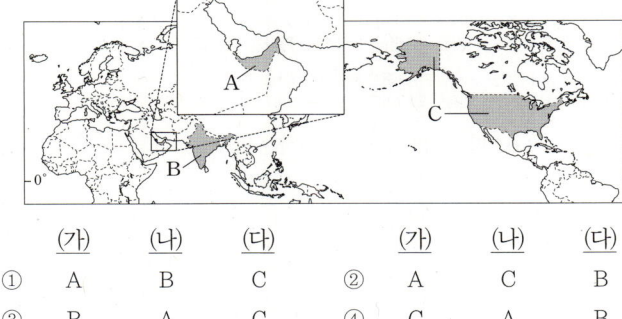

	(가)	(나)	(다)		(가)	(나)	(다)
①	A	B	C	②	A	C	B
③	B	A	C	④	C	A	B
⑤	C	B	A				

주제3 세계의 도시화와 세계 도시 체계

족집게 전략 | 지역(대륙) 또는 국가별 도시화율 등 도시화 관련 통계를 토대로 지역을 추론한 뒤, 해당 지역의 지리적 특성을 파악하는 문항이 출제된다. 특히 도시화 자료가 연령층별 인구 구조, 중위 연령 등 인구 통계와 맞물려 출제되는 경우가 많다. 따라서 인구 문항처럼 선진국과 개발 도상국의 도시화 관련 내용을 비교하여 정리해 두어야 한다.

134 대표 문항 | 평가원 기출 |

그래프는 대륙별 도시 인구 상위 5개 국가의 도시화 특성을 나타낸 것이다. 이에 대한 설명으로 옳지 <u>않은</u> 것은? (단, (가)~(다)는 아시아, 아프리카, 유럽 중 하나임.)

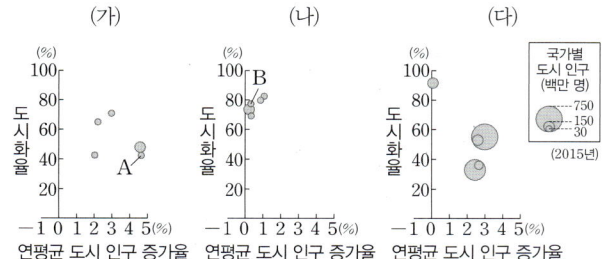

* 도시화율과 연평균 도시 인구 증가율은 원의 중심 위치로 표현함.
** 도시화율은 2015년, 연평균 도시 인구 증가율은 2010~2015년 기준임.

① (가)는 (나)보다 세계 인구에서 차지하는 비중이 높다.
② (나)는 (다)보다 산업화 시작 시기가 이르다.
③ A는 B보다 1인당 국내 총생산(GDP)이 적다.
④ 중국은 인도보다 연평균 도시 인구 증가율이 낮다.
⑤ 15개국 중 도시 인구가 촌락 인구보다 많은 국가의 수는 절반 이상 이다.

✏️ **한줄 Tip** 중국이 인도보다 인구가 많고 도시화율이 높아.

135 | 평가원 기출 |

그래프는 대륙별 인구 특성을 나타낸 것이다. 이에 대한 설명으로 옳은 것은?

〈도시 및 촌락 인구〉
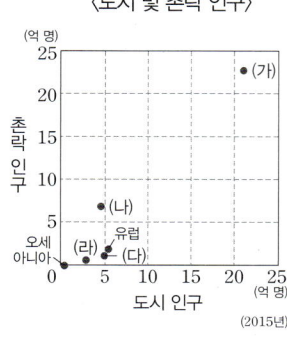

〈산업별 종사자 비율〉
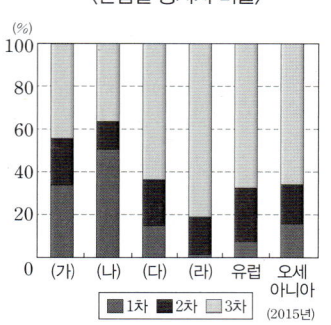

① (가)는 (라)보다 도시화율이 낮다.
② (나)는 (다)보다 총인구가 적다.
③ (다)는 (라)보다 국가의 수가 적다.
④ 오세아니아는 아프리카보다 2차 산업 종사자 수가 많다.
⑤ 유럽은 앵글로아메리카보다 3차 산업 종사자 비율이 높다.

136 | 평가원 기출 |

그래프는 지도에 표시된 세 국가의 도시화 특성을 나타낸 것이다. (가)~(다)에 대한 옳은 설명만을 〈보기〉에서 고른 것은?

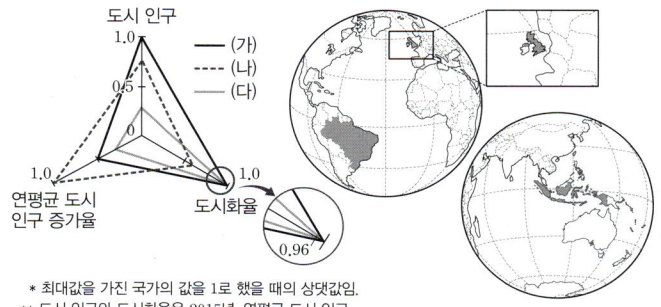

* 최댓값을 가진 국가의 값을 1로 했을 때의 상댓값임.
** 도시 인구와 도시화율은 2015년, 연평균 도시 인구 증가율은 2010~2015년 기준임.

┌─ 보기 ┐
ㄱ. (가)는 유럽에 속한 국가이다.
ㄴ. (다)는 세 국가 중 총인구가 가장 많다.
ㄷ. (나)는 (가)보다 이촌 향도 현상이 활발하다.
ㄹ. (다)의 수도는 (나)의 수도에 비해 세계 도시 계층이 높다.
└──────┘

① ㄱ, ㄴ ② ㄱ, ㄷ ③ ㄴ, ㄷ ④ ㄴ, ㄹ ⑤ ㄷ, ㄹ

137 | 평가원 기출 |

지도의 (가) 도시군과 비교한 (나) 도시군의 상대적 특징을 그림의 A~E에서 고른 것은? (단, (가), (나) 도시군의 특징은 각 도시군의 평균 을 기준으로 함.)

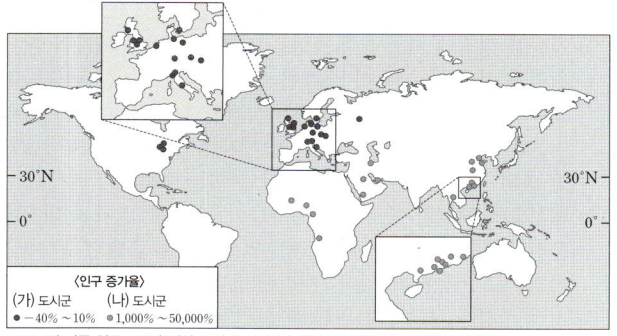

* 2010년 기준 인구 100만 이상 중 1970년 대비 2010년의 도시 인구 증가율임.

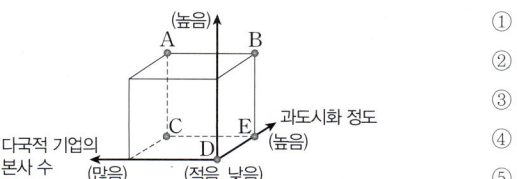

① A
② B
③ C
④ D
⑤ E

138 고난도↑
|평가원 기출|

그래프의 A~E 대륙에 대한 설명으로 옳은 것은? (단, 아메리카는 앵글로아메리카와 라틴 아메리카로 구분함.)

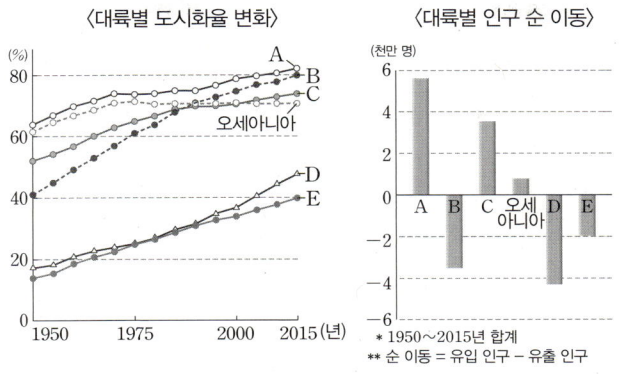

〈대륙별 도시화율 변화〉 〈대륙별 인구 순 이동〉

* 1950~2015년 합계
** 순 이동 = 유입 인구 − 유출 인구

① A는 도시화가 가장 급속하게 진행되고 있다.
② B는 1950년에 도시 인구가 촌락 인구보다 많았다.
③ C는 산업화 시기가 가장 늦어 도시화의 역사가 짧다.
④ D는 2015년을 기준으로 도시 인구가 가장 많은 대륙이다.
⑤ E에는 다국적 기업의 본사가 많은 최상위 세계 도시가 있다.

139

그래프는 지역(대륙)별 도시화율과 도시 인구 변화를 나타낸 것이다. (가)에 들어갈 그래프의 형태로 옳은 것은? (단, A~C는 아시아, 아프리카, 유럽 중 하나임.)

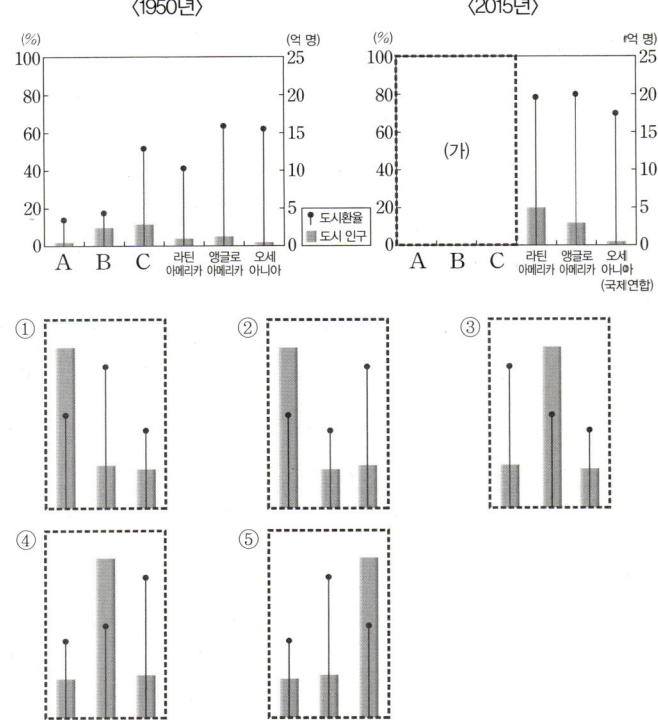

〈1950년〉 〈2015년〉

□ 도시화율
■ 도시 인구

(국제연합)

140

그래프는 지도에 표시된 세 국가의 도시 인구와 촌락 인구를 나타낸 것이다. 이에 대한 설명으로 옳은 것은?

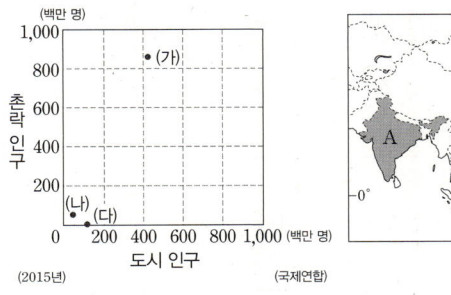
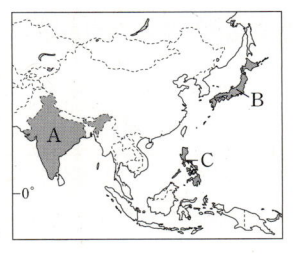

(2015년) (국제연합)

① (가)의 수도는 최상위 세계 도시 중 하나이다.
② (가)는 (다)보다 도시화율이 높다.
③ (나)는 (다)보다 도시 인구 증가율이 높다.
④ A는 B보다 도시 인구가 적다.
⑤ B는 C보다 1차 산업 종사자의 소득 수준이 낮다.

141

(가), (나)는 지도에 표시된 두 도시에 관한 것이다. 이에 대한 설명으로 옳은 것은?

(가)	세계적인 증권 거래소가 위치한 월가(街)가 있으며, 도심에 위치한 센트럴 파크는 도시민들의 대표적인 휴식 공간이다. 브로드웨이에서는 각종 공연이 펼쳐지며 패션 산업의 본고장으로도 알려져 있다.
(나)	프랑스령 식민지의 수도가 되면서 유럽풍의 도시로 개발되었다. 이 도시의 중심부에 위치한 호안끼엠 지역은 무역과 문화·행정의 중심지이며, 2019년에 북미 정상회담이 열린 곳이기도 하다.

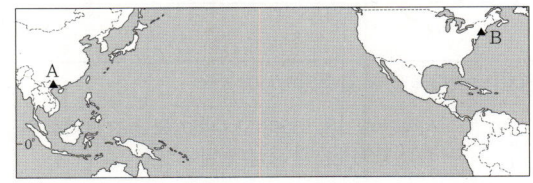

① (가)는 A, (나)는 B이다.
② (가)는 (나)보다 세계 500대 기업의 본사 수가 적다.
③ (나)는 (가)보다 도시 기반 시설이 잘 갖추어져 있다.
④ A는 B보다 생산자 서비스업에 종사하는 인구의 비율이 높다.
⑤ B는 A보다 국제공항을 이용하는 연간 승객 수가 많다.

07강 주요 식량 및 에너지 자원과 국제 이동

주제 1 주요 식량 자원과 국제 이동

1. 식량 자원 : 식용이 가능하며 인간이 생존하는 데 필요한 각종 영양소를 공급하는 것

곡물 자원	쌀, 밀, 옥수수 등
육류 자원	돼지고기, 소고기, 양고기 등
기타	각종 채소와 과실, 임산물, 수산물 등

지도로 살펴보기

주식 작물의 분포와 전파

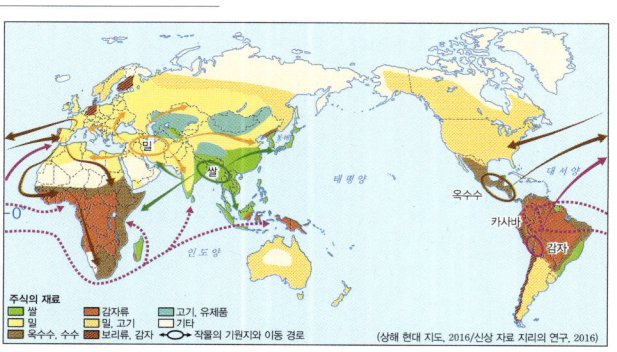

주식의 재료
🟩 쌀   🟫 감자류   🟩 고기, 유제품
🟨 밀   🟧 밀, 고기   🟩 기타
🟫 옥수수, 수수   🟫 보리류, 감자   ⟵⟶ 작물의 기원지와 이동 경로
(상해 현대 지도, 2016/신상 자료 지리의 연구, 2016)

우리나라를 비롯한 아시아 계절풍 기후 지역은 쌀이 주식이지만, 유럽, 북부 아프리카와 서남아시아, 앵글로아메리카 지역은 밀이 주식이다. 남아메리카와 사하라 이남의 아프리카에서는 옥수수를 주식으로 하는 지역이 많다. 한편 밀은 서남아시아, 쌀은 중국 남부 및 동남아시아, 옥수수는 아메리카에서 기원한 것으로 알려져 있다.

2. 주요 곡물 자원의 특징과 이동
(1) 주요 곡물 자원의 국제 이동

발생 이유	자연환경 및 인구 분포의 지역 차로 인해 곡물의 잉여 및 부족 지역 발생 → 곡물의 국제 이동
수출 및 수입	• 수출국 : 인구 대비 경지 면적이 넓음 • 수입국 : 경지 면적 대비 인구가 많음 • 전 세계 곡물 수출량에서 미국, 캐나다, 브라질 등 특정 국가가 차지하는 비중이 높음

(2) 쌀

기원지	중국 남부 및 동남아시아 지역
재배 조건	• 성장기에 고온 다습하고 수확기에 건조한 기후 환경 • 충적 평야(범람원 중심) 발달
주요 재배지	• 아시아 계절풍 기후 지역 : 가족 노동력 중심의 자급적 농업 • 미국 캘리포니아 : 기계화된 상업적 농업
특징	• 단위 면적당 생산량이 많아 인구 부양력이 높음 → 전통적인 벼농사 지역은 인구 밀도가 높음 • 생산지와 소비지가 대체로 일치함 → 국제 이동량 적음

(3) 밀

기원지	서남아시아의 건조 기후 지역
재배 조건	기후 적응력이 커 재배 가능한 위도대가 넓음
주요 재배지	• 중국 화북, 인도 펀자브 등 : 주로 자급적 농업 실시 • 미국, 캐나다, 오스트레일리아 등 : 기계화된 상업적 농업
특징	• 국제 이동량이 가장 많고, 단위 면적당 생산량은 쌀과 옥수수보다 적음 • 남반구에서 북반구로 이동, 아메리카와 오세아니아에서 아시아와 유럽으로 이동 활발

└→ 비교적 기온이 낮고 건조한 지역에서도 재배가 이루어진다.

(4) 옥수수

기원지	아메리카 지역
재배 조건	기후 적응력이 커 다양한 기후 지역에서 재배
주요 재배지	미국, 중국, 브라질, 우크라이나 등
특징	• 육류 소비가 늘면서 가축의 사료로 많이 이용 • 최근 바이오 에탄올의 원료로 이용되면서 수요 급증

그래프로 살펴보기

쌀, 밀, 옥수수의 지역(대륙)별 생산량

(단위: 백만 톤)
🟨 쌀 🟩 밀 🟦 옥수수

- 오세아니아 : 쌀 0, 밀 23, 옥수수 1
- 유럽 : 쌀 4, 밀 250, 옥수수 117
- 아시아 : 쌀 668, 밀 327, 옥수수 324
- 아메리카 : 쌀 36, 밀 127, 옥수수 547
- 아프리카 : 쌀 32, 밀 23, 옥수수 71

(2016년, FAO)

• **쌀**은 계절풍의 영향을 받는 중국, 인도 등 아시아에서 생산량이 많다. **옥수수**는 미국, 브라질 등 기원지인 아메리카에서 생산량이 많으며, 세 작물 중 총 생산량이 가장 많다.
• **밀**은 중국, 인도 등 아시아에서 생산량이 가장 많지만, 상대적으로 유럽과 아메리카의 생산량도 많은 편이다. 오세아니아의 경우 세 작물 모두 생산량이 적지만 세 작물 중에서는 밀의 생산량이 가장 많다.

3. 주요 가축의 생산과 이동
(1) 목축업의 발달 : 인구 증가, 소득 수준 향상, 식생활 변화 등으로 축산물 소비량 증가 → 국제 이동 활발
(2) 주요 가축의 특징

└→돼지는 소에 비해 사육 두수가 적지만 사육에 소요되는 기간이 짧아 육류 생산량은 많다.

소	• 농경 사회에서 노동력을 대신하는 동물로 일찍부터 가축화 • 고기를 비롯하여 우유, 치즈, 버터 등의 유제품 제공 • 브라질, 인도, 미국 등에서 많이 사육
양	• 고기와 젖을 얻기 위해 사육, 모직 공업이 발달하면서 양털 수요 증가 → 경제적 가치 상승 • 아시아와 아프리카에서는 주로 유목, 아메리카와 오세아니아에서는 주로 기업적 방목의 형태로 사육 • 중국, 오스트레일리아 등에서 많이 사육
돼지	• 유목 생활에 적합하지 않아 정착 지역에서 주로 사육 • 건조 기후가 나타나고 이슬람교 신자 수 비중이 높은 서남아시아와 북부 아프리카에서는 거의 사육되지 않음 • 중국, 미국, 독일, 브라질 등에서 많이 사육

└→ 세계 돼지 사육 두수에서 절반에 가까운 비중을 차지한다.

주제 2 주요 에너지 자원과 국제 이동

1. 자원의 의미와 특성

(1) **의미** : 인간에게 이용 가치가 있고, 기술·경제적으로 이용 가능한 것

(2) **특성**

유한성	매장량이 한정되어 있는 자원은 언젠가는 고갈됨
편재성	자원이 특정 지역에 편중되어 분포
가변성	기술·경제·문화 조건에 따라 자원의 의미와 가치가 달라짐

2. 주요 에너지 자원의 특징 및 이동

(1) **세계 주요 에너지 자원의 소비**

① 세계 1차 에너지 자원의 소비량이 지속적으로 증가, 신·재생 에너지 개발이 활발하지만 화석 에너지 소비량 증가에 미치지 못함

② 세계 1차 에너지 자원별 소비량은 석유 > 석탄 > 천연가스 > 수력 > 원자력 순으로 많음(2016년)

그래프로 살펴보기

세계 1차 에너지원별 소비 구조의 변화

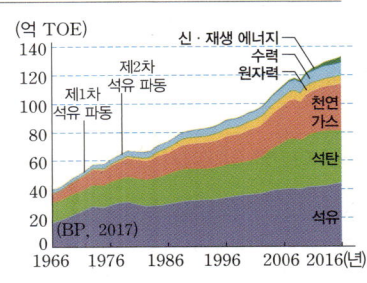

세계 1차 에너지 소비량은 인구 증가, 산업 발달 등으로 꾸준하게 증가하고 있으며, 특히 화석 에너지의 소비량이 빠르게 증가하였다. 최근 화석 에너지의 가격 상승 및 연소 시 오염 물질 배출로 인한 문제로 신·재생 에너지에 대한 투자가 증가하고 있다. 2016년 기준 **세계 1차 에너지 소비량은 석유 > 석탄 > 천연가스 > 수력 > 원자력 > 신·재생 에너지의 순으로 많다.**

└ 수력을 제외하면 풍력 > 바이오 > 태양광 순으로 많다.

└ 중국 > 미국 > 인도 순으로 많다.

(2) **석탄**

특징	• 산업용(제철 공업 등), 발전용 이용 비중이 높음 • 산업 혁명기에 증기 기관의 연료로 이용
분포	고기 조산대 주변 예 애팔래치아산맥, 그레이트디바이딩산맥 등
국제 이동	• 화석 에너지 중 편재성이 적어 국제 이동량이 적음 • 주요 생산국 : 중국, 미국, 인도, 오스트레일리아 등 • 주요 수출국 : 오스트레일리아, 인도네시아, 러시아 등 • 주요 수입국 : 중국, 인도, 일본, 대한민국 등

└ 생산량, 소비량 모두 1위이다.

(3) **석유**

특징	• 19세기 내연 기관의 발명과 자동차 보급 확대로 소비량 급증, 수송용으로 이용되는 비중이 높음 • 서남아시아의 수출 비중이 높아 정치 및 경제 상황에 따른 가격 변동 폭이 큼
분포	신생대 제3기층 배사 구조에 주로 매장, 서남아시아 국가의 수출 비중이 높음(페르시아만에 약 50% 매장)
국제 이동	• 지역 편재성이 커서 국제 이동량이 많음 • 주요 생산국 : 사우디아라비아, 러시아, 미국 등 • 주요 수출국 : 사우디아라비아, 러시아, 이라크 등 • 주요 수입국 : 미국, 중국, 인도, 일본, 대한민국 등

(4) **천연가스**

특징	• 산업용 및 가정용으로 이용되는 비중이 높음 → 산업용은 주로 발전에, 가정용은 주로 난방에 이용 • 냉동 액화 기술의 발달로 수요 급증 • 연소 시 대기 오염 물질 배출량이 적은 편
분포	신생대 제3기층 배사 구조에 석유와 함께 매장 예 러시아 및 카스피해 인근, 미국 등
국제 이동	• 러시아에서 유럽으로 이어지는 육상 구간에서는 주로 파이프라인 이용, 해상 구간에서는 주로 LNG(액화 천연가스) 수송선 이용 • 주요 생산국 : 미국, 러시아, 이란, 캐나다 등 • 주요 수출국 : 러시아, 카타르, 노르웨이 등 • 주요 수입국 : 일본, 독일, 중국 등

(5) **원자력**

원자력 발전	• 원자력을 이용하여 전력을 생산하는 방식 • 장점 : 적은 양의 에너지원으로 많은 양의 전력 생산, 화력 발전에 비해 대기 오염 물질을 적게 배출 • 단점 : 방사능 누출 위험, 방사성 폐기물 처리가 어려움
분포	• 지반이 안정되고 냉각수가 풍부한 곳이 발전소 입지에 유리 • 미국, 프랑스, 러시아, 중국 등에서 생산량이 많음

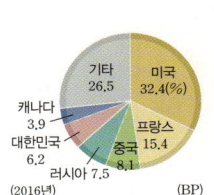 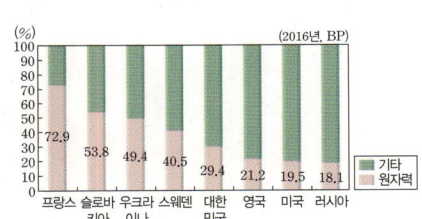

▲ 원자력의 국가별 소비량 비중　▲ 국가별 전력 생산에서 원자력 발전이 차지하는 비중

3. 신·재생 에너지 : 기존의 화석 연료를 변환시켜 이용하는 에너지나 재생 가능한 에너지

특징		• 대부분 대기 오염 물질의 배출량이 적고 환경 친화적이며, 재생이 가능하여 고갈 가능성이 낮음 • 석유 가격 상승, 신·재생 에너지 의무 할당제 도입, 환경 규제 강화 등으로 개발 활발 • 에너지 효율이 낮고 지역별로 소규모 발전이 이루어져 경제성이 낮은 편, 최근 기술 발달로 경제성이 높아지고 공급량도 증가 추세
주요 신·재생 에너지	수력	유량이 풍부한 강 또는 높은 산지가 있어 낙차 확보에 유리한 지역, 빙식곡이 많아 댐 건설이 쉬운 지역 예 브라질, 노르웨이, 아이슬란드, 캐나다 등
	풍력	지형 장애가 적어 일정하고 강한 바람이 지속적으로 부는 산지의 능선부, 고원, 해안 지역 등 예 영국, 덴마크 등
	태양광(열)	건조 기후와 같이 일조량이 많은 지역 예 이탈리아, 에스파냐 등
	지열	판의 경계부와 같이 지열이 풍부한 곳 예 필리핀, 인도네시아 등

(특징 란 우측) 빙하 지형이 발달한 지역이다.

(풍력 란 우측) 편서풍이 탁월한 지역이다.

(태양광 란 우측) 지중해성 기후 지역이다.

(지열 란 우측) 신기 조산대에 위치한다.

핵심 개념 CHECK!

• 정답 및 해설 035쪽

01 지도는 주요 식량 작물의 분포와 국제 이동을 나타낸 것이다. A, B 작물의 명칭을 쓰시오.

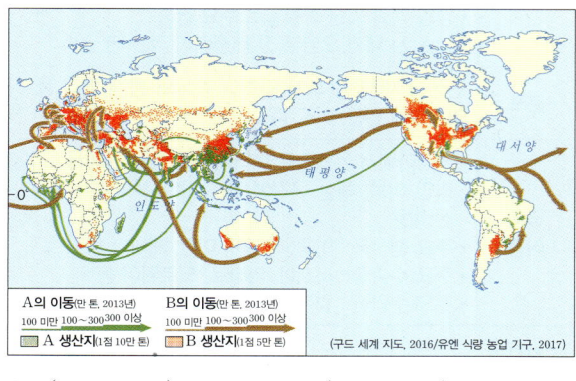

A : (　　　　　)　　　　B : (　　　　　)

02 그래프는 주요 가축의 국가별 사육 두수 비중을 나타낸 것이다. A~C에 해당하는 가축의 이름을 쓰시오.

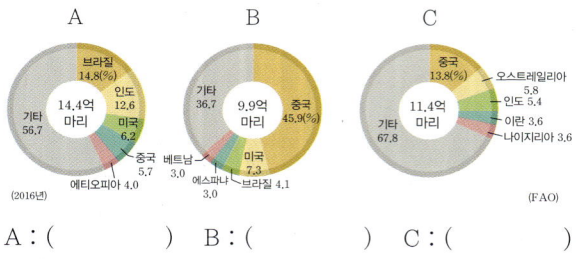

A : (　　　　)　B : (　　　　)　C : (　　　　)

03 그래프는 주요 에너지원의 국가별 발전량 비중을 나타낸 것이다. A~E 에너지에 대해 괄호 안의 내용 중 알맞은 말을 고르시오. (단, A~E는 석유, 석탄, 수력, 원자력, 천연가스 중 하나임.)

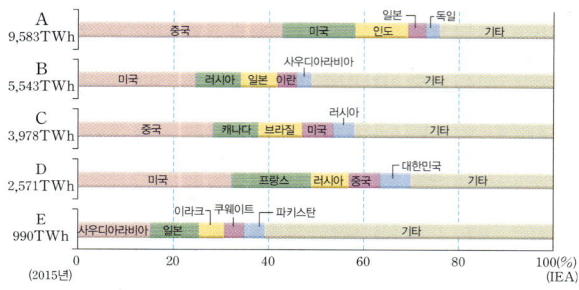

(1) A는 E보다 지역 편재성이 (크다 / 작다).

(2) B는 D보다 세계 1차 에너지 소비 구조에서 차지하는 비중이 (높다 / 낮다).

(3) C를 이용한 발전은 A를 이용한 발전보다 기상 조건의 제약이 (크다 / 작다).

(4) D는 A보다 발전 과정에서 배출되는 대기 오염 물질이 (많다 / 적다).

🖊 다음의 설명이 맞으면 '○', 틀리면 '✕'에 표시하시오.

04 쌀은 대체로 생산지와 소비지가 일치하여 국제 이동량은 적은 편이다.　　○ ✕

05 밀은 쌀보다 내한성과 내건성이 우수하다.　　○ ✕

06 쌀은 가축의 사료 및 자동차의 연료가 되는 바이오 에너지 생산에도 많이 이용된다.　　○ ✕

07 식량 작물 중 총 생산량은 옥수수가 가장 많고, 재배 면적은 밀이 가장 넓다.　　○ ✕
함정

08 쌀과 옥수수의 최대 생산국은 아시아에, 밀의 최대 생산국은 아메리카에 위치한다.　　○ ✕

09 소는 돼지보다 연간 육류 총 소비량이 많다.　　○ ✕
함정

10 돼지는 양보다 유목 방식으로 사육하는 비중이 높다.　　○ ✕

11 힌두교도는 소고기 섭취를 금기시하므로 인도에서는 소를 사육하지 않는다.　　○ ✕
함정

12 석탄은 산업 혁명기에 증기 기관의 연료로 많이 이용되었다.　　○ ✕

13 석유는 미국 동부 애팔래치아산맥 일대에서 많이 생산된다.　　○ ✕

14 석유는 신생대에 형성된 배사 구조에 주로 분포한다.　　○ ✕

15 천연가스는 냉동 액화 기술의 발달 이후 수요가 급증하였다.　　○ ✕

16 원자력 발전은 적은 연료로 많은 양의 전력을 생산할 수 있다.　　○ ✕

17 에너지 소비량은 미국이 중국보다 많다.　　○ ✕
함정

18 러시아는 석탄보다 천연가스의 소비량이 많다.　　○ ✕

19 석유는 지역적인 편재성이 크고 사용량이 많아 국제 이동량이 많다.　　○ ✕

20 석탄 생산량이 가장 많은 중국은 석탄 수출량도 가장 많다.　　○ ✕

21 전력 생산에 가장 많이 이용되는 에너지 자원은 석유이다.　　○ ✕
함정

22 세계 1차 에너지 자원의 소비량은 석탄>석유>천연가스>수력>원자력 순으로 많다.　　○ ✕

23 브라질, 캐나다, 노르웨이 등은 수력 발전량이 많은 편이다.　　○ ✕

24 판의 경계부는 지열 발전의 잠재력이 크다.　　○ ✕

식량 작물의 생산과 소비는 주로 **어디**에서 이루어질까?

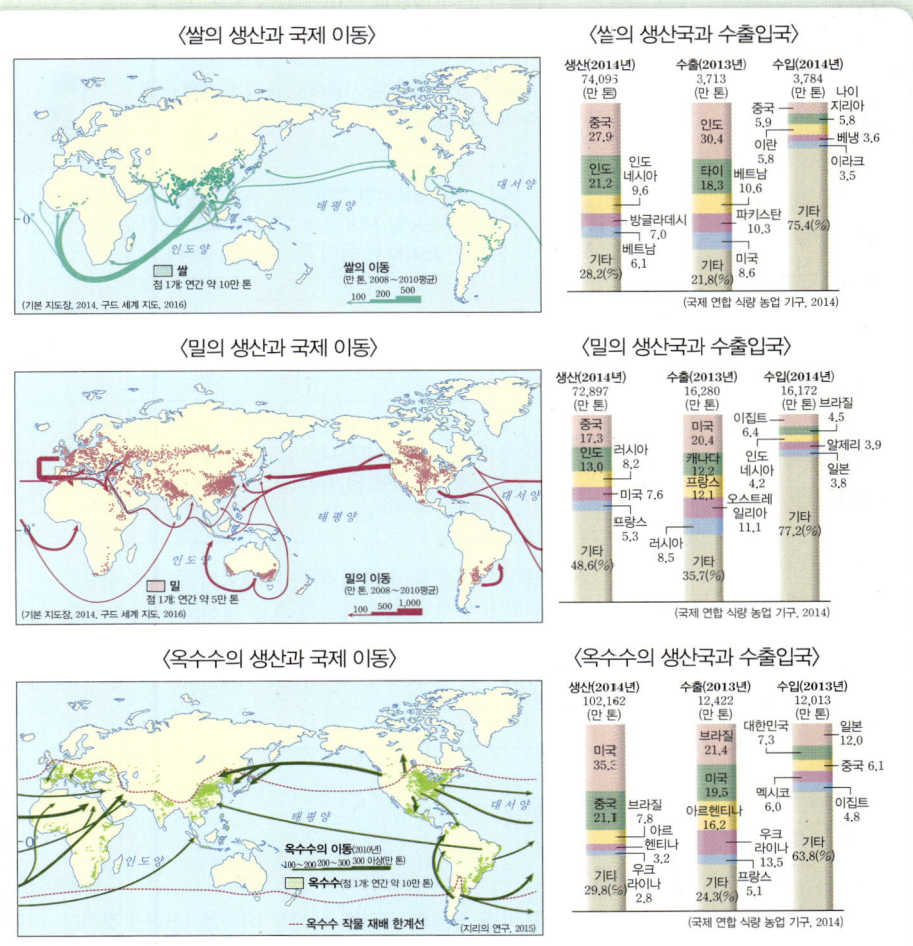

〈쌀의 생산과 국제 이동〉

〈밀의 생산과 국제 이동〉

〈옥수수의 생산과 국제 이동〉

〈쌀의 생산국과 수출입국〉

	생산(2014년) 74,095(만 톤)	수출(2013년) 3,713(만 톤)	수입(2014년) 3,784(만 톤)
	중국 27.9	인도 30.4	나이지리아 5.9
	인도네시아 21.2 / 9.6	타이 18.3	이란 5.8 / 베냉 3.6
	방글라데시 7.0	베트남 10.6	이라크 3.5
		파키스탄 10.3	
	기타 28.2(%) / 베트남 6.1	미국 8.6 / 기타 21.8(%)	기타 75.4(%)

(국제 연합 식량 농업 기구, 2014)

〈밀의 생산국과 수출입국〉

	생산(2014년) 72,897(만 톤)	수출(2013년) 16,280(만 톤)	수입(2014년) 16,172(만 톤)
	중국 17.3	미국 20.4	이집트 6.4 / 브라질 4.5
	인도 13.0 / 러시아 8.2	캐나다 12.2	인도네시아 4.2 / 알제리 3.9
	미국 7.6	프랑스 12.1	오스트레일리아 11.1 / 일본 3.8
	프랑스 5.3		
	기타 48.6(%) / 러시아 8.5	기타 35.7(%)	기타 77.2(%)

(국제 연합 식량 농업 기구, 2014)

〈옥수수의 생산국과 수출입국〉

	생산(2014년) 102,162(만 톤)	수출(2013년) 12,422(만 톤)	수입(2013년) 12,013(만 톤)
	미국 35.8	브라질 21.4	대한민국 7.3 / 일본 12.0
	중국 21.1 / 브라질 7.8	미국 19.5	중국 6.1
	아르헨티나 3.2	아르헨티나 16.2	멕시코 6.0 / 이집트 4.8
	우크라이나 2.8	우크라이나 13.5	
	기타 29.8(%)	프랑스 5.1 / 기타 24.3(%)	기타 63.8(%)

(국제 연합 식량 농업 기구, 2014)

쌀은 중국, 인도, 인도네시아 등 아시아 계절풍 기후 지역에서 많이 생산된다. 내건성과 내한성이 우수한 **밀**은 중국, 인도 외 미국, 러시아, 프랑스 등 아메리카와 유럽에서도 생산량이 많다. **옥수수**는 중국에서도 많이 생산되지만, 쌀과 밀에 비해 미국, 브라질, 아르헨티나 등 아메리카의 생산량이 많다. 쌀은 생산지와 소비지가 일치해 국제 이동이 적은 반면, 밀과 옥수수는 아메리카와 유럽에서 아시아와 아프리카로 국제 이동이 활발하다.

그래프로 확인하기

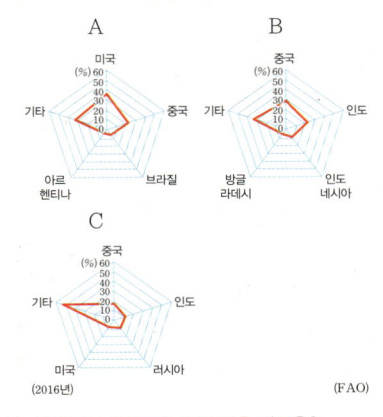

Q1 그래프는 세 식량 작물의 국가별 생산량 비중을 나타낸 것이다. 다음 물음에 해당하는 식량 작물을 A∼C에서 골라 쓰시오.

(1) 세계에서 생산량이 가장 많은 작물은? ( )

(2) 아메리카가 기원지인 작물은? ( )

(3) 생산지에서 주로 소비되어 국제적인 이동이 적은 작물은? ( )

(4) 가축의 사료나 바이오 에너지의 원료로 사용되면서 생산량이 증가한 작물은? ( )

(5) 단위 면적당 생산량이 가장 적은 작물은? ( )

(6) 중국 화북 지방, 인도의 펀자브 지방, 미국과 오스트레일리아의 평원 일대에서 많이 재배되는 작물은? ( )

(7) 베트남 사람들이 많이 먹는 '퍼'라고 불리는 음식의 주된 재료가 되는 작물은? ( )

(8) 멕시코에서 전통적으로 토르티야를 만들 때 사용하던 작물은? ( )

자료 분석에 적용하기

〈(가), (나) 작물의 지역(대륙)별 수출량과 수입량〉

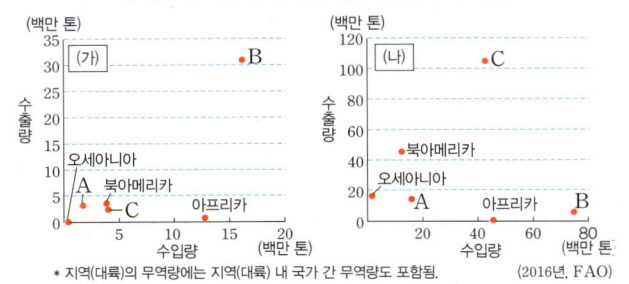

* 지역(대륙)의 무역량에는 지역(대륙) 내 국가 간 무역량도 포함됨. (2016년, FAO)

Q2 왼쪽의 그래프를 보고 괄호 안의 내용 중 알맞은 말을 고르거나, 빈칸에 알맞은 말을 쓰시오. (단, 밀, 쌀, 옥수수만 고려함.)

(1) (가)는 B를 제외한 대부분의 지역에서 수출량이 적으므로 ( )이며, B는 ( )이다.

(2) (나)는 B의 수입량이 가장 많고, 북아메리카와 오세아니아의 수출량이 비교적 많으므로 ( )이다. 따라서 (나) 수출량이 가장 많은 C는 ( )이며, 나머지 A는 ( )이다.

(3) (가)는 (나)보다 (다습 / 건조)한 기후 환경에서 잘 자란다.

(4) 유럽의 1인당 소비량은 (가)가 (나)보다 (많다 / 적다).

족집게 전략 | 주요 식량 작물·가축의 지역(대륙) 및 국가별 생산량을 토대로 해당 작물 및 가축을 추론한 뒤 그 특성을 파악하는 문항, 식량 작물을 음식과 연계한 문항이 주로 출제된다. 따라서 각 작물(가축)의 특성뿐만 아니라 쌀, 밀, 옥수수의 주요 생산 및 수출입 국가(지역)와 소, 돼지, 양의 국가별 사육 두수 순위를 숙지해 두어야 한다.

142 대표 문항
| 평가원 기출 |

그래프는 식량 작물 (가), (나)의 대륙별 생산량과 수출량 비중을 나타 낸 것이다. 이에 대한 옳은 설명만을 〈보기〉에서 고른 것은? (단, (가), (나)는 밀, 쌀, 옥수수 중 하나임.)

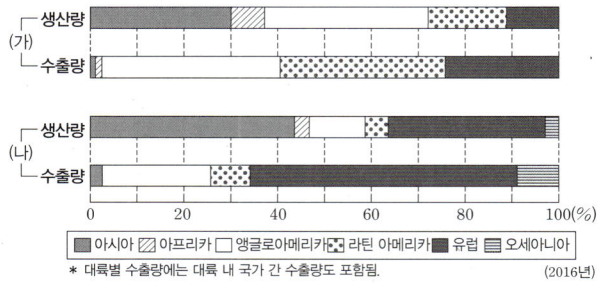

* 대륙별 수출량에는 대륙 내 국가 간 수출량도 포함됨.
(2016년)

보기
ㄱ. (가)는 대부분 아시아의 계절풍 기후 지역에서 재배된다.
ㄴ. (나)의 최대 생산국은 중국이다.
ㄷ. (가)는 (나)보다 가축의 사료로 이용되는 비중이 높다.
ㄹ. (가)와 (나)의 기원지는 동일한 대륙에 위치한다.

① ㄱ, ㄴ ② ㄱ, ㄷ ③ ㄴ, ㄷ ④ ㄴ, ㄹ ⑤ ㄷ, ㄹ

한줄 Tip 쌀은 아시아, 밀은 유럽, 옥수수는 앵글로아메리카의 수출 량이 많음을 기억하자.

143
| 평가원 기출 |

그래프는 세계 3대 식량 작물의 수출·수입량을 대륙별로 나타낸 것이 다. 이에 대한 설명으로 옳지 않은 것은?

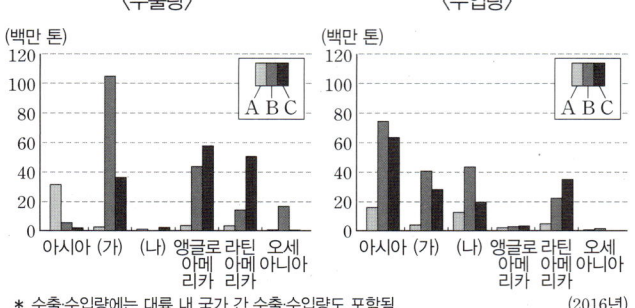

* 수출·수입량에는 대륙 내 국가 간 수출·수입량도 포함됨.
(2016년)

① A의 최대 생산 국가는 아시아에 위치한다.
② B의 수출량과 수입량의 합이 가장 많은 대륙은 (가)이다.
③ C의 원산지는 (나)에 위치한다.
④ A는 C보다 바이오 에탄올의 원료로 이용되는 비중이 낮다.
⑤ B는 A보다 내한성과 내건성이 우수하다.

144
| 평가원 기출 |

다음은 세계 음식 문화 탐방과 관련된 방송 프로그램의 내용 중 일부이 다. A, B에 대한 옳은 설명만을 〈보기〉에서 고른 것은?

 오늘은 서남아시아에서 주로 사용하는 음식 재료에 대해 말씀해 주신다고 했는데요?

 네. 그중 대표적인 작물인 ▢A▢ 은/는 서남아시아의 '비옥한 초승달 지대'에서 기원하였다고 전해지는데요. 다 양한 면 요리와 난 등의 음식 재료로 활용됩니다.

 그럼, 서남아시아의 이슬람 문화권에서는 어떤 고기를 주 로 먹나요?

 이곳에서는 과거 유목민들이 그랬던 것처럼 지금도 양고 기를 즐겨 먹습니다. 다만 종교적 관습에 따라 ▢B▢ 고기를 먹는 것은 금기시되고 있습니다.

보기
ㄱ. A는 프랑스 사람들이 많이 먹는 바게트의 주재료이다.
ㄴ. B는 유럽의 농경 사회에서 노동력을 대신하는 가축이다.
ㄷ. A의 생산량과 B의 사육 두수가 가장 많은 국가는 중국이다.
ㄹ. 서남아시아의 전통 농업 방식은 A와 B를 결합한 혼합 농업 이다.

① ㄱ, ㄴ ② ㄱ, ㄷ ③ ㄴ, ㄷ ④ ㄴ, ㄹ ⑤ ㄷ, ㄹ

145
| 평가원 기출 |

그래프는 (가), (나) 작물의 국가별 생산량 비중을 나타낸 것이다. 이에 대한 옳은 설명만을 〈보기〉에서 있는 대로 고른 것은?

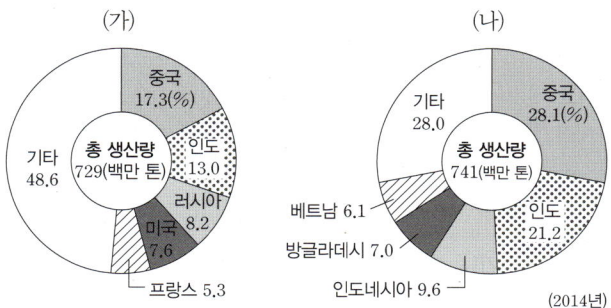

(2014년)

보기
ㄱ. (나)는 아메리카 대륙이 원산지이며 바이오 에탄올의 원료 로 이용된다.
ㄴ. (가)는 (나)보다 국제 이동량이 많다.
ㄷ. (가)는 내한성 및 내건성이 강해 (나)보다 재배 범위가 넓다.
ㄹ. (나)는 (가)보다 단위 면적당 생산량이 많다.

① ㄱ, ㄴ ② ㄱ, ㄷ ③ ㄴ, ㄹ
④ ㄱ, ㄷ, ㄹ ⑤ ㄴ, ㄷ, ㄹ

146

| 평가원 기출 |

다음은 요리 동아리 학생들의 대화 내용이다. (가)~(다) 가축의 국가별 사육 두수 비중에 해당하는 것을 A~C 그래프에서 고른 것은? (단, A~C는 각각 돼지, 소, 양 중 하나임.)

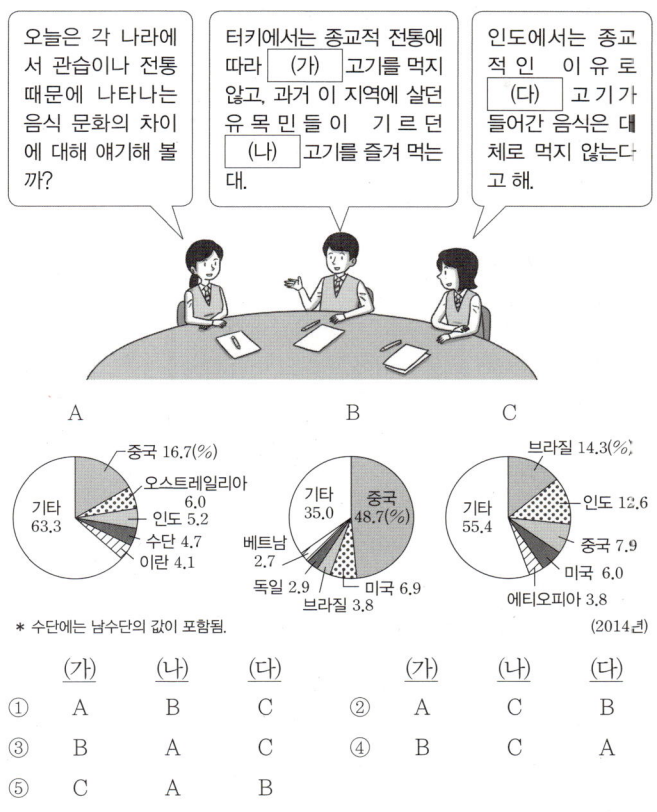

* 수단에는 남수단의 값이 포함됨.

(2014년)

	(가)	(나)	(다)		(가)	(나)	(다)
①	A	B	C	②	A	C	B
③	B	A	C	④	B	C	A
⑤	C	A	B				

147

| 평가원 기출 |

그래프는 3개 국가의 가축 사육 두수의 비율을 나타낸 것이다. 이에 대한 설명으로 옳은 것은? (단, (가), (나)는 각각 오스트레일리아, 인도, 중국 중 하나임.)

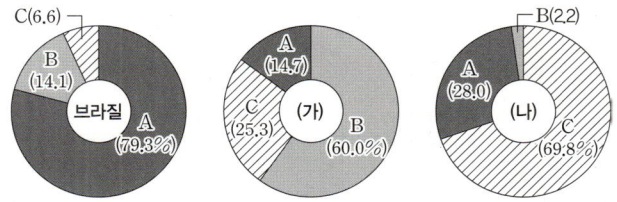

* 각 국가별 소, 양, 돼지의 사육 두수 합을 100%로 한 각 가축별 비율을 나타낸 것임. (2014년)

① 브라질에서는 B의 사육이 열대림 파괴의 주요 원인이다.

② (가)에서는 B를 주로 유목 형태로 사육하고 있다.

③ (가)에서는 C를 종교적인 이유로 먹지 않는다.

④ (나)에서는 A를 주로 대찬정 분지에서 사육한다.

⑤ (나)에서는 C를 주로 방목 형태로 사육하고 있다.

148

다음 자료는 지도에 표시된 두 국가의 전통 음식을 소개한 것이다. (가), (나)에 해당하는 작물을 그래프의 A~C에서 고른 것은? (단, (가), (나)는 밀, 쌀 중 하나임.)

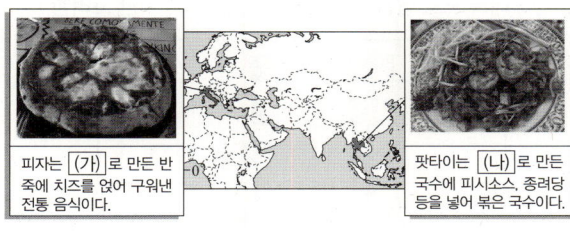

피자는 (가) 로 만든 반죽에 치즈를 얹어 구워낸 전통 음식이다.

팟타이는 (나) 로 만든 국수에 피시소스, 종려당 등을 넣어 볶은 국수이다.

〈주요 국가별 A~C 작물 생산량 비중〉

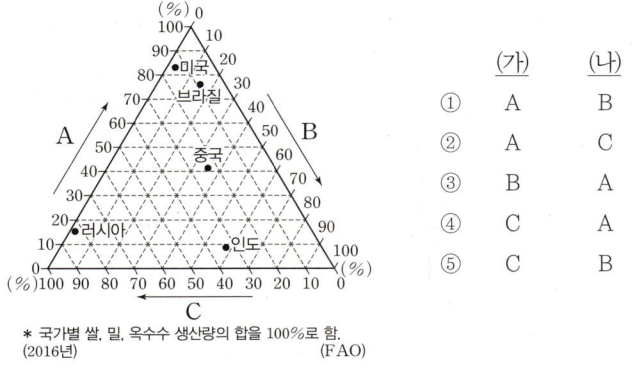

* 국가별 쌀, 밀, 옥수수 생산량의 합을 100%로 함.
(2016년) (FAO)

	(가)	(나)
①	A	B
②	A	C
③	B	A
④	C	A
⑤	C	B

149

지도는 두 작물의 분포와 국제 이동을 나타낸 것이다. (가), (나) 작물에 대한 설명으로 옳은 것은?

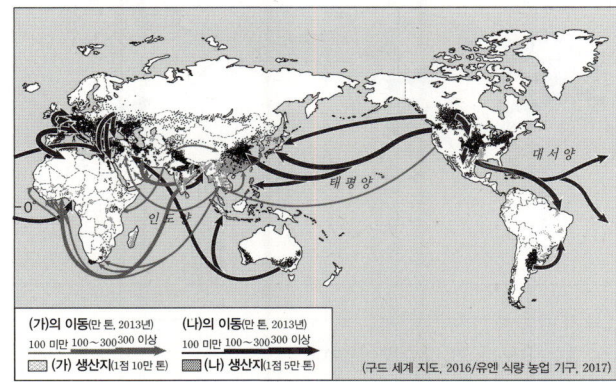

(가)의 이동(만 톤, 2013년)
100 미만 100~300 300 이상
(가) 생산지(1점 10만 톤)

(나)의 이동(만 톤, 2013년)
100 미만 100~300 300 이상
(나) 생산지(1점 5만 톤)

(구드 세계 지도, 2016/유엔 식량 농업 기구, 2017)

① (가)는 (나)보다 재배 가능 범위가 넓다.

② (가)는 (나)보다 단위 면적당 생산량이 적다.

③ (나)는 (가)보다 국제 이동량이 적다.

④ (나)는 (가)보다 빵이나 국수를 만드는 데 많이 이용된다.

⑤ (나)의 기원지가 (가)의 기원지보다 연 강수량이 많다.

150

그래프는 주요 식량 작물의 지역(대륙)별 생산량을 나타낸 것이다.
A~C 지역(대륙)으로 옳은 것은? (단, 밀, 쌀, 옥수수만 고려함.)

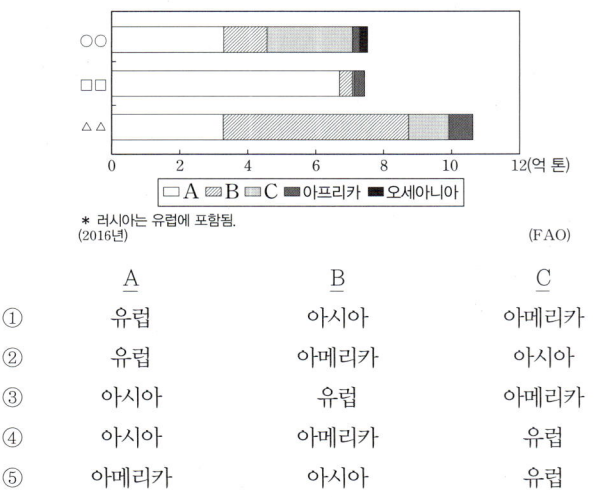

* 러시아는 유럽에 포함됨.
(2016년)   (FAO)

	A	B	C
①	유럽	아시아	아메리카
②	유럽	아메리카	아시아
③	아시아	유럽	아메리카
④	아시아	아메리카	유럽
⑤	아메리카	아시아	유럽

151

지도는 농목업의 지역적 차이를 나타낸 것이다. A~C 지역에 대한 옳은 설명만을 〈보기〉에서 고른 것은? (단, A~C는 유목, 집약적 벼농사, 혼합 농업 중 하나임.)

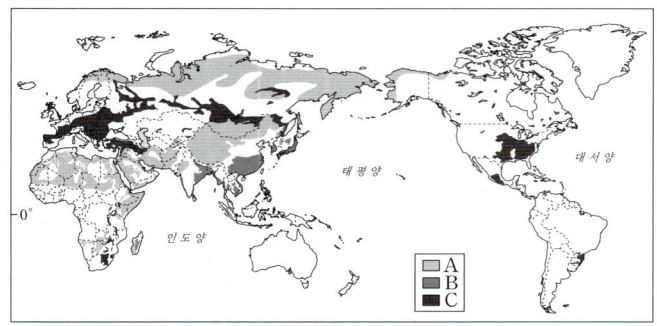

┌ 보기 ┐
ㄱ. A는 B보다 연 강수량이 많다.
ㄴ. B는 C보다 농가당 가축 사육 두수가 많다.
ㄷ. C는 A보다 농목업 종사자 중 정착민의 비중이 높다.
ㄹ. A가 이루어지는 지역은 B가 이루어지는 지역보다 인구 밀도가 낮다.

① ㄱ, ㄴ   ② ㄱ, ㄷ   ③ ㄴ, ㄷ   ④ ㄴ, ㄹ   ⑤ ㄷ, ㄹ

152 고난도↑

그래프는 세계 3대 식량 작물 (가)~(다)의 대륙별 생산량과 수출입량을 나타낸 것이다. 이에 대한 설명으로 옳은 것은? (단, 아메리카는 앵글로아메리카와 라틴 아메리카로 구분함.)

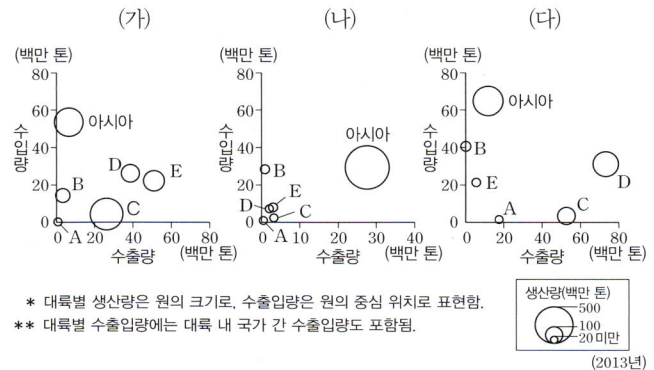

* 대륙별 생산량은 원의 크기로, 수출입량은 원의 중심 위치로 표현함.
** 대륙별 수출입량에는 대륙 내 국가 간 수출입량도 포함됨.

(2013년)

① 옥수수의 최대 생산국은 C에 위치한다.
② A는 B보다 밀의 수출량이 적다.
③ D는 E보다 밀의 생산량이 적다.
④ (가)는 (나)보다 세계 생산량이 적다.
⑤ (다)는 (가)보다 가축 사료용으로 이용되는 비중이 높다.

153

지도는 세계의 육류 이동을 나타낸 것이다. (가)와 비교한 (나)의 상대적 특징을 그림의 A~E에서 고른 것은? (단, (가), (나)는 돼지, 소 중 하나임.)

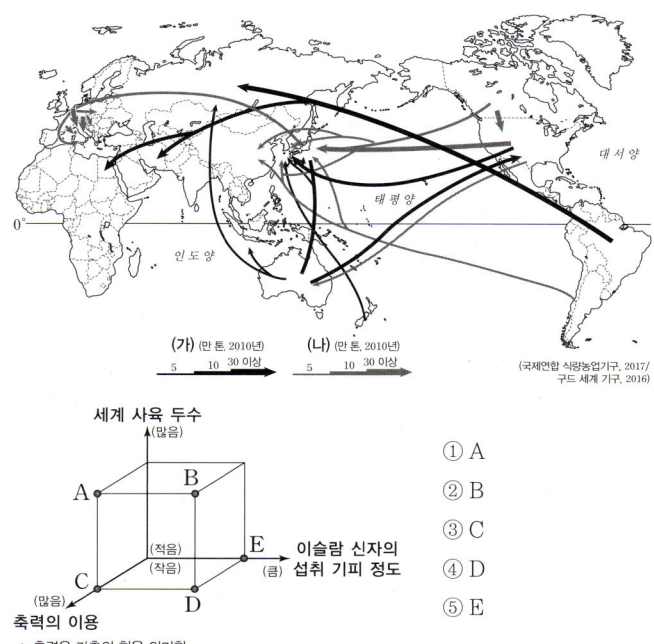

(국제연합 식량농업기구, 2017/ 구드 세계 기구, 2016)

* 축력은 가축의 힘을 의미함.

① A
② B
③ C
④ D
⑤ E

154

그래프는 세계 3대 식량 작물의 국가별 생산량을 나타낸 것이다. (가)~(다) 작물에 대한 옳은 설명만을 〈보기〉에서 고른 것은?

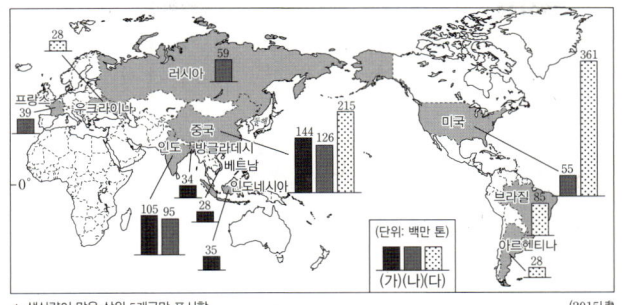

* 생산량이 많은 상위 5개국만 표시함. (2015년)

〈보기〉
ㄱ. (가)의 최대 생산국은 최대 수출국이다.
ㄴ. (나)는 대부분 아시아 계절풍 기후 지역의 충적지에서 재배된다.
ㄷ. (다)는 바이오 에탄올의 원료로 이용되면서 수요가 급증하였다.
ㄹ. (가)는 (다)보다 가축의 사료로 이용되는 비중이 낮다.

① ㄱ, ㄴ ② ㄱ, ㄷ ③ ㄴ, ㄷ ④ ㄴ, ㄹ ⑤ ㄷ, ㄹ

155 고난도↗

그래프는 세계 3대 식량 작물의 지역(대륙)별 수출량 비율을 나타낸 것이다. 이에 대한 설명으로 옳은 것은? (단, A, B는 아시아, 오세아니아 중 하나임.)

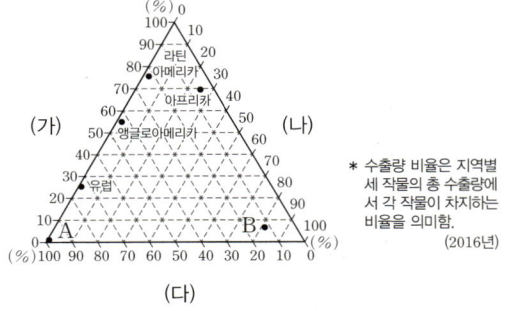

* 수출량 비율은 지역별 세 작물의 총 수출량에서 각 작물이 차지하는 비율을 의미함. (2016년)

(다)

① A는 B보다 곡물 생산량이 많다.
② B는 A보다 쌀 소비량이 많다.
③ (가)는 (나)보다 국제 이동량이 적다.
④ (나)는 (다)보다 재배 가능 지역이 넓다.
⑤ 아시아는 총 수출량에서 (다)의 비중이 (가)보다 낮다.

156

그래프는 세계 3대 식량 작물의 국가별 생산량 및 수출량 비중을 나타낸 것이다. (가)~(다) 작물에 대한 설명으로 옳은 것은?

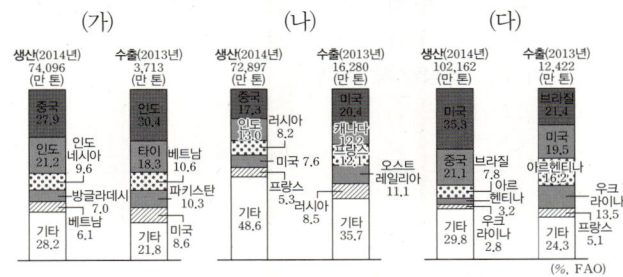

① (가)의 1인당 연간 소비량은 아프리카가 동남아시아보다 많다.
② (다)의 수출량은 앵글로아메리카가 라틴 아메리카보다 많다.
③ (가)는 (나)보다 단위 면적당 농업용수 사용량이 많다.
④ (나)의 주요 재배 지역은 (가)의 주요 재배 지역보다 인구 밀도가 높다.
⑤ (가)와 (다)의 기원지는 아시아, (나)의 기원지는 아메리카이다.

주제 2 | 주요 에너지 자원과 국제 이동

족집게 전략 | 주요 에너지 자원의 지역(대륙) 및 국가별 생산과 이동 등을 토대로 자원을 추론하는 문항이 주로 출제된다. 따라서 주요 자원의 생산 및 소비, 수출량 상위 국가를 숙지해 두어야 자료 분석이 쉽다.

157 대표 문항 | 평가원 기출 |

그래프는 지도에 표시된 6개 지역의 에너지 자원 생산량 비중과 소비량 비중을 나타낸 것이다. 이에 대한 설명으로 옳은 것은? (단, A~C는 석유, 석탄, 천연가스 중 하나임.)

〈지역별 에너지 자원의 생산과 소비〉

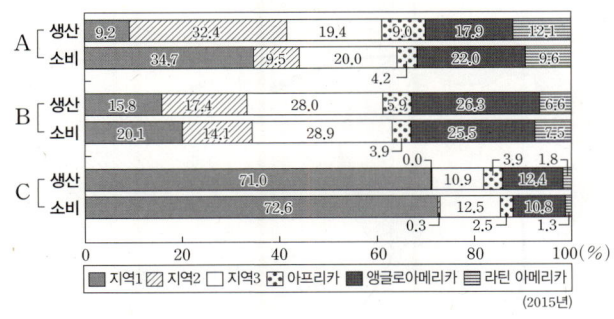

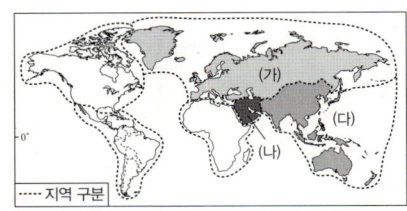

(2015년)

① A는 천연가스, C는 석탄이다.
② B는 A보다 상용화된 시기가 이르다.
③ (다)에서는 A의 생산량이 소비량보다 많다.
④ (가)는 (나)보다 B의 생산량이 많다.
⑤ 전 세계 에너지 자원의 소비량은 A > B > C 순이다.

한줄 Tip 석탄은 아시아·태평양의 생산 및 소비 비중이 월등히 높아.

158
| 평가원 기출 |

그래프는 주요 화석 에너지 자원 (가), (나)의 지역별 생산량과 소비량 비중을 나타낸 것이다. 이에 대한 설명으로 옳은 것은? (단, A, B는 서남아시아, 아시아·태평양 중 하나임.)

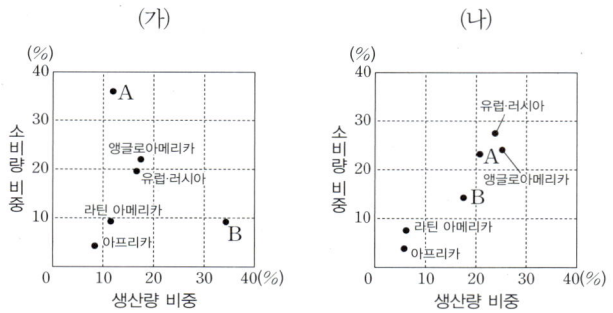

① (가)는 냉동 액화 기술이 개발된 이후 소비가 급증하였다.
② (나)는 세계 1차 에너지 소비 구조에서 차지하는 비중이 가장 높다.
③ (가)는 (나)보다 공업에 본격적으로 이용된 시기가 늦다.
④ A에 해당하는 지역은 아시아·태평양이다.
⑤ B는 (가)의 소비량 대비 생산량 비율이 가장 낮다.

159
| 평가원 기출 |

다음 자료는 세 국가의 에너지원별 발전량 비중을 나타낸 것이다. A~D에 대한 설명으로 옳은 것은? (단, A~D는 석유, 석탄, 수력, 천연가스 중 하나임.)

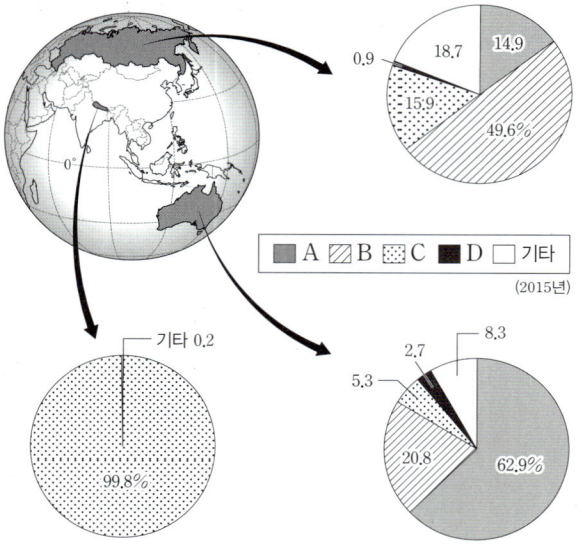

① A는 신생대 제3기층의 배사 구조에 주로 매장되어 있다.
② B는 산업 혁명 시기의 주요 에너지 자원이었다.
③ C는 냉동 액화 기술의 발달로 사용량이 증가하였다.
④ D는 B보다 운송용 연료로 사용되는 비중이 높다.
⑤ A~D 중 세계 에너지 소비량에서 차지하는 비중이 가장 높은 것은 B 이다.

160
| 평가원 기출 |

그래프는 지도에 표시된 네 국가의 에너지원별 공급량 비중을 나타낸 것이다. 이에 대한 설명으로 옳은 것은? (단, (가)~(라)는 수력, 지열, 태양광(열), 풍력 중 하나임.)

* 에너지원별 공급량 비중은 (가)~(라)만 포함하여 산출함.   (2016년)

① (가)는 낙차가 크고 수량이 풍부한 지역이 생산에 유리하다.
② (나)는 연간 일조량이 많은 지역이 생산에 유리하다.
③ (다)는 바람이 지속적으로 많이 부는 지역이 생산에 유리하다.
④ (라)는 해령이 위치한 곳에서 이용이 활발하다.
⑤ 세계 전체 에너지 공급량에서 차지하는 비중은 (가)~(라) 중 (다)가 가장 크다.

161
| 평가원 기출 |

그래프는 지도에 표시된 3개 국가의 1차 에너지 소비량을 나타낸 것이다. 주요 화석 에너지 A~C에 대한 설명으로 옳은 것은?

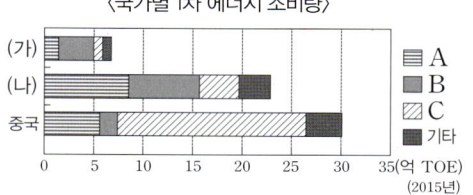

〈국가별 1차 에너지 소비량〉

① A는 냉동 액화 기술의 발달로 소비량이 급증하였다.
② B는 세계 1차 에너지 소비 구조에서 차지하는 비중이 가장 높다.
③ C는 신생대 제3기층의 배사 구조에 주로 매장되어 있다.
④ A는 C보다 매장 지역이 편재되어 있어 국제 이동량이 많다.
⑤ C는 B보다 연소 시 대기 오염 물질의 배출량이 적다.

162 고난도↑ | 평가원 기출 |

그래프는 각 대륙의 화석 에너지 A~C의 생산량 비중을 나타낸 것이다. 이에 대한 설명으로 옳은 것은? (단, (가)~(다)는 각각 아시아, 앵글로아메리카, 오세아니아 중 하나임.)

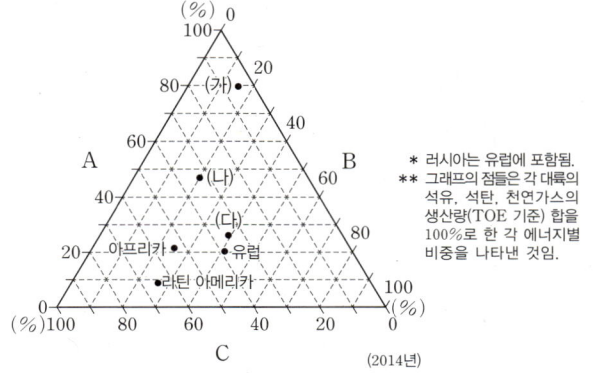

* 러시아는 유럽에 포함됨.
** 그래프의 점들은 각 대륙의 석유, 석탄, 천연가스의 생산량(TOE 기준) 합을 100%로 한 각 에너지별 비중을 나타낸 것임.

(2014년)

① A는 액화 기술의 발달과 수송관 건설로 국제 이동량이 급증하였다.
② B는 A보다 연소 시 대기 오염 물질의 배출량이 많다.
③ 자원의 상용화 시기는 B가 가장 이르고 C가 가장 늦다.
④ A의 생산량이 가장 많은 국가는 (가)에 위치한다.
⑤ C의 생산량은 (나)가 (다)보다 많다.

163

다음은 두 화석 에너지에 대한 신문 기사 중 일부이다. (가), (나)에 해당하는 에너지를 그래프의 A~C에서 고른 것은?

• 2018년 중국의 ☐(가)☐ 생산량은 전년 대비 5.2% 증가한 35억 5000만 톤을 기록했다. 이 수치는 세계 총 생산량의 47%를 차지한다. 한편, 2018년 세계 ☐(가)☐ 무역량은 전년 대비 5% 성장한 14억 톤으로 중국은 전 세계 무역량의 20%를 차지했다.
　　　　　　　　　　　　　　　　　　　　　　 – 2019. 3. 22. –

• 러시아는 ☐(나)☐ 매장량과 생산량이 세계 2위다. 확인된 매장량만 239억t으로 전 세계의 17.3%에 달한다. 러시아는 생산량 중에 36%(1억 5,100만t)를 수출하며, 주로 유럽 및 독립국가연합(CIS) 국가에 공급된다.
　　　　　　　　　　　　　　　　　　　　　　 – 2018. 6. 24. –

〈주요 화석 에너지의 용도별 소비 비중〉

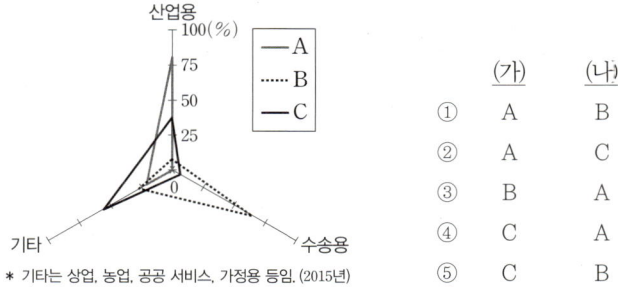

* 기타는 상업, 농업, 공공 서비스, 가정용 등임. (2015년)

	(가)	(나)
①	A	B
②	A	C
③	B	A
④	C	A
⑤	C	B

164

다음 자료는 화석 에너지 자원 (가), (나)의 상위 5개 생산국과 대륙별 생산 비중을 나타낸 것이다. 이에 대한 옳은 설명만을 〈보기〉에서 고른 것은?

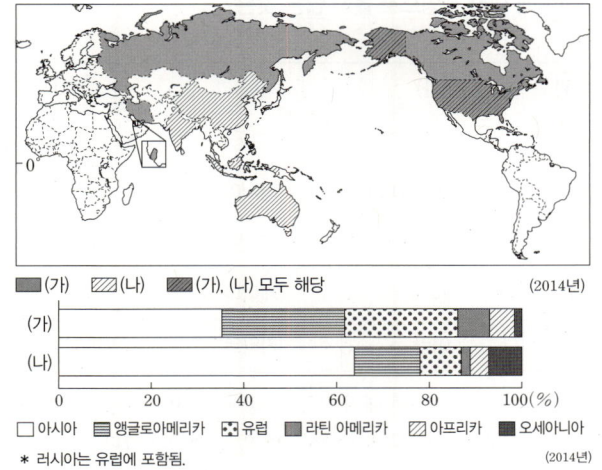

(가) ▨ (나) ▧ (가), (나) 모두 해당

(2014년)

□ 아시아 ▤ 앵글로아메리카 ❖ 유럽 ▨ 라틴 아메리카 ▧ 아프리카 ■ 오세아니아

(2014년)

* 러시아는 유럽에 포함됨.

[보기]
ㄱ. (가)는 (나)보다 상용화된 시기가 이르다.
ㄴ. (가)는 (나)보다 연소 시 대기 오염 물질의 배출량이 적다.
ㄷ. (나)는 (가)보다 신생대 지층의 매장 비중이 높다.
ㄹ. (나)는 (가)보다 세계의 에너지 소비량에서 차지하는 비중이 높다.

① ㄱ, ㄴ　② ㄱ, ㄷ　③ ㄴ, ㄷ　④ ㄴ, ㄹ　⑤ ㄷ, ㄹ

165

표는 세 화석 에너지의 세계 생산량 상위 5개국을 나타낸 것이다. (가)~(다)에 대한 설명으로 옳지 <u>않은</u> 것은?

(2017년)

순위	(가)	(나)	(다)
1	미국	미국	중국
2	사우디아라비아	러시아	미국
3	러시아	이란	오스트레일리아
4	캐나다	캐나다	인도
5	이란	카타르	인도네시아

① (가)는 (나)보다 연소 시 대기 오염 물질 배출량이 많다.
② (가)는 (다)보다 매장 지역이 편재되어 있는 정도가 크다.
③ (나)는 (가)보다 세계 1차 에너지 소비에서 차지하는 비중이 높다.
④ (나)는 (다)보다 파이프라인을 통한 수송이 쉽다.
⑤ (다)는 (가)보다 상업적으로 이용된 시기가 이르다.

166

지도는 두 화석 에너지의 국가 간 이동을 나타낸 것이다. (가) 에너지와 비교한 (나) 에너지의 상대적 특징을 그림의 A~E에서 고른 것은?

(가)
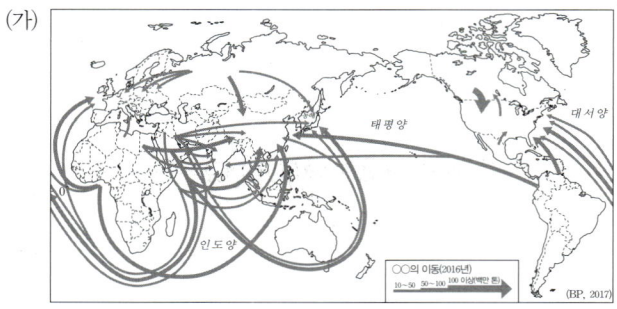

(나)
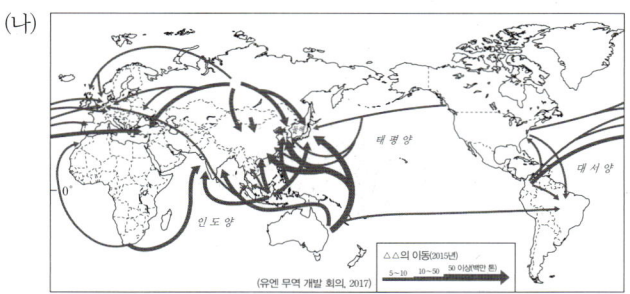

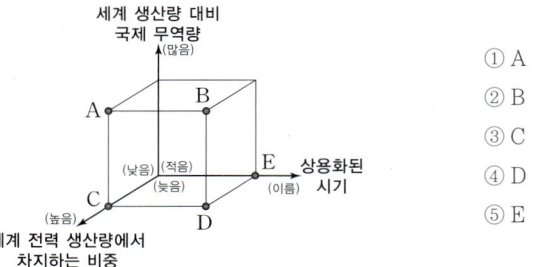

① A
② B
③ C
④ D
⑤ E

167

그래프는 세계 주요 국가의 화석 에너지 소비량 비중을 나타낸 것이다. (가)~(라) 국가에 대한 옳은 설명만을 〈보기〉에서 고른 것은? (단, (가)~(라)는 러시아, 미국, 인도, 중국 중 하나임.)

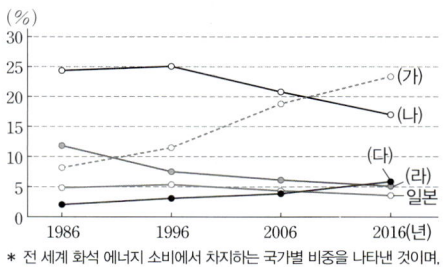

* 전 세계 화석 에너지 소비에서 차지하는 국가별 비중을 나타낸 것이며, 상위 5개국(2016년)을 대상으로 함. (BP, 2017년)

〈보기〉
ㄱ. (가)는 (나)보다 1980년 이후 연평균 경제 성장률이 높다.
ㄴ. (나)는 (다)보다 2016년의 총인구가 많다.
ㄷ. (다)는 (라)보다 천연가스 생산량이 적다.
ㄹ. (라)는 (가)보다 석탄 소비량이 많다.

① ㄱ, ㄴ ② ㄱ, ㄷ ③ ㄴ, ㄷ ④ ㄴ, ㄹ ⑤ ㄷ, ㄹ

168 고난도↑

지도는 두 신·재생 에너지의 발전량 또는 발전 설비 용량의 지역적 차이를 나타낸 것이다. (가), (나)에 들어갈 부분도를 A~C에서 고른 것은? (단, 수력, 지열, 풍력만 고려함.)

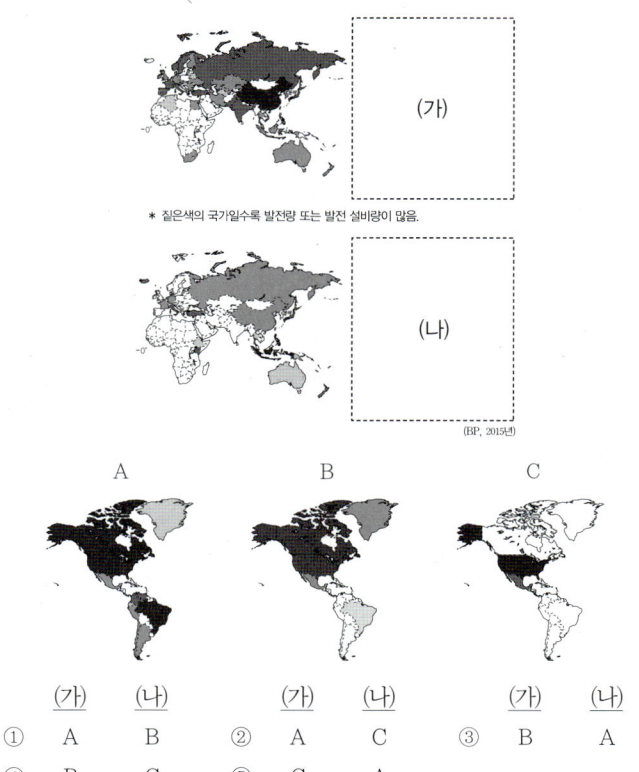

* 짙은색의 국가일수록 발전량 또는 발전 설비량이 많음.

(BP, 2015년)

	(가)	(나)		(가)	(나)		(가)	(나)
①	A	B	②	A	C	③	B	A
④	B	C	⑤	C	A			

169 고난도↑

그래프는 지역별 1차 에너지 소비 현황을 나타낸 것이다. 이에 대한 설명으로 옳은 것은? (단, (가)~(라)는 아시아, 아프리카, 유럽, 서남아시아 중 하나이고, A~D는 석유, 석탄, 원자력, 천연가스 중 하나임.)

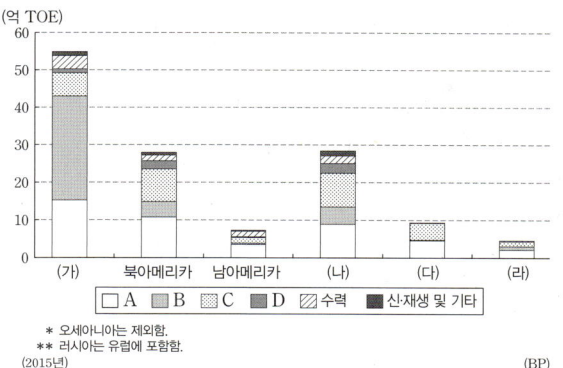

* 오세아니아는 제외함.
** 러시아는 유럽에 포함함.
(2015년) (BP)

① (가)에는 세계 1위 에너지 소비국이 포함되고, (나)에는 세계 2위 에너지 소비국이 포함된다.
② (다)는 (라)보다 석유 수출량이 적다.
③ A는 B보다 국제 무역량이 적다.
④ C는 D보다 수송용으로 사용되는 에너지의 양이 많다.
⑤ A의 최대 생산국은 (가), B의 최대 생산국은 (나)에 위치한다.

170

지도는 아메리카의 국가별 전력 생산 현황을 나타낸 것이다. (가)~(다) 발전 양식에 대한 설명으로 옳은 것은? (단, (가)~(다)는 수력, 원자력, 화력 중 하나임.)

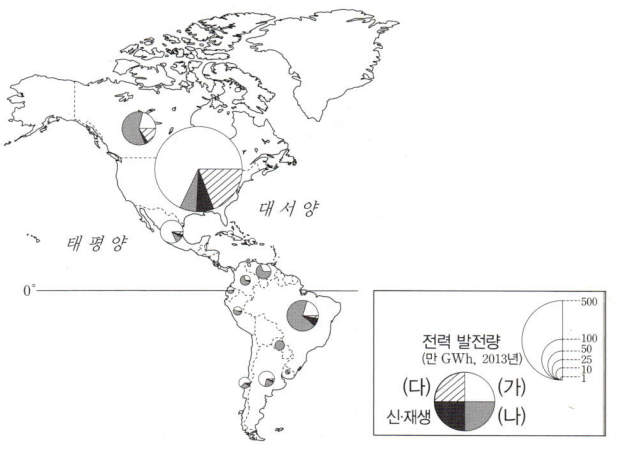

① (가)는 (나)보다 세계 전력 생산량이 많다.
② (가)는 (다)보다 상업적인 발전이 시작된 시기가 늦다.
③ (나)는 (가)보다 발전 시 대기 오염 물질을 많이 배출한다.
④ (나)는 (다)보다 기상 조건에 따른 전력 생산량 변동 폭이 작다.
⑤ (다)는 (가)보다 전력 생산 시 화석 에너지의 사용량이 많다.

171

그래프는 세 화석 에너지의 용도별 이용 비중을 나타낸 것이다. (가)~(다)에 해당하는 에너지를 그림의 A~C에서 고른 것은?

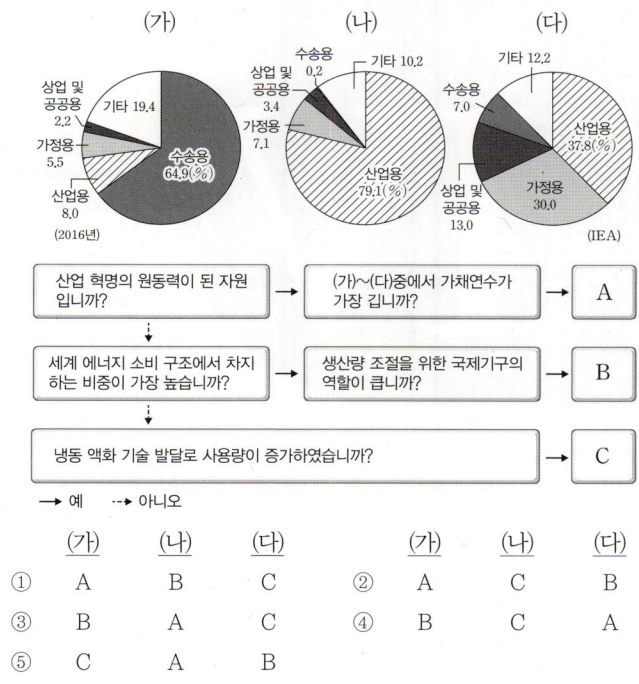

	(가)	(나)	(다)		(가)	(나)	(다)
①	A	B	C	②	A	C	B
③	B	A	C	④	B	C	A
⑤	C	A	B				

172

그래프는 지도에 표시된 세 국가의 신·재생 에너지 생산량을 나타낸 것이다. (가)~(다) 국가에 대한 설명으로 옳은 것은?

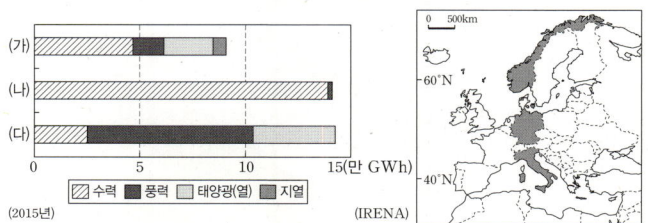

① (가)는 세 국가 중 가장 고위도에 위치한다.
② (나)는 국토의 대부분이 신기 조산대에 위치한다.
③ (다)는 석유 순 수출국이다.
④ (가)는 (나)보다 전체 에너지 소비량이 많다.
⑤ (나)는 (다)보다 가구당 난방용 에너지 사용량이 적다.

IV 몬순 아시아와 오세아니아

IV단원 핵심 지역 PREVIEW

① 중국	쌀·밀·차·석탄 생산량 세계 1위, 한족과 55개의 소수 민족
② 일본	합장 가옥(갓쇼즈쿠리), 제조업, 첨단 산업, 생산자 서비스업 발달
③ 인도	세계 2위의 인구 대국, 첨단 산업(벵갈루루, 뭄바이), 쌀 수출량 많음, 힌두교 국가, 힌두교도와 이슬람교도 간 갈등(카슈미르)
④ 스리랑카	차 생산량이 많음, 불교도 신할리즈족과 힌두교도 타밀족 간 갈등
⑤ 타이	송끄란 축제(4월), 쌀 수출량 많음, 불교 국가
⑥ 베트남	퍼(쌀국수), 아오자이, 커피 생산량이 매우 많음
⑦ 필리핀	크리스트교 국가, 이슬람교도 모로족의 무장 투쟁(민다나오섬)
⑧ 말레이시아	이슬람교 국가, 다양한 종교와 관련된 휴일이 많음
⑨ 싱가포르	중국계, 말레이계, 인도계 등으로 구성된 다민족 국가
⑩ 인도네시아	인구수 세계 4위, 커피·카카오 생산량이 많음, 나시고렝(볶음밥), 이슬람교 국가
⑪ 오스트레일리아	석탄·철광석·밀·양모 수출량이 많음, 크리스트교 국가, 애버리지니(원주민), 백호주의
⑫ 뉴질랜드	마오리족(원주민)

08

IV단원 출제 KEYWORD

08강 자연환경에 적응한 생활 모습	주제 1 몬순 아시아의 자연환경	• 계절풍 • 지형성 강수 • 산맥과 고원 • 대하천과 충적 평야 • 화산 지형
	주제 2 몬순 아시아의 전통적 생활 모습	• 벼농사 • 기호 작물 • 고상 가옥
09강 자원, 산업, 민족 및 종교적 차이	주제 1 몬순 아시아와 오세아니아의 자원과 산업	• 석탄 • 철광석 • 기업적 농목업 • 산업 구조의 고도화
	주제 2 몬순 아시아와 오세아니아의 민족(인종)과 종교	• 위구르족 • 애버리지니 • 마오리족 • 카슈미르 • 민다나오섬 • 백호주의

IV단원 학습 SOLUTION

▶ **계절풍의 원리를 이해하는 것이 학습의 첫걸음이다.**

IV단원부터는 앞서 배운 세계의 자연환경과 인문 환경의 보편적 원리가 지역적 맥락에서 어떻게 적용되고 어떤 차이를 보이는가에 초점을 맞추어 공부해야 한다. IV단원은 지역적 특수성을 다루는 첫 단원으로 몬순, 즉 계절풍의 원리를 이해하는 것부터 시작해야 한다. 이 단원에서는 계절풍의 원리를 바탕으로 몬순 아시아의 주요 지역 간 계절별 기후 특성 및 전통적 생활 모습을 비교하거나, 지리적으로 인접한 오세아니아와 묶어 자원의 이동 및 지역 간 무역 구조와 산업 특성을 묻거나, 다양한 민족(인종) 분포와 이로 인해 겪게 되는 갈등 지역을 묻는 문항이 주를 이룬다. 따라서 다양한 문항을 풀어 보며 몬순 아시아와 오세아니아의 지역 범위를 눈으로 익히고, 이와 함께 주요 자원과 민족(인종) 분포를 중심으로 핵심 내용을 정리해 두어야 한다.

08강 자연환경에 적응한 생활 모습

주제 1 | 몬순 아시아의 자연환경

1. 계절풍의 영향을 받는 몬순 아시아 ← 계절이라는 뜻의 아랍어 '마우심(mausim)'에서 유래한 용어

(1) 범위 : 남부 아시아, 동남아시아, 동부 아시아 등

(2) 특징 : 계절풍의 영향으로 계절에 따라 풍향과 강수 차이가 뚜렷

여름	• 풍향 : 해양에서 남풍 계열의 바람이 붐 • 강수 : 습윤한 해양에서 부는 바람의 영향으로 강수량이 많음
겨울	• 풍향 : 대륙에서 북풍 계열의 바람이 붐 • 강수 : 건조한 대륙에서 부는 바람의 영향으로 강수량이 적음

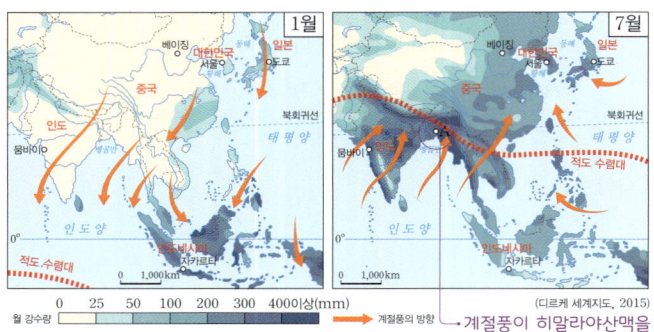

▲ 몬순 아시아의 계절풍

(디르케 세계지도, 2015)

계절풍이 히말라야산맥을 만나 지형성 강수 형성 → 세계에서 비가 가장 많이 내리는 인도의 체라푼지

2. 다양한 지형이 나타나는 몬순 아시아

남부 아시아	• 안정육괴 : 데칸고원 • 신기 조산대 : 알프스-히말라야 조산대(히말라야산맥) • 충적 평야 : 힌두스탄 평원(갠지스강 하류)
동남 아시아	• 신기 조산대 : 알프스-히말라야 조산대, 환태평양 조산대 • 충적 평야 : 메콩강, 차오프라야강, 이라와디강 주변
동부 아시아	• 중국 : 서부는 고원과 산지, 동부는 평야 • 일본 : 환태평양 조산대

지도로 살펴보기 📖

몬순 아시아의 지형

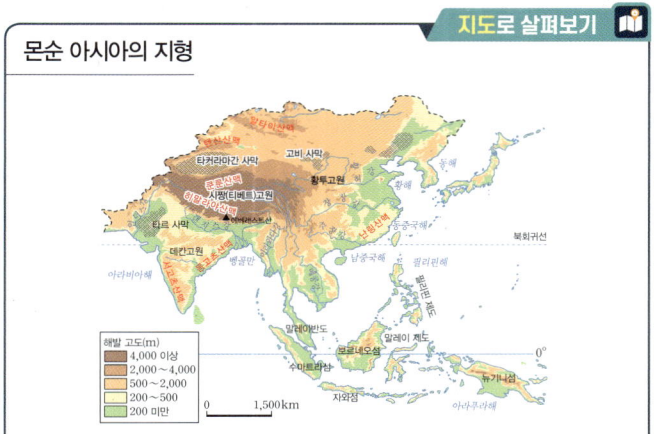

인도 북부, 말레이시아, 인도네시아, 필리핀, 일본 등지에는 신기 조산대(알프스-히말라야 및 환태평양 조산대)가 지난다. 이들 **신기 조산대** 지역은 지각이 불안정해 지진, 화산 활동이 빈번하다. 갠지스강, 메콩강, 창장강 등 대하천 주변에는 비옥한 **충적 평야**가 발달하여 농업이 활발하며, 하구에 삼각주 형성되어 있다. 대륙 내부에는 강수량이 적어 고비 사막, 타커라마칸 사막 등 **사막**이 분포한다.

주제 2 | 몬순 아시아의 전통적 생활 모습

1. 몬순 아시아의 농업

경사지가 많지만 풍부한 강수량과 비옥한 화산회토를 토대로 벼농사가 가능하다.

벼농사	• 계절풍의 영향으로 여름 강수량이 풍부한 곳, 하천 하류의 비옥한 충적 평야에서 활발 • 2기작 : 동남 및 남부 아시아, 중국 화남 지방 등 • 계단식 논 : 필리핀, 인도네시아 등의 화산섬
밀농사	강수량이 적고 기온이 낮은 지역 예) 중국 북동부	
유목	시짱고원, 중국 내륙, 몽골 등의 건조 기후 지역	
기호 작물	목화	인도 데칸고원 일대, 중국 화중 지방 등
	차	중국 창장강 이남, 인도 아삼주, 스리랑카 등
	커피	베트남, 인도네시아 등

중국과 인도의 차 생산량은 세계 생산량의 절반 이상을 차지한다.

지도로 살펴보기 📖

몬순 아시아의 토지 이용과 농업

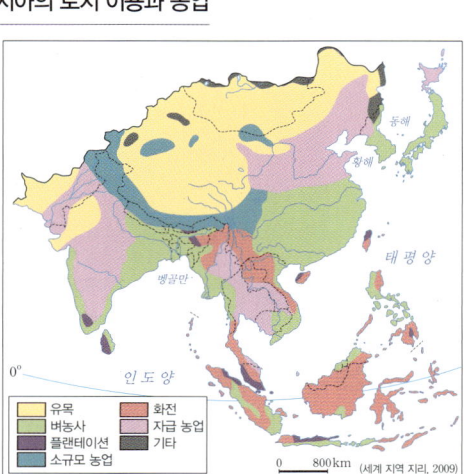

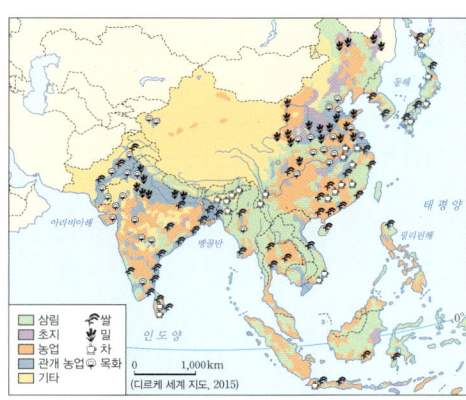

(디르케 세계 지도, 2015)

벼는 강수량이 많은 충적 평야와 인도 해안 지역에서, **밀**은 강수량이 적은 지역에서 주로 재배된다. 열대 기후가 나타나는 동남 및 남부 아시아에서는 플랜테이션 농업이 발달하였으며, 주로 목화, 커피, 차 등의 기호 작물을 생산한다. **목화**는 데칸고원과 중국의 화중 지방에서 생산량이 많고, **커피**는 베트남과 인도네시아에서 생산량이 많다. **차**는 인도의 아삼 지방과 스리랑카에서 많이 재배된다.

2. 몬순 아시아의 의식주 문화

(1) 전통 의복

특징	여름에는 더위와 습도에 적응할 수 있는 옷, 겨울에는 보온에 유리한 두꺼운 옷을 입음
중국	만주에서 추위에 대비해 두꺼운 비단을 사용한 '치파오'
미얀마	햇빛과 해충을 차단하기 위해 긴 치마 형태로 된 '론지'
베트남	• 통풍을 고려해 얇은 천으로 만든 긴 소매와 치마의 '아오자이' • 햇빛과 비를 막기 위한 원뿔 모양의 모자인 '농'

→ 중국의 치파오에서 유래하였으나 베트남의 무더운 기후에 맞게 변형되었다.

(2) 전통 음식

특징	• 대부분 쌀을 주식으로 함 • 자포니카(점성이 강한 쌀, 주로 동부 아시아의 주식), 인디카(점성이 약한 쌀, 주로 동남 및 남부 아시아의 주식)
일본	소금과 식초, 설탕으로 간을 한 밥 위에 생선을 얹은 '스시'
타이	밥에 새우, 오징어, 육류, 채소 등을 넣어 볶은 '카오팟'
베트남	사골을 우린 국물에 쌀로 만든 국수를 넣은 '퍼'
인도네시아	다양한 재료와 향신료를 밥에 넣고 볶은 '나시고렝'
시짱고원	가축의 젖을 끓여 식히면 생기는 지방을 차에 넣은 '수유차'

→ 고온 다습한 기후에 음식이 쉽게 상하는 것을 방지한다.

(3) 전통 가옥

특징	• 고위도 지역은 추위를 막는 폐쇄적 구조, 저위도 지역은 무더위를 피하는 개방적 구조 • 냉·온대 기후 지역에서는 더위와 추위에 대비한 시설 공존 ☞ 우리나라의 대청마루와 온돌 • 주변에서 구할 수 있는 재료 활용 ☞ 열대 몬순 기후 지역에서의 라테라이트 벽돌 건물
고상 가옥	지면의 열기, 습기, 해충 등을 피하고자 바닥을 지면으로부터 띄워 지음 ☞ 동남 및 남부 아시아 열대 지역
수상 가옥	물 위에 지어져 시원하며, 교통이 편리하고 어로 생활에 유리함 ☞ 동남아시아 하천가나 해안
합장 가옥	쌓인 눈이 쉽게 흘러내리도록 하는 급경사의 지붕 ☞ 일본의 기후현(갓쇼 가옥, 갓쇼즈쿠리)
사합원	겨울철 추위에 대비한 'ㅁ'자형의 폐쇄적 구조로 남쪽에 문을 만듦, 방어에 유리 ☞ 중국의 화북 지방

→ 열대 기후 지역의 붉은색 토양으로, 수분이 마르면 매우 단단해져 벽돌 재료로 이용된다.

▲ 고상 가옥

▲ 합장 가옥

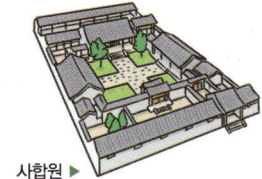
사합원 ▶

01 지도는 몬순 아시아의 주요 작물 재배 분포를 나타낸 것이다. (가)~(라)에 해당하는 작물을 쓰시오. (단, (가)~(라)는 목화, 밀, 쌀, 차 중 하나임.)

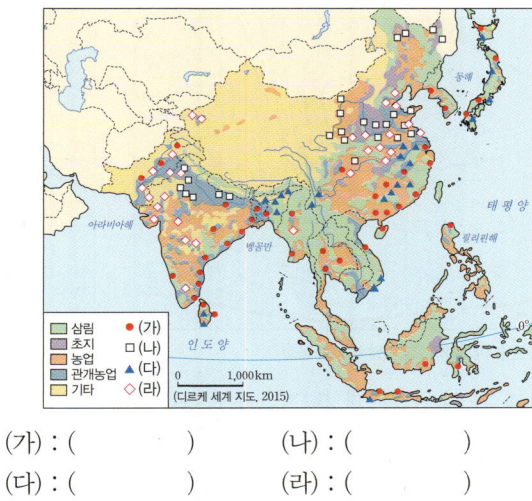

(가) : (   )   (나) : (   )

(다) : (   )   (라) : (   )

🧭 다음의 설명이 맞으면 'O', 틀리면 'X'에 표시하시오.

02 몬순 아시아 지역은 여름 강수량이 겨울 강수량보다 많다. O X

03 인도의 북부에는 고기 습곡 산지가 분포한다. O X

04 일본과 필리핀은 환태평양 조산대에 위치한다. O X

05 말레이반도와 인도네시아는 신기 조산대가 지나는 곳으로 지진과 화산 활동이 활발하다. O X

06 함정 필리핀과 인도네시아는 경사지가 많아 벼농사가 이루어지지 않는다. O X

07 데칸고원에서는 목화 재배가 활발하다. O X

08 중국과 스리랑카는 세계적인 커피 생산국이다. O X

09 함정 베트남의 전통 의상으로는 아오자이가 있다. O X

10 일본은 주로 인디카종 쌀을 주식으로 한다. O X

11 다양한 채소와 향신료를 밥과 함께 볶은 나시고렝은 타이의 전통 음식이다. O X

12 함정 합장 가옥은 'ㅁ'자형의 폐쇄적 구조로 방어에 유리한 중국의 전통 가옥이다. O X

13 열대 기후 지역에서는 라테라이트로 벽돌을 만들어 건물을 짓는다. O X

14 함정 사합원은 눈이 쌓이는 것을 방지하기 위해 지붕 경사를 급하게 만든 일본의 전통 가옥이다. O X

Where & WHY

몬순 아시아에서 여름과 겨울의 바람 방향은 **왜** 다를까?

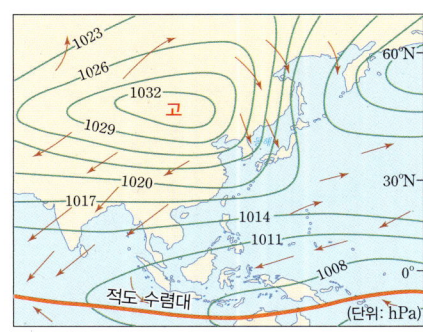

▲ 몬순 아시아의 1월 기압 배치와 풍향

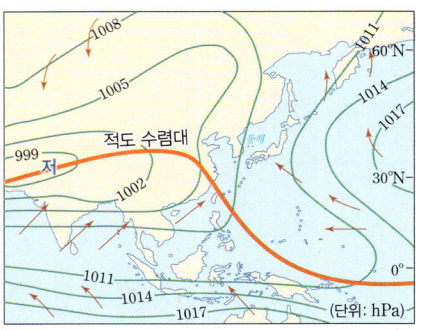

▲ 몬순 아시아의 7월 기압 배치와 풍향

- 계절풍의 원인은 다양하지만 주로 대륙과 해양의 비열 차, 대기 대순환의 계절적 이동 등으로 풍향 변화를 해석하고 있다. 중위도의 경우 겨울에는 비열이 작은 대륙이 더 많이 냉각되면서 대륙에 하강 기류가 형성되어 고기압이 자리한다. 이로 인해 겨울에는 대륙에서 해양으로 바람이 불게 된다. 이와 반대로 여름에는 비열이 작은 대륙이 더 많이 가열되면서 대륙에 상승 기류가 형성되어 저기압이 자리한다. 이로 인해 여름에는 해양에서 대륙으로 바람이 불게 된다.

- 저위도의 경우 적도를 중심으로 형성되는 적도 수렴대를 향해 북반구에서는 북동 무역풍이, 남반구에서는 남동 무역풍이 분다. 그러나 지구 자전축의 기울기 때문에 적도 수렴대의 위치는 계절에 따라 달라진다. 적도 수렴대는 태양이 북회귀선 근처에 위치하는 7월에는 북상하고, 태양이 남회귀선 근처에 위치하는 1월에는 남하한다. 위 지도에 나타난 동남 및 남부 아시아 일대를 보면, 적도 수렴대가 남하한 1월에는 적도 수렴대의 북쪽에 위치하므로 북동 무역풍의 영향을 받는다. 그러나 적도 수렴대가 북상한 7월에는 동남 및 남부 아시아 일대가 적도 수렴대의 남쪽에 위치하므로 남동 무역풍의 영향을 받는다. 이러한 요인으로 인해 몬순 아시아 지역은 계절에 따라 풍향이 다르게 나타난다.

- 이렇듯 몬순 아시아는 공통적으로 계절풍의 영향을 받지만, 지역에 따라 위도나 지형 등의 차이로 다양한 기후 환경이 나타난다. 1월에 베트남 동부 해안 등 일부 지역에서는 지형의 영향으로 비교적 강수량이 많으며, 일본의 홋카이도나 서북부 해안 지역에서도 지형의 영향으로 많은 눈이 내리기도 한다. 7월에는 인도의 아삼 지방과 같은 바람받이 지역에서 강수량이 매우 많다.

> 해안선을 따라 안남산맥이 뻗어 있어 지형성 강수가 많이 내린다.

> 고온 다습한 인도양을 지나온 남서풍이 히말라야 산맥에 부딪혀 많은 비가 내린다.

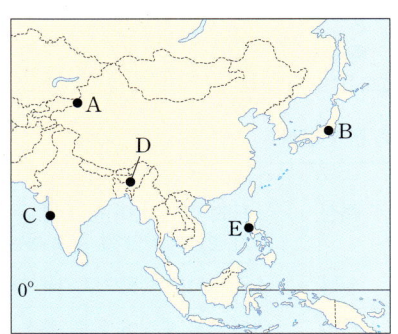
자료 분석에 적용하기

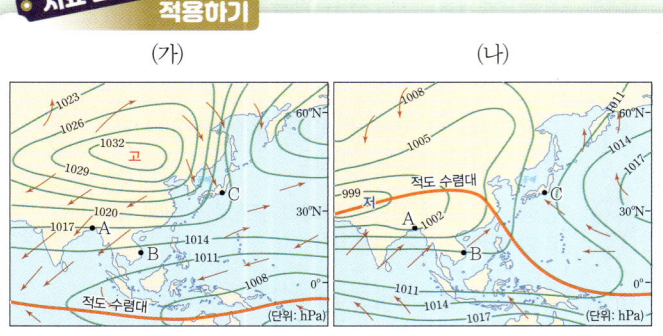

(가)   (나)

(단위: hPa)

Q2 왼쪽 지도를 보고 괄호 안의 내용 중 알맞은 말을 고르시오.

(1) (가)는 대륙에 (저기압 / 고기압)이 형성되어 있으므로 (1월 / 7월)의 기압 배치와 풍향을 나타낸다.
(2) (나)는 대륙에 (저기압 / 고기압)이 형성되어 있으므로 (1월 / 7월)의 기압 배치와 풍향을 나타낸다.
(3) 7월에 A와 B는 주로 (북동풍 / 남서풍)의 영향을, C는 주로 (북서풍 / 남동풍)의 영향을 받아 고온 다습한 날씨가 나타난다.
(4) 산맥과 계절풍의 영향으로 A는 B보다 1월에 강수량이 (적고 / 많고), 7월에 강수량이 (적다 / 많다).

• 정답 및 해설 042~045쪽

주제 1 몬순 아시아의 자연환경

족집게 전략 | 몬순 아시아는 계절풍이 지역성에 큰 영향을 끼친다. 이에 자연환경에서는 계절에 따른 기후의 지역 차를 묻거나 산맥과 고원, 대하천과 충적 평야의 특징을 묻는 문항이 주로 출제된다. 따라서 계절풍의 발생 원리와 주요 산맥, 고원, 하천 등의 위치를 잘 알아 두어야 한다.

173 ◀대표 문항 | 평가원 기출 |

다음 자료는 (가), (나) 시기에 나타나는 동남아시아의 주요 풍향과 다기 대순환 구조를 나타낸 것이다. 이에 대한 옳은 설명만을 〈보기〉에서 고른 것은?

(가)

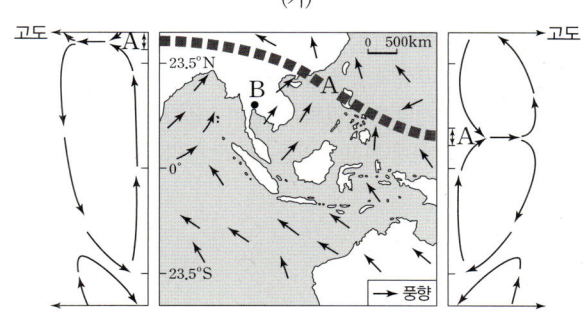

(나)

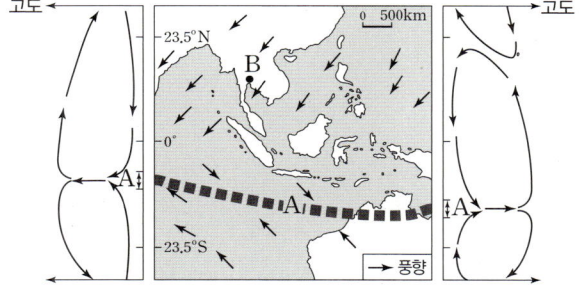

보기

ㄱ. A에서는 고기압이 자주 발생하여 날씨가 맑다.
ㄴ. A를 경계로 북쪽의 편서풍과 남쪽의 무역풍이 마주한다.
ㄷ. B 지역에서는 (가) 시기가 (나) 시기보다 강수량이 많다.
ㄹ. B 지역에서는 (가), (나) 시기 모두 기온의 일교차가 연교차보다 크다.

① ㄱ, ㄴ   ② ㄱ, ㄷ   ③ ㄴ, ㄷ   ④ ㄴ, ㄹ   ⑤ ㄷ, ㄹ

✏️ **한줄 Tip** 적도 수렴대를 기준으로 북동 무역풍과 남동 무역풍이 수렴한다.

174 | 평가원 기출 |

A~E 하천에 대한 옳은 설명만을 〈보기〉에서 고른 것은?

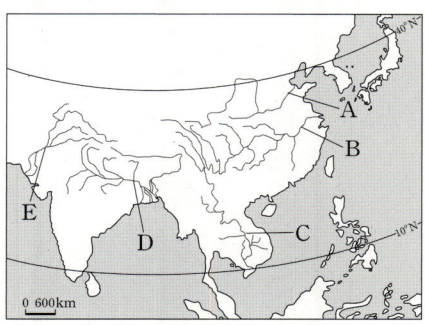

보기

ㄱ. A, B를 연결하는 인공 수로를 건설하고 있다.
ㄴ. A, E 유역에는 고대 문명의 발상지가 있다.
ㄷ. B, C는 여러 나라를 흐르는 국제 하천이다.
ㄹ. D, E는 사막 지역을 통과하는 외래 하천이다.

① ㄱ, ㄴ   ② ㄱ, ㄷ   ③ ㄴ, ㄷ   ④ ㄴ, ㄹ   ⑤ ㄷ, ㄹ

175 | 평가원 기출 |

지도에 표시된 (가)~(다) 도시의 기후 특성을 바르게 연결한 것은?

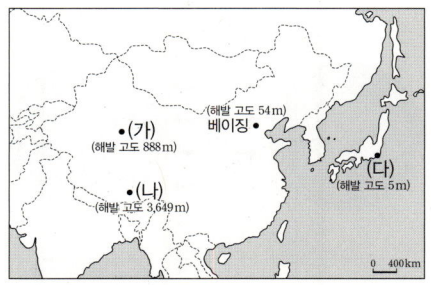

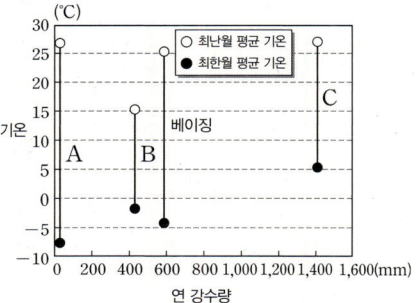

	(가)	(나)	(다)		(가)	(나)	(다)
①	A	B	C	②	B	A	C
③	B	C	A	④	C	A	B
⑤	C	B	A				

176

지도의 A~C에 대한 옳은 설명만을 〈보기〉에서 고른 것은?

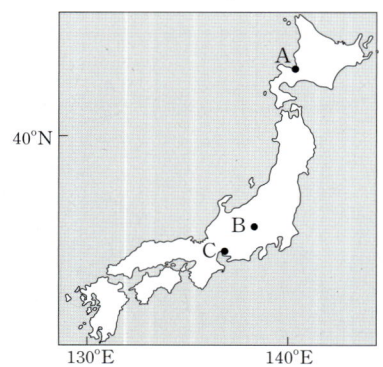

┌ 보기 ┐
ㄱ. B는 고기 습곡 산지에 해당한다.
ㄴ. A는 C보다 겨울철 강수량이 많다.
ㄷ. C는 A보다 여름철 일조 시수가 적다.
ㄹ. A~C의 풍향은 1월에 남풍, 7월에 북풍 계열이 탁월하다.

① ㄱ, ㄴ   ② ㄱ, ㄷ   ③ ㄴ, ㄷ   ④ ㄴ, ㄹ   ⑤ ㄷ, ㄹ

177

(가), (나) 시기에 지도의 A~C 지역에 대한 설명으로 옳은 것은? (단, (가), (나) 시기는 1월, 7월 중 하나임.)

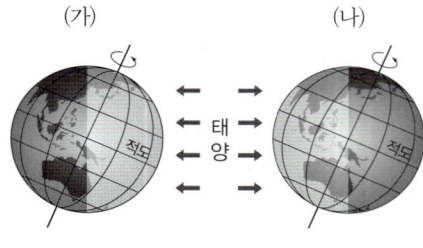

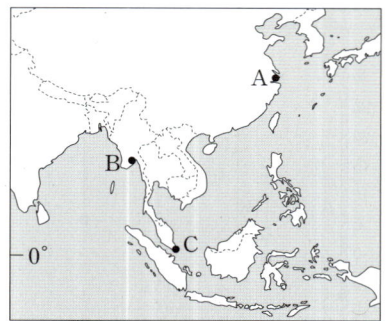

① (가) 시기의 낮 길이는 A가 B보다 길다.
② (나) 시기에 정오의 태양 고도는 B가 C보다 높다.
③ A는 (가) 시기보다 (나) 시기에 평균 기온이 높다.
④ B는 (나) 시기보다 (가) 시기에 북풍 계열이 탁월하다.
⑤ (가) 시기와 (나) 시기의 강수량 차이는 C가 B보다 크다.

178

지도의 A~D 하천에 대한 설명으로 옳은 것은?

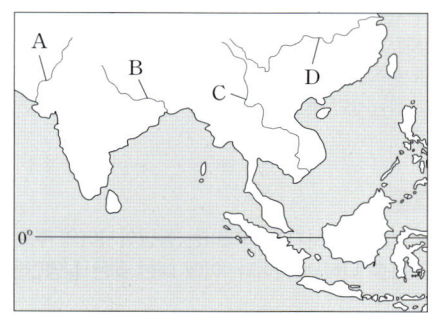

① A는 B보다 하구에서의 평균 유량이 많다.
② B는 C보다 많은 국가의 영토를 거쳐 흐른다.
③ A, B의 발원지는 고생대 습곡 작용을 받은 산지이다.
④ B, C, D의 하구에서의 평균 유량은 1월이 7월보다 많다.
⑤ A~D의 하구에는 하천 퇴적에 의한 대규모 삼각주가 분포한다.

179

지도의 (가) 국가와 비교한 (나) 국가의 상대적 특성을 그림의 A~E에서 고른 것은?

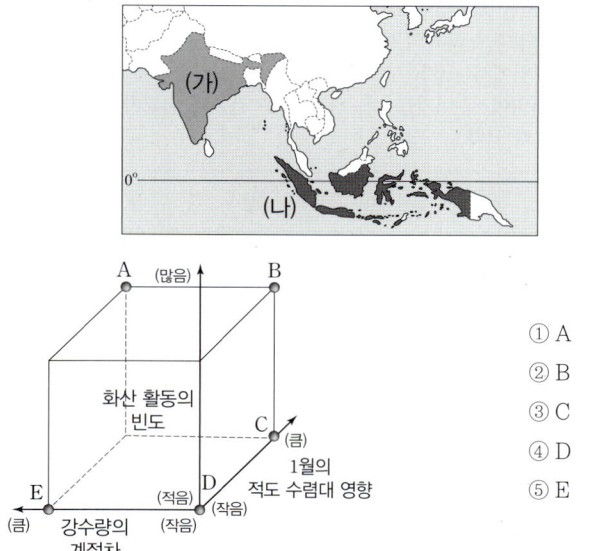

① A
② B
③ C
④ D
⑤ E

180

다음 글의 ㉠~㉤에 대한 설명으로 옳지 않은 것은?

> ㉠ 몬순 아시아는 공통적으로 ㉡ 계절풍의 영향을 받지만 위도, 지형, 수륙 분포 등의 차이로 지역에 따라 다양한 자연환경이 나타난다. 몬순 아시아는 ㉢ 해발 고도가 높은 산맥과 고원이 곳곳에 분포하며, ㉣ 지각판 경계에 있는 지역에서 화산 지형이 나타난다. 또한 강수량이 많아 유량이 풍부한 대하천이 많고, 주변에 충적 평야가 형성되어 비옥한 곡창 지대를 이룬다. 한편, ㉤ 대륙 내부에서는 건조 지형이 나타난다.

① ㉠ – 남부 아시아, 동남아시아, 동부 아시아가 포함된다.
② ㉡ – 대륙과 해양의 비열 차, 적도 수렴대의 이동 등에 의해 발생한다.
③ ㉢ – 히말라야산맥과 티베트고원은 문화권의 경계를 이룬다.
④ ㉣ – 인도네시아, 필리핀, 일본 등지에 해당한다.
⑤ ㉤ – 대기 대순환에 의해 연중 하강 기류가 발생하여 사막이 형성된다.

181 고난도↑

(가), (나)는 두 시기별 동남아시아 지역의 강수량 분포를 나타낸 것이다. 이에 대한 옳은 설명만을 〈보기〉에서 있는 대로 고른 것은? (단, (가), (나) 시기는 1월, 7월 중 하나임.)

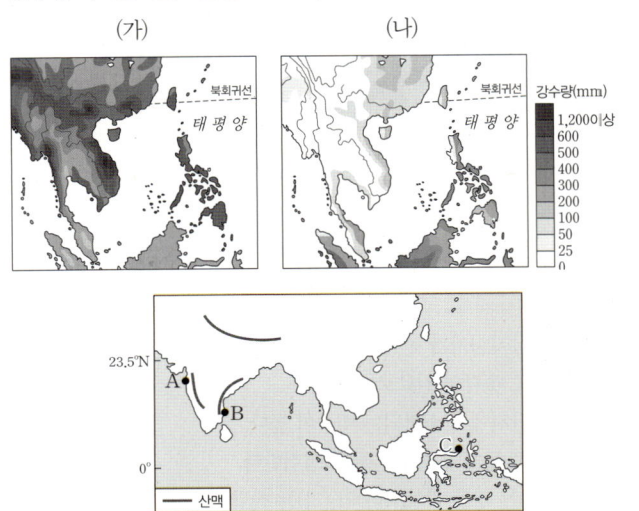

─〔보기〕─────────────────
ㄱ. (가) 시기에 A는 B보다 강수량이 많다.
ㄴ. (가) 시기에 A는 B보다 정오에 태양 고도가 높다.
ㄷ. (나) 시기에 C의 화산이 분출하면 화산재는 남반구보다 북반구로 더 많이 확산된다.
ㄹ. (가)와 (나) 시기의 일몰 시각 차이는 A가 C보다 크다.

① ㄱ, ㄴ　　　　② ㄱ, ㄷ　　　　③ ㄷ, ㄹ
④ ㄱ, ㄴ, ㄹ　　　⑤ ㄴ, ㄷ, ㄹ

주제 2　몬순 아시아의 전통적 생활 모습

족집게 전략 | 지도와 함께 지역별 농업적 토지 이용의 유형과 주요 농작물이 무엇인지 묻거나, 사진이나 그림을 토대로 지역별 전통적 생활 모습을 묻는 문항이 출제된다. 따라서 자연환경적 특징과 연계하여 지역별로 어떠한 농업이 발달하였는지 정리하고, 의복과 음식, 가옥의 경관이 실제로 어떻게 나타나는지 사진으로 확인해 두는 것이 좋다.

182 대표 문항　　　| 평가원 기출 |

다음 자료는 두 지역의 음식을 설명한 것이다. (가) 지역에 대한 (나) 지역의 상대적 특징을 그림의 A~E에서 고른 것은?

> (가) 나시르막은 코코넛 밀크를 넣고 지은 쌀밥이다. 삼발 소스(고추, 양파, 소금, 설탕 등으로 만드는 매운 양념)나 고기 등을 넣어 뭉쳐 먹는데 바나나 잎으로 싸서 팔기도 한다.
>
>
>
> (나) 참파는 보리, 완두, 귀리 등의 곡물 가루를 야크 버터와 차(茶)에 섞어 먹는 음식이다. 땔감을 구하기 어려운 지역에서 쉽게 조리할 수 있고 휴대가 간편하여 많은 사람들이 즐겨 먹는다.
>
>

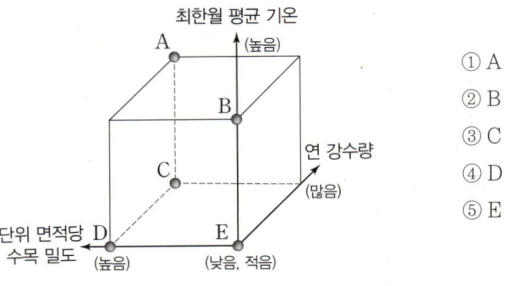

① A
② B
③ C
④ D
⑤ E

✎ 한줄 Tip　음식 재료, 조리법 등에 대한 부가적인 설명을 바탕으로 기후 환경을 유추할 수 있다.

183

| 평가원 기출 변형 |

다음 자료는 기호 작물 A, B에 대한 것이다. 이에 대한 옳은 설명만을 〈보기〉에서 고른 것은?

A

아시아 86.4%	순위	국가	비율(%)
	1	중국	40.5
	2	인도	21.7
	3	스리랑카	5.7
	4	베트남	4.3
	5	터키	3.8
기타 13.6%		기타	10.4

B

아시아 31.7%	순위	국가	비율(%)
	1	베트남	16.7
	2	인도네시아	7.3
기타 68.3%	3	인도	3.4
	4	라오스	1.6
	5	중국	1.2
		기타	1.5

(2017년)

〈세계 생산량 중 아시아의 비율과 주요 생산국〉

┌─ 보기 ─────────────────────────────┐
ㄱ. A는 주로 열대 우림 기후 지역에서 재배된다.
ㄴ. B는 생산지에서 주로 소비된다.
ㄷ. A는 잎이, B는 열매가 주로 상품화된다.
ㄹ. A와 B는 대체로 음료의 원료로 이용된다.
└───────────────────────────────────┘

① ㄱ, ㄴ   ② ㄱ, ㄷ   ③ ㄴ, ㄹ   ④ ㄴ, ㄹ   ⑤ ㄷ, ㄹ

184

다음은 어느 국가의 전통 의복에 대해 서술한 것이다. (가), (나) 국가에 대한 설명으로 옳은 것은?

┌─────────────────────────────────────┐
아오자이는 (가) 의 여성 전통 의복이다. '아오'는 옷, '자이'는 길다는 뜻이다. 품이 넉넉한 바지와 길이가 긴 상의로 되어 있고 통풍이 잘 되도록 얇은 비단을 사용한다. 아오자이는 (나) 의 전통복인 치파오에서 유래하였으나 (가) 의 기후와 민족 특성을 반영하여 약간의 변형이 이루어졌다. 상의는 (나) 의 복의 영향을 받아 옆이 길게 트여 있다. 유행에 따라서 슬릿의 깊이나 옷깃의 높이가 달라지기도 한다. 바지는 풍성하게 만들어서 통기성이 좋다. 원래 상류 계층의 의복이었으나 평상복, 예장용으로 일반화되었다.
└─────────────────────────────────────┘

① (가)는 세계 최대 차 생산국이다.
② (나)의 서부에는 사막이 분포한다.
③ (가)는 (나)보다 국토 면적이 넓다.
④ (나)는 (가)보다 저위도에 위치한다.
⑤ (가), (나)는 모두 동남아시아 국가이다.

185

다음 글의 (가) 작물의 국가별 생산 비중을 나타낸 그래프로 옳은 것은?

┌─────────────────────────────────────┐
(가) 의 어원은 A 국가의 지방 방언 '테(Te)'에서 기원하였다. A 국가에서 (가) 을/를 발견한 것은 기원전 2737년경으로 알려져 있다. A 국가에는 위생 문제로 물을 끓여 마시는 옛 황제가 있었는데, 끓고 있는 물 위에 우연히 나뭇잎이 떨어졌다. 이 물을 마신 황제는 식물의 잎을 우려내면 물맛이 좋아진다는 사실을 알게 되면서 (가) 을/를 본격적으로 먹기 시작했다고 한다.
└─────────────────────────────────────┘

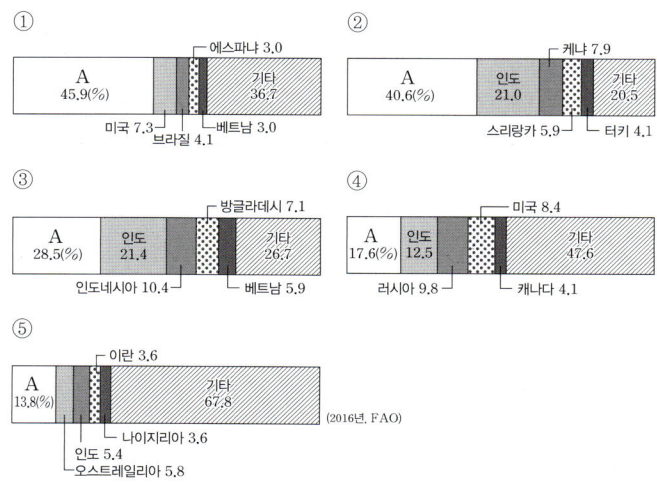

186

지도는 몬순 아시아의 주요 농작물 재배지를 나타낸 것이다. (가)~(라) 작물에 대한 설명으로 옳은 것은? (단, (가)~(라)는 목화, 밀, 쌀, 차 중 하나임.)

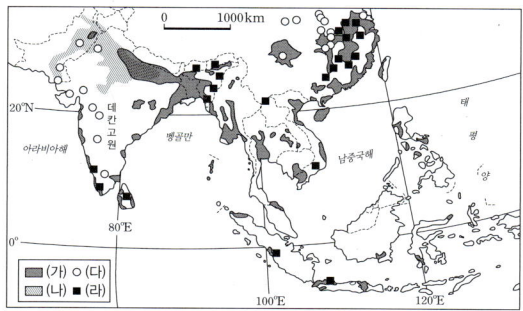

① (가)는 서남아시아가 원산지이다.
② (나)는 주로 옷감의 원료로 이용된다.
③ (다)는 생산지에서 소비되는 비중이 높다.
④ (라)는 주로 물에 우려내 음료로 섭취한다.
⑤ (가)와 (나)는 상품 작물, (다)와 (라)는 식량 작물이다.

187

다음은 세계의 전통 음식에 대한 수업 장면 중 일부이다. 교사의 질문에 대한 답변으로 적절하지 <u>않은</u> 학생을 고른 것은?

교사 : 전통 음식은 대부분 해당 지역에서 생산 가능한 재료나 특산물을 활용하여 만들며, 종교나 사회적 규범에 따라 섭취 가능한 음식이 달라지기도 합니다. 이렇듯 음식 문화는 그 지역의 인문 및 자연환경을 반영합니다. 다음 자료의 ㉠ 을/를 재료로 만든 몬순 아시아 국가들의 전통 음식에 대해 발표해 볼까요? 단, 지도에 표시된 A~E 국가만 고려합니다.

㉠ 은/는 품종에 따라 인디카종과 자포니카종으로 구분된다. '안남미'라고 불리는 인디카종은 알맹이가 길쭉하고 끈기가 없기 때문에, 주로 손을 이용해 먹으며 향신료를 넣고 볶아서 요리하는 경우가 많다. 인디카종은 전 세계 ㉠ 생산량의 약 90%를 차지한다. 반면 자포니카종은 알갱이가 짧고 둥글며, 찰기가 있어 주로 젓가락을 이용해 먹는다. 자포니카종은 인디카종보다 고위도 지방에서 주로 재배되며, 전 세계 ㉠ 생산량의 약 10%를 차지한다.

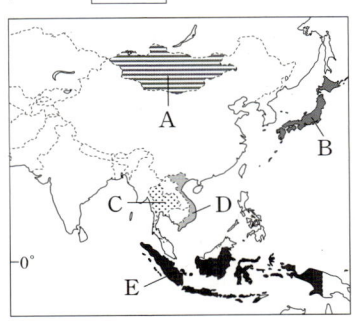

① 갑 : A 국가에는 ㉠과 누룩, 물을 섞어 발효시켜 만든 전통주인 '아이락'이 있습니다.
② 을 : B 국가는 소금과 식초, 설탕으로 간을 한 ㉠ 위에 생선을 얹은 '스시'가 유명합니다.
③ 병 : C 국가에는 닭고기, 새우, 오징어, 채소 등을 ㉠과 함께 볶은 '카오팟'이란 음식이 있습니다.
④ 정 : D 국가는 사골을 우린 국물에 ㉠으로 만든 국수를 넣은 '퍼'가 가장 대표적인 전통 음식입니다.
⑤ 무 : E 국가에는 ㉠을 고기나 해산물, 채소, 향신료 등과 함께 볶은 '나시고렝'이란 전통 음식이 있습니다.

188

다음 글은 ○○ 국가의 음식 문화권에 대한 것이다. ㉠의 기후 특성을 그래프의 A~E에서 고른 것은?

남중국해와 인접한 ○○의 음식은 인도와 중국의 영향을 많이 받았다. ○○의 음식 문화권은 크게 네 권역으로 구분되는데, 대부분 쌀이 주식이라서 지역별로 기본적인 맛은 비슷하다. 북부 지방은 소금을 많이 사용하고, 동북부 지방은 북부와 중부 지방의 중간적인 맛인데 코코넛 밀크를 거의 사용하지 않는다. ㉠ 수도가 포함된 중부 지방은 코코넛 밀크와 고추를 사용한 걸쭉한 요리가 많고 중국 요리와 유사하다. 남부 지방은 말레이시아의 영향을 받아 향료를 많이 사용하는데, 이는 인도 요리와 유사하다.

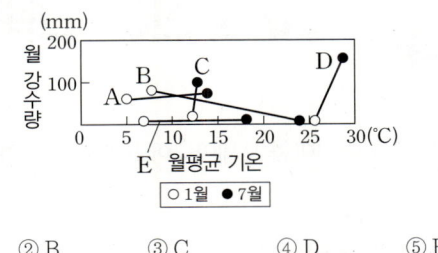

① A   ② B   ③ C   ④ D   ⑤ E

189 고난도↗

자료는 몬순 아시아에 대한 탐구 보고서의 일부이다. 이에 대한 설명으로 옳은 것은?

〈탐구 보고서〉
※ 주제 : 몬순 아시아의 계절별 기후 특성과 전통적 생활 모습
◎ 동부 아시아의 시기별 기온 분포

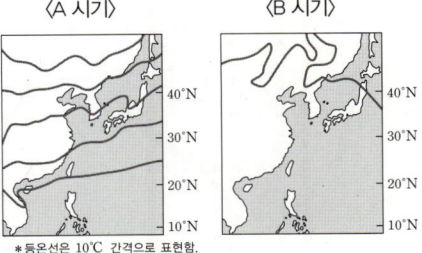

*등온선은 10℃ 간격으로 표현함.
**A, B는 1월과 7월 중 하나임.

◎ 몬순 아시아에 속한 두 지역의 전통 가옥

• (가) 의 전통 가옥은 바닥이 목조와 돌로 만들어졌다. 목조로 된 바닥은 거실로 이용되는데, 외벽이 없고 지면과의 공간이 있어 통풍이 잘 된다. 돌로 된 바닥은 침실로 이용되는데, 불을 때면 열기가 아래의 빈 공간을 지나면서 돌을 데워 열기가 전달된다.
• (나) 의 전통 가옥은 구조물의 대부분이 나무와 풀잎으로 만들어졌다. 가옥 전체가 지면에서 1~2m 정도 띄워져 있으며 문과 창문이 상당히 큰 편이다. 지붕의 경사는 가파르게 만들어져 있고 천정이 높아 전체적으로 개방적인 구조에 시원한 느낌을 준다.

① A 시기에 (가)는 벼농사가 이루어진다.
② B 시기에 (나)는 편서풍의 영향을 받는다.
③ A 시기의 평균 기온은 (가)가 (나)보다 높다.
④ B 시기의 풍향은 (가)와 (나) 모두 북풍 계열이 탁월하다.
⑤ 정오에 A와 B 시기의 태양 고도 차이는 (가)가 (나)보다 크다.

09강

자원, 산업, 민족 및 종교적 차이

주제 1 　몬순 아시아와 오세아니아의 자원과 산업

1. 자원의 분포와 이동

(1) 석탄과 철광석의 분포와 이동

석탄	생산국	중국, 인도, 오스트레일리아, 인도네시아 등
	수출국	오스트레일리아, 인도네시아 등
	수입국	중국, 일본, 인도, 대한민국 등
철광석	생산국	오스트레일리아, 중국, 인도 등
	수출국	오스트레일리아 등
	수입국	중국, 일본, 대한민국 등

(2) 기타 자원의 주요 생산국

석유	중국, 인도네시아, 인도, 말레이시아 등
천연가스	중국, 오스트레일리아, 인도네시아, 말레이시아 등
주석	인도네시아, 말레이시아, 싱가포르 등
천연고무	타이, 인도네시아, 베트남, 말레이시아 등

지도로 살펴보기

석탄 및 철광석의 이동

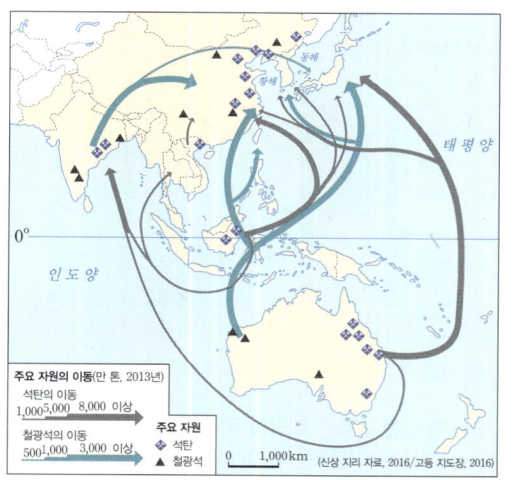

대체로 동남 및 남부 아시아와 오스트레일리아에서 생산된 자원은 상대적으로 산업 발달 정도가 높고 제조업이 발달한 동부 아시아로 수출된다. 몬순 아시아와 오세아니아는 철광석과 석탄의 생산량과 소비량이 많다. 철광석은 오스트레일리아, 중국, 인도 등에서 생산되며, 특히 오스트레일리아에서 생산된 철광석은 중화학 공업이 발달한 중국, 일본, 대한민국 등으로 수출된다. 석탄은 중국, 인도, 오스트레일리아 등에서 많이 생산되고, 주로 산업용 연료로 사용되므로 공업이 발달한 국가에서 많이 소비한다. 특히 오스트레일리아에서 생산된 석탄은 동아시아 지역으로 수출된다. 중국은 석탄 생산량이 많지만, 소비량이 더 많아서 오스트레일리아 등지에서 수입한다.

2. 주요 국가의 산업 특징

중국	• 풍부한 노동력과 자원을 바탕으로 제조업 급성장 • 경제특구 : 선진국의 기술과 자본 도입

일본	• 자원 수입에 유리한 태평양 연안에 공업 발달 • 높은 기술력을 바탕으로 첨단 산업 발달
인도	• 저렴한 노동력이 풍부하여 노동 집약적 공업 발달 • 내륙 도시에 IT 산업 발달 : 우수한 인력, 영어 구사력
동남아시아	• 1차 산업 비중이 높음 : 풍부한 천연자원, 플랜테이션 • 최근 노동 집약적 공업이 발달하고 있음
오스트레일리아	• 농·축산업 발달 : 밀, 육우, 양모 수출 • 광업 발달 : 석탄, 철광석 수출 • 제조업 발달 미약 : 노동력 부족, 국내 시장 협소

(전자 제품, 로봇, 정밀 기계 산업 등 → 일본)
(벵갈루루, 하이데라바드 등 → 인도)
(최근 몬순 아시아 국가들과 교류가 증가해 철강, 알루미늄 공업이 점차 발달하고 있다. → 오스트레일리아)

지도로 살펴보기

국가별 산업 구조

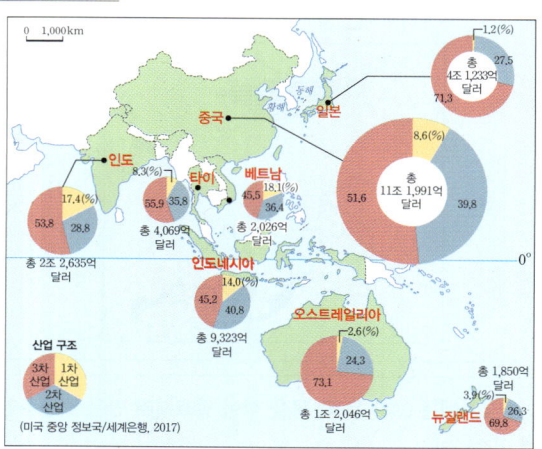

(미국 중앙 정보국/세계은행, 2017)

몬순 아시아와 오세아니아의 국가는 산업화의 시기와 발달 과정이 달라 산업 구조에서 차이가 크다. 산업 구조가 고도화된 일본, 오스트레일리아, 뉴질랜드 등 선진국은 3차 산업의 비중이 약 70%이고, 1차 산업의 비중은 5% 미만이다. 반면 인도, 인도네시아, 베트남 등 개발 도상국은 1차 산업의 비중이 10% 이상 이다. 이러한 산업 구조적 특성을 바탕으로 최근 우리나라와 일본의 자본과 기술, 중국과 동남 및 남부 아시아의 노동력, 오스트레일리아의 자원을 활용하는 경제적 협력이 활발하다.

주제 2 　몬순 아시아와 오세아니아의 민족(인종)과 종교

1. 중국의 민족(인종) 구성과 갈등

(1) 민족 구성

① 한족이 약 93%를 차지하고, 55개의 소수 민족이 거주함
② 자치구 설정 등 소수 민족을 위한 정책 시행

(2) 소수 민족과의 갈등

① 시짱고원 : 라마교를 믿는 티베트족이 독립 요구
② 신장 웨이우얼 자치구 : 이슬람교를 믿고 터키계 언어를 사용하는 위구르족이 독립 요구

2. 동남아시아의 종교 분포와 갈등

(1) 종교 분포

① 타이, 캄보디아, 미얀마 등 인도차이나 반도의 국가 : 불교 신자 비중이 높음

② 에스파냐의 식민 통치를 받은 필리핀 : 가톨릭교 신자 비중이 높음

③ 해상 교통의 요지인 인도네시아, 말레이시아 : 아라비아 상인들에 의해 이슬람교 전파 → 이슬람교 신자 비중이 높음

(2) 동남아시아의 주요 갈등

① 동남아시아로 진출한 중국계의 경제·사회적 위상이 높아지면서 중국계와 원주민과의 갈등 발생

② 필리핀 : 이슬람교도들이 다수를 차지하는 민다나오섬에서 이슬람 반군 단체들이 독립 요구

③ 동티모르 : 종교 갈등을 빚은 인도네시아로부터 독립
└→ 포르투갈의 식민 지배로 가톨릭교 신자 비중이 높다.

3. 남부 아시아의 종교 분포와 갈등

(1) 종교 분포

① 힌두교 : 인도, 네팔에서 주로 신봉

② 이슬람교 : 파키스탄, 방글라데시에서 신자 비중이 높음

③ 불교 : 스리랑카, 부탄에서 신자 비중이 높음

(2) 종교로 인한 갈등

① 카슈미르 지역 : 이슬람교와 힌두교 간의 대립

② 스리랑카 : 힌두교를 신봉하는 타밀족과 불교를 신봉하는 신할리즈족 간의 갈등

지도로 살펴보기

몬순 아시아의 종교 분포 및 갈등

크리스트교
불교
이슬람교
힌두교
기타

카슈미르 (힌두교/이슬람교)
미얀마 (불교/이슬람교)
동해
필리핀 민다나오섬 (크리스트교/이슬람교)
태평양
스리랑카 (불교/힌두교)
타이 (불교/이슬람교)
말루쿠 (크리스트교/이슬람교)
인도양
발리 (힌두교/이슬람교)
동티모르 (크리스트교/이슬람교)

(알렉산더 세계 지도, 2014/한국 국방 연구원, 2016)

남부 아시아와 동남아시아는 다양한 민족과 종교가 분포해 이로 인한 갈등이 복잡한 양상으로 나타난다. **카슈미르**는 영국이 인도에서 철수할 때 이슬람교를 믿는 대부분의 주민들은 파키스탄에 편입되기를 원했으나 인도로의 편입이 결정되면서 분쟁이 계속되고 있다. **스리랑카** 북부에는 불교를 믿는 신할리즈족과 인도에서 건너온 힌두교를 믿는 타밀족 간의 갈등이 수십 년 간 지속되었다. 현재 내전은 종식되었지만, 타밀족에 대한 신할리즈족의 차별은 여전히 지속되고 있다.

4. 오세아니아의 원주민과 이주민

(1) 주요 갈등
└→ 백인 이외의 인종, 특히 아시아인의 이민을 배척하였던 정책이다.

① 오스트레일리아 : 영국계의 무단 점령으로 원주민인 애버리지니와 갈등, 백호주의 정책으로 인한 아시아계 이주민 차별 문제

② 뉴질랜드 : 영국계 유입으로 원주민인 마오리족과 전쟁

(2) 갈등 해소를 위한 노력

① 오스트레일리아 : 총리의 사과와 원주민 토지 소유권 인정, 백호주의 정책 폐지

② 뉴질랜드 : 원주민의 토지 반환 요구에 합의, 마오리어를 공용어로 채택
└→ 유럽계 이주민의 비율이 높았으나, 최근에는 지리적으로 가까운 몬순 아시아 국가의 이주민이 증가하고 있다.

---

01 빈칸에 들어갈 국가를 지도의 A~D에서 골라 쓰시오.

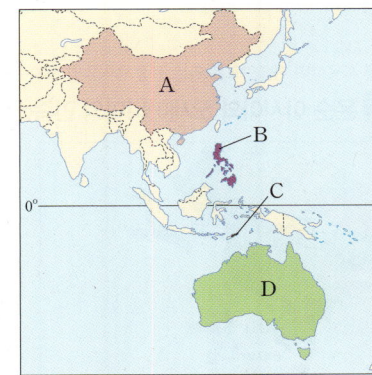

(1) (　　　　)는 석탄과 철광석의 생산량이 많아 동아시아 지역으로 수출한다.

(2) (　　　　)는 경제특구를 중심으로 외국 자본을 유치하였고, 풍부한 노동력과 지하자원을 바탕으로 제조업이 빠르게 성장하고 있다.

(3) (　　　　)는 에스파냐의 식민 통치 영향으로 가톨릭교 신자 비중이 높고, 미국의 식민 통치 영향으로 영어를 공용어로 사용한다.

(4) 포르투갈의 식민 지배 영향으로 가톨릭교 신자 비중이 높은 (　　　　)는 인도네시아로부터 2002년에 독립하였다.

✎ 다음의 설명이 맞으면 '○', 틀리면 '×'에 표시하시오.

02 오스트레일리아와 인도네시아는 대표적인 석탄 수출국이다.　○ ×

03 인도는 저렴하면서 우수한 인재, 영어 구사력 등을 토대로 정보 통신 산업이 발달하였다.　○ ×

04 함정 오스트레일리아는 풍부한 자원을 바탕으로 세계적인 공업국으로 성장하였다.　○ ×

05 동남아시아 국가들은 저렴한 노동력을 바탕으로 한 노동 집약적 공업의 비중이 높다.　○ ×

06 함정 중국의 신장 웨이우얼 자치구에서는 라마교를 믿는 소수 민족이 독립을 요구하고 있다.　○ ×

07 동남아시아로 진출한 중국계들은 경제적 지위가 낮아 원주민과 갈등을 빚는 경우가 많다.　○ ×

08 필리핀의 민다나오섬에서는 이슬람교도들이 독립을 요구하고 있다.　○ ×

09 카슈미르는 이슬람교와 힌두교 간 분쟁이 일어나는 지역이다.　○ ×

10 함정 스리랑카는 불교를 신봉하는 타밀족과 힌두교를 신봉하는 신할리즈족과의 갈등이 빚어졌다.　○ ×

WHERE & Why

몬순 아시아와 오세아니아에서 갈등이 일어나는 지역은 어디일까?

→ 위구르어를 사용하며 이슬람교를 믿는 신장 웨이우얼 자치구의 위구르족은 중국으로부터 독립을 원한다.

● **자료 1** 몬순 아시아와 오세아니아의 민족(인종)과 종교 분포

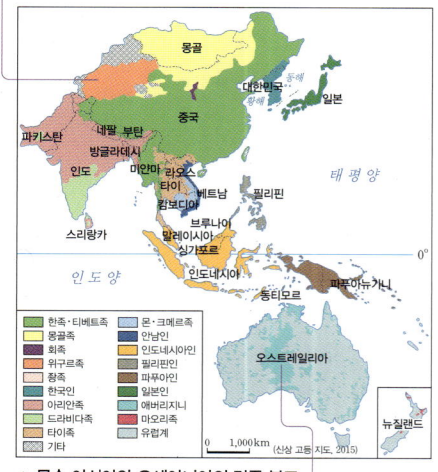

▲ 몬순 아시아와 오세아니아의 민족 분포

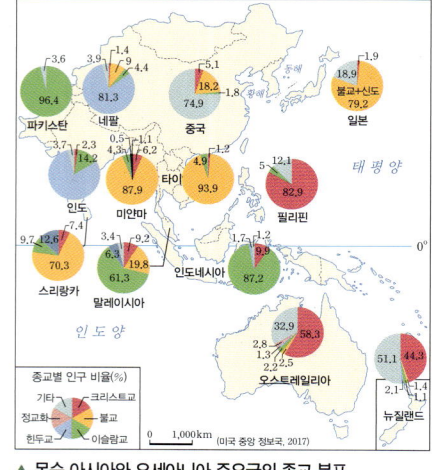

▲ 몬순 아시아와 오세아니아 주요국의 종교 분포

몬순 아시아와 오세아니아는 넓은 대륙과 많은 도서 지역에서 다양한 민족(인종)의 이동과 활발한 교류가 이루어져 민족과 종교가 매우 다양하고 복잡한데, 이러한 특성은 지역 간 많은 갈등과 분쟁을 야기하였다. 서로 다른 민족이나 신자가 혼재 또는 이웃할 경우 갈등이 발생하기 쉽다.

→ 유럽 이주민 증가로 원주민들이 거주 환경이 열악한 내륙으로 밀려났지만, 원주민 토지 소유권을 일부 인정하는 등 갈등을 해소하려 노력하고 있다.

● **자료 2** 몬순 아시아의 주요 갈등 지역

→ 19세기 미얀마를 지배하던 영국이 부족한 농업 인력을 보충하고자 인도 동부에서 이곳으로 이주시켰다.

▲ 카슈미르 분쟁　　▲ 스리랑카 분쟁　　▲ 로힝야족 거주 지역　　▲ 모로족 거주 지역

카슈미르에서는 인도가 영국으로부터 독립할 때 이슬람교도가 많은 카슈미르 지역이 파키스탄이 아닌 인도에 편입되면서 힌두교도(인도)와 이슬람교도(파키스탄) 간 분쟁이 발생하였다. **스리랑카 북부 지역**은 인도에서 유입된 힌두교를 믿는 타밀족과 불교를 믿는 신할리즈족 간 갈등으로 내전을 겪은 곳으로, 타밀족에 대한 신할리즈족의 차별이 계속되고 있다. 불교 국가인 **미얀마**에서는 이슬람교를 믿는 로힝야족이 방글라데시에서 온 불법 이민자로 규정되어 정부로부터 탄압을 받고 있다. 크리스트교가 다수를 이루는 **필리핀 남부의 민다나오섬**에는 이슬람교도인 모로족이 거주하는데, 분리 독립을 요구하며 장기간 무장 투쟁 중이다.

자료 분석에 적용하기

Q1 지도를 보고 괄호 안의 내용 중 알맞은 말을 고르시오.

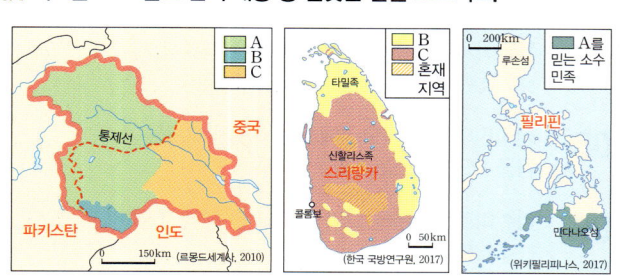

(1) A는 필리핀 민다나오섬에서 독립을 요구하는 소수 민족이 신봉하는 종교인 (불교 / 이슬람교 / 힌두교 / 크리스트교)이며, 카슈미르 분쟁과 관련된 종교이다.

(2) B는 인도에서 신자 수 비중이 매우 높고, 스리랑카 분쟁과도 관련이 깊은 (불교 / 이슬람교 / 힌두교 / 크리스트교)이다.

(3) C는 스리랑카에서 신자 수 비중이 가장 높은 (불교 / 이슬람교 / 힌두교 / 크리스트교)이다.

(4) 스리랑카에서는 기존의 불교 신자들과 (방글라데시 / 인도)로부터 유입된 (이슬람교 / 힌두교) 신자들 간 분쟁이 일어났다.

WHERE & WHY 정답 Q1 (1) 이슬람교 (2) 힌두교 (3) 불교 (4) 인도, 힌두교

• 정답 및 해설 045~049쪽

주제 1 **몬순 아시아와 오세아니아의 자원과 산업**

족집게 전략 | 주요 자원의 분포·이동, 국가별 산업 구조 비교 문항이 출제된다. 따라서 석탄, 철광석 등의 생산·수출·수입국을 정리하고, 국가별 산업 구조를 선진국과 개발 도상국으로 비교하여 알아 두자.

190 대표 문항
| 평가원 기출 변형 |

그래프는 동남아시아 국가 연합(ASEAN) 중 인도차이나 반도에 위치한 7개 국가의 경제적 특성을 나타낸 것이다. A~C에 대한 설명으로 옳지 않은 것은?

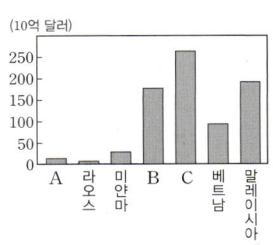

〈국내 총생산〉 〈국내 총생산의 산업별 비중〉

(한-아세안 통계집, 2010)

① A는 국내 총생산에서 서비스업의 비중이 공업보다 높다.
② B는 인도양과 태평양을 잇는 무역의 거점 역할을 하고 있다.
③ C는 동남아시아의 대표적인 쌀 수출국 중 하나이다.
④ B는 A보다 자본 및 기술 집약적 산업이 발달하였다.
⑤ A, C의 벼농사는 주로 메콩강 하구의 충적지에서 이루어진다.

 한줄 Tip 경제가 성장할수록 대체로 1차 산업 비중은 낮아지고, 3차 산업 비중은 높아진다.

191
| 평가원 기출 |

다음 자료의 밑줄 친 '이 나라'에서 IT 산업이 발달하게 된 주요 배경만을 〈보기〉에서 고른 것은?

• 미국 기업의 외국 콜센터들이 재해 시 큰 역할을 했다는 사실이 알려지고 있다. 한 예로 허리케인 '리타'가 위협했던 시기에 △△사의 이 나라 벵갈루루 콜센터는 핫라인을 운영하면서 수백 명의 직원들이 허리케인으로 밤새 겁에 질린 미국 사람들을 도왔다고 밝혔다.
• 이 나라의 IT 서비스 산업은 3단계를 거쳐 발전해 왔다. 1단계는 소프트웨어의 개발과 유지 서비스, 2단계는 고객 지원 콜센터 운영 등 기업의 단순 일상 업무를 외주 받는 단계, 3단계는 공학 디자인, 고난도 데이터 처리 등 기업 업무를 설계하고 대행하는 것이다.

〔보기〕
ㄱ. 미국과 비슷한 경도에 위치하고 있다.
ㄴ. 미국 IT 기업의 업무 연속성이 유지된다.
ㄷ. 석유 자원이 풍부하여 연료비가 저렴하다.
ㄹ. 영어 구사 능력을 갖춘 저임금 노동력이 풍부하다.

① ㄱ, ㄴ   ② ㄱ, ㄷ   ③ ㄴ, ㄷ   ④ ㄴ, ㄹ   ⑤ ㄷ, ㄹ

192
| 평가원 기출 |

지도를 토대로 학생들이 나눈 대화에서 옳은 내용만을 〈보기〉에서 있는 대로 고른 것은?

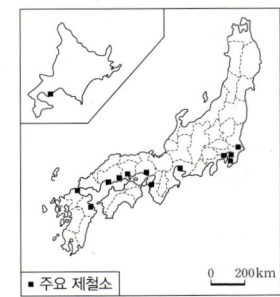 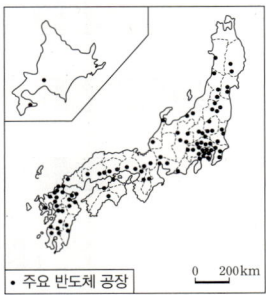

■ 주요 제철소   ● 주요 반도체 공장

〔보기〕
갑 : 제철소 입지에는 원자재의 높은 해외 의존도가 큰 영향을 주었어.
을 : 반도체 공장은 원료의 획득이 쉬운 곳에 주로 입지하고 있어.
병 : 제철소는 대부분 일본의 주요 공업 지역에 속해 있구나.
정 : 반도체 공장의 내륙 입지는 공업 분산 정책의 영향도 받았어.

① 갑, 을   ② 을, 병   ③ 병, 정
④ 갑, 을, 정   ⑤ 갑, 병, 정

193

지도는 몬순 아시아와 오세아니아의 주요 자원 분포 및 이동을 나타낸 것이다. (가). (나) 자원에 대한 설명으로 옳은 것은?

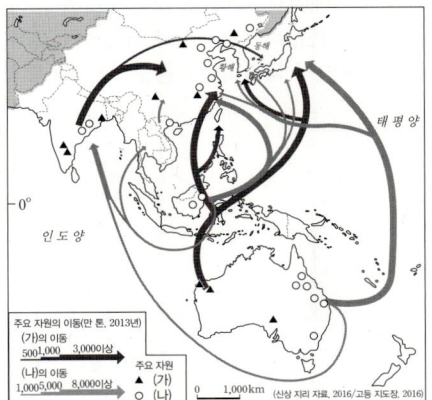

① (가)는 화학 공업의 주원료로 사용된다.
② (가)는 주로 신생대 지층에 매장되어 있다.
③ (나)는 첨단 제품 생산에 필수적인 자원이다.
④ (나)는 고기 습곡 산지에 주로 매장되어 있다.
⑤ (가)는 비금속 광물, (나)는 금속 광물 자원이다.

194

그래프는 지도에 표시된 네 국가의 수출 구조를 나타낸 것이다. (가)~(라) 국가에 대한 설명으로 옳은 것은?

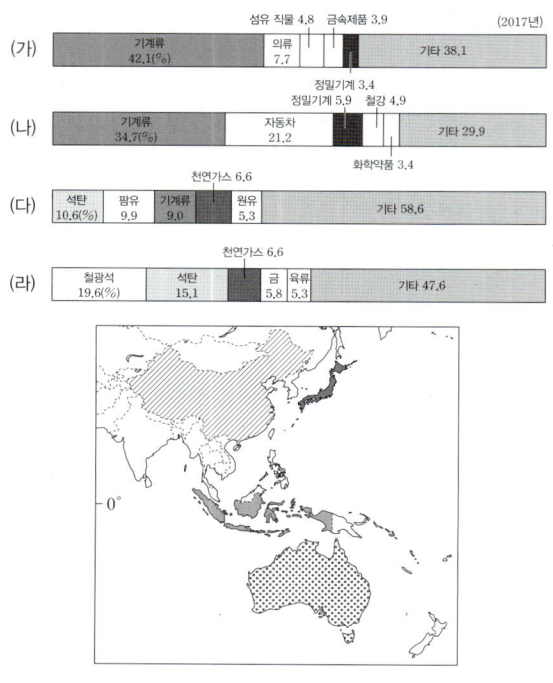

① (가)는 (나)보다 국내 총생산이 많다.

② (나)는 (다)보다 인구 규모가 크다.

③ (다)는 (라)보다 고위도에 위치한다.

④ (라)는 (가)보다 석탄 생산량이 많다.

⑤ (나), (라)는 모두 환태평양 조산대에 위치한다.

195

그래프는 국가별 화석 에너지 소비량을 나타낸 것이다. 이에 대한 설명으로 옳지 않은 것은? (단, A~C는 오스트레일리아, 일본, 중국 중 하나이고, 그래프의 수치는 A 국가의 소비량을 1로 했을 때의 상댓값임.)

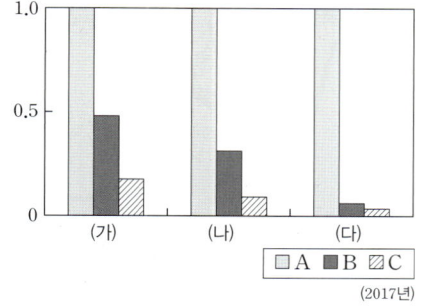

① A는 화석 에너지 중 (가)의 소비량이 가장 많다.

② A는 세 국가 중 (다)의 생산량이 가장 많은 국가이다.

③ B는 화석 에너지 중 (나)의 수입량이 가장 많다.

④ B는 세 국가 중 (나)의 해외 의존도가 가장 높은 국가이다.

⑤ C는 화석 에너지 중 (다)의 수출량이 가장 많다.

196

그래프는 오스트레일리아의 무역 상대국 변화를 나타낸 것이다. 이에 대한 분석으로 옳지 않은 것은? (단, A, B는 몬순 아시아에 속한 국가임.)

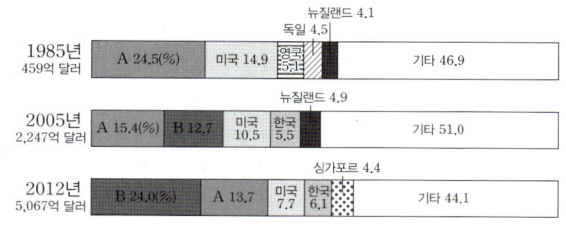

① A와의 무역액은 지속적으로 증가하는 추세이다.

② B와의 무역액은 1985년에 비해 2005년에 10배 이상 증가하였다.

③ B와의 무역은 A와의 무역보다 기술 집약적 상품을 거래하는 비중이 높다.

④ A와의 무역액과 B와의 무역액 간 격차는 1985년에 비해 2012년에 커졌다.

⑤ A와의 무역과 B와의 무역 모두 광산물은 주로 수출을, 공산품은 주로 수입을 한다.

197

그래프는 국가별 1인당 화석 에너지 소비량을 나타낸 것이다. 이에 대한 설명으로 옳은 것은? (단, (가)~(다)는 인도, 일본, 중국 중 하나임.)

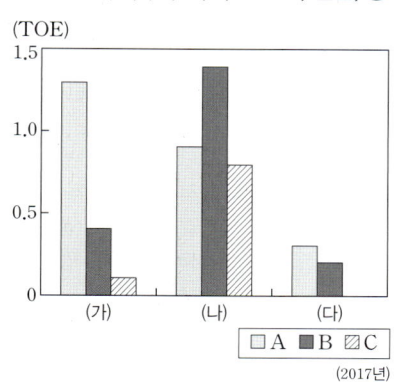

① A는 수송용으로 주로 이용된다.

② B는 A보다 상용화된 시기가 이르다.

③ C는 B보다 온실가스 배출량이 적다.

④ (나)는 (다)보다 A의 총 소비량이 많다.

⑤ (다)는 (가)보다 B의 총 소비량이 많다.

198

그래프는 (가)~(다) 자원의 주요 수출국을 나타낸 것이다. 이에 대한 옳은 설명만을 〈보기〉에서 있는 대로 고른 것은? (단, (가)~(다)는 석탄, 주석, 철광석 중 하나이고, A, B는 몬순 아시아와 오세아니아에 속한 국가임.)

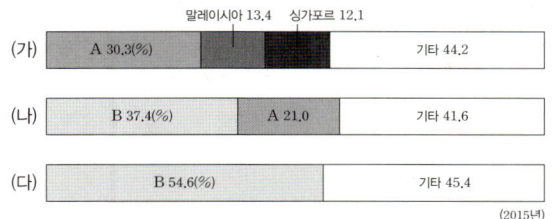

말레이시아 13.4　싱가포르 12.1

(가)	A 30.3(%)		기타 44.2
(나)	B 37.4(%)	A 21.0	기타 41.6
(다)	B 54.6(%)		기타 45.4

(2015년)

┌─ 보기 ┐
ㄱ. A는 B보다 석유 매장량이 풍부하다.
ㄴ. B는 A보다 지진 및 화산 활동이 빈번하다.
ㄷ. (가)는 (나)보다 오래된 지층에 주로 매장되어 있다.
ㄹ. (가)와 (다)는 금속 광물, (나)는 에너지 자원에 해당한다.
└──────┘

① ㄱ, ㄹ　　　② ㄴ, ㄷ　　　③ ㄷ, ㄹ
④ ㄱ, ㄴ, ㄷ　　⑤ ㄴ, ㄷ, ㄹ

199 고난도↑

(가)~(다)는 지도에 표시된 세 국가의 산업 구조를 나타낸 것이다. 이에 대한 설명으로 옳은 것은?

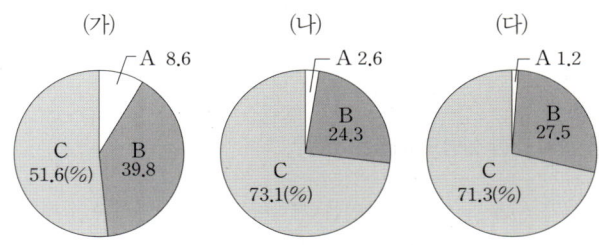

(가)　　　　(나)　　　　(다)

A 8.6 / C 51.6(%) / B 39.8

A 2.6 / B 24.3 / C 73.1(%)

A 1.2 / B 27.5 / C 71.3(%)

* 산업 구조는 1차, 2차, 3차 산업으로 구분하며, 생산액을 기준으로 함.

0°

① (가)는 세계적인 육우 수출국이다.
② (나)는 (다)보다 인구 규모가 크다.
③ (다)는 (가)와 (나)로 석탄을 수출한다.
④ A의 노동 생산성은 (나)가 (가)보다 높다.
⑤ 국내 총생산에서 광업이 차지하는 비중은 (다)가 (나)보다 높다.

주제 2 **몬순 아시아와 오세아니아의 민족(인종)과 종교**

족집게 전략 | 몬순 아시아는 지리적 위치와 식민 지배의 영향으로 세계에서 가장 다양한 민족(인종)이 분포한다. 이에 지도나 그래프를 통해 주요 국가의 종교별 신자 수 비중을 묻거나 갈등 지역의 분쟁 원인을 묻는 문항이 출제된다. 따라서 주요 국가의 종교와 주요 갈등 지역의 특징을 위치와 함께 알아 두어야 한다.

200 대표 문항　　|평가원 기출|

다음은 동남아시아에 대한 세계 지리 수업의 일부이다. (가)~(다)에 해당하는 국가를 지도의 A~C에서 고른 것은?

교사 : 최근 다문화 가정이 많아지고 있는데 다문화 가정을 이루고 있는 사람들의 출신 국가와 문화적 특징에 대해 발표해 봅시다.
갑 : (가)에서 온 사람들이 많아요. 한자 문화권에 속하는 그 나라 사람들은 '아오자이'라는 전통 의상을 입고, 쌀국수를 즐겨 먹어요.
을 : (나) 출신 사람들도 있어요. 그 나라는 주변 국가와 달리 식민 지배를 받지 않았고, 관광 산업이 발달해 있어요. 그리고 불교 신자도 많아요.
병 : (다)에서 온 사람들도 있어요. 그 나라에서는 영어를 공용어로 사용하고 크리스트교 신자가 많아요.

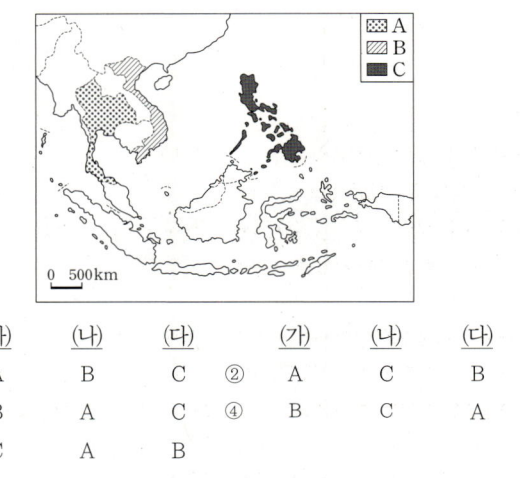

凡例: ▨ A　▨ B　■ C

0　500km

	(가)	(나)	(다)		(가)	(나)	(다)
①	A	B	C	②	A	C	B
③	B	A	C	④	B	C	A
⑤	C	A	B				

✎ **한줄 Tip** 타이는 서구 열강의 식민지 경쟁에서의 완충 지대로 선택되면서 식민 지배를 받지 않았어.

201

|평가원 기출|

다음은 철수가 수업 시간에 필기한 내용이다. (가)~(다)에 해당하는 지역을 지도에서 고른 것은?

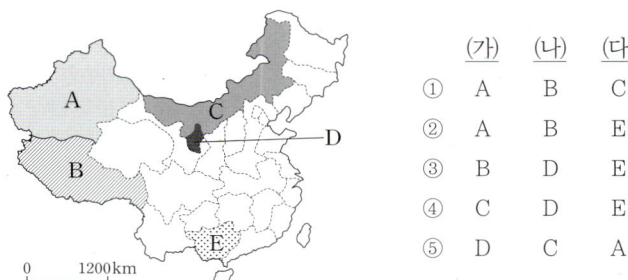

자치구	주요 민족	주요 종교	비고
네이멍구	몽골족	라마교	유목 생활
(가)	위구르족	이슬람교	석유, 천연가스 풍부
(나)	티베트족	라마교	철도 개통으로 관광객 증가
(다)	좡족	–	중국 최대의 소수 민족
닝샤후이족	후이족	이슬람교	아라비아 상인의 후예

〈중국의 주요 소수 민족 자치구〉

	(가)	(나)	(다)
①	A	B	C
②	A	B	E
③	B	D	E
④	C	D	E
⑤	D	C	A

202

지도의 A~E 지역 문제에 대한 설명으로 옳지 <u>않은</u> 것은?

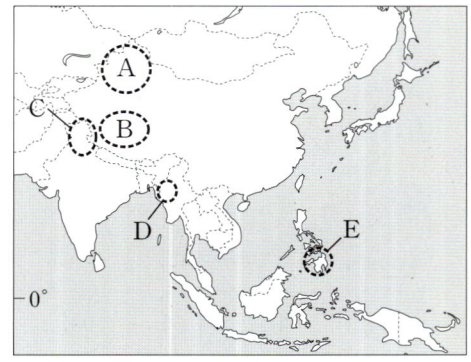

① A – 이슬람교를 신봉하는 위구르족의 독립 요구
② B – 라마 불교를 신봉하는 티베트족의 독립 요구
③ C – 이슬람교의 파키스탄과 힌두교의 인도 간 분쟁
④ D – 이슬람교를 신봉하는 로힝야족에 대한 정부의 탄압
⑤ E – 힌두교를 신봉하는 타밀족과 정부와의 분쟁

203

(가)~(다)는 지도에 표시된 세 국가의 종교별 신자 수 비율을 나타낸 것이다. 이에 대한 설명으로 옳지 <u>않은</u> 것은? (단, A~C는 불교, 이슬람교, 힌두교 중 하나임.)

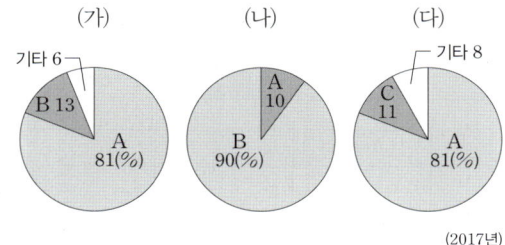

(2017년)

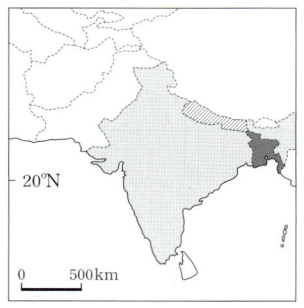

① (가)는 (다)보다 국내 총생산이 많다.
② (나)는 (가)보다 차 생산량이 많다.
③ (다)는 (나)보다 최고봉의 해발 고도가 높다.
④ A의 신자 수는 세 국가 중 (가)가 가장 많다.
⑤ B는 서남아시아에서, C는 남부 아시아에서 창시되었다.

204

다음 글에 대한 설명으로 옳은 것은?

> [(가)]에 도착한 영국인은 커피나무를 재배하려다 실패하자 ㉠ 커피 농장을 ㉡ 차 재배지로 전환하였다. 영국인은 풍부한 자본으로 대부분의 커피 농장을 매입하여 대규모 차밭을 조성하였다. 이로 인해 농장에는 더 많은 노동력이 필요하게 되었다. 영국인들은 [(나)] 남부 지방에 거주하던 ㉢ 타밀족을 이주시켜 노동력을 확보하였다. [(가)]에는 ㉣ 신할리즈족이 살고 있었는데, 차 ㉤ 플랜테이션을 위해 이민족이 유입되면서 ㉥ 분쟁의 씨앗이 싹트게 되었다.

① ㉠의 원산지는 (나)이다.
② ㉡의 생산량은 (가)가 (나)보다 많다.
③ ㉢, ㉣의 대다수는 윤회 사상을 신봉한다.
④ ㉤은 주로 식량 작물을 재배하는 농업이다.
⑤ ㉥은 이슬람교와 크리스트교 간의 분쟁이다.

205

다음 글의 (가), (나) 국가에 대한 설명으로 옳지 <u>않은</u> 것은?

> 7천여 개의 섬으로 이루어진 ◯(가)◯ 은/는 16세기부터 약 40○년 동안의 에스파냐 식민 지배를 받았다. 1898년 독립을 선언하였으나, 1901년부터 에스파냐와의 전쟁에서 승리한 미국의 지배를 받았다. 1942년부터는 진주만을 기습 공격한 일본의 통치를 받았고, 1945년 일본이 패망한 이듬해 드디어 외세의 시달림에서 완전히 해방되었다.
> 1월 26일은 ◯(나)◯ 의 날이다. 이날은 1788년 영국 함대가 이곳에 상륙해 영국 국기를 게양한 날이다. '개척의 날'로 여기는 대부분의 국민들은 불꽃놀이, 바비큐 파티를 즐긴다. 그러나 원주민들은 이날을 '침략의 날'로 간주한다. 영국인에 의해 수만 명의 애버리지니들이 학살당하면서 고통의 역사가 시작되었고, 원주민들은 여전히 차별을 받고 있다.

① (가)의 남부는 이슬람 반군 단체에 의한 무장 항쟁이 벌어지고 있다.
② (나)는 과거에 인종 차별 정책으로 국제적인 비난을 받았다.
③ (나)는 (가)보다 수출품에서 광산물이 차지하는 비중이 높다.
④ (가)는 에스파냐어가, (나)는 영어가 공용어로 지정되어 있다.
⑤ (가)는 가톨릭교 신자의 비중이, (나)는 개신교 신자의 비중이 높다.

206

다음 글의 (가), (나) 국가에 대한 설명으로 옳은 것은?

> ◯(가)◯ 은/는 56개의 민족으로 구성된 다민족 국가이다. 이 중 55개의 민족이 소수 민족이다. 이들은 전체 인구의 약 10%에 불과하다. 하지만 이들이 거주하는 지역은 영토의 약 65%에 해당한다. ◯(가)◯ 은/는 소수 민족의 전통을 보호하기 위해 자치구를 설정하여 각 민족의 고유성을 인정하고 있다. 그러나 일부 소수 민족의 독립 요구에 대해서는 영토를 침해하는 행위로 간주하고 강력하게 대처한다.
> 히말라야에 위치한 은둔의 왕국인 ◯(나)◯ 은/는 윤회를 믿어서인지 모든 생명체를 존중하고, 육식을 하지 않는 채식주의자들이 많다. 이들이 신봉하는 종교 사원에는 기도의 바퀴라는 것이 있다. 바퀴 안에는 기도문이 적힌 종이들로 가득 차 있다. 사람들은 바퀴를 돌리면 기도문들이 작동한다고 믿는다. 바퀴 굴러가는 소리가 마음의 평온함을 가져다주기 때문인지 ◯(나)◯ 은/는 행복지수 1위 국가로 알려져 있다.

① (가)의 대다수 국민들은 의무적으로 종교 성지를 방문한다.
② (나)의 국민 대부분은 신분 제도를 당연하게 받아들인다.
③ (가)는 (나)에서 기원한 종교의 신자 비중이 가장 높다.
④ (나)는 제2차 세계 대전 이후 (가)에서 분리된 독립 국가이다.
⑤ (나)에 접한 (가)의 자치구 주민은 대부분 (나)의 신자 수 1위 종교를 신봉한다.

207 고난도↑

다음 퍼즐의 〈가로 열쇠〉에 들어갈 설명으로 적절하지 <u>않은</u> 것은?

〈가로 열쇠〉
ⓛ _____
ⓔ _____
ⓜ _____
ⓢ _____
ⓩ _____

〈세로 열쇠〉
㉠ 인도와 종교로 인한 영토 분쟁을 빚는 이슬람 국가
ⓒ 이슬람교와 힌두교의 갈등이 있는 인도의 북서부 지방
ⓗ 라마 불교를 신봉하면서 중국에서 독립하려는 소수 민족
ⓞ 뉴질랜드의 원주민

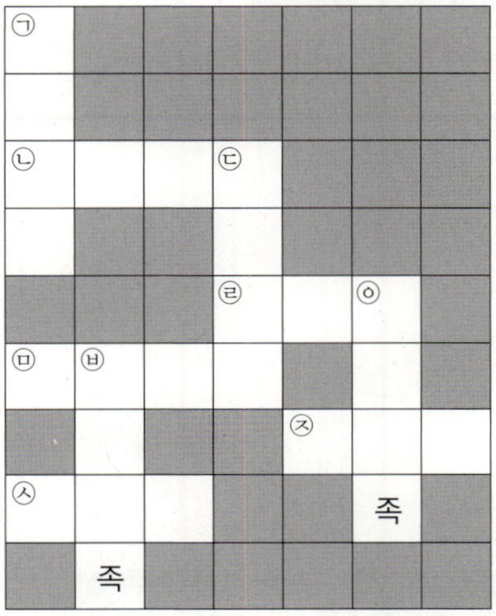

① ⓛ – 타밀족과 신할리즈족 간의 갈등이 빚어진 국가
② ⓔ – 이슬람교도인 로힝야족에 대한 탄압이 자행되는 국가
③ ⓜ – 2002년에 인도네시아로부터 독립한 신생 국가
④ ⓢ – 급진 공산 세력에 의한 대량 양민 학살이 있었으며 앙코르와트 유적으로 유명한 국가
⑤ ⓩ – 이슬람교도인 '모로족'이 독립을 요구하며 무장 항쟁을 펼치는 국가

V

건조 아시아와
북부 아프리카

10강 자연환경, 자원과 산업,
사막화 문제

V단원 핵심 지역 PREVIEW

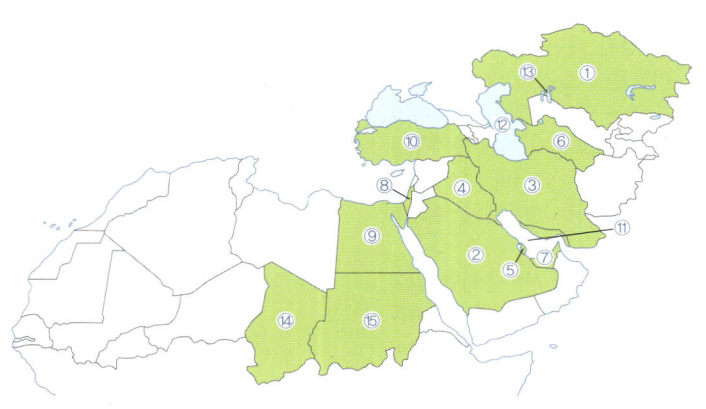

① 카자흐스탄	대규모 유전 개발, 석유 화학 및 에너지 산업 육성	⑧ 이스라엘	귀금속 공업과 정보 통신 기술 산업 발달
② 사우디 아라비아	석유 매장량이 매우 많은 세계적 석유 수출국, 정유 및 석유 화학 공업 발달	⑨ 이집트	나일강 하구, 원유와 석유 정제품 수출
③ 이란	카나트(지하 관개 수로), 석유와 천연가스 매장량이 매우 많음	⑩ 터키	케밥, 관광 산업 발달, 자동차·가전제품 등의 제조업 육성
④ 이라크	석유 매장량이 매우 많음	⑪ 페르시아만	전 세계 석유 매장량의 절반 이상이 매장
⑤, ⑥	천연가스 매장량이 매우 많음(⑤ 카타르, ⑥ 투르크메니스탄)	⑫ 카스피해	석유와 천연가스 매장량이 풍부한 제2의 페르시아만
⑦ 아랍 에미리트	아부다비·두바이 등 7개의 토후국으로 구성된 연합국, 국제 석유 시장 위치, 관광 산업 발달	⑬ 아랄해	지나친 관개 농업(목화) 확대로 사막화 심화
		⑭ 차드, ⑮ 수단	사헬 지대의 사막화 지역(차드호, 수단의 다르푸르 분쟁)

V단원 출제 KEYWORD

10강 자연환경, 자원과 산업, 사막화 문제	**주제 1** 자연환경에 적응한 생활 모습	• 사막 기후 • 스텝 기후 • 흙집 • 이동식 천막 • 관개 농업 • 외래 하천 • 오아시스 • 카나트 • 유목 • 대상
	주제 2 주요 자원의 분포와 산업 구조	• 석유 • 천연가스 • 페르시아만 • 카스피해 • 석유 수출국 기구
	주제 3 사막화에 따른 지역 문제	• 사막화 • 사헬 지대 • 아랄해 • 환경 난민 • 사막화 방지 협약

V단원 학습 SOLUTION

▶ **전통적 생활 모습과 화석 에너지 분포에 따른 산업 구조가 핵심이다.**

V단원은 지역적 특수성을 다루는 두 번째 단원이다. 건조 아시아와 북부 아프리카는 대체로 건조 기후이고, 화석 에너지의 세계적 분포 지역이며, 심각한 사막화 문제를 겪고 있다는 공통점이 있다. 그러나 건조 기후 지역이라도 사막과 스텝의 생활 모습이 다르고, 지중해성 기후가 나타나는 지역도 있으며, 화석 에너지가 풍부하지 않은 국가도 있다. 따라서 앞에서 배웠던 건조 기후와 지형, 에너지 자원의 분포와 이동에 대한 이해를 골자로 하여 지역별로 살을 붙여 간다는 느낌으로 공부하면 된다. 이 단원에서는 건조 기후 지역의 의식주 문화를 기후 특성을 나타내는 자료와 함께 묻거나, 석유 및 천연가스의 분포를 토대로 국가별 산업 구조를 비교하고, 지역 쟁점인 사막화 문제를 시사 자료를 활용하여 묻는 문항이 주로 출제된다. 따라서 Ⅳ단원과 마찬가지로 여러 문항을 풀어 보면서 건조 아시아와 북부 아프리카의 지역 범위를 눈으로 익히는 것이 가장 중요하며, 석유와 천연가스의 분포를 중심으로 핵심 내용을 정리해 두어야 한다.

자연환경, 자원과 산업, 사막화 문제

주제 1 자연환경에 적응한 생활 모습

1. 자연환경의 특성

→ 물을 얻을 수 있는 외래 하천 및 오아시스 주변 지역을 중심으로 거주한다.

기후		• 대부분 건조 기후에 속함 → 강수량보다 증발량이 많고 일교차가 커 인간 거주에 불리함 예 카자흐 초원 • • 사막 기후(북부 아프리카, 아라비아반도 일대), 스텝 기후(사막 주변 지역), 지중해성 기후(지중해와 흑해 연안 지역)
지형	산지	높고 험준한 산지 → 지각이 불안정하고 지진이 잦음 예 아틀라스산맥, 아나톨리아고원 등
	하천	대하천 주변의 충적 평야에 농경지가 발달하여 인구 밀도가 높음 예 나일강(삼각주), 티그리스·유프라테스강(메소포타미아 평원)
	사막	북부 아프리카의 중·남부, 서남아시아의 아라비아반도 일대 예 사하라 사막, 룹알할리 사막 등
	해안평야	지중해와 접한 해안 지역, 북쪽의 흑해 연안에 부분적으로 발달

→ 고대 문명의 발상지로, 인구가 밀집하여 일찍부터 도시가 발달하였다.

2. 전통적 생활 모습

의복		긴 천으로 온몸을 감싸는 형태의 헐렁한 옷 → 뜨거운 햇볕과 모래바람으로부터 피부 보호, 통풍이 잘 되고 보온이 뛰어나 일교차가 큰 기후 환경에 적합
식생활		밀로 만든 빵과 난, 가축에서 얻은 고기와 유제품 등
가옥	흙집 (사막)	• 창문이 작고 벽이 매우 두꺼움 → 큰 일교차, 강한 일사, 모래바람을 막기 위함 • 그늘이 생기도록 집들을 촘촘히 붙여 지음
	천막집 (스텝)	정착하지 않고 물과 풀을 찾아 이동 → 조립과 분해가 쉬운 이동식 천막을 지음
대상 (隊商)		건조 기후 지역에서 낙타에 짐을 싣고 무리를 지어 이동하는 상인 → 먼 곳으로 다니면서 생활필수품 교역

건조 기후 지역의 전통 가옥

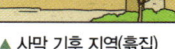

▲ 사막 기후 지역(흙집)　　　▲ 스텝 기후 지역(이동식 천막)

• **사막 기후 지역**은 주변에서 쉽게 구할 수 있는 흙을 이용하여 집을 짓는 경우가 많다. 이 지역의 전통 가옥은 기온의 일교차가 크기 때문에 창문이 작고 벽이 두꺼우며, 강수량이 적기 때문에 지붕이 평평하다.
• **스텝 기후 지역**은 유목 생활을 주로 하여 조립과 분해가 쉬운 이동식 가옥을 지으며, 몽골에서는 이러한 형태의 가옥을 '게르'라고 부른다.

3. 토지 이용 방식

유목	초원 지대에서 물과 풀을 찾아 이동하며 가축 사육

→ 도시가 발달하고 국경선이 획정되면서 점차 줄어들고 있다.

→ 환경이 다른 지역에서 발원하는 하천으로, 대체로 습윤 지역에서 발원하여 사막을 통과한다. 예 나일강

오아시스 농업	외래 하천이나 오아시스를 중심으로 식량 작물인 대추야자, 밀, 보리 등을 재배
관개 농업	• 지하수를 이용해 작물 경작, 지하에 관개 수로 설치 • 카나트(이란) : 배후에 높은 산지가 있는 지역에서 수분 증발을 막기 위해 설치한 지하 관개 수로 → 마을로 보내진 지하수는 농업 및 생활용수로 이용

사막 기후 지역의 천연 에어컨, 바드기르

더운 공기 / 더운 공기

바드기르는 서남아시아 지역의 전통 가옥에서 공기를 정화하고 냉방을 하기 위한 목적으로 만들어진 천연 에어컨으로 바람탑(Wind Tower)이라고도 불린다. 가옥 내부로 들어온 공기는 카나트의 지하수에 의해 냉각되고, 상대적으로 더워진 공기는 바드기르를 통해 배출되는 구조를 갖추고 있다.

주제 2 주요 자원의 분포와 산업 구조

1. 화석 에너지 자원의 분포와 개발

→ 예 사우디아라비아, 이란, 이라크, 쿠웨이트, 아랍 에미리트 등

분포	• 석유 : 알제리, 리비아, 페르시아만 연안에 집중 분포 • 천연가스 : 페르시아만과 카스피해 연안에 많이 매장
이동	• 주요 석유 수출국 : 사우디아라비아, 이란, 이라크 등 • 주요 천연가스 수출국 : 카타르, 이란 등 예 이란, 카타르, 투르크메니스탄 등
개발 및 영향	경제 발전 및 사회 기반 시설 확충, 도시 인구 급증, 외국인 노동자 유입 증가, 잦은 지역 분쟁 등

→ 사회 기반 시설 부문에 많이 유입되어 청장년층의 남성 비율이 높아졌다.

화석 에너지 자원의 분포

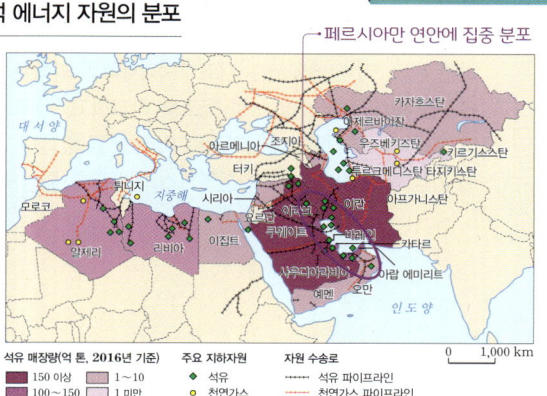

→ 페르시아만 연안에 집중 분포

석유 매장량(억 톤, 2016년 기준)	
150 이상	1~10
100~150	1 미만
10~100	자료 없음

주요 지하자원 : 석유 ◆, 천연가스 ●
자원 수송로 : 석유 파이프라인, 천연가스 파이프라인

(세계의 제 지역 / BP에너지 통계, 2017)

• **페르시아만**에는 세계 석유 매장량의 절반 이상이 분포하며, 북부 아프리카에서는 **알제리와 리비아**에 많이 매장되어 있다. **카스피해 연안**은 석유와 함께 천연가스의 매장량도 많다.
• 석유와 천연가스는 항구까지 대부분 송유관(파이프라인)을 통해 옮겨지고 유조선으로 유럽, 북아메리카, 동아시아 등 각국에 수송된다.

→ 최근 들어 석유와 천연가스가 생산되면서 경제가 성장하였으며,
원유와 석유 정제품을 수출하고 있다.

2. 주요 국가의 산업 구조

화석 에너지가 풍부한 국가	• 원유와 가스 산업을 중심으로 2차 산업 발달 • 원유 및 석유 제품의 수출 비중이 높음 • 대표적 국가 : 사우디아라비아, 카타르, 쿠웨이트, 알제리, 리비아, 이라크, 카자흐스탄 등
화석 에너지가 상대적으로 부족한 국가	• 1차 및 3차 산업의 비중이 상대적으로 높음 • 이집트 : 지중해성 기후를 이용한 세계적 오렌지 수출국, 고대 문화 유산을 활용한 관광 산업 발달 • 터키 : 유럽과의 지리적 인접성과 저렴한 인건비를 활용한 자동차 공업, 자연환경을 활용한 관광 산업 발달 • 이스라엘 : 숙련 노동력을 이용한 귀금속 공업 발달, 적극적 투자로 정보 통신 기술 산업 발달

3. 화석 에너지 위주의 산업 구조에서 벗어나기 위한 노력

화석 에너지 중심의 경제 구조	• 장기간의 채굴로 화석 에너지 고갈 가능성 • 국제 석유 가격 변동에 따라 국가 재정 및 경제 상황의 변화가 큼 • 급속한 인구 증가로 새로운 산업 육성 필요
다변화를 위한 노력	• 사우디아라비아 : 정유 공업 및 석유 화학 공업 육성, 해수 담수화 시설을 이용한 관개 농업 확대 • 아랍 에미리트 : 금융 산업과 관광 산업에 투자 확대, 신·재생 에너지 산업 적극 육성

주제 3 사막화에 따른 지역 문제

원인	기후 변화로 인한 장기간 가뭄 지속, 과도한 방목 및 개간, 삼림 벌채, 관개 농업 확대에 따른 토양 염류화 등
영향	생물 종 감소, 토양 황폐화, 물 부족과 기근으로 난민과 식량 확보를 둘러싼 갈등 발생 예 수단의 다르푸르 분쟁
지역	• 사헬 지대 : 급격한 인구 증가에 따른 가축의 과다한 방목, 땔감을 얻기 위한 삼림 벌채 등으로 사막화 • 아랄해 연안 : 목화 관개 농업의 확대 → 아랄해로 흘러드는 물의 양이 감소하여 호수가 사막으로 변화
대책	방목과 농경지 조성 규제, 조림 사업 진행 등 예 유엔 사막화 방지 협약, 그레이트 그린 월(Great Green Wall) 사업

사막화로 식량이 부족해져 남부의 아프리카계 정착민이 우기 때
북부 아랍계 유목민의 진입을 막으면서 분쟁이 발생하였다.

지도로 살펴보기 📖
건조 아시아와 북부 아프리카의 사막화 지역

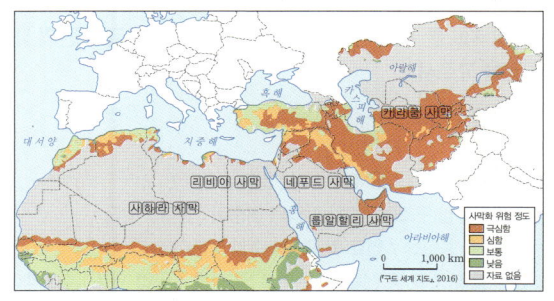

세계의 주요 사막화 지역은 아프리카, 중앙아시아, 중국과 몽골 등의 사막 주변 스텝 지역이며, 특히 건조 아시아의 아랄해 주변, 사하라 사막 남쪽의 사헬 지대에서 사막화가 급격히 진행되고 있다.

핵심 개념 CHECK!

• 정답 및 해설 050쪽

📝 **빈칸에 알맞은 말을 쓰시오.**

01 그림은 건조 기후 지역에 적응하기 위한 시설을 나타낸 것이다. (가), (나)의 명칭은?

(가) : (   )   (나) : (   )

02 지도는 건조 아시아와 북부 아프리카의 화석 에너지 분포를 나타낸 것이다. A, B에 해당하는 에너지는?

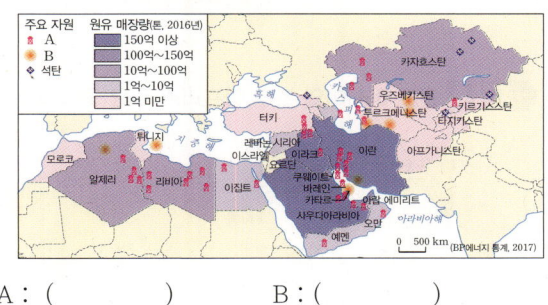

A : (   )   B : (   )

📝 **다음의 설명이 맞으면 '○', 틀리면 'X'에 표시하시오.**

03 나일강과 티그리스·유프라테스강 유역의 평야 지대는 고대 문명의 발상지이다. ○ X

04 인근 배후 산지에서 내려오는 지하수를 마을이나 농경지로 보내는 지하 관개 수로를 이란에서는 카나트라고 한다. ○ X

05 전 세계 석유와 천연가스의 절반 이상이 건조 아시아와 북부 아프리카에 매장되어 있다. ○ X

06 🧨함정 사우디아라비아, 쿠웨이트, 이라크 등은 세계적인 석탄 수출국이다. ○ X

07 카타르와 이란은 세계적인 천연가스 수출국이다. ○ X

08 🧨함정 이집트와 터키는 화석 에너지 매장량이 많아 광업이 발달하였다. ○ X

09 사막화의 인위적 요인으로는 지나친 관개 농업과 방목을 들 수 있다. ○ X

10 🧨함정 아랄해는 사막화로 호수 규모가 축소되면서 호수 염분 농도가 낮아지고 있다. ○ X

화석 에너지 분포에 따라 국가별 산업 구조는 **어떻게** 다를까?

자료 1 건조 아시아와 북부 아프리카의 석유 및 천연가스 분포

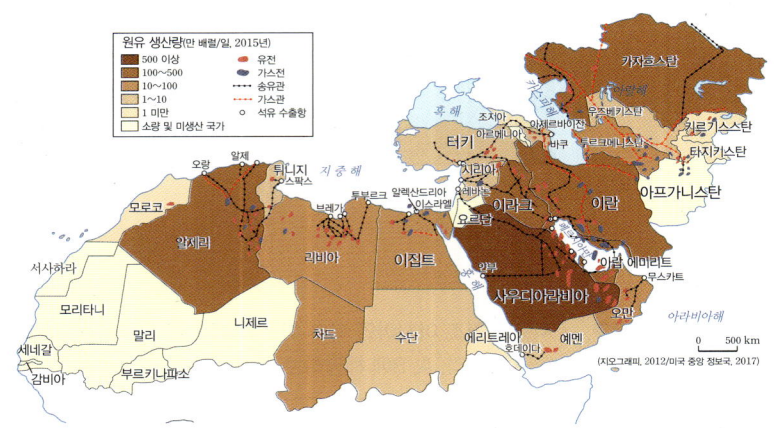

원유 생산량(만 배럴/일, 2015년)
- 500 이상
- 100~500
- 10~100
- 1~10
- 1 미만
- 소량 및 미생산 국가
- 유전
- 가스전
- 송유관
- 가스관
- 석유 수출항

(지오그래피, 2012/미국 중앙 정보국, 2017)

세계 석유의 30% 이상이 페르시아만 주변에서 생산되며, 카스피해 연안은 석유와 천연가스 매장량이 풍부해 제2의 페르시아만으로 불린다. 페르시아만 주변의 사우디아라비아는 세계적 산유국으로, 이 지역에서 원유 생산량이 가장 많다. 카자흐스탄 또한 카스피해를 따라 유전과 가스전이 다수 분포해 원유와 천연가스 생산량이 많다. 반면 터키와 이집트는 사우디아라비아와 카자흐스탄에 비해 원유 생산량이 적다.

자료 2 건조 아시아와 북부 아프리카 주요 국가의 산업 및 무역 구조

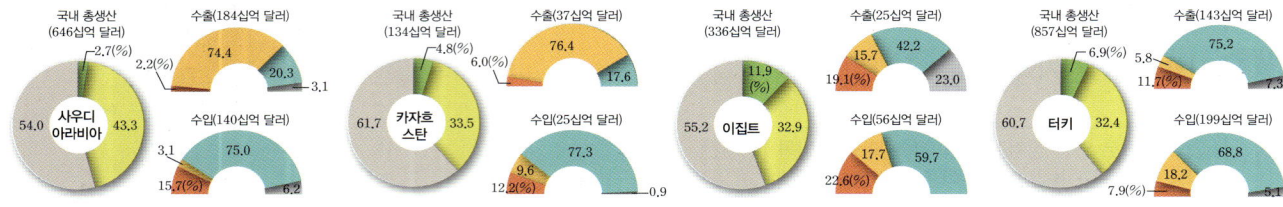

산업 구조(2016년)
- 3차 산업
- 1차 산업
- 2차 산업

교역 품목(2016년)
- 농산물
- 연료 및 광물
- 공업 제품
- 기타

(국제부흥개발은행, 세계무역기구, 2017년)

- 화석 에너지가 풍부한 국가들은 대체로 2차 산업의 비중이 비교적 높지만, 그렇지 않은 국가들은 1·3차 산업의 비중이 상대적으로 높은 편이다.
- **화석 에너지 자원이 풍부한 사우디아라비아와 카자흐스탄**은 광업 및 제조업이 속한 2차 산업의 비중이 높고, 1차 산업의 비중이 매우 낮다. 또한 연료 및 광물의 수출 비중이 높은 반면 공업 제품의 수입 비중이 높아 수출액이 수입액보다 많다. **상대적으로 화석 에너지가 부족한 이집트와 터키**는 1차 산업의 비중이 비교적 높다. 농산물과 공업 제품의 수출 비중이 높고, 연료 및 광물의 수입 비중이 상대적으로 높아 수입액이 수출액보다 많다.

백지도로 **확인하기**

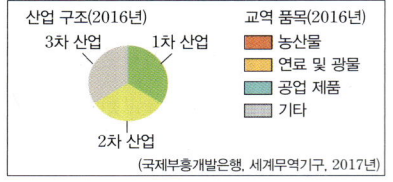

Q1 왼쪽의 지도를 보고 빈칸에 알맞은 말을 쓰거나 괄호 안의 내용 중 알맞은 말을 고르시오.

(1) 지도의 A는 (   ), B는 (   ), C는 (   ), D는 (   )이다.

(2) A와 B는 C와 D보다 석유 생산량이 (많다 / 적다).

(3) C는 A보다 산업 구조에서 2차 산업의 비중이 (높다 / 낮다).

(4) A는 C보다 (농산물 / 연료 및 광물) 수입 비중이 높다.

(5) C와 D는 교역 품목 중 (농산물 / 연료 및 광물 / 공업 제품) 수출액이 가장 많고, (농산물 / 연료 및 광물 / 공업 제품) 수입액이 가장 많다.

HOW & WHY 정답 Q1 (1) 이집트, 터키, 사우디아라비아, 카자흐스탄 (2) 적다 (3) 높다 (4) 연료 및 광물 (5) 연료 및 광물, 공업 제품

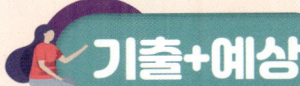
• 정답 및 해설 050~053쪽

족집게 전략 | 건조 기후 지역의 주민들이 자연환경에 적응한 의식주 등의 생활 모습이 주로 출제된다. 건조 기후 단원에서 제시되는 기후 그래프와 지도가 함께 제시되는 경우가 많으므로, 건조 기후 지역의 강수 특성과 위치를 함께 알고 있어야 한다. 또한 건조 아시아와 북부 아프리카는 이슬람교의 영향도 함께 받고 있으므로 이와 연관지은 문제가 출제될 수 있다.

208 대표 문항 | 교육청 기출 |

다음 자료의 ㉠~㉤ 중 서남아시아 건조 기후 지역의 전통적인 생활 모습으로 적절하지 않은 것은?

㉠ 곡물과 생필품을 공급해 주는 대상(隊商)들의 행렬

㉢ 습기를 차단하고 해충 피해를 막기 위한 고상(高床) 가옥

㉡ 양, 염소 등의 가축을 사육하는 유목민

㉣ 강한 햇볕으로부터 몸을 보호하기 위해 온몸을 가리는 의복

㉤ 술과 돼지고기를 금기시하는 음식 문화

① ㉠   ② ㉡   ③ ㉢   ④ ㉣   ⑤ ㉤

📝 **한줄 Tip** 건조 아시아와 북부 아프리카는 이슬람 문화권에 속한다는 것을 기억하자.

209

그림과 같은 관개 시설이 나타나는 기후 지역의 주민 생활 모습으로 옳지 않은 것은?

① 온몸을 감싸는 형태의 헐렁한 옷을 입는다.
② 짧은 풀과 이끼류를 찾아다니며 순록을 유목한다.
③ 벽이 두껍고 창이 작은 흙집이나 흙벽돌집을 짓는다.
④ 밀로 반죽하여 구운 얇은 빵과 양고기를 주식으로 즐긴다.
⑤ 오아시스나 외래 하천 주변에서 대추야자, 목화를 재배한다.

210

다음 글에서 지호가 여행하고 있는 지역을 지도의 A~E에서 고른 것은?

○○야, 잘 지내고 있니? 이 사진은 내가 여행하고 있는 아이트 벤 하두의 크사르(Ksar)야. 크사르는 흙을 높게 쌓아 올려 지은 건물이 모여 있는 이 지역 주민들의 전통 주거지를 말해. 가옥은 다닥다닥 붙어 있고 골목은 매우 좁아. 창문이 작고 지붕이 평평한 것도 크사르의 대표적인 특징이야.

– 아이트 벤 하두에서, 지호가

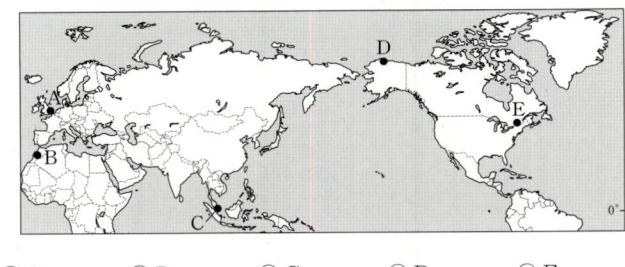

① A   ② B   ③ C   ④ D   ⑤ E

211 고난도 ↑

| 평가원 기출 |

다음 글은 지도의 (가), (나) 지역에 대한 여행기의 일부이다. 밑줄 친 ㉠~㉣에 대한 옳은 설명만을 〈보기〉에서 고른 것은?

(가)	㉠ 이 지방에서 재배하는 보리나 밀은 11월에 파종해서 3월에 거둬들인다. 이 시기가 지나면 5월에 수확하는 대추야자를 제외하고는 ㉡ 지상에서는 무엇 하나 푸른 잎을 볼 수가 없다. 모든 것을 말라버리게 하는 맹렬한 더위 탓인 것이다. …(중략)… ㉢ 신선한 물이 땅 밑으로 흐르는 수로에 도달하게 되는데, 이 수로를 따라 연이어 조성된 수직굴이 있어 물이 지나가는 것을 볼 수 있다.
(나)	㉣ 바람은 그들이 간 길을 모래로 덮어 버린다. 그렇기 때문에 그들이 어디로 갔는지 보이지도 않거니와 아예 사람이나 동물이 그리로 간 것처럼 느껴지지도 않는다. ─『동방견문록』─ 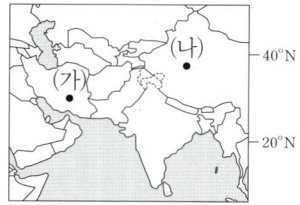

┌ 보기 ┐
ㄱ. ㉠-주로 이동식 화전 농업의 형태로 재배된다.
ㄴ. ㉡-아열대 고압대의 영향이 강한 시기에 나타나는 현상이다.
ㄷ. ㉢-인근의 산지로부터 공급되는 지하수를 이용한 관개 시설이다.
ㄹ. ㉣-'그들이 간 길'이 사막 포도로 변화되는 모습을 보여준다.

① ㄱ, ㄴ ② ㄱ, ㄷ ③ ㄴ, ㄷ ④ ㄴ, ㄹ ⑤ ㄷ, ㄹ

212

그림은 (가), (나) 기후 지역의 전통 가옥을 나타낸 것이다. (가) 지역과 비교한 (나) 지역의 상대적 특성을 그림의 A~E에서 고른 것은?

(가)   (나)

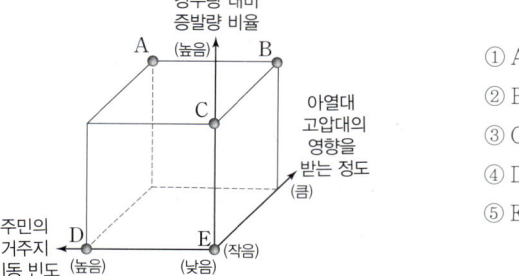

① A
② B
③ C
④ D
⑤ E

213

자료의 밑줄 친 '이 지역'의 기후 그래프로 옳은 것은?

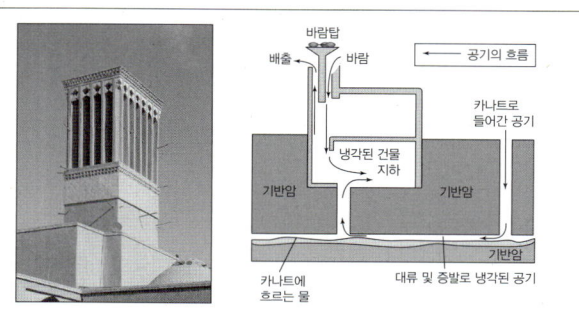

바드기르는 이 지역 전통 가옥의 공기 정화와 냉방을 위해 사용된 천연 에어컨으로, 수천 년 전 발명되었으며 현재도 그대로 이용되고 있다. 바드기르는 더운 열을 식혀 실내를 냉각하고, 내부의 더운 열기를 밖으로 배출하는 역할을 한다.

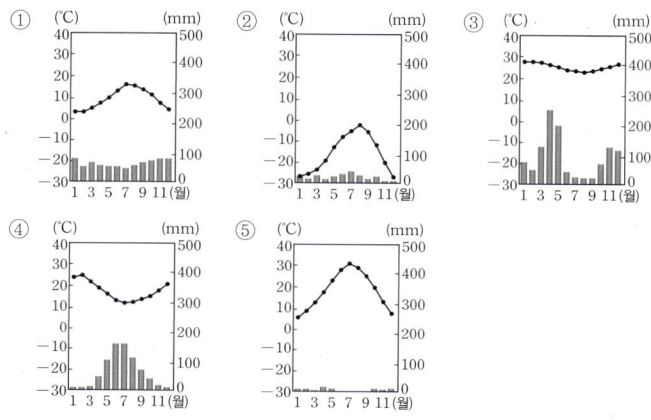

214

다음 글에 나타난 지역 주민들의 전통 가옥 형태로 옳은 것은?

이 기후 지역은 건기가 길어 나무가 자라기 불리하지만 짧은 우기 동안에 일시적으로 비가 내려 키 작은 풀이 자라 초원을 이룬다. 이 지역에 사는 사람들은 초원에서 말, 염소, 양 등의 가축을 기르며 살다가 풀이 없어지면 다시 가축을 이끌고 물과 풀을 찾아 이동한다. 이들은 생존에 필요한 물건의 대부분을 가축으로부터 얻는다. 가축의 가죽이나 털로 옷이나 양탄자를 만들고, 가축의 배설물을 연료로 사용한다. 양이나 염소의 젖을 발효시켜 유제품을 만들어 먹기도 하고 양고기 등을 굽거나 삶아 먹기도 한다.

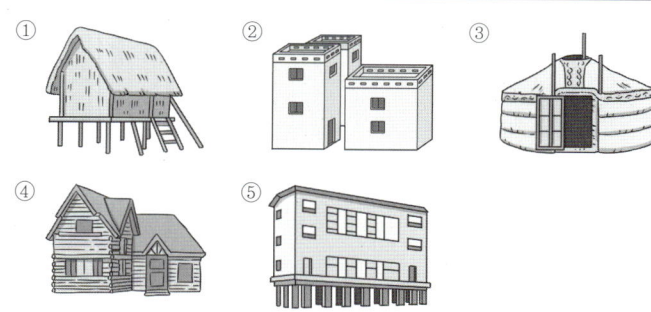

주제 2 | 주요 자원의 분포와 산업 구조

족집게 전략 | 건조 아시아와 북부 아프리카에 주로 매장되어 있는 석유와 천연가스의 특징을 함께 묻는 문항이 주로 출제된다. 또한 건조 아시아와 북부 아프리카 내에서도 화석 에너지의 매장량에 따라 산업 구조가 달라짐을 이해하고 있는지를 묻는 문항도 함께 출제된다. 이 지역의 주요 국가인 사우디아라비아, 터키, 이집트의 산업 구조 및 무역 구조의 특징도 함께 살펴보아야 한다.

215 대표 문항
|교육청 기출|

그래프는 화석 에너지 자원별 세계 생산 상위 5개국의 생산과 소비 비중을 나타낸 것이다. (가)~(다)에 대한 설명으로 옳은 것은?

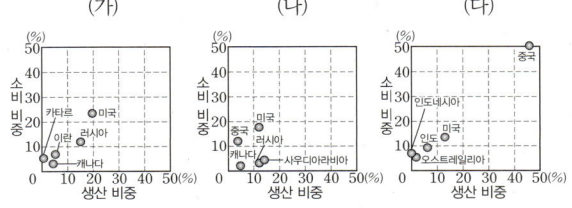

① (가)는 냉동 액화 기술의 개발 이후 소비가 급증하였다.

② (나)는 제철 공업용, 발전용으로 주로 이용된다.

③ (다)는 세계 1차 에너지 소비 구조에서 차지하는 비중이 가장 높다.

④ (가)는 (다)보다 연소 시 대기 오염 물질의 배출량이 많다.

⑤ (나)는 (다)보다 산업에 본격적으로 이용된 시기가 이르다.

✏️ **한줄 Tip** 서남아시아는 석유의 생산량 비중이 가장 높은 반면, 석유의 소비량 비중은 낮은 편이다.

216

그래프는 두 화석 에너지 자원의 국가별 매장량 비중을 나타낸 것이다. (가), (나) 에너지 자원에 대한 설명으로 옳은 것은?

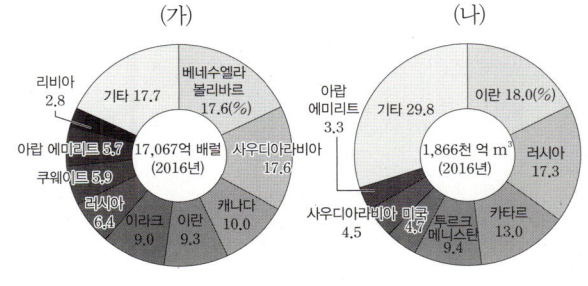

(BP 세계 에너지 통계, 2017년)

① (가)는 산업 혁명 시기의 주요 에너지 자원이었다.

② (나)는 고기 조산대 주변에 주로 분포한다.

③ (가)는 (나)보다 국제 이동량이 많다.

④ (나)는 (가)보다 수송용 연료로 이용되는 비중이 크다.

⑤ (나)는 (가)보다 세계 1차 에너지로서 소비되는 양이 많다.

217

지도는 두 화석 에너지 자원의 분포를 나타낸 것이다. A, B 자원에 대한 옳은 설명만을 〈보기〉에서 고른 것은? (단, A, B 자원은 석유, 석탄 중 하나임.)

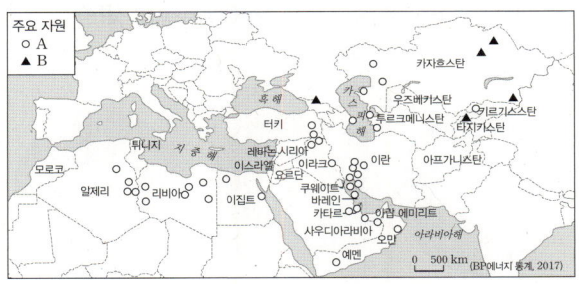

보기

ㄱ. A는 주로 고기 조산대 주변에 분포한다.

ㄴ. B는 냉동 액화 기술의 개발 이후 소비가 급증하였다.

ㄷ. A는 B보다 서남 아시아의 경제에 미치는 영향력이 크다.

ㄹ. B는 A보다 산업에 본격적으로 이용된 시기가 이르다.

① ㄱ, ㄴ　② ㄱ, ㄷ　③ ㄴ, ㄷ　④ ㄴ, ㄹ　⑤ ㄷ, ㄹ

218

그래프는 세 국가의 산업 구조와 무역 구조를 나타낸 것이다. (가)~(다) 국가에 대한 설명으로 옳은 것은? (단, (가)~(다)는 사우디아라비아, 이집트, 터키 중 하나임.)

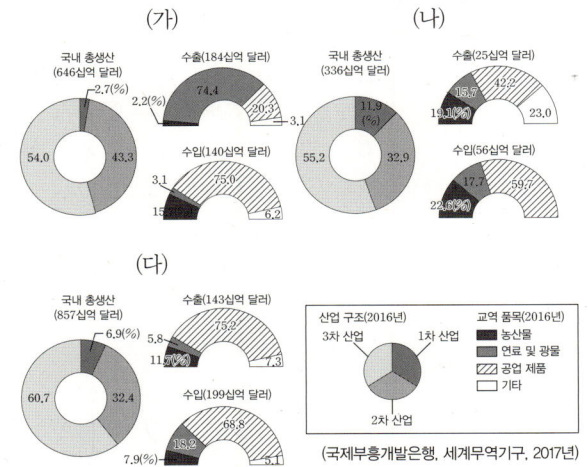

(국제부흥개발은행, 세계무역기구, 2017년)

① (가)는 아프리카에 위치한다.

② (나)는 (다)보다 고위도에 위치한다.

③ (다)는 (가)보다 청장년층의 성비가 낮다.

④ 터키는 무역 구조가 흑자이다.

⑤ 이집트는 세 국가 중 1차 산업 종사자 비율이 가장 낮다.

219 고난도↑

그래프는 세 국가의 산업 구조와 주요 수출 품목 비중을 나타낸 것이다. (가)~(다)에 해당하는 국가를 지도의 A~C에서 고른 것은?

〈국가별 산업 구조〉

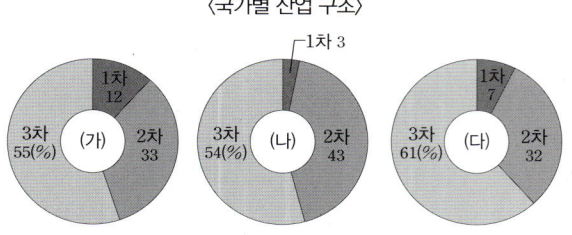

* 국내 총생산액을 기준으로 함.

(세계은행, 2018년)

〈국가별 주요 수출 품목 비중〉

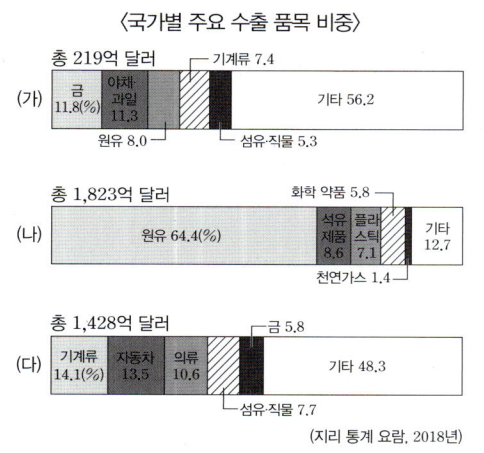

(지리 통계 요람, 2018년)

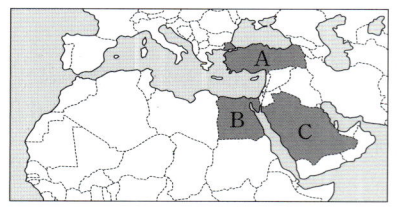

	(가)	(나)	(다)		(가)	(나)	(다)
①	A	B	C	②	A	C	B
③	B	A	C	④	B	C	A
⑤	C	B	A				

족집게 전략 | 사헬 지대와 아랄해, 차드호 등 사막화 사례를 제시하고, 원인과 영향을 묻는 문항이 자주 출제된다. 또한 지구 온난화, 열대림 파괴 등과 함께 출제되는 경향이 있으므로 다른 환경 문제 단원과 연관지어 학습한다.

220 대표 문항

| 평가원 기출 |

다음은 세계 지리 수업 장면의 일부이다. 교사의 질문에 옳은 대답을 한 학생만을 고른 것은?

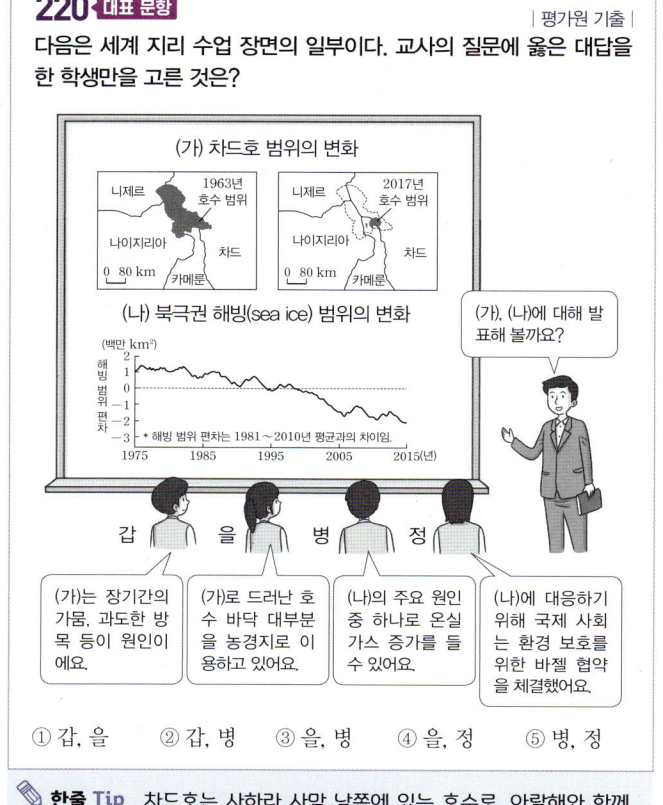

① 갑, 을 ② 갑, 병 ③ 을, 병 ④ 을, 정 ⑤ 병, 정

✏️ 한줄 Tip   차드호는 사하라 사막 남쪽에 있는 호수로, 아랄해와 함께 사막화 사례로 자주 출제 돼.

221

| 평가원 기출 |

자료 (가), (나)에 대한 설명으로 옳지 <u>않은</u> 것은?

(가) 해빙(sea ice)의 축소

(나) ○○해의 축소

① (가)-주요 원인 중 하나로 온실가스의 증가를 들 수 있다.
② (가)-문제 해결을 위해 국제 사회는 바젤 협약을 체결하였다.
③ (나)-○○해는 평균 수심이 얕아졌다.
④ (나)-지나친 관개 농업이 주요 원인이다.
⑤ (나)-○○해 주변 지역에서는 토양 염류화가 진행되었다.

222 고난도↑ | 평가원 기출 |
다음 자료의 (가), (나) 지역과 A, B 환경 문제에 대한 설명으로 옳지 않은 것은?

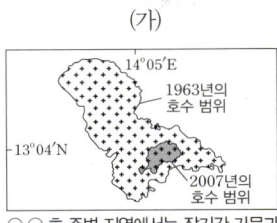

(가)

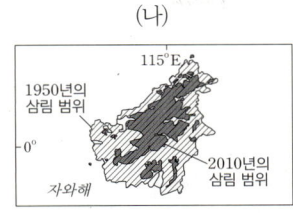

(나)

○○ 호 주변 지역에서는 장기간 가뭄과 과도한 경작으로 초목이 사라지고 토양이 황폐해지는 [A]이/가 진행되고 있다.

△△섬에서는 농경지 확대와 과도한 벌목으로 울창했던 삼림 면적이 급격히 감소하는 [B]이/가 진행되고 있다.

① (가)는 아프리카 사헬 지대에 위치한다.
② (나)에서는 열대림이 축소되었다.
③ A 문제 해결을 위해 바젤 협약이 체결되었다.
④ B는 아마존강 유역에서도 발생하고 있다.
⑤ B가 일어난 (나) 지역에서는 토양 침식이 가속화되고 있다.

223
다음은 세계 지리 수업 장면이다. 교사의 질문에 대해 옳게 대답한 학생만을 고른 것은?

교사 : 사진은 아랄해의 면적 변화를 나타낸 것입니다. 사진에 나타난 환경 문제에 대해 설명해 볼까요?

〈1977년〉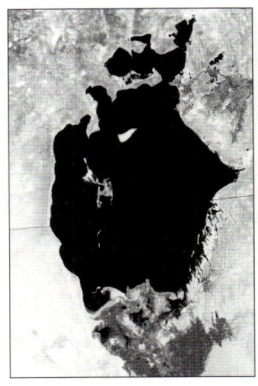

〈2016년〉

갑 : 지나친 관개 농업이 원인이 되었습니다.
을 : 열대 우림 기후 지역에서 주로 발생합니다.
병 : 호수의 염분 농도가 증가하고, 토양의 염류화 현상이 나타납니다.
정 : 이를 막기 위해 국제 사회는 몬트리올 의정서를 채택하였습니다.

① 갑, 을　② 갑, 병　③ 을, 병　④ 을, 정　⑤ 병, 정

224
다음 글의 ⊙~⑩에 대한 설명으로 옳지 않은 것은?

사막화는 ⊙ 자연적 요인과 ⓒ 인위적 요인에 의해 식생이 감소하고 토양이 황폐화되는 현상이다. 사막화는 사막 주변과 스텝 지역에서 주로 나타나는데, 그중 널리 알려진 사막화 지역은 ⓒ 아프리카의 사헬 지대와 ② 중국의 내몽골 지역이 있다. 1994년 사막화 방지와 심각한 사막화를 겪고 있는 개발 도상국을 재정적·기술적으로 지원하기 위해 ⑩ 국제 협약이 체결되었다. 또한 사막화를 막기 위해 세계 각국 정부와 민간단체는 사막화 지역의 난민을 구호하고, 조림 사업을 실시하고 있다.

① ⊙으로 '오랜 가뭄'을 들 수 있다.
② ⓒ으로 '지나친 방목과 관개 농업'을 들 수 있다.
③ ⓒ은 사하라 사막의 남부 지역을 일컫는 말이다.
④ ②의 사막화로 우리나라의 황사 현상이 심화된다.
⑤ ⑩은 파리 협정이다.

225
다음 자료의 차드호 면적 변화의 요인으로 옳은 것만을 〈보기〉에서 고른 것은?

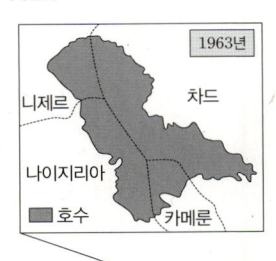

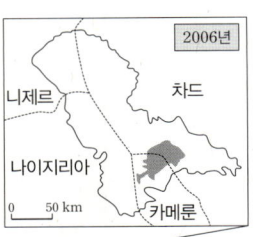

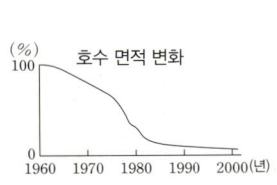

* 1960의 면적을 100%로 봄.

보기
ㄱ. 기후 변화로 인한 오랜 가뭄
ㄴ. 인구 증가에 따른 과도한 방목
ㄷ. 농지 개발을 위한 대규모 간척 사업
ㄹ. 대규모 산업 단지 건설에 따른 지나친 벌목

① ㄱ, ㄴ　② ㄱ, ㄷ　③ ㄴ, ㄷ　④ ㄴ, ㄹ　⑤ ㄷ, ㄹ

VI

유럽과 북부 아메리카

VI단원 핵심 지역 PREVIEW

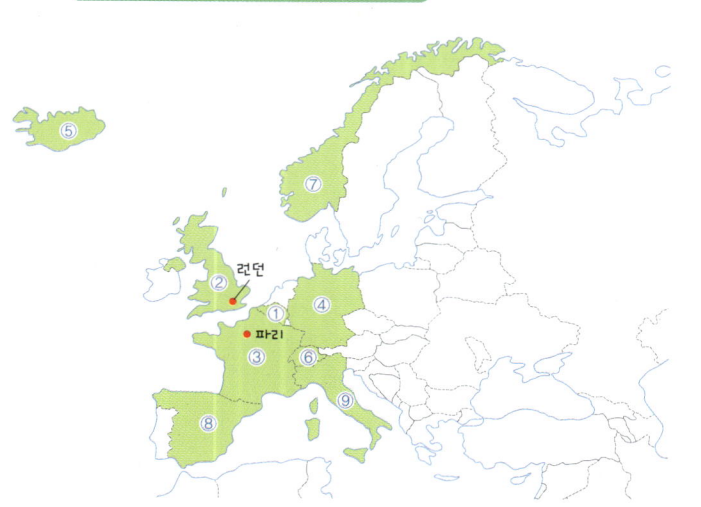

① 벨기에	네덜란드어를 사용하는 플랑드르의 분리 운동	
② 영국	요크셔·랭커셔 공업 지역(석탄 산지), 세계 도시(런던), 스코틀랜드 분리 운동	
③ 프랑스	세계 도시(파리), 라데팡스(신도시), 로렌 공업 지역(철광석 산지), 소피아 앙티폴리스(첨단 산업)	
④ 독일	루르·자르 공업 지역(석탄 산지)	

⑤, ⑥, ⑦	비 유럽 연합 국가(⑤ 아이슬란드, ⑥ 스위스, ⑦ 노르웨이)	
⑧ 에스파냐	카탈루냐와 바스크의 분리 운동	
⑨ 이탈리아	파다니아의 분리 운동(경제적 격차로 남부 지역과 갈등)	
⑩ 미국	세계 도시(뉴욕), 북동부의 메갈로폴리스(보스턴~워싱턴), 러스트벨트(예 디트로이트), 선벨트(예 샌프란시스코, 휴스턴)	
⑪ 캐나다	프랑스어를 사용하는 퀘벡주의 분리 운동	

11강 주요 공업 지역의 형성과 변화	**주제 1** 유럽의 공업 지역 형성과 변화	• 산업 혁명 • 신흥 공업 지역	• 전통적 공업 지역 • 첨단 산업 지역
	주제 2 북부 아메리카의 공업 지역 형성과 변화	• 러스트벨트 • 오대호 연안 공업 지역 • 멕시코만 연안 공업 지역	• 선벨트 • 태평양 연안 공업 지역 • 실리콘밸리
12강 현대 도시의 내부 구조, 지역 통합과 분리 운동	**주제 1** 현대 도시의 내부 구조	• 세계 도시 • 메갈로폴리스 • 슬럼화 • 도심 재활성화(젠트리피케이션)	• 도시 내부 구조
	주제 2 지역 통합과 분리 운동	• 유럽 공동체(EC) • 에스파냐의 카탈루냐 • 북미 자유 무역 협정	• 유럽 연합 • 벨기에의 플랑드르 • 퀘벡주

▶ **두 지역의 주요 내용을 주제별로 비교하여 정리해 두어야 한다.**

VI단원은 지역적 특수성을 다루는 세 번째 단원이다. 유럽과 북부 아메리카는 일찍이 산업화가 이루어졌으며, 자원 산지를 중심으로 공업 도시가 발달하면서 장기간에 걸쳐 도시화가 진행돼 도시화율이 매우 높다. 또한 주변 국가들과 통합해 단일 경제권을 형성함으로써 세계적 경쟁력을 확보하였지만, 동시에 지역 내 국가 간 경제적·문화적 차이로 인해 분리 움직임이 나타난다는 공통점이 있다. 따라서 이 단원에서는 두 지역 모두 비슷한 경향이 나타나는 공업 지역의 형성 배경과 변화 과정, 차이를 보이는 런던·파리·뉴욕 등 각 지역 내 세계 도시의 내부 구조, 유럽 연합(EU)과 북미 자유 무역 협정 (NAFTA)의 형성 과정과 최근의 쟁점이 주요 주제로 다루어진다. 그러므로 각 지역의 특징을 익힌 뒤, 두 지역 간 요소별 공통점과 차이점을 파악하는 데 주안점을 두고 공부하는 것이 좋다.

▶ **유럽 연합(EU)은 조금 더 자세히 살펴보자.**

시험에 유럽 연합을 주요 주제로 다루는 문항이 출제되기도 하지만, 단원에 관계없이 유럽 국가를 다루는 문항의 선택지 중 하나로 등장하는 경우가 많다. 그만큼 유럽의 지역성을 논하는 데 있어서 유럽 연합은 빼놓을 수 없는 가장 큰 요소이기 때문이다. 따라서 유럽 연합의 탄생 배경, 주요 회원 국가들의 가입 시기, 가입할 필요성을 느끼지 못해 가입하지 않는 국가와 가입 신청을 했지만 가입하지 못한 국가, 회원 국가별 유로화 사용 여부 등 조금 더 구체적으로 살펴볼 필요가 있다. 다양한 문항을 풀어 보며 디테일한 내용을 틈틈이 정리해 두면 학습에 도움이 된다.

11강 주요 공업 지역의 형성과 변화

주제 1 유럽의 공업 지역 형성과 변화

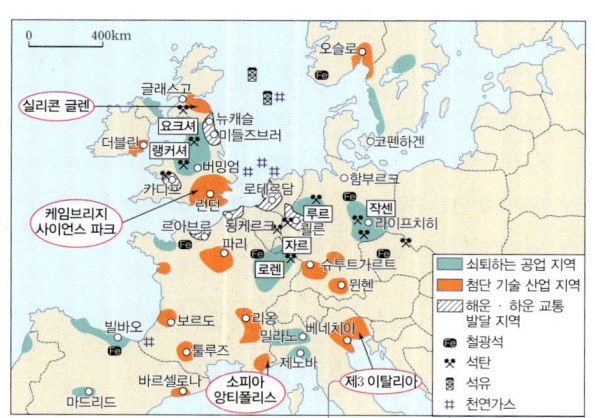

▲ 유럽의 주요 공업 지역

1. 전통 공업 지역

(1) **산업 혁명의 발상 지역** : 18세기 후반 영국을 시작으로 서부 유럽 공업 지역이 산업 혁명 주도, 석탄과 철광석 등의 자원이 풍부한 지역을 중심으로 공업 지역 확산

(2) **자원 산지 중심으로 공업 지역 형성** : 석탄이 증기 기관의 동력 자원 및 제철 공업의 원료로 이용되었기 때문

> 풍부한 석탄, 라인강의 수운을 바탕으로 중화학 공업이 발달하였다.

석탄 산지 지역	영국 랭커셔·요크셔 지방, 독일 루르·자르 지방, 폴란드 슐레지엔 지방
철광석 산지 지역	프랑스 로렌 지방

> 인접한 독일 자르 지방의 석탄을 이용하여 제철 공업이 발달하였다.

2. 공업 지역의 변화

(1) **전통 공업 지역의 쇠퇴** : 오랜 채굴에 따른 석탄 및 철광석의 고갈, 채광 시설 노후화에 따른 채굴 비용 상승, 값싼 해외 자원의 수입량 증가, 석유·천연가스와 같은 새로운 에너지 자원의 영향 확대 등

(2) **공업 중심지의 변화**

① 내륙의 원료 산지에서 원료 수입과 제품 수출에 유리한 지역으로 공업 중심지 이동

> 라인강 하구의 유럽 최대 무역항으로, 석유 화학 클러스터를 형성하고 있다.

② 임해 공업 지역 발달 : 해안과 내륙 수로 연안에 입지, 자원의 수입 및 상품의 수출에 유리한 지역 예 영국의 카디프와 미들즈브러, 프랑스의 뒹케르크, 네덜란드의 로테르담 등

③ 전통 공업 지역의 변화 : 과거의 산업 시설을 재활용해 관광·문화 산업 지역으로 변화 예 독일 루르 지역의 촐페라인 등

(3) **첨단 산업 지역의 성장**

① 정보 통신, 생명 공학, 항공·우주 산업, 패션 및 디자인 산업 등 고부가 가치 산업 중심으로 산업 구조 개편

② 첨단 산업의 발달 조건 : 기술 집약적 산업이므로 전문 기술 인력 확보가 중요

③ 산업 클러스터의 형성

• 기업, 대학, 연구소 등이 근접 입지하여 상호 협력하는 산업 클러스터 형성

• 새로운 지식과 기술 창출을 통해 첨단 산업의 경쟁력 강화 예 영국의 케임브리지 사이언스 파크, 스웨덴의 시스타 사이언스 시티, 핀란드의 오울루 테크노폴리스, 프랑스의 소피아 앙티폴리스 등

서부 유럽 공업 지역의 이동

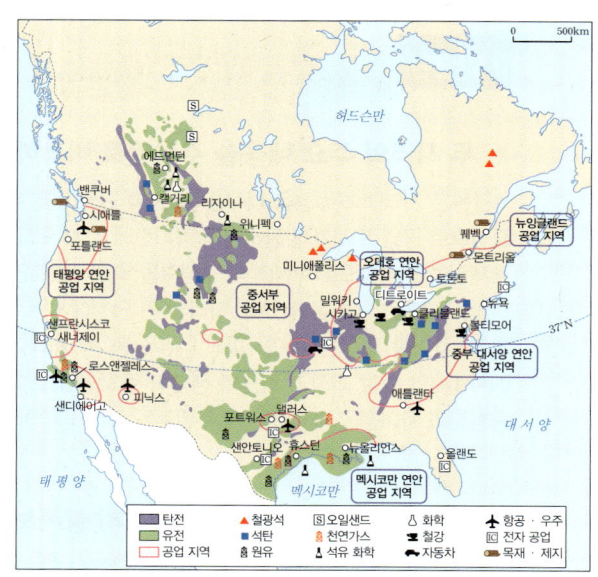

석유가 공업 원료로 이용되고 값싼 철광석 수입이 증가하면서, 원료 산지가 아닌 수입·수출에 유리한 항구 주변이나 내륙 수로 등 교통이 편리한 곳에 새로운 공업 지역이 형성되었다. 영국은 요크셔·랭커셔 등의 중부 내륙에서 카디프·미들즈브러 등의 해안으로, 독일은 루르 지역에서 라인강 하구 및 북해 연안으로, 프랑스는 로렌 지역에서 북해 연안으로 공업의 중심이 이동하였다. 이에 **영국의 미들즈브러, 프랑스의 뒹케르크, 네덜란드의 로테르담, 독일의 라인-쉬네 등의 라인강 주변 공업 지역**은 내륙 수로나 해안에 발달한 대표적인 **신흥 공업 지역**이 되었다.

주제 2 북부 아메리카의 공업 지역 형성과 변화

▲ 북부 아메리카의 주요 공업 지역

1. 전통 공업 지역

(1) **미국의 전통 공업 지역**

① 뉴잉글랜드 공업 지역 : 공업화 초기에 유럽과의 지리적 인접성, 저렴하고 풍부한 이민자들의 노동력을 바탕으로 보스턴 중심으로 경공업 발달

② 중부 대서양 연안 공업 지역 : 뉴욕, 필라델피아 등 대도시 중심으로 발달

③ 오대호 연안 공업 지역
- 형성 배경 : 메사비 광산의 철광석, 애팔래치아 탄전의 석탄, 오대호의 편리한 수운, 배후의 넓은 소비 시장, 저렴하고 풍부한 노동력 등
- 특징 : 중화학 공업 발달 예 시카고 · 피츠버그(제철 공업), 디트로이트(자동차 공업)

> 자동차 산업의 중심지로 미국 내 부유한 도시 중 하나였으나 일본·한국산 자동차 수입으로 인한 판매량 감소, 해외 공장 건설 증가 등으로 지역 경제가 침체되었으며, 이로 인해 인구도 급격히 감소하였다.

(2) 캐나다의 전통 공업 지역 : 몬트리올과 토론토를 중심으로 자동차, 전기 · 전자, 펄프 공업 등 발달
> 오대호와 세인트로렌스강의 수운을 이용하여 미국 북동부 공업 지역과 연결되어 있다.

2. 공업 지역의 변화

(1) **전통 공업 지역의 쇠퇴** : 고품질 철광석의 고갈로 해외 자원 수입 증가, 동아시아 신흥 공업 국가의 성장에 따른 경쟁력 약화, 환경 오염, 산업 시설 노후화 등이 원인이 됨

(2) **공업 구조의 변화** : 철강 · 화학 등의 중화학 공업 중심에서 컴퓨터 · 항공 우주 등의 첨단 산업 중심으로 변화

(3) **공업 중심지의 이동**
> 부식된 금속의 녹을 뜻하는 러스트(rust)와 벨트(지다)의 합성어로, 미국 중서부와 북동부의 쇠락한 공업 지대를 말한다.

① 북동부의 러스트벨트(Rust Belt) 지역에서 남부 및 남서부의 선벨트(Sun Belt) 지역으로 중심 이동

② 선벨트의 공업 입지 조건 : 온화한 기후, 풍부한 노동력과 넓은 공업 용지, 풍부한 석유 자원, 지방 정부의 각종 세금 혜택 및 용지 제공 등
> 북위 37°이남에 위치한 캘리포니아, 텍사스 등 11개 주에 걸쳐 있는 멕시코만 및 태평양 연안 지역을 말한다.

(4) **전통 공업 지역의 변화** : 러스트벨트 지역에서 기존 산업과 연관된 신산업 육성 예 보스턴, 디트로이트 등
> 자율 주행 등과 같은 미래 자동차 기술을 보유한 신생 벤처 기업의 협업이 활발하다.

3. 기술 집약적 첨단 산업의 성장

(1) **태평양 연안 공업 지역** : 샌프란시스코 인근 실리콘밸리(컴퓨터 관련 산업), 로스앤젤레스(영화 산업), 시애틀(항공 산업) 등

(2) **멕시코만 연안 공업 지역** : 휴스턴(항공 · 우주 산업), 멕시코만(석유 화학 공업) 등

지도로 살펴보기 🗺️

미국 공업 지역의 이동 : 선벨트 지역의 성장

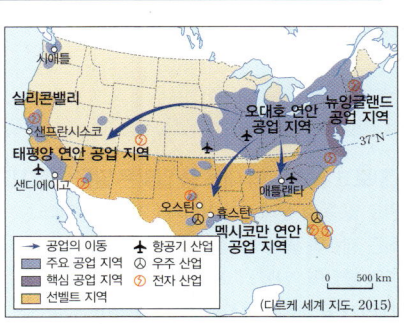

- 제2차 세계 대전 이후 우리나라, 일본, 중국 등 동아시아 신흥 공업 국가들의 공업이 급격히 성장하면서 미국의 자동차, 화학, 철강 산업의 경쟁력이 점차 약화되었다. 이때 오대호 중심의 북동부 중화학 공업 지역인 러스트벨트 지역이 점차 쇠퇴하였고, 북위 37° 이남의 미국 남부 및 남서부 **선벨트 지역**을 중심으로 기술 집약적 첨단 산업이 크게 성장하면서 공업의 중심이 이동하였다. 세계적 첨단 산업 단지가 조성된 실리콘밸리가 위치한 **태평양 연안 공업 지역**, 석유 화학 및 항공 · 우주 산업이 발달한 **멕시코만 연안 공업 지역**이 선벨트 지역에 해당한다.

- 실제로 미국 북동부와 중서부의 제조업 출하액 비중은 1960년대 이후 감소 추세이며, 남부 및 서부의 선벨트 지역은 출하액 비중이 계속 증가해 2014년 기준 약 60%에 달한다.

📝 **빈칸에 알맞은 말을 쓰시오.**

01 지도는 유럽의 전통 공업 지역과 첨단 산업 지역을 나타낸 것이다. A~C에 해당하는 공업 지역은? (단, A~C는 로렌, 소피아 앙티폴리스, 요크셔 · 랭커셔 공업 지역 중 하나임.)

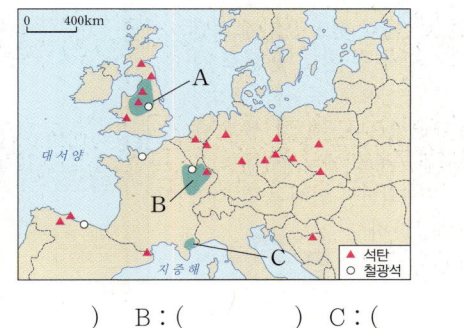

A : (   )   B : (   )   C : (   )

02 지도는 북아메리카의 주요 공업 지역 중 일부를 나타낸 것이다. A~C에 해당하는 공업 지역은?

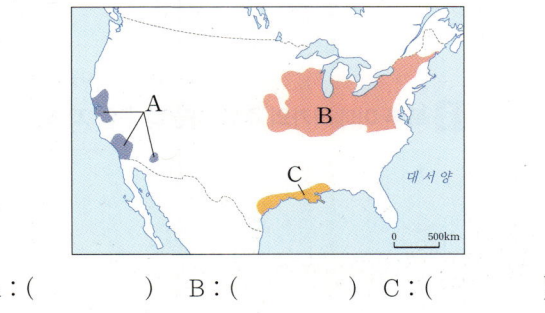

A : (   )   B : (   )   C : (   )

📝 **다음의 설명이 맞으면 'O', 틀리면 'X'에 표시하시오.**

03 영국에서 시작된 산업 혁명의 확산은 석탄 분포의 영향을 받았다. ○ ✕

04 영국의 랭커셔 · 요크셔, 독일의 루르 지방은 첨단 산업이 발달한 곳이다. ○ ✕

05 프랑스의 로렌 지방은 풍부한 철광석을 바탕으로 제철 공업이 발달하였다. ○ ✕

06 유럽은 석유가 공업의 에너지원으로 이용되고 해외의 값싼 철광석 수입이 증가하면서 임해 지역에 새로운 공업 지역이 형성되었다. ○ ✕

07 미국 최초의 공업 지역은 오대호 연안 공업 지역이다. ○ ✕
(함정)

08 선벨트 지대에서는 항공, 우주, 전자, 정보 통신 등의 기술 집약적 첨단 산업이 발달하고 있다. ○ ✕

09 디트로이트는 자동차 산업이 쇠퇴하면서 인구가 감소하였다. ○ ✕

10 실리콘밸리는 미국 남부의 플로리다주에 위치해 있다. ○ ✕

유럽과 북부 아메리카의 주요 공업 지역은 어디일까?

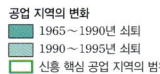 **자료 1** **유럽의 주요 자원과 공업 지역의 변화**

유럽은 산업 혁명 초기에 석탄 및 철광석 등 원료 및 동력 산지를 중심으로 중화학 공업이 발달하였으나, 제2차 세계 대전 이후 주요 에너지원이 석유로 대체되면서 임해 공업 지역이 성장하였다. 최근에는 대도시 지역을 중심으로 첨단 산업이 발달하고 있다.

> 루르 공업 지역은 1960년 대비 2015년에 석탄 생산 감소 등으로 탄전과 금속 및 제철·철강 제조업이 크게 감소하였으며, 부가 가치가 높은 전기·전자 공업이 증가하면서 시가지가 확대되는 등 새로운 공업 지역으로 변화하였다.

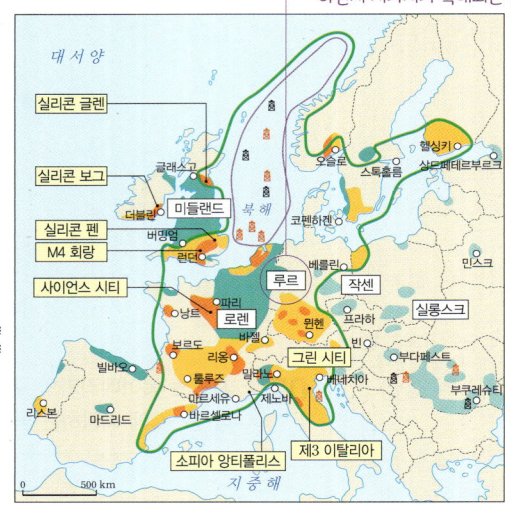

▲ 유럽의 주요 자원과 공업 지역

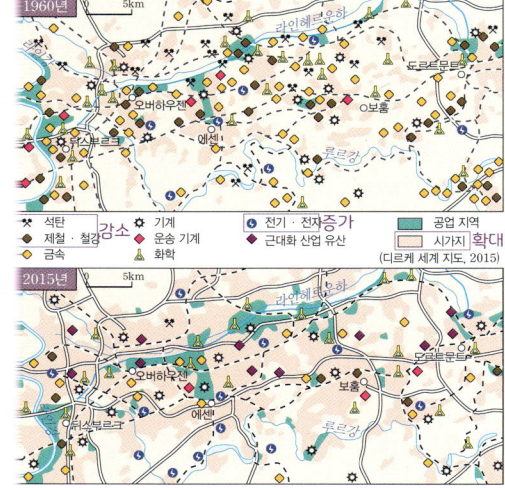

▲ 독일 루르 공업 지역의 변화

자료 2 **북부 아메리카의 주요 자원과 공업 지역의 변화**

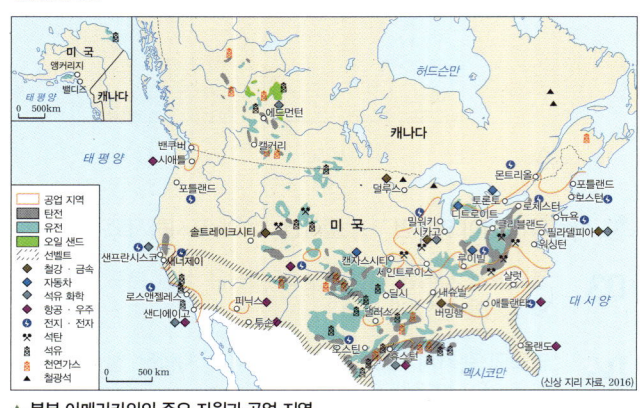

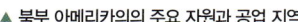

▲ 북부 아메리카의의 주요 자원과 공업 지역

▲ 미국 공업 지역의 변화

미국의 공업 지역은 뉴잉글랜드 지방에서 시작된 후 편리한 수운, 주변의 철광석 산지, 애팔래치아 탄전 등을 활용하여 오대호 연안 지역을 중심으로 중화학 공업이 발달하였다. 제2차 세계 대전 이후 북동부 지역의 공업이 쇠퇴하면서 남부 및 남서부의 선벨트 지역이 성장하고 있다.

자료 분석에 **적용하기**

〈유럽의 주요 공업 지역〉

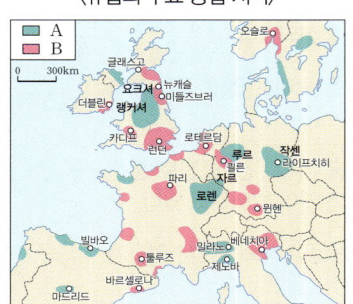

〈북부 아메리카의 주요 공업 지역〉

Q1 왼쪽 지도를 보고 괄호 안의 내용 중 알맞은 말을 고르시오.

(1) A는 B보다 원료 및 동력 산지와의 거리가 (가깝다 / 멀다).

(2) A는 B보다 최근 제조업 출하액의 증가율이 (높다 / 낮다).

(3) B는 A보다 공업 발달의 역사가 (이르다 / 늦다).

(4) A는 북부 아메리카 공업 지역의 (C / D)와 성격이 유사하다.

(5) C는 D보다 환경의 쾌적성이 (높다 / 낮다).

(6) D는 C보다 제품 생산액에서 연구 개발비가 차지하는 비중이 (높다 / 낮다).

주제 1 유럽의 공업 지역 형성과 변화

족집게 전략 | 유럽의 공업 지역의 형성과 변화를 묻는 문항에 대처하기 위해서는 유럽의 공업 지역을 전통 공업 지역, 임해 공업 지역, 첨단 산업 지역으로 나누어 그 특색을 잘 파악해 두어야 한다.

226 대표 문항
| 평가원 기출 |

다음 자료의 (가), (나)에 해당하는 공업 지역을 지도의 A~C에서 고른 것은?

(가) 소규모 관광 도시였던 지역이 정보 통신 및 생명 과학 분야의 연구소, 대학, 산업체 등이 집중된 첨단 산업 단지로 변모하였다. 이 지역은 연중 맑은 날이 많아 연구 환경이 쾌적하다.

(나) 교통이 발달하고 석탄을 대신하여 석유가 주요 에너지원으로 사용되면서 등장한 공업 지역이다. 해운과 수운을 이용한 무역의 중심지이며 석유 정제 및 석유 화학 공업이 크게 발달하였다.

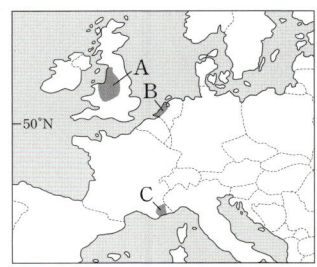

	(가)	(나)
①	A	B
②	B	A
③	B	C
④	C	A
⑤	C	B

✏️ **한줄 Tip** 프랑스 남동부에 위치한 C는 소피아 앙티폴리스로 첨단 산업이 발달했음을 기억하자.

227
| 교육청 기출 |

지도는 유럽의 주요 공업 지역을 나타낸 것이다. (가)~(다) 지역에 대한 설명으로 옳은 것은?

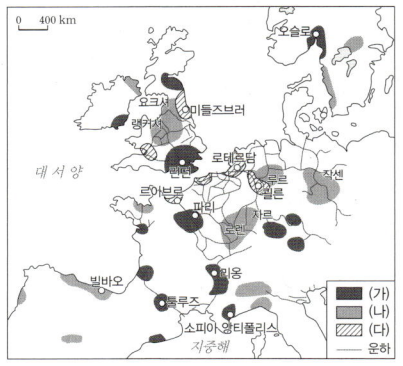

① (가)는 풍부한 석탄과 철광석을 바탕으로 공업이 발달했다.

② (나)는 자원의 해외 의존도 증가로 공업이 성장하였다.

③ (다)는 대도시와 연구소, 대학 등을 중심으로 발달한 첨단 산업 지역이다.

④ (가)는 (다)보다 공업 지역 형성 시기가 늦다.

⑤ 운하의 발달로 (가)의 주요 생산 시설이 (나)로 이전되었다.

228
| 교육청 기출 |

지도의 (가), (나) 공업 지역에 대한 설명으로 옳은 것은?

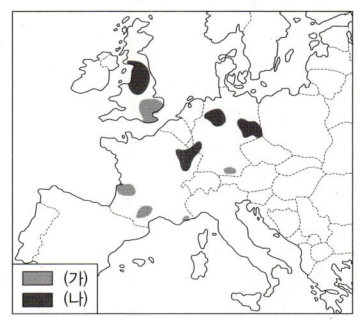

① (가)는 저임금의 미숙련 노동력을 바탕으로 공업이 발달하였다.

② (나)는 자원 고갈과 시설 노후화로 중화학 공업이 쇠퇴하고 있다.

③ 공업이 발달하기 시작한 시기는 (가)보다 (나)가 늦다.

④ 지식 집약적인 고부가 가치 공업은 (가)보다 (나)에서 발달해 있다.

⑤ 총 생산비에서 원료 운송비가 차지하는 비중이 높은 공업은 (나)보다 (가)에서 발달하였다.

229

지도는 유럽의 주요 공업 도시를 나타낸 것이다. (가)에서 발달한 공업과 비교한 (나)에서 발달한 공업의 상대적 특성만을 〈보기〉에서 고른 것은? (단, (가), (나)는 전통 공업이 발달한 도시와 첨단 산업이 발달한 도시 중 하나임.)

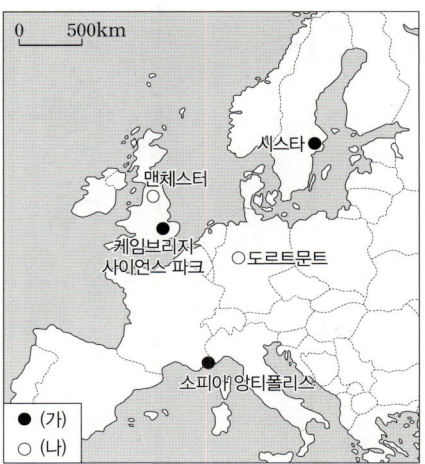

보기
ㄱ. 공업 발달의 역사가 오래되었다.
ㄴ. 대기 오염 물질의 배출량이 적다.
ㄷ. 원료 자원에 대한 의존도가 높다.
ㄹ. 지식 정보 산업의 생산액 비중이 높다.

① ㄱ, ㄴ ② ㄱ, ㄷ ③ ㄴ, ㄷ ④ ㄴ, ㄹ ⑤ ㄷ, ㄹ

230 고난도↑

다음 글의 (가), (나) 지역을 지도의 A~C에서 고른 것은?

(가) 사람들은 졸페라인 등에서 나온 석탄을 '검은 황금'이라고 불렀다. 일자리를 만들고 국가 경제를 일으켜줬기 때문이다. 그러나 검은 황금의 빛은 영원하지 않았다. 1986년 졸페라인 탄광은 폐쇄됐고, 지역 경제에 찬바람이 불었다. 주 정부는 졸페라인이 소중한 지역 유산이라 생각해 2억 유로를 들여 문화 공간으로 탈바꿈시켰다.

(나) 이곳에는 대기업도 없고, 대규모 공단도 없다. 수많은 중소기업이 내수와 수출을 담당하며 경제를 떠받치고 있고, 수많은 협동조합이 존재하여 제2차 세계 대전 이후 경제를 크게 부흥시켰다. 이러한 협동 경제 모델은 '에밀리아 모델'이라는 이름으로 불리고 있다.

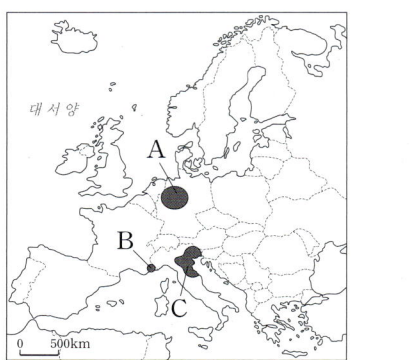

	(가)	(나)
①	A	B
②	A	C
③	B	A
④	C	A
⑤	C	B

231

지도는 영국 맨체스터와 그 주변 지역의 광공업 변화를 나타낸 것이다. 이 지역의 변화에 대한 추론으로 적절한 내용만을 〈보기〉에서 고른 것은?

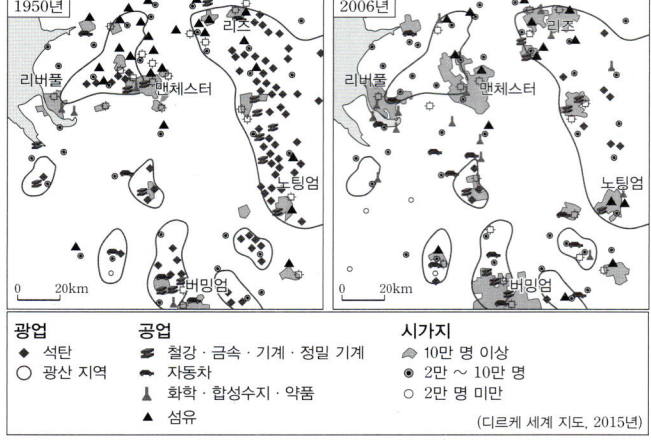

광업	공업	시가지
◆ 석탄	➹ 철강·금속·기계·정밀 기계	● 10만 명 이상
○ 광산 지역	⚒ 자동차	◉ 2만 ~ 10만 명
	⚗ 화학·합성수지·약품	○ 2만 명 미만
	▲ 섬유	

(디르케 세계 지도, 2015년)

보기

ㄱ. 광업 종사자 수가 감소하였을 것이다.
ㄴ. 화학·합성 수지·약품 공업이 쇠퇴했을 것이다.
ㄷ. 노팅엄보다 리버풀의 인구 증가율이 높을 것이다.
ㄹ. 섬유 공장의 수가 줄어들면서 노동 생산성은 낮아졌을 것이다.

① ㄱ, ㄴ　② ㄱ, ㄷ　③ ㄴ, ㄷ　④ ㄴ, ㄹ　⑤ ㄷ, ㄹ

232

지도는 유럽의 공업 지역을 나타낸 것이다. (가) 공업 지역과 비교한 (나) 공업 지역의 상대적 특성을 그림의 A~E에서 고른 것은?

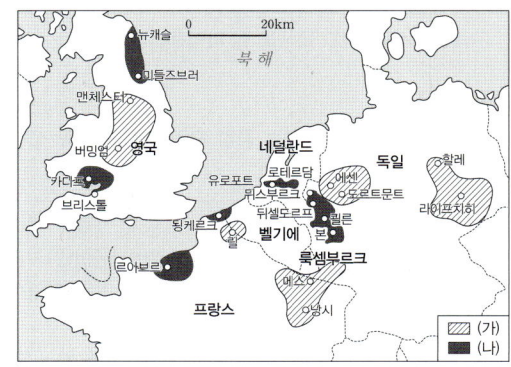

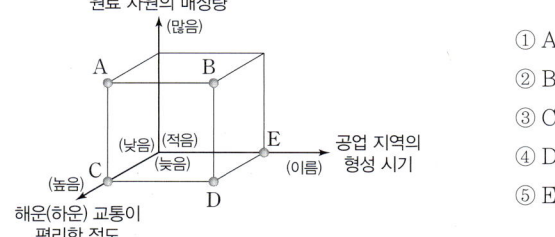

① A
② B
③ C
④ D
⑤ E

233

지도에 표시된 (가) 공업 지역의 특성에 대한 설명으로 가장 적절한 것은?

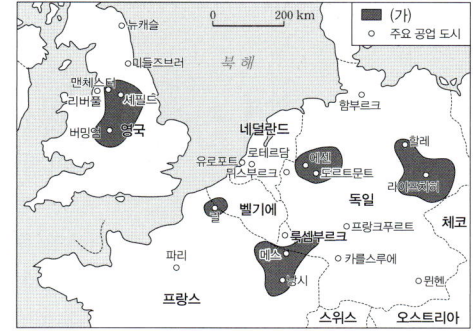

① 첨단 산업이 발달한 혁신 클러스터이다.
② 지하자원을 바탕으로 공업이 발달하였다.
③ 저렴한 인건비를 바탕으로 공업이 발달하였다.
④ 장인(匠人)에 의해 전통 산업이 보존되고 있다.
⑤ 고급 인력 확보에 용이한 대도시를 포함하고 있다.

234 고난도↑

다음 글의 밑줄 친 '이 도시'를 포함하고 있는 공업 지역을 지도의 A~E에서 고른 것은?

> 지난 15세기 이후 제철, 철강, 조선이 주력 산업이었던 이 도시는 한국을 비롯한 아시아 지역에서 조선 및 철강 산업이 발달하면서 주력 산업이 쇠퇴하였으며, 그에 따라 인구도 감소하였다. 이 도시는 구겐하임 미술관의 유럽 분관을 유치하는 등 '도시 재생 프로젝트'를 추진하여 제조업 도시에서 문화 도시로 탈바꿈하게 되었다. 이 도시의 변화를 흔히 '빌바오 효과'라고 부른다.

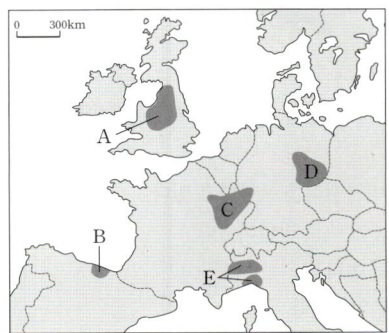

① A
② B
③ C
④ D
⑤ E

235

지도에 표시된 지역에서 공통적으로 발달한 산업에 대한 옳은 설명만을 〈보기〉에서 고른 것은?

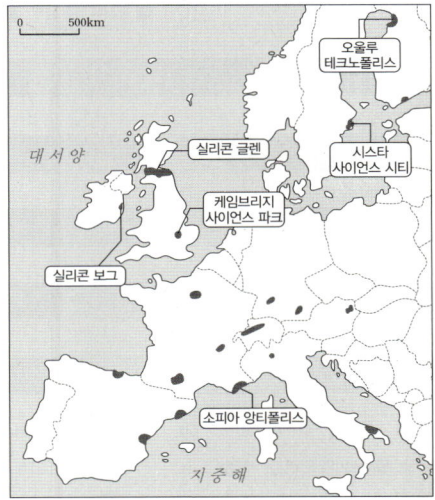

보기
ㄱ. 산업 종사자의 학력 수준이 낮다.
ㄴ. 지식 집약적인 고부가 가치 산업이다.
ㄷ. 제품 수명 주기가 긴 제품을 주로 생산한다.
ㄹ. 연구소, 대학, 기업 간의 연계를 중요시한다.

① ㄱ, ㄴ   ② ㄱ, ㄷ   ③ ㄴ, ㄷ   ④ ㄴ, ㄹ   ⑤ ㄷ, ㄹ

주제 2 **북부 아메리카의 공업 지역 형성과 변화**

족집게 전략 | 북부 아메리카의 공업 지역 형성과 변화를 묻는 문항에 대처하기 위해서는 북부 아메리카의 공업 지역을 러스트벨트 지역과 선벨트 지역으로 나누어 그 특색을 파악해야 하며, 선벨트 지역도 태평양 연안 지역과 멕시코만 연안 지역으로 구분하여 정리해 두어야 한다.

236 대표 문항 | 평가원 기출 |

다음 자료의 (가), (나)를 지도의 A~C에서 고른 것은?

> **(가) 도시의 특징**
> • 편리한 수운과 주변의 지하자원을 바탕으로 중화학 공업 발달
> • 1900년대 초 ○○사 설립 이후 자동차 산업 성장
> • 제조업 침체 지역인 '러스트벨트'에 위치
>
> **(나) 도시의 특징**
> • 면화 집산지와 선적 항구로 발달
> • 1900년대 초 주변에서 석유가 발견된 이후 석유 화학 산업의 중심지로 성장
> • 항공 우주국을 중심으로 첨단 우주 항공 산업 발달

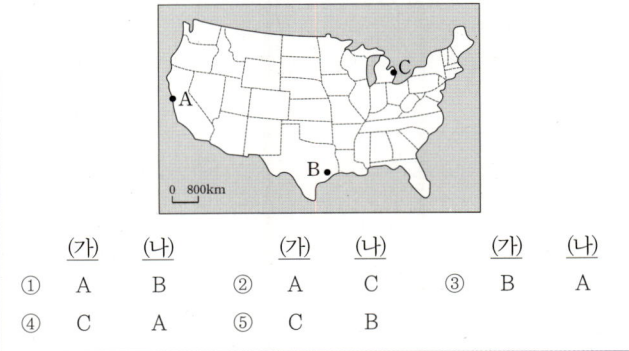

	(가)	(나)		(가)	(나)		(가)	(나)
①	A	B	②	A	C	③	B	A
④	C	A	⑤	C	B			

✏️ **한줄 Tip** 항공 우주국은 휴스턴에 위치해 있어.

237 | 평가원 기출 |

그래프는 미국 세 주(州)의 제조업 업종별 출하액 비중을 나타낸 것이다. (가)~(다)에 해당하는 주(州)를 지도의 A~C에서 고른 것은?

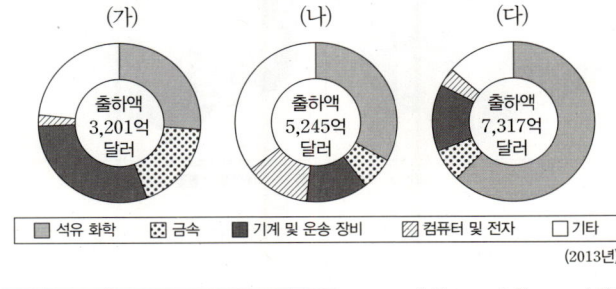

	(가)	(나)	(다)
①	A	B	C
②	A	C	B
③	B	A	C
④	C	A	B
⑤	C	B	A

238
| 평가원 기출 |

지도의 A~C 지역에 대한 옳은 설명만을 〈보기〉에서 있는 대로 고른 것은?

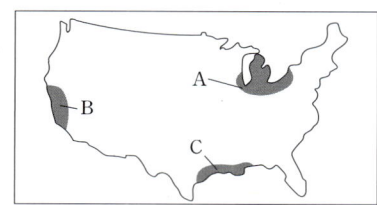

〔보기〕
ㄱ. A에서는 최근 디트로이트를 중심으로 우주 항공 산업이 급속히 성장하고 있다.
ㄴ. B는 온화한 기후 조건과 고급 기술 인력을 바탕으로 영화 제작, 컴퓨터 관련 산업 등이 발달하였다.
ㄷ. C에는 석유 자원을 바탕으로 대규모 석유 화학 공업 단지가 조성되어 있다.
ㄹ. 철강 산업의 중심은 최근 B에서 원료 산지 주변인 A로 이동하였다.

① ㄱ, ㄴ   ② ㄴ, ㄷ   ③ ㄷ, ㄹ
④ ㄱ, ㄴ, ㄹ   ⑤ ㄴ, ㄷ, ㄹ

239
| 교육청 기출 |

지도는 (가), (나) 시기의 미국 내 주(州)별 제조업 종사자 수를 나타낸 것이다. 이에 대한 옳은 설명만을 〈보기〉에서 고른 것은? (단, (가), (나)는 1950년, 2015년 중 하나임.)

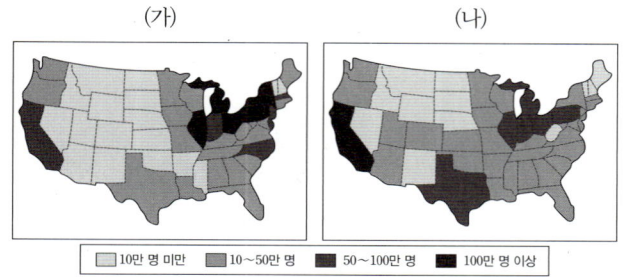

(가)   (나)

□ 10만 명 미만   ▨ 10~50만 명   ▨ 50~100만 명   ■ 100만 명 이상

〔보기〕
ㄱ. (가)는 2015년, (나)는 1950년이다.
ㄴ. 1950년에는 북동부 지역을 중심으로 제조업이 발달하였다.
ㄷ. 2015년 제조업 종사자가 100만 명 이상인 주는 태평양 연안에 위치한다.
ㄹ. 1950년보다 2015년이 제조업 종사자 10만 명 미만인 주의 수가 많다.

① ㄱ, ㄴ   ② ㄱ, ㄷ   ③ ㄴ, ㄷ   ④ ㄴ, ㄹ   ⑤ ㄷ, ㄹ

240

지도의 A~D 공업 지역에 대한 설명으로 옳은 것은?

① A는 풍부한 철광석, 편리한 수운 등을 배경으로 제철 공업이 발달하였다.
② B는 첨단 산업이 집중된 실리콘밸리를 포함하고 있다.
③ D는 우주 항공, 영화 산업 등이 주로 발달하였다.
④ A는 C에 비해 노동 생산성이 높다.
⑤ C와 D는 러스트벨트 지역에 위치한다.

241

그래프는 미국의 지역별 제조업 생산액 비율을 나타낸 것이다. (가) 지역과 비교한 (나) 지역의 상대적 특성을 그림의 A~E에서 고른 것은? (단, (가), (나)는 북동부와 서부 지역 중 하나임.)

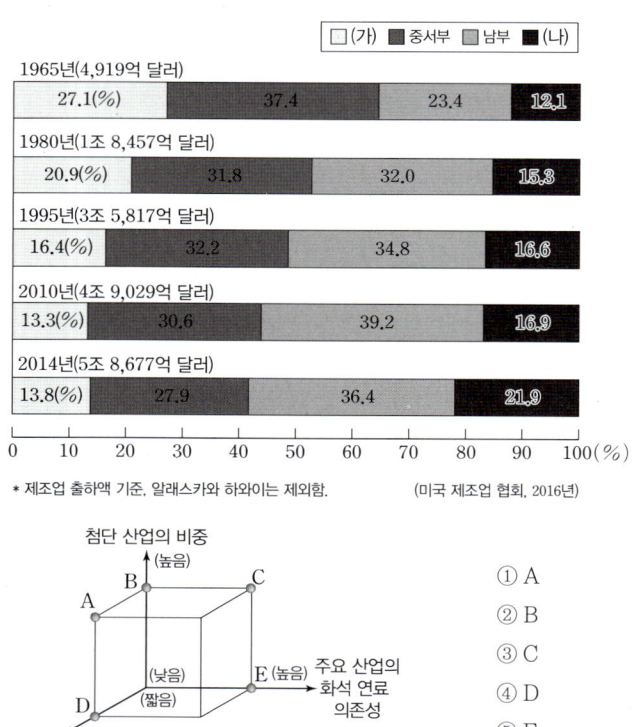

□ (가)   ■ 중서부   ▨ 남부   ■ (나)

1965년(4,919억 달러)	27.1(%)	37.4	23.4	12.1
1980년(1조 8,457억 달러)	20.9(%)	31.8	32.0	15.3
1995년(3조 5,817억 달러)	16.4(%)	32.2	34.8	16.6
2010년(4조 9,029억 달러)	13.3(%)	30.6	39.2	16.9
2014년(5조 8,677억 달러)	13.8(%)	27.9	36.4	21.9

0 10 20 30 40 50 60 70 80 90 100(%)

* 제조업 출하액 기준. 알래스카와 하와이는 제외함.   (미국 제조업 협회, 2016년)

① A
② B
③ C
④ D
⑤ E

242
지도는 유럽과 미국의 공업 지역을 나타낸 것이다. (가), (나) 공업 지역의 상대적 특성을 그림으로 옳게 나타낸 것은?

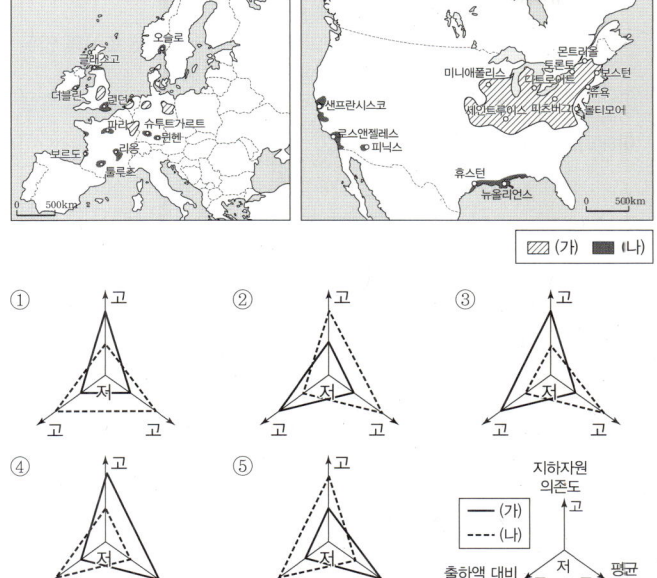

244
지도의 A~D 공업 지역에 대한 옳은 설명만을 〈보기〉에서 고른 것은?

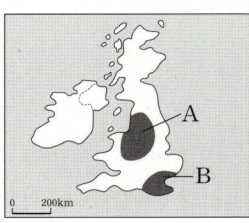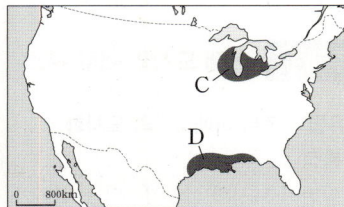

〈보기〉
ㄱ. A는 석유 화학 및 항공 우주 산업이 발달하였다.
ㄴ. A는 B보다 공업이 발달한 시기가 이르다.
ㄷ. C는 D보다 지식 집약적인 산업이 발달하였다.
ㄹ. A와 C는 풍부한 원료 자원을 바탕으로 공업이 발달하였다.

① ㄱ, ㄴ ② ㄱ, ㄷ ③ ㄴ, ㄷ ④ ㄴ, ㄹ ⑤ ㄷ, ㄹ

245
(가), (나) 작품의 배경이 되는 미국 공업 지역의 상대적 특성을 그림으로 옳게 나타낸 것은? (단, (가), (나)는 오대호 연안 공업 지역과 태평양 연안 공업 지역 중 하나임.)

(가) 드라마는 가상 거물 IT 기업인 '홀리'에서 근무하던 리처드 핸드릭스를 중심으로 이야기가 전개된다. 그는 홀리에 대해 염증을 느낀 후 본인만의 음악 검색 엔진 플랫폼인 '피리 부는 사나이'를 개발하는데, 이를 조롱하려던 홀리 기술자들이 리처드의 플랫폼을 들어가 보니 그가 만들어낸 알고리즘은 역사상 전무후무한 기술력을 지닌 무손실 압축 프로그램이었다. (후략)

(나) 영화는 도시가 성장하면서 일자리를 찾아 몰려든 유럽계와 아프리카계의 갈등이 8마일 로드를 경계로 거주지가 분리되는 양상으로 드러난 것에서 착안하여 제작되었다. 주인공은 낮에는 자동차 공장에서 일하고 밤에는 랩 배틀에 참여하며 자신의 꿈을 키워 가는데, 주인공의 생활 속에서 이 도시에서의 자동차 산업 성쇠 과정과 지역 경제 상황이 그대로 드러난다. (후략)

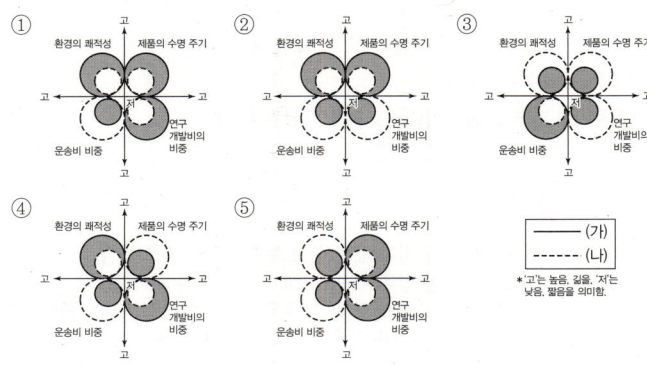

243
다음 글의 (가)~(라)와 관련된 옳은 설명만을 〈보기〉에서 있는 대로 고른 것은?

보스턴을 중심으로 한 (가) 뉴잉글랜드 지역에서는 과거에 섬유 산업이 중심이었으나 최근에는 정밀 기기, 의약품, 컴퓨터 등 첨단 산업이 발달하고 있다. 시카고, 디트로이트 등을 중심으로 한 (나) 오대호 연안 지역에는 철강·기계·금속 공업 등이 입지해 있다. 휴스턴을 중심으로 한 멕시코만 연안 지역은 (다) 등이 발달하였다. (라) 이/가 나타나는 태평양 연안 지역은 항공기·정보 통신·컴퓨터 산업 등이 발달하였다.

보기
ㄱ. (가)는 대서양 연안에 위치한다.
ㄴ. (나)는 지식 집약적인 고부가 가치 산업이 주를 이룬다.
ㄷ. (다)에는 '석유 화학 및 우주 항공 산업'이 들어갈 수 있다.
ㄹ. (라)에는 '쾌적한 기후 환경'이 들어갈 수 있다.

① ㄱ, ㄴ ② ㄱ, ㄹ ③ ㄴ, ㄷ
④ ㄱ, ㄷ, ㄹ ⑤ ㄴ, ㄷ, ㄹ

VI. 유럽과 북부 아메리카

12강 현대 도시의 내부 구조, 지역 통합과 분리 운동

주제 1 현대 도시의 내부 구조

1. 유럽과 북부 아메리카의 도시화

(1) 특징

→ 도시 인구 비율이 약 80%를 넘어 도시화가 최고 수준인 단계

① 점진적 도시화 : 일찍부터 산업화가 진행되어 오랜 기간 도시화 진행 → 대부분 종착 단계에 도달, 도시화율이 매우 높음

② 교외화 현상 : 교통·통신 발달로 도시 인구가 주변 지역으로 이동

③ 세계 도시 발달 예 런던, 파리, 뉴욕 등 → 여러 개의 거대 도시가 연결되어 다핵적 구조를 형성한 지역

④ 거대 도시들이 결합한 메갈로폴리스 형성 예 영국 런던~리버풀, 라인강 하류 암스테르담~브뤼셀~쾰른, 미국 북동부 보스턴~워싱턴, 태평양 연안 샌프란시스코~샌디에이고 등

(2) 주요 도시의 발달 과정

유럽	런던	18세기 이후 산업 혁명의 중심지 → 항공 교통의 중심지, 금융의 중심지(시티 오브 런던)
	파리	19세기 이후 파리 개조 사업을 통해 근대적 도시로 발전 → 세계 문화·예술의 중심지
북부 아메리카	뉴욕	농산물의 유럽 수출항 → 세계 정치·경제의 중심지 예 금융 중심지인 월가, 문화 중심지인 브로드웨이, 국제 연합 본부 등
	시카고	오대호와 미시시피강을 연결하는 거점 도시, 수상 및 내륙 철도 교통의 요충지

2. 현대 도시의 내부 구조와 특성

(1) 현대 도시의 내부 구조

① 도심 : 지대와 접근성이 가장 높음 → 중심 업무 지구(CBD) 형성, 고층 빌딩 밀집, 인구 공동화 현상 발생

② 중간 지대 : 도심의 외곽에 위치 → 저급 주택과 공업 기능 혼재, 저소득층 거주 비율 증가, 건물 노후화로 인한 슬럼화

③ 외곽 지역 : 지가가 낮음 → 대규모 주거 지역 형성

(2) 도심 재활성화(젠트리피케이션) : 낙후된 지역이 고급 주택 단지나 상업 및 문화·예술 시설 등으로 새롭게 개발 → 도심으로 중산층 또는 고소득층 유입

(3) 유럽 및 북부 아메리카의 도시 내부 구조 특성

유럽	• 도시화의 역사가 깊 → 도심에 역사적 건축물이 많이 남아 있음, 도심과 주변 지역 간 건물의 높이 차가 작은 편, 도로망이 복잡함 • 시가지 범위가 대체로 좁고 토지 이용이 집약적임 • 도심 : 중심 업무 지구(CBD), 고소득층 주거지 형성 • 외곽 지역 : 대규모 주거 지역, 새로운 상업·업무 중심지 형성 예 런던 카나리워프, 파리 라데팡스 등

→ 전통 경관을 중시해 신시가지를 중심으로 외곽 지역에 새로운 중심지가 형성되어 이곳에 현대적 건물이 밀집한다.

북부 아메리카	• 도시화의 역사가 유럽에 비해 짧음 • 도로 교통의 발달로 교외화 진전 → 일찍부터 도심의 업무와 주거 기능 분리, 외곽에 주거 지역 형성 • 도심 : 중심 업무 지구(CBD)가 형성되어 고층 빌딩이 많음 → 외곽으로 갈수록 건물 높이가 점차 낮아짐 • 중간 지대 : 슬럼화 진행 → 도시 재생 사업 활발 • 경제력 및 민족(인종)에 따른 거주지 분리 현상이 나타남 → 저급 주택지는 주로 도심 주변부에, 고급 주택지는 쾌적한 주거 환경을 위해 도시 외곽에 형성

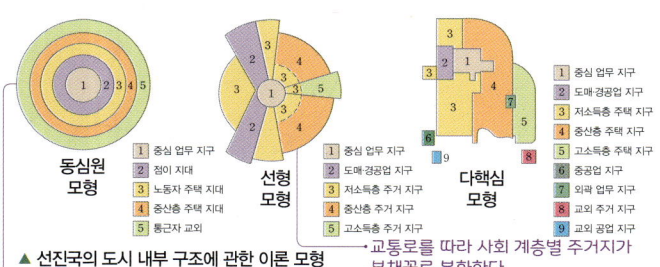

동심원 모형

1	중심 업무 지구
2	점이 지대
3	노동자 주택 지대
4	중산층 주택 지대
5	통근자 교외

선형 모형

1	중심 업무 지구
2	도매·경공업 지구
3	저소득층 주거 지구
4	중산층 주거 지구
5	고소득층 주거 지구

다핵심 모형

1	중심 업무 지구
2	도매·경공업 지구
3	저소득층 주택 지구
4	중산층 주택 지구
5	고소득층 주택 지구
6	중공업 지구
7	외곽 업무 지구
8	교외 주거 지구
	교외 경업 지구

▲ 선진국의 도시 내부 구조에 관한 이론 모형

→ 도시가 성장하면서 사회 계층별로 주거지가 동심원 형태로 분화한다. 예 시카고

→ 교통로를 따라 사회 계층별 주거지가 부채꼴로 분화한다.

자료로 살펴보기

유럽과 미국의 도시 구조 비교

유럽의 도시 구조

주거 지역　신흥 업무 지역　오래된 도심　근대 도시 구역　공업 지역

미국의 도시 구조

근교 지역　공업 지역　도심　주거 지역　근교 지역

유럽의 도시는 도심의 구시가지를 유지하면서 주변부에 새로운 중심지를 만드는 경우가 많은 반면, **미국**의 도시는 도심을 중심으로 상업 및 업무 기능이 밀집되어 있는 경우가 많다. 이와 관련하여 미국은 도심에서 주변으로 가면서 건물의 높이가 낮아지는 원뿔 형태를 이룬다.

주제 2 지역 통합과 분리 운동

1. 유럽의 지역 통합과 분리

(1) **지역 통합의 배경** : 두 차례의 세계 대전 이후 유럽 국가들 간 통합의 공감대 형성, 경제 발전을 위한 자원의 공동 이용 필요성 증대

(2) **유럽 연합의 형성 과정과 확대**

형성 과정	유럽 석탄 철강 공동체(ECSC) → 유럽 경제 공동체(EEC), 유럽 원자력 공동체(EURATOM) → 유럽 공동체(EC) → 유럽 연합(EU)
확대	1993년 영국, 프랑스, 독일, 이탈리아 등 12개국으로 출범 → 2019년 현재 28개 국가(영국 탈퇴 논의 중)

(3) 유럽 연합의 특징과 문제점

켈트족이 대부분인 스코틀랜드는 장로교를 믿고 게일어를 사용하지만, 앵글로·색슨족이 대부분인 잉글랜드는 성공회를 믿고 영어를 사용한다.

특징	역내 노동력·자본·상품·서비스의 자유로운 이동이 가능한 단일 시장 형성, 유로화 단일 화폐 사용(유로존 국가), 독자적인 입법·사법·행정 체계를 갖춤
문제점	동부 유럽과 서부 유럽 지역의 경제적 격차, 남부 유럽의 재정 적자 문제, 대규모 난민 유입에 따른 문화적 갈등 등

(4) 유럽의 분리 독립 운동

영국 스코틀랜드	민족, 종교, 언어가 영국의 주류 문화와 다름
에스파냐 카탈루냐	카탈루냐어 사용, 다른 지역보다 경제 수준이 높음
벨기에 플랑드르	네덜란드어를 사용, 프랑스어를 사용하는 왈로니아 지역에 비해 경제 수준이 높음
이탈리아 파다니아	섬유 산업 발달로 남부 지역과 경제적 격차가 큼

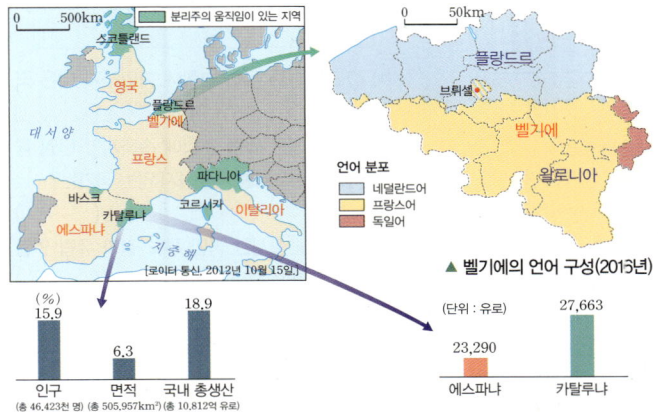

▲ 카탈루냐가 에스파냐에서 차지하는 비율(2015년)

▲ 1인당 국내 총생산 비교(2015년)

2. 북부 아메리카의 지역 통합과 분리

멕시코 북부 미국 접경 지대의 마킬라도라에서는 수입한 원료와 부품을 멕시코의 노동력을 활용해 조립한 후 미국에 전량 수출한다.

(1) 지역 통합의 배경 : 유럽 연합의 형성으로 유럽의 경제적 영향력 강화, 한국과 중국 등 동부 아시아 신흥 공업국의 성장

(2) 북아메리카 자유 무역 협정(NAFTA)의 체결

① 역내 관세와 무역 장벽 폐지 : 상품 및 서비스 교역, 투자 및 지적 재산권에 대해 자유 무역 시행

② 미국의 자본과 기술, 캐나다의 자원과 자본, 멕시코의 노동력 결합

③ 영향

긍정적 측면	역내 교역 증가, 국제 경쟁력 확보, 회원국들의 투자 활성화
부정적 측면	미국 제조업의 해외 이전에 따른 일자리 감소, 멕시코 공장 주변의 환경 오염, 캐나다와 멕시코의 미국 의존도 증가

(3) 북부 아메리카의 분리 운동과 이주민 갈등

① 인구 유입이 활발해 유럽계, 아프리카계, 아시아계, 원주민 등 다양한 민족(인종)의 다문화 사회 형성

② 캐나다 퀘벡주의 분리 독립 운동 : 과거 프랑스계 주민의 정착이 활발했던 지역으로 프랑스어 사용 인구가 많음

🖋 빈칸에 알맞은 말을 쓰시오.

01 그림은 선진국의 도시 내부 구조 이론을 보여주는 모식도이다. (가)~(다) 모형의 명칭은?

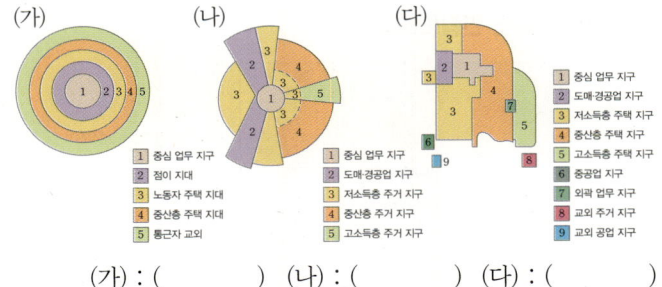

(가) : (   ) (나) : (   ) (다) : (   )

02 지도는 유럽 및 북부 아메리카의 분리 독립 추진 지역을 나타낸 것이다. A~D에 해당하는 지역은?

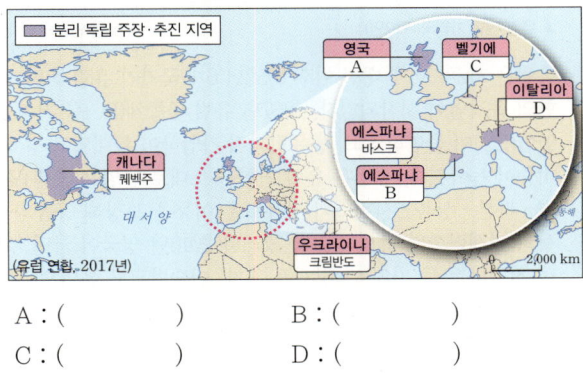

A : (   ) B : (   )
C : (   ) D : (   )

🖋 다음의 설명이 맞으면 'O', 틀리면 '×'에 표시하시오.

03 미국 북동부에는 거대 도시를 잇는 메갈로폴리스가 발달해 있다. ○ ×

04 도심은 주변(외곽) 지역보다 접근성과 지대가 높다. ○ ×

05 (함정) 도시 주변 지역에서 젠트리피케이션 현상이 나타난다. ○ ×

06 유럽의 대도시는 북부 아메리카의 주요 도시보다 도심 빌딩의 평균 층수가 많다. ○ ×

07 (함정) 유럽 연합(EU)이 발전하여 유럽 공동체(EC)가 되었다. ○ ×

08 북아메리카 자유 무역 협정(NAFTA)에 속한 국가는 미국, 캐나다, 멕시코이다. ○ ×

09 마킬라도라는 멕시코 북부 미국 접경 지대에 위치한 조립 가공 및 수출 중심의 산업 단지이다. ○ ×

10 (함정) 캐나다 퀘벡주는 영어와 프랑스어를 모두 공용어로 지정하고 있다. ○ ×

WHAT & Why

유럽 연합과 북아메리카 자유 무역 협정이 지역에 끼치는 영향은 무엇일까?

자료 1 유럽 연합(EU)과 변화

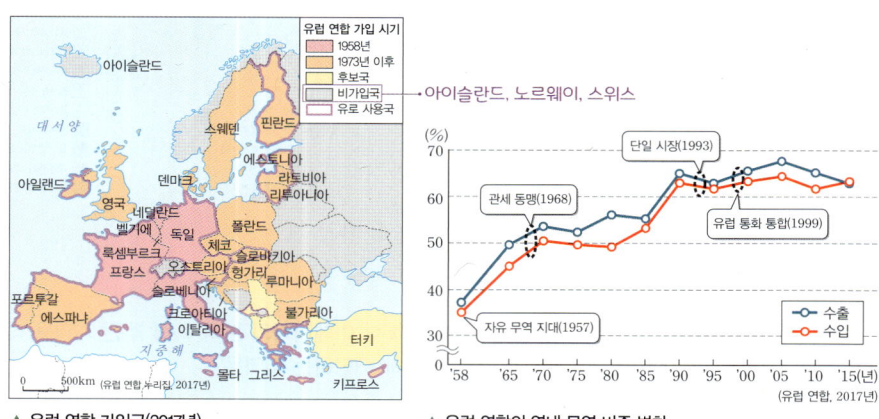

▲ 유럽 연합 가입국(2017년)

▲ 유럽 연합의 역내 무역 비중 변화
→ 프랑스, 독일, 이탈리아, 벨기에, 네덜란드, 룩셈부르크

유럽은 제2차 세계 대전 이후 1952년 6개 국가가 유럽 석탄 철강 공동체(ECSC)를 설립하면서 통합의 움직임이 시작되었다. 1967년 유럽 공동체(EC)를 거쳐 1993년 경제 및 정치 공동체인 유럽 연합(EU)이 출범하였고, 동유럽까지 가입국이 확대되고 경제 통합 수준이 높아지면서 역내 무역 비중이 높아졌다. 유럽은 유럽 연합을 토대로 단일 시장을 구축하고 단일 화폐를 사용하며, 노동력·자본·상품·서비스의 자유로운 이동을 보장해 공동의 경제적 발전과 더불어 세계 시장에서의 경쟁력까지 확보하였다. 그러나 2016년 영국이 국민 투표를 실시해 유럽 연합을 탈퇴하기로 결정하는 등 지역 간 경제적 격차, 이슬람교도 유입으로 인한 갈등 등이 통합의 장애물이 되고 있다.

자료 2 북아메리카 자유 무역 협정(NAFTA)과 변화

→ 캐나다와 멕시코는 전체 무역량의 절반 이상을 미국과 교역하여 미국에 대한 의존도가 높다.

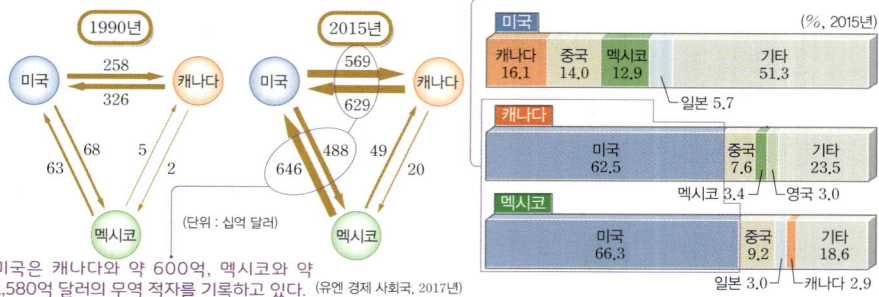

미국은 캐나다와 약 600억, 멕시코와 약 1,580억 달러의 무역 적자를 기록하고 있다. (유엔 경제 사회국, 2017)

▲ 북아메리카 자유 무역 협정으로 인한 역내 무역액 변화

▲ 미국, 캐나다, 멕시코의 무역 상대국 비중

미국, 캐나다, 멕시코는 1994년 북아메리카 자유 무역 협정(NAFTA)을 체결하여 역내 관세와 무역 장벽을 폐지하였다. 이를 토대로 미국의 기술, 캐나다의 자원, 멕시코의 노동 집약적 산업 간 상호 보완적 관계가 형성되어 국제 경쟁력을 확보하였고, 국가 간 무역액이 크게 증가해 지역 경제 또한 성장하였다. 특히 저임금 노동력이 풍부한 멕시코는 협정 체결 이후 '마킬라도라'가 급성장하면서 북부 지역이 빠르게 성장하였다. 마킬라도라는 멕시코 북부의 미국 접경 지대에 있으면서 수출을 중심으로 하는 조립 가공 업체가 모여 있는 구역으로, 미국으로부터 원료·자재를 수입하여 저렴한 멕시코 노동력을 이용해 조립하고 완제품을 미국에 다시 수출함으로써 생산 비용을 절감한다. 하지만 미국계 자본의 노동 착취 문제와 환경 오염, 미국 내 일자리 부족 및 불법 이민자 증가 등의 문제가 발생하기도 한다.

백지도로 확인하기

Q1 다음 물음에 해당하는 지역을 아래 지도의 A~K에서 골라 쓰시오.

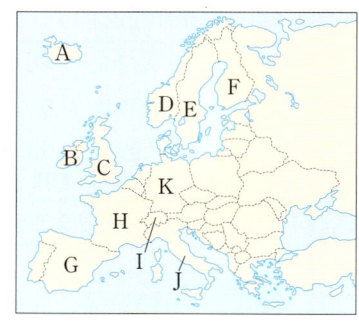

(1) 2017년 기준 유럽 연합에 가입하지 않은 국가는? (　　), (　　), (　　)

(2) 2017년 기준 유럽 연합에 속하지만 단일 통화로서 유로화를 사용하지 않는 국가는?
(　　), (　　)

(3) 2016년에 실시한 국민 투표 결과 유럽 연합의 탈퇴가 예정된 국가는? (　　)

Q2 다음 물음 및 빈칸에 해당하는 지역을 아래 지도의 A~C에서 골라 쓰시오.

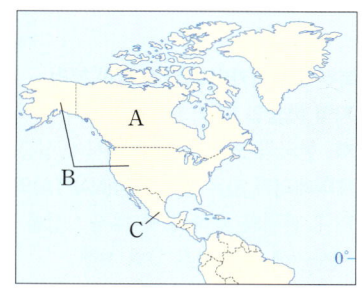

(1) 2015년 기준 역내 모든 국가와 무역 적자를 기록한 국가는? (　　)

(2) 북아메리카 자유 무역 협정으로 (　　)와/과 (　　)의 (　　)에 대한 무역 의존도가 높아졌다.

(3) 마킬라도라가 위치한 국가는? (　　)

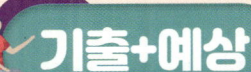

주제 1 현대 도시의 내부 구조

족집게 전략 | 런던, 파리, 뉴욕 등 주요 세계 도시의 특성을 위치와 함께 묻거나 유럽과 북부 아메리카의 도시 경관을 비교하는 문항이 주로 출제된다. 따라서 현대 도시의 내부 구조 특성을 유럽과 북부 아메리카(미국)로 비교하여 정리해 두어야 한다.

246 대표 문항 | 평가원 기출 |

다음 자료의 (가), (나)에서 설명하는 도시를 지도의 A~D에서 고른 것은?

(가) 이 도시는 세계 3대 금융 중심지의 하나이다. 특히 금융 회사들의 진출이 급증하면서 기존 중심지 외에 '카나리워프'라는 새로운 금융 중심 지구를 개발하여 최고의 국제 금융 도시라는 위상을 공고히 하였다.

(나) 이 도시는 이웃한 두 나라의 국경과 가까워 상업과 교통의 중심지 역할을 하고 있으며, 세계 최대의 시계 박람회가 열리는 곳이다. 전통적으로 이 도시는 시계 산업으로 유명하였고, 최근에는 판매의 중심지로도 부상하고 있다.

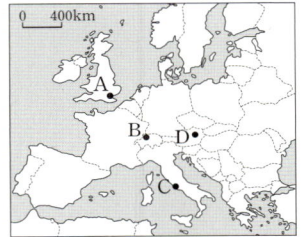

	(가)	(나)
①	A	B
②	A	D
③	B	D
④	C	A
⑤	C	B

✏️ **한줄 Tip** '이웃한 두 나라의 국경과 가까워'를 통해 (나)는 A, C가 아님을 알 수 있어.

247 | 교육청 기출 |

다음 글의 ㉠~㉣에 대한 옳은 설명만을 〈보기〉에서 있는 대로 고른 것은?

대표적인 ㉠ 세계 도시 뉴욕은 ㉡ 세계적인 경제·정치·문화의 중심지 역할을 수행하고 있다. 맨해튼과 브루클린을 중심으로 증권 거래소, 다국적 기업의 본사, 국제적 금융 기관, 법률 회사 등이 밀집된 ㉢ 대규모 상업·업무 지구가 형성되어 있다. 또한 국제연합(UN)의 본부가 있어 많은 국제회의가 개최되며, 세계 각지에서 온 관광객들은 ㉣ 뉴욕의 상징인 브로드웨이를 비롯하여 자유의 여신상, 타임스퀘어 등을 찾고 있다.

〈보기〉
ㄱ. ㉠은 도시의 기능과 영향력에 따라 계층 체계가 형성된다.
ㄴ. ㉡은 교통·통신의 발달에 따른 세계화의 사례로 볼 수 있다.
ㄷ. ㉢에는 전문화된 생산자 서비스업이 발달해 있다.
ㄹ. ㉣은 지역화 전략 중 지리적 표시제의 사례이다.

① ㄱ, ㄴ   ② ㄷ, ㄹ   ③ ㄱ, ㄴ, ㄷ
④ ㄱ, ㄴ, ㄹ   ⑤ ㄴ, ㄷ, ㄹ

248 | 교육청 기출 |

다음 자료의 (가), (나) 도시를 지도의 A~D에서 고른 것은?

• (가) 은/는 교통 및 통신 연계망이 잘 갖춰져 있고 500개 이상의 외국계 은행이 입지해 있어 미국의 뉴욕과 함께 세계 금융의 중심지로 불린다. 템스강변에 위치한 카나리워프는 (가) 의 새로운 금융 중심지로 성장하고 있다.

• 세계 문화·예술의 중심지로 불리는 (나) 에서는 무슬림 인구의 증가로 원거주민과 무슬림 간의 문화적 갈등이 빈번해지고 있다. 최근 (나) 에서는 테러가 발생하여 많은 관광객들이 찾는 에펠탑을 비롯한 박물관, 미술관 등이 잠시 폐쇄되기도 하였다.

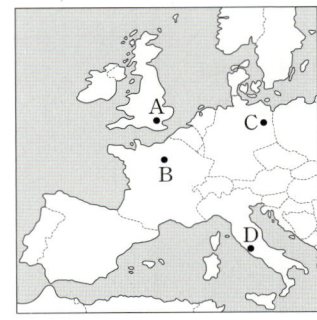

	(가)	(나)
①	A	B
②	A	D
③	C	B
④	C	D
⑤	D	A

249

다음 글의 (가)~(다)에 해당하는 도시 내부 구조 모델을 A~C에서 고른 것은?

미국의 도시 내부 구조를 설명하는 모델은 매우 다양하다. 시카고의 성장 과정을 사례로 한 (가) 모형에서는 도시 내부에서 외곽으로 가면서 중심 업무 지구, 점이 지대, 주택 지대가 분화되어 나타난다. (나) 모형에서는 도심에서 도시 주변으로 가면서 교통로를 따라 사회 계층별로 주거지가 부채꼴로 분화된다. (다) 모형에서는 도시의 토지 이용이 여러 개의 핵을 중심으로 분화되어 나타난다.

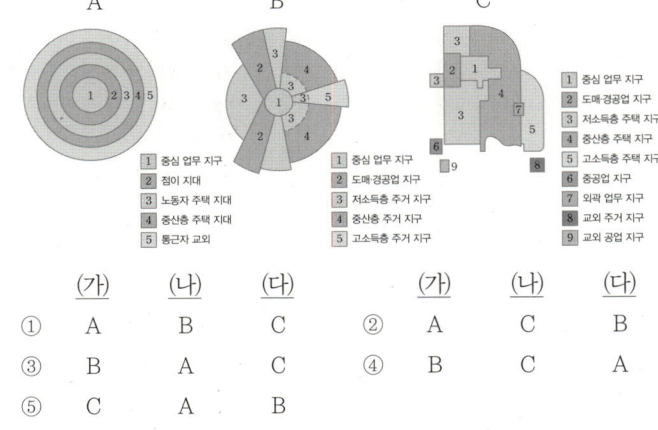

	(가)	(나)	(다)		(가)	(나)	(다)
①	A	B	C	②	A	C	B
③	B	A	C	④	B	C	A
⑤	C	A	B				

250

지도에 표시된 지역에 대한 옳은 설명만을 〈보기〉에서 있는 대로 고른 것은?

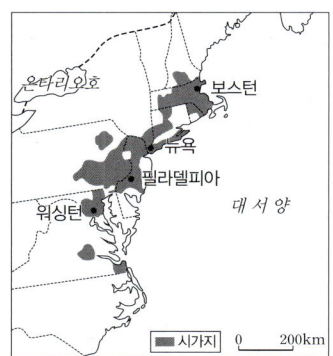

〈보기〉
ㄱ. 중심 도시와 주변 지역 간의 연계성이 높다.
ㄴ. 지역의 주민들은 주로 2차 산업에 종사한다.
ㄷ. 도시의 행정 경계를 넘어 도시화가 진행되었다.
ㄹ. 거대 도시들이 결합하여 다핵적 구조를 형성하고 있다.

① ㄱ, ㄴ   ② ㄱ, ㄹ   ③ ㄴ, ㄷ
④ ㄷ, ㄹ   ⑤ ㄱ, ㄷ, ㄹ

251 고난도↑

다음은 도시와 관련된 낱말 퍼즐이다. (가)에 들어갈 내용으로 가장 적절한 것은?

※ 질문 1~3에 해당하는 용어의 글자를 모두 지운 후, 남는 글자를 전부 사용하여 4.의 (가)에 들어갈 용어에 대한 설명을 쓰시오.

갈	고	도	로	리	메
션	스	시	이	젠	시
카	리	케	트	폴	피

1. 현대인들의 주요 생활 공간이자 변화와 혁신이 이루어지는 곳으로, 촌락의 상대적인 개념
2. 낙후된 도심이나 중간 지대에 업무용 빌딩을 건축해 주거 · 여가 · 문화 공간으로 재개발하여 고소득층 인구가 유입되는 현상
3. 오대호와 미시시피강을 연결하는 미국의 거점 도시
4. [(가)   ]

① 도시적 생활 양식이 확산되는 현상
② 도시의 인구가 촌락으로 이동하는 현상
③ 도심의 기온이 주변(외곽) 지역보다 높은 현상
④ 도심과 주변(외곽) 지역 사이의 여러 기능이 혼재된 지역
⑤ 대도시권의 시가지들이 띠 모양으로 연결되어 있는 거대한 도시 집중 지대

252

다음 글의 밑줄 친 '이 도시'에 대한 설명으로 옳은 것은?

역사 경관과 현대적 도시 경관이 조화를 이루는 이 도시는 19세기 이후 도시 개조 사업을 통해 근대적 도시로 변모하였다. 도심에는 상업 기능이 발달한 샹젤리제가 오래전부터 형성되어 있고, 서부 외곽에는 신시가지인 라데팡스가 위치한다. 또한 이민자와 원주민의 거주지가 나뉘어 계층별 거주지 분리 현상이 나타난다.

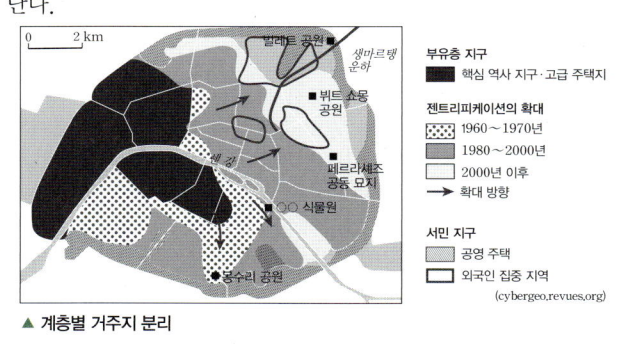

▲ 계층별 거주지 분리

① 북부 아메리카에 위치한다.
② 도시의 역사가 짧은 편이다.
③ 라데팡스는 주로 도심의 공업 기능을 분담한다.
④ 도심에서 외곽으로 갈수록 건물의 높이가 낮아진다.
⑤ 부유층은 남서부에, 서민들은 북동부와 교외 지역에 주로 거주한다.

253

지도는 뉴욕 어느 지역의 낮과 밤 인구 분포 차이를 나타낸 것이다. (가) 지역에 대한 옳은 설명만을 〈보기〉에서 있는 대로 고른 것은?

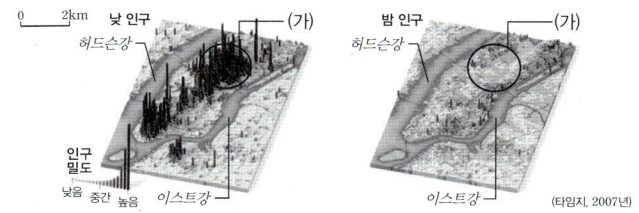

〈보기〉
ㄱ. 토지 이용의 집약도가 높다.
ㄴ. 인구 공동화 현상이 나타난다.
ㄷ. 도시 내에서 접근성이 매우 높다.
ㄹ. 유동 인구에 비해 상주인구가 많다.

① ㄱ, ㄴ   ② ㄱ, ㄹ   ③ ㄷ, ㄹ
④ ㄱ, ㄴ, ㄷ   ⑤ ㄴ, ㄷ, ㄹ

254

지도는 런던의 도시 구조를 나타낸 것이다. 이에 대한 설명으로 옳지 않은 것은?

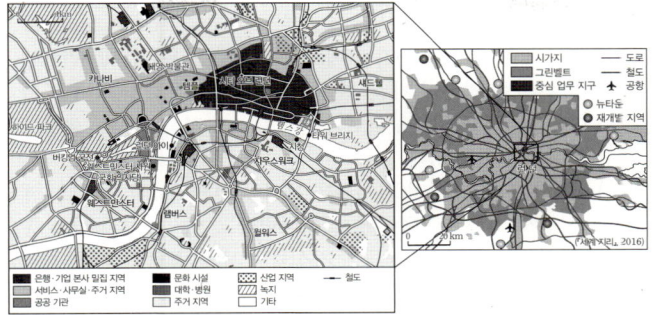

① '시티 오브 런던'은 런던의 도심에 해당한다.
② 재개발은 대부분 도심 지역에서 이루어진다.
③ 뉴타운은 런던의 기능을 분담하는 역할을 한다.
④ 중심 업무 지구는 주로 템스강의 북쪽에 위치한다.
⑤ 그린벨트는 시가지의 무질서한 팽창을 막는 역할을 한다.

255

그림은 유럽과 미국의 도시 지역 분화를 나타낸 것이다. (가)와 비교한 (나)의 상대적 특성을 그림의 A~E에서 고른 것은?

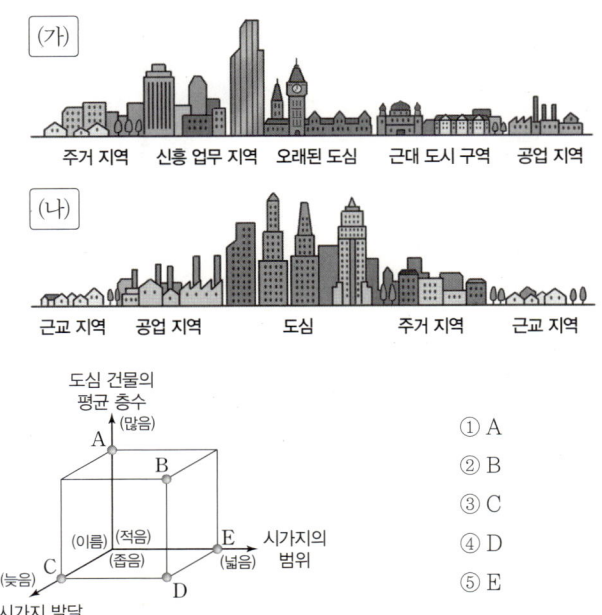

① A
② B
③ C
④ D
⑤ E

주제 2 **지역 통합과 분리 운동**

족집게 전략 | 유럽 연합과 북아메리카 자유 무역 협정의 특징과 소속 국가, 그리고 분리 운동 사례와 해당 지역의 위치를 연결하는 문항이 주로 출제된다. 특히 분리 독립 움직임이 나타나는 지역은 분리 운동의 원인과 함께 지도에서의 위치를 반드시 함께 알아 두자.

256 대표 문항
| 평가원 기출 |

다음 자료의 (가), (나) 국가를 지도의 A~C에서 고른 것은?

• 서로 다른 언어를 사용하는 주민들 사이에서 오랜 긴장과 갈등을 겪고 있는 (가) 에서는 프랑스어 사용자가 많은 □ 주의 분리 독립을 놓고 1980년과 1995년 두 차례 주민 투표가 실시된 바 있다. 그러나 모두 근소한 표차로 부결되었으며, 1995년 주민 투표에서는 그 차이가 2%p 미만이었다.
　　　　　　　　　　　　　　　- △△일보, 2006년 △월 △일자 -

• 가톨릭교와 개신교 간의 분쟁에 시달리던 (나) 에서 또 다른 지역 갈등 문제가 대두되었다. 분리 독립을 추진하던 ○ 자치 정부의 시도는 주민 투표 결과 찬성 44.7%, 반대 55.3%로 무산되었는데, 현지 언론은 앵글로 · 색슨족에 대한 켈트족의 민족적 반감보다 경제적인 문제가 투표 결과에 크게 작용한 것으로 분석했다.
　　　　　　　　　　　　　　　- ◇◇신문, 2014년 ◇월 ◇일자 -

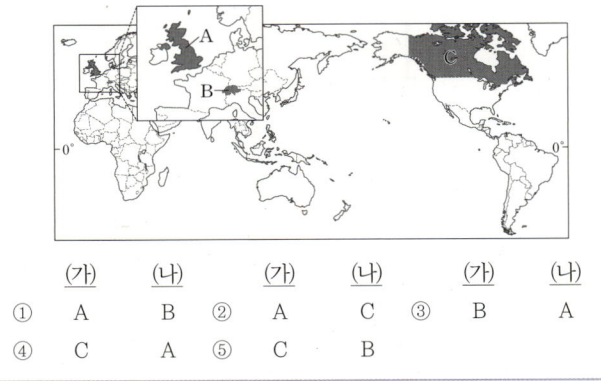

	(가)	(나)		(가)	(나)		(가)	(나)
①	A	B	②	A	C	③	B	A
④	C	A	⑤	C	B			

✎ **한줄 Tip** 지도에 표시된 위치가 어디인지 먼저 파악하면 제시문의 지역을 보다 빠르게 추론할 수 있어.

257
| 평가원 기출 |

지도에 표시된 지역의 공통된 특성을 파악하기 위한 탐구 주제로 가장 적절한 것은?

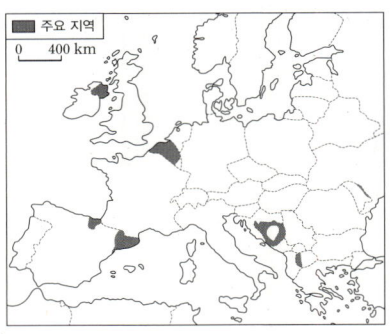

① 첨단 산업의 입지에 따른 신흥 공업 지역의 형성
② 종교나 민족 등 문화의 차이로 인한 지역 분리 운동
③ 국제 하천의 수자원을 둘러싼 상류 국가와의 갈등
④ 지중해성 기후를 이용한 대규모 과수 재배 지역의 발달
⑤ 석탄 및 철광석 산지를 배경으로 한 중화학 공업의 입지

258

| 평가원 기출 |

지도의 A~C 국가군에 대한 옳은 설명만을 〈보기〉에서 고른 것은?

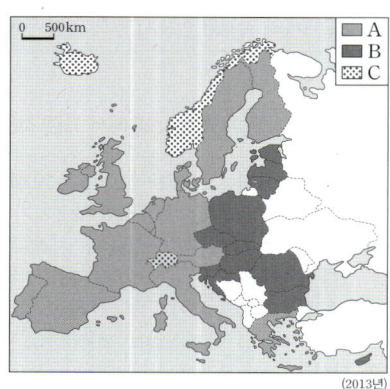

(2013년)

┌─ 보기 ─────────────────────────────────┐
ㄱ. A는 B보다 유럽 연합에 먼저 가입한 국가들이다.
ㄴ. B는 유럽 연합에 가입한 이후, 이전에 비해 A로의 노동력 이동 증가가 나타났다.
ㄷ. C는 유럽 연합 출범 시기부터 회원국 지위를 유지하고 있다.
ㄹ. A와 C의 모든 국가들은 국가 단일 통화로서 유로화를 사용한다.
└──┘

① ㄱ, ㄴ   ② ㄱ, ㄷ   ③ ㄴ, ㄷ   ④ ㄴ, ㄹ   ⑤ ㄷ, ㄹ

259

| 교육청 기출 |

다음 자료의 (가)에 들어갈 내용으로 가장 적절한 것은?

교사 : 지도의 A, B 지역에는 공통적으로 (가) 이/가 나타나고 있습니다.

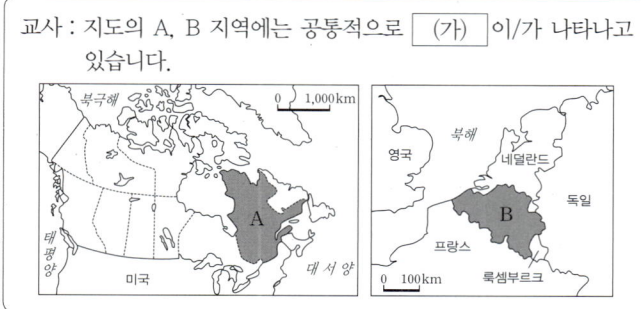

① 언어 차이에 따른 갈등
② 댐 건설을 둘러싼 물 분쟁
③ 이슬람교와 크리스트교의 대립
④ 석유 자원 소유권을 둘러싼 갈등
⑤ 종족을 무시한 국경 획정에 따른 갈등

260

(가), (나)와 관련이 깊은 지역을 지도의 A~D에서 고른 것은?

┌──┐
(가) 이 지역에서는 세 가지 언어가 공용어로 사용되는데, 언어권별로 의회 의석이 배분되는 독특한 정치 구조를 지니고 있다. 같은 국민임에도 서로의 언어를 배우려하지 않아 통합에 걸림돌이 되고 있다.
(나) 이 지역은 오랫동안 자치권을 누려왔으나 18세기 초 왕위 계승 전쟁의 결과로 주권을 잃어버렸다고 생각하여 독립 운동을 전개해 왔다. 주민들은 자신들이 내는 세금이 다른 지역을 위해 사용되고 있는 것에 대한 불만도 크다.
└──┘

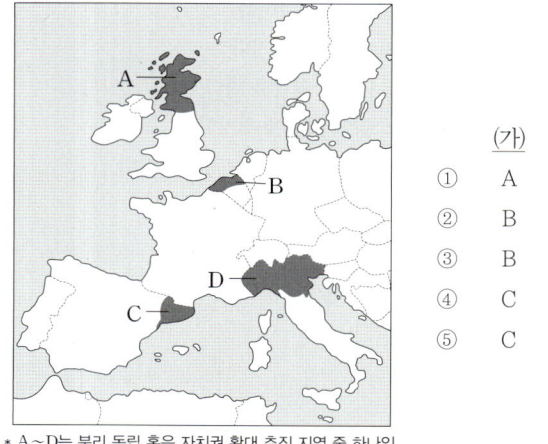

	(가)	(나)
①	A	D
②	B	A
③	B	C
④	C	A
⑤	C	D

* A~D는 분리 독립 혹은 자치권 확대 추진 지역 중 하나임.
(2011년)

261

| 평가원 기출 |

지도에 표시된 (가), (나) 지역 경제 협력체의 통합 수준에 해당하는 것을 A~D에서 고른 것은?

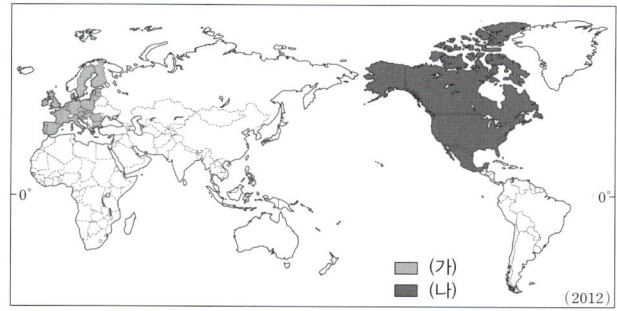

(2012년)

구분	역내 관세 철폐	역외 공동 관세 부과	역내 생산 요소의 자유로운 이동	역내 공동 경제 정책 수행	초국가적 기구 설치 및 운영
A	◄───►				
B	◄─────────────────────────────────►				
C	◄───────────────►				
D	◄───────►				

	(가)	(나)		(가)	(나)		(가)	(나)
①	A	C	②	A	D	③	B	C
④	B	D	⑤	C	D			

262

다음 자료의 (가)와 비교한 (나)의 상대적 특성을 그림의 A~E에서 고른 것은? (단, (가), (나)는 유럽 연합, 북아메리카 자유 무역 협정 중 하나임.)

1994년 세 국가가 광범위한 자유 무역을 추진하기 위해 (가) 이/가 결성되었으나, 2019년 두 회원국 사이의 장벽 설치를 두고 갈등이 지속되고 있어.

마스트리흐트 조약에 의해 결성된 (나) (으)로부터의 탈퇴를 두고 2019년 현재 영국에서 여전히 갈등이 지속되고 있어.

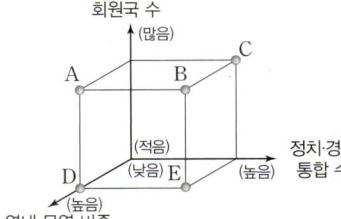

① A
② B
③ C
④ D
⑤ E

263

다음은 스무고개 놀이를 활용한 세계 지리 수업 장면이다. (가)에 해당하는 국가를 지도의 A~E에서 고른 것은?

단계	학생	교사
한 고개	유로화를 자국의 통화로 사용합니까?	→ 아니요.
두 고개	종교 갈등으로 분리 독립 요구가 있습니까?	→ 예.
세 고개	유럽 연합에 속해있으나 탈퇴를 도모하고 있습니까?	→ 예.
네 고개	대서양에 접해 있습니까?	→ 예.
다섯 고개	이 국가는 (가) 입니까?	→ 예.

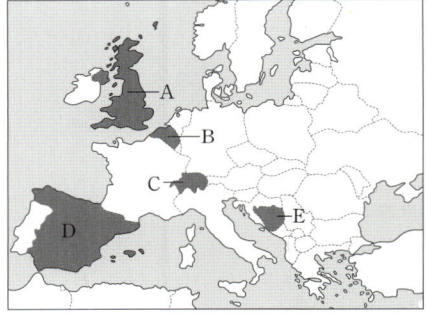

① A
② B
③ C
④ D
⑤ E

264

지도에 표시된 (가)~(다) 국가군에 대한 설명으로 옳은 것은?

(가)　　　　　(나)　　　　　(다)

① (나)의 모든 국가는 유로화를 단일 통화로 사용한다.
② (다)는 경제 통합을 넘어 정치 통합을 추구하고 있다.
③ (가)는 (나)보다 유럽 연합에 가입한 시기가 이르다.
④ (다)는 (가)보다 냉전 시대에 구소련의 영향을 많이 받았다.
⑤ (가)에서 (나)로의 인구 이동이 (나)에서 (가)로의 인구 이동보다 활발하다.

VII 사하라 이남 아프리카와 중·남부 아메리카

13강 도시화, 지역 분쟁과 저개발, 자원 개발 과제

VII단원 핵심 지역 PREVIEW

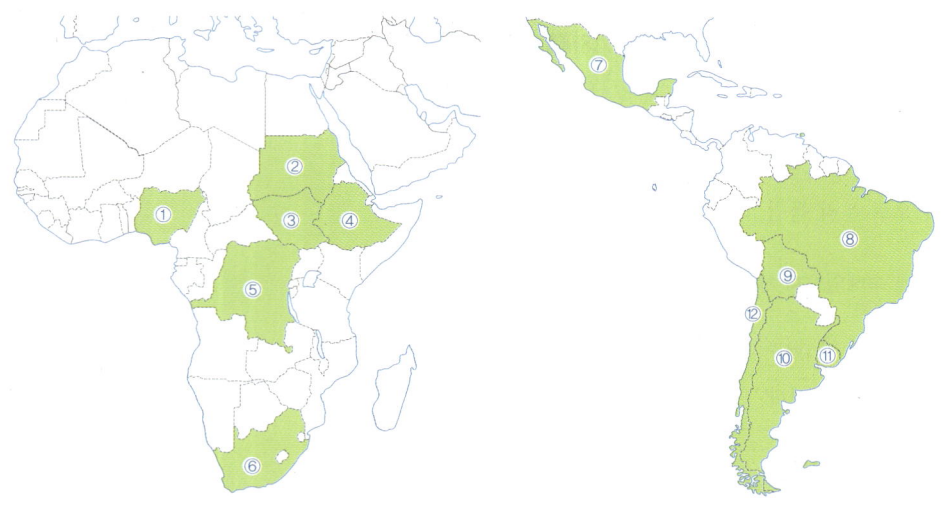

① 나이지리아	민족·종교(크리스트교-이슬람교)·자원 분쟁	⑦ 멕시코	혼혈과 원주민 비율이 높음, 멕시코 시티(과도시화)
②, ③	민족·종교·자원 분쟁(② 수단, ③ 남수단)	⑧ 브라질	포르투갈어 사용
④ 에티오피아	소말리아와 국경 분쟁	⑨ 볼리비아	원주민 비율이 높음
⑤ 콩고 민주 공화국	콜탄 광산 개발로 환경 훼손이 심각함	⑩, ⑪	백인 비율이 높음(⑩ 아르헨티나, ⑪ 우루과이)
⑥ 남아프리카 공화국	백인 비율이 높음	⑫ 칠레	구리 매장량 세계 1위(추키카마타 광산)

13강 도시화, 지역 분쟁과 저개발, 자원 개발 과제	주제 1 중·남부 아메리카의 민족 다양성	• 식민 지배 • 에스파냐어와 포르투갈어 • 원주민 • 유럽계 • 아프리카계 • 혼혈
	주제 2 중·남부 아메리카의 도시 구조와 도시 문제	• 역전된 동심원 구조 • 불량 주택 지구 • 과도시화 • 종주 도시화 현상
	주제 3 사하라 이남 아프리카의 지역 분쟁과 저개발	• 국경 분쟁 • 민족(종족) 분쟁 • 종교 분쟁 • 자원 분쟁
	주제 4 자원 개발을 둘러싼 과제	• 자원 개발 • 열대림 파괴

▶ 유럽의 식민 지배가 어떤 영향을 끼쳤는지에 주목하자.

VII단원은 지역적 특수성을 다루는 네 번째이자 마지막 단원이다. 사하라 이남 아프리카와 중·남부 아메리카는 모두 유럽의 식민 지배를 받았으며, 민족(인종) 분포가 다양하고, 지하자원이 풍부하다는 점에서 비슷하다. 한편, 사하라 이남 아프리카는 강대국의 이해관계에 따른 일방적 국경선 획정으로 크고 작은 분쟁이 끊이지 않으며, 대부분의 지역이 만성적 빈곤과 기아에 시달려 저개발 문제를 겪고 있다. 중·남부 아메리카는 식민 도시를 중심으로 자원이 집중되면서 과도한 도시화로 인해 다양한 도시 문제를 겪고 있다. 따라서 중·남부 아메리카는 식민 지배의 영향을 바탕으로 국가별 민족(인종)구성과 도시 구조에, 사하라 이남 아프리카는 지역 분쟁에 좀 더 비중을 두고 학습하는 것이 좋다. 특히 중·남부 아메리카에서는 주요 국가별 민족(인종) 구성이, 사하라 이남 아프리카에서는 주요 분쟁 지역 사례가 지도와 함께 출제되는 경우가 많으므로 각 대륙 주요 국가의 위치는 반드시 알아 두어야 한다.

13강 도시화, 지역 분쟁과 저개발, 자원 개발 과제

주제 1 중·남부 아메리카의 민족 다양성

1. 다양한 민족(인종) 분포 배경 : 유럽 식민 지배의 영향 → 에스파냐·포르투갈의 식민 지배로 인해 유럽 문화 전파, 가톨릭교 신자 수와 에스파냐어·포르투갈어(브라질) 사용 비중이 높음

2. 민족(인종)별 분포 특성

원주민	안데스 산지와 아마존강 유역에 주로 거주
유럽계	식민지 개척 이후 이주 → 기후 환경이 쾌적한 아르헨티나와 브라질 남동부 해안에 주로 거주, 상류층을 이루는 편
아프리카계	플랜테이션 노동력 충당을 위해 강제 이주 → 플랜테이션이 활발한 자메이카, 브라질 북동부 해안에 주로 거주
혼혈	메스티소라 불리는 원주민과 유럽계의 혼혈이 주로 분포, 중·남부 아메리카에서 차지하는 비중이 가장 높음

지도로 살펴보기 중·남부 아메리카의 인종(민족)과 언어 분포

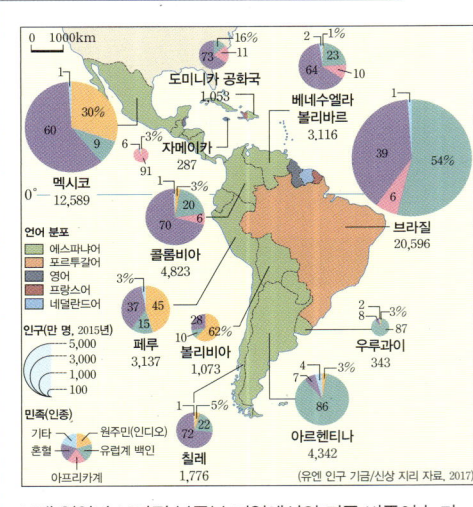

중·남부 아메리카는 과거 식민 지배의 영향으로 대부분의 국가에서 에스파냐어와 포르투갈어(브라질)를 사용한다. **원주민**은 주로 안데스 산지에 거주하며, **유럽계**는 우루과이와 아르헨티나, **아프리카계**는 카리브해 연안과 브라질 북동부 지역에서의 거주 비중이 높다.

주로 선진국에서 볼 수 있는 도시 내부 구조로 도심에서 외곽으로 가면서 중심 업무 지구, 점이 지대, 주택 지구가 원형으로 분화되어 나타난다.

주제 2 중·남부 아메리카의 도시 구조와 도시 문제

1. 중·남부 아메리카의 도시 구조

특징	유럽 식민 지배의 영향으로 도심에서 멀어질수록 저급 주택 지역이 동심원 형태로 나타나는 역전된 동심원 구조가 나타남
도심부	• 중앙 광장을 중심으로 정부 주요 기관과 성당 배치 • 규칙적인 가로망, 도심에서 외곽으로 뻗은 교통로를 따라 직선형의 상업 지구 형성
외곽	급속한 도시화로 농촌을 떠나온 사람들이 도시 내부로 들어가지 못함 → 외곽으로 갈수록 건물의 질이 나빠지며 저급 주택지와 빈민촌이 나타남

자료로 살펴보기 중·남부 아메리카의 도시 구조 발달 과정

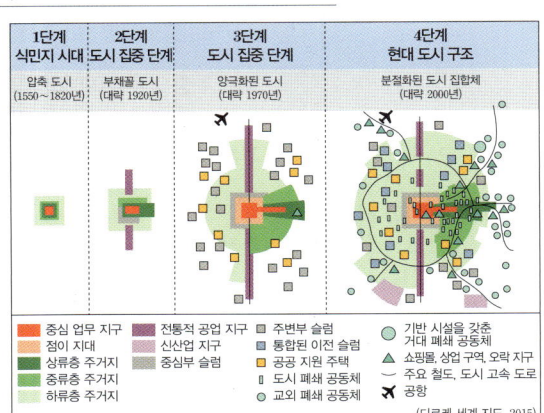

1단계 식민지 시대	2단계 도시 집중 단계	3단계 도시 집중 단계	4단계 현대 도시 구조
압축 도시 (1550~1820년)	부채꼴 도시 (대략 1920년)	양극화된 도시 (대략 1970년)	분절화된 도시 집합체 (대략 2000년)

■ 중심 업무 지구	■ 전통적 공업 지구
■ 점이 지대	■ 신산업 지구
■ 상류층 주거지	■ 중심부 슬럼
■ 중류층 주거지	□ 도시 폐쇄 공동체
■ 하류층 주거지	○ 교외 폐쇄 공동체
■ 주변부 슬럼	○ 기반 시설을 갖춘 거대 폐쇄 공동체
□ 통합된 이전 슬럼	△ 쇼핑몰, 상업 구역, 오락 지구
□ 공공 지원 주택	- - 주요 철도, 도시 고속 도로
	✈ 공항

(디르케 세계 지도, 2015)

1단계의 식민지 시대에는 광장 중심의 소규모 도시가 형성된다. **2단계**에는 교통로를 따라 상류층 주거지가 확대된다. **3단계**에는 이촌 향도 현상이 본격화되면서 도시가 더욱 확장되고 외곽 지역에 도시 내부로 들어가지 못한 사람들이 모여 사는 불량 주택 지구가 형성된다. **4단계**에는 폐쇄 공동체가 확산되어 도시 내 주거 환경이 양극화된 경관으로 나타난다.

2. 중·남부 아메리카의 도시 문제

과도시화	• 도시의 기반 시설에 비해 지나치게 많은 인구가 도시에 집중하는 현상 • 기반 시설 부족, 범죄, 환경 오염, 일자리 부족 문제 발생 • 대규모 불량 주거 지역 형성 예 브라질의 파벨라 • 계층 간 주거지 분리 문제로 주거 환경의 불평등 발생
종주 도시화	• 수위 도시의 인구가 인구 규모 2위 도시 인구의 2배 이상인 현상 • 종주 도시 : 멕시코의 멕시코시티, 페루의 리마, 베네수엘라 볼리바르의 카라카스, 아르헨티나의 부에노스아이레스 등

주제 3 사하라 이남 아프리카의 지역 분쟁과 저개발

1. 사하라 이남 아프리카의 지역 분쟁

북부는 이슬람교, 남부는 크리스트교가 넓게 전파되었다.

발생 배경		• 부족 중심의 공동체 사회 → 민족(인종) 분포를 무시한 유럽 열강의 인위적 국경 설정으로 통합이 어려움 • 다양한 언어와 종교 : 토속 신앙 + 이슬람교와 크리스트교 유입 → 점이 지대에서 분쟁 발생 • 편중된 자원, 일부 지도자의 독재와 부정부패 등
사례	민족	르완다의 후투족과 투치족 간 갈등
	종교	나이지리아 분쟁(북부 이슬람교도-남부 크리스트교도), 수단 내전(이슬람교를 믿는 북부 아랍계 주민-크리스트교와 토속 신앙을 믿는 남부 아프리카계 주민) 등
	기타	백인 비중이 높은 남아프리카 공화국 → 아프리카계 인종 차별 정책인 아파르트헤이트를 시행하여 국제적 비난을 받음

2. 사하라 이남 아프리카의 저개발 문제

원인	• 도로, 철도 등 사회 기반 시설 미비 • 플랜테이션 중심 농업 구조, 1차 생산품 중심의 산업 구조 • 선진국의 투자에 의존하는 경제 구조
영향	• 인구 증가율은 높으나 농업이 원활하지 않아 식량난 지속 • 절대 빈곤층이 많아 기아 문제 발생 • 보건 의료 시설 및 교육 시설 부족
극복 노력	• 아프리카 연합(AU)의 탄생 : 아프리카의 공동 이익 추구, 통합 및 발전 촉구를 위해 설립 • 국제 사회의 협력으로 공적 개발 원조 활발

주제 4 자원 개발을 둘러싼 과제

1. 자원 분포와 개발

석유, 천연가스	• 아프리카의 기니만 연안 예 나이지리아, 앙골라 • 남아메리카의 베네수엘라 볼리바르, 에콰도르, 멕시코
석탄	고기 습곡 산지 예 남아프리카 공화국
철광석	순상지 예 브라질
구리	• 아프리카의 코퍼 벨트 예 콩고 민주 공화국 ~ 잠비아 • 남아메리카의 칠레 └ 중·남부 아프리카에서 구리와 코발트의 매장량이 풍부한 지역

지도로 살펴보기 📖

천연자원의 분포

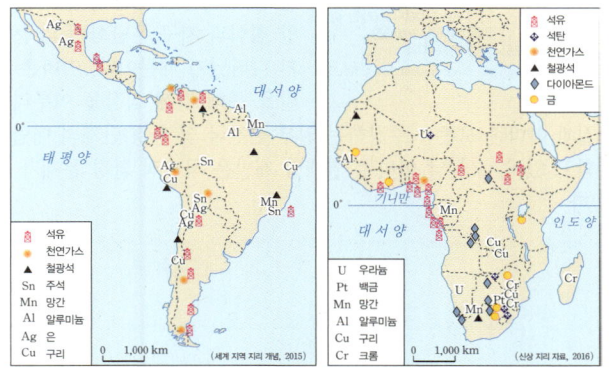

석유 | 석탄 ◆ | 천연가스 🟠 | 철광석 ▲ | 다이아몬드 ◆ | 금 🟡

• **중·남부 아메리카**는 석유, 천연가스, 철광석, 구리 등이 풍부하다. 브라질은 철광석, 칠레는 구리 생산이 많으며, 베네수엘라 볼리바르는 석유 생산량이 많다.
• **사하라 이남 아프리카**는 석유, 석탄, 금, 다이아몬드, 구리 등이 풍부하다. 기니만 연안의 나이지리아는 석유 생산량이 많으며, 남아프리카 공화국은 석탄, 콩고 민주 공화국과 잠비아는 구리의 매장량이 많다.

2. 자원 개발에 따른 문제
(1) **이용과 배분의 문제** : 자본과 기술력 부족으로 외국 기업에 자원 개발 의존, 특정 자원에 대한 수출 의존도가 지나치게 높음, 소수의 권력자와 결탁한 자원 개발
(2) **자원 개발에 따른 환경 문제** : 농장 조성과 자원 개발로 열대림 면적 감소 → 생물 다양성 감소 및 토양 침식 가속화, 토양 및 수질 오염 등

📝 빈칸에 알맞은 말을 쓰시오.

01 지도는 중·남부 아메리카 주요 국가의 언어와 민족(인종) 분포를 나타낸 것이다. A~C에 해당하는 민족(인종)은?

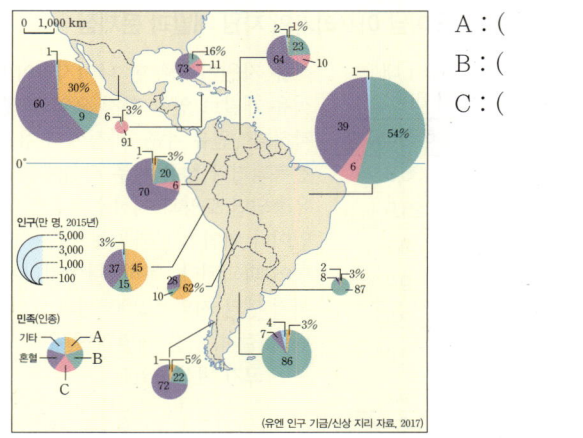

(유엔 인구 기금/신상 지리 자료, 2017)

A : (   )
B : (   )
C : (   )

02 지도는 중·남부 아메리카와 사하라 이남 아프리카의 천연자원 분포를 나타낸 것이다. A~C에 해당하는 자원은?

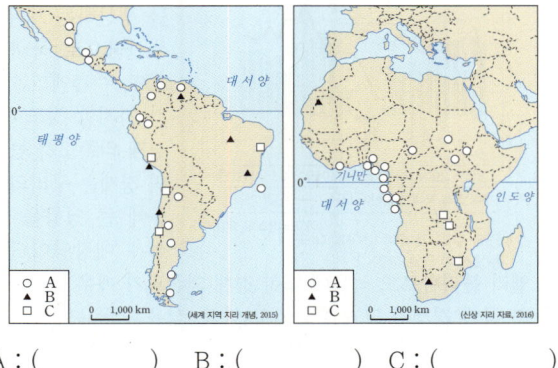

(세계 지역 지리 개설, 2015) (신상 지리 자료, 2016)

○ A ▲ B □ C

A : (   ) B : (   ) C : (   )

📝 다음의 설명이 맞으면 'O', 틀리면 'X'에 표시하시오.

03 안데스 산지와 아마존강 유역에는 주로 유럽계가 분포한다. ○ ×

04 중·남부 아메리카의 아프리카계는 노예 무역을 통해 강제 이주된 이들의 후손이 대부분이다. ○ ×

05(함정) 중·남부 아메리카의 도시에서는 주로 역전된 동심원 구조가 나타난다. ○ ×

06 멕시코에서는 종주 도시화 현상이 나타난다. ○ ×

07 아프리카의 국가 경계는 민족(종족)의 경계와 정확히 일치한다. ○ ×

08(함정) 북부 아프리카는 크리스트교, 사하라 이남 아프리카는 이슬람교의 신자 수 비중이 높다. ○ ×

09 중·남부 아메리카에서 구리 생산량이 가장 많은 국가는 브라질이다. ○ ×

자원 개발이 지역에 끼치는 부정적 영향은 무엇일까?

● 자료 1 사하라 이남 아프리카의 자원 개발과 문제점

〈석유의 아프리카 내 국가별 매장량 비중〉

국가	비중(%)
리비아	36.8
나이지리아	28.9
알제리	9.2
앙골라	9.2
이집트	2.6
남수단	2.6
기타	10.7

(BP, 2017년)

석유 자원이 풍부한 **나이지리아**에서는 석유 개발로 인한 환경 오염 문제가 심각하다. 원유 수송 과정에서 유조선이 전복되거나 석유 시추 시설에서 석유가 유출되면 토양과 지하수가 오염되어 농업이나 어업이 불가능해지고 생태계 균형이 파괴된다. 특히, 나이지리아의 나이저 델타 지역은 2008년과 2009년 두 번에 걸쳐 수천 배럴의 원유가 유출되는 사고가 발생하였다.

└ 기니만 연안 나이저강 하구에 형성된 삼각주로, 유전이 집중적으로 분포하여 해안가에 설치된 송유관을 통해 다량의 석유를 운반한다.

〈탄탈룸의 국가별 매장량 비중〉

국가	비중(%)
르완다	37.3
콩고 민주 공화국	31.8
브라질	10.5
중국	5.5
기타	14.9

(미국 지질 조사국, 2017년)

콩고 민주 공화국은 콜탄이 풍부하게 매장되어 있다. 콜탄에 포함된 탄탈룸은 휴대 전화, 노트북 등 IT 제품의 원료로 사용되어 전 세계적으로 수요가 급증하고 있다. 문제는 콜탄의 세계적인 생산지인 콩고 민주 공화국의 동부 지역이 고릴라의 주요 서식지라는 것이다. 콜탄 광산의 개발 이후 숲이 파괴되면서 고릴라들이 멸종 위기에 처하게 되었으며, 토양 침식과 수질 오염 등의 문제가 나타났다.

● 자료 2 중·남부 아메리카의 자원 개발과 문제점

〈전년 대비 변동 %〉 〈파운드당 달러〉
2006 2007 2008 2009 2010 2011 2012(년)
■ 칠레 국내 총생산(GDP) ─ 구리 가격

(이코노미스트, 2013)
└ 국제 구리 가격이 낮아지자 국내 총생산이 감소하였다.

칠레는 전 세계 구리의 약 30%를 생산하는 세계 최대의 구리 생산국으로 국내 총생산의 약 20%, 수출액의 약 60%를 구리가 차지할 정도로 구리에 대한 경제 의존도가 높다. 이에 칠레의 경제는 구리의 국제 가격 변동에 큰 영향을 받는다. 한편, 석유 매장량이 풍부한 **베네수엘라 볼리바르**도 석유에 대한 경제 의존도가 매우 높아 유가 하락에 따라 국가 경제가 크게 흔들리고 있다. 석유를 국유화하였음에도 불구하고 빈부 격차가 더욱 심화되었으며, 정부의 부패 정도가 심하여 석유가 풍부함에도 경제 위기를 겪게 되었다.

60°W
○ 도시
→ 댐
━ 고속 도로
■ 2016년까지 사라진 숲
■ 열대림(2016년)
■ 초목 지대
0 300 km
(Yale Environment 360, 2017년)

브라질 아마존강 유역의 아마존 분지는 세계 최대의 열대림 지역으로 생태계의 보고이다. 이곳에서 도로 건설, 광산 개발, 콩 재배와 가축 사육 증가 등으로 환경 파괴가 심각하다. 무분별한 벌목과 방화로 열대림이 파괴되고, 생물 종 다양성이 감소하였으며, 토양 침식과 지구 온난화 등의 문제가 나타났기 때문이다. 아마존 개발을 통해 경제 성장을 이루려는 브라질과 아마존 보존을 주장하는 일부 선진국 및 환경 단체의 대립이 계속되고 있어, 오늘날 아마존 열대림 개발은 국제적 환경 문제가 되고 있다.

● 백지도로 확인하기

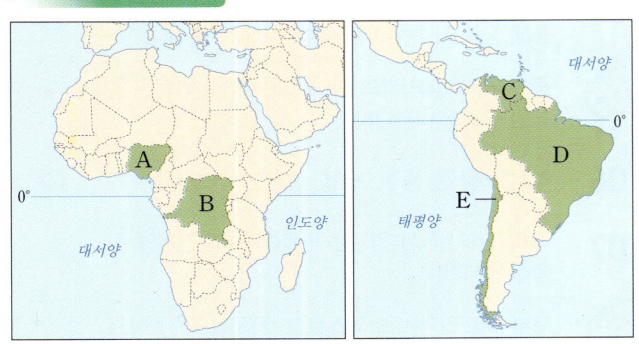

대서양
인도양
대서양
태평양

Q1 왼쪽 지도를 보고 빈칸에 알맞은 말을 쓰거나, 괄호 안의 내용 중 알맞은 말을 고르시오.

(1) A는 ( ), B는 ( ), C는 ( ), D는 ( ), E는 ( )이다.

(2) A에서는 (석유 / 콜탄)의 유출로 인한 환경 오염 문제가 나타난다.

(3) B에서는 (콜탄 / 석탄) 광산 개발로 인해 고릴라의 주요 서식지가 파괴되었다.

(4) C는 자원 개발 이후 경제적 빈부 격차 문제가 (심화 / 완화)되었다.

(5) D에 위치한 아마존 분지의 (냉대림 / 열대림) 파괴 문제는 국제적 환경 이슈가 되고 있다.

(6) C는 (석탄 / 석유), E는 (구리 / 철광석)에 대한 의존도가 매우 높다.

WHAT & WHY 정답 **Q1** (1) 나이지리아, 콩고 민주 공화국, 베네수엘라 볼리바르, 브라질, 칠레 (2) 석유 (3) 콜탄 (4) 심화 (5) 열대림 (6) 석유, 구리

· 정답 및 해설 061~065쪽

주제 1 중·남부 아메리카의 민족 다양성

족집게 전략 | 라틴 아메리카의 국가별 인종(민족) 분포를 제시하고 해당 인종(민족)의 특징을 묻는 문항이 자주 출제된다. 모든 국가의 인종(민족) 분포를 암기하기보다는 각 인종(민족)의 분포 특성을 이해하는 것이 중요하다. 온대 기후가 나타나는 아르헨티나·우루과이 등지에는 유럽계의 비중이 높으며, 안데스 산지에는 원주민, 열대 기후 지역의 해안가에는 아프리카계의 분포 비중이 높다.

265 대표 문항 | 평가원 기출 |

다음 글은 라틴 아메리카의 인종(민족)과 언어에 대한 것이다. 이에 대한 옳은 설명만을 〈보기〉에서 고른 것은? (단, A~C는 원주민, 유럽계, 혼혈 중 하나임.)

> 브라질은 라틴 아메리카 국가 중 아프리카계 인구가 가장 많은 나라이지만, 국내 인종(민족)별 인구 구성에서는 ☐ A ☐ 이/가 차지하는 비중이 가장 높다. 멕시코는 국내 인종(민족)별 인구 구성에서 ☐ B ☐ 이/가 차지하는 비중이 가장 높고, 페루의 인구 비중 상위 두 인종(민족)은 ☐ B ☐ 와/과 ☐ C ☐ 이다.
>
> 유럽 국가의 식민 지배 영향으로 브라질에서는 ㉠ 을/를, 멕시코에서는 ㉡ 을/를 공용어로 사용하고 있다.

[보기]
ㄱ. A는 C보다 라틴 아메리카에서 경제적 지위가 높다.
ㄴ. B는 C보다 라틴 아메리카 전체 인구에서 차지하는 비중이 높다.
ㄷ. C는 A보다 라틴 아메리카에서의 거주 역사가 짧다.
ㄹ. ㉠은 에스파냐어, ㉡은 포르투갈어이다.

① ㄱ, ㄴ　② ㄱ, ㄷ　③ ㄴ, ㄷ　④ ㄴ, ㄹ　⑤ ㄷ, ㄹ

✏️ **한줄 Tip** 라틴 아메리카 대부분은 에스파냐어를 사용하며, 브라질은 포르투갈어를 사용한다.

266 | 평가원 기출 |

그래프는 지도에 표시된 (가)~(다) 국가의 인종(민족)별 구성비를 나타낸 것이다. 이에 대한 설명으로 옳은 것은? (단, A~C는 원주민, 유럽계, 혼혈 중 하나임.)

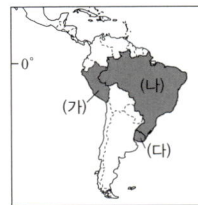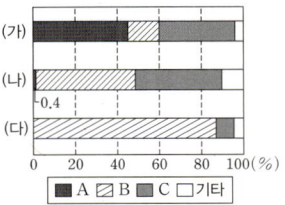

① 라틴 아메리카 전체 인구에서 차지하는 비중은 C가 가장 낮다.
② 라틴 아메리카에 정착한 시기는 B가 A보다 늦다.
③ (나)에서 A는 B보다 경제적 지위가 높다.
④ (다)에는 한류의 영향을 받아 형성된 해안 사막이 있다.
⑤ (가)는 포르투갈어, (나)는 에스파냐어를 공용어로 사용한다.

267 | 평가원 기출 |

다음 자료는 (가)~(라) 국가의 인종(민족)별 구성비를 나타낸 것이다. 이에 대한 설명으로 옳은 것은? (단, A~D는 백인, 원주민, 혼혈, 흑인 중 하나임.)

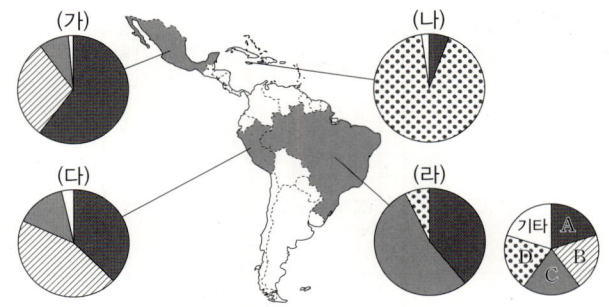

① C는 과거 플랜테이션 노동력 확보를 위해 강제로 이주되었다.
② D의 조상들은 잉카 문명과 아스테카 문명을 발달시켰다.
③ A는 D보다 라틴 아메리카 전체 인구에서 차지하는 비중이 높다.
④ B는 C보다 라틴 아메리카에서 경제적 지위가 높다.
⑤ (가)~(라) 중 백인의 비중이 가장 높은 국가의 공용어는 에스파냐어이다.

268

자료의 ㉠~㉢에 대한 옳은 설명만을 〈보기〉에서 고른 것은?

· 사용 국가 : 아르헨티나
· 인물 설명 :
　원주민을 내쫓고 영토를 확장한 ㉠ 백인 장군

· 사용 국가 : 베네수엘라 볼리바르
· 인물 설명 : 독립 전쟁에 참전한 ㉡ 흑인 노예 출신 장교

· 사용 국가 : 온두라스
· 인물 설명 : 유럽인에게 대항한 ㉢ 원주민 족장

[보기]
ㄱ. ㉠과 ㉢의 혼혈을 메스티소라 부른다.
ㄴ. ㉠은 ㉡보다 중·남부 아메리카로 이주하기 시작한 역사가 길다.
ㄷ. ㉡은 ㉢보다 안데스 산지에서의 거주 비율이 높다.
ㄹ. ㉢은 ㉠보다 중·남부 아메리카 내 경제적 지위가 높다.

① ㄱ, ㄴ　② ㄱ, ㄷ　③ ㄴ, ㄷ　④ ㄴ, ㄹ　⑤ ㄷ, ㄹ

269 고난도↑

|평가원 기출|

그래프는 A~C 인종(민족)의 국가별 인구의 합을 나타낸 것이다. 이에 대한 옳은 설명만을 〈보기〉에서 고른 것은? (단, (가)~(다)는 지도에 표시된 국가 중 하나임.)

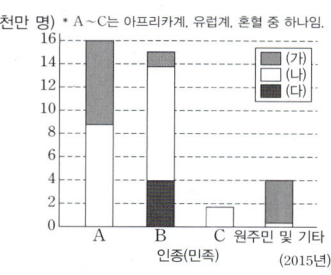 

┌─보기──────────────────────────────┐
ㄱ. 유럽계 인구는 아르헨티나가 가장 많다.
ㄴ. (가)는 에스파냐어를 공용어로 사용한다.
ㄷ. (나)에서는 매년 리우 카니발이 열린다.
ㄹ. 브라질은 멕시코보다 국가 전체 인구에서 A의 비중이 높다.
└──────────────────────────────────┘

① ㄱ, ㄴ   ② ㄱ, ㄷ   ③ ㄴ, ㄷ   ④ ㄴ, ㄹ   ⑤ ㄷ, ㄹ

주제 2 중·남부 아메리카의 도시 구조와 도시 문제

족집게 전략 | 식민 지배를 받은 중·남부 아메리카의 도시 내부 구조 특성을 이해하고 관련 용어를 확실하게 정리해 두어야 한다.

270 대표 문항

그림은 서로 다른 도시 내부 구조 모식도를 나타낸 것이다. (가), (나)에 대한 옳은 설명만을 〈보기〉에서 고른 것은? (단, (가), (나)는 북부 아메리카와 중·남부 아메리카의 도시 내부 구조 중 하나임.)

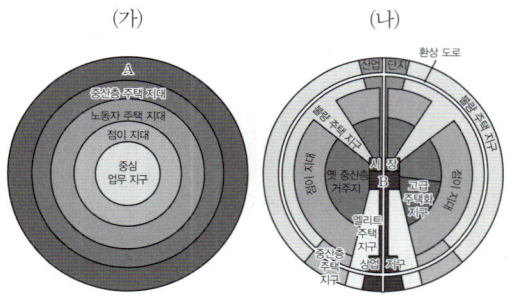

┌─보기──────────────────────────────┐
ㄱ. (가)의 A에는 불량 주택 지구가 형성된다.
ㄴ. (나)의 B에는 중앙 광장을 중심으로 성당과 정부 주요 기관이 입지한다.
ㄷ. (가)는 (나)보다 도심 형성 과정에서 유럽 식민 지배의 영향을 크게 받았다.
ㄹ. (나)는 (가)보다 도시 기반 시설 부족 등의 과도시화 문제가 심각하다.
└──────────────────────────────────┘

① ㄱ, ㄴ   ② ㄱ, ㄷ   ③ ㄴ, ㄷ   ④ ㄴ, ㄹ   ⑤ ㄷ, ㄹ

✏ **한줄 Tip** 선진국보다 개발 도상국에서 과도시화 현상이 뚜렷하다.

271

그림은 두 지역의 도시 내부 구조를 나타낸 것이다. (가), (나) 도시 내부 구조에 대한 옳은 설명만을 〈보기〉에서 있는 대로 고른 것은? (단, (가), (나)는 동남아시아, 라틴 아메리카의 도시 내부 구조 중 하나임.)

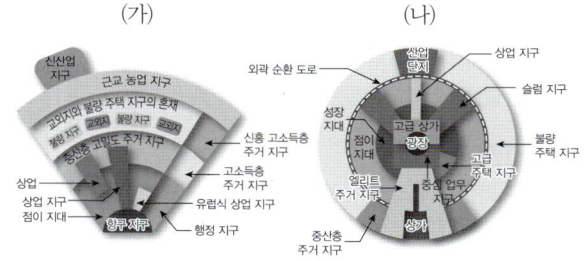

┌─보기──────────────────────────────┐
ㄱ. (가)는 무역을 위한 항구 지역이 도시 성장의 거점이 되었다.
ㄴ. (나)는 정치·경제의 핵심 지역이 도시 외곽에 위치한다.
ㄷ. (가), (나)는 선진국에 비해 과도시화 현상이 뚜렷하다.
ㄹ. (가), (나)는 모두 도시 내부 구조에 식민 지배의 영향이 반영되어 있다.
└──────────────────────────────────┘

① ㄱ, ㄴ   ② ㄴ, ㄹ   ③ ㄷ, ㄹ
④ ㄱ, ㄴ, ㄷ   ⑤ ㄱ, ㄷ, ㄹ

272

다음 자료의 (가), (나)에 들어갈 용어로 가장 적절한 것은?

┌──────────────────────────────────┐
◎ 주제1 : [(가)]
　멕시코시티는 멕시코에서 인구가 가장 많은 수위 도시이며, 과달라하라는 인구 규모 2위의 도시이다. 2015년 기준 과달라하라의 인구는 500만 명이 되지 않는 반면, 멕시코시티의 인구는 2천만 명이 넘는다. 이렇게 중·남부 아메리카에는 수위 도시로 인구가 집중된 국가가 많다.

◎ 주제2 : [(나)]
　중·남부 아메리카 주요 도시들은 에스파냐와 포르투갈의 식민 지배 영향을 받았다. 이들 도시의 대부분은 유럽인들이 조성한 도심부에서 규칙적이고 근대화된 경관이 나타난다. 그리고 외곽으로 갈수록 건물의 질이 나빠지면서 저급 주택지와 빈민촌이 나타난다.
└──────────────────────────────────┘

	(가)	(나)
①	종주 도시화 현상	역전된 동심원 구조
②	종주 도시화 현상	메갈로폴리스의 형성
③	역전된 동심원 구조	종주 도시화 현상
④	역전된 동심원 구조	메갈로폴리스의 형성
⑤	메갈로폴리스의 형성	역전된 동심원 구조

273

자료를 통해 학습할 수 있는 주제로 가장 적절한 것은?

리우데자네이루는 인구가 1,200만 명이 넘는 대도시로, 현재는 브라질에서 두 번째로 규모가 크다. 세계 3대 미항 중 하나이며, 유네스코 세계 문화유산으로 등재되었다. 그러나 도시 곳곳에는 거주 환경이 열악한 '파벨라'가 분포한다. 파벨라는 미로처럼 복잡한 골목에 성냥갑 같은 집들이 다닥다닥 붙어 있는 모습으로, 범죄 집단의 근거지이기도 하다. 반면에 소득이 높은 계층은 해안이나 호숫가 등 주거 환경이 쾌적한 지역에 집중하여 살고 있다.

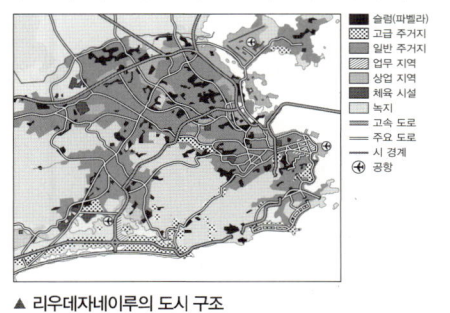

▲ 리우데자네이루의 도시 구조

① 교통 발달에 따른 대도시권의 형성
② 낙후된 시설 개선을 위한 도시 재생 사업
③ 경제적 차이에 따른 계층별 거주지 분리 현상
④ 세계화에 따른 세계 도시 간 계층 질서의 형성
⑤ 수위 도시로의 인구 집중으로 인한 종주 도시화 현상

274

다음 글의 밑줄 친 ㉠~㉤에 대한 설명으로 옳지 않은 것은?

선진국의 도시화는 도시의 산업 발달로 농촌 인구가 도시로 이주함에 따라 이루어졌다. 반면, 개발 도상국의 도시화는 ㉠ 농촌의 인구 배출 요인과 ㉡ 도시의 인구 흡인 요인이 동시에 작용하여 나타난다. 특히 중·남부 아메리카의 도시화 진행 속도는 다른 대륙보다 빠르게 진행되어 ㉢ 과도시화 현상이 심화되었으며, ㉣ 스프롤 현상이 나타나 토지 이용과 도시 시설 정비상 많은 문제를 유발하였다. 또한, 도시로의 과도한 인구 집중은 ㉤ 비공식 부분 경제 활동의 증가를 가져왔다.

① ㉠ - 농촌의 일자리 부족이 이에 해당한다.
② ㉡ - 도시의 풍부한 일자리와 편리한 시설 등이 이에 해당한다.
③ ㉢ - 도시의 기반 시설에 비해 지나치게 많은 인구가 도시로 집중하는 현상이다.
④ ㉣ - 도시 외곽에 파벨라와 같은 불량 주택 지구가 형성된다.
⑤ ㉤ - 주로 1차 산업에 포함되는 경제 활동을 말한다.

주제 3 **사하라 이남 아프리카의 지역 분쟁과 저개발**

족집게 전략 | 사하라 이남 아프리카에서 지역 분쟁이 잦은 이유를 이해하고, 분쟁이 나타나는 국가의 분쟁 양상과 위치를 함께 기억해야 한다.

275 대표 문항 | 평가원 기출 |

다음은 아프리카의 민족(종족)별 거주 영역과 국경에 관한 수업 장면이다. 발표한 내용이 옳은 학생만을 있는 대로 고른 것은?

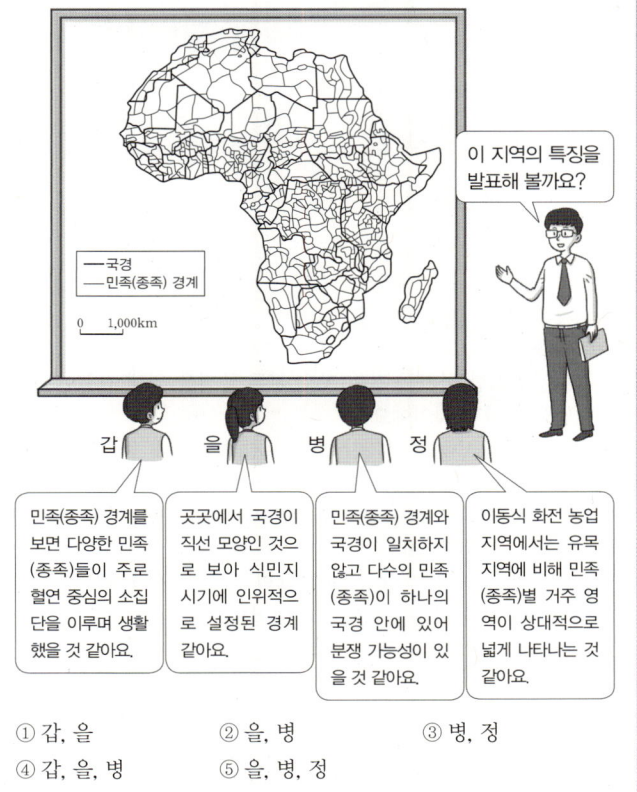

이 지역의 특징을 발표해 볼까요?

갑   을   병   정

갑: 민족(종족) 경계를 보면 다양한 민족(종족)들이 주로 혈연 중심의 소집단을 이루며 생활했을 것 같아요.

을: 곳곳에서 국경이 직선 모양인 것으로 보아 식민지 시기에 인위적으로 설정된 경계 같아요.

병: 민족(종족) 경계와 국경이 일치하지 않고 다수의 민족(종족)이 하나의 국경 안에 있어 분쟁 가능성이 있을 것 같아요.

정: 이동식 화전 농업 지역에서는 유목 지역에 비해 민족(종족)별 거주 영역이 상대적으로 넓게 나타나는 것 같아요.

① 갑, 을   ② 을, 병   ③ 병, 정
④ 갑, 을, 병   ⑤ 을, 병, 정

✏️ **한줄 Tip** 아프리카 지역 분쟁의 원인 중 하나가 식민 통치 시기에 이루어진 인위적인 국경 설정임을 기억하자.

276

두 지도를 통해 탐구할 수 있는 학습 주제로 가장 적절한 것은?

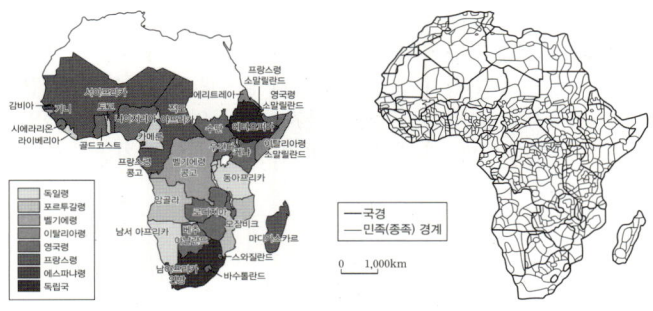

① 사막화에 따른 환경 난민 발생
② 세계화에 따른 소수 문화의 소멸
③ 부족 및 국가 간 잦은 분쟁의 역사적 배경
④ 식민 지배 이후 혼혈 인종(민족)의 분포 특징
⑤ 이슬람교와 크리스트교의 전파에 따른 종교 갈등 심화

277 고난도↑
|평가원 기출|
다음 자료는 아프리카 지역에 대한 수업 장면이다. 발표한 내용이 옳은 학생만을 있는 대로 고른 것은?

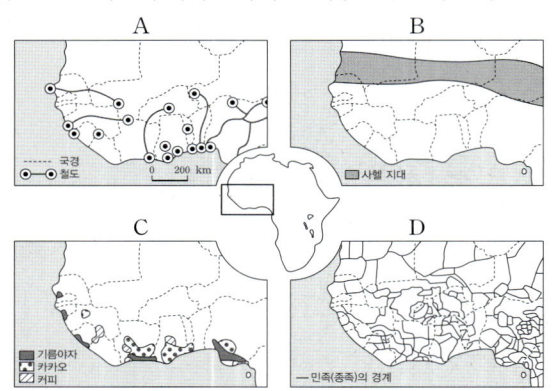

교사 : A~D 지도에 대해 조사해 온 내용을 발표해 볼까요?

갑 : A는 인접한 국가들 간의 상호 교류 증진을 위해 건설한 철도 망을 나타낸 것이에요.
을 : B의 사헬 지대는 지나친 방목과 경작지 확대 등으로 사막화 현상이 나타나는 곳이에요.
병 : C의 작물들은 유럽 열강의 자본이 유입되면서 대량으로 생산되기 시작했어요.
정 : D는 이 지역이 민족(종족) 경계와 국경이 일치하지 않아 분쟁 가능성이 있음을 보여주고 있어요.

① 갑, 을   ② 을, 병   ③ 병, 정
④ 갑, 을, 병   ⑤ 을, 병, 정

278
다음의 (가), (나)에서 설명하는 국가를 지도의 A~C에서 고른 것은?

(가) 전체 인구의 약 40%를 차지하는 크리스트교도는 남부 지역, 약 50%를 차지하는 이슬람교도는 북부 지역에 거주한다. 유전 지대와 각종 사회 기반 시설이 남부 지역에 집중되어 남부 지역과 북부 지역의 경제적 격차가 발생하였으며, 이에 따른 두 종교 간 갈등이 심화되고 있다.
(나) 과거 인종 차별 정책인 아파르트헤이트를 시행하였다. 이는 주민을 유럽계, 혼혈, 아프리카계 등으로 구분하여 인종 간 거주지를 분리하고 결혼을 금지하는 등의 정책이 포함되었다. 현재 아파르트헤이트는 폐지되었으나 인종 차별에 대한 논쟁은 지속되고 있다.

	(가)	(나)
①	A	B
②	A	C
③	B	A
④	B	C
⑤	C	A

279
다음 글의 ㉠에 들어갈 국가를 지도의 A~E에서 고른 것은?

이 지역의 북부는 이슬람교를 믿는 다수의 아랍계가 주로 거주하였으며, 남부는 크리스트교와 토속 신앙을 믿는 아프리카계가 많이 거주하였다. 이들 간의 계속된 갈등으로 내전이 발생하였으며 남부 지역의 주민들은 계속해서 분리·독립을 요구하였고, 41년에 걸친 내전 끝에 남부 지역에 위치한 ㉠ 이/가 2011년 분리·독립하였다.

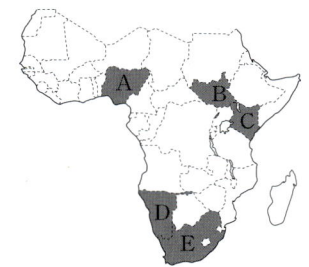

① A
② B
③ C
④ D
⑤ E

주제 4 자원 개발을 둘러싼 과제

족집게 전략 | 자원 개발로 인한 환경 문제의 사례로 아마존의 열대림 파괴 문제가 자주 출제되며, 또다른 지구적 환경 문제와 함께 출제될 수 있다. 또한 주요 지하자원의 국가별 분포 자료를 통해 해당 국가를 찾는 문항도 출제될 가능성이 높다.

280 대표 문항
|평가원 기출|
지도는 브라질의 열대 우림 분포 변화를 나타낸 것이다. 이 지역에 대한 탐구 주제로 가장 적절한 것은?

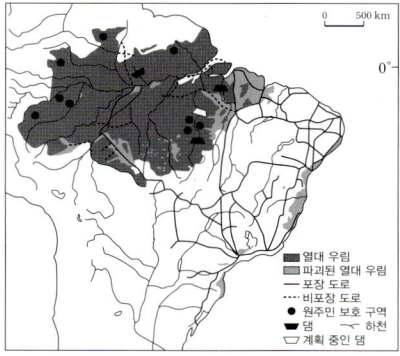

① 건조 환경을 극복하기 위한 댐 건설
② 생태계 파괴와 생물 종의 다양성 감소
③ 해저 자원의 고갈과 해양 오염의 심화
④ 과도한 관개 농업으로 인한 지하수의 고갈
⑤ 원주민 전통 문화의 확산과 근거지의 확대

 한줄 Tip   열대 우림의 역할을 떠올려 보자.

281

다음 글의 ㉠에 들어갈 옳은 내용만을 〈보기〉에서 고른 것은?

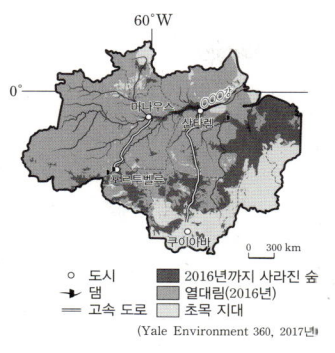

지도에 표시된 지역은 삼림의 면적이 무려 700만 km²에 달할 정도로 지구상에서 열대 우림이 가장 넓게 형성되어 있는 지역이다. 그러나 지난 30년간 이 지역의 열대 우림은 약 1/5 정도 파괴되었다. 2015년 8월 ~2016년 사이에는 약 8,000 km²의 열대림이 사라졌다. 이는 한 시간에 축구장 128개의 면적이 사라진 것과 같다. 이와 같은 변화로 이 일대에서는 ㉠ 이(가) 나타났다.

〈보기〉
ㄱ. 토양 침식량의 감소
ㄴ. 생물 종 다양성의 감소
ㄷ. 원주민 전통문화의 파괴
ㄹ. 대기 중 이산화탄소 농도의 감소

① ㄱ, ㄴ ② ㄱ, ㄷ ③ ㄴ, ㄷ ④ ㄴ, ㄹ ⑤ ㄷ, ㄹ

282

지도는 세 자원의 분포를 나타낸 것이다. A~C에 해당하는 자원에 대한 옳은 설명만을 〈보기〉에서 고른 것은? (단, A~C는 구리, 석유, 철광석 중 하나임.)

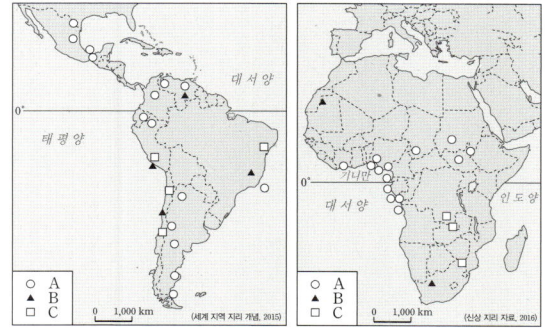

〈보기〉
ㄱ. A는 세계 1차 에너지 소비 구조에서 가장 높은 비중을 차지한다.
ㄴ. B는 신기 습곡 산지에 주로 매장되어 있다.
ㄷ. C는 아프리카보다 아메리카에서 많이 생산된다.
ㄹ. C는 A보다 국제 이동량이 많다.

① ㄱ, ㄴ ② ㄱ, ㄷ ③ ㄴ, ㄷ ④ ㄴ, ㄹ ⑤ ㄷ, ㄹ

283

표는 두 국가의 상위 4개 수출 품목을 나타낸 것이다. (가), (나) 국가를 지도의 A~C에서 고른 것은?

(가)

품목	비중(%)
콩류	11.0
기계류	8.0
고기류	7.5
철광석	7.4

(나)

품목	비중(%)
구리류	54.0
과일류	7.8
어패류	7.7
목재·펄프	3.8

(2017년)

	(가)	(나)
①	A	B
②	A	C
③	B	A
④	B	C
⑤	C	A

284 고난도

| 평가원 기출 변형 |

그래프는 중·남부 아메리카 A~D 국가의 주요 지하자원 생산량 비중과 인종(민족) 구성을 나타낸 것이다. 이에 대한 설명으로 옳지 않은 것은?

〈A~D의 주요 지하자원 생산량 비중〉

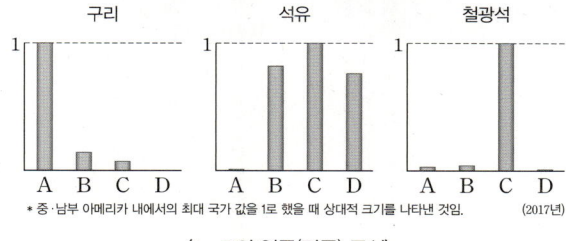

* 중·남부 아메리카 내에서의 최대 국가 값을 1로 했을 때 상대적 크기를 나타낸 것임. (2017년)

〈A~D의 인종(민족) 구성〉

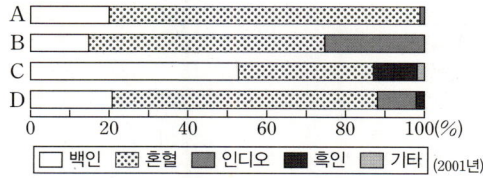

□ 백인 ▨ 혼혈 ▦ 인디오 ■ 흑인 ▨ 기타 (2001년)

① A는 우리나라와 자유 무역 협정을 맺은 국가이며 공산품보다 농산물과 원자재의 수출 비중이 크다.
② B는 북아메리카 자유 무역 협정에 가입한 국가이며 고지대에 아스텍 문명의 흔적이 남아 있다.
③ C는 중·남부 아메리카에서 인구가 가장 많으며 세계 제일의 커피 생산 국가이다.
④ D는 팜파스라고 불리는 초원 지대에서 기업적 목축이 발달한 국가이다.
⑤ A, B, D의 공용어는 에스파냐어이고, C의 공용어는 포르투갈어이다.

VIII 평화와 공존의 세계

14강 평화와 공존의 세계

평화와 공존의 세계

VIII단원 핵심 지역 PREVIEW

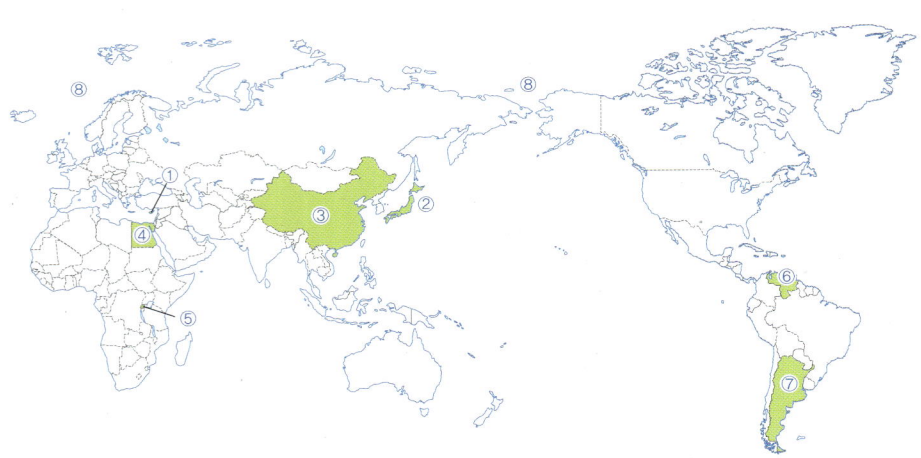

① 키프로스	민족 분쟁(그리스계와 터키계)
② 일본	센카쿠 열도(중국, 타이완), 쿠릴 열도(러시아) 영토 분쟁
③ 중국	티베트족의 민족 분쟁, 시사 군도(타이완, 베트남), 난사 군도(베트남, 필리핀, 브루나이, 말레이시아, 타이완) 영토 분쟁
④ 이집트	나일강 물 분쟁(수단, 탄자니아, 우간다, 케냐, 에티오피아)

⑤ 르완다	민족 분쟁(투치족과 후투족)
⑥ 베네수엘라 볼리바르	미국과 오리노코강 유역 원유 개발을 둘러싼 자원 분쟁
⑦ 아르헨티나	영국과 포클랜드 제도 영유권 분쟁
⑧ 북극해	북극해 연안의 러시아, 캐나다, 미국, 덴마크, 노르웨이 5개국 간 영해 분쟁

14강 평화와 공존의 세계	**주제 1** 경제의 세계화와 경제 블록의 형성	• 북아메리카 자유 무역 협정 • 유럽 연합 • 동남아시아 국가 연합 • 남아메리카 공동 시장
	주제 2 지구적 환경 문제	• 지구 온난화 • 오존층 파괴 • 산성비 • 몬트리올 의정서 • 바젤 협약 • 파리 협정
	주제 3 세계의 분쟁과 평화를 위한 노력	• 영토 분쟁 • 종교 분쟁 • 난민 • 국제 연합

VIII 단원 학습 SOLUTION

▶ **경제 블록, 국제 환경 협약, 분쟁 지역을 중심으로 정리하자.**

VIII단원은 갈등보다는 평화와 공존에 초점을 두어 평화를 위해 세계가 다양한 노력을 모색하고 있음을 학습하는 단원이다. 경제의 세계화에 대응하여 여러 국가들이 공존을 위해 경제 블록을 결성하고, 지구적 환경 문제에 함께 대처하기 위해 국가 간 환경 협약을 체결하며, 곳곳에서 발생하는 분쟁 속에서 지구촌의 평화를 위해 다양한 국제기구가 활동한다. 시험에서는 앞서 배운 지역 지리의 내용과 연계하여 주요 경제 블록의 회원국 특징과 통합의 정도, 각종 환경 문제의 특징과 관련 협약, 다양한 분쟁 지역의 사례와 위치, 난민 문제가 주로 출제된다. 따라서 이 단원은 경제 블록, 국제 환경 협약, 분쟁 지역을 중심으로 정리해 두는 것이 좋다. 문제의 난도는 대체로 낮은 편이지만 암기가 필요한 부분이 있기 때문에 마지막 단원까지 최선을 다해 좋은 점수를 얻을 수 있도록 한다.

평화와 공존의 세계

주제 1 경제의 세계화와 경제 블록의 형성

1. 경제의 세계화
(1) **배경** : 교통·통신의 발달, 전 세계의 경제적 상호 의존성 심화, 세계 무역 기구의 출범, 다국적 기업의 성장 등
(2) **긍정적 영향**
① 국제 분업 확산으로 자원 이용의 효율성 향상
② 무역 장벽 완화로 국제 거래 규모 증가
③ 기업의 제품 판매 시장 확대 및 소비자의 상품 선택 기회 증가
(3) **부정적 영향**
① 선진국과 개발 도상국 간의 경제적 격차 확대
② 산업 기반이 미약한 개발 도상국 생산자의 다국적 기업으로의 종속 심화
③ 경쟁력이 약한 산업 부문의 약화 및 쇠퇴

2. 주요 경제 블록의 형성
(1) **경제 블록** : 지리적으로 인접하고 경제적으로 상호 의존도가 높은 국가들이 공동의 이익을 위해 구성하는 배타적인 국제기구
(2) **주요 경제 블록의 특징**

북아메리카 자유 무역 협정 (NAFTA)	캐나다, 미국, 멕시코 간의 자유 무역 협정(FTA)으로 회원국 간 관세 철폐, 멕시코로의 기업 투자가 증대됨
동남아시아 국가 연합 (ASEAN)	싱가포르, 인도네시아, 타이, 필리핀 등 동남아시아에 위치한 10개국 간 자원 공동 개발과 기술·자본 교류 → 아세안 경제 공동체(AEC)로 발전
남아메리카 공동 시장 (MERCOSUR)	브라질, 아르헨티나, 우루과이, 파라과이 등으로 구성 → 역내 관세 철폐, 역외 공동 관세 부과
유럽 연합(EU)	회원국 간 상품·자본·노동력의 이동 보장, 역내 관세 철폐 및 단일 화폐(유로화) 사용, 회원국의 공동 의회 설치와 같은 경제·정치·사회적 통합 추진

• 2012년 베네수엘라 볼리바르가 가입하여 정회원국은 5개국이다.

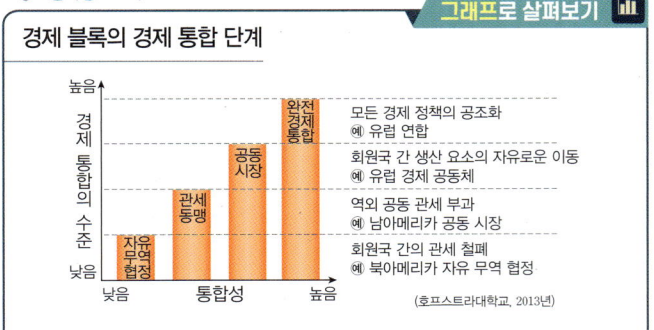

그래프로 살펴보기

경제 블록의 경제 통합 단계

- 완전 경제 통합 : 모든 경제 정책의 공조화 예) 유럽 연합
- 공동 시장 : 회원국 간 생산 요소의 자유로운 이동 예) 유럽 경제 공동체
- 관세 동맹 : 역외 공동 관세 부과 예) 남아메리카 공동 시장
- 자유 무역 협정 : 회원국 간의 관세 철폐 예) 북아메리카 자유 무역 협정

(호프스트라대학교, 2013년)

자유 무역 협정은 회원국 간의 관세 축소를 통한 자유 무역을 추구한다. **관세 동맹**은 비회원국에 공통의 수입 관세를 부과한다. **공동 시장**은 역내 생산 요소의 자유로운 이동을 보장하며, **완전 경제 통합**은 역내 공동의 경제 정책을 수행하고 공동 의회 등의 초국가적 기구를 설치하여 정치·경제적 통합을 추구한다.

주제 2 지구적 환경 문제

1. 지구적 환경 문제의 원인과 영향
(1) **지구 온난화**

원인	화석 에너지 사용 증가에 따른 온실가스 증가
영향	• 극지방 및 고산 지대의 빙하 범위 축소 • 해수면 상승으로 해안 저지대 침수 • 동식물의 서식 환경 변화로 일부 동식물 멸종 위기 • 기상 이변에 따른 가뭄, 홍수, 폭염, 한파 피해 증가

(2) **오존층 파괴**

원인	염화플루오린화탄소(CFCs)의 사용량 증가로 인한 오존층 파괴
영향	피부암, 백내장 발병률 증가

(3) **오염 물질의 국제 이동** • 서부 유럽, 미국 오대호 연안, 중국 동부 연안 등

산성비	• 발생 : 대규모 공업 지역의 공장, 자동차 등에서 나오는 황산화물과 질소 산화물이 수증기나 비와 만나 형성 • 영향 : 삼림 파괴, 호수의 산성화, 구조물의 부식 등
유해 폐기물	일부 선진국들이 유해 폐기물을 자국 내에서 처리하지 않고 개발 도상국에 매각 또는 밀수출
쓰레기 섬	해양으로 유입된 쓰레기(플라스틱이나 비닐)가 해류를 따라 이동하면서 거대한 쓰레기 섬 형성 → 생태계 파괴

2. 주요 국제 환경 협약

람사르 협약	철새 및 물새 서식지로서의 습지 보호
몬트리올 의정서	오존층 파괴 물질의 사용 규제
바젤 협약	유해 폐기물의 국가 간 이동 규제
사막화 방지 협약	사막화를 방지하고 사막화를 겪고 있는 개발 도상국을 재정적·기술적으로 지원하는 것을 목적으로 함
교토 의정서	선진국의 온실가스 감축 목표 구체화
파리 협정	새로운 기후 변화 대응 체제 마련 → 선진국과 개발 도상국 모두 온실가스 감축을 포함한 포괄적인 대응에 동참하도록 규정

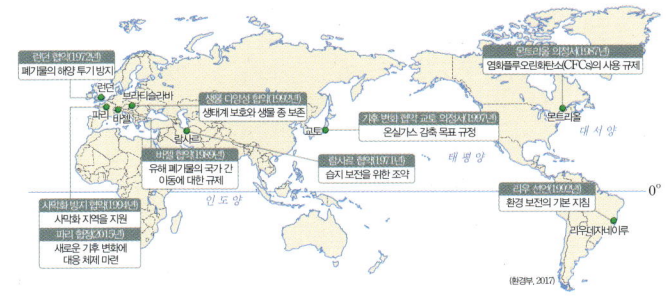

▲ 주요 국제 환경 협약

주제3 세계의 분쟁과 평화를 위한 노력

1. 세계의 분쟁과 난민 발생
(1) 세계의 주요 분쟁

자원 분쟁	• 석유, 수자원 등 경제적 자원 확보를 위해 발생 • 예 카스피해, 아부무사섬, 기니만, 동중국해, 남중국해, 북극해 등
종교 분쟁	• 다른 종교 간 갈등이나 같은 종교 내 교파 간 갈등 • 예 팔레스타인 분쟁(유대교와 이슬람교), 카슈미르 분쟁(이슬람교와 힌두교), 스리랑카(힌두교와 불교) 등
민족 분쟁	• 국가 내 소수 민족의 독립을 위한 갈등 • 예 티베트인의 독립 운동, 쿠르드족 자치권 확대 독립 운동, 퀘벡주 분리 독립 운동, 바스크족의 분리 독립 운동 등
영토 분쟁	• 주로 영토 내 자원 확보를 둘러싼 영유권 분쟁 • 예 쿠릴(지시마) 열도 북방 영토 영유권 분쟁, 난사(쯔엉사, 스프래틀리, 카라얀) 군도 영유권 분쟁 등

(2) 난민의 발생
① 난민 : 인종, 종교, 정치, 사상 등의 차이로 받는 박해를 피해 다른 국가나 지역으로 망명하는 사람들 → 최근 전쟁이나 종교적 박해로 인한 국제 난민 증가 추세
② 난민 발생 지역 : 내전이 자주 발생하는 아프리카와 서남아시아, 중・남부 아메리카 지역에서 주로 발생
③ 난민의 이동 : 주로 자국에서 가까운 인접 국가나 경제적 여건이 좋은 곳으로 이동
④ 문제점 : 국가 간 또는 국가 내 주민들 간 난민 수용을 둘러싼 갈등 발생 예 최근 서남아시아와 북부 아프리카로부터 난민 유입이 많은 유럽

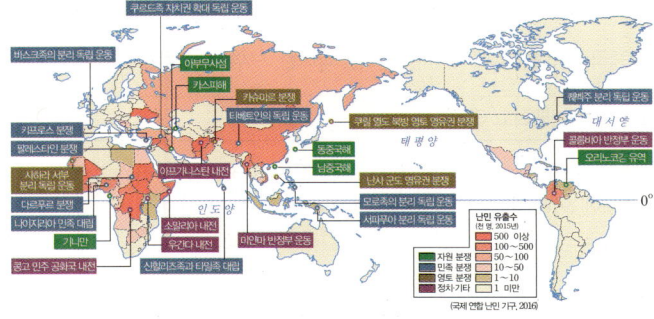

▲ 세계의 주요 분쟁 지역과 난민 발생

2. 평화를 위한 노력
(1) 국제 연합(UN)
① 국제 사법 재판소 : 국가 간 분쟁을 법적으로 해결하는 국제기구
② 유엔 평화 유지군 : 분쟁 지역의 무력 충돌 감시와 보호
③ 유엔 안전 보장 이사회 : 국제 평화와 안전 유지를 위한 권한과 책임 행사
(2) 비정부 기구(NGO)
① 국경 없는 의사회 : 의료나 보건 지원이 필요한 사람들을 도와주는 의료 구호 단체
② 국제 사면 위원회 : 언론과 종교 등에 의한 인권 탄압의 종식 및 예방을 위해 결성된 단체

핵심 개념 CHECK!

✏️ 빈칸에 알맞은 말을 쓰시오.

01 지도의 A~C에 해당하는 경제 블록의 명칭은?

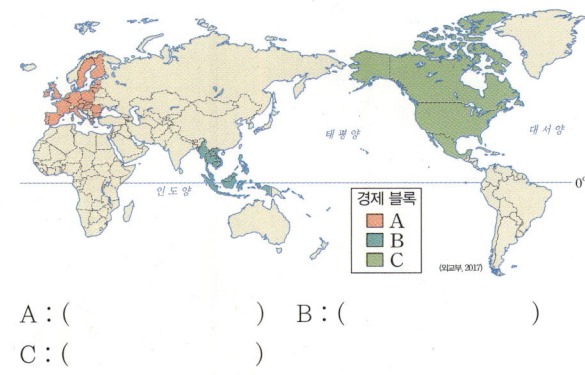

A : (　　　　　　　)　　B : (　　　　　　　)
C : (　　　　　　　)

02 지도의 A~C에 해당하는 분쟁 지역의 명칭은?

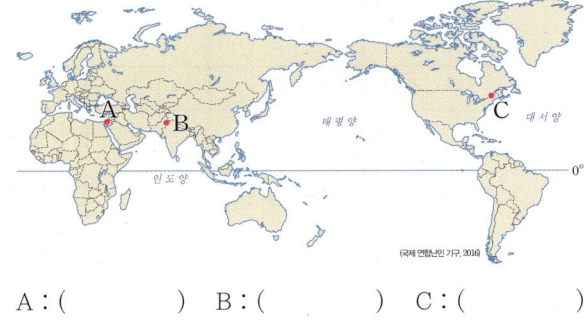

A : (　　　　)　B : (　　　　)　C : (　　　　)

✏️ 다음의 설명이 맞으면 'O', 틀리면 'X'에 표시하시오.

03 북아메리카 자유 무역 협정의 회원국 수는 동남아시아 국가 연합의 회원국 수보다 많다.　O　X

04 유럽 연합의 모든 회원국이 단일 화폐를 사용한다.　O　X

05 지구 온난화로 극지방과 고산 지대의 빙하 범위는 확대된다.　O　X

06 오존층 파괴는 염화플루오린화탄소(CFCs)의 사용량 증가가 주된 요인이다.　O　X

07 유해 폐기물의 국가 간 이동을 규제하는 협약은 몬트리올 의정서이다.　O　X

08 팔레스타인 지역에서는 이슬람교와 힌두교 간의 종교 갈등이 나타난다.　O　X
(함정)

09 국경 없는 의사회는 의료나 보건 지원을 도와주는 비정부 기구(NGO)이다.　O　X

세계의 주요 분쟁 발생 지역은 어디일까?

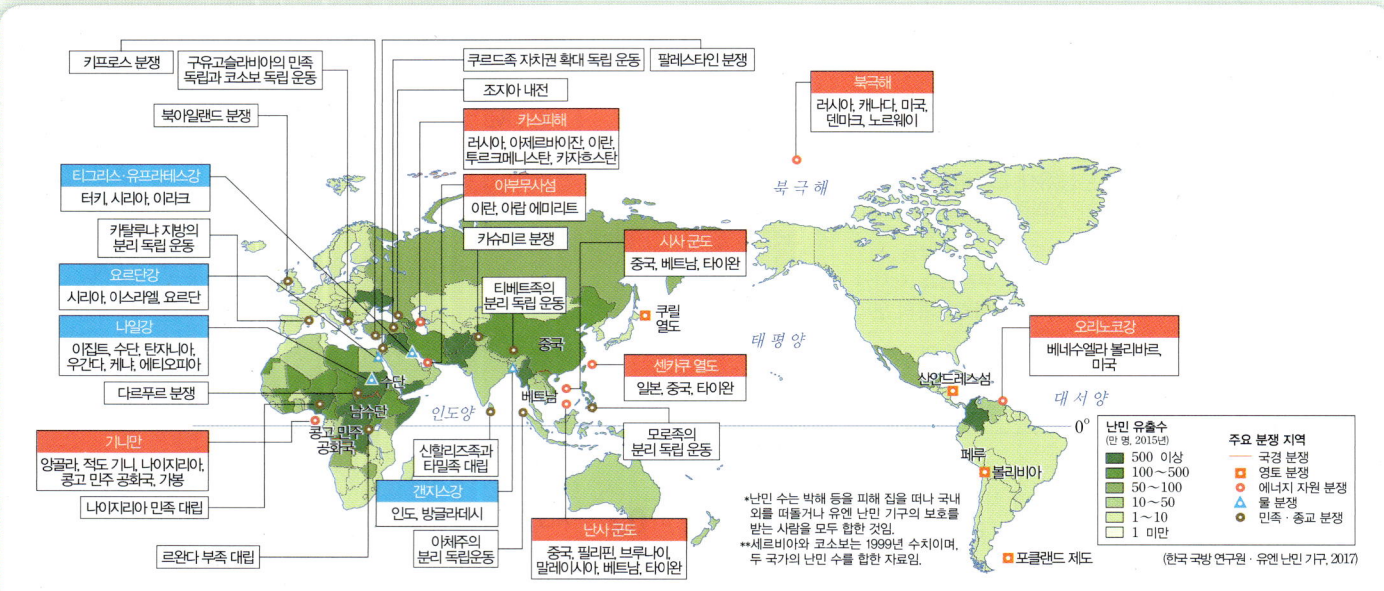

키프로스 분쟁 | 구유고슬라비아의 민족 독립과 코소보 독립 운동 | 쿠르드족 자치권 확대 독립 운동 | 팔레스타인 분쟁

북아일랜드 분쟁

조지아 내전

북극해
러시아, 캐나다, 미국, 덴마크, 노르웨이

티그리스·유프라테스강
터키, 시리아, 이라크

카스피해
러시아, 아제르바이잔, 이란, 투르크메니스탄, 카자흐스탄

카탈루냐 지방의 분리 독립 운동

아부무사섬
이란, 아랍 에미리트

요르단강
시리아, 이스라엘, 요르단

카슈미르 분쟁

시사 군도
중국, 베트남, 타이완

나일강
이집트, 수단, 탄자니아, 우간다, 케냐, 에티오피아

티베트족의 분리 독립 운동

쿠릴 열도

다르푸르 분쟁

센카쿠 열도
일본, 중국, 타이완

오리노코강
베네수엘라 볼리바르, 미국

기니만
앙골라, 적도 기니, 나이지리아, 콩고 민주 공화국, 가봉

신할리즈족과 타밀족 대립

모로족의 분리 독립 운동

나이지리아 민족 대립

갠지스강
인도, 방글라데시

아체주의 분리 독립운동

르완다 부족 대립

난사 군도
중국, 필리핀, 브루나이, 말레이시아, 베트남, 타이완

*난민 수는 박해 등을 피해 집을 떠나 국내외를 떠돌거나 유엔 난민 기구의 보호를 받는 사람을 모두 합한 것임.
**세르비아와 코소보는 1999년 수치이며, 두 국가의 난민 수를 합한 자료임.

난민 유출수 (만 명, 2015년)
500 이상 / 100~500 / 50~100 / 10~50 / 1~10 / 1 미만

주요 분쟁 지역
━ 국경 분쟁 / ■ 영토 분쟁 / ● 에너지 자원 분쟁 / △ 물 분쟁 / ◎ 민족·종교 분쟁

(한국 국방 연구원·유엔 난민 기구, 2017)

주요 분쟁 지역	분쟁의 양상
팔레스타인 분쟁	팔레스타인 민족(이슬람교)과 유대 민족(유대교)의 민족 갈등이자 종교 차이로 인한 갈등
쿠르드족 자치권 확대 독립 운동	서구 열강들의 이해관계에 따라 쿠르디스탄(쿠르드족 거주지) 지역이 터키, 이란, 이라크, 시리아 등에 편입되어 독립 국가 건설을 위한 움직임이 나타나고 있음
카스피해	석유 및 천연가스를 둘러싼 주변 국가 간 분쟁, 자원 영유권을 두고 호수인지 바다인지 논쟁이 벌어짐
카슈미르 분쟁	이슬람교의 파키스탄과 힌두교의 인도 간의 영역을 둘러싼 갈등
난사(쯔엉사, 스프래틀리, 카라얀) 군도 영유권 분쟁	석유와 천연가스가 풍부한 지역으로 중국, 필리핀, 말레이시아, 베트남, 타이완, 브루나이 간 분쟁 발생
쿠릴 열도 북방 영토 영유권 분쟁	러시아와 일본 간의 분쟁 → 러시아가 실효 지배하고 있음

지구촌 곳곳에서 영토 및 자원 확보 또는 민족 및 종교 등의 차이로 인한 분쟁이 발생하고 있다. 민족과 종교 간 갈등이 영토를 둘러싼 갈등과 겹치기도 하며, 문화적 갈등의 이면에 경제적 요인이 존재하기도 한다. 이러한 분쟁에 의해 전 세계에서 많은 난민이 발생하고 있다.

백지도로 확인하기

Q1 왼쪽 지도는 주요 분쟁 지역을 나타낸 것이다. 이를 보고 괄호 안의 내용 중 알맞은 말을 고르시오.

(1) A에서는 유대교와 (이슬람교 / 크리스트교) 간의 갈등이 나타난다.
(2) B에서는 (민족 / 종교)의 차이로 인한 갈등이 나타난다.
(3) C에서는 (석유 / 석탄)의 매장량이 풍부하여 주변국 간 갈등이 나타난다.
(4) D에서는 힌두교의 인도와 (불교 / 이슬람교)의 파키스탄 간 갈등이 나타난다.
(5) E는 F보다 분쟁 당사국의 수가 (많다 / 적다).
(6) F는 (러시아 / 일본)이/가 실효 지배하고 있으며, 영토를 둘러싼 영유권 분쟁이 나타난다.

WHERE & WHY 정답 Q1 (1) 이슬람교 (2) 민족 (3) 석유 (4) 이슬람교 (5) 많다 (6) 러시아

• 정답 및 해설 066~069쪽

주제 1 경제의 세계화와 경제 블록의 형성

족집게 전략 | 세계의 대륙별로 형성된 주요 경제 블록의 특징을 비교하는 문항이 주로 출제된다. 각 경제 블록의 통합 수준을 상대적으로 비교하여 정리해 두어야 한다.

285 대표 문항
| 평가원 기출 |

지도에 표시된 (가), (나) 지역 경제 협력체에 대한 옳은 설명만을 〈보기〉에서 고른 것은?

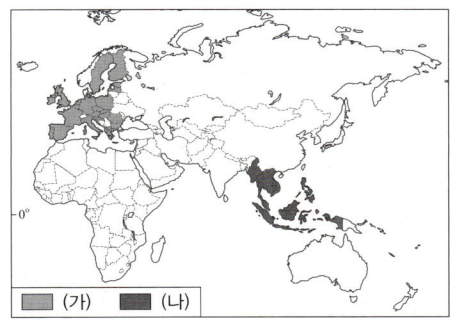

| (가) | (나) |

보기
ㄱ. (가)는 단일 통화를 만들어 다수의 국가가 사용하고 있다.
ㄴ. (나)는 지역 경제 협력체 중 회원국 수가 가장 많다.
ㄷ. (가)는 (나)보다 정치적 통합 수준이 높다.
ㄹ. (나)는 (가)보다 생산 요소의 역내 이동이 자유롭다.

① ㄱ, ㄴ   ② ㄱ, ㄷ   ③ ㄴ, ㄷ   ④ ㄴ, ㄹ   ⑤ ㄷ, ㄹ

✏️ **한줄 Tip** 단일 통화를 사용하는 경제 블록은 유럽 연합(EU)이며, 모든 회원국이 단일 통화를 사용하는 것은 아니다.

286
다음 자료의 밑줄 친 ㈀~㈂에 대한 설명으로 옳지 않은 것은?

〈동남아시아 국가 연합(ASEAN)의 SWOT 분석〉

강점(Strength)	약점(Weakness)
• ㈀ 천연자원이 풍부함 • 약 6억 명의 인구가 가진 시장 잠재력	• ㈁ 선진국에 비해 낮은 경제 수준 • 사회 기반 시설 부족
기회 요인(Opportunity)	위험 요인(Threat)
• 청장년층 인구 비중이 높음 • ㈂ 동아시아 국가들과의 자유 무역 협정(FTA) 체결	• 기후 변화와 ㈃ 자연재해에 따른 피해 증가 • ㈄ 역내 회원국 간 영역 분쟁으로 인한 갈등

① ㈀ – 석유, 천연가스 등의 자원이 풍부하다.
② ㈁ – 유럽 연합(EU)보다 역내 총생산액이 적다.
③ ㈂ – 동아시아 국가들과의 교역이 증가할 것이다.
④ ㈃ – 신기 조산대에 위치한 인도네시아, 필리핀 등지에서 화산 및 지진 피해가 나타난다.
⑤ ㈄ – 쿠릴 열도와 센카쿠 열도 분쟁이 대표적 사례이다.

287
| 교육청 기출 |

다음 글의 (가)와 비교한 (나) 지역 경제 협력체의 상대적 특성을 그림의 A~E에서 고른 것은?

• 미국은 인접 국가들과 [(가)] 을/를 체결하고 상호 간의 관세를 철폐하였다. 그 결과 미국 시장으로 진출하려는 세계 기업들의 투자가 인접국으로 확대된 반면, 미국에서는 일자리 부족 문제가 발생했다. 이로 인해 미국에서는 [(가)] 의 재협상 또는 탈퇴를 주장하는 목소리가 커지고 있다.

• 영국의 [(나)] 탈퇴를 의미하는 브렉시트(Brexit)가 국민 투표를 통해 결정되었다. 이는 영국으로의 난민 증가와 분담금 부담 문제 등이 배경이 되었다. 브렉시트의 영향으로 [(나)] 에서 사용하는 단일 통화의 가치가 하락하였으며, 다른 회원국들 사이에서도 탈퇴를 주장하는 여론이 일부 형성되고 있다.

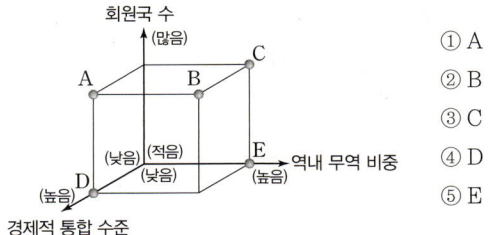

① A
② B
③ C
④ D
⑤ E

288
다음 글의 (가)~(다) 경제 블록에 해당하는 특징을 그래프의 A~C에서 고른 것은?

유럽에서는 1993년 [(가)] 이라는 경제 블록이 출범하였다. 이어서 미국을 중심으로 캐나다, 멕시코 3개국이 [(나)] 을/를 체결하였다. 상대적으로 국가 경쟁력이 낮았던 남아메리카에서도 브라질, 우루과이, 아르헨티나, 파라과이 등을 중심으로 무역 장벽을 전면 철폐하며 [(다)] 이/가 출범하였다.

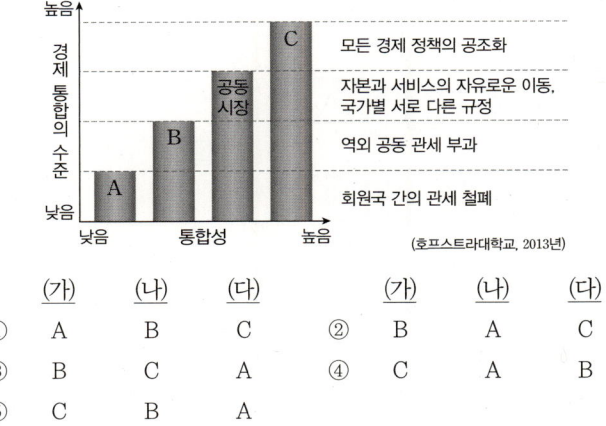

(호프스트라대학교, 2013년)

	(가)	(나)	(다)		(가)	(나)	(다)
①	A	B	C	②	B	A	C
③	B	C	A	④	C	A	B
⑤	C	B	A				

289

다음 글의 밑줄 친 ㉠~㉣에 대한 옳은 설명만을 〈보기〉에서 고른 것은?

> 유럽 연합(EU)은 단일 시장과 ㉠ 단일 통화를 통한 유럽의 경제 발전을 도모하기 위해 출범하였다. 독자적인 입법부, 사법부, 행정부를 두고 외교·안보 분야 등에서 공동의 정책을 추진하는 등 ㉡ 경제적 통합을 넘어 정치적·사회적 통합을 위한 노력을 적극적으로 기울이고 있다. 하지만 ㉢ 2016년 회원국 중 한 국가가 유럽 연합 탈퇴를 결정하며 변화를 겪고 있다. 이 사건이 2010년 ㉣ 유럽 연합과 자유 무역 협정(FTA)를 체결한 우리나라에 어떤 영향을 끼칠지 귀추가 주목된다.

〈보기〉
ㄱ. ㉠ – 유럽 연합(EU)의 회원국 모두 유로화를 사용한다.
ㄴ. ㉡ – 유럽 연합(EU)은 유럽 자유 무역 연합(EFTA)보다 경제적 통합 수준이 높다.
ㄷ. ㉢ – 이에 해당하는 회원국은 영국이다.
ㄹ. ㉣ – 우리나라와 유럽 연합(EU) 간 생산 요소의 이동이 자유로워졌다.

① ㄱ, ㄴ ② ㄱ, ㄷ ③ ㄴ, ㄷ ④ ㄴ, ㄹ ⑤ ㄷ, ㄹ

290

지도의 (가)~(다) 경제 블록에 해당하는 특징을 그림의 A~D에서 고른 것은?

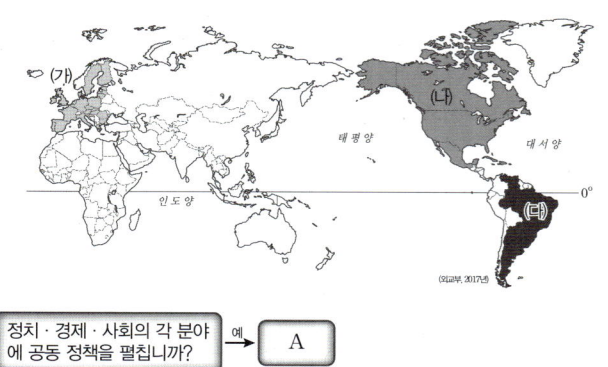

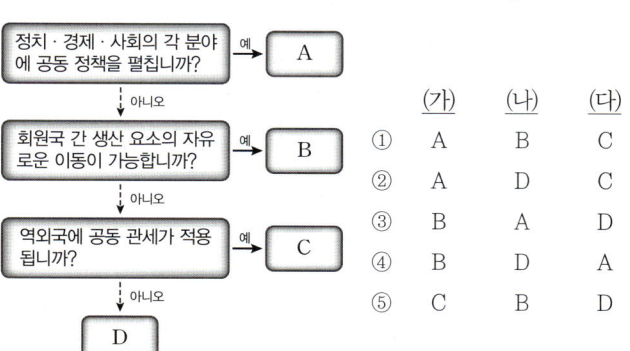

	(가)	(나)	(다)
①	A	B	C
②	A	D	C
③	B	A	D
④	B	D	A
⑤	C	B	D

291 고난도↗

그래프는 (가)~(라) 경제 블록의 현황을 나타낸 것이다. 이에 대한 옳은 설명만을 〈보기〉에서 고른 것은? (단, (가)~(라)는 지도에 표시된 경제 블록 중 하나임.)

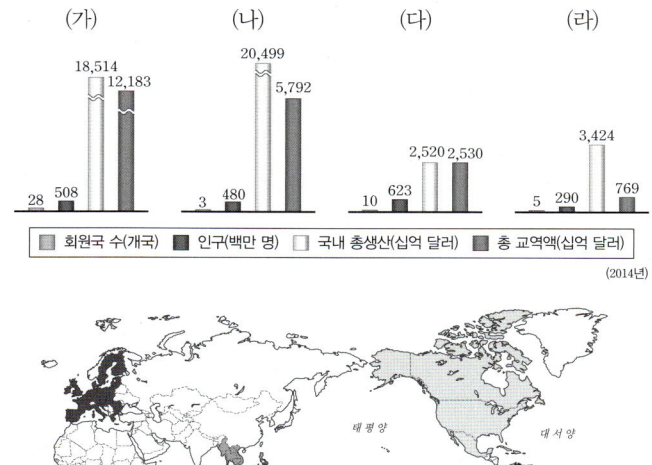

〈보기〉
ㄱ. (가)는 (나)보다 회원국당 평균 교역액이 많다.
ㄴ. (나)는 (다)보다 1인당 국내 총생산이 많다.
ㄷ. (다)와 (라)의 회원국은 모두 북반구에 위치한다.
ㄹ. (가)~(라) 중 회원국의 인구가 가장 많은 경제 블록은 동남아시아 국가 연합(ASEAN)이다.

① ㄱ, ㄴ ② ㄱ, ㄷ ③ ㄴ, ㄷ ④ ㄴ, ㄹ ⑤ ㄷ, ㄹ

292

그림은 토론 수업 장면의 일부이다. 찬성과 반대의 근거가 적절한 학생만을 고른 것은?

① 갑, 을 ② 갑, 병 ③ 을, 병 ④ 을, 정 ⑤ 병, 정

주제 2 · 지구적 환경 문제

족집게 전략 | 지구적 차원에서 발생하는 지구 온난화, 오존층 파괴, 산성비 등의 다양한 환경 문제가 출제된다. 한 가지 환경 문제보다는 다양한 환경 문제가 함께 출제되는 경향이 크다. 또한 환경 문제의 원인과 영향뿐만 아니라 이를 해결하기 위한 노력까지 함께 출제되므로, 주요 국제 환경 협약의 목적을 이해하고 있어야 한다.

293 대표 문항
| 평가원 기출 |

지도는 A~C 환경 문제가 발생한 주요 지역을 나타낸 것이다. 이에 대한 설명으로 옳지 <u>않은</u> 것은?

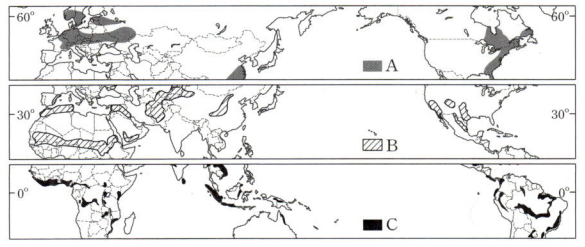

① A는 호수의 산성화나 건축물의 부식을 일으킨다.
② B 문제를 해결하기 위해 몬트리올 의정서가 채택되었다.
③ C가 지속되면 생물 종 다양성이 감소하고 토양 침식이 심화된다.
④ B는 C보다 강수량이 적은 지역에서 발생할 가능성이 높다.
⑤ A~C 모두 식생의 감소를 초래한다.

✏️ **한줄 Tip** 몬트리올 의정서는 염화플루오린화탄소의 규제를 위해 처택된 국제 협약이다.

294
| 평가원 기출 |

다음 글의 ㈀~㈃에 대한 옳은 설명만을 〈보기〉에서 고른 것은?

- 지구 온난화로 인해 극빙하가 줄어들고, 해수면 상승으로 인해 저지대가 침수하는 등의 문제가 발생하였다. 이에 대응하고자 국제 사회는 1997년에 ㈀ 을/를 채택하였고, 2015년에 ㈁ 파리 협정을 체결하였다.
- 세계 각국은 1987년 몬트리올 의정서를 채택하여 ㈂ 오존층 파괴 물질의 배출을 철저히 규제해 왔다. 이런 노력의 결과, 2015년에 측정한 ㈃ 오존 홀(구멍)은 2000년과 비교해 대폭 축소된 것으로 나타났다.

〔보기〕
ㄱ. ㈀은 교토 의정서이다.
ㄴ. ㈁은 선진국의 온실가스 감축 의무를 면제하고 있다.
ㄷ. ㈂에 큰 영향을 미치는 물질은 염화플루오린화탄소(CFCs)이다.
ㄹ. ㈃은 남반구에서는 나타나지 않는다.

① ㄱ, ㄴ　② ㄱ, ㄷ　③ ㄴ, ㄷ　④ ㄴ, ㄹ　⑤ ㄷ, ㄹ

295

지도는 두 환경 문제의 발생 지역을 나타낸 것이다. (가), (나) 환경 문제를 그림의 A~C에서 고른 것은?

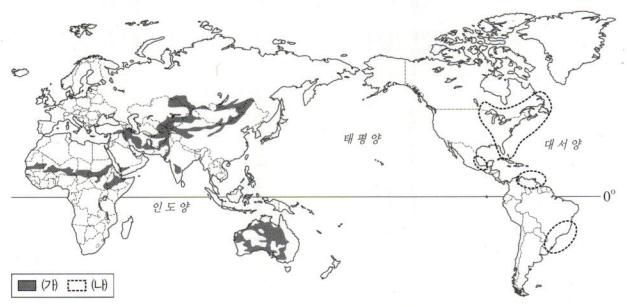

〈주요 환경 문제의 발생 과정〉

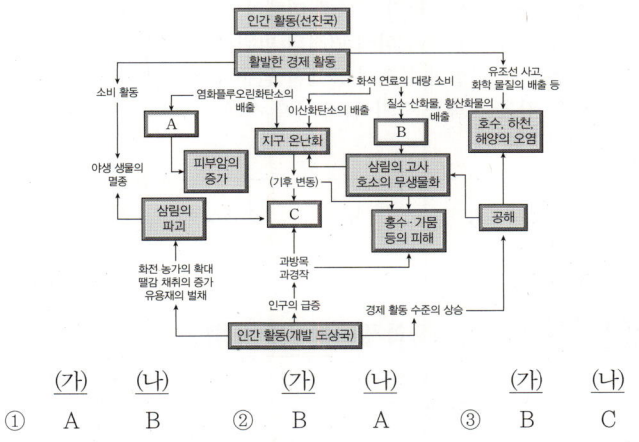

	(가)	(나)		(가)	(나)		(가)	(나)
①	A	B	②	B	A	③	B	C
④	C	A	⑤	C	B			

296

다음 글의 (가) 환경 문제로 인해 나타날 변화를 그림의 A~E에서 고른 것은?

몰디브 대통령은 연말 덴마크 코펜하겐에서 열리는 정상 회담을 앞두고, (가) 에 대한 경각심을 일깨우기 위해 수심 6m 바다 속에서 각료 회의를 개최하였다. 장관들은 수도 말레에서 보트로 20분 걸리는 기리푸시섬에 모여 잠수복을 입고 바닷속으로 들어가 회의를 진행하였다.

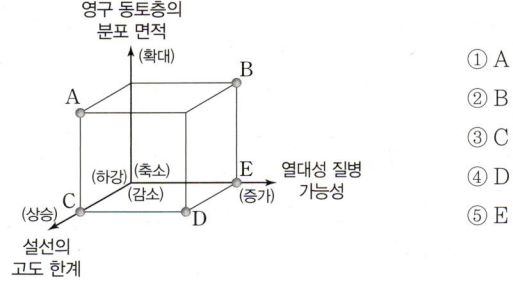

① A
② B
③ C
④ D
⑤ E

297

지도는 오염 물질의 국제 이동과 관련된 어느 환경 오염 지역을 나타낸 것이다. (가) 지역에 대한 옳은 설명만을 〈보기〉에서 고른 것은?

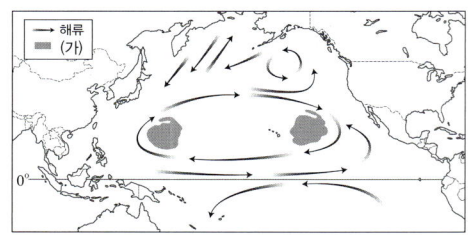

보기

ㄱ. 주로 플라스틱 쓰레기에 의해 피해가 발생한다.
ㄴ. 해류의 방향에 따라 피해 면적의 범위가 달라진다.
ㄷ. 석유 시추 시설과 유조선 등에서 원유가 유출된 지역이다.
ㄹ. 이와 같은 피해를 막기 위해 국제 사회는 람사르 협약을 체결하였다.

① ㄱ, ㄴ ② ㄱ, ㄷ ③ ㄴ, ㄷ ④ ㄴ, ㄹ ⑤ ㄷ, ㄹ

주제 3 세계의 분쟁과 평화를 위한 노력

족집게 전략 | 세계의 다양한 분쟁 지역의 갈등 원인을 지도와 함께 묻는 문항이 자주 출제된다. 다양한 분쟁 지역을 원인별로 분류하고 각 분쟁의 특징을 지도와 함께 정리해 두어야 한다. 다만, 세계의 지역 분쟁은 다양한 요인이 복합적으로 작용할 수 있음에 유의해야 한다.

298 대표 문항

| 평가원 기출 |

지도는 갈등 및 분쟁 지역을 나타낸 것이다. A~D에 대한 설명으로 옳지 않은 것은?

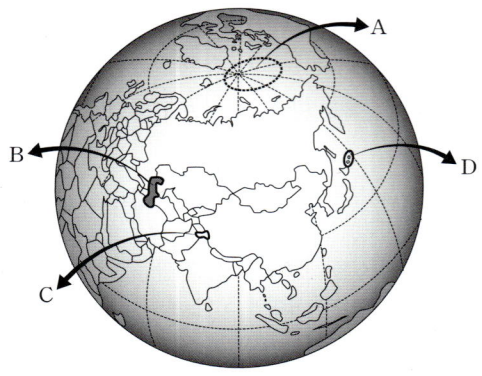

① A에서는 해저 자원의 확보를 둘러싼 갈등이 있다.
② B를 둘러싼 갈등의 주된 요인은 농업용수 확보이다.
③ C에서는 이슬람교와 힌두교 간의 갈등이 있다.
④ D는 러시아가 실효 지배하고 있다.
⑤ A는 D보다 분쟁 당사국의 수가 많다.

✎ **한출 Tip** 카스피해는 석유와 천연가스를 둘러싸고 인접한 여러 국가 간 갈등을 겪는 지역이다.

299

지도의 (가), (나) 분쟁의 공통적인 원인으로 가장 적절한 것은?

	(가)	(나)
①	민족의 차이	에너지 자원 확보
②	민족의 차이	오염 물질의 국제 이동
③	에너지 자원 확보	민족의 차이
④	에너지 자원 확보	오염 물질의 국제 이동
⑤	오염 물질의 국제 이동	에너지 자원 확보

300 고난도 ↑

| 평가원 기출 |

다음 자료는 지리 용어 낱말 맞추기의 일부이다. (가)에 들어갈 내용으로 가장 적절한 것은?

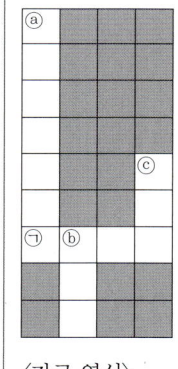

〈세로 열쇠〉
ⓐ 주로 영어를 일상어로 사용하고, 유럽 북서부 지역과 풍속·관습이 유사한 북반구의 문화 지역
ⓑ 독일어, 프랑스어, 이탈리아어, 로망슈어(Romansh) 등 4개 언어를 공용어로 사용하는 유럽의 중립 국가
ⓒ 풍부한 해저 자원을 둘러싸고 북극권 5개 국가들 사이에 영유권 분쟁이 발생하고 있는 바다

〈가로 열쇠〉
㉠ (가)

① 난사(스프래틀리, 쯔엉사, 카라얀) 군도를 둘러싼 영유권 분쟁이 발생하고 있는 바다
② 히말라야산맥 서부의 고지대로 파키스탄과 인도 간 국경 분쟁이 발생하고 있는 지역
③ 면적이 세계에서 4위일 정도로 넓은 호수였으나 지나친 관개용수 개발로 사막화된 염호
④ 대서양의 부속 해역으로 파나마 운하 개통 후 해상 교통의 요충지가 된 중앙아메리카의 바다
⑤ 지하자원 매장 지역의 영유권을 둘러싸고 주변국들이 바다 또는 호수라고 서로 다르게 주장하는 곳

301

다음 자료에서 설명한 (가) 기구의 엠블럼으로 옳은 것은?

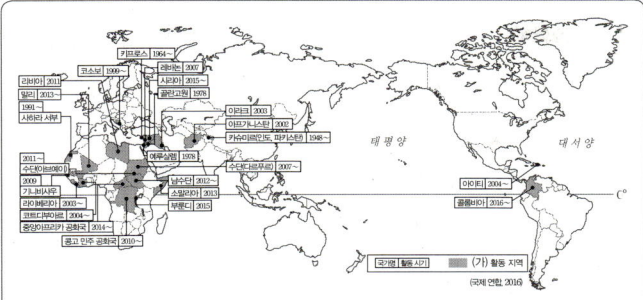

위 지도는 (가) 의 활동 지역과 활동 시기를 나타낸 것이다. (가) 은/는 분쟁 지역의 긴장 완화, 휴전 지역의 휴전 협정 위반 사항 감시 등을 목적으로 국제 연합에서 파견한다. (가) 은/는 그 활동 공로를 인정받아 1988년 노벨 평화상을 수상하였다.

①  ②  ③

④  ⑤

302

| 평가원 기출 |

그림은 주요 분쟁 지역을 구분한 것이다. (가)~(마)에 해당하는 분쟁 지역의 사례와 지도의 A~E가 바르게 연결된 것은?

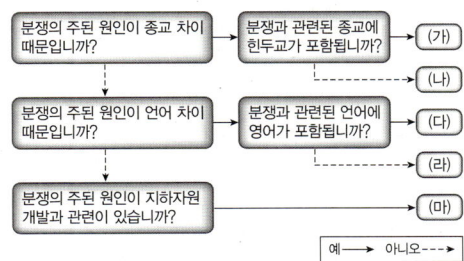

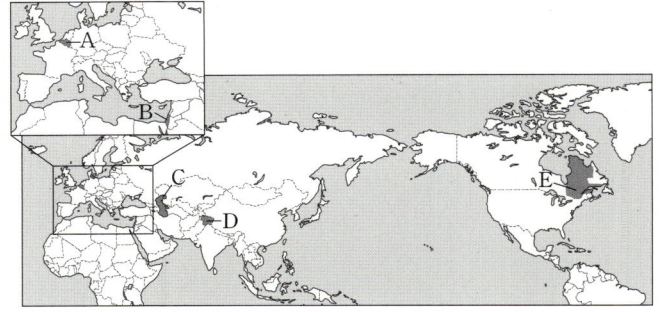

① (가)-E ② (나)-B ③ (다)-C
④ (라)-D ⑤ (마)-E

303

다음 자료의 (가) 국가를 지도의 A~E에서 고른 것은?

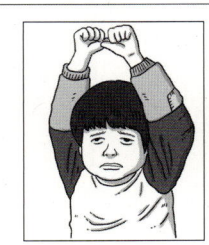
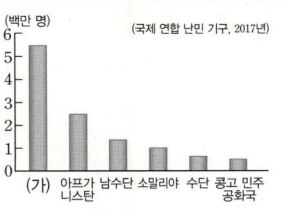
▲ 주요 국제 난민 발생국(2016년)

위 그림은 기자가 사진을 찍으려고 하자 카메라를 총으로 알고 겁에 질린 표정으로 손을 들고 있는 (가) 의 어린이 모습을 나타낸 것이다. (가) 에서는 2011년에 시작된 정부군인 시아파와 반군인 수니파 간의 내전이 계속되고 있으며, 위 그래프에서 보는 것과 같이 세계에서 가장 많은 난민이 발생하였다.

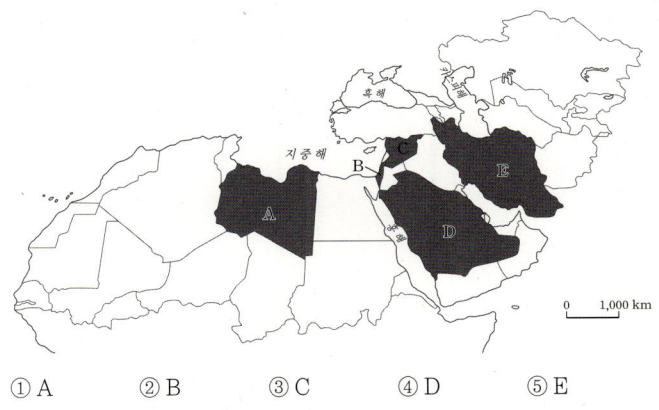

① A ② B ③ C ④ D ⑤ E

memo

N회독 기출의 대명사

수능 기출의 바s|블

나의 첫번째 기출문제집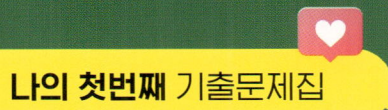

최신 학평 기출 완벽 분석

수능이 처음인
너를 위한 기출서

고1·2 기출의 바이블

빈출 주제 학평 기출 매일 3세트

수능
기출의
바s|블

국어 문학 입문

N회독 기출의 대명사

신개념 분권형 기출서

1권인데 4권같은
기출문제집

고3 기출의 바이블

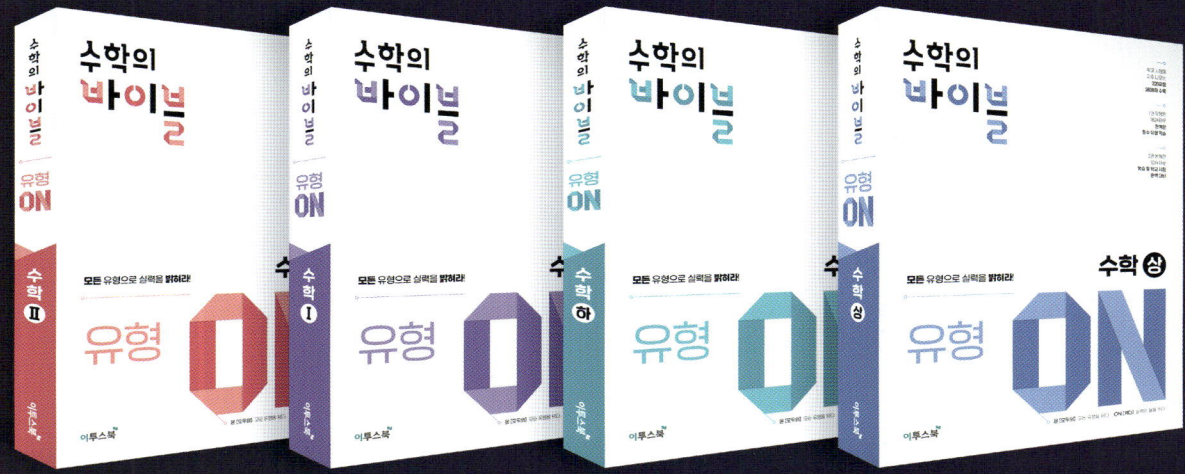

사회탐구 1등급을 위한 시험 유형 훈련서

BON.N제
본

세계 지리

정답 및 해설

이투스북

BON. N제

정답 및 해설

빠른 정답

I. 세계화와 지역 이해

본문 009쪽 01 (가)-티오(TO) 지도, (나)-알 이드리시 세계 지도 02 (가)-혼일강리역대국도지도, (나)-천하도 03 × 04 ○ 05 × 06 ○ 07 × 08 ○ 09 × 10 ○ 11 ○

본문 011~015쪽 001 ③ 002 ⑤ 003 ③ 004 ⑤ 005 ④ 006 ① 007 ④ 008 ① 009 ② 010 ① 011 ④ 012 ④ 013 ① 014 ⑤ 015 ② 016 ⑤ 017 ② 018 ② 019 ②

II. 세계의 자연환경과 인간 생활

본문 019쪽 01 A-열대 기후, B-건조 기후, C-온대 기후, D-냉대 기후, E-한대 기후 02 A-열대 우림 기후, B-사바나 기후, C-열대 몬순 기후 03 ○ 04 × 05 × 06 × 07 ○ 08 × 09 ○ 10 ○

본문 021~025쪽 020 ④ 021 ⑤ 022 ② 023 ⑤ 024 ① 025 ④ 026 ② 027 ③ 028 ⑤ 029 ② 030 ② 031 ③ 032 ④ 033 ② 034 ④ 035 ④ 036 ⑤ 037 ⑤ 038 ⑤ 039 ③

본문 028쪽 01 (가)-지중해성 기후, (나)-온난 습윤 기후, (다)-온대 겨울 건조 기후, (라)-서안 해양성 기후 02 (가)-대륙 내부, (나)-아열대 고압대, (다)-한류, (라)-비그늘 사면 03 (가)-서안 해양성 기후, (나)-툰드라 기후, (다)-사막 기후 04 ○ 05 × 06 ○ 07 ○ 08 × 09 ○ 10 × 11 ○ 12 ○ 13 ○ 14 ○ 15 ○ 16 × 17 × 18 × 19 ○ 20 ○ 21 × 22 ○ 23 ×

본문 030~037쪽 040 ① 041 ⑤ 042 ④ 043 ① 044 ③ 045 ③ 046 ③ 047 ③ 048 ⑤ 049 ④ 050 ④ 051 ⑤ 052 ⑤ 053 ④ 054 ② 055 ② 056 ③ 057 ① 058 ② 059 ② 060 ② 061 ② 062 ② 063 ⑤ 064 ③ 065 ② 066 ③ 067 ② 068 ⑤

본문 040쪽 01 (가)-안정육괴, (나)-신기 조산대, (다)-고기 조산대 02 A-화산재, B-용암류, C-화산 이류, D-화산 쇄설류 03 A-파식대, B-해식동, C-해식애, D-시 아치, E-시 스택, F-석호, G-사주, H-사빈 04 ○ 05 ○ 06 × 07 ○ 08 × 09 × 10 × 11 ○ 12 ○ 13 × 14 ○ 15 ○ 16 ○ 17 × 18 ○ 19 ○ 20 × 21 ○ 22 ○ 23 ○

본문 042~047쪽 069 ⑤ 070 ④ 071 ① 072 ① 073 ② 074 ③ 075 ⑤ 076 ① 077 ⑤ 078 ① 079 ② 080 ④ 081 ③ 082 ⑤ 083 ⑤ 084 ② 085 ③ 086 ④ 087 ① 088 ⑤ 089 ② 090 ⑤ 091 ④

III. 세계의 인문 환경과 인문 경관

본문 051쪽 1 (가)-힌두교, (나)-불교, (다)-이슬람교, (라)-크리스트교 2 A-이슬람교, B-힌두교, C-불교 3 × 4 ○ 5 × 6 × 7 ○ 8 × 9 ○ 10 ×

본문 053~057쪽 92 ⑤ 93 ⑤ 94 ① 95 ③ 96 ④ 97 ③ 98 ① 99 ⑤ 100 ① 101 ③ 102 ① 103 ④ 104 ⑤ 105 ① 106 ① 107 ③ 108 ③ 109 ⑤ 110 ④

본문 060쪽 01 A-아프리카, B-라틴 아메리카, C-유럽, D-아시아 02 A- 시에라리온, B-칠레, C-일본 03 (1) 앵글로아메리카, 유럽 (2) 아시아, 아프리카 (3) 종착, 가속화 (4) 많다 04 × 05 ○ 06 ○ 07 ○ 08 ○ 09 ○ 10 ○ 11 × 12 ○ 13 ○ 14 × 15 ○ 16 ○ 17 × 18 × 19 ○ 20 ○ 21 ○ 22 ○ 23 ×

본문 062~069쪽 111 ⑤ 112 ⑤ 113 ⑤ 114 ④ 115 ④ 116 ② 117 ① 118 ③ 119 ④ 120 ② 121 ⑤ 122 ③ 123 ③ 124 ⑤ 125 ③ 126 ③ 127 ① 128 ① 129 ④ 130 ④ 131 ② 132 ③ 133 ④ 134 ④ 135 ① 136 ⑤ 137 ⑤ 138 ④ 139 ④ 140 ③ 141 ⑤

본문 072쪽 01 A-쌀, B-밀 02 A-소, B-돼지, C-양 03 (1) 작다 (2) 높다 (3) 크다 (4) 적다 04 ○ 05 ○ 06 × 07 ○ 08 × 09 × 10 × 11 × 12 ○ 13 × 14 ○ 15 ○ 16 ○ 17 × 18 ○ 19 ○ 20 × 21 × 22 × 23 ○ 24 ○

본문 074~081쪽 142 ③ 143 ③ 144 ② 145 ④ 146 ② 147 ⑤ 148 ② 149 ④ 150 ④ 151 ⑤ 152 ① 153 ⑤ 154 ⑤ 155 ② 156 ② 157 ④ 158 ④ 159 ⑤ 160 ③ 161 ④ 162 ⑤ 163 ② 164 ④ 165 ② 166 ④ 167 ② 168 ② 169 ④ 170 ① 171 ③ 172 ④

IV. 몬순 아시아와 오세아니아

본문 085쪽 01 (가)-쌀, (나)-밀, (다)-차, (라)-목화 2 ○ 3 × 4 ○ 5 ○ 6 × 7 ○ 8 × 9 ○ 10 × 11 × 12 × 13 ○ 14 ×

본문 087~091쪽 173 ⑤ 174 ① 175 ① 176 ③ 177 ① 178 ⑤ 179 ② 180 ⑤ 181 ④ 182 ⑤ 183 ⑤ 184 ② 185 ④ 186 ④ 187 ① 188 ④ 189 ⑤

본문 093쪽 01 (1) D (2) A (3) B (4) C 2 ○ 3 ○ 4 × 5 ○ 6 × 7 × 8 ○ 9 ○ 10 ×

본문 095~099쪽 190 ⑤ 191 ④ 192 ⑤ 193 ④ 194 ① 195 ① 196 ③ 197 ③ 198 ① 199 ④ 200 ③ 201 ② 202 ⑤ 203 ② 204 ③ 205 ④ 206 ⑤ 207 ④

I. 세계화와 지역 이해

핵심 개념 CHECK!

▶ 본문 009쪽

01 (가)-티오(TO) 지도, (나)-알 이드리시 세계 지도
02 (가)-혼일강리역대국도지도, (나)-천하도   03 ✕   04 ◯
05 ✕   06 ◯   07 ✕   08 ◯   09 ✕   10 ◯   11 ◯

◯✕ 문장 바로 알기

03 교통의 발달로 사람이나 물자의 이동에 공간적 제약이 ~~커졌다~~.
작아졌다

04 세계화로 지역 간 격차가 커지고 문화가 획일화 되는 문제가 발생하기도 한다.

05 세계에서 가장 오래된 세계 지도는 ~~프톨레마이오스 세계 지도~~이다.
바빌로니아의 점토판 지도

06 프톨레마이오스의 세계 지도는 지구가 구체라는 인식에 기초하여 제작되었다.

07 티오(TO) 지도는 지도의 위쪽이 ~~남쪽~~, 알 이드리시 세계 지도는 지도의 위쪽이 ~~동쪽~~이다.
동쪽   남쪽

08 메르카토르 세계 지도는 목적지까지의 항로가 직선으로 표현되어 항해에 유용하였다.

09 천하도는 혼일강리역대국도지도보다 지도의 제작 시기가 ~~이르다~~.
늦다

10 지구전후도에는 아메리카와 오세아니아 지역이 표현되어 있다.

11 앵글로아메리카와 라틴 아메리카는 문화적 요소를 기준으로 지역을 구분한 것이다.

기출+예상 문제로 주제 정복하기

▶ 본문 011~015쪽

001 ③   002 ⑤   003 ③   004 ⑤   005 ④   006 ①
007 ④   008 ①   009 ②   010 ①   011 ④   012 ④
013 ①   014 ⑤   015 ②   016 ⑤   017 ②   018 ②
019 ②

001 세계화 속의 현지화 전략

정답 ③

자료 분석

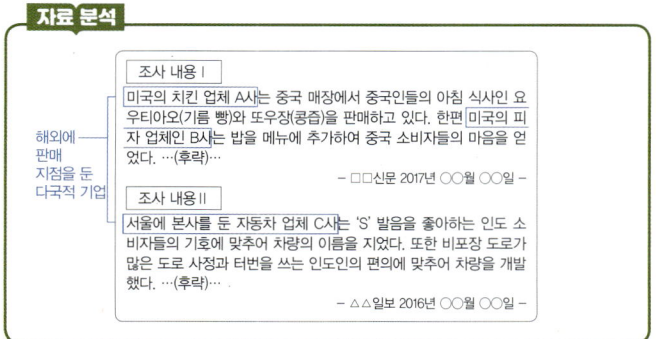

조사 내용 I
미국의 치킨 업체 A사는 중국 매장에서 중국인들의 아침 식사인 요우티아오(기름 빵)와 또우장(콩즙)을 판매하고 있다. 한편 미국의 피자 업체인 B사는 밥을 메뉴에 추가하여 중국 소비자들의 마음을 얻었다. …(후략)…
– □□신문 2017년 ○○월 ○○일 –

조사 내용 II
서울에 본사를 둔 자동차 업체 C사는 'S' 발음을 좋아하는 인도 소비자들의 기호에 맞추어 차량의 이름을 지었다. 또한 비포장 도로가 많은 도로 사정과 터번을 쓰는 인도인의 편의에 맞추어 차량을 개발했다. …(후략)…
– △△일보 2016년 ○○월 ○○일 –

해외에 판매 지점을 둔 다국적 기업

문제 분석 [조사 내용 I]에서는 미국의 치킨 업체와 피자 업체가 중국인들의 입맛에 맞는 메뉴를 개발·판매하고 있습니다. [조사 내용 II]에서는 우리나라 자동차 업체가 인도인의 편의에 맞춘 차량을 개발하였습니다.

정답 찾기 ③ 미국의 치킨 업체 A사와 피자 업체 B사, 우리나라의 자동차 업체 C사는 모두 해외에 판매 지점을 둔 다국적 기업입니다. 해당 기업들은 해외 판매 지점이 설치된 국가의 고유한 지역성에 맞추어 제품을 개량하고 서비스를 개선하고 있습니다. 따라서 조사 주제는 다국적 기업의 현지화 전략이 가장 적절합니다.

오답 피하기 ① 세계 도시는 세계의 경제 활동을 조절하고 통제하는 중심지로, 세계적인 교통·통신망의 핵심이자 세계의 자본이 집적되는 장소입니다. 따라서 주어진 자료의 주제로 세계 도시의 성장은 적절하지 않습니다. ② 정보 통신 기술의 발달로 시·공간적 제약이 축소되어 교류가 활발해지게 되었습니다. 하지만 주어진 자료에 정보 통신 기술의 발달에 대한 언급은 없습니다. ④ 첨단 산업은 주로 전문 인력이 풍부한 지역에 입지합니다. 주어진 자료의 주제로 첨단 산업의 입지 요인 변화는 적절하지 않습니다. ⑤ 세계화로 본국의 공장이 해외로 이전하면 생산 시설 이전에 따른 산업 공동화가 나타납니다. 하지만 주어진 자료에 이에 대한 언급은 없습니다.

002 세계화의 특징

정답 ⑤

문제 분석 우리나라의 아이돌 그룹은 인터넷 동영상 공유 사이트를 통해 전 세계에 뮤직 비디오를 알리고, 공개 누리 소통망(SNS)을 통해 자신들을 홍보해 세계적인 인기를 얻을 수 있게 되었습니다.

정답 찾기 ⑤ 인터넷 동영상 공유 사이트와 누리 소통망(SNS)은 정보 통신 기술이 발달하였음을 보여주는 대표적인 사례이며, 이를 통해 문화 확산의 공간적 제약이 작아져 전 세계로 K-POP이 인기를 얻을 수 있게 되었습니다.

오답 피하기 ① 정보 통신 기술의 발달로 문화 교류가 활발해지면서 문화 교류 차원에서 국경의 의미가 강화되고 있다고 보기 어렵습니다. ② 세계화가 진행되면서 국가 간 경제적 상호 의존도는 높아지고 있습니다. ③ 세계 여러 지역의 음악, 영화, 음식 등 문화 요소가 교류되고, 서로 영향을 주고받으면서 각 지역 문화의 고유성은 약화되는 경향이 나타납니다. ④ 정보 통신 기술의 발달로 문화의 확산은 과거에 비해 빠른 속도로 진행됩니다.

003 지역화 전략과 지리적 표시제

정답 ③

문제 분석 주어진 자료에서 프랑스의 샴페인과 인도의 다르질링 홍차는 각각 해당 지역의 기후 특징을 바탕으로 유명해진 상품이며, 이는 지리적 표시제 상품의 대표적 사례에 해당합니다.

정답 찾기 ③ 지리적 표시제는 특정 지역의 지리적 특성이 반영된 우수한 상품에 해당 지역에서 생산·제조·가공된 상품임을 표시할 수 있도록 인정하는 제도로, 세계화 흐름 속 지역화 전략 중 하나입니다. 프랑스 상파뉴 지방의 샴페인과 인도 다르질링의 홍차는 지리적 표시제의 대표적 사례입니다.

오답 피하기 ① 다국적 기업의 현지화 전략은 다국적 기업이 판매 지역에서의 수익을 극대화하기 위해, 판매 지역의 지역성을 살린 제품이나 서비스를 개발하는 것을 말합니다. ② 전 세계의 다양한 문화들이 서로 활발하게 교류함으로써 세계의 문화는 풍부해지지만, 문화의 획일화에 따른 문제가 발생하기도 합니다. 주어진 글에서는 문화의 획일화보다는 지역

화 전략의 사례를 제시하고 있습니다. ④ 장소 마케팅은 특정 장소를 매력적인 상품으로 만드는 전략을 말합니다. 제시문에서는 지역 축제 활용과 관련된 내용을 언급하고 있지 않습니다. ⑤ 제시문에서는 공정 무역의 필요성에 대한 사례가 제시되어 있지 않습니다.

004 세계화 속의 현지화 전략 정답 ⑤

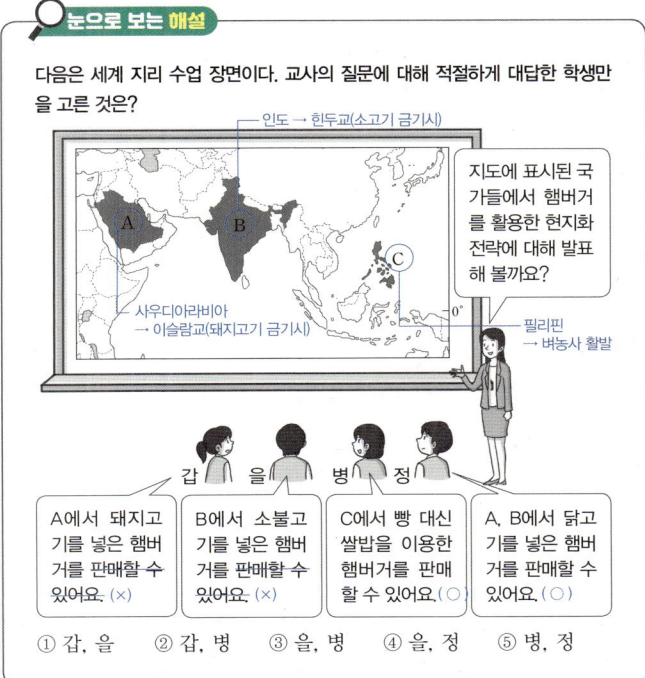

🔍 **눈으로 보는 해설**

다음은 세계 지리 수업 장면이다. 교사의 질문에 대해 적절하게 대답한 학생만을 고른 것은?

인도 → 힌두교(소고기 금기시)

사우디아라비아 → 이슬람교(돼지고기 금기시)

필리핀 → 벼농사 활발

지도에 표시된 국가들에서 햄버거를 활용한 현지화 전략에 대해 발표해 볼까요?

갑 을 병 정

갑: A에서 돼지고기를 넣은 햄버거를 판매할 수 있어요. (×)

을: B에서 소불고기를 넣은 햄버거를 판매할 수 있어요. (×)

병: C에서 빵 대신 쌀밥을 이용한 햄버거를 판매할 수 있어요. (○)

정: A, B에서 닭고기를 넣은 햄버거를 판매할 수 있어요. (○)

① 갑, 을 ② 갑, 병 ③ 을, 병 ④ 을, 정 ⑤ 병, 정

문제 분석 지도의 A는 사우디아라비아, B는 인도, C는 필리핀입니다. 현지화 전략이란 세계화를 추구하면서도 각 지역의 고유한 의식, 문화, 기호, 행동 양식을 존중하는 전략으로 글로컬라이제이션(Glocalization)이라고도 합니다.

정답 찾기 병. 필리핀(C)은 아시아의 계절풍 기후 지역으로 벼농사가 활발한 지역입니다. 따라서 빵 대신 쌀밥을 이용한 햄버거를 판매하는 현지화 전략을 활용할 수 있습니다. 정. 사우디아라비아(A)는 이슬람교도의 비중이 높으며 이슬람교에서는 돼지고기를 금기시합니다. 인도(B)는 힌두교도 비중이 높으며 힌두교에서는 소를 신성시하여 소고기를 먹지 않습니다. 따라서 사우디아라비아(A)와 인도(B)에서는 소나 돼지 대신 닭고기를 넣은 햄버거를 판매하는 현지화 전략을 활용할 수 있습니다.

오답 피하기 갑. 사우디아라비아(A)에서는 이슬람교의 영향으로 돼지고기를 금기시하기 때문에 돼지고기를 넣은 햄버거를 판매하는 것은 현지화 전략으로 볼 수 없습니다. 을. 인도(B)에서는 힌두교의 영향으로 소고기를 먹지 않기 때문에 소불고기를 넣은 햄버거를 판매하는 것은 현지화 전략으로 볼 수 없습니다.

💣 **함정 피하기**

다른 단원의 내용과 연계하여 출제된 통합형 문항으로, 종교 관련 내용을 아직 공부하지 않았거나 제시된 국가의 위치를 몰랐을 가능성이 높다. 인도는 소 사육 두수 비중이 비교적 높지만, 소를 신성시하는 힌두교 신자 수 비중이 매우 높아 소고기를 먹지 않는다. 세계 지리는 과목 특성상 백지도를 활용한 단원 통합형 문항이 자주 출제되므로 문제를 풀 때마다 국가들의 위치를 기억해 두는 것이 좋다. 사우디아라비아와 인도, 필리핀은 여러 단원에 걸쳐 자주 출제되는 국가 중 하나이다.

005 여러 지역의 고지도에 나타난 세계관 정답 ④

자료 분석

혼일강리역대국도지도(가) A 중국 B 아시아

(나) 알 이드리시 세계 지도 C 인도양

(다) 헤리퍼드 세계 지도 → 티오(TO) 지도 D 지중해

문제 분석 (가)는 혼일강리역대국도지도이며, A는 중국입니다. (나)는 알 이드리시 세계 지도이며, B는 아시아, C는 인도양입니다. (다)는 티오(TO)의 일종인 헤리퍼드 세계 지도이며, D는 지중해입니다.

정답 찾기 ④ (가)의 A는 중국이며, (나)의 B 대륙은 아시아입니다. 따라서 A(중국)는 B(아시아) 대륙에 위치합니다.

오답 피하기 ① 혼일강리역대국도지도는 조선 초기에 제작된 우리나라의 세계 지도로, 지구가 구체(球體)라는 인식이 반영되어 있지 않습니다. ② 이슬람교 세계관이 반영된 알 이드리시 세계 지도는 중앙에 메카가 위치하며, 지도의 위쪽이 남쪽입니다. ③ 14세기경에 영국에서 제작된 헤리퍼드 세계 지도는 티오(TO) 지도의 일종으로, 크리스트교 세계관이 반영되어 지도의 중앙에 예루살렘이 있습니다. ⑤ (나)의 C는 인도양, (다)의 D는 지중해를 나타낸 것입니다.

006 중세 유럽에서 제작된 고지도의 공통점 정답 ①

문제 분석 (가)의 포르톨라노 해도는 13세기경부터, (나)의 메르카토르 세계 지도는 16세기에 들어서 유럽에서 만들어진 지도입니다.

정답 찾기 ① 포르톨라노 해도는 항해에 도움을 주고자 유럽 해안의 항구 도시들이 자세히 표현되어 있으며, 나침반을 이용한 항해가 편리하도록 방사상의 직선을 그려 넣었습니다. 메르카토르 세계 지도는 나침반을 이용해 항해하기가 편리하도록 목적지까지의 항로가 직선으로 표현되며, 제국주의 시대에 상인과 탐험가들이 항해에 많이 사용하였습니다. 따라서 두 지도의 공통점은 항해를 목적으로 제작되었다는 것입니다.

오답 피하기 ② 오세아니아 대륙은 17세기에 발견되었기 때문에 두 지도 모두 표현되어 있지 않습니다. ③ 포르톨라노 해도와 메르카토르 세계 지도는 모두 지도의 위쪽이 북쪽을 가리키고 있습니다. ④ 메르카토르 세계 지도의 경우 지도 제작 기법의 특성상 저위도에서 고위도로 갈수록 대륙의 면적이 크게 왜곡되어 나타납니다. ⑤ 포르톨라노 해도와 메르카토르 세계 지도는 모두 지도의 중심에 종교적 이상향이 표현되어 있지 않습니다.

007 고지도에 나타난 세계관 비교 정답 ④

문제 분석 (가)는 알 이드리시 세계 지도, (나)는 그리스 · 로마 시대의 프톨레마이오스 세계 지도를 르네상스 시기에 복원한 지도입니다.

정답 찾기 ㄴ. 프톨레마이오스 세계 지도는 경위선의 개념과 투영법을 적용한 지도로, 지구가 구체(球體)라는 인식에 기초하여 제작되었습니다. ㄹ. 알 이드리시 세계 지도와 프톨레마이오스 세계 지도에는 모두 지중해가 표현되어 있습니다.

오답 피하기 ㄱ. 알 이드리시 세계 지도에는 경 · 위선이 사용되지 않았습니다. 경 · 위선이 직각으로 교차하여 항해용으로 사용된 지도는 메르카토르 세계 지도가 대표적입니다. ㄷ. 알 이드리시 지도는 지도의 위쪽이 남쪽이며, 메르카토르 세계 지도는 지도의 위쪽이 북쪽입니다. 지도의 위쪽이 동쪽을 가리키는 지도는 티오(TO) 지도가 대표적입니다.

008 여러 지역의 고지도에 나타난 세계관 비교   정답 ①

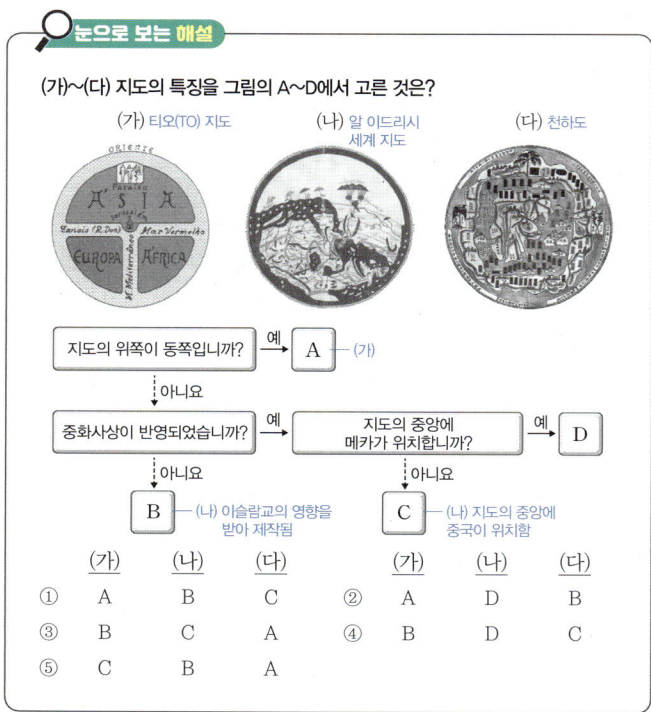

(가)~(다) 지도의 특징을 그림의 A~D에서 고른 것은?

(가) 티오(TO) 지도   (나) 알 이드리시 세계 지도   (다) 천하도

	(가)	(나)	(다)		(가)	(나)	(다)
①	A	B	C	②	A	D	B
③	B	C	A	④	B	D	C
⑤	C	B	A				

문제 분석 (가)는 티오(TO) 지도, (나)는 알 이드리시 세계 지도, (다)는 천하도입니다.

정답 찾기 ① (가)~(다) 중 지도의 위쪽이 동쪽을 가리키는 지도(A)는 (가)의 티오 지도입니다. 티오 지도는 중앙에 예루살렘을 표시하였고, 지도의 위쪽에 아시아, 왼쪽 하단에 유럽, 오른쪽 하단에 아프리카를 표현하였습니다. (나)와 (다) 중 중화사상이 반영되어 있지 않은 지도(B)는 (나)의 알 이드리시 세계 지도입니다. 알 이드리시 세계 지도는 중화사상이 아닌 이슬람교의 영향을 받아 제작되어 지도의 중앙에 메카가 위치해 있습니다. 중화사상이 반영되었으며, 지도의 중앙에 메카가 위치하지 않은 지도(C)는 (다)의 천하도입니다. 천하도는 중화사상의 영향을 받아 지도의 중앙에 중국이 위치해 있습니다.

(가)~(다) 지도 모두 원의 형태를 띠고, 순서도를 통해 정답을 도출해야 했기 때문에 실수했을 수 있다. 세 지도는 모두 모양이 비슷하지만 지도의 위쪽이 가리키는 방향이 각기 다르며, 제작된 지역과 반영된 사상도 모두 달라 자주 출제되는 지도의 조합 중 하나이다. 따라서 지도의 방위, 제작 시기, 반영된 세계관, 표현 범위 등을 함께 비교하여 알아 두어야 한다.

009 고지도에 나타난 세계관 비교   정답 ②

문제 분석 (가)는 그리스 · 로마 시대의 프톨레마이오스 세계 지도(150년경)를 르네상스 시기(15세기)에 복원한 지도입니다. (나)는 조선 후기 최한기와 김정호가 제작한 지구전후도입니다. 지구전후도는 아시아, 아프리카, 유럽을 표현한 지구전도와 아메리카를 표현한 지구후도로 구성되어 있습니다. (나)의 A는 지구후도에 표현된 북아메리카입니다.

정답 찾기 ㄱ. 프톨레마이오스 세계 지도는 그리스 · 로마 시대(150년경)에 제작되었으며, 르네상스 시기(15세기)에 복원된 지도입니다. 지구전후도는 조선 후기(1834년)에 제작된 지도입니다. 따라서 (가)는 (나)보다 제작 시기가 이릅니다. ㄷ. 프톨레마이오스 세계 지도와 지구전후도 모두 경위선의 개념과 투영법이 적용된 지도입니다.

오답 피하기 ㄴ. (나)의 A 지역은 북아메리카입니다. 프톨레마이오스 세계 지도는 유럽에서 신대륙이 발견되기 이전에 제작된 지도로, 북아메리카를 포함한 신대륙이 포함되어 있지 않습니다. ㄹ. 프톨레마이오스 세계 지도는 유럽에서, 지구전후도는 우리나라에서 제작된 세계 지도입니다.

010 우리나라 조선 시대 세계 지도의 특징   정답 ①

문제 분석 (가)는 조선 전기(1402년)에 국가 주도로 제작된 혼일강리역대국도지도이며, (나)는 조선 후기(1834년)에 최한기와 김정호가 제작한 지구전후도입니다.

정답 찾기 ① 혼일강리역대국도지도는 신대륙 발견 이전에 그려진 세계 지도로 아메리카와 오세아니아 대륙이 포함되어 있지 않은 반면, 지구전후도에는 신대륙이 모두 포함되어 있습니다. 따라서 지도에 표현된 지표 공간의 범위는 (나)가 (가)보다 넓습니다. 혼일강리역대국도지도는 지도의 중앙에 중국이 위치하며, 중국이 상대적으로 크게 그려져 중화사상의 영향을 받았음을 알 수 있습니다. 반면 지구전후도는 실학의 영향을 받아 제작된 지도입니다. 따라서 (나)는 (가)보다 중화사상의 영향을 적게 받았습니다. 마지막으로 조선 후기에 제작된 (나)는 조선 전기에 제작된 (가)보다 제작 시기가 늦습니다. 이러한 특징을 나타낸 점은 그림의 A입니다.

011 지리 정보 시스템(GIS)을 활용한 입지 선정   정답 ④

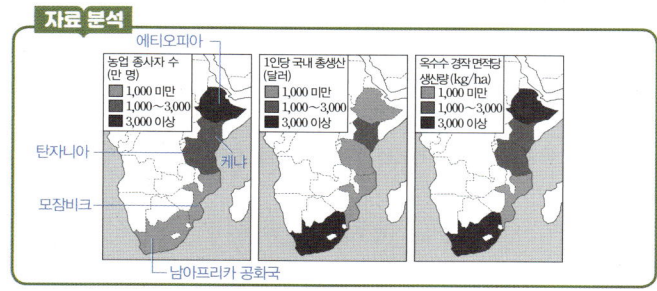

문제 분석 지도에 음영이 표시된 국가는 북쪽에서 남쪽까지 차례로 에티오피아, 케냐, 탄자니아, 모잠비크, 남아프리카 공화국입니다. 점수 산정 기준의 평가 항목인 농업 종사자 수, 1인당 국내 총생산, 옥수수 경작 면적당 생산량의 점수를 구하고, 가중치를 부여하여 세 가지 평가 항목의 합산 점수가 가장 높은 국가를 찾아야 합니다.

정답 찾기 ④ 가중치를 고려한 후보 국가의 평가 항목별 합산 점수를 구하면 아래의 표와 같습니다.

평가 항목 / 후보	농업 종사자 수	1인당 국내 총생산	옥수수 경작 면적당 생산량×2	합산 점수
에티오피아	3	3	1×2=2	8
케냐	2	2	2×2=4	8
탄자니아	2	3	2×2=4	9
모잠비크	1	3	3×2=6	10
남아프리카 공화국	1	1	1×2=2	4

따라서 농업 기술 센터의 건립지로 가장 적합한 국가는 합산 점수가 10점으로 가장 높은 모잠비크입니다.

012 지리 정보 수집 방법   정답 ④

문제 분석 (가)는 조사 지역을 직접 방문하여 해당 지역의 지리 정보를 수집하는 직접 조사이며, (나)는 인공위성이나 항공기를 이용하여 관측 대상과의 접촉 없이 측정을 통해 지리 정보를 수집하는 원격 탐사입니다.

정답 찾기 ㄱ. 직접 조사의 주요 방법으로는 관찰, 실측, 면담 등이 있습니다. ㄴ. 원격 탐사 기술은 사람들이 접근하기 어려웠던 지역의 상세한

정보뿐만 아니라, 눈에 보이지 않는 현상과 특정 지역에서 벌어지는 변화까지 광범위한 지리 정보를 제공해 줍니다. 이러한 원격 탐사의 활용 사례로는 북극해 해빙(海氷)의 면적이나 남극 상공의 오존층 파괴 범위 파악 등이 있습니다. ㄷ. 원격 탐사는 직접 조사에 비해 지리 정보 수집에 활용된 시기가 늦습니다.

`오답 피하기` ㄹ. 여행지에 대한 만족도 조사는 원격 탐사보다는 설문, 면담과 같은 직접 조사가 더욱 적합합니다.

013 지리 정보 시스템(GIS)을 활용한 입지 선정   정답 ①

`문제 분석` 지도의 A는 영국, B는 포르투갈, C는 프랑스, D는 독일, E는 이탈리아입니다. 주어진 조건에 만족하지 않는 국가들을 제외하고 남은 국가들 중 인구가 가장 많은 국가를 선정해야 합니다.

`정답 찾기` ① 국가별 조건 부합 여부를 정리하면 아래의 표와 같습니다.

조건 후보 국가	1인당 GDP	휴대 전화 사용 비율	인구수
영국(A)	○	○	×
포르투갈(B)	×	–	–
프랑스(C)	○	×	–
독일(D)	○	○	○
이탈리아(E)	○	○	×

따라서 이동 통신 5G망의 거점 국가로 가장 적합한 국가는 독일(D)입니다. 독일은 유럽에서 러시아 다음으로 가장 인구가 많습니다.

014 지리 정보 시스템(GIS)을 활용한 입지 선정   정답 ⑤

`고난도 평가원 기출`

①	② 함정	③	④	❺
5%	9%	3%	3%	80%

`눈으로 보는 해설`

남아메리카에 전자 제품 공장을 건설하려고 한다. 조건에 가장 적합한 국가를 지도의 A~E에서 고른 것은?

〈조건〉 항목별 배점 기준은 다음과 같으며, 합계 점수가 가장 높은 국가에 공장을 건설할 예정임.

〈배점 기준〉

인구 (만 명)	점수	도시화율 (%)	점수	청장년층 인구 비율(%)	점수
1,500 이상	3	80 이상	3	67 이상	3
1,000~1,500	2	70~80	2	65~67	2
1,000 미만	1	70 미만	1	65 미만	1

〈국가 정보〉

국가	인구 (만 명)	도시화율 (%)	청장년층 인구 비율(%)
볼리비아	1,073	68.5	61.1
칠레	1,795	89.5	68.9
콜롬비아	4,823	76.4	68.7
파라과이	664	59.7	63.8
페루	3,138	78.6	65.3

(2015년)

① A   ② B   ③ C   ④ D   ⑤ E

`문제 분석` A는 콜롬비아, B는 페루, C는 볼리비아, D는 파라과이, E는 칠레입니다. 인구, 도시화율, 청장년층 인구 비율의 배점 기준을 보고 각 국가별 점수를 합한 후, 합계 점수가 가장 높은 국가를 찾아야 합니다.

`정답 찾기` ⑤ 각 후보 국가의 평가 항목별 합산 점수를 구하면 아래의 표와 같습니다.

평가 항목 후보 국가	인구	도시화율	청장년층 인구 비율	합산 점수
볼리비아(C)	2	1	1	4
칠레(E)	3	3	3	9
콜롬비아(A)	3	2	3	8
파라과이(D)	1	1	1	3
페루(B)	3	2	2	7

따라서 전자 제품 공장의 건설지로 가장 적합한 국가는 합산 점수가 9점으로 가장 높은 칠레(E)입니다.

`함정 피하기`

국가별 합산 점수를 맞게 도출하였더라도 지도에 표시된 국가들의 위치를 몰랐다면 틀렸을 것이다. 표로 주어진 국가 정보도 지도에서의 순서와 일치하지 않아 힌트를 얻을 수 없다. 대개 중첩 원리를 활용해 최적 입지를 찾는 문항의 난도가 낮다보니, 이러한 방식으로 난도를 올리는 경우가 종종 있다. 따라서 주요 국가는 지도에서의 위치를 반드시 기억해 두어야 한다.

015 고지도와 전자 지도의 특징 비교   정답 ②

`문제 분석` (가)는 종이 지도인 카탈루냐 지도첩으로, 산지와 하천 등의 자연지물, 도시를 나타내는 건물, 깃발, 범선, 각 지역의 왕이나 전설적 인물 등을 그려 넣었습니다. (나)는 전자 지도입니다. 전자 지도는 인공위성 기술을 활용한 오늘날의 지도로 산지, 하천 등의 위치를 정확하게 나타내고 있으며, 지도의 확대와 축소가 자유롭습니다.

`정답 찾기` ㄱ. 종이 지도인 (가)를 보면 다양한 지리 정보를 그림으로 표현하였음을 알 수 있습니다. ㄷ. 카탈루냐 지도첩은 14세기 유럽에서 제작되어 오늘날의 전자 지도보다 지도의 제작 시기가 이릅니다.

`오답 피하기` ㄴ. 전자 지도는 지리 정보의 수정이 용이합니다. ㄹ. 산지와 하천의 위치는 (가)보다 전자 지도인 (나)에서 정확하게 표현됩니다.

016 라틴 아메리카 문화 지역의 특징   정답 ⑤

`문제 분석` 지도의 A는 유럽 문화 지역, B는 동아시아 문화 지역, C는 앵글로아메리카 문화 지역, D는 아프리카 문화 지역, E는 라틴 아메리카 문화 지역입니다.

`정답 찾기` ⑤ 원주민과 이주민의 혼혈 비율이 높고, 주민 대부분이 에스파냐어와 포르투갈어를 사용하며, 다른 지역에서 볼 수 없는 독특한 모습의 성모 마리아상이 나타나는 지역은 라틴 아메리카 문화 지역(E)입니다.

`오답 피하기` ① 유럽 문화 지역(A)은 주로 크리스트교의 비중이 높으며, 인도 · 유럽 어족의 언어를 국가별로 사용합니다. ② 동아시아 문화 지역(B)은 주로 유교와 불교의 영향을 크게 받았으며, 한자를 사용합니다. ③ 앵글로아메리카 문화 지역(C)은 대부분의 주민들이 영어를 사용하며, 크리스트교의 비중이 높습니다. ④ 아프리카 문화 지역(D)은 대부분의 주민들이 토속 신앙이나 크리스트교를 신봉합니다.

017 세계 지도의 지역 구분 기준   정답 ②

`문제 분석` 지도에서 유럽과 아메리카, 오세아니아는 모두 같은 범례로 표현되어 있습니다. 북아프리카와 서남아시아, 중앙아시아 역시 같은 범례로 표현되어 있으며, 아시아의 경우 남아시아와 동남아시아는 서로 다른 범례로 표현되어 있습니다.

`정답 찾기` ② 유럽과 아메리카, 오세아니아는 크리스트교를 주로 믿으며, 북아프리카와 서남아시아는 이슬람교를 주로 믿습니다. 인도는 주로 힌

두교를 믿으며, 인도차이나 반도의 국가들은 주로 불교를 믿습니다. 따라서 해당 세계 지도는 세계의 주요 종교에 따른 지역 구분 지도입니다.

오답 피하기 ① 세계의 기후에 따른 지역 구분이라면 아메리카에 열대 기후, 건조 기후, 온대 기후, 냉대 기후, 한대 기후가 구분되어야 합니다. ③ 소속된 대륙 축구 연맹에 따른 지역 구분이라면 아시아, 유럽 등 각 대륙별로 지역이 구분되어야 합니다. ④ 국가별 1인당 국내 총생산에 따른 지역 구분이라면 국가별 소득 수준에 따라 지역이 구분되어야 합니다. ⑤ 전통 가옥의 건축 재료에 따른 지역 구분은 돌, 벽돌, 통나무, 흙 등으로 지역 구분이 더욱 세분화되어야 합니다.

018 건조 문화 지역의 특징　　　　　　　　정답 ②

문제 분석 엽서에 제시된 메카, 모스크, 첨탑과 돔, 이슬람교, 돼지고기 금기시, 사막, 대추야자 등의 단어를 통해 여행 지역은 건조 문화 지역에 해당함을 알 수 있습니다. 지도의 A는 유럽 문화 지역, B는 건조 문화 지역, C는 동아시아 문화 지역, D는 앵글로아메리카 문화지역, E는 라틴 아메리카 문화 지역입니다.

정답 찾기 ② 이슬람교 사원인 모스크와 사막의 오아시스 주변에 자라는 대추야자를 볼 수 있으며, 종교적 교리에 따라 돼지고기를 금기시하는 문화권은 건조 문화 지역(B)입니다.

오답 피하기 ① 유럽 문화 지역(A)은 크리스트교도의 비중이 높습니다. ③ 동아시아 문화 지역(C)은 유교와 불교의 영향을 많이 받았으며, 계절풍의 영향으로 주로 벼를 재배합니다. ④, ⑤ 앵글로아메리카 문화 지역(D)과 라틴 아메리카 문화 지역(E)은 크리스트교도 비중이 높습니다.

019 세계의 문화 지역과 기후 지역 구분 비교　　　정답 ②

문제 분석 세계의 문화 지역은 자연환경과 인문 환경의 영향을 받아 구분됩니다. 자연환경 중에서도 기후는 문화 지역 형성에 많은 영향을 미치게 됩니다.

정답 찾기 ㄱ. 제시된 지도를 보면 건조 문화 지역은 대부분 건조 기후에 속합니다. 건조 문화 지역은 강수량이 적은 사막 및 초원의 건조 기후와 이슬람교의 영향으로 형성된 문화 지역입니다. ㄷ. 아프리카 대륙은 크게 사하라 사막과 그 이북의 건조 문화 지역과 사하라 사막 이남의 아프리카 문화 지역으로 구분됩니다.

오답 피하기 ㄴ. 세계의 기후에 따른 지역 구분을 보면 냉대 기후는 북반구에서 넓게 나타나며, 남반구에서는 해당 위도대에 큰 대륙이 없어서 잘 나타나지 않고 있음을 알 수 있습니다. ㄹ. 앵글로아메리카 문화 지역과 라틴 아메리카 문화 지역을 구분하는 기준은 문화적 요인입니다. 식민 지배의 과정에서 앵글로색슨족의 영향을 크게 받아 개신교의 비중이 높은 미국과 캐나다는 앵글로아메리카 문화 지역에 속하며, 라틴족의 영향을 크게 받은 중·남부 아메리카는 라틴 아메리카 문화 지역에 속합니다.

II. 세계의 자연환경과 인간 생활

핵심 개념 CHECK!
▶ 본문 019쪽

01 A-열대 기후, B-건조 기후, C-온대 기후, D-냉대 기후, E-한대 기후 **02** A-열대 우림 기후, B-사바나 기후, C-열대 몬순 기후
03 ○ **04** × **05** × **06** × **07** ○ **08** × **09** ○ **10** ○

O|X 문장 바로 알기

03 적도 저압대에서는 무역풍이 수렴하여 대류성 강수의 빈도가 높다.

04 대기 대순환에서 강수량보다 증발량이 많은 기압대는 ~~고위도 저압대~~ 이다.
아열대 고압대

05 수목의 성장이 가능한 기후에는 열대, 온대, ~~한대~~ 기후가 있다.
냉대

06 열대 기후의 구분 기준은 ~~최난월~~ 평균 기온 18℃ 이상이다.
최한월

07 열대 기후는 기온의 일교차보다 연교차가 작다.

08 사바나 기후는 계절에 따라 아열대 고압대와 ~~편서풍~~의 영향을 교대로 받는다.
적도 수렴대

09 열대 몬순 기후는 사바나 기후보다 연 강수량이 많다.

10 열대 고산 기후는 열대 우림 기후보다 기온의 일교차가 크다.

기출+예상 문제로 주제 정복하기
▶ 본문 021~025쪽

020 ④	021 ⑤	022 ②	023 ⑤	024 ③	025 ④
026 ②	027 ③	028 ⑤	029 ②	030 ②	031 ③
032 ④	033 ③	034 ④	035 ⑤	036 ⑤	037 ⑤
038 ⑤	039 ③				

020 열대 수렴대의 계절에 따른 회귀　　　　정답 ④

자료 분석

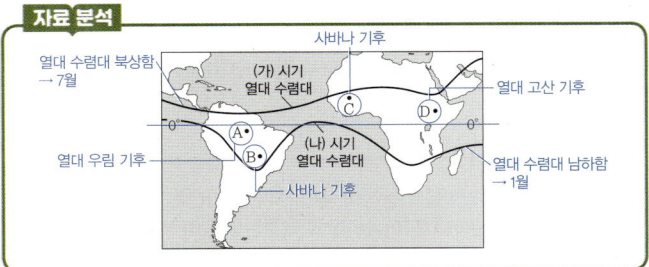

문제 분석 (가)는 적도를 중심으로 분포하는 열대 수렴대가 북상하였으므로 7월, (나)는 열대 수렴대가 남하하였으므로 1월입니다. 아마존 분지에 위치한 A는 열대 우림 기후, 브라질 고원에 위치한 B는 사바나 기후입니다. C는 사바나 기후, 아비시니아 고원에 위치한 D는 열대 고산 기후입니다.

정답 찾기 ④ 남반구에 위치한 B는 7월인 (가) 시기에 겨울, 1월인 (나) 시기에 여름입니다. 밤의 길이는 여름보다 겨울이 길게 나타납니다.

오답 피하기 ① 남반구의 사바나 기후 지역인 B는 7월에 아열대 고압대의

영향을 받아 건조한 날씨가 나타납니다. 반면, 열대 우림 기후 지역인 A는 연중 열대 수렴대의 영향을 받아 대류성 강수(스콜)가 자주 내립니다. ② 정오의 태양 고도는 여름에 높습니다. 7월이 여름인 북반구의 C는 겨울인 남반구의 B보다 정오의 태양 고도가 높습니다. ③ 남반구의 사바나 기후 지역인 B는 1월에 열대 수렴대의 영향을 받는 반면, 북반구의 사바나 기후 지역인 C는 1월에 아열대 고압대의 영향을 받아 건조합니다. ⑤ 열대 우림 기후 지역(A)은 연중 열대 수렴대의 영향을 받아 대류성 강수가 자주 내려 강수량이 많습니다. 반면 열대 고산 기후 지역(D)은 연중 봄과 같은 기온이 나타나 대류성 강수의 빈도가 낮으며, 아열대 고압대의 영향을 받는 1월은 강수량이 매우 적은 편입니다.

021 대기 대순환의 계절적 이동　　　　정답 ⑤

정답 찾기 ⑤ 사바나 기후는 태양 회귀에 따라 열대 수렴대와 아열대 고압대의 영향을 번갈아 받게 됩니다. 주로 10~20°S에 분포하는 남반구의 사바나 기후 지역은 7월에 북상하는 아열대 고압대의 영향권에 들어가면서 건기가 됩니다.

오답 피하기 ① 태양 복사 에너지에 의한 상승 기류로 내리는 비를 대류성 강수라고 하는데, 열대 기후 지역에서 내리는 스콜이 대표적입니다. ② 지중해성 기후는 여름철에 아열대 고압대의 영향으로 고온 건조한 날씨가 나타나며, 겨울철에는 편서풍과 한대 전선의 영향으로 온난 습윤한 날씨가 나타납니다. ③ 아열대 고압대에서 열대 수렴대로 부는 바람을 무역풍, 아열대 고압대에서 고위도 저압대로 부는 바람을 편서풍이라고 합니다. ④ 태양은 계절에 따라 북회귀선과 남회귀선 사이를 회귀합니다. 따라서 태양 복사 에너지가 수직으로 전달되는 지점은 하지에는 북회귀선에, 동지에는 남회귀선에 위치합니다.

022 쾨펜의 기후 구분에 따른 열대 기후의 분류　　　　정답 ②

문제 분석 매월 강수량이 60mm 이상으로 연중 습윤한 (가)는 열대 우림 기후입니다. 최건월 강수량이 60mm 미만인 건기가 존재하면서 연 강수량이 적은 (나)는 사바나 기후, 계절풍의 영향으로 연 강수량이 많은 (다)는 열대 몬순 기후입니다.

정답 찾기 ② 열대 우림 기후 주변에서 나타나는 사바나 기후는 주로 위도 10~20°에 분포합니다. 대표적인 지역은 브라질 고원, 오스트레일리아 북부, 동남아시아 및 남부 아시아, 콩고 분지 주변 지역 등입니다.

오답 피하기 ① 온대 기후의 서안 해양성 기후에 대한 설명입니다. ③ 열대 몬순 기후 지역의 전통적인 농업은 벼농사이며, 대표적인 플랜테이션 작물로는 차를 들 수 있습니다. 목화는 사바나 기후 지역에서 재배하기 적합한 작물입니다. ④ 사바나 기후 지역은 장초 초원에 키 작은 관목이 드물게 분포하며, 열대 몬순 기후 지역은 강수량이 많아 다양한 수종이 다층의 수관을 이루고 있는 밀림이 분포합니다. ⑤ 열대 기후는 연중 무더워 기온의 연교차가 매우 작습니다. 따라서 (가)~(다)는 모두 기온의 연교차가 일교차보다 작습니다.

023 위도대별 강수량과 증발량의 분포　　　　정답 ⑤

문제 분석 위도대별 강수량 분포는 상승 기류가 형성되는 적도 저압대, 고위도 저압대에서 많은 편입니다. 하강 기류가 형성되는 아열대 고압대와 극 고압대는 강수량이 적은 편입니다. 위도대별 증발량은 기온에 비례하므로 저위도에서 고위도로 갈수록 대체로 줄어듭니다. 따라서 (가)는 강수량, (나)는 증발량입니다.

정답 찾기 ㄷ. 무역풍이 수렴하는 위도대는 적도 부근으로 강수량이 증발량보다 많습니다. ㄹ. 강수량이 가장 많은 위도대는 적도 부근으로, 태양 복사 에너지의 유입량이 많아 대류성 강수인 스콜이 자주 내립니다.

오답 피하기 ㄴ. 강수량이 가장 적은 지역은 극지방이며, 증발량이 가장 많은 지역은 적도 부근입니다.

024 쾨펜의 기후 구분
정답 ③

문제 분석 (가)에는 사바나와 지중해성 기후 모두에 '예'라고 답해야 하는 질문, (나)에는 사바나 기후에는 '예'이지만, 지중해성 기후에는 '아니오'라고 대답해야 하는 질문이 들어가야 합니다. 〈보기〉의 질문에 대한 답을 정리하면 다음과 같습니다.

질문	사바나	지중해성
ㄱ. 여름이 건조합니까?	아니오	예
ㄴ. 연 강수량이 500mm 이상입니까?	예	예
ㄷ. 건기와 우기의 구분이 뚜렷합니까?	예	예
ㄹ. 최한월 평균 기온이 18℃ 이상입니까?	예	아니오
ㅁ. 최한월 평균 기온이 -3~18℃ 사이입니까?	아니오	예

정답 찾기 ③ 사바나 기후와 지중해성 기후는 모두 수목 기후에 해당하여 연 강수량이 500mm 이상입니다(ㄴ). 사바나 기후는 최한월 평균 기온이 18℃ 이상인 열대 기후이며(ㄹ), 최건월 강수량이 60mm 미만으로 건기와 우기의 구분이 뚜렷합니다(ㄷ). 지중해성 기후는 최한월 평균 기온이 -3℃~18℃이고(ㅁ), 여름이 건조합니다(ㄱ). 따라서 (가)에는 ㄴ, (나)에는 ㄹ, (다)에는 ㄷ, (라)에는 ㅁ, (마)에는 ㄱ이 들어가야 합니다.

오답 피하기 사바나 기후는 기온이 낮은 시기가 건기입니다.

025 적도 수렴대의 계절에 따른 회귀
정답 ④

문제 분석 그림은 적도 수렴대가 북반구로 이동한 시기이므로 7월의 대기 대순환을 나타낸 것입니다. A는 북반구의 지중해성 기후, B는 북반구의 사바나 기후, C는 열대 우림 기후, D는 남반구의 사바나 기후, E는 남반구의 지중해성 기후 지역입니다.

정답 찾기 ④ 남반구의 사바나 기후 지역인 D는 7월에 아열대 고압대의 영향으로 건조한 날씨가 나타납니다.

오답 피하기 ① 북반구의 지중해성 기후 지역인 A는 7월에 아열대 고압대의 영향으로 고온 건조한 날씨가 나타납니다. ② 북반구의 사바나 기후 지역인 B는 7월에 적도 수렴대의 영향으로 우기가 됩니다. ③ C는 열대 우림 기후 지역으로 연중 고온 다습한 기후가 나타납니다. 봄철과 같은 기온이 나타나고 일교차가 큰 기후는 열대 고산 기후입니다. ⑤ 남반구의 지중해성 기후 지역인 E는 7월에 편서풍과 한대 전선의 영향으로 습윤한 날씨가 나타납니다. 적도 수렴대의 영향으로 비가 내리는 기후는 열대 기후로 분류됩니다.

026 대기 대순환의 계절적 이동
정답 ②

문제 분석 (가)는 강수량이 가장 많이 분포하는 적도 수렴대가 북반구로 치우쳐져 있으므로 6~8월, (나)는 강수량 최대 분포 지역이 남반구로 치우쳐져 있으므로 12~2월입니다. A는 북반구의 사바나 기후 지역, B는 남반구의 지중해성 기후 지역입니다.

정답 찾기 ② 북반구에 위치한 A는 7월 평균 기온이 1월 평균 기온보다 높습니다.

오답 피하기 ① 북반구 사바나 기후 지역인 A는 7월에 적도 수렴대의 영향으로 우기, 1월에는 아열대 고압대의 영향으로 건기가 됩니다. ③ 남반구 지중해성 기후 지역인 B는 여름인 1월에 아열대 고압대의 영향으로 고온 건조한 날씨가 나타납니다. ④ 낮의 길이는 여름철이, 밤의 길이는 겨울철이 길게 나타납니다. 남반구에 위치한 B는 1월이 여름, 7월이 겨울입니다. 따라서 7월은 1월보다 밤이 길게 나타납니다. ⑤ 북반구 사바나 기후 지역인 A는 1월에 아열대 고압대의 영향으로 건기, 7월에는 적도 수렴대의 영향으로 우기가 됩니다. 남반구의 지중해성 기후 지역인 B는 1월에 아열대 고압대의 영향으로 고온 건조, 7월에 편서풍과 한대 전선의 영향으로 온난 습윤합니다.

027 지구의 공전에 따른 계절의 변화
정답 ③

눈으로 보는 해설

그림은 지구의 공전을 나타낸 것이다. 이에 대한 설명으로 옳은 것은? (단, (가), (나)는 동지, 하지 중 하나임.)

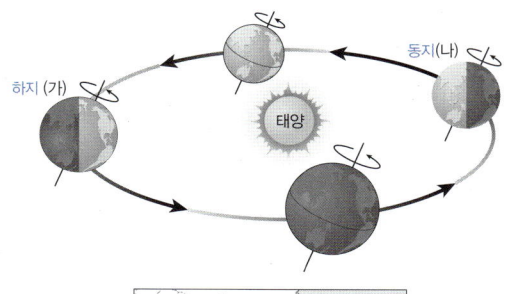

① A는 (가) 시기보다 (나) 시기에 강수량이 많다. 적다
② B는 (나) 시기보다 (가) 시기에 평균 기온이 높다. 낮다
③ (가) 시기에 A는 B보다 낮과 밤의 기온 차가 작다. (○)
④ (가) 시기에서 (나) 시기까지의 기간에 A의 낮 길이는 점차 길어진다. 짧아진다
⑤ (나) 시기에서 (가) 시기까지의 기간에 적도 수렴대는 B로 점차 가까워진다. 에서 / 멀어진다

문제 분석 태양이 북반구를 수직으로 비추는 (가)는 하지, 태양이 남반구를 수직으로 비추는 (나)는 동지입니다. A는 북반구의 사바나 기후 지역, B는 남반구의 사바나 기후 지역입니다.

정답 찾기 ③ 하지(6월)에 북반구 사바나 기후 지역인 A는 우기, 남반구 사바나 기후 지역인 B는 건기입니다. 기온의 일교차는 습도가 낮을수록 커지는 경향이 있습니다. 따라서 우기인 A는 건기인 B보다 기온의 일교차가 작습니다.

오답 피하기 ① 북반구 사바나 기후 지역인 A는 6월이 우기, 12월이 건기입니다. ② 남반구에 위치한 B는 12월이 6월보다 평균 기온이 높습니다. ④ 북반구에 위치한 A는 12월은 낮의 길이가 짧고, 6월은 낮의 길이가 길게 나타납니다. 따라서 6월에서 12월로 진행할수록 낮의 길이는 짧아집니다. ⑤ 남반구 사바나 기후 지역인 B는 12월에 적도 수렴대의 영향을 받습니다. 따라서 12월에서 6월로 진행할수록 적도 수렴대와 대체로 멀어집니다.

함정 피하기

하지와 동지를 헷갈렸을 가능성이 높다. 지구는 자전축이 23.5° 기울어진 채로 공전하기 때문에 태양이 수직으로 비추는 지점이 북반구로 올라갔다가 남반구로 내려가는 현상이 반복된다. 남·북회귀선은 태양이 수직으로 비추는 지점의 한계선이며, 북반구 기준 하지 때는 북회귀선(23.5°N)에서, 동지 때는 남회귀선(23.5°S)에서 태양열을 수직으로 받는다. 그림을 보면 태양이 수직으로 비추는 지점이 (가)에서는 북반구에, (나)에서는 남반구에 위치한다. 그러므로 (가)는 하지이며, (나)는 동지이다. 대기 대순환의 계절에 따른 회귀는 이러한 태양 고도의 변화와 관계 깊다. 태양이 수직으로 비추는 지점이 남반구에 위치하는 12~2월에는 대기 대순환이 전체적으로 남하하는 반면, 태양이 수직으로 비추는 지점이 북반구에 위치하는 6~8월에는 대기 대순환이 전체적으로 북상한다.

028 대륙별 기후 분포 비중 　　　　　 정답 ⑤

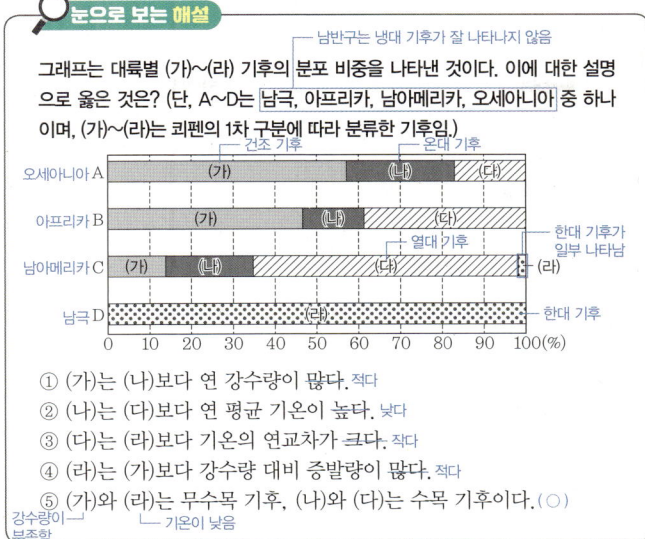

그래프는 대륙별 (가)~(라) 기후의 분포 비중을 나타낸 것이다. 이에 대한 설명으로 옳은 것은? (단, A~D는 남극, 아프리카, 남아메리카, 오세아니아 중 하나이며, (가)~(라)는 쾨펜의 1차 구분에 따라 분류한 기후임.)

— 남반구는 냉대 기후가 잘 나타나지 않음

① (가)는 (나)보다 연 강수량이 많다. 적다
② (나)는 (다)보다 연 평균 기온이 높다. 낮다
③ (다)는 (라)보다 기온의 연교차가 크다. 작다
④ (라)는 (가)보다 강수량 대비 증발량이 많다. 적다
⑤ (가)와 (라)는 무수목 기후, (나)와 (다)는 수목 기후이다. (○)
　강수량이　　　　　 기온이 낮음
　부족함

문제 분석 D는 (라) 기후만 나타납니다. 따라서 D는 남극, (라)는 한대 기후입니다. 한대 기후가 A, B에는 나타나지 않고 C에 일부 나타나고 있습니다. 따라서 C는 남아메리카입니다. 남아메리카에서 가장 많은 비중을 차지하는 (다)는 열대 기후입니다. 오세아니아와 아프리카 중 열대 기후의 비중은 아프리카가 높습니다. 따라서 B는 아프리카, A는 오세아니아입니다. 오세아니아에서 가장 높은 비중을 차지하는 (가)는 건조 기후이며, 나머지 (나)는 온대 기후입니다.

정답 찾기 ⑤ 건조 기후는 강수량이 부족하여, 한대 기후는 기온이 낮아서 수목이 자라지 못합니다. 열대 기후와 온대 기후는 수목이 성장할 수 있는 기후입니다.

오답 피하기 ① 건조 기후는 연 강수량 500mm 미만으로, 강수량보다 증발량이 많습니다. 온대 기후는 건조 기후보다 강수량이 많습니다. ② 온대 기후보다 열대 기후의 연평균 기온이 높습니다. ③ 열대 기후는 연중 무더운 날씨가 나타나 기온의 연교차가 작습니다. 따라서 열대 기후는 한대 기후보다 기온의 연교차가 작습니다. ④ 건조 기후는 강수량보다 증발량이 많은 기후입니다. 한대 기후는 강수량이 적지만 증발량 또한 적습니다. 따라서 강수량 대비 증발량은 건조 기후가 한대 기후보다 많습니다.

💣 함정 피하기

- (가)~(라) 중에 냉대 기후를 포함시켜 자료를 분석하여 시간이 오래 걸렸을 가능성이 높다. 냉대 기후는 북반구의 고위도 지역에서 나타난다. 따라서 유라시아나 북아메리카 대륙에만 분포한다. 남반구는 냉대 기후가 분포할 위도대에 대륙이 분포하지 않기 때문에 냉대 기후가 나타나지 않는다. 문항에서 제시한 대륙에는 유라시아와 북아메리카가 제외되어 있기 때문에 (가)~(라) 기후는 열대, 건조, 온대, 한대 기후 중 하나가 된다.
- 기후 지역을 옳게 구분하고도 강수량이 적은 건조 기후와 한대 기후 간 강수량 대비 증발량을 판단하지 못해 틀렸을 수도 있다. 일사량이 적은 한대 기후는 강수량뿐만 아니라 증발량도 적다는 사실을 꼭 기억해 두자.

029 기후 요소와 기후 요인 　　　　　 정답 ②

문제 분석 고위도로 갈수록 햇볕이 비스듬하게 입사해 단위 면적당 일사량이 감소하기 때문에 기온이 낮아집니다. 수륙 분포는 육지와 바다의 비열 차를 초래하여 동위도의 내륙이 해안에 비해 기온의 연교차가 큽니다. 지표면으로부터 멀어지면 지구 복사 에너지를 흡수할 공기의 밀도가 감소하기 때문에 해발 고도가 높아지면 기온이 낮아집니다. 난류가 흐르는

해안 지역은 기온이 높고 강수량이 많지만, 한류가 흐르는 해안 지역은 기온이 낮고 강수량이 적습니다. 지형은 강수에 많은 영향을 끼치는데, 상승 기류가 형성되는 바람받이 사면은 지형성 강수로 인한 강수량이 많은 반면, 비그늘 사면은 강수량이 적습니다. 따라서 (가)는 위도, (나)는 수륙 분포, (다)는 해발 고도, (라)는 해류, (마)는 지형입니다.

정답 찾기 ② B는 C보다 고위도에 위치하므로 기온의 연교차가 큽니다. 기온의 연교차는 대체로 고위도와 대륙 내부로 갈수록, 대륙 서안보다는 대륙 동안이 크게 나타납니다. 따라서 두 지역 간 기후 차를 유발한 기후 요인은 위도입니다.

오답 피하기 ① A는 D보다 고위도에 위치해 있으므로 연평균 기온이 낮습니다. ③ C는 D보다 해발 고도가 높기 때문에 최난월 평균 기온이 낮습니다. ④ E는 한류(페루 해류)의 영향으로 사막이 형성되었으며, B는 난류(북대서양 해류)의 영향을 받습니다. 따라서 E가 B보다 강수량이 적은 원인은 해류 때문입니다. ⑤ F는 편서풍의 비그늘 사면에 위치하여 사막이 형성되었고, A는 편서풍의 바람받이 사면에 위치하여 강수량이 많은 편입니다. 따라서 F가 A보다 강수량이 적은 원인은 지형과 풍향입니다.

030 열대 기후 지역의 인간 생활 　　　　　 정답 ②

자료 분석

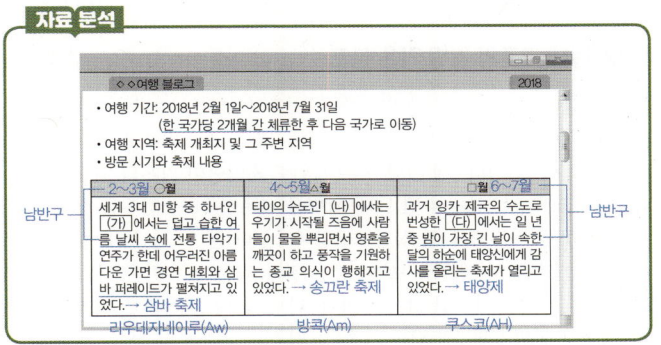

문제 분석 (가)는 리우데자네이루입니다. 남반구의 브라질 남동부 해안에 위치한 리우데자네이루에서는 매년 2월 리우 카니발(삼바 축제)이 개최되며, 사바나 기후가 나타납니다. (나)는 타이의 수도인 방콕입니다. 제시된 종교 의식은 송끄란 축제의 일부로, 매년 우기가 시작되기 직전(4월) 타이 전역에서 개최됩니다. 북반구의 인도차이나 반도 서부에 위치한 타이는 열대 몬순 기후가 나타납니다. (다)는 잉카의 수도인 페루의 쿠스코입니다. 제시된 축제는 태양제로, 매년 6월 하지 무렵에 개최됩니다. 남반구의 안데스산맥에 위치한 페루의 쿠스코는 열대 고산 기후가 나타납니다.

정답 찾기 ② ㄱ과 ㄹ은 1월보다 7월 평균 기온이 높으므로 북반구, ㄴ과 ㄷ은 1월보다 7월 평균 기온이 낮으므로 남반구 지역의 기후 그래프입니다. 그 중에서 ㄱ은 최한월인 1월 평균 기온이 18℃ 이상이며, 1월 강수량이 60mm 미만이므로 건기가 존재하는 북반구 열대 몬순 또는 사바나 기후 지역의 그래프입니다. ㄴ은 최한월인 7월 평균 기온이 18℃ 이상이며, 7월 강수량이 60mm 미만이므로 건기가 존재하는 남반구 열대 몬순 또는 사바나 기후 지역의 그래프입니다. ㄷ은 1월과 7월 모두 10~15℃ 전후의 기온대가 나타나므로 일 년 내내 봄과 같은 기온이 나타나는 열대 고산 기후입니다. 따라서 남반구 사바나 기후 지역인 (가)는 ㄴ, 북반구 열대 몬순 기후 지역인 (나)는 ㄱ, 남반구 열대 고산 기후 지역인 (다)는 ㄷ 그래프와 연결됩니다.

오답 피하기 ③ ㄹ은 최한월인 1월 평균 기온이 18℃ 이상, 1월과 7월 강수량이 모두 60mm 이상이므로 북반구 열대 우림 기후 지역의 그래프입니다.

031 열대 기후의 누적 강수량 분포 정답 ③

문제 분석 지도의 세 지점은 모두 열대 기후가 나타나는 지역입니다. 북반구 베네수엘라 볼리바르의 해안은 사바나 기후, 남반구 브라질의 아마존 유역은 열대 우림 기후, 브라질 고원은 사바나 기후가 나타납니다. 그래프 A의 누적 강수량 분포는 7월을 전후하여 증가 폭이 적으므로, 7월이 건기인 남반구의 사바나 기후에 해당합니다. B는 1월을 전후하여 누적 강수량 증가 폭이 작으므로, 1월이 건기인 북반구의 사바나 기후에 해당합니다. C의 누적 강수량은 매월 일정하게 증가하므로 연중 습윤한 열대 우림 기후에 해당합니다.

정답 찾기 ③ B는 북반구의 사바나 기후 지역이므로 태양이 남회귀선에 위치하는 1월보다 북회귀선에 위치하는 7월에 정오의 태양 고도가 높습니다.

오답 피하기 ① A는 남반구에 위치하므로 겨울인 7월이 여름인 1월보다 밤 길이가 길게 나타납니다. ② 북동 무역풍은 30°N에서 적도 쪽으로 부는 탁월풍입니다. 6~8월에는 대기 대순환이 북상하므로 북동 무역풍의 영향권도 북으로 이동합니다. A는 남반구에 위치하므로 6~8월에는 북동 무역풍의 영향권에서 더 멀어집니다. ④ C는 연중 비가 많은 열대 우림 기후 지역입니다. ⑤ 북회귀선에 상대적으로 가까운 지역은 베네수엘라 볼리바르에 위치한 B입니다.

032 열대 기후의 월별 기온 분포 정답 ④

문제 분석 지도의 세 지점은 열대 몬순 기후가 나타나는 방글라데시의 다카, 열대 우림 기후가 나타나는 싱가포르, 열대 고산 기후가 나타나는 에콰도르의 키토입니다. 세 지역 모두 저위도 지역이며 기온의 연교차가 작습니다. 그래프 (가)는 일 년 내내 월평균 기온이 25℃ 전후인 것으로 보아 열대 우림 기후 지역인 싱가포르입니다. (다)는 일 년 내내 월평균 기온이 12℃~13℃인 것으로 보아, 항상 봄과 같은 기온이 유지되는 열대 고산 기후 지역인 키토입니다. 나머지 (나)는 열대 몬순 기후 지역인 다카로, 북반구에 위치해 7월 평균 기온이 1월 평균 기온보다 높습니다.

정답 찾기 ④ (가)는 열대 우림 기후로 연중 습윤합니다. (나)는 북반구의 열대 몬순 기후로 건조한 대륙에서 바람이 부는 1월은 건기, 습윤한 바다에서 바람이 부는 7월은 우기가 됩니다. 따라서 (나)는 (가)보다 건기와 우기의 구분이 뚜렷합니다.

오답 피하기 ① (가)는 연중 무더운 열대 우림 기후로 기온의 연교차가 매우 작아, 기온의 일교차가 기온의 연교차보다 큽니다. ② (나)는 계절풍의 영향을 받는 열대 몬순 기후로, 여름철에 기온이 높고 강수량이 많아 일찍부터 벼농사가 발달하였습니다. ③ (다)는 적도 근처의 고지대에 위치해 연중 12℃~13℃의 온화한 기온이 나타납니다. ⑤ (가)는 열대 우림 기후로 연중 적도 수렴대의 영향으로 높은 기온이 유지되어 스콜이 자주 내립니다. 반면 (다)는 상춘 기후인 열대 고산 기후로 대류성 강수의 빈도가 열대 우림 기후보다 낮습니다.

033 열대 기후의 월별 기온과 강수량 분포 정답 ②

문제 분석 출발지는 월평균 기온이 연중 15℃ 전후로 일정하게 유지되므로 열대 고산 기후가 나타나는 지역입니다. 도착지는 최한월이 7월이므로 남반구에 위치하며, 7월 강수량이 거의 없으므로 사바나 기후가 나타나는 지역입니다.

정답 찾기 ② B는 출발지가 에티오피아의 아디스아바바로 열대 고산 기후가 나타납니다. B의 도착지는 탄자니아의 다르에스살람으로 사바나 기후가 나타납니다.

오답 피하기 ① A-출발지는 가봉의 리브르빌로 사바나 기후, 도착지는 잠비아의 루사카로 온대 겨울 건조 기후가 나타납니다. ③ C-출발지는 인도의 델리로 온대 겨울 건조 기후, 도착지는 오스트레일리아의 케언즈로 사바나 기후가 나타납니다. ④ D-출발지는 중국의 라싸로 온대 고산 기후, 도착지는 멕시코의 멕시코시티로 열대 고산 기후가 나타납니다. ⑤ E-출발지는 벨리즈로 열대 우림 기후, 도착지는 콜롬비아의 보고타로 열대 고산 기후가 나타납니다.

034 열대 기후의 식생 특징 정답 ④

문제 분석 (가)는 다양한 수종의 나무들이 다층의 구조를 이루면서 밀림을 형성하고 있으므로 열대 우림 기후의 식생입니다. (나)는 키가 작은 관목들이 듬성듬성 분포하면서 키 큰 풀들이 초원을 이루고 있으므로 사바나 기후의 식생입니다.

정답 찾기 ④ 사바나 기후는 건기와 우기의 구분이 뚜렷하므로 연중 습윤한 열대 우림 기후보다 연 강수량이 적습니다. 기온의 연교차는 대체로 저위도에서 고위도로 갈수록 커집니다. 따라서 위도 10° 근처에 분포하는 사바나 기후는 적도 근처에 분포하는 열대 우림 기후보다 기온의 연교차가 큽니다. 열대 우림 기후는 연중 적도 수렴대의 영향을 받습니다. 반면 사바나 기후는 적도 수렴대의 영향을 받는 우기와 아열대 고압대의 영향을 받는 건기로 구분됩니다. 따라서 아열대 고압대의 영향은 사바나 기후가 열대 우림 기후보다 많이 받습니다. 이러한 특성을 나타낸 점은 그림의 D에 해당합니다.

035 열대 기후 지역의 특성 및 주민 생활 정답 ④

문제 분석 열대 기후 지역에 분포하는 토양은 붉은색의 라테라이트입니다. 라테라이트는 영양분이 부족한 토양이므로 숲을 태워 생긴 재를 거름 삼아 농사를 지으면서 주기적으로 이동하는데, 이를 이동식 화전 농업이라고 합니다. 열대 기후 지역은 서구 열강의 식민 지배를 받으면서 상업적 농업인 플랜테이션이 발달했습니다. 주로 열대 우림 기후 지역에서는 카카오, 천연고무, 바나나 등을, 사바나 기후 지역에서는 목화, 커피, 사탕수수 등을, 열대 몬순 기후 지역에서는 차를 플랜테이션 작물로 재배합니다. 따라서 (가)에는 라테라이트, (나)에는 이동식 화전 농업, (다)에는 플랜테이션, (라)에는 열대 우림 기후, (마)에는 사바나 기후가 들어갑니다.

정답 찾기 ④ 열대 몬순 기후에 대한 설명입니다. 열대 우림 기후는 적도 수렴대의 영향으로 연중 고온 다습합니다.

오답 피하기 ① 라테라이트는 철과 알루미늄 성분이 산화되어 토양층에 잔류하기 때문에 토양이 붉은색을 띱니다. ② 열대 기후 지역의 전통적인 농업 방식인 이동식 화전 농업에서는 주로 식량 작물을 재배합니다. 열대 기후 지역의 대표적인 식량 작물로는 얌, 카사바, 타로감자 등을 들 수 있습니다. ③ 플랜테이션은 선진국의 자본과 기술, 원주민의 저렴한 노동력이 결합되어 커피, 카카오, 차 등 상품 작물을 재배하는 대규모 농업 형태입니다. ⑤ 사바나 기후는 우기에 적도 수렴대, 건기에 아열대 고압대의 영향을 받습니다.

036 저위도 고산 지역의 기후 특성 정답 ⑤

문제 분석 제시된 글의 배경이 되는 지역은 안데스산맥의 쿠스코입니다. 글에서 등장하는 '남위 13.5°', '안데스산맥 해발 3,399m', '스위치백', '고산병' 등으로 열대 고산 기후 지역임을 알 수 있습니다.

정답 찾기 ⑤ 쿠스코는 남반구 열대 고산 기후 지역으로, 10℃ 전후의 봄과 같은 기온이 일 년 내내 유지되며 1월 평균 기온이 7월보다 높습니다. 이러한 특징을 나타낸 그래프는 E입니다.

오답 피하기 ① A는 사바나 기후입니다. ② B는 열대 우림 기후입니다. ③ C는 사막 기후입니다. ④ D는 온대 겨울 건조 기후입니다.

037 열대 우림 기후와 사바나 기후의 비교   정답 ⑤

문제 분석 아마존 분지, 콩고 분지, 동남아시아의 섬 지역 등 적도를 중심으로 분포하는 (가)는 열대 우림 기후이며, (가) 주변에 주로 분포하는 (나)는 사바나 기후입니다.

정답 찾기 ㄷ. 열대 우림 기후는 연중 적도 수렴대의 영향으로 연중 고온 다습한 날씨가 나타납니다. 사바나 기후는 아열대 고압대의 영향을 받는 건기와 적도 수렴대의 영향을 받는 우기가 교대로 나타납니다. 따라서 강수량의 계절적 편차는 열대 우림 기후가 사바나 기후보다 작습니다. ㄹ. 열대 우림 기후에서는 다양한 수종이 다층의 수관을 이룬 밀림이 분포합니다. 사바나 기후에서는 장초 초원에 키 작은 관목이 듬성듬성 분포합니다. 따라서 단위 면적당 식생 밀도는 사바나 기후가 열대 우림 기후보다 낮습니다.

오답 피하기 ㄱ. 연중 봄과 같은 기온을 유지하는 기후는 열대 고산 기후입니다. ㄴ. 산성의 회백색 성대 토양이 분포하는 기후대는 냉대 기후 지역입니다. 열대 기후 지역에서는 붉은색의 라테라이트가 분포합니다.

038 계절별 탁월풍의 변화   정답 ⑤

눈으로 보는 해설

지도는 아프리카의 시기별 풍향을 나타낸 것이다. 이에 대한 설명으로 옳은 것은? (단, (가), (나)는 1월, 7월 중 하나임.)

① (가) 시기의 강수량은 A가 B보다 많다. 적다
② (나) 시기의 평균 기온은 C가 A보다 높다. 낮다
③ (가)와 (나) 시기의 기온 차는 B가 C보다 크다. 작다
④ 건기에 C의 풍향은 남풍보다 북풍 계열이 탁월하다.
⑤ 정오 시 A에서의 그림자는 (나) 시기보다 (가) 시기가 길다. (○)
             연교차

문제 분석 북동 무역풍과 남동 무역풍이 만나는 지점이 적도 수렴대가 형성되어 있는 곳입니다. (가)는 적도 수렴대가 남반구로 남하하였으므로 1월, (나)는 적도 수렴대가 북반구로 북상하였으므로 7월입니다. A는 북반구의 사바나 기후, B는 열대 우림 기후, C는 남반구의 사바나 기후 지역입니다.

정답 찾기 ⑤ 그림자 길이는 태양 고도가 높을수록 짧게 나타납니다. 북반구에 위치한 A는 1월보다 7월이 정오에 태양 고도가 높습니다. 따라서 정오에 A에서의 그림자 길이는 7월보다 1월이 길게 나타납니다.

오답 피하기 ① A는 아열대 고압대의 영향을 받는 1월이 건기입니다. B는 연중 적도 수렴대의 영향으로 연중 습윤합니다. 따라서 1월의 강수량은 A가 B보다 적습니다. ② 7월에 태양은 북회귀선 부근에 위치합니다. 따라서 7월에 북회귀선에 근접해 있는 A가 C보다 평균 기온이 높습니다. ③ 1월과 7월의 기온 차는 기온의 연교차입니다. 기온의 연교차는 고위도로 갈수록 커지는 경향이 있습니다. 따라서 고위도에 위치한 C가 저위도에 위치한 B보다 기온의 연교차가 큽니다. ④ C는 아열대 고압대가 북상하는 7월이 건기입니다. 7월에 C의 풍향은 남풍입니다.

함정 피하기

탁월풍이 만나는 지점을 확인하면 적도 수렴대의 위치를 추론할 수 있다. 북동 무역풍과 남동 무역풍이 수렴하는 지점이 적도 수렴대가 분포하는 지점이다. 이를 통해 (가), (나)의 시기를 판단할 수 있다. 두 시기의 강수량 분포가 제시되어 있는 자료의 경우에도 마찬가지이다. 대기 대순환에서 적도 수렴대의 영향을 받는 지점의 강수량이 가장 많다. 따라서 강수량이 가장 많이 분포하는 지점이 북반구로 치우쳐져 있으면 7월, 남반구로 치우쳐져 있으면 1월로 판단하면 된다.

039 열대 기후별 월 강수 편차 비교   정답 ③

눈으로 보는 해설

그래프는 지도에 표시된 두 지역의 월평균 기온과 월 강수 편차를 나타낸 것이다. (가), (나)에 대한 설명으로 옳은 것은?

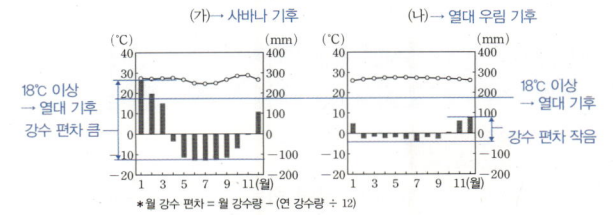

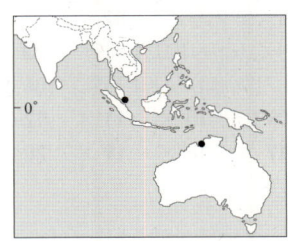

① (가)의 낮 길이는 건기가 우기보다 길다. 짧다
② (나)는 월 강수량이 60mm 미만인 달이 존재한다.
        (가)
③ (가)는 (나)보다 1월에 정오의 태양 고도가 높다. (○)
④ (나)는 (가)보다 임업에 활용하기 불리한 식생이 많이 분포한다.
                                  유리한
⑤ (가), (나)의 강수는 대부분 편서풍에 의한 지형성 강수이다.
                                      대류성

문제 분석 (가)와 (나)는 모두 최한월 평균 기온이 18℃ 이상이므로 열대 기후에 해당하며, 그 중 (가)는 월 강수 편차가 크게 나타나므로 사바나 기후입니다. 또한 7월 평균 기온이 1월보다 낮고, 7월 강수량이 1월보다 적습니다. 따라서 (가)는 남반구의 사바나 기후 지역인 다윈입니다. (나)는 월 강수 편차가 작은 것으로 보아, 일 년 내내 강수량이 많은 열대 우림 기후 지역인 싱가포르입니다.

정답 찾기 ③ (가)는 남반구에, (나)는 적도 부근에 위치합니다. 1월에 태양은 남회귀선 부근에 위치합니다. 따라서 (가)는 (나)보다 남회귀선에 가까워 1월에 정오의 태양 고도가 높습니다.

오답 피하기 ① 낮의 길이는 여름이 겨울보다 길게 나타납니다. 사바나 기후는 기온이 높은 여름이 우기, 기온이 낮은 겨울이 건기입니다. 따라서 A의 낮 길이는 겨울인 건기가 여름인 우기보다 짧습니다. ② 사바나 기후에 대한 설명입니다. 열대 우림 기후는 연중 강수량이 60mm 이상입니다. ④ 열대 우림 기후 지역의 식생은 열대 밀림으로, 목질이 단단해 가구나 선박 제조에 주로 이용됩니다. 반면 사바나 기후 지역은 키가 큰 풀이 초원을 이루며, 관목이 드물게 분포합니다. 따라서 열대 우림 기후의 식생이 사바나 기후보다 임업에 유리합니다. ⑤ 편서풍에 의한 지형성 강수는 배후에 산지가 있는 중위도 지역에서 주로 발생합니다. 열대 기후 지역은 남동 무역풍과 북동 무역풍이 만나 형성한 적도 수렴대의 영향으로 상승 기류가 발달해 대류성 강수가 주로 발생합니다.

강수 편차를 일반 강수량으로 판단했을 수도 있다. 그래프 하단의 월 강수 편차 공식을 보면 강수 편차가 양(+)의 값, 즉 0보다 크게 나타나는 월은 평균 강수량보다 해당 월의 강수량이 많다는 뜻이다. (가)에서 월 강수 편차가 가장 큰 1월은 약 +260mm이며 가장 작은 7월은 약 −130mm이다. 즉, (가) 지역에서 1월은 비가 평균에 비해 260mm나 많이 내렸고, 7월은 비가 평균에 비해 130mm나 덜 내렸다는 뜻이다. 따라서 1월과 7월의 강수량 차는 약 390mm에 육박한다. 반면 (나)는 월 강수 편차가 가장 큰 12월은 약 +80mm이며, 월 강수 편차가 가장 작은 7월은 약 −40mm이다. 따라서 12월과 7월의 강수량 차는 약 120mm이다. 이를 통해 (가)는 열대 기후 중 계절별 강수 편차가 큰 사바나 기후, (나)는 연중 습윤한 열대 우림 기후임을 알 수 있다.

03강 온대, 건조, 냉·한대 기후 환경

핵심 개념 CHECK!
▶ 본문 028쪽

01 (가)−지중해성 기후, (나)−온난 습윤 기후, (다)−온대 겨울 건조 기후, (라)−서안 해양성 기후 **02** (가)−대륙 내부, (나)−아열대 고압대, (다)−한류, (라)−비그늘 사면 **03** (가)−서안 해양성 기후, (나)−툰드라 기후, (다)−사막 기후 **04** ○ **05** × **06** ○ **07** ○ **08** × **09** ○ **10** × **11** × **12** ○ **13** ○ **14** ○ **15** ○ **16** × **17** × **18** × **19** × **20** ○ **21** × **22** ○ **23** ×

OX 문장 바로 알기

04 중위도의 비슷한 위도에서 대륙 동안은 대륙 서안보다 기온의 연교차가 크다.

05 지중해성 기후는 여름 강수량이 겨울 강수량보다 ~~많다.~~
적다

06 서안 해양성 기후는 계절에 따른 강수의 편차가 작은 편이다.

07 대륙 동안은 대륙 서안보다 계절풍의 영향을 많이 받는다.

08 ~~서안 해양성 기후 지역~~에서는 여름에는 수목 농업이, 겨울에는 곡물 농업이 이루어진다.
지중해성 기후 지역

09 계절풍의 영향을 받는 아시아 지역에서는 벼농사가 발달하였다.

10 한류의 영향으로 형성된 사막은 대륙 동안이 대륙 서안보다 ~~많다.~~
적다

11 여러 개의 선상지가 연속적으로 발달하여 이어진 복합 선상지를 ~~바르한~~이라고 한다.
바하다

12 바람의 침식 작용으로 형성된 건조 지형에는 버섯바위, 삼릉석 등이 있다.

13 유수의 침식 작용으로 형성된 건조 지형에는 페디먼트가 있다.

14 신대륙의 스텝 기후 지역에서는 대규모로 기업적 농목업이 이루어진다.

15 건조 기후와 한대 기후는 나무가 자라기 어려운 무수목 기후에 해당한다.

16 ~~사막 기후~~ 지역에는 유기물이 풍부해 비옥한 흑색의 토양이 분포한다.
스텝 기후

17 건조 기후 지역은 기온의 일교차가 크고, ~~화학적~~ 풍화 작용이 활발하다.
물리적

18 ~~빙설~~ 기후 지역에서는 짧은 여름철에 지의류가 자란다.
툰드라

19 냉대 기후 지역에 분포하는 포드졸은 회백색의 강한 ~~알칼리성~~ 토양이다.
산성

20 빙하의 침식으로 형성된 지형으로는 호른, 권곡, 현곡 등이 있다.

21 빙하 퇴적 작용으로 형성된 지형은 하천 퇴적 작용으로 형성된 지형보다 분급이 ~~양호~~하다.
불량

22 구조토는 토양층의 동결과 융해의 반복으로 형성된 주빙하 지형이다.

23 솔리플럭션 현상은 ~~북극보다 남극에서~~ 관찰하기 쉬운 현상이다.
남극보다 북극에서

기출+예상 문제로 주제 정복하기
▶ 본문 030~037쪽

040 ①	**041** ⑤	**042** ④	**043** ①	**044** ③	**045** ③
046 ③	**047** ③	**048** ⑤	**049** ④	**050** ④	**051** ⑤
052 ⑤	**053** ④	**054** ②	**055** ②	**056** ②	**057** ①
058 ②	**059** ②	**060** ②	**061** ②	**062** ②	**063** ⑤
064 ③	**065** ②	**066** ③	**067** ②	**068** ⑤	

040 대륙 동안과 대륙 서안의 기후 특성 비교
정답 ①

자료 분석

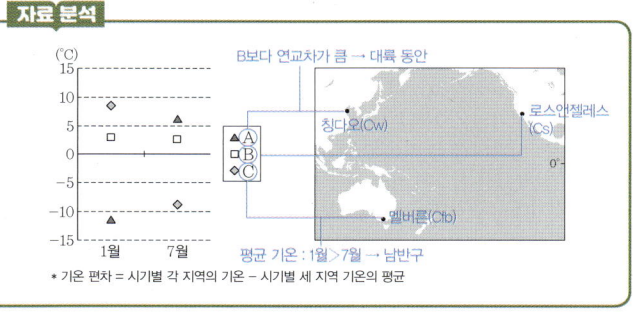

문제 분석 지도에 표시된 지역은 온대 동계 건조 기후 지역인 칭다오, 지중해성 기후 지역인 로스앤젤레스, 서안 해양성 기후 지역인 멜버른입니다. 그래프 하단에 주어진 기온 편차 공식을 활용하면 '해당 지역의 기온이 높을수록 기온 편차 수치가 높다'는 것을 알 수 있습니다. 이에 따르면 1월 평균 기온은 C>B>A 순으로, 7월 평균 기온은 A>B>C 순으로 높습니다. 대륙 동안은 서안보다 기온의 연교차가 크며, 남반구는 1월 평균 기온이 7월보다 높습니다. 따라서 1월 평균 기온이 가장 낮고 7월 평균 기온이 가장 높은 A는 기온의 연교차가 가장 큰 대륙 동안의 칭다오입니다. 또한 1월 평균 기온이 가장 높고 7월 평균 기온이 가장 낮은 C는 남반구의 멜버른이며, 나머지 B는 대륙 서안의 로스앤젤레스입니다.

정답 찾기 ㄱ. 1월에 낮 길이는 남반구 고위도로 갈수록 길어집니다. 따라서 A~C 중 C가 1월에 낮 길이가 가장 깁니다. ㄷ. B는 지중해성 기후가 나타나므로 여름인 7월에는 아열대 고압대의 영향을, 1월인 겨울에는 편서풍의 영향을 받습니다. C는 서안 해양성 기후가 나타나므로 연중 편서풍의 영향을 받습니다.

ㄴ. A는 계절풍의 영향을 받으므로 여름인 7월에 강수량이 많습니다. B는 지중해성 기후가 나타나므로 여름인 7월에 아열대 고압대의 영향으로 건조합니다. ㄹ. 계절풍의 영향을 받는 A는 여름인 6~8월에 강수가 집중되고, 지중해성 기후가 나타나는 B는 겨울인 12~2월에 강수가 집중됩니다. C는 연중 편서풍의 영향을 받는 서안 해양성 기후가 나타나므로 연중 고른 강수 분포를 보입니다.

041 지중해성 기후와 온난 습윤 기후 비교   정답 ⑤

A는 위도 30°~40°의 대륙 서안인 지중해 일대에 분포하므로 지중해성 기후 지역, B는 중위도 대륙 동안에 분포하므로 온난 습윤 기후 지역입니다.

ㄴ. 대륙 동안은 계절풍의 영향을 받아 여름에는 고온 다습, 겨울에는 한랭 건조한 기후가 나타납니다. 따라서 대륙 동안의 B 지역은 계절풍의 영향으로 기온의 연교차가 큽니다. ㄷ. A는 여름에 아열대 고압대의 영향을 받아 고온 건조하며, B는 여름에 계절풍의 영향을 받아 고온 다습합니다. 따라서 하계 강수 집중률은 B가 A보다 높습니다. ㄹ. 여름철 아열대 고압대의 영향을 받아 일조량이 풍부한 A는 올리브, 오렌지 등을 재배하는 수목 농업이 발달하였습니다. 반면 계절풍의 영향으로 여름이 고온 다습한 B는 벼농사가 활발합니다.

ㄱ. 지중해성 기후가 나타나는 A는 여름에 고온 건조, 겨울에 온난 습윤합니다. 편서풍의 영향으로 연중 습도가 일정한 기후는 서부 유럽에서 나타나는 서안 해양성 기후입니다.

042 온대 기후의 계절별 강수 및 기온 분포   정답 ④

지도의 A~E는 모두 중위도에 위치한 온대 기후 지역입니다. A는 서안 해양성 기후, B와 D는 지중해성 기후, C는 온대 겨울 건조 기후, E는 온난 습윤 기후가 나타납니다. 그래프의 (가)와 (나)는 1월 평균 기온이 10℃ 미만인 것으로 보아 겨울철 기온에 해당합니다. 따라서 (가)와 (나)는 북반구에 위치한 지역입니다. 반면 (다)는 1월 평균 기온이 24.2℃이므로 여름철 기온에 해당합니다. 따라서 (다)는 북반구와 계절이 반대인 남반구에 위치한 지역입니다.

④ 그래프의 월 강수 편차가 0보다 클 경우 해당 월의 강수량이 평균 강수량보다 많다는 의미입니다. (가)는 북반구에 위치하면서 여름(6~8월) 강수량이 평균보다 적으므로, 지중해성 기후 지역인 B에 해당합니다. (나)는 북반구에 위치하면서 연중 고른 강수 분포를 보이므로 서안 해양성 기후 지역인 A에 해당합니다. (다)는 남반구에 위치하면서 여름(12~2월) 강수량이 적고, 겨울(6~8월) 강수량이 많습니다. 따라서 (다)는 지중해성 기후 지역인 D에 해당합니다.

043 온대 지역의 기온 및 강수 특성   정답 ①

세 지역 모두 최한월 평균 기온이 -3℃~18℃이므로 온대 기후에 해당합니다. (가), (나)는 7월 평균 기온이 1월 평균 기온보다 높으므로 북반구에, (다)는 1월 평균 기온이 7월 평균 기온보다 높으므로 남반구에 위치한 지역입니다. (가)는 7월 강수량이 1월 강수량보다 월등히 많으므로 온대 겨울 건조 기후, (나)는 여름철 강수량이 겨울철보다 적으므로 지중해성 기후, 남반구에 위치한 (다)는 여름인 12~2월 강수량이 적으므로 지중해성 기후 지역입니다.

① 온대 겨울 건조 기후는 중위도 대륙 동안에 분포하므로 계절풍의 영향을 받습니다. 이로 인해 습윤한 해양에서 바람이 부는 여름에는 강수량이 많고, 건조한 대륙에서 바람이 부는 겨울에는 강수량이 적습니다.

② (나)는 지중해성 기후 지역으로 여름에는 수목 농업, 겨울에는 곡물 농업이 주로 이루어집니다. 혼합 농업은 서안 해양성 기후 및

냉대 습윤 기후 지역에서 주로 이루어집니다. ③ 서안 해양성 기후에 대한 설명입니다. 지중해성 기후 지역은 여름에는 아열대 고압대의 영향으로 고온 건조하며, 겨울에는 편서풍과 한대 전선의 영향으로 온난 습윤합니다. ④ 벼는 성장기에 기온이 높고 강수량이 많아야 합니다. 따라서 여름이 고온 다습한 (가) 지역은 여름이 건조한 (나) 지역보다 벼농사가 발달해 있습니다. ⑤ 7월에 낮의 길이는 북반구 고위도로 갈수록 길어집니다. 따라서 남반구에 위치한 (다)보다 북반구에 위치한 (나)의 7월 낮 길이가 깁니다.

044 계절풍 지역의 강수 분포와 온대 기후의 특성   정답 ③

(가), (나)는 계절풍 기후가 나타나는 몬순 아시아의 시기별 강수 분포를 나타낸 것입니다. 강수량이 적은 (가)는 1월, 강수량이 많은 (나)는 7월입니다. 아메리카 지도의 A는 지중해성 기후, B는 온난 습윤 기후, C는 지중해성 기후, D는 건조 기후, E는 서안 해양성 기후가 나타나는 지역입니다.

③ C는 남반구에 위치한 지중해성 기후 지역으로 여름인 1월에는 아열대 고압대의 영향으로 고온 건조, 겨울인 7월에는 편서풍과 한대 전선의 영향으로 온난 습윤합니다.

① A는 북반구에 위치한 지중해성 기후 지역이므로 겨울인 1월에 강수량이 많은 편입니다. 가뭄 피해는 강수량이 적은 여름인 7월에 나타날 가능성이 많습니다. ② B는 북반구에 위치한 온난 습윤 기후 지역이므로 1월은 겨울입니다. 열대 이동성 저기압인 허리케인은 수온이 높은 여름철에 주로 발생합니다. ④ D는 사막 기후 지역(파타고니아 사막)으로 강수 빈도가 매우 낮습니다. ⑤ E는 남반구에 위치한 서안 해양성 기후 지역이므로 7월은 겨울입니다. 열대야 현상은 주로 여름철에 발생합니다.

045 지중해성 기후 지역의 특성   정답 ③

글 자료에서 '겨울은 흐린 날이 많아', '여름은 맑은 날이 지속', '포도밭', '특산품은 와인', '흰색으로 외벽을 칠하면 햇빛을 반사' 등을 통해 (가) 지역의 기후가 지중해성 기후임을 알 수 있습니다. 실제로 (가)는 지중해 연안의 그리스 산토리니입니다.

③ 지중해성 기후는 여름에는 고온 건조, 겨울에는 온난 습윤합니다. 글 자료의 '7월의 햇빛이 워낙 강렬'이란 표현에서 북반구에 위치한 지중해성 기후 지역임을 알 수 있습니다. 7월이 고온 건조, 1월이 온난 습윤한 그래프는 C입니다.

① A는 남반구 사바나 기후, ② B는 남반구 지중해성 기후, ④ D는 서안 해양성 기후, ⑤ E는 온대 겨울 건조 기후를 나타낸 그래프입니다.

046 중위도 대륙 동안과 대륙 서안의 식생 비교   정답 ③

(가)는 경엽수림이 분포하는 지중해성 기후, (나)는 조엽수림이 분포하는 대륙 동안의 계절풍 기후입니다. 경엽수림은 고온 건조한 여름철에 수분 손실을 막기 위해 잎이 작고 단단하며, 토양 속 수분 흡수를 위해 긴 뿌리를 가지고 있습니다. 조엽수림은 건조하고 매서운 겨울철에 잎을 보호하기 위해 큐티큘러라는 코팅막이 형성되어 있습니다.

ㄴ. 조엽수림이 분포하는 지역은 주로 겨울이 한랭하고 건조한 대륙 동안입니다. 경엽수림이 분포하는 지역은 여름이 고온 건조한 지중해성 기후 지역으로 주로 대륙 서안에 해당됩니다. ㄷ. (가)는 대륙 서안의 지중해성 기후 지역, (나)는 대륙 동안의 계절풍 기후 지역입니다. 대륙 서안은 대륙 동안에 비해 기온의 연교차가 작습니다.

오답 피하기 ㄱ. 계절풍의 영향을 받는 지역은 대륙 동안에 분포하는 계절 풍 기후 지역입니다. ㄹ. 지중해성 기후는 여름에 아열대 고압대의 영향을, 겨울에 편서풍의 영향을 받습니다. 계절풍의 영향을 받는 몬순 기후 는 겨울에 건조한 대륙에서 부는 겨울 계절풍의 영향을 받습니다.

047 온대 기후 지역의 농업
정답 ③

문제 분석 (가)는 북해 연안에 분포 비중이 높으므로 낙농업, (나)는 서안 해양성 기후 지역에 분포 비중이 높으므로 혼합 농업, (다)는 지중해성 기후 지역에 분포 비중이 높으므로 수목 농업입니다.

정답 찾기 ③ 수목 농업은 여름철에 풍부한 일조량을 바탕으로 과수를 재배하는 농업입니다. 지중해성 기후 지역에서 수목 농업은 주로 고온 건조한 여름철에, 곡물 중심의 농업은 주로 습윤한 겨울철에 이루어집니다.

오답 피하기 ① 낙농업은 우유와 유제품을 생산하는 산업입니다. 우유와 유제품은 부패 진행이 빠르므로 여름이 서늘한 지역이 유리합니다. ② 혼합 농업은 식량 작물 재배와 가축 사육에 필요한 사료 작물을 병행하여 재배하는 방식입니다. ④ 낙농업은 제품의 부패 가능성이 높으므로 시장과 인접한 지역이나 교통이 편리한 지역에 주로 입지합니다. 혼합 농업으로 생산되는 곡물은 부패 가능성이 낮고, 육류는 냉동 시설의 발달로 장기간 저장이 가능합니다. ⑤ 수목 농업은 과수 중심의 농업이며, 낙농업은 유제품을 생산하기 위해 가축을 사육하는 산업입니다. 따라서 가축 사육의 비중은 낙농업이 수목 농업보다 높습니다.

048 온대 기후의 강수 분포 및 특징
정답 ⑤

문제 분석 지중해성 기후는 아열대 고압대의 영향권에 들어가는 여름에 건조하고, 편서풍의 영향권에 들어가는 겨울에 습윤합니다. 따라서 (가)는 겨울인 1월, (나)는 여름인 7월입니다. 오스트레일리아는 남반구에 위치하므로 북반구인 지중해 일대와 계절이 반대입니다. 즉 7월은 겨울, 1월은 여름입니다. A는 사바나 기후, B는 온난 습윤 기후, C는 서안 해양성 기후, D는 지중해성 기후가 나타나는 지역입니다.

정답 찾기 ⑤ 사바나 기후가 나타나는 A는 여름인 1월에 적도 수렴대의 영향으로 우기, 겨울인 7월에 아열대 고압대의 영향으로 건기가 됩니다. 지중해성 기후가 나타나는 D는 여름인 1월에 아열대 고압대의 영향으로 건기, 겨울인 7월에 편서풍의 영향으로 우기가 됩니다. 사바나 기후는 지중해성 기후보다 연 강수량이 많습니다. 따라서 사바나 기후가 지중해성 기후보다 우기와 건기 간의 강수량 차가 큽니다.

오답 피하기 ① 여름인 1월에 온난 습윤 기후가 나타나는 B는 고온 다습하고, 지중해성 기후가 나타나는 D는 아열대 고압대의 영향으로 건조합니다. ② 남반구에서 1월은 여름입니다. 서안 해양성 기후가 나타나는 C는 최난월 평균 기온이 22℃ 미만, 온난 습윤 기후가 나타나는 B는 최난월 평균 기온이 22℃ 이상입니다. ③ 7월에는 대기 대순환이 북상합니다. 북동 무역풍은 북위 30°에서 적도로 부는 바람인데, 7월에는 북동 무역풍의 영향권이 북으로 이동합니다. A는 남반구에 위치해 있으므로 7월에는 북동 무역풍의 영향권에서 멀어집니다. ④ 서안 해양성 기후가 나타나는 C는 연중 강수량이 비교적 일정하여 뚜렷한 건기가 나타나지 않습니다.

049 온대 기후의 계절별 기온 및 강수 분포
정답 ④

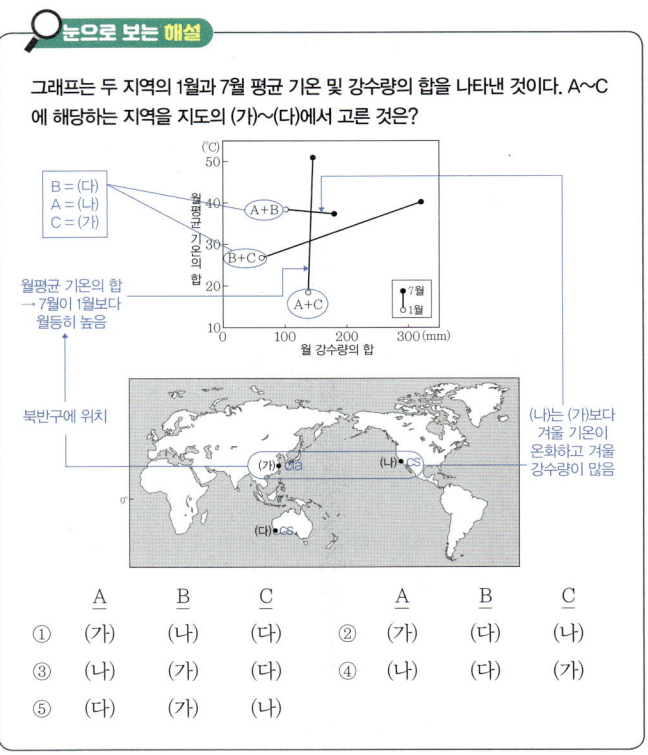

눈으로 보는 해설

그래프는 두 지역의 1월과 7월 평균 기온 및 강수량의 합을 나타낸 것이다. A~C에 해당하는 지역을 지도의 (가)~(다)에서 고른 것은?

	A	B	C		A	B	C
①	(가)	(나)	(다)	②	(가)	(다)	(나)
③	(나)	(가)	(다)	④	(나)	(다)	(가)
⑤	(다)	(가)	(나)				

문제 분석 지도의 (가)는 북반구의 온난 습윤 기후, (나)는 북반구의 지중해성 기후, (다)는 남반구의 지중해성 기후가 나타나는 지역입니다.

정답 찾기 ④ 북반구에 위치한 (가)와 (나)는 여름인 7월 평균 기온은 높고, 겨울인 1월 평균 기온은 낮습니다. 따라서 (가)와 (나)의 7월 평균 기온의 합이 1월 평균 기온의 합보다 월등히 크게 나타날 것이므로, 두 지역의 기후 값은 (A+C) 그래프에 해당합니다. 즉, A와 C는 북반구에 위치한 (가) 또는 (나)이며, 나머지 B는 남반구에 위치한 (다)에 해당합니다. 한편, (A+B)는 (B+C)보다 1월 평균 기온의 합이 크고 1월 강수량의 합도 큽니다. 따라서 A는 C보다 1월 평균 기온이 높고 1월 강수량이 많은 지역입니다. 대륙 서안의 지중해성 기후 지역인 (나)가 대륙 동안의 온난 습윤 기후 지역인 (가)보다 겨울 기온이 온화하고 겨울 강수량이 많습니다. 따라서 A는 (나), C는 (가)에 해당합니다.

함정 피하기
A+B와 B+C 자료를 바탕으로 A와 C의 기온과 강수량을 비교, B+C와 A+C 자료를 통해 A와 B의 기온과 강수량을 비교, A+B와 A+C 자료를 바탕으로 B와 C의 기온과 강수량을 비교할 수 있습니다.

050 건조 기후의 분포
정답 ④

자료 분석

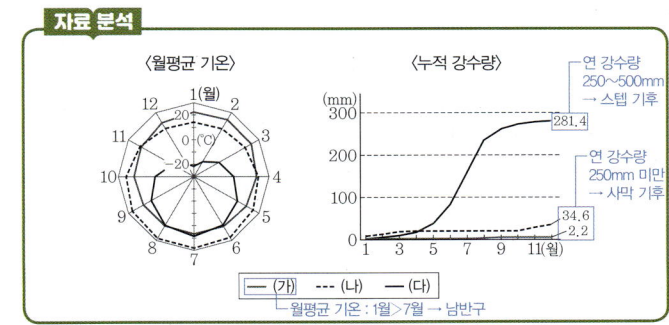

문제 분석 지도의 A는 사하라 사막이 분포하는 북반구 사막 기후 지역(카이로), B는 중위도 내륙 고비 사막 주변의 스텝 기후 지역(울란바토르), C는 연안에 한류가 흐르는 남반구 저위도의 사막 기후 지역(리마)입니다.

정답 찾기 ④ 그래프의 (가)는 1월 평균 기온이 7월보다 높고, 12월의 누적 강수량, 즉 연 강수량이 2.2mm에 불과한 것으로 보아 남반구의 사막 기후 지역인 C에 해당합니다. C는 저위도에 위치해 있지만 한류의 영향을 받아 최난월 평균 기온이 비교적 낮습니다. (나)는 7월 평균 기온이 1월보다 높고, 연 강수량이 34.6mm인 것으로 보아 북반구의 사막 기후 지역인 A에 해당합니다. (다)는 1월 평균 기온이 7월보다 낮고, 기온의 연교차가 매우 크며, 연 강수량이 250~500mm인 것으로 보아 북반구 대륙의 스텝 기후 지역인 B에 해당합니다. 중위도 내륙의 건조 기후 지역은 대륙의 영향으로 겨울 기온이 매우 낮고 연교차가 큽니다. 따라서 (가)는 리마(C), (나)는 카이로(A), (다)는 울란바토르(B)와 연결됩니다.

051 사막의 형성 원인별 분포 정답 ⑤

문제 분석 A와 B는 아열대 고압대의 영향으로 형성된 사하라 사막과 룹알할리 사막, C는 대륙 내부로 수증기 공급이 차단되어 형성된 타클라마칸(타커라마간) 사막, D는 미국의 모하비 사막, E는 한류의 영향으로 형성된 아타카마 사막에 위치합니다.

정답 찾기 ⑤ 바르한은 바람의 퇴적 작용으로 형성된 초승달 모양의 사구로, 대표적인 건조 지형에 해당합니다.

오답 피하기 ① A는 아열대 고압대의 영향으로 형성된 사막입니다. 편서풍의 바람그늘로 형성된 사막으로는 아르헨티나 남부 지방의 파타고니아 사막을 들 수 있습니다. ② B는 아열대 고압대의 영향으로 형성된 사막입니다. 한류 영향으로 형성된 사막은 대륙 서안에 주로 분포합니다. ③ 열대성 저기압은 폭우를 동반하며 주로 대륙 동안에 영향을 줍니다. C는 사막이 형성된 지역으로, 열대성 저기압의 영향을 받으면 연 강수량이 많아 사막이 형성되기 어렵습니다. ④ D는 사막 지역으로 염분이 포함된 사각토가 분포합니다. 강한 산성을 띠는 척박한 토양은 냉대 기후 지역에 분포하는 포드졸입니다.

052 건조 지형의 형성 과정 정답 ⑤

문제 분석 A는 바람의 침식 작용으로 형성된 버섯바위, B는 바람의 퇴적 작용으로 형성된 초승달 모양의 사구인 바르한, C는 바람의 침식 작용으로 형성된 삼릉석, D는 비가 내릴 때만 일시적으로 흐르는 건천인 와디입니다.

정답 찾기 ㄷ. 삼릉석은 바람에 날린 모래의 침식으로 여러 개의 평평한 면과 모서리가 생긴 돌입니다. ㄹ. 와디는 비가 올 때만 일시적으로 흐르는 하천으로, 평소에는 교통로로 이용되는 경우가 많습니다.

오답 피하기 ㄱ. 버섯바위는 바람에 날린 모래가 바위의 아랫부분을 깎아 형성된 버섯 모양의 바위입니다. ㄴ. 바하다는 선상지가 연속적으로 분포하는 복합 선상지입니다.

053 사막 기후의 특징 정답 ④

정답 찾기 ㄴ. 연 강수량 250mm 미만인 지역은 사막 기후가 나타나는 지역입니다. 삼릉석은 바람에 날린 모래의 침식으로 여러 개의 평평한 면과 모서리가 생긴 돌이며, 버섯바위는 바람에 날린 모래가 바위의 아랫부분을 깎아 형성된 버섯 모양의 바위입니다. 두 지형 모두 바람에 의한 침식 작용이 주요 형성 요인입니다. ㄹ. 사막 기후 지역의 전통 가옥은 강수량이 매우 적어 가옥의 지붕이 평평하며, 기온의 일교차가 크기 때문에 창이 작고 벽이 두껍습니다.

오답 피하기 ㄱ. 사막 기후는 사하라 사막, 룹알할리 사막, 고비 사막 등 대규모 사막이 주로 북반구에 위치해 남반구보다 넓게 분포합니다. 남반구는 북반구에 비해 사막이 주로 분포하는 위도대의 육지 면적이 좁습니

다. ㄷ. 와디는 비가 내릴 때만 일시적으로 흐르기 때문에 관개 수로로 부적합합니다.

054 열대 우림 기후와 사막 기후의 전통 가옥 정답 ②

문제 분석 (가)는 열대 우림 기후 지역의 전통 가옥인 고상 가옥입니다. 연중 기온이 높고 강수량이 많은 열대 우림 기후 지역에서는 빗물이 빠르게 흘러내리도록 지붕의 경사를 급하게, 통풍을 위해 창을 크게 만들었습니다. 그리고 지면의 열기와 해충의 침투를 차단하기 위해 가옥의 바닥을 지면으로부터 띄워 지었습니다. (나)는 사막 기후 지역의 전통 가옥인 흙벽돌집입니다. 사막 기후 지역은 기온의 일교차가 매우 크고, 일사가 강하며, 강수량이 매우 적습니다. 이에 사막 기후 지역에서는 가옥의 벽은 두껍고 창은 작게, 지붕은 평평하게 짓습니다.

정답 찾기 ② 사막 기후는 열대 우림 기후보다 기온의 연교차가 크고, 연 강수량이 적으며, 염분이 포함된 사막토가 분포하여 토양의 염분 농도가 높습니다. 이러한 특성을 나타낸 점은 그림의 B에 해당합니다.

055 건조 지역에서 물을 얻는 방법 정답 ②

문제 분석 두 생명체 모두 안개를 이용하여 물을 확보하므로 안개 발생 빈도가 높은 한류가 흐르는 연안의 사막에서 볼 수 있습니다.

정답 찾기 ② 한류가 흐르는 연안에 형성된 사막(B)은 낮은 기온으로 수증기가 쉽게 응결되어 안개가 많이 발생합니다. 따라서 안개를 포집하여 식수를 확보할 수 있는 다양한 방법들을 고안해내고 있습니다.

오답 피하기 ① 아열대 고압대의 영향으로 형성된 사하라 사막(A)입니다. ③ 격해도가 큰 대륙 내부에 위치하여 수증기 공급이 어려워서 형성된 고비 사막(C)입니다. ④ 아열대 고압대의 영향을 받아 형성된 그레이트빅토리아 사막(D)입니다. ⑤ 편서풍의 비그늘 사면에 형성된 파타고니아 사막(E)입니다.

056 건조 기후 지역의 지형 형성 작용 정답 ③

문제 분석 사막 지역은 큰 일교차로 인한 물리적 풍화 작용이 활발합니다. 그 결과로 형성된 풍화 산물이 자갈, 모래 등입니다. 따라서 ㉠에는 물리적 풍화 작용이 들어갑니다. 바르한은 바람의 퇴적 작용으로 형성된 모래 언덕, 페디먼트는 포상 침식으로 형성된 침식 완사면입니다. 스텝 기후 지역에서는 유기물이 풍부해 비옥한 흑색의 토양이 분포합니다.

정답 찾기 ③ 페디먼트는 포상홍수 침식으로 형성된 지형으로, 유수의 퇴적으로 만들어지는 충적층이 형성되기 어렵습니다.

오답 피하기 ② 바르한은 바람받이 사면이 완경사, 바람의지 사면이 급경사를 띱니다. ④ 신대륙에서의 목축업은 대규모 기업적 방목이, 구대륙에서는 유목이 차지하는 비중이 높습니다. ⑤ 단초 초원이 형성된 스텝 기후 지역에 분포하는 토양은 매년 고사되는 초본 식물에 의한 유기물이 토양층으로 공급되므로 부식층이 두껍고 검은색을 띠며 비옥합니다.

057 건조 기후 지역의 지하 관개 수로 정답 ①

문제 분석 지하 관개 수로는 건조 기후 지역에서 각종 용수를 확보하기 위해 만든 시설입니다. 수로를 지표면 위에 설치하면 유수가 대부분 증발되기 때문에 지하에 건설합니다. 수로를 따라 흐르는 물에는 운반 물질이 포함되어 있는데, 운반 물질이 수로 바닥에 퇴적되면 결국 수로는 막히고 맙니다. 따라서 수로의 퇴적물을 주기적으로 제거해줘야 하는데, 영화 주인공이 가진 직업이 수로의 퇴적물을 제거하는 일입니다. (가) 지역은 건조 기후 지역의 이란입니다.

정답 찾기 ① 건조 기후 지역은 습도가 낮기 때문에 기온의 일교차가 큽니다.

오답 피하기 ② 건조 기후 지역은 물리적 풍화 작용이 활발합니다. 화학적 풍화 작용은 고온 다습한 환경에서 잘 발생합니다. ③ 적도 수렴대의 영

향을 받는 지역은 열대 기후 지역입니다. 사막의 형성 원인은 다양한데, 이란은 대부분 아열대 고압대의 영향으로 형성된 사막이 분포합니다. ④ 커피 플랜테이션은 건기와 우기의 구분이 뚜렷한 사바나 기후 지역에서 활발히 이루어집니다. ⑤ 회백색의 산성 토양은 포드졸입니다. 포드졸은 냉대 기후 지역에 분포합니다.

058 건조 기후 지역의 전통 생활　　　　　정답 ②

🔍 **눈으로 보는 해설**

다음 자료는 북부 아프리카의 유목 방식을 나타낸 것이다. 이에 대한 설명으로 옳은 것은? (단, (가), (나)는 6~8월, 12~2월 중 하나임.)

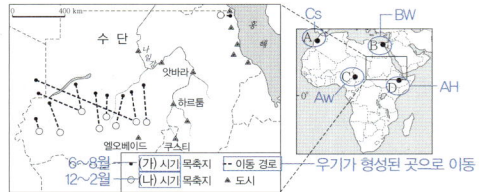

① A는 (가) 시기에 곡물 농업을, (나) 시기에 수목 농업을 한다. 수목 농업 / 곡물 농업
② B의 (가) 시기는 (나) 시기보다 아열대 고압대의 영향이 강하다. (○)
③ C의 (가) 시기는 (나) 시기보다 기온의 일교차가 크다. 작다
④ D의 (나) 시기는 (가) 시기보다 강수량이 많다. 적다
⑤ (가) 시기의 강수량은 A가 C보다 많다. 적다

문제 분석 지도는 북부 아프리카의 시기별 유목 지역 변화를 나타낸 것입니다. 사바나 기후와 스텝 기후 지역에서는 목초가 잘 자라는 우기가 형성된 곳을 찾아 가축을 이동하면서 사육합니다. 목축지가 북으로 올라간 (가) 시기는 대기 대순환이 북상한 6~8월, 남으로 내려간 (나) 시기는 대기 대순환이 남하한 12~2월입니다. A 지역은 지중해성 기후, B 지역은 사막 기후, C 지역은 사바나 기후, D 지역은 열대 고산 기후가 나타납니다.

정답 찾기 ② B는 아열대 고압대의 영향권에 포함된 사하라 사막의 북쪽 가장자리에 위치합니다. 따라서 아열대 고압대가 북상하는 6~8월에는 아열대 고압대의 영향권 중앙에 위치하게 되고, 아열대 고압대가 남하하는 12~2월에는 아열대 고압대의 북쪽 가장자리에 위치하게 됩니다. 따라서 B는 12~2월보다 6~8월에 아열대 고압대의 영향을 강하게 받습니다.

오답 피하기 ① 지중해성 기후가 나타나는 A는 여름인 6~8월에 수목 농업을, 겨울인 12~2월에 곡물 농업을 합니다. ③ 북반구의 사바나 기후 지역인 C는 6~8월은 우기, 12~2월은 건기입니다. 기온의 일교차는 대체로 습도가 낮을수록 커지므로 12~2월이 6~8월보다 큽니다. ④ 열대 고산 기후의 강수 분포는 해당 위도대의 저지대와 같은 패턴을 보이므로, D는 적도 수렴대가 북상하는 6~8월이 아열대 고압대가 남하하는 12~2월보다 강수량이 많습니다. ⑤ 북반구의 지중해성 기후 지역인 A는 아열대 고압대의 영향을 받는 6~8월이 건기입니다. 반면 북반구 사바나 기후 지역인 C는 6~8월에 적도 수렴대 영향으로 우기가 됩니다. 따라서 6~8월의 강수량은 A가 C보다 적습니다.

💣 **함정 피하기**

대기 대순환의 계절적 이동에 따라 기압대, 풍향, 강수 분포 등도 같이 이동한다. 대기 대순환 모델에서 익힌 기상 현상이 북으로 치우쳐져 있으면 7월로, 남으로 치우쳐져 있으면 1월로 판단하면 된다. 야생 동물, 인간 생활, 식생 상태 등도 대기 대순환의 이동 방향과 동일하게 이동한다는 점을 기억해 두자. 연중 아열대 고압대의 영향을 받는 사막 기후도 대기 대순환의 이동에 따라 아열대 고압대의 강도는 달라진다. 예를 들어 사하라 사막의 북쪽 가장자리에 위치한 지역은 대기 대순환이 북상하는 7월에 아열대 고압대의 강도가 강해지는 반면, 사하라 사막의 남쪽 가장자리에 위치한 지역은 대기 대순환이 남하하는 1월에 아열대 고압대의 강도가 강해진다.

059 알프스 산지의 계절별 목축지 이동　　　　정답 ②

🔍 **눈으로 보는 해설**

다음 자료에 대한 옳은 설명만을 〈보기〉에서 있는 대로 고른 것은? (단, A, B 시기는 6~8월, 12~2월 중 하나이고, (가)~(다) 지역은 모두 해발 고도 500m 미만에 위치함.)

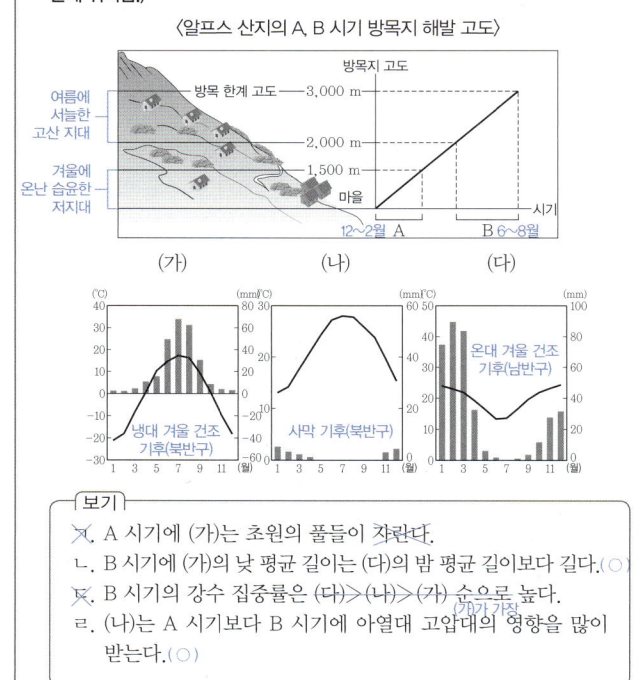

〈알프스 산지의 A, B 시기 방목지 해발 고도〉

(가)　　　　(나)　　　　(다)

냉대 겨울 건조 기후(북반구)　　사막 기후(북반구)　　온대 겨울 건조 기후(남반구)

〈보기〉
ㄱ. A 시기에 (가)는 초원의 풀들이 자란다.
ㄴ. B 시기에 (가)의 낮 평균 길이는 (다)의 밤 평균 길이보다 길다. (○)
ㄷ. B 시기의 강수 집중률은 (다)>(나)>(가) 순으로 높다. (가)가 가장
ㄹ. (나)는 A 시기보다 B 시기에 아열대 고압대의 영향을 많이 받는다. (○)

① ㄱ, ㄷ　　　② ㄴ, ㄹ　　　③ ㄱ, ㄴ, ㄷ
④ ㄱ, ㄴ, ㄹ　　　⑤ ㄴ, ㄷ, ㄹ

문제 분석 알프스 산지에서는 계절에 따라 목축지의 해발 고도가 달라지는데, 이런 목축업을 이목이라고 합니다. 지중해성 기후가 나타나는 저지대에서는 여름이 고온 건조하여 목초 확보가 어렵습니다. 그래서 여름에는 서늘한 고산 지대로 이동하여 가축을 사육합니다. 겨울에는 온난 습윤한 저지대가 목초 확보가 유리하므로 저지대에서 가축을 사육합니다. 따라서 A는 12~2월, B는 6~8월입니다. 그래프 (가)는 최한월이 1월이며, 1월 평균 기온이 −3℃ 미만, 최난월 평균 기온은 10℃ 이상, 그리고 여름 강수 집중률이 높으므로 북반구의 냉대 겨울 건조 기후 지역입니다. (나)는 최한월이 1월이며, 연 강수량이 250mm 미만이므로 북반구의 사막 기후 지역입니다. (다)는 최한월이 7월이며, 7월 평균 기온이 −3℃~18℃이고, 여름 강수 집중률이 높으므로 남반구의 온대 겨울 건조 기후 지역입니다.

정답 찾기 ㄴ. 계절에 따른 낮과 밤의 길이는 고위도 지역일수록 차이가 큽니다. 최한월 평균 기온이 약 −20℃인 (가)는 최한월 평균 기온이 약 12℃인 (다)보다 위도가 높습니다. 따라서 6~8월에 (가)의 낮 길이는 (다)의 밤 길이보다 깁니다. ㄹ. (나)는 최한월인 1월 평균 기온이 약 13℃, 최난월인 7월 평균 기온이 약 28℃인 것으로 보아 북회귀선 부근의 아열대 고압대 영향으로 형성된 사막임을 알 수 있습니다. 아열대 고압대의 영향이 강할수록 강수량이 적으므로, 강수량이 적은 6~8월이 강수량이 많은 12~2월보다 아열대 고압대의 영향을 많이 받습니다.

오답 피하기 ㄱ. (가)의 12~2월 기온은 약 −20℃이므로 풀이 자랄 수 없습니다. ㄷ. 6~8월의 강수 집중률은 (가)가 가장 높습니다.

7월의 낮 길이는 극야 현상이 나타나는 남극이 0시간, 적도가 12시간, 백야 현상이 나타나는 북극이 24시간이다. 즉 7월의 낮 길이는 남극에서 북극으로 갈수록 길어진다. 반대로 7월의 밤 길이는 북극에서 남극으로 갈수록 길어진다. 북반구에 위치한 (가)는 7월에 낮의 길이가 길고, 남반구에 위치한 (다)는 7월에 밤의 길이가 길다. 따라서 7월에 (가)의 낮 길이와 (다)의 밤 길이를 비교하는 것은 (가), (다)의 위도를 비교하는 것이다. 일반적으로 온대 기후보다 냉대 기후가 고위도에서 나타남을 기억해 두자.

060 냉대 기후와 한대 기후의 비교   정답 ②

자료 분석

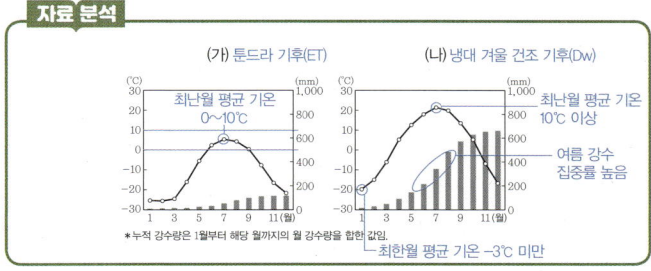

(가) 툰드라 기후(ET)   (나) 냉대 겨울 건조 기후(Dw)

*누적 강수량은 1월부터 해당 월까지의 월 강수량의 합한 값임.

문제 분석 (가)는 최난월 평균 기온이 0~10℃이므로 툰드라 기후입니다. (나)는 최한월 평균 기온이 -3℃ 미만, 최난월 평균 기온은 10℃ 이상, 여름 강수 집중률이 높으므로 냉대 겨울 건조 기후입니다.

정답 찾기 ㄱ. 툰드라 기후는 기온이 낮아 농경이 불가능하지만, 짧은 여름철에 이끼류가 자라므로 이를 먹이로 하는 순록 유목이 가능합니다. ㄷ. (가), (나)의 최난월은 7월입니다. 7월 강수량은 7월 누적 강수량에서 6월 누적 강수량의 차로 구할 수 있습니다. (가)의 7월 강수량은 약 10~20mm, (나)의 7월 강수량은 100mm 이상입니다.

오답 피하기 ㄴ. 냉대 기후의 식생은 주로 침엽수림으로 이루어져 있습니다. 상록 활엽수림은 열대 기후와 아열대성 기후에 주로 분포합니다. ㄹ. 기온의 연교차는 최난월 기온과 최한월 기온의 차를 의미합니다. (가)는 기온의 연교차가 약 30℃, (나)는 기온의 연교차가 약 40℃입니다.

061 빙하 지형의 형성 과정   정답 ②

문제 분석 A는 빙하의 퇴적 작용으로 형성된 모레인, B는 융빙수의 퇴적 작용으로 형성된 에스커, C는 빙하의 퇴적 작용으로 형성된 숟가락 엎은 모양의 드럼린, D는 빙하의 침식 작용으로 형성된 호른, E는 빙하의 침식으로 형성된 현곡입니다.

정답 찾기 ② 에스커는 빙하 밑을 흐르던 융빙수가 운반 물질을 제방 모양으로 길게 퇴적시킨 지형입니다. 에스커는 다른 빙하 퇴적 지형과는 달리 유수에 의해 퇴적이 이루어져 분급이 대체로 양호합니다.

오답 피하기 ① 빙하 퇴적 지형들은 대부분 분급이 불량하여 다양한 크기의 퇴적물이 혼합되어 있는 경우가 많습니다. ③ 드럼린의 형성 과정에 대해서는 다양한 견해가 있습니다. 그 중 모레인 위를 빙하가 이동할 때, 기존의 퇴적물을 끌고 가면서 변형이 이루어졌다는 학설이 가장 유력합니다. 따라서 드럼린은 침식 지형이 아닌 퇴적 지형으로 분류됩니다. ④ 호른은 빙하의 침식으로 형성된 뾰족한 산봉우리입니다. ⑤ 현곡은 본류 빙식곡과 지류 빙식곡이 합류하는 지점에 형성된 급경사의 절벽입니다. 빙식곡은 빙하의 침식으로 형성됩니다.

062 고위도 지역의 지역별 기후 특징   정답 ②

문제 분석 시베리아 동부의 (가)는 냉대 겨울 건조 기후, 스칸디나비아 산맥에 의해 편서풍이 차단된 지점에 위치한 (나)는 냉대 습윤 기후, 그린란드 내륙의 (다)는 빙설 기후가 나타나는 지역입니다.

정답 찾기 ㄱ. 냉대 기후 지역에는 강산성을 띠는 회백색의 포드졸 토양

이 분포합니다. 식생은 침엽수림으로 구성된 냉대림입니다. ㄹ. 기온의 연교차는 저위도에서 고위도로 갈수록, 해안에서 대륙 내부로 갈수록, 대륙 서안보다는 대륙 동안이 큽니다. 따라서 냉대 겨울 건조 기후가 나타나는 시베리아 동부 지역이 기온의 연교차가 가장 큰 지역이 됩니다.

오답 피하기 ㄴ. 지면으로 열이 전달되지 않도록 바닥을 띄운 고상 가옥은 툰드라 기후 지역에 주로 분포합니다. 툰드라 기후 지역에서는 솔리플럭션에 의해 가옥이 붕괴될 우려가 많아 고상 가옥을 짓습니다. ㄷ. 빙력토 평원은 빙하 지형에 해당됩니다. 빙하 지형은 과거 빙하의 영향을 받았으나 현재는 빙하가 후퇴한 지역에서 관찰됩니다. 빙설 기후 지역은 현재 빙하로 덮여 있기 때문에 빙하 지형이 나타나지 않습니다.

063 툰드라 기후 지역의 가옥 구조   정답 ⑤

문제 분석 기온 상승이나 난방열의 전달로 얼어 있던 토양층이 융해되면 토양층이 흘러내리는데, 이를 솔리플럭션이라고 합니다. 솔리플럭션으로 지표면의 건물이 흔들리면서 붕괴될 우려가 있기 때문에 건축물은 지면에서 띄워서 시공합니다. 솔리플럭션은 주로 툰드라 기후 지역에서 나타납니다.

정답 찾기 ⑤ 툰드라 기후 지역에서는 짧은 여름철에 잠시 영상의 기온으로 올라옵니다. 이때 지표면에 작은 이끼류가 자라는데, 이를 지의류라고 합니다.

오답 피하기 ① 강수량보다 증발량이 많은 기후는 건조 기후입니다. 한대 기후는 강수량이 적지만, 낮은 기온으로 인해 증발량은 강수량보다 더 적습니다. ② 화학적 풍화 작용은 고온 다습한 열대 기후에서 활발히 나타납니다. 툰드라 기후 지역에서는 동결과 융해의 반복으로 암설이 붕괴되는 물리적 풍화 작용이 활발합니다. ③ 툰드라 기후는 고위도 지방에서 나타납니다. 고위도 지방은 지구 자전축의 기울기 때문에 여름철에는 해가 지지 않는 백야 현상이, 겨울철에는 밤만 지속되는 극야 현상이 나타납니다. ④ 툰드라 기후 지역은 여름철에도 기온이 낮아 농경이 어려워 주민들은 주로 어로, 채집, 순록 유목 등으로 살아갑니다. 농경이 이루어지지 않으므로 곡물 확보가 곤란하고, 이로 인해 곡물로 음식을 만들기가 어렵습니다.

064 주빙하 지형의 형성 과정   정답 ③

문제 분석 제시된 글은 구조토가 형성되는 과정에 대해 서술한 것입니다. 토양층에 포함된 수분이 동결과 융해를 반복하면서 작은 입자의 토양과 큰 입자의 자갈이 분리되면서 기하학적 무늬를 가진 구조토가 형성됩니다. 그림은 구조토가 형성되는 과정을 모식적으로 표현한 것이며, ㉣은 활동층, ㉤은 영구 동토층에 해당합니다.

정답 찾기 ③ 구조토는 빙하 주변부에서 형성되는 주빙하 지형에 해당합니다. 빙하 지형은 과거에 빙하가 후퇴하면서 빙하의 흔적이 남아있는 지형을 의미합니다.

오답 피하기 ① 물리적 풍화 작용의 대표적인 사례로 동결과 융해로 인한 부피의 변화로 암설이 붕괴되는 것을 들 수 있습니다. ② 분급 작용은 물질이 크기, 무게 등에 따라 분류되는 작용을 의미합니다. 구조토는 큰 입자와 작은 입자의 물질이 분류되어 있으므로 분급 작용이 나타났다고 볼 수 있습니다. ④ 파리 협정은 온실 가스의 배출 제한을 통해 지구 온난화를 예방하는 것을 목적으로 합니다. 지구의 기온이 상승하면 현재 수목이 성장할 수 없는 고위도 지역도 수목 성장이 가능해집니다. 따라서 파리 협정이 제대로 이행되지 않으면 수목 한계선은 고위도로 이동하게 됩니다. ⑤ 영구 동토층 위의 활동층이 흘러내리면서 이동하는 현상을 솔리플럭션이라고 합니다. 솔리플럭션은 기온이 영상으로 올라간 여름철에 뚜렷하게 나타납니다.

065 툰드라 기후 지역의 토양층 온도 변화 정답 ②

문제 분석 〈땅속 온도 변화〉그림에서 A층은 연중 최고 온도와 최저 온도가 영상과 영하를 오르내리는 표층부로, 여름에는 유동성이 강해지는 활동층입니다. B층은 기온 변화가 작으면서 연중 영하의 기온을 보이는 심층부로 영구 동토층에 해당합니다. 〈B 토양층 두께에 따른 지역 구분〉지도는 툰드라 기후가 널리 나타나는 알래스카 지역을 나타낸 것입니다. (가)에서 (나), (다)로 갈수록 연중 영상으로 올라오는 기간이 길어지므로, 활동층인 A층의 두께는 두꺼워지고, 영구 동토층인 B층의 두께는 얇아집니다.

정답 찾기 ② 백야 발생 일수는 극지방에 근접할수록 길어지고, 극지방으로 갈수록 기온이 영상인 기간이 대체로 짧아지므로 활동층의 두께는 얇아집니다. 따라서 백야 발생 일수와 활동층의 두께는 대체로 반비례 관계입니다.

오답 피하기 ① A층은 영상과 영하의 기온을 오르내리면서 동결·융해가 반복되므로 표면에 구조토가 형성될 수 있습니다. ③ A층은 영상과 영하의 기온을 오르내리고, B층은 연중 영하에 머물러 있으므로 연중 기온 변화는 A층이 B층보다 큽니다. ④ (가)는 (나)보다 고위도에 있으므로 기온이 영상인 기간이 짧고, 활동층의 두께가 얇습니다. 따라서 (가)는 (나)보다 영구 동토층이 더 깊은 곳에서 나타납니다. ⑤ 솔리플럭션은 동결된 토양 표층이 융해되어야 나타납니다. 따라서 기온이 영상으로 올라온 기간이 길수록 솔리플럭션 현상의 빈도는 대체로 높아집니다. (다)는 (가)보다 저위도이므로 기온이 영상으로 올라온 기간이 길기 때문에 솔리플럭션이 발생하는 빈도가 높습니다.

066 건조 지형과 빙하 지형 비교 정답 ③

문제 분석 (가)는 사막 포도, (나)는 드럼린입니다.

정답 찾기 ③ 사막 포도는 식생이 빈약한 건조 기후 지역에, 드럼린은 과거 빙하의 영향을 받은 고위도의 혼합림과 침엽수림이 분포하는 서안 해양성 기후 및 냉대 기후 지역에 형성되어 있습니다.

오답 피하기 ① 사막은 연중 한류가 흐르는 연안에 형성됩니다. 난류가 흐르는 연안은 강수량이 많아 사막이 형성되기 어렵습니다. ② 드럼린은 과거 빙하의 영향을 받은 고위도 지방에 주로 분포합니다. 연중 고온 다습한 기후는 열대 우림 기후입니다. ④ 증발량은 대체로 기온과 비례합니다. 따라서 사막 포도가 형성된 사막 기후는 서안 해양성 기후나 냉대 기후보다 저위도에 주로 위치합니다. 따라서 사막 포도가 나타나는 지역이 드럼린이 분포하는 지역보다 증발량이 많습니다. ⑤ 사막에 분포하는 토양은 표층에 염분이 포함된 사막토, 서안 해양성 기후의 토양은 갈색토, 냉대 기후의 토양은 회백색의 포드졸입니다. 사막토는 형성되는 위도대에 따라 적색, 회색 등 색깔이 다르게 나타납니다.

067 툰드라 기후와 냉대 기후의 비교 변화 정답 ②

🔍 **눈으로 보는 해설**

그래프는 ★ 표시 지역의 (가), (나) 시기별 강수량을 나타낸 것이다. 이를 바탕으로 지도의 A, B 지역에 대한 옳은 설명만을 〈보기〉에서 있는 대로 고른 것은? (단, (가), (나)는 1월, 7월 중 하나임.)

〈보기〉
ㄱ. A는 (가) 시기에 호우 피해가 나타난다.
ㄴ. B는 (나) 시기에 솔리플럭션 현상이 나타난다. (○)
ㄷ. A는 B보다 (나) 시기의 일조 시수가 많다. 적다
ㄹ. B는 A보다 (가)와 (나) 시기 간 평균 기온 차이가 작다. (○)

① ㄱ, ㄷ　　② ㄴ, ㄹ　　③ ㄱ, ㄴ, ㄷ
④ ㄱ, ㄴ, ㄹ　　⑤ ㄴ, ㄷ, ㄹ

문제 분석 시기별 강수량 분포가 제시된 지점(★)은 지중해성 기후가 나타나는 케이프타운입니다. 따라서 강수량이 많은 (나)는 남반구의 겨울철에 해당하는 7월, 강수량이 적은 (가)는 남반구의 여름철에 해당하는 1월입니다. 시베리아 동부에 위치한 A는 냉대 겨울 건조 기후가, 북극해 연안의 B는 툰드라 기후가 나타나는 지역입니다.

정답 찾기 ㄴ. 툰드라 지역에서 솔리플럭션은 여름철에 나타납니다. 북반구인 B의 여름철은 7월입니다. ㄹ. A는 B보다 저위도에 있지만 대륙 내부에 위치해 있어 기온의 변화 폭이 큽니다.

오답 피하기 ㄱ. A는 여름철 강수량보다 겨울철 강수량이 적어 겨울에 호우 피해가 나타날 가능성이 낮습니다. ㄷ. 7월에 북극권에서는 백야 현상으로 24시간 낮이 지속됩니다. B는 북위 70° 부근에 위치한 지점으로, 여름철에 백야 현상이 나타납니다. A는 B보다 위도가 낮아 낮 길이가 짧고, 여름 강수 집중률이 높아 흐린 날이 많습니다. 따라서 7월의 일조 시수는 B가 A보다 많습니다.

💣 **함정 피하기**

냉대 기후와 한대 기후의 구분 기준은 최한월 평균 기온이 아니라 최난월 평균 기온이다. 여름 기온은 최난월 평균 기온이 10℃ 이상인 냉대 기후가 최난월 평균 기온 10℃ 미만인 한대 기후보다 높다. 그러나 겨울 기온은 냉대 기후가 한대 기후보다 반드시 높다고 말할 수는 없다. 지도에 제시된 A는 러시아의 야쿠츠크로 1월 평균 기온이 약 −40℃이며, B는 미국 알래스카의 배로로 1월 평균 기온이 약 −25℃이다. 실제로 가장 추운 지역으로 알려진 러시아의 베르호얀스크는 1월 평균 기온이 약 −45℃이지만, 7월 평균 기온이 약 15℃이기 때문에 한대 기후가 아닌 냉대 기후로 분류된다.

068 위도별 낮의 길이 변화 정답 ⑤

🔍 **눈으로 보는 해설**

다음은 세계 지리 수업 장면 중 일부이다. 교사의 질문에 대한 답변 내용 중 오류가 없는 학생을 고른 것은?

교사 : 칠판에 제시된 그래프는 이번 시간에 공부할 (가)~(다) 지역의 월별 낮의 길이 변화입니다. (가)~(다) 지역에 대한 에피소드가 있으면 발표해 볼까요?

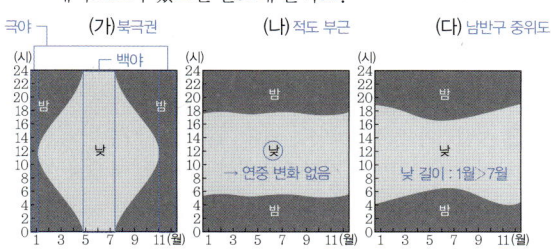

- 갑 : 인류학을 전공하신 아빠는 라틴 아메리카의 (가) 지역 인종 분포에 대한 논문으로 박사 학위를 받았습니다.
- 을 : 우리나라 연구진이 개발한 회백색 산성토에 잘 적응하는 밀 품종은 (나) 지역으로 대량 수출된다고 합니다.
  <small>냉대 기후</small>
- 병 : 해외에서 사귀었던 친구가 <u>냉대 기후 지역</u>인 (다) 지역 출신 이라 쌀쌀맞고 차가운 면이 많았습니다.
  <small>남반구에 거의 없음</small>
- 정 : 폭우 피해가 많은 (가) 지역과 폭설 피해가 많은 (나) 지역을 위해 저희 가족은 매년 성금을 내고 있습니다.
- 무 : 작년 7월에 여행한 (다) 지역은 정오에 태양이 북쪽에 있었고, 태양의 고도는 (나)가 (다)보다 높았습니다. (○)
  <small>태양이 북회귀선 부근에 위치</small>

① 갑 ② 을 ③ 병 ④ 정 ⑤ 무

문제 분석 (가)의 6~7월에는 낮의 길이가 24시간인 백야, 12~1월에는 밤의 길이가 24시간인 극야가 나타납니다. 따라서 (가)는 북반구 고위도의 북극권 지역입니다. (나)는 연중 낮의 길이가 12시간으로 변화가 없으므로 적도 부근입니다. (다)는 1월이 7월보다 낮 길이가 긴 것으로 보아 남반구 중위도 지역입니다.

정답 찾기 ⑤ 무 : 7월에 태양은 북회귀선 부근에 위치하며, 남반구 기준으로 태양의 방향은 북쪽입니다. 그리고 적도는 남반구보다 북회귀선과 인접해있으므로 정오에 태양 고도는 남반구보다 높습니다.

오답 피하기 ① 갑 : (가)는 북극권에 위치한 지역입니다. 라틴 아메리카는 적도 부근의 저위도와 남반구에 분포합니다. ② 을 : (나)는 적도 부근에 위치한 지역입니다. 회백색 산성토인 포드졸은 냉대 기후 지역에 주로 분포하며, 냉대 기후는 북반구 고위도에 분포합니다. ③ 병 : (다)는 남반구에 위치한 지역입니다. 냉대 기후는 고위도 지역에서 나타나는데, 남반구에는 냉대 기후가 나타날 위도대에 대륙이 존재하지 않으므로 냉대 기후가 거의 나타나지 않습니다. ④ 정 : (가)의 북극권은 강수량이 적은 편이며, (나)는 적도 부근으로 눈이 거의 내리지 않습니다.

함정 피하기

고위도로 갈수록 계절별 낮의 길이 변화가 크다. 적도는 연중 낮의 길이가 12시간으로 변화가 없다. 그러나 극지방은 여름에는 백야, 겨울에는 극야가 나타나면서 낮의 길이가 24시간씩 변화한다. 그리고 남반구에는 냉대 기후가 거의 나타나지 않는다는 점을 기억해 두자. 냉대 기후는 북반구의 유라시아 대륙과 북아메리카에 분포한다.

04강 세계의 주요 대지형과 특수 지형들

핵심 개념 CHECK! ▶ 본문 040쪽

01 (가)-안정육괴, (나)-신기 조산대, (다)-고기 조산대 02 A-화산재, B-용암류, C-화산 이류, D-화산 쇄설류 03 A-파식대, B-해식동, C-해식애, D-시 아치, E-시 스택, F-석호, G-사주, H-사빈 04 ○ 05 ○ 06 × 07 × 08 × 09 × 10 × 11 ○ 12 ○ 13 × 14 ○ 15 ○ 16 ○ 17 × 18 × 19 × 20 × 21 ○ 22 × 23 ×

OX 문장 바로 알기

04 조륙 운동, 조산 운동은 지형 형성 작용 중 내적 작용으로 분류된다.

05 외적 작용은 지표면의 기복을 감소시키는 평탄화 작용을 한다.

06 구조 평야는 신생대에 조산 운동을 받아 형성된 지형이다.
<small>시·원생대 이후 지각 변동을 거의 받지 않아 수평 상태를 유지한</small>

07 석유는 주로 <s>고기</s> 조산대에, 석탄은 주로 <s>신기</s> 조산대에 매장되어 있다.
<small>신기   고기</small>

08 <s>고기</s> 조산대는 <s>신기</s> 조산대보다 지진, 화산 활동이 빈번하다.
<small>신기   고기</small>

09 동아프리카 지구대는 두 판이 <s>수렴하는</s> 경계의 대표적 사례이다.
<small>갈라지는</small>

10 용암 대지는 주로 <s>조면암질</s> 용암의 열하 분출로 형성된다.
<small>현무암질</small>

11 현무암은 종상 화산보다 순상 화산에 많이 분포한다.

12 칼데라는 화구의 주변이 함몰되면서 형성된 지형이다.

13 용암류는 화산 쇄설물과 화산 가스 등의 혼합물로 빠른 속도로 이동하며 인명 피해를 유발한다.
<small>화산 쇄설류</small>

14 화산재는 기온을 떨어뜨리고 항공기 운항에 지장을 준다.

15 카르스트 지형은 석회암의 용식 작용으로 형성된 지형을 의미한다.

16 곶은 파랑 에너지가 집중되는 부분으로 해안 침식 지형이 잘 발달한다.

17 <s>조류</s>는 연안을 따라 해안선과 평행하게 이동하는 해수의 흐름으로 파랑에 의해 형성된다.
<small>연안류</small>

18 빙하의 침식을 받은 빙식곡이 침수된 해안을 <s>리아스</s> 해안이라고 한다.
<small>피오르</small>

19 리아스 해안은 대체로 피오르 해안보다 평균 수심이 <s>깊다</s>.
<small>얕다</small>

20 해안 단구는 지반이 <s>침강하거나</s> 해수면이 <s>상승하면서</s> 형성된다.
<small>융기   하강</small>

21 파랑이나 연안류의 퇴적 작용으로 형성되는 지형으로는 사빈, 사주 등이 있다.

22 석호의 물은 염도가 <s>낮기</s> 때문에 주로 농업용수로 이용된다.
<small>높기 때문에 농업용수로 이용하기 어렵다.</small>

23 점토질 물질이 <s>파랑</s>의 영향으로 퇴적된 지형을 갯벌이라고 한다.
<small>조류</small>

기출+예상 문제로 주제 정복하기 ▶ 본문 042~047쪽

069 ⑤	070 ④	071 ①	072 ①	073 ②	074 ③
075 ⑤	076 ①	077 ⑤	078 ①	079 ④	080 ④
081 ③	082 ⑤	083 ⑤	084 ②	085 ③	086 ④
087 ①	088 ⑤	089 ②	090 ⑤	091 ④	

069 대지형의 분포 및 특징 정답 ⑤

자료 분석

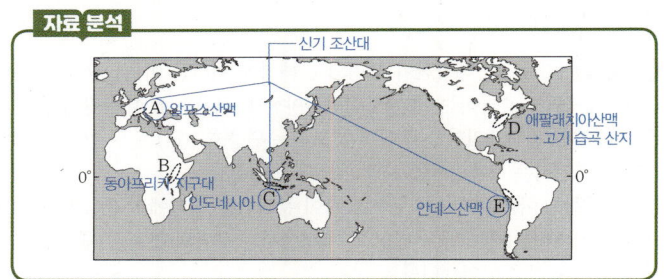

문제 분석 A는 알프스산맥, E는 안데스산맥으로 신기 습곡 산지에 해당됩니다. C는 인도네시아로 환태평양 조산대에 속하고, B는 동아프리카 지구대로 대륙판과 대륙판이 분리되는 경계입니다. D는 애팔래치아산맥으로 고기 습곡 산지에 해당됩니다.

정답 찾기 ⑤ 안데스산맥은 해양판인 나즈카판과 대륙판인 남아메리카판이 충돌하는 경계입니다. 밀도가 높은 해양판이 대륙판 아래로 섭입하면서 해양에는 페루 해구가 형성되었고, 대륙에는 습곡 산지인 안데스산맥이 형성되었습니다.

오답 피하기 ① 알프스산맥은 지각판이 충돌하는 경계입니다. 새로운 지각이 형성되는 곳은 판이 분리되는 경계로 대표적인 지역이 해령이 형성된 아이슬란드입니다. ② 신생대 습곡 작용으로 형성된 산지는 신기 습곡 산지로 지각판이 충돌하는 경계에 형성됩니다. 동아프리카 지구대는 대륙판이 분리되는 경계로 화산이 형성되어 있습니다. ③ 시·원생대에 조산 운동을 받은 후 침식을 받은 지형은 안정육괴로 분류됩니다. 인도네시아는 신기 조산대로 신생대에 조산 운동을 받아 형성되었습니다. ④ 애팔래치아산맥은 고생대에 조산 운동을 받은 이후 오랜 침식을 받아 형성된 고기 습곡 산지입니다. 현재는 지각판이 안정되어 있으므로 화산 활동이나 지진과는 거리가 멉니다. 두 판이 분리되는 경계로 화산 활동이 활발한 곳으로는 해양판이 분리되는 아이슬란드, 대륙판이 분리되는 동아프리카 지구대 등이 있습니다.

070 지진에 대비한 내진 설계   정답 ④

문제 분석 (가)는 일반적인 건물 설계를, (나)는 지표의 충격이 건물에 전달되는 것을 최소화한 내진 설계를 나타낸 모식도입니다. 지진 발생 빈도가 높은 지역에서는 내진 설계를 강화하여 지진 피해에 대비하고 있습니다.

정답 찾기 ㄴ. 판의 경계는 지진 빈도가 높으므로 내진 설계를 적용한 건축의 필요성이 큽니다. ㄹ. 내진 설계를 적용한 건물은 일반 건물에 비해 지표 충격을 감쇄시켜 주므로 지진 발생 시 건물 붕괴 위험이 적습니다.

오답 피하기 ㄱ. 일반 건물은 내진 건물에 비해 충격이 건물에 그대로 전달됩니다. 따라서 지표 충격에 약합니다. ㄷ. 일반 건축 방식에 비해 내진 설계는 건축 설계에 적용한 시기가 늦습니다.

071 히말라야산맥의 판 구조 특징   정답 ①

문제 분석 인구 순위 1위 국가는 중국입니다. 세계에서 가장 높은 산은 히말라야산맥에 있는 에베레스트산입니다. 에베레스트산을 경계로 중국과 국경선을 접하고 있는 국가는 네팔입니다.

정답 찾기 ㄱ. 히말라야산맥은 높은 해발 고도로 인해 기온이 낮아 산악 빙하가 분포합니다. ㄴ. 히말라야산맥은 대륙판과 대륙판이 충돌하여 형성된 습곡 산지입니다. 인도판과 유라시아판의 충돌로 히말라야산맥이 형성되었습니다.

오답 피하기 ㄷ. 히말라야산맥은 대륙판의 충돌로 인해 높은 습곡 산지가 형성된 곳입니다. 지하의 마그마가 지표로 분출하는 것이 화산 활동인데, 히말라야산맥 일대는 두꺼운 지각판으로 인해 마그마가 지표로 분출하지 못합니다. 따라서 히말라야산맥은 화산 활동이 거의 일어나지 않습니다. ㄹ. 네팔은 내륙 국가이므로 지진 해일로 인한 피해와는 거리가 멉니다.

072 세계 대지형의 경관 특징   정답 ①

문제 분석 (가)는 두 해양판이 분리되는 해령에 위치한 아이슬란드, (나)는 두 대륙판이 충돌하는 경계인 히말라야산맥, (다)는 두 대륙판이 분리되는 경계인 동아프리카 지구대에 분포하는 단층호, (라)는 두 판이 어긋나서 미끄러지는 경계인 샌안드레아스 단층입니다.

정답 찾기 ① 아이슬란드는 두 해양판이 분리되는 경계에서 분출한 용암이 굳어져 해령이 형성된 곳입니다. 해령에서는 용암의 분출로 새로운 해양 지각이 형성되고 있습니다.

오답 피하기 ② 히말라야산맥은 두 대륙판이 충돌하는 경계입니다. 두 개의 판이 어긋나 미끄러지는 경계에 발달한 곳은 샌안드레아스 단층입니다. ③ 대륙 빙하가 후퇴하면서 형성된 호수는 빙하호입니다. 빙하호는 과거 빙하의 영향을 받았던 고위도 지역에 주로 분포합니다. 말라위 호수는 두 대륙판이 분리되는 단층 작용으로 형성된 단층호입니다. ④ 샌안드레아스 단층은 두 개의 판이 어긋나 미끄러지는 경계입니다. 대륙판과 대륙판이 충돌하는 경계는 히말라야산맥입니다. ⑤ 화산 활동이 빈번한 지역은 해양판과 해양판이 분리되는 경계, 대륙판과 대륙판이 분리되는 경계, 대륙판과 해양판이 충돌하는 경계, 판 내부에서 단독으로 화산 활동이 일어나는 열점 등이 있습니다. 대륙판과 대륙판의 충돌로 형성된 히말라야산맥은 지각판이 두꺼워 마그마가 지표로 올라오지 못해 지진만 주로 발생합니다. 샌안드레아스 단층은 지각판이 미끄러지는 마찰에 의해 지진만 주로 발생합니다.

073 신기 습곡 산지와 고기 습곡 산지   정답 ②

문제 분석 (가)는 아틀라스산맥으로 신기 습곡 산지에, (나)는 드라켄즈버그산맥으로 고기 습곡 산지에 해당합니다.

정답 찾기 ② 신기 습곡 산지(가)는 신생대에 조산 운동을 받아 형성된 지역으로 높고 험준한 산지를 이루며 지각이 불안정하여 지진 발생 빈도가 높습니다. 고기 습곡 산지(나)는 고생대에 조산 운동을 받은 이후 오랜 기간 침식을 받아 낮고 완만한 산지를 이루고 있습니다. 이러한 특성을 나타낸 점은 그림의 B에 해당합니다.

074 판의 경계 유형별 비교   정답 ③

문제 분석 (가)는 대륙판과 해양판이 충돌하는 경계, (나)는 대륙판과 대륙판이 충돌하는 경계입니다.

정답 찾기 ③ 해양판과 대륙판이 충돌하는 경우, 밀도가 높은 해양판이 대륙판 아래로 섭입하면서 고온의 마그마가 생성되어 화산 활동과 지진이 발생합니다. 대륙판과 대륙판이 충돌하는 경우, 두 지각판이 밀려 올라가면서 습곡 산지가 형성됩니다. 이 과정에서 지진이 발생하지만, 땅속의 마그마가 두꺼운 지각판으로 올라오지 못해 화산 활동의 빈도는 낮습니다.

오답 피하기 ① 해령은 해양판과 해양판이 분리되는 경계에서 형성됩니다. ② 지구대는 대륙판과 대륙판이 분리되는 경계에서 형성됩니다. ④ 해구는 대륙판과 해양판이 충돌하는 경계에서 형성됩니다. ⑤ (가)는 대륙판과 해양판이 충돌하는 경계, (나)는 두 대륙판이 충돌하는 경계입니다.

075 지각판의 경계 유형별 사례   정답 ⑤

문제 분석 A는 해양판과 해양판이 분리되는 경계에 위치한 아이슬란드, B는 대륙판과 해양판이 충돌하는 경계에 위치한 일본, C는 대륙판과 대륙판이 분리되는 경계에 위치한 동아프리카 지구대, D는 대륙판과 해양판이 충돌하는 경계인 뉴질랜드입니다.

정답 찾기 ⑤ 아이슬란드는 해양판과 해양판이 분리되는 발산 경계입니다. 일본은 대륙판과 해양판이 충돌하는 수렴 경계입니다.

오답 피하기 ① 아이슬란드는 해령에 해당합니다. 해구는 B에 분포합니다. ② 일본에는 해구가 분포합니다. 지구대는 C에 분포합니다. ③ 동아프리카 지구대는 대륙판과 대륙판이 분리되는 경계입니다. 습곡 산맥은 지각판이 충돌하는 경계에서 형성됩니다. ④ 새로운 지각은 발산 경계인 A에서 생성됩니다.

076 대지형과 자원 분포　　　　　　정답 ①

🔍 눈으로 보는 해설

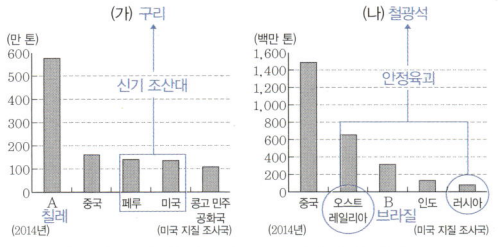

그래프는 두 금속 자원의 생산량 상위 5개국을 나타낸 것이다. (가), (나)에 대한 설명으로 옳지 않은 것은? (단, A, B는 남아메리카 국가 중 하나임.)

① (가)는 (나)보다 오래된 지층에 주로 매장되어 있다.
② (나)는 (가)보다 인류 역사에서 사용된 시기가 늦다. (○)
③ A에는 한류의 영향으로 형성된 사막이 분포한다. (○)
　→ 아타카마 사막
④ B에는 유역 면적 세계 최대의 하천이 분포한다. (○)
⑤ A는 태평양과, B는 대서양과 접하고 있다. (○)
　→ 아마존강

문제 분석 (가)는 페루, 미국 등 신기 조산대 지역이 포함되어 있으므로 구리이며, 구리 생산량이 가장 많은 A는 칠레입니다. (나)는 오스트레일리아, 러시아 등 안정육괴에 해당되는 지역이 포함되어 있으므로 철광석입니다. 철광석 생산량이 많은 남아메리카 국가인 B는 브라질입니다.

정답 찾기 ① 구리는 주로 신기 조산대에 매장되어 있습니다. 철광석은 안정육괴나 고기 조산대에 주로 매장되어 있습니다. 따라서 철광석이 구리보다 오래된 지층에 매장되어 있습니다.

오답 피하기 ② 인류 역사에서 구리가 본격적으로 사용되기 시작한 시기는 청동기 시대, 철광석이 본격적으로 사용되기 시작한 시기는 철기 시대입니다. 청동기 시대가 철기 시대보다 앞선 시기입니다. ③ 칠레의 북부에는 페루 한류에 의해 형성된 아타카마 사막이 분포합니다. ④ 브라질에는 세계 최대 유역 면적을 가진 아마존강이 있습니다. ⑤ 칠레는 태평양과, 브라질은 대서양과 접해 있습니다.

💣 함정 피하기

(나)를 석탄이라고 생각했을 수도 있다. 대개 고기 조산대와 안정육괴를 묶어서 오래된 지각이라고만 알아 두는 경우가 많기 때문이다. 또한 오래된 지각에서는 단단한 광물이, 최근에 형성된 지각에서는 무른 광물이 매장되어 있음을 기억하자. 철광석은 안정육괴나 고기 조산대에 주로 매장되어 있으며, 신기 조산대에는 구리, 주석 등이 매장되어 있다.

077 화산 분출의 영향　　　　　　정답 ⑤

자료 분석

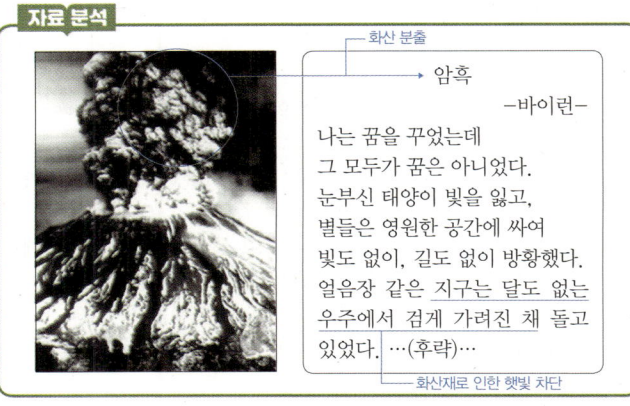

화산 분출
암흑
　　　　　　－바이런－
나는 꿈을 꾸었는데
그 모두가 꿈은 아니었다.
눈부신 태양이 빛을 잃고,
별들은 영원한 공간에 싸여
빛도 없이, 길도 없이 방황했다.
얼음장 같은 지구는 달도 없는
우주에서 검게 가려진 채 돌고
있었다. …(후략)…
　→ 화산재로 인한 햇빛 차단

문제 분석 사진과 글은 화산 분출에 대한 것입니다. 화산 분출은 인간에게 막대한 피해를 주는 자연재해이지만, 화산 지대만이 가지는 이점이 있기 때문에 화산 지대에서 생활하는 사람들이 많습니다.

정답 찾기 ⑤ 용식 작용에 의해 형성된 지하 동굴은 석회동굴입니다. 화산 활동에 의해 형성되는 용암동굴은 상층부 용암이 하층부 용암보다 먼저 굳으면서 만들어집니다.

오답 피하기 ① 화산 분출로 인한 화산재가 형성한 화산회토는 비옥한 편이어서 농업에 유리합니다. ② 화산 분출은 화산재, 화산 가스, 화산 이류, 화산 쇄설류 등을 동반하는데, 이는 인명 피해와 재산 피해로 이어집니다. ③ 화산재로 인해 햇빛이 차단되므로 일사량은 감소하고 기온은 하강합니다. ④ 화산 분출은 지진을 동반하는 경우가 많으며, 화산재와 수증기가 혼합된 화산 이류로 산사태가 발생하기도 합니다.

078 카르스트 지형의 형성　　　　　　정답 ①

문제 분석 온난성 쿤밍의 석림은 카르스트 지형인 카렌으로 유명합니다. 구이린은 탑 카르스트 지형이 분포하는 지역입니다.

정답 찾기 ① 카렌은 지하에서 용식되고 남은 석회암 암괴가 토양층을 뚫고 비석처럼 솟아있는 지형입니다.

오답 피하기 ② 암석의 경연 차에 의한 차별 침식으로 형성되는 지형으로는 시 아치, 시 스택, 해식동 등이 있습니다. ③ 카르스트 지형은 고온 다습한 환경에서 잘 발달합니다. 건조 분지는 사막에 발달한 지형입니다. ④ 주빙하 기후에서 동결과 융해에 의해 형성되는 지형은 주빙하 지형입니다. 대표적인 주빙하 지형으로는 구조토가 있습니다. ⑤ 지하수에 용해된 암석 성분이 지표에서 굳으면서 형성된 지형으로는 석회화 단구가 있습니다. 터키의 파묵칼레가 석회화 단구로 유명한 지역입니다.

079 카르스트 지형과 건조 지형의 비교　　　　　　정답 ④

문제 분석 (가)는 카르스트 지형인 탑 카르스트, (나)는 건조 지형인 선상지와 플라야를 나타낸 것입니다.

정답 찾기 ④ 플라야는 비가 내릴 때만 형성되는 호수로 염분이 포함되어 있습니다. 플라야의 수분이 증발하면 염분만 집적됩니다.

오답 피하기 ① 점성이 큰 용암이 굳어져 형성된 지형은 종상 화산입니다. ② 융빙수에 의해 운반된 빙하 퇴적 지형은 에스커입니다. ③ 석회암이 일부만 용식되고 남게 된 지형은 탑 카르스트로 (가)에 해당합니다. ⑤ 탑 카르스트는 화학적 풍화 작용으로 형성된 지형입니다. 화학적 풍화 작용은 고온 다습한 환경에서 활발히 진행되는데, 건조 기후 지역은 수분이 부족해 화학적 풍화가 잘 일어나지 않습니다. 건조 기후 지역은 큰 일교차에 의한 물리적 풍화가 활발히 나타납니다.

080 화산 분출로 인한 피해　　　　　　정답 ⑤

문제 분석 판의 경계에서는 지각이 불안정하여 지진과 화산 활동이 자주 발생합니다. 지진이 발생하면 건물이 붕괴되고 도로가 끊어집니다. 화산 분출은 화산재, 화산가스, 용암류, 화산 쇄설류, 화산 이류 등으로 인한 인명 및 재산 피해를 일으킵니다.

정답 찾기 ④ 화산 쇄설류는 각종 화산 쇄설물과 화산 가스가 뒤섞여 사면을 따라 빠르게 흘러가는 현상을 말합니다. 용암류는 비교적 느린 속도로 이동하며 농경지와 건물에 피해를 줍니다.

오답 피하기 ① 불의 고리는 화산 발생 빈도가 높은 환태평양 조산대를 일컫는 말입니다. ② 화산 가스에 포함되어 있는 황산화물과 질소 산화물은 산성비의 원인이 됩니다. ③ 필리핀과 인도네시아는 지각판의 경계에 위치해 있습니다. ⑤ 지진으로 인한 해일은 해저에서의 지진, 해저 화산 폭발 등으로 발생합니다.

081 카르스트 지형의 형성   정답 ③

문제 분석 (가)는 카렌의 형성 과정을, (나)는 석회화 단구의 형성 과정을 서술한 것입니다. 카렌과 석회화 단구는 모두 대표적인 카르스트 지형입니다.

정답 찾기 ③ 칼데라는 화산 분출 후 마그마가 빠져 나온 빈 공간으로 인해 화구가 함몰된 지형입니다. 따라서 칼데라는 화산 지형으로 분류됩니다.

오답 피하기 ① 돌리네는 석회암이 용식되면서 형성된 지표면의 와지입니다. 우발라는 여러 개의 돌리네가 합쳐진 지형입니다. ② 지하수에 의해 석회암이 용식되면 석회동굴이 형성됩니다. ④ 종유석, 석순 등은 석회동굴 내부에 탄산칼슘이 침전되면서 형성된 지형입니다. ⑤ 탑 카르스트는 석회암이 차별적인 용식 작용을 받아 형성된 탑 모양의 지형입니다.

082 화산 활동으로 만들어지는 지형   정답 ⑤

정답 찾기 ⑤ 주상 절리는 용융 상태의 용암이 굳는 과정에서 부피가 수축되면서 형성된 지형입니다.

오답 피하기 ① 내적 작용은 조륙 운동, 조산 운동, 화산 활동 등 지구 내부 에너지에 의한 지형 형성 작용입니다. ② 현무암질 용암은 점성이 작고 유동성이 크기 때문에 완경사의 순상 화산이나 용암 대지를 형성합니다. 점성이 크고 유동성이 작은 유문암질 용암은 급경사의 종상 화산을 형성합니다. ③ 화산재는 햇빛을 차단하기 때문에 기온을 떨어뜨리고 항공 교통에 지장을 줍니다. ④ 용암동굴은 상층부 용암과 하층부 용암의 냉각 속도 차로 인해 형성됩니다.

083 카르스트 지형의 형성 과정   정답 ⑤

문제 분석 카르스트 지형은 석회암에 포함된 탄산칼슘이 탄산가스를 포함한 물과 반응하면서 형성되는 지형을 말합니다. 탄산칼슘이 물에 용식되면서 다양한 카르스트 지형을 만들기도 하고, 수분에 포함된 탄산칼슘이 침전되면서 카르스트 지형을 형성하기도 합니다.

정답 찾기 ⑤ 석회암은 회색을 띠지만, 테라로사는 석회암이 용해되면서 남은 철과 알루미늄 등이 산화되어 토양층에 잔류하기 때문에 붉은색을 띱니다.

오답 피하기 ① 화학적 풍화는 암석의 구성 성분을 변화시키는 풍화를 의미합니다. 카르스트 지형은 탄산칼슘이 물에 용해되어 형성되므로 대표적인 화학적 풍화 작용의 사례에 해당합니다. ② 화학적 풍화 작용은 대부분 물과 반응이 일어나므로 수분이 필수적입니다. 따라서 강수량이 많은 고온 다습한 환경에서 잘 진행됩니다. ③ 카르스트 지형은 석회암이 물과 반응해야 형성될 수 있습니다. 절리가 발달되어 있으면 지표 부근의 석회암뿐만 아니라 지하로 침투한 수분에 의해 땅속의 석회암도 반응이 진행될 수 있습니다. ④ 종유석, 석순 등은 물에 용해된 탄산칼슘이 침전되면서 만들어진 지형입니다.

084 지열 발전의 입지 특성   정답 ②

🔍 **눈으로 보는 해설**

그래프는 어느 발전 양식의 설비 용량 상위 10개국을 나타낸 것이다. 이에 대한 설명으로 옳지 않은 것은? (단, A, B는 북아메리카 국가 중 하나임.)

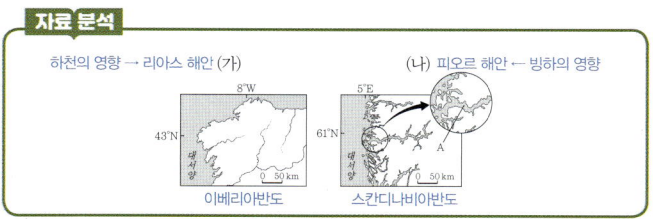

① A의 서부 해안에는 신기 조산대가 분포한다.(○)
② B의 동부 해안에는 피오르 해안이 발달하였다.
③ 발전소는 화산 지대 주변에 입지하는 것이 유리하다.(○)
④ 발전 설비 용량 상위 5개 국가는 모두 신기 조산대가 지나간다.(○)
⑤ 발전 설비 용량 상위 10개 국가 중 절반 이상은 불의 고리가 지나 간다.(○) ┗ 환태평양 조산대

문제 분석 제시된 국가들은 모두 지각판의 경계에 위치해 있습니다. 필리핀, 인도네시아, 뉴질랜드, 이탈리아, 일본, 터키는 신기 조산대에 위치하고 있습니다. 케냐에는 대륙판과 대륙판이 분리되는 동아프리카 지구대가, 아이슬란드에는 해양판과 해양판이 분리되는 해령이 위치합니다. 지각판의 경계는 지각이 불안정하여 지열 발전의 잠재력이 높은 지역입니다. 지열 발전 설비 용량이 가장 큰 A는 미국이고, B는 멕시코입니다.

정답 찾기 ② 북위 10∼30°에 위치한 멕시코에는 피오르 해안이 발달하지 않았습니다. 피오르 해안은 과거 빙하의 영향을 받은 고위도 지방에 주로 분포합니다.

오답 피하기 ① 미국의 서부 해안은 환태평양 조산대가 지나가므로 신기 조산대에 해당됩니다. ③ 지열 발전은 뜨거운 지하수의 증기압에 의해 전기를 생산하는 방식이므로 화산 지대가 유리합니다. ④ 발전 용량 상위 5개국인 미국, 필리핀, 인도네시아, 멕시코, 뉴질랜드는 모두 신기 조산대가 지나갑니다. ⑤ 불의 고리는 환태평양 조산대를 의미합니다. 제시된 국가 중 환태평양 조산대가 지나가는 국가는 미국, 필리핀, 인도네시아, 멕시코, 뉴질랜드, 일본 등 6개국입니다.

💣 **함정 피하기**

지열 발전뿐만 아니라 수력, 바이오 에너지 등 신·재생 에너지 생산량 상위 국가는 암기해 두는 것이 좋다. 지열 발전 생산량 1위 국가는 미국이다. 남아메리카 국가들은 환태평양 조산대에 위치해 있지만 북아메리카와는 달리 지열 발전 생산량 상위 국가는 없다.

085 피오르 해안과 리아스 해안 비교   정답 ③

자료 분석

하천의 영향 → 리아스 해안 (가)   (나) 피오르 해안 ← 빙하의 영향
8°W   5°E
43°N   61°N   A
0 50 km   0 50 km
이베리아반도   스칸디나비아반도

문제 분석 (가)는 이베리아반도의 리아스 해안을, (나)는 스칸디나비아반도의 피오르 해안을 나타낸 것입니다. 리아스 해안은 하천 침식을 받은 V자곡이 침수된 해안, 피오르 해안은 빙하 침식을 받은 U자곡이 침수된 해안입니다.

정답 찾기 을. 피오르 해안은 과거 빙하의 영향을 받은 고위도 지방에 주로 분포합니다. 대표적인 지역은 스칸디나비아반도, 뉴질랜드 남섬, 캐나다 서부 해안, 칠레 남부 해안 등입니다. 병. 피오르 해안은 빙하의 영향을, 리아스 해안은 하천의 영향을 받았습니다.

오답 피하기 갑. 현곡은 지류 빙식곡과 본류 빙식곡이 합류하는 지점에 발달하는 빙하 지형입니다. 따라서 피오르 해안에서 볼 수 있는 지형입니다. 정. 피오르는 빙하가 녹은 융빙수가 유입되기 때문에 바다보다는 염도가 낮은 편입니다. 그러나 바다와 연결되어 있으므로 염분이 포함되어 있습니다. 따라서 용수로 활용하기는 어렵습니다.

086 해안 지형과 빙하 지형 정답 ④

문제 분석 지도에 제시된 지역은 경·위선으로 판단하면 아이슬란드의 남동부 해안임을 짐작할 수 있습니다. 아이슬란드는 과거 빙하의 영향을 받은 지역으로 빙하 지형이 발달한 곳입니다. A는 파랑과 연안류가 모래를 퇴적시킨 사주, B는 해수면 상승으로 형성된 만 입구에 사주가 발달하면서 만들어진 석호입니다. C는 빙하에 의해 형성된 빙하호, D는 피오르 해안입니다.

정답 찾기 ㄴ. 피오르 해안은 빙하의 침식을 받은 U자곡이 후빙기 해수면 상승으로 침수된 해안입니다. ㄹ. 피오르는 좁고 수심이 깊은 협만을 이룹니다. 석호는 하천 운반 물질의 퇴적으로 수심이 얕아지고 크기가 축소되어 결국 소멸하게 됩니다. 따라서 수심은 피오르 해안이 석호보다 깊습니다.

오답 피하기 ㄱ. 사주는 파랑이나 연안류의 퇴적 작용으로 형성됩니다. 조류의 퇴적 작용으로 형성되는 지형은 갯벌입니다. ㄷ. 석호는 바닷물이 드나들기 때문에 염분을 포함하고 있습니다. 빙하호는 순수 담수로 이루어져 있습니다. 따라서 물의 염도는 석호가 빙하호보다 높습니다.

087 건조 지형과 해안 지형 정답 ①

문제 분석 (가)는 바람의 퇴적 작용으로 형성된 초승달 모양의 모래 언덕인 바르한, (나)는 바람의 침식 작용으로 형성된 버섯바위, (다)는 파랑의 차별 침식으로 형성된 시 아치, (라)는 파랑이나 연안류의 퇴적 작용으로 형성된 사빈입니다.

정답 찾기 ㄱ. (가)는 바람의 퇴적 작용, (나)는 바람의 침식 작용으로 형성되었습니다. ㄴ. (가)는 바람의 퇴적 작용, (라)는 파랑이나 연안류의 퇴적 작용으로 형성되었습니다.

오답 피하기 ㄷ. 버섯바위는 주로 사막에서 형성되는 건조 지형으로 분류됩니다. 시 아치는 파랑의 침식으로 형성된 해안 지형입니다. 따라서 버섯바위는 시 아치보다 건조한 환경에서 형성되는 지형입니다. ㄹ. 버섯바위는 사막에서 형성되는 지형으로 해수면 변동과 관련이 없습니다. 사빈은 후빙기 해수면 상승 이후 파랑과 연안류의 작용으로 형성됩니다. 따라서 사빈은 버섯바위보다 해수면 변동의 영향을 크게 받습니다.

088 세계의 대지형과 해안 지형 정답 ⑤

문제 분석 A는 대보초가 형성된 해안, B는 그레이트디바이딩 산맥의 일부, C는 각종 해안 지형이 발달한 오션 로드(포트캠벨 국립 공원), D는 화산 지형이 발달한 뉴질랜드 북섬, E는 빙하 지형이 발달한 밀퍼드사운드입니다.

정답 찾기 ⑤ 밀퍼드사운드는 빙식곡이 침수된 피오르 해안으로 유명합니다. 리아스 해안이 분포하는 대표적인 해안은 이베리아반도와 우리나라의 서·남해안입니다.

오답 피하기 ① A에는 해안을 따라 형성된 산호초인 대보초가 분포합니다. ② B는 고기 습곡 산지인 그레이트디바이딩산맥이 지나가는 곳으로 뉴캐슬 탄전이 분포합니다. ③ C에는 파랑의 침식으로 형성된 12사도 바위라고 하는 시 스택이 발달되어 있습니다. ④ D는 환태평양 조산대로 화산이 분포하며 온천과 간헐천으로 유명합니다.

089 해안 지형의 형성 정답 ②

문제 분석 A는 해수면 상승으로 형성된 만 입구를 사주가 막으면서 형성된 석호, B와 C는 파랑이나 연안류의 퇴적 작용으로 형성된 사주와 육계사주, D는 육계사주의 발달로 육지와 연결된 육계도, E는 파랑이나 연안류의 퇴적 작용으로 형성된 사빈, F는 사빈의 모래가 바람에 의해 퇴적된 해안 사구, G는 파랑의 차별 침식으로 형성된 시 스택입니다.

정답 찾기 ② B와 C는 사주와 육계사주로 파랑이나 연안류에 의해 운반

된 모래가 퇴적된 지형입니다. 조류의 퇴적 작용으로 형성되는 지형은 갯벌입니다.

오답 피하기 ① 석호는 유입하는 하천에 의해 운반된 물질이 호수 내에 퇴적되면서 수심이 얕아지고 크기가 축소되어 결국 사라지게 됩니다. ③ 육계도는 원래 섬이었으나 육계사주의 발달로 육지와 연결되었습니다. ④ 사빈은 파랑이나 연안류의 퇴적 작용, 시 스택은 파랑의 침식 작용으로 형성됩니다. ⑤ 해안 사구는 사빈의 모래가 바람에 의해 사빈 배후에 쌓이면서 형성됩니다.

090 해안 단구의 형성 과정 정답 ⑤

문제 분석 사진은 해안에 계단 모양으로 형성된 해안 단구입니다. 해안 단구는 평탄한 단구면과 급경사의 해식애로 이루어져 있습니다. 표시된 지역은 단구면입니다.

정답 찾기 ㄷ. 해안 단구의 단구면은 과거 파식대가 융기한 지형입니다. 따라서 과거 파랑의 영향을 받았기 때문에 원마도가 높은 자갈들이 분포합니다. ㄹ. 해안 단구는 과거 파식대가 지반의 융기, 또는 해수면 하강으로 현재의 해수면보다 높은 곳에 위치하게 된 지형입니다.

오답 피하기 ㄱ. 해안 사구는 사빈의 배후에 형성됩니다. ㄴ. 현무암질 용암의 열하 분출로 형성되는 지형은 용암 대지입니다.

091 갯벌의 분포 및 특징 정답 ④

문제 분석 지도에는 북해 연안, 우리나라 서해안, 아마존강 하구, 미국 조지아 주 해안, 캐나다 펀디 만이 표시되어 있습니다. 이들 지역은 세계 5대 갯벌이 분포하는 지역입니다.

정답 찾기 ④ 수심이 깊은 협만이 발달한 해안은 피오르 해안입니다. 갯벌은 수심이 얕고 조수 간만의 차가 큰 해안에 발달하므로 항구로 이용하기에는 부적합합니다. 조수 간만의 차가 큰 해안은 이를 극복하기 위한 갑문식 독, 뜬다리 부두 등의 특수 항만 시설을 갖추어야 항구로 이용이 가능합니다.

오답 피하기 ① 조력 발전은 조수 간만의 차를 이용하여 전력을 생산합니다. 따라서 조수 간만의 차가 클수록 조력 발전 생산량이 많습니다. 갯벌은 조류의 퇴적 작용으로 형성되므로 조수 간만의 차가 큰 해안의 만입부에 형성됩니다. ② 갯벌은 바다에 흘러드는 오염 물질을 걸러 내는 역할을 합니다. ③ 갯벌에는 다양한 해양 생물과 미생물이 서식하고 있는 생태 자원의 보고입니다. ⑤ 지도에 표시된 지역은 세계 5대 갯벌이 분포하는 곳으로, 갯벌은 점토, 모래 등이 조류에 의해 퇴적된 지형입니다.

05강 주요 종교의 전파와 종교 경관

핵심 개념 CHECK!
▶본문 051쪽

01 (가)-힌두교, (나)-불교, (다)-이슬람교, (라)-크리스트교
02 A-이슬람교, B-힌두교, C-불교   03 ×   04 ○   05 ×
06 ×   07 ○   08 ×   09 ×   10 ×

○X 문장 바로 알기

03 힌두교는 ~~보편~~ 종교에 속한다.
　　　　　　민족

04 크리스트교와 이슬람교는 유일신교이다.

05 ~~불교~~는 소를 신성시하여 ~~불교~~ 신자들은 소고기를 먹지 않는다.
　 힌두교　　　　　　　　　　힌두교

06 이슬람교는 크리스트교보다 발생 시기가 ~~이르다~~.
　　　　　　　　　　　　　　　　　늦다

07 서남아시아에서 발생하였으며, 이스라엘의 신자 수 비중이 높은 종교는 유대교이다.

08 세계 신자 수는 불교가 힌두교보다 ~~많다~~.
　　　　　　　　　　　　　　적다

09 ~~바티칸~~은 예수의 탄생지이다.
　 베들레헴

10 ~~크리스트교~~는 우상 숭배 금지와 관련하여 아라베스크 문양이 발달하
　 이슬람교
였다.

기출+예상 문제로 주제 정복하기
▶본문 053~057쪽

092 ⑤   093 ⑤   094 ①   095 ③   096 ④   097 ④
098 ③   099 ⑤   100 ①   101 ③   102 ⑤   103 ④
104 ⑤   105 ①   106 ①   107 ③   108 ③   109 ⑤
110 ④

092 세계의 주요 종교별 특성
정답 ⑤

자료 분석
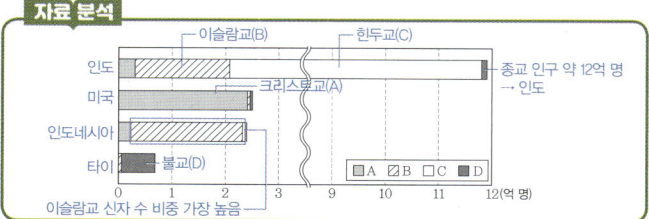

문제 분석 지도에 표시된 국가는 인도, 타이, 인도네시아, 미국입니다. 그래프에서 종교 인구가 12억 명에 가까운 국가는 인도입니다. 인도는 힌두교>이슬람교 순으로 신자 수가 많으므로, C는 힌두교, B는 이슬람교입니다. 네 국가 중 이슬람교 신자 수 비중이 가장 높은 국가는 인도네시아이므로, 세 번째 그래프는 인도네시아입니다. 종교 인구가 2억 5천만 명에 달하는 두 번째 그래프는 미국이며, 미국에서 신자 수 비중이 가장 높은 A는 크리스트교입니다. 따라서 가장 아래의 그래프는 타이이고, 타이에서 가장 신자 수가 많은 D는 불교입니다.

정답 찾기 ⑤ 전 세계 신자 수는 크리스트교(A)>이슬람교(B)>힌두교(C)>불교(D) 순으로 많습니다.

오답 피하기 ① 크리스트교(A), 이슬람교(B), 불교(D)는 보편 종교이고, 힌두교(C)는 민족 종교입니다. ② 힌두교(C)는 다신교입니다. ③ 모스크와 카바 신전과 관련된 종교는 이슬람교(B)입니다. ④ 힌두교(C)와 불교(D)의 발상지는 남부 아시아에 위치합니다.

093 주요 종교의 특성 비교
정답 ⑤

문제 분석 A는 필리핀에서 신자 수 비중이 가장 높은 크리스트교, B는 나이지리아에서 크리스트교 다음으로 신자 수 비중이 높은 이슬람교, C는 인도에서 신자 수 비중이 가장 높은 힌두교입니다.

정답 찾기 ⑤ 전 세계 신자 수는 크리스트교(A)>이슬람교(B)>힌두교(C) 순으로 많습니다.

오답 피하기 ① 메카로의 성지 순례를 종교적 의무로 하는 종교는 이슬람교(B)입니다. ② 이슬람교(B)의 발상지는 아시아의 메카이고, 나이지리아는 아프리카에 위치합니다. ③ 크리스트교(A)와 이슬람교(B)는 보편 종교이고, 힌두교(C)는 민족 종교입니다. ④ 힌두교(C)는 다신교입니다.

094 세계 보편 종교의 특성
정답 ①

문제 분석 (가)는 서남아시아 및 북부 아프리카에서 신자 수 비중이 가장 높은 이슬람교, (나)는 아시아·태평양에서 신자 수 비중이 가장 높은 불교, (다)는 라틴 아메리카, 유럽, 앵글로아메리카에서 신자 수 비중이 높은 크리스트교입니다.

정답 찾기 ㄱ. 이슬람교(가)의 대표적 경관으로는 모스크와 아라베스크 문양 등이 있습니다. ㄴ. 불교(나)의 주요 성지로는 석가모니의 탄생지인 룸비니, 석가모니가 깨달음을 얻은 부다가야 등이 있습니다.

오답 피하기 ㄷ. 크리스트교(다)는 이슬람교(가)와 함께 유일신교입니다. ㄹ. 이슬람교(가)와 불교(나) 모두 보편 종교에 속합니다.

095 세계 보편 종교의 특성
정답 ③

고난도 평가원 기출

①	②	❸	④	⑤ 함정
3%	4%	77%	5%	11%

🔍 눈으로 보는 해설

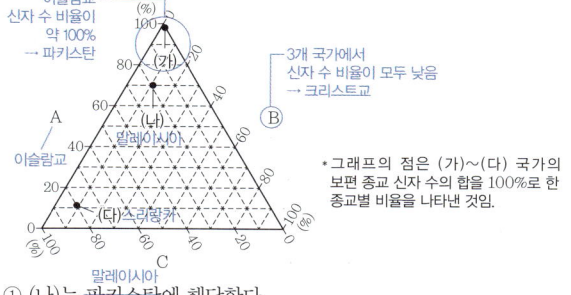

그래프는 (가)~(다) 국가의 보편 종교 A~C 신자 수 비율을 나타낸 것이다. 이에 대한 설명으로 옳은 것은? (단, (가)~(다)는 말레이시아, 스리랑카, 파키스탄 중 하나임.)

① (나)는 파키스탄에 해당한다.
② B의 발상지 국가는 (가)와 국경선이 ~~맞닿아 있다~~.
③ C의 신자 수가 가장 많은 대륙은 아시아이다. (○)
④ B는 C보다 발생 시기가 ~~이르다~~. 늦다
⑤ 전 세계 신자 수는 C가 A보다 ~~많다~~.
　　　　　　　　　　　　　　　적다

문제 분석 말레이시아, 스리랑카, 파키스탄에서 신자 수 비율이 모두 낮은 B는 크리스트교입니다. 파키스탄과 말레이시아는 이슬람교 신자 수 비율이 높으므로 A는 이슬람교입니다. 두 국가 중 이슬람교 신자 수 비율이 100%에 가까운 (가)는 파키스탄이고, (나)는 말레이시아입니다. 나머지 C는 불교이고, (다)는 스리랑카입니다.

정답 찾기 ③ 불교(C)의 신자 수가 가장 많은 대륙은 아시아입니다.

오답 피하기 ① (나)는 말레이시아입니다. ② 크리스트교(B)의 발상지 국가인 이스라엘은 파키스탄(가)과 국경선이 맞닿아 있지 않습니다. ④ 크리스트교(B)는 불교(C)보다 발생 시기가 늦습니다. 크리스트교는 1세기 초에, 불교는 기원전 6세기경에 발생하였습니다. ⑤ 전 세계 신자 수는 불교(C)가 이슬람교(A)보다 적습니다.

> **★ 함정 피하기**
>
> 삼각 그래프를 잘 읽지 못해 국가 및 종교에 대한 판별이 불가능했을 가능성이 높다. 삼각 그래프를 잘 읽었더라도 파키스탄과 말레이시아의 종교 신자 수 비율을 파악하고 있지 않다면 (가), (나)의 구분이 어려웠을 것이다. 서남아시아 및 북부 아프리카, 중앙아시아에 위치한 국가들과 남부 아시아의 파키스탄 등은 이슬람교 신자 수 비율이 거의 100%에 가깝다. 반면, 동남아시아에 위치한 말레이시아의 경우 해당 국가들과 비교해 상대적으로 이슬람교 신자 수 비율이 낮다는 점에 착안해서 자료를 해석해야 한다.

096 주요 국가의 종교 구성 및 특성   정답 ④

문제 분석 이집트에서 신자 수 비중이 가장 높은 A는 이슬람교, 남아프리카 공화국에서 신자 수 비중이 가장 높은 B는 크리스트교입니다. 네팔에서 신자 수 비중이 가장 높은 C는 힌두교, 캄보디아에서 신자 수 비중이 가장 높은 D는 불교입니다.

정답 찾기 ④ 불교(D)는 아시아 각지로 전파되었으나 발상지인 인도에서는 쇠퇴하였습니다. 인도에서는 힌두교 신자가 가장 많습니다.

오답 피하기 ① 세계에서 신자 수가 가장 많은 종교는 크리스트교(B)입니다. ② 메카로의 성지 순례를 종교적 의무로 여기는 종교는 이슬람교(A)입니다. ③ 힌두교(C)는 다신교입니다. ⑤ 소고기 섭취를 금기시하는 종교는 힌두교(C)이고, 돼지고기 섭취를 금기시하는 종교는 이슬람교(A)입니다.

097 말레이시아의 종교 특성   정답 ④

문제 분석 표에 제시된 국가의 종교 관련 휴일은 힌두교, 이슬람교, 불교(석가탄신일), 크리스트교(성탄절) 등으로 다양합니다.

정답 찾기 ④ 말레이시아는 이슬람교가 국교이나 종교의 자유가 보장되는 나라로, 말레이계는 주로 이슬람교를, 인도계는 주로 힌두교를, 중국계는 주로 불교나 도교를 신봉합니다. 일부 주민들은 크리스트교를 신봉하기도 합니다. 지도에서 말레이시아는 D입니다.

오답 피하기 ① 이스라엘(A)은 유대교 신자 수 비중이 높습니다. ② 인도(B)는 힌두교 신자 수 비중이 높습니다. ③ 타이(C)는 불교 신자 수 비중이 높습니다. ⑤ 필리핀(E)은 크리스트교 신자 수 비중이 높습니다.

098 세계의 주요 종교별 특성   정답 ③

> **🔍 눈으로 보는 해설**
>
> 그래프는 동남아시아 3개국의 종교 신자 수 비중을 나타낸 것이다. 이에 대한 설명으로 옳은 것은? (단, (가)~(다)는 말레이시아, 베트남, 필리핀 중 하나이고, A~C는 불교, 이슬람교, 크리스트교 중 하나임.)
>
>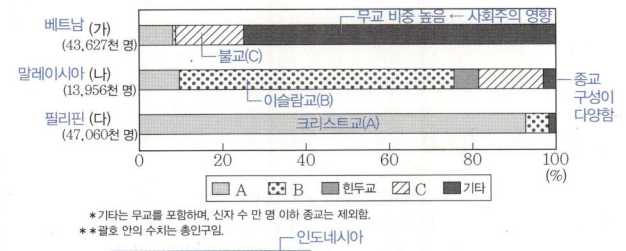
>
> ① (가)는 B의 세계 신자 수 1위국과 국경을 접한다.
> ② (나)의 민다나오섬에서는 B와 C 간에 갈등이 발생하고 있다.   필리핀(다)
> ③ A는 B보다 종교의 발생 시기가 이르다. (○)
> ④ B는 C보다 세계 신자 수가 적다.   많다
> ⑤ (나)는 크리스트교, (다)는 이슬람교의 신자 수가 가장 많다.
>   이슬람교   크리스트교

문제 분석 세 국가 중 기타의 비중이 가장 높은 (가)는 베트남입니다. 베트남은 사회주의의 영향으로 무교의 비중이 가장 높습니다. 베트남에서는 불교의 비중이 높으므로 C는 불교입니다. (나), (다) 중 신자 수가 많은 (다)는 필리핀이고, 필리핀에서 신자 수 비중이 높은 A는 크리스트교입니다. 나머지 (나)는 말레이시아이고, 말레이시아에서 신자 수 비중이 가장 높은 B는 이슬람교입니다.

정답 찾기 ③ 크리스트교(A)는 1세기 초에 발생한 반면, 이슬람교(B)는 7세기 초에 발생하였습니다.

오답 피하기 ① 베트남(가)은 이슬람교(B)의 세계 신자 수 1위국인 인도네시아와 국경을 접하고 있지 않습니다. ② (나)는 말레이시아이고, 민다나오섬은 필리핀(다)에 위치합니다. ④ 이슬람교(B)는 불교(C)보다 세계 신자 수가 많습니다. ⑤ 말레이시아(나)는 이슬람교, 필리핀(다)는 크리스트교 신자 수가 가장 많습니다.

> **★ 함정 피하기**
>
> (가)~(다)와 A~C를 모두 판별해야 국가 및 종교를 파악할 수 있는 문항이므로, 각 국가의 총인구 및 각 종교의 분포 비중을 통해 자료에 접근해야 한다. 베트남이 사회주의의 영향으로 무교의 비중이 높다는 점, 말레이시아가 이슬람교를 국교로 하지만, 종교 구성이 다양하다는 점, 필리핀은 크리스트교 신자 수 비중이 매우 높고, 민다나오섬을 중심으로 이슬람교 신자들이 거주한다는 점 등에 착안하여 자료를 잘 해석해야 한다. ①번의 경우 세계 신자 수 1위 국가가 인도네시아라는 사실도 잘 파악하고 있어야 함정에 빠지지 않을 수 있다.

099 주요 종교의 분포 특성   정답 ⑤

문제 분석 (가)는 힌두교와 함께 아시아·태평양 지역의 분포 비중이 높으므로 불교이고, (나)는 아시아·태평양 지역과 더불어 서남아시아 및 북부 아프리카의 분포 비중이 높으므로 이슬람교이며, 나머지 (다)는 크리스트교입니다.

정답 찾기 ⑤ 이슬람교(나)는 크리스트교(다)보다 동남아시아 지역의 신자 수가 많습니다. 인도네시아, 말레이시아 등지에 이슬람교 신자 수가 많기 때문입니다.

오답 피하기 ① 불교(가)는 인도 북부에서 발생하였습니다. ② 이슬람교(나)는 이슬람 상인들의 상업 활동과 군인들의 정복 활동을 통해 확산되었습니다. ③ 개인의 수양 및 해탈을 강조하는 종교는 불교(가)입니다. ④ 불교(가)는 이슬람교(나)보다 동부 아시아 지역으로 전파된 시기가 이릅니다.

100 남부 아시아 여러 국가의 종교 특성　　　정답 ①

다음은 세계 지리 수업 장면 중 일부이다. (가), (나) 종교에 대한 옳은 설명만을 〈보기〉에서 고른 것은? (단, 신자 수 기준 세계 4대 종교만 고려함.)

> 교사 : 지도는 남부 아시아에 위치한 주요 국가를 나타낸 것입니다. A~D 국가를 종교와 관련지어 설명해 볼까요? 단, 신자 수 기준 세계 4대 종교만 고려합니다.
>
>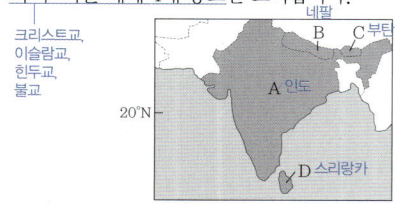
> 크리스트교, 이슬람교, 힌두교, 불교
> 20°N
> 네팔 B C 부탄
> A 인도
> D 스리랑카
>
> 갑 : A는 (가), (나) 종교의 발상지입니다. 힌두교, 불교
> 을 : B는 (가) 종교의 신자 수 비중이 높습니다. (가)-힌두교
> 병 : C와 D는 (나) 종교의 신자 수 비중이 높습니다. (나)-불교
> 교사 : 네, 모두 옳게 설명하였습니다.

〈보기〉
ㄱ. (가)는 (나)보다 세계 신자 수가 많다. (○)
ㄴ. (가)는 민족 종교, (나)는 보편 종교로 분류된다. (○)
ㄷ. (가)는 돼지고기 섭취, (나)는 소고기 섭취를 금기시한다. (가)
ㄹ. (가), (나) 모두 유일신교이다. └ 다신교

① ㄱ, ㄴ　② ㄱ, ㄷ　③ ㄴ, ㄷ　④ ㄴ, ㄹ　⑤ ㄷ, ㄹ

문제 분석 신자 수 기준 세계 4대 종교는 크리스트교, 이슬람교, 힌두교, 불교입니다. 이들 중 인도에서 발생한 종교는 힌두교와 불교입니다. 네팔은 힌두교 신자 수 비중이 높으므로 (가)는 힌두교이고, 부탄과 스리랑카에서 신자 수 비중이 높은 (나)는 불교입니다.

정답 찾기 ㄱ. 힌두교(가)는 불교(나)보다 세계 신자 수가 많습니다. ㄴ. 힌두교(가)는 민족 종교이고, 불교(나)는 보편 종교입니다.

오답 피하기 ㄷ. 힌두교(가)는 소고기 섭취를 금기시하며, 돼지고기 섭취를 금기시하는 종교는 이슬람교입니다. ㄹ. 힌두교(가)는 다신교입니다.

함정 피하기

- 새로운 유형의 문항으로 낯설게 느껴졌을 것이다. 기존에 자주 출제되던 수업 장면 문항은 여러 학생들 중 옳은 진술을 한 학생(만)을 찾도록 출제되었다. 그러나 본 문항은 학생들이 모두 옳은 진술을 하고 있고, 옳은 진술 내에서 (가), (나) 및 A~C가 무엇인지를 파악해야 한다. 따라서 개별 학생의 진술들로부터 소거법을 사용해 차근차근 파악해 나가면 된다.
- 지도에서 네팔(B)과 부탄(C)의 위치를 헷갈렸을 수도 있다. 두 지역 모두 인도와 국경을 접한 소규모의 국가이기 때문에 정확한 위치를 몰랐다면 정답을 찾을 수 없다. 두 국가는 불교, 힌두교와 관련하여 자주 출제되므로 지도에서의 위치를 기억해 두어야 한다. 상대적으로 큰 국가가 네팔, 작은 국가가 부탄이다.

101 세계의 주요 종교별 특성　　　정답 ③

문제 분석 불교의 발상지가 있는 나라는 인도이고, 인도에서 대다수가 믿는 종교인 ㉠은 힌두교입니다. 싱가포르와 국경을 접한 나라는 말레이시아이고, 소를 신성하게 여기는 종교인 ㉡은 ㉠과 마찬가지로 힌두교입니다. 말레이시아에서 가장 많은 사람들이 믿는 ㉢은 이슬람교입니다.

정답 찾기 ③ 첨탑과 둥근 지붕이 있는 모스크는 이슬람교(㉢)의 대표적인 종교 경관입니다.

오답 피하기 ① 힌두교(㉠)는 민족 종교에 해당합니다. ② 힌두교(㉠)에는 성지로 여기는 갠지스강에서 목욕과 기도를 하는 의식이 있습니다. ④ 이슬람교(㉢)에는 '라마단'이라 불리는 금식 기간이 있습니다. ⑤ ㉠과 ㉡ 모두 힌두교입니다.

102 이슬람 국가들의 국기에 나타난 종교 특성　　　정답 ⑤

문제 분석 왼쪽은 사우디아라비아의 국기로, 칼 문양은 힘을 바탕으로 정의를 구현시켜 성지를 수호한다는 의미를 담고 있습니다. 오른쪽은 파키스탄의 국기로, 이슬람교의 종교 상징인 초승달과 별이 그려져 있습니다.

정답 찾기 ⑤ 지도의 A~E 국가 중 이슬람교 신자 수 비율이 가장 높은 국가는 E의 인도네시아입니다. 인도네시아는 세계에서 이슬람교 신자 수가 가장 많은 국가이기도 합니다.

오답 피하기 ①, ② 네팔(A)과 인도(B)는 힌두교 신자 수 비중이 높습니다. ③ 타이(C)는 불교 신자 수 비중이 높습니다. ④ 필리핀(D)은 크리스트교 신자 수 비중이 높습니다.

103 힌두교와 이슬람교의 종교 경관　　　정답 ④

문제 분석 왼쪽 그림은 힌두교(가) 신자들이 성스러운 강인 갠지스강에서 목욕을 하고 기도를 드리는 모습을 나타낸 것이고, 오른쪽 그림은 이슬람교(나) 사원에서 메카 방향으로 기도하는 모습을 나타낸 것입니다.

정답 찾기 ④ 이슬람교(나)는 힌두교(가)보다 세계 신자 수가 많습니다.

오답 피하기 ① 모스크는 이슬람교(나)의 종교 건축물입니다. ② 이슬람교(나)의 발상지는 서남아시아에 위치합니다. ③ 힌두교(가)는 이슬람교(나)보다 발생 시기가 이릅니다. ⑤ 힌두교(가)는 민족 종교, 이슬람교(나)는 보편 종교입니다.

104 이슬람교의 특성　　　정답 ⑤

문제 분석 자료의 영화 '와즈다'는 자전거를 타고 싶은 소녀가 주인공인데, 그 배경은 이슬람교 신자 수 비중이 높은 사우디아라비아입니다. 이 영화가 개봉한 이후 사우디아라비아에서는 여성들도 자전거를 탈 수 있게 되었다고 합니다.

정답 찾기 ⑤ 이슬람 신자들은 하루에 다섯 번씩 최대 성지인 메카를 향해 예배를 드립니다. 예배는 이슬람교의 5대 실천 의무 중 하나입니다.

오답 피하기 ① 윤회 사상이 있으며 해탈을 중요시하는 종교는 불교입니다. ② 사원에 다양한 모습의 신들이 조각되어 있는 종교는 힌두교입니다. ③ 유럽 국가의 식민지 확대 과정에서 주로 전파된 종교는 크리스트교입니다. ④ 불상과 사리가 봉안된 탑이 대표적인 경관인 종교는 불교입니다.

105 주요 종교의 종교 경관　　　정답 ①

문제 분석 네팔에서 신자 수 비중이 가장 높은 (가)는 힌두교, 말레이시아에서 신자 수 비중이 가장 높은 (나)는 이슬람교, 스리랑카에서 신자 수 비중이 가장 높은 (다)는 불교입니다.

정답 찾기 ① 힌두교의 대표적인 종교 경관은 다양한 신들로 장식된 사원(A)입니다. 이슬람교의 대표적인 종교 경관은 이슬람 사원으로 B는 메카 대사원이며, 사원 중앙에는 카바 신전이 있습니다. 불교의 대표적인 종교

경관은 불상으로 C가 이에 해당합니다. 따라서 (가)는 A, (나)는 B, (다)는 C와 연결됩니다.

106 세계 주요 종교의 발생과 전파 　　　정답 ①

문제 분석 A는 서남아시아의 팔레스타인 지역에서 발생하여 유럽을 거쳐 아프리카, 아메리카, 오세아니아 등지로 전파된 크리스트교이고, B는 서남아시아의 메카에서 발생하여 북부 아프리카와 아시아 등지로 전파된 이슬람교이며, C는 남부 아시아에서 발생하여 동아시아와 동남아시아 등지로 전파된 불교입니다.

정답 찾기 ㄱ. 크리스트교(A)는 이슬람교(B)보다 세계 신자 수가 많습니다. ㄴ. 크리스트교(A)는 불교(C)보다 전파된 지역의 범위가 넓습니다.

오답 피하기 ㄷ. 이슬람교(B)는 불교(C)보다 발생 시기가 늦습니다. 이슬람교는 7세기 초에, 불교는 기원전 6세기경에 창시되었습니다. ㄹ. 불교(C)의 발상지는 남부 아시아이고, 크리스트교의 발상지(A)는 서남아시아로 불교의 발상지는 크리스트교의 발상지보다 기후 환경이 습윤합니다.

107 이슬람교 발상지인 메카의 경관 특성 　　　정답 ③

문제 분석 지도는 아시아와 아프리카 등지로부터 이슬람 신자들이 메카 순례를 위해 이동하는 모습을 나타내고 있습니다.

정답 찾기 ③ 병. 이슬람 신자들은 메카 순례를 종교적 의무로 여기고 있습니다. 메카 대사원에는 검은 휘장을 두른 카바 신전이 있는데, 메카를 방문한 신자들은 카바 신전을 도는 종교 의식에 참여합니다.

오답 피하기 ① 갑. 강에서 목욕을 하는 것은 힌두교와 관련이 깊은 종교 경관입니다. ② 을. 십자가를 짊어지고 고행을 체험하는 사람들은 크리스트교와 관련이 깊은 종교 경관입니다. ④ 정. 사리가 봉안된 탑은 불교와 관련된 경관입니다. ⑤ 무. 메카를 비롯하여 서남아시아의 여성들은 얼굴과 몸을 가리는 옷을 입습니다.

108 힌두교의 종교 경관 및 특성 　　　정답 ③

문제 분석 바느질하지 않은 옷인 '사리'를 착용하고, 소를 숭배하여 소고기 섭취를 기피하는 종교는 힌두교입니다. 사진은 다양한 신들로 장식된 힌두 사원을 보여주고 있습니다.

정답 찾기 ㄴ. 힌두교는 특정한 민족을 중심으로 포교되는 민족 종교입니다. ㄷ. 힌두교는 다신교이며, 선행과 고행(苦行)을 통한 수련을 중시합니다.

오답 피하기 ㄱ. 힌두교의 발상지는 남부 아시아입니다. ㄹ. 경전의 가르침에 따라 신앙 실천의 5대 의무를 엄격히 지키는 종교는 이슬람교입니다.

109 세계 보편 종교의 발상지 　　　정답 ⑤

🔍 **눈으로 보는 해설**

그래프는 지역별 보편 종교의 신자 수 구성비와 인구수를 나타낸 것이다. (가)~(다) 종교가 발생한 국가를 지도의 A~C에서 고른 것은?

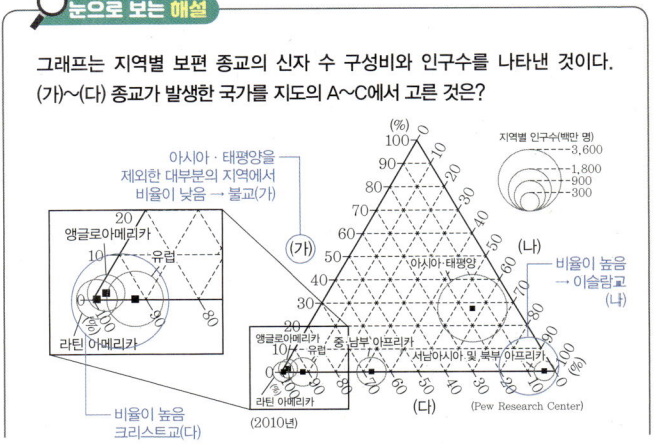

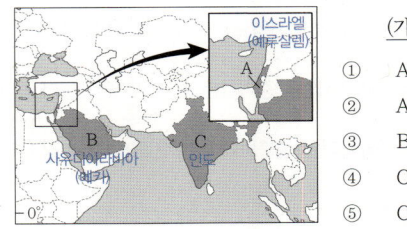

	(가)	(나)	(다)
①	A	B	C
②	A	C	B
③	B	C	A
④	C	A	B
⑤	C	B	A

문제 분석 (가)는 대부분의 지역에서 신자 수 구성비가 낮고, 다른 지역에 비해 아시아·태평양에서 상대적으로 비중이 높은 것으로 보아 불교입니다. (나)는 서남아시아 및 북부 아프리카와 아시아·태평양에서 신자 수 구성비가 높으므로 이슬람교이며, (다)는 유럽, 아메리카 등지에서 신자 수 구성비가 높으므로 크리스트교입니다.

정답 찾기 ⑤ 불교(가)는 인도(C) 북부 지방에서 발생하였고, 이슬람교(나)는 사우디아라비아(B)의 메카에서 발생하였으며, 크리스트교(다)는 현재 예루살렘이 위치한 이스라엘(A)에서 발생하였습니다. 따라서 (가)는 C, (나)는 B, (다)는 A와 연결됩니다.

💣 **함정 피하기**

세 종교를 옳게 구분하였더라도 지도에서 예루살렘에 표시된 A를 보고 섣불리 이슬람교와 연결하는 실수를 할 수 있다. 예루살렘은 무함마드가 천사의 부름을 받고 승천한 곳으로 알려져 이슬람교도들 역시 사원(바위의 돔)을 세워 중요한 성지로 여기기 때문이다. 따라서 정답을 찾았다고 판단하였더라도 남아 있는 선지까지 파악하여 틀림이 없는지 확인해야 한다.

110 화폐에 담겨 있는 종교 경관 　　　정답 ④

문제 분석 (가)는 남아메리카에 위치한 페루의 화폐로, 크리스트교의 한 종파인 가톨릭교 성녀인 로사의 모습을 담고 있습니다. 페루는 가톨릭교 신자 수 비중이 매우 높습니다. (나)는 동남아시아에 위치한 캄보디아의 화폐로, 불상의 모습을 담고 있습니다. 불교가 국교인 캄보디아는 불교 신자 수 비중이 매우 높습니다.

정답 찾기 ④ 크리스트교(가)는 불교(나)보다 세계 신자 수가 많습니다.

오답 피하기 ① 사리는 힌두교를 주로 신봉하는 인도 여성들의 전통 의상입니다. ② 크리스트교(가)에는 술과 돼지고기 섭취에 대한 금기가 없습니다. ③ 소를 신성시하여 소고기를 먹지 않는 종교는 힌두교입니다. ⑤ 크리스트교(가)와 불교(나) 모두 보편 종교에 속합니다.

06강　세계의 인구 변천과 도시화

핵심 개념 CHECK!　　▶ 본문 060쪽

01 A-아프리카, B-라틴 아메리카, C-유럽, D-아시아　**02** A-시에라리온, B-칠레, C-일본　**03** (1) 앵글로아메리카, 유럽 (2) 아시아, 아프리카 (3) 종착, 가속화 (4) 많다　**04** ×　**05** ○　**06** ○　**07** ○　**08** ○　**09** ○　**10** ○　**11** ×　**12** ○　**13** ○　**14** ×　**15** ○　**16** ○　**17** ×　**18** ×　**19** ○　**20** ×　**21** ○　**22** ○　**23** ×

○✕ 문장 바로 알기

04 인구 증가율은 선진국이 개발 도상국보다 대체로 ~~높다.~~ 낮다

05 유럽은 일찍부터 산업이 발달한 지역으로 인구 밀도가 높은 편이다.

06 인구 변천 모형에서 인구의 자연적 증가율은 3단계가 5단계보다 높다.

07 일부 선진국에서는 사망률이 출생률보다 높아 인구의 자연 감소가 나타난다.

08 유럽과 앵글로아메리카는 아시아와 아프리카보다 노년층 인구 비중이 높다.

09 선진국의 인구 피라미드 모양은 대체로 종형을 이룬다.

10 미숙련 노동자는 주로 개발 도상국에서 선진국으로 이주한다.

11 시리아, 이라크, 아프가니스탄 등은 난민 ~~유입국~~ 이다.
유출국

12 경제적인 원인에 따른 인구 유출 지역은 해외 이주 노동자들로부터 송금액이 유입된다.

13 인구 유입 지역에서는 지역 주민과 이주민 간에 문화적 갈등이 발생하기도 한다.

14 서남아시아의 사우디아라비아, 아랍 에미리트는 여성이 남성보다 ~~많다~~.
적다

15 도시 인구 증가율은 가속화 단계가 종착 단계보다 높게 나타난다.

16 2014년 기준 앵글로아메리카는 라틴 아메리카보다 도시화율이 높다.

17 2014년 기준 도시화율이 가장 낮은 지역(대륙)은 ~~아시아~~이다.
아프리카

18 세계 도시를 선정할 때 ~~정치적~~ 측면에서 다국적 기업의 수를 고려한다.
경제적

19 뉴욕, 런던, 도쿄는 최상위 세계 도시이다.

20 아시아에서 종합 경쟁력 순위가 가장 높은 도시는 ~~홍콩~~이다.
도쿄

21 세계 도시의 경우 생산자 서비스업 종사자 비율이 대체로 높다.

22 세계 도시 체계에서 상위 도시는 하위 도시보다 보유 기능이 다양하다.

23 세계 도시 계층에서 최상위 도시는 하위 도시보다 개수가 ~~많다~~.
적다

111 대륙별 인구 구성 정답 ⑤

자료 분석

문제 분석 A는 유소년층 인구 비중이 가장 높은 아프리카이고, C는 노년층 인구 비중이 가장 높은 유럽이며, B는 아시아입니다.

정답 찾기 ⑤ 2015년 인구 규모 상위 10개국에 속한 국가는 아프리카(A)가 1개국(나이지리아), 아시아(B)가 6개국(중국, 인도, 인도네시아, 파키스탄, 방글라데시, 일본)이므로 아시아(B)가 아프리카(A)보다 많습니다.

오답 피하기 ① 총 부양비가 가장 높은 대륙은 청장년층 인구 비중이 가장 낮은 아프리카(A)입니다. ② 아시아(B)는 유소년층 인구 비중이 노년층 인구 비중보다 더 높으므로, 유소년 인구 부양비가 노년 인구 부양비보다 높습니다. ③ 1950년 인구 규모 1위 국가인 중국과 10위 국가인 이탈리아의 차이는 약 5억 명이고, 2015년 인구 규모 1위 국가인 중국과 10위 국가인 일본의 차이는 12억 명이 넘습니다. ④ 인구 규모 상위 10개국 중 유럽(C)에 속한 국가의 수는 1950년에 4개국(러시아, 독일, 영국, 이탈리아)이었으나, 2015년에는 1개국(러시아)으로 감소하였습니다.

112 국가별 인구 구조 파악 정답 ⑤

문제 분석 그래프에서 유소년층 인구 비중이 가장 높은 (가)는 에티오피아, 노년층 인구 비중이 가장 높은 (다)는 핀란드, (나)는 인도네시아입니다.

정답 찾기 ⑤ 인도네시아(나)가 에티오피아(가)보다 유소년층 비중 감소 폭이 크고, 노년층 인구 비중 증가 폭이 크므로, 노령화 지수[(노년층 인구 비중/유소년층 인구 비중)×100] 증가 폭은 인도네시아가 큽니다.

오답 피하기 ① 에티오피아(가)는 아프리카에, 인도네시아(나)는 아시아에 위치합니다. ② 중위 연령은 유소년층 인구 비중이 가장 낮고, 노년층 인구 비중이 가장 높은 핀란드(다)가 가장 높습니다. ③ 선진국인 핀란드(다)는 2015년 종형 또는 방추형 인구 구조가 나타납니다. ④ 핀란드(다)는 노년 인구 부양비는 증가했지만, 유소년 인구 부양비는 감소했습니다.

113 대륙별 인구 특성 정답 ⑤

문제 분석 A는 두 시기 모두 유소년층 인구 비율이 가장 높고, 2010~2015년의 출생률이 가장 높은 아프리카입니다. C는 두 시기 모두 노년층 인구 비율이 가장 높고, 2010~2015년 출생률이 가장 낮은 유럽입니다. B는 아시아입니다.

정답 찾기 ⑤ 출생률은 인구 1,000명당 출생자 수를 의미하므로, 2010~2015년 출생률이 높은 아시아(B)가 유럽(C)보다 인구 1,000명당 출생자 수가 많습니다.

오답 피하기 ① A는 아프리카입니다. ② 총 부양비는 청장년층 인구 비율에 반비례하므로, 1950년 총 부양비는 유럽(C)이 가장 낮습니다. ③ 2015년 유소년 인구 부양비는 청장년층 인구 비율이 가장 낮고 유소년층 인구 비율이 가장 높은 아프리카(A)가 가장 높습니다. ④ 인구의 자연 증가율은 출생률에서 사망률을 뺀 값에 해당합니다. 1950~1955년 인구의 자연 증가율은 아프리카(A)가 유럽(C)보다 높습니다.

114 독일, 루마니아, 이집트의 인구 특성 비교 정답 ④

문제 분석 지도에 표시된 국가는 독일, 루마니아, 이집트입니다. 세 국가 중 인구 규모가 가장 크고 인구가 가장 많이 증가한 (나)는 이집트이고,

인구 규모가 가장 작고 인구가 다소 감소한 (다)는 루마니아이며, (가)는 독일입니다. 이집트에서 수치가 큰 A는 사망률이고, B는 출생률입니다.

정답 찾기 ④ A가 출생률이고 B가 사망률이므로, 2010~2015의 자연적 인구 증가율은 이집트(나)가 가장 높습니다.

오답 피하기 ① A는 출생률이고, B는 사망률입니다. ② 루마니아(다)는 유럽에 위치합니다. ③ 2010~2015년 독일(가)은 출생률(A)이 사망률(B)보다 낮으므로, 출생자 수가 사망자 수보다 적습니다. 그럼에도 독일의 인구가 다소 증가한 것은 다른 국가로부터 인구 유입이 많았기 때문입니다. ⑤ 2010~2015년의 전체 인구 증가율은 이집트(나)가 가장 높습니다.

115 독일, 터키, 나이지리아의 인구 특성 비교　　정답 ④

🔍 **눈으로 보는 해설**

그래프의 (가)~(다)는 지도의 A~C 국가의 인구 자료를 나타낸 것이다. 이에 대한 설명으로 옳은 것은?

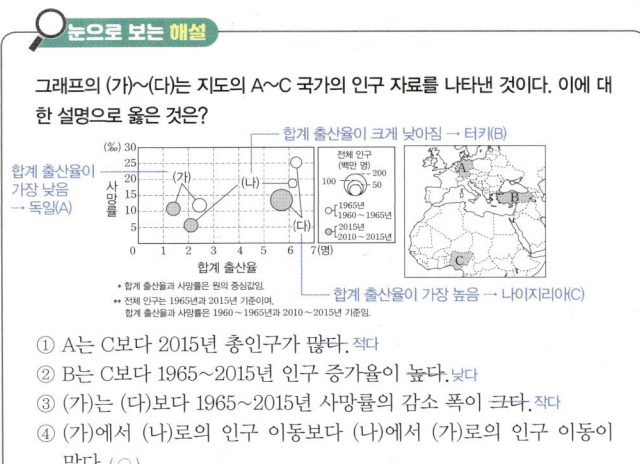

합계 출산율이 가장 낮음 → 독일(A)　　합계 출산율이 크게 낮아짐 → 터키(B)

합계 출산율이 가장 높음 → 나이지리아(C)

* 합계 출산율과 사망률은 원의 중심값임.
** 전체 인구는 1965년과 2015년 기준이며, 합계 출산율과 사망률은 1960~1965년과 2010~2015년 기준임.

① A는 C보다 2015년 총인구가 많다. 적다
② B는 C보다 1965~2015년 인구 증가율이 높다. 낮다
③ (가)는 (다)보다 1965~2015년 사망률의 감소 폭이 크다. 작다
④ (가)에서 (나)로의 인구 이동보다 (나)에서 (가)로의 인구 이동이 많다. (○)
⑤ (가)는 유럽, (나)는 아프리카, (다)는 아시아에 위치한다.
　　　　　　　　　아시아　　　아프리카

문제 분석 지도의 A는 독일, B는 터키, C는 나이지리아입니다. 그래프에서 합계 출산율이 가장 낮은 (가)는 선진국인 독일(가)입니다. (나), (다) 중 합계 출산율이 크게 낮아진 (나)는 터키이고, 2010~2015년에도 합계 출산율이 여전히 높은 (다)는 나이지리아입니다.

정답 찾기 ④ 독일(가)에서 터키(나)로의 인구 이동보다 터키(나)에서 독일(가)로의 인구 이동이 많습니다. 독일은 필요한 노동력을 주로 동부 유럽 국가들이나 터키로부터 확보하고 있습니다.

오답 피하기 ① 2015년 총인구는 독일(A)이 나이지리아(C)보다 적습니다. ② 터키(B)는 나이지리아(C)보다 1965~2015년 인구 증가율이 낮습니다. 이는 합계 출산율이 크게 낮아졌기 때문입니다. ③ 독일(가)은 나이지리아(다)보다 1965~2015년 사망률의 감소폭이 작습니다. 독일은 1960~1965년에도 이미 사망률이 낮았기 때문입니다. ⑤ 독일(가)은 유럽, 터키(나)는 아시아, 나이지리아(다)는 아프리카에 위치합니다.

💣 **함정 피하기**

그래프의 (가)~(다)와 지도의 A~C의 정체를 밝힌 후, 두 자료를 모두 활용하여 국가 간 인구 특성 차이를 밝혀야 한다. 그래프를 분석하여 (가)~(다) 국가의 인구 특성을 비교할 수도 있고, A~C 국가의 특성을 그래프의 내용을 분석하여 파악할 수도 있다. 가령, B와 C의 인구 증가율 차이는 그래프에 나타난 전체 인구 차이를 통해 추정할 수 있다.

116 대륙별 인구 증가율 차이　　정답 ②

문제 분석 자연적 인구 증가율이 가장 높은 (나)는 아프리카이고, 다음으로 높은 (가)는 아시아입니다. 자연적 인구 증가율이 음(-)의 값이지만 전체 인구 증가율이 양(+)의 값인 (라)는 유럽이고, (다)는 인구 유입이 활발한 앵글로아메리카입니다.

정답 찾기 ㄱ. 세계에서 인구가 가장 많은 국가는 중국으로, 중국은 아시아(가)에 위치합니다. ㄹ. 전체 인구 증가율에서 자연적 인구 증가율을 뺀 값이 사회적 인구 증가율입니다. 따라서 앵글로아메리카(다)는 유럽(라)보다 사회적 인구 증가율이 높습니다.

오답 피하기 ㄴ. 자연적 인구 증가율이 상대적으로 낮은 아시아(가)는 아프리카(나)보다 합계 출산율이 낮습니다. ㄷ. 아프리카(나)는 앵글로아메리카(다)보다 자연적 인구 증가율이 높아 노년층 인구 비중이 낮습니다.

117 세계의 인구 분포　　정답 ①

문제 분석 A와 E는 상공업이 발달한 서부 유럽 일대와 미국 동부 일대로 인구 밀도가 높고, D는 벼농사가 활발한 중국 남부 및 인도차이나반도 일대로 인구 밀도가 높습니다. B는 사하라 사막이 위치한 곳으로 인구 밀도가 낮고, C는 냉량한 기후가 나타나는 시베리아의 일부로 인구 밀도가 낮으며, F는 열대 우림이 형성되어 있는 아마존강 유역으로 인구 밀도가 낮습니다.

정답 찾기 ㄱ. 중국 남부 지방과 인도차이나반도 지역(D)에서는 겨울이 온화하여 벼의 2기작이 이루어집니다. ㄴ. 서부 유럽(A)에는 최상위 계층의 세계 도시로 런던과 파리가 위치하고, 미국 동부(E)에는 최상위 계층의 세계 도시로 뉴욕이 위치합니다.

오답 피하기 ㄷ. 사하라 사막 일대(B)는 연 강수량이 적지만, 아마존강 유역(F)은 연 강수량이 많습니다. ㄹ. 시베리아 지역(C)에는 침엽수림이 발달해 있고, 아마존강 유역(F)에는 열대 우림이 발달해 있습니다. 따라서 두 지역 모두 임업 활동에 유리하다고 볼 수 있습니다.

118 프랑스, 터키, 에티오피아의 인구 특성　　정답 ③

문제 분석 지도에 표시된 국가는 프랑스, 터키, 에티오피아입니다. 대부분의 국가에서 청장년층 인구 비중이 50% 이상이므로 B는 청장년층이고, A는 유소년층입니다. 유소년층 인구 비중이 가장 높은 (가)는 에티오피아이고, 노년층 인구 비중이 가장 높은 (다)는 프랑스이며, (나)는 터키입니다.

정답 찾기 ③ 터키(나)는 프랑스(다)보다 총 부양비가 낮습니다. 총 부양비는 청장년 인구 비중이 높을수록 낮게 나타납니다.

오답 피하기 ① A는 유소년층이고, B는 청장년층입니다. ② 에티오피아(가)는 터키(나)보다 도시 거주 인구 비중이 낮습니다. 에티오피아가 터키보다 1차 산업 의존도가 높기 때문입니다. ④ 프랑스(다)는 에티오피아(가)보다 1인당 국내 총생산이 많습니다. ⑤ 노령화 지수는 프랑스(다)>터키(나)>에티오피아(가) 순으로 높습니다.

119 나이지리아, 미국, 중국의 인구 특성　　정답 ④

🔍 **눈으로 보는 해설**

그래프는 각 지역(대륙)에서 인구 1위인 국가의 인구 특성을 나타낸 것이다. 이에 대한 설명으로 옳은 것은? (단, (가)~(다)와 A~C는 각각 아시아, 아프리카, 앵글로아메리카에 위치한 국가 중 하나임.)

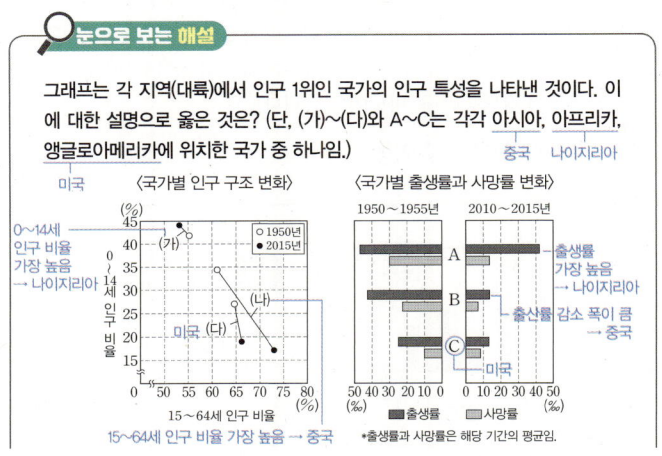

① (가)는 (나)보다 1950년의 노년 인구 비율이 높다. 낮다
② (나)는 (다)보다 1950~1955년에 인구의 자연 증가율이 낮다.
③ A는 B보다 2015년의 노령화 지수가 높다. 낮다
                                                    높다
④ B는 C보다 1950~2015년의 총 부양비 변화가 크다. (○)
⑤ (가)는 아시아, (나)는 아프리카, (다)는 앵글로아메리카에 위치한다.
      아프리카   아시아

문제 분석 아시아의 인구 1위 국가는 중국, 아프리카의 인구 1위 국가는 나이지리아, 앵글로아메리카의 인구 1위 국가는 미국입니다. (가)는 0~14세 인구 비율이 가장 높은 나이지리아, (나)는 15~64세 인구 비율이 가장 높은 중국, (다)는 미국입니다. A는 세 국가 중 출생률이 가장 높은 나이지리아이고, 출생률의 감소 폭이 큰 B는 중국이며, C는 미국입니다.

정답 찾기 ④ 중국(B, 나)은 미국(C, 다)보다 1950~2015년의 15~64세 인구 비율 변화 폭이 크므로 총 부양비의 변화 폭도 큽니다.

오답 피하기 ① 나이지리아(가)는 중국(나)보다 1950년의 노년 인구 비율이 낮습니다. 100에서 0~14세 및 15~64세 인구 비율을 빼면 노년 인구 비율이 나오는데, 이를 통해 중국이 나이지리아보다 노년 인구 비율이 다소 높은 것을 알 수 있습니다. ② 중국(나)은 미국(다)보다 1950~1955년에 인구의 자연 증가율이 높았습니다. 해당 시기의 출생률과 사망률의 차이를 알 수 있습니다. ③ 나이지리아(A, 가)는 중국(B, 나)보다 2015년의 노령화 지수가 낮습니다. 중국이 나이지리아보다 노년 인구 비율이 높은 반면, 0~14세 인구 비율은 낮기 때문입니다. ⑤ 나이지리아(가)는 아프리카, 중국(나)은 아시아, 미국(다)은 앵글로아메리카에 위치합니다.

> 💣 **함정 피하기**
>
> 발문의 조건을 통해 (가)~(다)와 A~C가 아시아, 아프리카, 앵글로아메리카의 인구 규모 기준 각 1위 국가임을 알 수 있다. 이런 유형의 문항에 접근하기 위해서는 대륙별 인구 1위 국가의 이름은 물론, 해당 국가의 사회ㆍ경제적 특성도 파악하고 있어야 한다. 인구 규모 기준 아시아 1위 국가는 중국, 앵글로아메리카 1위 국가는 미국, 라틴 아메리카 1위 국가는 브라질, 아프리카 1위 국가는 나이지리아, 유럽 1위 국가는 러시아, 오세아니아의 1위 국가는 오스트레일리아이다.

120 지역(대륙)별 합계 출산율과 총 부양비   정답 ④

문제 분석 (가)~(다)와 A~C는 아시아, 아프리카, 유럽 중 하나입니다. 합계 출산율이 가장 높은 (가)는 아프리카, 가장 낮은 (다)는 유럽, (나)는 아시아입니다. 2015년 기준 총 부양비가 가장 높은 A는 아프리카, 청장년층 인구 비중이 높아 총 부양비가 낮은 B는 아시아, C는 유럽입니다.

정답 찾기 ④ 아프리카(A)는 인구 순 유출 지역이고, 유럽(C)은 인구 순 유입 지역입니다.

오답 피하기 ① 아프리카(가)는 아시아(나)보다 합계 출산율이 높으므로 인구의 자연 증가율이 높습니다. ② 아시아(나)는 유럽(다)보다 합계 출산율이 높기 때문에 중위 연령이 낮습니다. ③ 유럽(다)은 아프리카(가)보다 도시화율이 높습니다. ⑤ 유럽(C)은 아시아(B)보다 2015년의 총 부양비가 높으므로 청장년층 인구 비중이 낮습니다.

121 지역(대륙)별 인구 이동   정답 ⑤

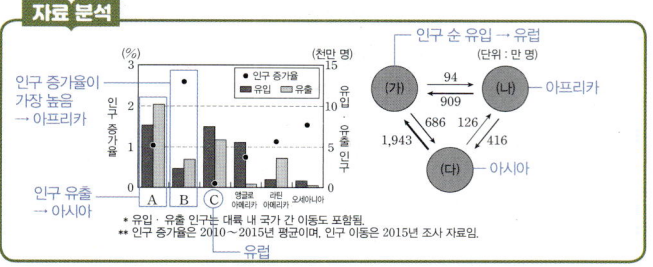

자료 분석

122 국가별 자연적 및 사회적 인구 증가   정답 ③

문제 분석 A는 알제리, B는 독일, C는 폴란드, D는 사우디아라비아입니다.

정답 찾기 ③ 유럽의 선진국인 독일(B)과 서남아시아의 산유국인 사우디아라비아(D)는 인구 순 유입국입니다. (가)와 (라) 중 (가)는 인구의 자연적 감소가 나타나는 독일이고, (라)는 인구의 자연적 증가가 나타나는 사우디아라비아입니다. 동부 유럽에 위치한 국가인 폴란드(C)와 아프리카에 위치한 국가인 알제리(A)는 인구 순 유출국입니다. (나)와 (다) 중 인구의 자연 증가율이 높은 (나)는 알제리이고, 인구의 자연 증가율이 낮은 (다)는 폴란드입니다. 따라서 독일은 (가)와 B, 알제리는 (나)와 A, 폴란드는 (다)와 C, 사우디아라비아는 (라)와 D입니다.

123 시리아와 인도의 인구 이주   정답 ③

문제 분석 A는 알제리, B는 시리아, C는 인도입니다.

정답 찾기 ③ (가)는 터키, 레바논, 사우디아라비아, 요르단 등 서남아시아 국가들로의 이주가 많은 시리아(B)입니다. 시리아 내전이 발생하면서 난민들은 시리아에 가까운 나라들로 주로 이주하였습니다. (나)는 아랍에미리트, 사우디아라비아, 쿠웨이트 등 서남아시아로의 이주와 미국, 영국 등 선진국으로의 이주가 많은 인도(C)입니다.

124 사우디아라비아와 독일 이민자의 출신국   정답 ⑤

고난도 평가원 기출				
①	② 💣함정	③	④	❺
3%	17%	5%	7%	68%

> 🔍 **눈으로 보는 해설**
>
>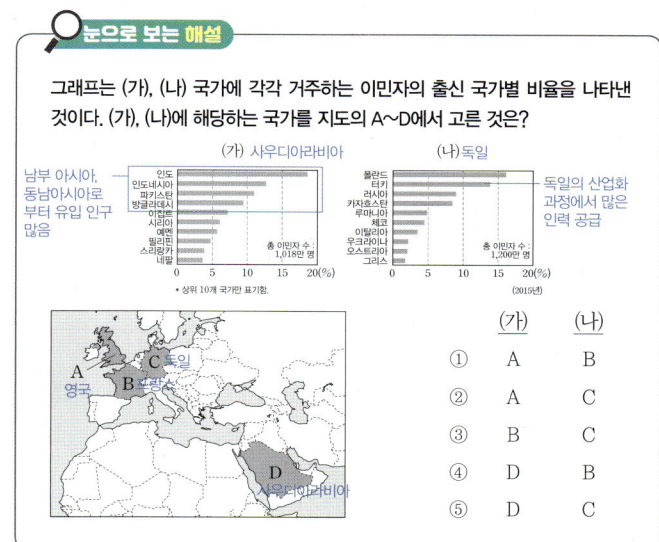
>
> 그래프는 (가), (나) 국가에 각각 거주하는 이민자의 출신 국가별 비율을 나타낸 것이다. (가), (나)에 해당하는 국가를 지도의 A~D에서 고른 것은?

문제 분석 (가)는 인도, 인도네시아, 파키스탄, 방글라데시 등 값싼 노동력이 풍부한 남부 아시아 및 동남아시아로부터의 유입 인구가 많고, (나)는 폴란드, 루마니아 등 동부 유럽 국가들로부터 유입 인구가 많습니다.

정답 찾기 ⑤ 인도, 인도네시아, 파키스탄, 방글라데시 등으로부터 유입 인구가 많은 (가)는 사우디아라비아(D)입니다. 사우디아라비아는 석유 자본을 바탕으로 개발이 활발히 이루어지면서 건축 · 토목, 서비스업종 등의 부문에서 외국인 노동자에 대한 의존도가 높아졌습니다. 폴란드 등 동부 유럽 국가들과 터키 등으로부터 유입 인구가 많은 (나)는 독일(C)입니다. 독일은 산업화 과정에서 필요한 노동력을 터키 등으로부터 확보하였으나, 구소련 중심의 사회주의 체제가 붕괴하면서 동부 유럽으로부터의 유입 인구가 많아졌습니다. 따라서 (가)는 D, (나)는 C와 연결됩니다.

오답 피하기 A. 영국의 이민자 출신 국가별 비율은 인도＞폴란드＞파키스탄＞아일랜드＞독일＞방글라데시(2015년 기준) 순으로 높습니다. 인도, 파키스탄 등으로부터의 이민자 유입이 많았지만, 아일랜드, 폴란드 등 유럽 국가들로부터의 이민자 유입도 많았습니다.

B. 프랑스의 이민자 출신 국가별 비율은 알제리＞모로코＞포르투갈＞튀니지＞이탈리아＞에스파냐(2015년 기준) 순으로 높습니다. 알제리, 모로코 등은 과거 프랑스의 식민 지배를 받았습니다.

> **★ 함정 피하기**
>
> (가), (나) 국가에 거주하는 이민자의 출신 국가별 비율을 보고, 어느 국가인지를 판별할 수 있어야 한다. 이러한 유형의 문항은 주요 인구 유입국을 중심으로 출제되는데, 유럽의 영국, 독일, 프랑스, 서남아시아의 사우디아라비아, 아랍 에미리트가 대표적이다. 영국은 인도＞폴란드 순으로 유입되고 이웃 나라인 아일랜드가 순위권에 들어 있다. 프랑스는 알제리＞모로코 순으로 유입되고 북부 아프리카로부터 유입되는 인구가 많다. 독일은 폴란드＞터키 순으로 유입되는데, 터키는 독일의 경제 성장기에 많은 인력을 공급해주던 국가이다. 사우디아라비아와 아랍 에미리트 등은 인도, 인도네시아, 파키스탄 등 남부 아시아 및 동남아시아로부터 많은 인구가 유입된다.

125 유럽 주요 국가의 이주자 유입　정답 ③

문제 분석 독일로 이주해 온 사람들은 폴란드＞(가)＞러시아 순으로 많고, 프랑스로 이주해 온 사람들은 (나)＞모로코＞포르투갈 순으로 많으며, 영국으로 이주해 온 사람들은 (다)＞폴란드＞파키스탄 순으로 많습니다. 지도의 A는 알제리, B는 터키, C는 인도입니다.

정답 찾기 ③ 독일로의 이주자는 폴란드＞터키＞러시아 순으로 많으므로 (가)는 터키(B)입니다. 프랑스로의 이주자는 알제리＞모로코＞포르투갈 순으로 많으므로 (나)는 알제리(A)입니다. 영국으로의 이주자는 인도＞폴란드＞파키스탄 순으로 많으므로 (다)는 인도(C)입니다.

126 페르시아만 연안 지역의 인구 이동　정답 ③

문제 분석 지도를 통해 예멘→사우디아라비아, 이집트→사우디아라비아, 파키스탄→아랍 에미리트 등의 인구 이동이 뚜렷한 것을 파악할 수 있습니다. 지도는 페르시아만 연안 국가들이 석유 자본을 바탕으로 지역 개발을 진행하면서 이루어진 노동자의 이동을 보여줍니다.

정답 찾기 ㄴ. 노동자의 이동은 청장년층 남성 인구를 중심으로 이루어집니다. 따라서 지도의 유입국은 유출국보다 청장년층의 성비가 대체로 높습니다. ㄷ. 지도에 나타난 노동자의 이동은 산유국의 오일 머니를 바탕으로 한 경제 개발과 관련하여 이루어지고 있습니다.

오답 피하기 ㄱ. 이슬람교 발상지로의 성지 순례는 이동 목적지가 사우디아라비아의 메카입니다. ㄹ. 유출국 중 일부는 종교 및 인종(민족)의 차이에 따른 내전이 발생하고 있으나, 이란, 이집트 등은 내전 발생국이 아닙니다.

127 국가 간 인구 이주 변화　정답 ③

문제 분석 국가 간 인구 이동이 가장 많은 경로는 멕시코로부터 미국으로의 이동입니다. 따라서 A는 멕시코이고, B는 미국입니다. C가 속한 인구 이주에 인도와 국경을 접하는 방글라데시와 파키스탄이 있고, C→D 이동 인구가 멕시코에서 미국으로의 인구 이동에 이어 두 번째로 많은 것으로 보아 C는 인도입니다. 따라서 나머지 D는 아랍 에미리트입니다.

정답 찾기 ③ 인도(C)는 청장년층의 유출국이고, 아랍 에미리트(D)는 청장년층 남성 노동력을 중심으로 인구가 유입되는 국가입니다. 따라서 인도는 아랍 에미리트보다 청장년층의 성비가 낮습니다.

오답 피하기 ① 멕시코(A)는 미국(B)보다 소득 수준이 낮기 때문에, 멕시코로부터 미국으로 인구 이동이 활발합니다. ② 미국(B)은 인도(C)보다 합계 출산율이 낮습니다. ④ 아랍 에미리트(D)는 멕시코(A)보다 총인구가 적습니다. ⑤ 멕시코(A)와 미국(B)은 크리스트교 신자 수 비중이 가장 높고, 아랍 에미리트(D)는 이슬람교 신자 수 비중이 가장 높습니다. 그러나 인도(C)는 힌두교 신자 수 비중이 가장 높습니다.

128 지역(대륙) 간 인구 이동　정답 ①

> **🔍 눈으로 보는 해설**
>
> 그래프는 세 지역(대륙)의 인구 이동을 나타낸 것이다. 이에 대한 설명으로 옳은 것은? (단, A~C는 아시아, 아프리카, 라틴 아메리카 중 하나임.)
>
>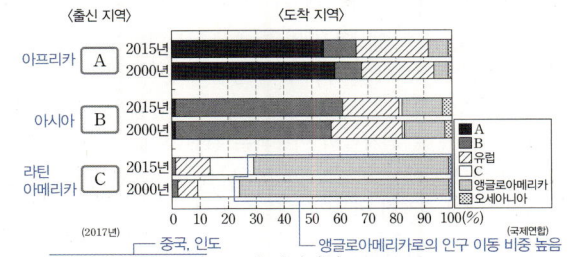
>
> ① 총인구 1, 2위 국가는 B에 위치한다. (O)
> ② A는 B보다 2000~2017년의 국제 인구 이동 규모가 크다. 작다
> ③ A~C 모두 인구 순 유입 지역(대륙)이다. 유출
> ④ A~C 모두 유럽으로의 인구 유출 비중이 높아졌다. 낮아졌다
> ⑤ A는 아시아, B는 아프리카, C는 라틴 아메리카이다.
> 　　아프리카　　아시아

문제 분석 앵글로아메리카의 인구 이동 비중이 가장 높은 C는 라틴 아메리카이고, 아시아와 아프리카 중 유럽으로의 인구 이동 비중이 높은 A는 아프리카이며, B는 아시아입니다.

정답 찾기 ① 총인구 1위 국가는 중국이고, 2위 국가는 인도입니다. 두 국가는 모두 아시아(B)에 위치합니다.

오답 피하기 ② 아프리카(A)는 아시아(B)보다 2000~2015년의 국제 인구 이동 규모가 작습니다. ③ 아프리카(A), 아시아(B), 라틴 아메리카(C)는 모두 인구 순 유출 지역(대륙)입니다. ④ 아시아(B)는 유럽으로의 인구 유출 비중이 낮아졌습니다. ⑤ A는 아프리카, B는 아시아, C는 라틴 아메리카입니다.

> **★ 함정 피하기**
>
> 지역(대륙) 간 인구 이동 문항에 접근하기 위해서는 아시아, 아프리카, 라틴 아메리카가 인구 순 유출 지역이고, 유럽, 앵글로아메리카, 오세아니아가 인구 순 유입 지역임을 알아야 한다. 또한, 라틴 아메리카로부터 앵글로아메리카로의 인구 유입이 많다는 것과 아프리카로부터 유럽으로의 인구 유입이 많다는 사실을 파악해 두어야 한다.

129 인구 순 유입 국가군과 순 유출 국가군 　　　정답 ④

문제 분석 (가)는 유럽, 앵글로아메리카, 우리나라와 일본 등이 속해 있으므로 인구 순 유입 국가군에 해당하고, (나)는 아시아와 아프리카의 개발도상국을 포함하고 있으므로 인구 순 유출 국가군에 해당합니다.

정답 찾기 ④ (나) 국가군은 (가) 국가군과 비교할 때 시간당 평균 임금이 낮고, 산업화 시기가 늦으며, 합계 출산율이 높습니다. 그림에서 이러한 특성을 나타낸 점은 D입니다.

130 아시아, 앵글로아메리카, 유럽 간 인구 이동 　　　정답 ④

문제 분석 (가)는 아프리카로부터의 인구 유입이 많은 유럽, (나)는 라틴 아메리카로부터의 인구 유입이 많은 앵글로아메리카입니다. (가)와 (나)로의 인구 이동이 많은 (다)는 아시아입니다. A는 세계에서 인구가 가장 많은 아시아, B는 인구 증가율이 매우 낮은 유럽, C는 앵글로아메리카입니다.

정답 찾기 ④ 앵글로아메리카(나)는 아시아(다)보다 소득 수준이 높습니다.

오답 피하기 ① 아시아(A)는 유럽(B)보다 노령화 지수가 낮습니다. ② 유럽(B)은 앵글로아메리카(C)보다 국가 수가 많습니다. ③ 유럽(가)과 앵글로아메리카(나)는 인구 순 유입 지역(대륙)입니다. ⑤ 유럽(가)은 B, 앵글로아메리카(나)는 C, 아시아(다)는 A입니다.

131 여러 인구 이동 사례 　　　정답 ②

문제 분석 (가)는 라틴 아메리카로부터 미국으로의 인구 이동을 나타낸 것이고, (나)는 중국으로부터 동남아시아로의 인구 이동을 나타낸 것입니다. (가)로 인해 미국의 히스패닉 비중이 높아지고 있고, (나)로 인해 동남아시아 각국에서 화교 사회가 형성되었습니다.

정답 찾기 ㄱ. (가)는 소득 향상을 위한 경제적 이동입니다. 미국은 라틴 아메리카의 여러 국가들보다 소득 수준이 높습니다. ㄷ. (가), (나) 모두 경제적 이동의 성격이 크며, 그에 따라 자발적 이동의 성격도 큽니다.

오답 피하기 ㄴ. (나)는 은퇴자들의 이동과는 관련이 없습니다. ㄹ. 히스패닉의 경우 미국 사회에서 경제적 위상이 낮은 편이지만, 화교의 경우 동남아시아 지역에서 경제적 위상이 높은 편입니다.

132 종교적 이동과 경제적 이동 　　　정답 ③

문제 분석 (가)는 종교적 이동, (나)는 경제적 이동의 사례입니다.

정답 찾기 ③ 두 이동을 이동 기간의 측면에서 분석하면, (가)는 순례를 끝마친 사람들은 원래 자신들이 살던 국가 및 지역으로 돌아가므로 일시적 이동이고, (나)는 원래 자신들이 살던 국가 및 지역으로 돌아가지 않으므로 영구적 이동에 해당합니다.

오답 피하기 ① 이슬람교도들의 메카 순례는 사우디아라비아의 석유 개발과는 직접적인 관련이 없습니다. ② 라틴 아메리카에서 미국으로의 이주는 경제적·자발적 성격이 큰 인구 이동으로, 전쟁이나 정치적 억압이 이동의 주요 원인이라고 볼 수는 없습니다. ④ 두 인구 이동 모두 국제 이동의 성격이 큽니다. ⑤ 라틴 아메리카에서 미국으로의 이동(나)은 이슬람교도의 메카 순례(가)보다 가족 단위로 이루어지는 비율이 높습니다.

133 유입 인구가 많은 국가들 　　　정답 ④

문제 분석 지도의 A는 아랍 에미리트, B는 인도, C는 미국입니다.

정답 찾기 ④ (가)는 유입 인구가 가장 많은 것으로 보아 경제적 목적의 인구 유입이 많은 미국입니다. (나)는 그래프에서 총인구 대비 유입 인구가 차지하는 비중이 가장 높은 것으로 보아 아랍 에미리트입니다. 석유 자원이 풍부한 아랍 에미리트는 기간 산업 투자 증가로 외국인 근로자가 많이 유입되어 외국인이 전체 인구의 80% 이상을 차지합니다. 나머지 (다)는 인도입니다. 인도는 유입 인구수가 세계 12위에 해당하지만, 총인구가 매우 많기 때문에 그 비중은 매우 낮습니다.

134 대륙별 도시화의 차이 　　　정답 ④

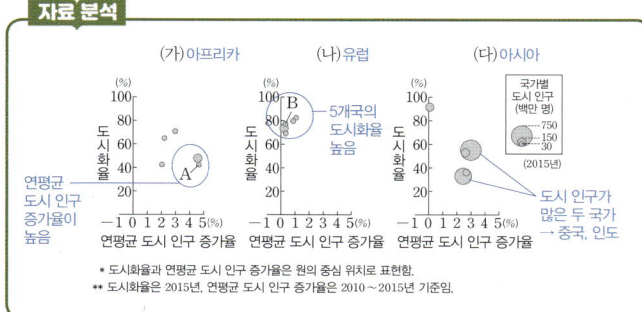

문제 분석 (가)는 도시 인구 상위 5개 국가의 도시화율이 낮고 연평균 도시 인구 증가율이 높은 편이므로 아프리카이고, (나)는 도시 인구 상위 5개 국가의 도시화율이 높고 연평균 도시 인구 증가율이 낮은 편이므로 유럽이며, (다)는 도시 인구가 월등히 많은 두 개의 국가, 즉 중국과 인도가 있으므로 아시아입니다.

정답 찾기 ④ 아시아(다)에서 중국은 인도보다 도시 인구가 많고, 도시화율이 높습니다. 그래프를 통해 중국은 인도보다 연평균 도시 인구 증가율이 높다는 것을 알 수 있습니다.

오답 피하기 ① 아프리카(가)는 유럽(나)보다 인구가 많으므로, (가)는 (나)보다 세계 인구에서 차지하는 비중이 높습니다. ② 유럽(나)은 아시아(다)보다 산업화 시작 시기가 이릅니다. ③ 아프리카의 도시화율이 낮은 국가인 A는 유럽의 도시화율이 높은 국가인 B보다 1인당 국내 총생산(GDP)이 적습니다. ⑤ 도시화율이 50% 이상인 국가는 아프리카(가)에 2개, 유럽(나)에 5개, 아시아(다)에 3개가 있으므로, 15개국 중 절반 이상이 도시 인구가 촌락 인구보다 많습니다.

135 대륙별 도시 및 촌락 인구와 산업 구조 　　　정답 ①

문제 분석 (가)는 도시와 촌락 인구를 합한 총인구가 가장 많은 아시아이고, (나)는 도시 인구에 비해 촌락 인구가 많고 1차 산업 종사자 비율이 높은 아프리카입니다. (다), (라) 중 (라)는 3차 산업 종사자 비율이 높은 앵글로아메리카이고, (다)는 라틴 아메리카입니다.

정답 찾기 ① 아시아(가)는 앵글로아메리카(라)보다 도시화율이 낮습니다. 앵글로아메리카는 세계에서 도시화율이 가장 높은 대륙입니다.

오답 피하기 ② 아프리카(나)는 라틴 아메리카(다)보다 총인구가 많습니다. 도시 인구와 촌락 인구를 합하면 이를 알 수 있습니다. ③ 라틴 아메리카(다)는 앵글로아메리카(라)보다 국가의 수가 많습니다. 앵글로아메리카에 속한 국가는 미국, 캐나다의 2개국입니다. ④ 오세아니아는 아프리카(나)보다 2차 산업 종사자 비율은 높지만, 총인구가 월등히 적기 때문에 2차 산업 종사자 수는 적습니다. ⑤ 유럽은 앵글로아메리카(라)보다 3차 산업 종사자 비율이 낮습니다.

136 영국, 브라질, 인도네시아의 도시화 비교 　　　정답 ⑤

문제 분석 도시 인구는 브라질>인도네시아>영국 순으로 많고, 연평균 도시 인구 증가율은 인도네시아>브라질>영국 순으로 높으므로, (가)는 브라질, (나)는 인도네시아, (다)는 영국입니다. 도시화율은 브라질>영국>인도네시아 순으로 높습니다.

정답 찾기 ㄷ. 연평균 도시 인구 증가율이 높은 인도네시아(나)는 브라질(가)보다 이촌 향도 현상이 활발합니다. ㄹ. 영국(다)의 수도인 런던은 인도네시아(나)의 수도인 자카르타에 비해 세계 도시 계층이 높습니다.

오답 피하기 ㄱ. 브라질(가)은 라틴 아메리카에 속한 국가입니다. ㄴ. 영국(다)은 세 국가 중 총인구가 가장 적습니다.

137 선진국의 도시와 개발 도상국의 도시 특색 비교　　정답 ⑤

문제 분석 (가)는 선진국인 유럽, 앵글로아메리카 등의 여러 도시들로 인구 증가율이 낮은 편인 반면, (나)는 개발 도상국인 중국 남부, 아프리카 등의 도시들로 인구 증가율이 매우 높은 편입니다.

정답 찾기 ⑤ 개발 도상국의 도시(나)는 선진국의 도시(가)보다 생산자 서비스업 종사자 비중이 낮고, 과도시화 정도가 높으며, 다국적 기업의 본사 수는 적습니다. 그림에서 이러한 특성을 나타낸 점은 E입니다.

138 대륙별 도시화율과 인구 순 이동　　정답 ④

고난도 평가원 기출					
	①	②	③ 함정	❹	⑤
	7%	8%	12%	67%	5%

눈으로 보는 해설

그래프의 A~E 대륙에 대한 설명으로 옳은 것은? (단, 아메리카는 앵글로아메리카와 라틴 아메리카로 구분함.)

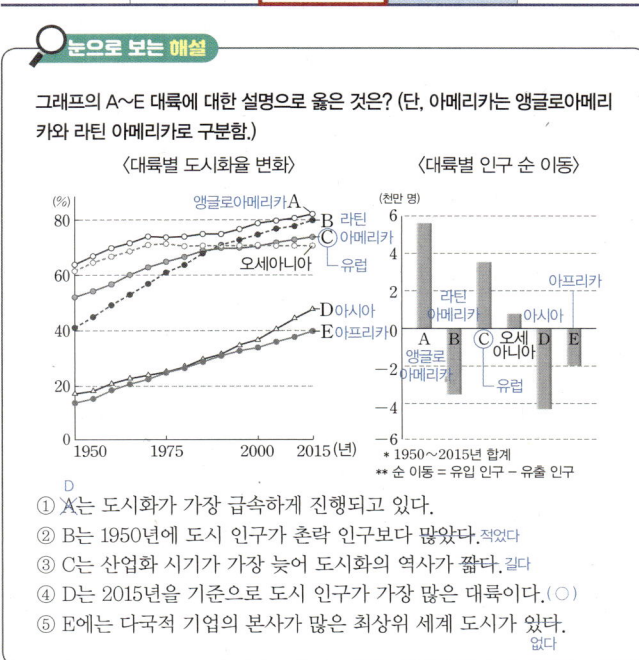

〈대륙별 도시화율 변화〉　　〈대륙별 인구 순 이동〉

① A는 도시화가 가장 급속하게 진행되고 있다. D
② B는 1950년에 도시 인구가 촌락 인구보다 많았다. 적었다
③ C는 산업화 시기가 가장 늦어 도시화의 역사가 짧다. 길다
④ D는 2015년을 기준으로 도시 인구가 가장 많은 대륙이다. (○)
⑤ E에는 다국적 기업의 본사가 많은 최상위 세계 도시가 있다. 없다

문제 분석 도시화율이 가장 높고, 인구 순 이동도 가장 많은 A는 앵글로아메리카이고, 인구 순 이동이 앵글로아메리카 다음으로 많고 도시화율이 높은 C는 유럽이며, 2015년의 도시화율은 높지만 인구 순 유출이 나타나는 B는 라틴 아메리카입니다. D와 E 중에서는 도시화율이 높고 인구 순 유출이 많은 D가 아시아이고, 나머지 E가 아프리카입니다.

정답 찾기 ④ 아시아(D)는 2015년 기준 도시 인구가 가장 많습니다.

오답 피하기 ① 도시화가 가장 급속하게 진행되는 곳은 아시아(D)입니다. ② 라틴 아메리카(B)는 1950년에 도시화율이 50% 미만이었으므로 촌락 인구가 도시 인구보다 많았습니다. ③ 유럽(C)은 세계에서 산업화 시기가 가장 일러 도시화의 역사가 긴 대륙입니다. ⑤ 아프리카(E)에는 다국적 기업의 본사가 많은 최상위 세계 도시가 없습니다.

함정 피하기

대륙별 도시화율은 각 대륙의 경제 수준 및 역사를 반영한다. 아시아와 아프리카는 경제 수준이 낮으므로 도시화율이 매우 낮은 반면, 앵글로아메리카, 유럽, 오세아니아는 경제 수준이 높아 도시화율 또한 높게 나타난다. 라틴 아메리카의 경우 산업화 과정에서 촌락 주민들이 급속하게 대도시로 이주한 결과 앵글로아메리카 다음으로 도시화율이 높은 대륙이 되었음에 유의해 두자. 대륙별 순 이동은 선진국의 구성 비율이 높으면 인구 순 유입이 나타나고, 개발 도상국의 구성 비율이 높으면 인구 순 유출이 나타남에 유의해 두자.

139 지역(대륙)별 도시화율과 도시 인구 변화　　정답 ④

문제 분석 C는 1950년 도시화율이 가장 높으므로 유럽입니다. 아시아와 아프리카 중 도시 인구가 많았던 B는 아시아이며, 나머지 A는 아프리카입니다.

정답 찾기 ④ 세 지역 중 2015년 기준 도시화율은 유럽(C)이 가장 높으며, 도시 인구는 아시아(B)가 가장 많습니다. 따라서 2015년 세 지역의 도시화율과 도시 인구는 ④와 같이 나타납니다.

140 인도, 일본, 필리핀의 도시 인구와 촌락 인구 비교　　정답 ③

문제 분석 세 국가 중 총인구, 도시 인구, 촌락 인구가 모두 가장 많은 (가)는 인도입니다. (나), (다) 중 도시 인구가 촌락 인구보다 많은 (다)는 일본이고, 촌락 인구가 도시 인구보다 많은 (나)는 필리핀입니다. 지도의 A는 인도, B는 일본, C는 필리핀입니다.

정답 찾기 ③ 개발 도상국인 필리핀(나)이 선진국인 일본(다)보다 도시 인구 증가율이 높습니다.

오답 피하기 ① 인도(가)의 수도인 뉴델리는 최상위 세계 도시에 속하지 않습니다. ② 인도(가)는 일본(다)보다 도시화율이 낮습니다. ④ 인도(A, 가)는 일본(B, 다)보다 도시 인구가 많습니다. ⑤ 일본(B)은 필리핀(C)보다 1차 산업 종사자의 소득 수준이 높습니다. 1차 산업의 노동 생산성이 높기 때문입니다.

141 뉴욕과 하노이의 도시 계층성 비교　　정답 ⑤

문제 분석 지도에 표시된 A는 베트남의 하노이, B는 미국의 뉴욕입니다. (가)는 세계적인 증권 거래소인 월가(街)와 각종 공연이 펼쳐지는 브로드웨이가 있다는 것으로 보아 최상위 세계 도시인 뉴욕(B)입니다. (나)는 프랑스의 식민 지배를 받아 유럽풍의 도시로 개발되었고, 2019년 북미 정상회담이 열렸던 곳이므로 하노이(A)입니다.

정답 찾기 ⑤ 최상위 세계 도시인 뉴욕(B)은 하노이(A)보다 국제공항을 이용하는 연간 승객 수가 많습니다. 세계 도시에는 다국적 기업의 본사가 집중되어 있고 각종 국제회의가 개최되는 등 정보 통신 네트워크와 최신 교통 체계를 토대로 많은 국제 활동이 이루어집니다.

오답 피하기 ① 뉴욕(가)은 B, 하노이(나)는 A입니다. ② 뉴욕(가)은 하노이(나)보다 세계 500대 기업의 본사 수가 많습니다. ③, ④ 개발 도상국에 위치한 하노이(나, A)는 최상위 세계 도시인 뉴욕(가, B)보다 도시 기반 시설이 미흡하며, 생산자 서비스업에 종사하는 인구의 비율이 낮습니다.

07강　주요 식량 및 에너지 자원과 국제 이동

핵심 개념 CHECK!　　▶ 본문 072쪽

01 A-쌀, B-밀　02 A-소, B-돼지, C-양　03 (1) 작다 (2) 높다 (3) 크다 (4) 적다　04 ○　05 ○　06 ✕　07 ○　08 ✕　09 ✕ 10 ✕　11 ✕　12 ○　13 ○　14 ○　15 ○　16 ○　17 ○ 18 ○　19 ○　20 ○　21 ✕　22 ✕　23 ○　24 ○	

○✕ 문장 바로 알기

04　쌀은 대체로 생산지와 소비지가 일치하여 국제 이동량이 적은 편이다.

05 밀은 쌀보다 내한성과 내건성이 우수하다.

06 쌀은 가축의 사료 및 자동차의 연료가 되는 바이오 에너지 생산에도
~~많이~~ 이용된다.
옥수수는

07 식량 작물 중 총 생산량은 옥수수가 가장 많고, 재배 면적은 밀이 가
장 넓다.

08 쌀과 ~~옥수수~~의 최대 생산국은 아시아에, ~~밀~~의 최대 생산국은 아메리
카에 위치한다. 밀 옥수수

09 소는 돼지보다 연간 육류 총 소비량이 ~~많다~~.
적다

10 돼지는 양보다 유목 방식으로 사육하는 비중이 ~~높다~~.
낮다

11 힌두교도는 소고기 섭취를 ~~금기시하므로 인도에서는 소를 사육하지~~
~~않는다~~. 금기시하지만, 인도에서는 소를 많이 사육한다

12 석탄은 산업 혁명기에 증기 기관의 연료로 많이 이용되었다.

13 ~~석유는~~ 미국 동부 애팔래치아산맥 일대에서 많이 생산된다.
석탄은

14 석유는 신생대에 형성된 배사 구조에 주로 분포한다.

15 천연가스는 냉동 액화 기술의 발달 이후 수요가 급증하였다.

16 원자력 발전은 적은 연료로 많은 양의 전력을 생산할 수 있다.

17 에너지 소비량은 미국이 중국보다 ~~많다~~.
적다

18 러시아는 석탄보다 천연가스의 소비량이 많다.

19 석유는 지역적인 편재성이 크고 사용량이 많아 국제 이동량이 많다.

20 ~~석탄 생산량이 가장 많은 중국은 석탄 수출량도 가장 많다~~.
석탄 생산량은 중국이 가장 많고, 수출량은 오스트레일리아, 인도네시아 등이 많다.

21 전력 생산에 가장 많이 이용되는 에너지 자원은 ~~석유~~이다.
석탄

22 세계 1차 에너지 자원의 소비량은 ~~석탄>석유~~>천연가스>수력>원
자력 순으로 많다. 석유>석탄

23 브라질, 캐나다, 노르웨이 등은 수력 발전량이 많은 편이다.

24 판의 경계부는 지열 발전의 잠재력이 크다.

<table>
<tr><td colspan="2">**기출+예상 문제로 주제 정복하기**</td><td>▶ 본문 074~081쪽</td></tr>
</table>

142 ③	**143** ③	**144** ②	**145** ⑤	**146** ③	**147** ⑤
148 ⑤	**149** ④	**150** ④	**151** ⑤	**152** ①	**153** ⑤
154 ⑤	**155** ②	**156** ③	**157** ④	**158** ④	**159** ④
160 ③	**161** ④	**162** ⑤	**163** ②	**164** ④	**165** ③
166 ④	**167** ②	**168** ②	**169** ④	**170** ①	**171** ③
172 ④					

142 주요 식량 작물의 대륙별 생산 및 수출   정답 ③

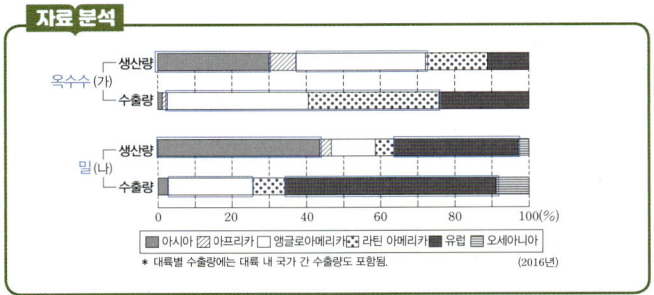

자료 분석

문제 분석 (가)는 앵글로아메리카와 아시아에서 주로 생산되지만 수출은 앵글로아메리카와 라틴 아메리카를 중심으로 이루어지는 옥수수입니다. (나)는 아시아와 유럽에서 주로 생산되지만 수출은 유럽과 앵글로아메리카를 중심으로 이루어지는 밀입니다.

정답 찾기 ㄴ. 밀(나)의 최대 생산국은 중국입니다. ㄷ. 옥수수(가)는 밀(나)보다 가축의 사료로 이용되는 비중이 높습니다.

오답 피하기 ㄱ. 아시아의 계절풍 기후 지역에서 주로 재배되는 작물은 쌀입니다. ㄹ. 옥수수(가)의 기원지는 아메리카이고, 밀(나)의 기원지는 서남아시아입니다.

143 주요 식량 작물의 특성   정답 ③

문제 분석 A는 아시아의 수출량과 수입량이 가장 많은 쌀입니다. B는 (가)와 함께 앵글로아메리카와 오세아니아의 수출량이 많은 밀입니다. C는 앵글로아메리카와 라틴 아메리카의 수출량이 많은 옥수수입니다. (가)는 밀의 수출량이 가장 많은 유럽, (나)는 아프리카입니다.

정답 찾기 ③ 옥수수(C)의 원산지는 아메리카에 위치합니다.

오답 피하기 ① 쌀(A)의 최대 생산 국가는 중국으로, 아시아에 위치합니다. ② 밀(B)의 수출량과 수입량의 합이 가장 많은 대륙은 유럽(가)입니다. ④ 바이오 에탄올의 원료로 이용되는 비중이 높은 것은 옥수수(C)입니다. ⑤ 밀(B)은 쌀(A)보다 내한성과 내건성이 우수하여 기온이 낮고 건조한 곳에서도 잘 자라 재배 가능한 범위가 넓습니다.

144 음식 문화와 식량 작물   정답 ②

문제 분석 A는 서남아시아의 '비옥한 초승달 지대'에서 기원하였고 면 요리와 난(년) 등의 음식 재료로 활용되는 것으로 보아 밀입니다. B는 이슬람교의 관습에 따라 섭취가 금기시되는 돼지입니다.

정답 찾기 ㄱ. 밀(A)은 빵의 주재료로, 프랑스 사람들이 많이 먹는 바게트에 이용됩니다. ㄷ. 밀(A)의 생산량과 돼지(B)의 사육 두수가 가장 많은 국가는 중국입니다.

오답 피하기 ㄴ. 돼지(B)의 축력은 농업 활동에 잘 활용하지 않습니다. ㄹ. 서남아시아에서는 돼지를 잘 사육하지 않습니다. 작물 재배와 가축 사육을 겸하는 혼합 농업은 서부 및 중부 유럽에서 주로 이루어집니다.

145 쌀과 밀의 특성   정답 ⑤

문제 분석 (가)는 중국>인도>러시아>미국>프랑스 순으로 생산량 비중이 높으므로 밀입니다. (나)는 중국>인도>인도네시아>방글라데시>베트남의 순으로 생산량 비중이 높으므로 쌀입니다.

정답 찾기 ㄴ. 밀(가)은 쌀(나)보다 국제 이동량이 많습니다. ㄷ. 밀(가)은 내한성 및 내건성이 우수해 쌀(나)보다 재배 범위가 넓습니다. ㄹ. 쌀(나)은 밀(가)보다 단위 면적당 생산량이 많습니다. 이와 관련하여 쌀은 인구 부양력이 높은 작물로 알려져 있습니다.

오답 피하기 ㄱ. 옥수수에 대한 설명입니다.

146 음식 문화와 가축 ·······························정답 ③

문제 분석 (가)는 이슬람교 신자 수 비중이 약 98%에 달하는 터키에서 종교적 전통에 따라 먹지 않는다는 것으로 보아 돼지입니다. (다)는 힌두교에서 신성시하는 소이며, 나머지 (나)는 양입니다.

정답 찾기 ③ A는 중국>오스트레일리아>인도>수단(남수단 포함)>이란의 순으로 사육 두수가 많으므로 양(나)입니다. B는 중국이 전체 사육 두수의 절반 정도를 차지하므로 돼지(가)입니다. C는 브라질>인도>중국>미국>에티오피아 순으로 사육 두수가 많으므로 소(다)입니다. 따라서 (가)는 B, (나)는 A, (다)는 C와 연결됩니다.

147 주요 국가의 가축 사육 두수 비율 ·············정답 ⑤

문제 분석 브라질에서 사육 두수 비율이 가장 높은 A는 소, 그 다음으로 높은 B는 돼지, 비중이 가장 낮은 C는 양입니다. 따라서 돼지(B)의 사육 두수 비중이 높은 (가)는 중국, 양(C)의 사육 두수 비중이 높은 (나)는 오스트레일리아입니다.

정답 찾기 ⑤ 오스트레일리아(나)에서는 양(C)을 주로 방목 형태로 사육하고 있습니다.

오답 피하기 ① 브라질에서 열대림 파괴의 주요 원인으로 지목되고 있는 것은 소(A) 사육입니다. ② 돼지(B)를 유목 형태로 사육하고 있는 국가나 지역은 없습니다. 돼지는 유목 생활에 적합하지 않아 대부분 정착 지역에서 사육합니다. ③ 중국(가)에서는 양(C)에 대한 음식 금기가 없습니다. ④ 오스트레일리아(나)의 대찬정 분지에서 주로 사육하는 가축은 양(B)입니다. 양은 건조한 기후에서도 잘 견딥니다.

148 밀과 쌀을 이용한 음식 ·······················정답 ⑤

문제 분석 유럽에 위치한 이탈리아의 전통 음식인 피자를 만드는 데 사용되는 주재료는 밀(가)입니다. 동남아시아에 위치한 타이의 전통 음식인 팟타이를 만드는 데 사용되는 주재료는 쌀(나)입니다.

정답 찾기 ⑤ A는 미국 내에서 생산량 비중이 가장 높으므로 옥수수입니다. B는 인도 내에서 생산량 비중이 가장 높으므로 쌀입니다. C는 러시아 내에서 생산량 비중이 가장 높으므로 밀입니다.

오답 피하기 옥수수(A)는 아메리카에 위치한 멕시코의 전통 음식인 토르티야를 만드는 데 이용됩니다.

149 쌀과 밀의 국제적 이동 ·······················정답 ④

문제 분석 (가)는 동남아시아 타이 등지에서 아프리카 및 중국으로, 남부 아시아의 인도에서 서남아시아 등지로 이동하므로 쌀입니다. (나)는 아메리카의 여러 국가와 오스트레일리아, 프랑스 등지에서 아시아 등지로 이동하므로 밀입니다.

정답 찾기 ④ 밀(나)은 쌀(가)보다 빵이나 국수 요리에 많이 이용됩니다.

오답 피하기 ① 쌀(가)은 밀(나)보다 재배 가능 범위가 좁습니다. 내한성과 내건성이 우수한 밀은 쌀보다 재배 범위가 넓습니다. ② 인구 부양력이 높은 쌀(가)은 밀(나)보다 단위 면적당 생산량이 많습니다. ③ 생산지와 소비지가 일치하지 않는 밀(나)은 쌀(가)보다 국제 이동량이 많습니다. ⑤ 밀(나)의 기원지는 건조 기후가 주로 나타나는 서남아시아, 쌀(가)의 기원지는 계절풍 기후가 나타나는 중국 남부와 동남아시아 등지로 알려져 있습니다. 따라서 밀의 기원지는 쌀보다 연 강수량이 적습니다.

150 주요 식량 작물의 대륙별 생산량 ··············정답 ④

문제 분석 밀, 쌀, 옥수수 중에서 생산량이 가장 많은 △△은 옥수수, 오세아니아에서 생산량이 많은 ○○은 밀, 나머지 □□는 쌀입니다.

정답 찾기 ④ 옥수수의 생산량이 가장 많은 B는 아메리카, 쌀의 생산량이 가장 많은 A는 아시아, 밀 생산량이 아시아와 함께 많은 C는 유럽입니다.

151 농목업의 지역 차 ····························정답 ⑤

정답 찾기 A는 스텝 기후 지역과 툰드라 기후 지역을 중심으로 분포하므로 유목입니다. B는 아시아의 계절풍 기후 지역을 중심으로 분포하므로 집약적 벼농사입니다. C는 서부 및 중부 유럽과 미국 동부 등지에 분포하므로 혼합 농업입니다.

정답 찾기 ㄷ. 혼합 농업 지역(C)은 유목 지역(A)보다 농목업 종사자 중 정착민의 비중이 높습니다. ㄹ. 유목 지역(A)은 집약적 벼농사 지역(B)보다 인구 밀도가 낮습니다.

오답 피하기 ㄱ. 유목 지역(A)은 집약적 벼농사 지역(B)보다 연 강수량이 적습니다. ㄴ. 집약적 벼농사 지역(B)은 혼합 농업 지역(C)보다 농가당 가축 사육 두수가 적습니다.

152 주요 작물의 대륙별 생산·수출·수입량 ·········정답 ①

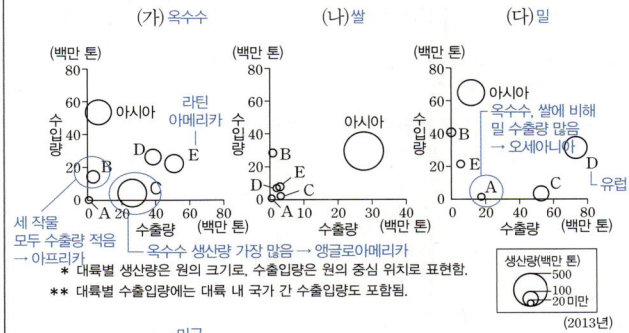

문제 분석 아시아가 다른 대륙에 비해 생산량과 수출량이 많은 (나)는 쌀입니다. 세 작물에서 수출량보다 수입량이 많은 B는 아프리카입니다. 전체적으로 생산량이 적은 A는 오세아니아이고, 오세아니아의 수출량이 다소 많은 (다)는 밀입니다. 밀의 수출량이 많은 D는 유럽입니다. (가)는 옥수수이고, 옥수수의 생산량이 가장 많은 C는 앵글로아메리카입니다. 나머지 E는 라틴 아메리카입니다.

정답 찾기 ① 옥수수의 최대 생산국인 미국은 앵글로아메리카(C)에 위치합니다.

오답 피하기 ② 오세아니아(A)는 아프리카(B)보다 밀의 수출량이 많습니다. ③ 유럽(D)은 라틴 아메리카(E)보다 밀의 생산량이 많습니다. ④ 옥수수(가)는 쌀(나)보다 세계 생산량이 많습니다. ⑤ 밀(다)은 옥수수(가)보다 가축 사료로 이용되는 비중이 낮습니다.

💣 함정 피하기

(가)~(다)와 A~E를 모두 밝혀야 하는데, 아시아를 통해 (나)가 쌀이라는 것을 알 수 있다. 아프리카는 모든 작물의 수출량이 적고, 오세아니아는 쌀과 옥수수의 수출량은 적은데, 밀의 수출량은 많다는 것에 착안하여 실마리를 풀어나가야 한다.

153 주요 육류의 국제 이동   정답 ⑤

문제 분석 (가)는 브라질, 오스트레일리아, 미국의 수출량이 많고, 서남아시아 및 북부 아프리카 국가들도 수입하는 소입니다. (나)는 미국과 서부 유럽의 수출량이 많고, 동아시아 및 남부 유럽의 수입량이 많은 돼지입니다.

정답 찾기 ⑤ 돼지는 소에 비해 세계 사육 두수가 적고, 이슬람교 신자의 섭취 기피 정도가 크며, 축력의 이용이 활발하지 않습니다. 이러한 특징을 나타낸 점은 E입니다.

154 식량 작물의 국가별 생산량   정답 ⑤

문제 분석 아시아 국가들의 생산량이 많은 (가)는 쌀입니다. 중국과 인도 이외에 러시아와 프랑스의 생산량이 많은 (나)는 밀입니다. 미국의 생산량이 많은 (다)는 옥수수입니다.

정답 찾기 ㄷ. 바이오 에탄올의 원료로 이용되면서 수요가 급증한 식량 작물은 옥수수(다)입니다. ㄹ. 쌀(가)은 옥수수(다)보다 가축의 사료로 이용되는 비중이 낮습니다.

오답 피하기 ㄱ. 쌀(가)의 최대 생산국인 중국은 쌀의 최대 수출국이 아닙니다. 인구가 많은 중국은 생산한 쌀을 국내에서 많이 소비합니다. ㄴ. 쌀(가)에 대한 설명입니다.

155 식량 작물의 지역(대륙)별 수출량   정답 ②

눈으로 보는 해설

그래프는 세계 3대 식량 작물의 지역(대륙)별 수출량 비율을 나타낸 것이다. 이에 대한 설명으로 옳은 것은? (단, A, B는 아시아, 오세아니아 중 하나임.)

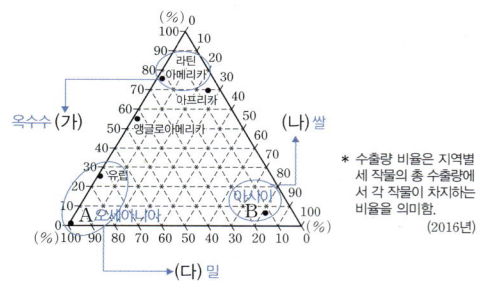

* 수출량 비율은 지역별 세 작물의 총 수출량에서 각 작물이 차지하는 비율을 의미함.

(2016년)

① A는 B보다 곡물 생산량이 많다. 적다
② B는 A보다 쌀 소비량이 많다. (○)
③ (가)는 (나)보다 국제 이동량이 적다. 많다
④ (나)는 (다)보다 재배 가능 지역이 넓다. 좁다
⑤ 아시아는 총 수출량에서 (다)의 비중이 (가)보다 낮다. 높다

문제 분석 라틴 아메리카의 수출량 비율이 높은 (가)는 옥수수, 유럽에서 수출량 비율이 높은 (다)는 밀, (나)는 쌀입니다. 밀의 수출량 비율이 높은 A는 오세아니아이고, 쌀의 수출량 비율이 높은 B는 아시아입니다.

정답 찾기 ② 아시아(B)는 오세아니아(A)보다 쌀 소비량이 많습니다.

오답 피하기 ① 오세아니아(A)는 아시아(B)보다 곡물 생산량이 적습니다. ③ 옥수수(가)는 쌀(나)보다 국제 이동량이 많습니다. ④ 쌀(나)은 밀(다)보다 재배 가능 지역이 좁습니다. 밀이 쌀보다 내한성 및 내건성이 크기 때문입니다. ⑤ 그래프를 보면 아시아(B)는 총 수출량에서 밀(다)의 비중이 약 12%, 옥수수(가)의 비중이 약 8%입니다. 따라서 아시아는 총 수출량에서 (다)의 비중이 (가)보다 높습니다.

함정 피하기

삼각 그래프의 자료 분석이 어려울 수 있다. 대륙 수준에서 쌀 수출량 비중이 높은 곳은 아시아가 유일하므로 B가 아시아이고, (나)가 쌀이며, A는 오세아니아임을 알 수 있다. 오세아니아는 (가)와 (다) 축이 만나는 곳에

위치하지만, 수치 및 화살표를 통해 (가)의 비중은 매우 낮고, (다)의 비중은 매우 높은 것을 알 수 있다. 따라서 (다)는 밀이고, (가)는 옥수수이다.

156 식량 작물의 국가별 생산량과 수출량 비중   정답 ③

문제 분석 아시아 국가들의 생산량과 수출량 비중이 높은 (가)는 쌀입니다. 미국>캐나다>프랑스>오스트레일리아>러시아의 순으로 수출량 비중이 높은 (나)는 밀입니다. 아메리카에 속한 국가들의 수출량 비중이 높은 (다)는 옥수수입니다.

정답 찾기 ③ 주로 논에 물을 대는 방식으로 재배하는 쌀(가)은 밀(나)보다 단위 면적당 농업용수 사용량이 많습니다.

오답 피하기 ① 쌀(가)의 1인당 연간 소비량은 아프리카가 동남아시아보다 적습니다. ② 옥수수(다)의 수출량은 브라질, 아르헨티나가 포함된 라틴 아메리카가 미국이 포함된 앵글로아메리카보다 많습니다. ④ 밀(나)의 주요 재배 지역은 쌀(가)의 주요 재배 지역보다 인구 밀도가 낮습니다. 쌀이 밀보다 인구 부양력이 높기 때문입니다. ⑤ 쌀(가)과 밀(나)의 기원지는 아시아이고, 옥수수(다)의 기원지는 아메리카입니다.

157 주요 화석 에너지의 특징   정답 ④

자료 분석

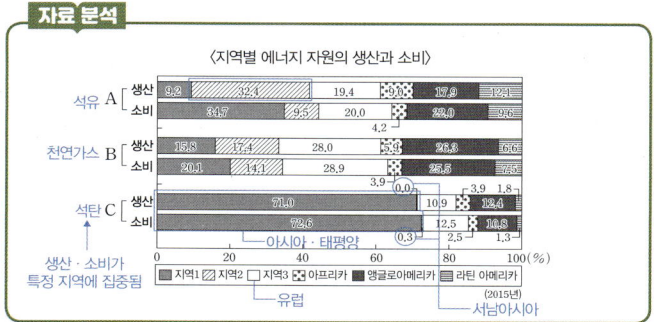

〈지역별 에너지 자원의 생산과 소비〉

(2015년)

문제 분석 생산과 소비가 특정 지역에 집중된 C는 석탄이고, 지역1은 아시아·태평양(다)입니다. 석탄의 생산과 소비가 거의 이루어지지 않는 지역은 서남아시아이므로, 지역2가 서남아시아(나)이고, 서남아시아의 생산량이 많은 A는 석유입니다. 나머지 B는 천연가스이고, 지역3은 유럽(가)입니다.

정답 찾기 ④ 유럽(가)은 서남아시아(나)보다 천연가스(B)의 생산량이 많습니다.

오답 피하기 ① A는 석유이고, C는 석탄입니다. ② 천연가스(B)는 석유(A)보다 상용화된 시기가 늦습니다. ③ 아시아·태평양(다)에서는 석유(A)의 생산량이 소비량보다 적습니다. ⑤ 전 세계 에너지 자원의 소비량은 석유(A)>석탄(C)>천연가스(B)의 순으로 많습니다.

158 주요 화석 에너지 자원의 특성   정답 ④

문제 분석 A는 (가), (나)의 소비량 비중이 모두 B보다 높으므로 아시아·태평양이고, B는 서남아시아입니다. (가)는 서남아시아(B)의 생산량 비중이 가장 높고 아시아·태평양(A)의 소비량 비중이 가장 높으므로 석유입니다. (나)는 앵글로아메리카의 생산량 비중이 가장 높고, 유럽·러시아의 소비량 비중이 가장 높으므로 천연가스입니다.

정답 찾기 ④ A는 석유와 천연가스의 소비량 비중이 모두 B보다 높으며, 특히 석유의 소비량 비중이 가장 높으므로 A는 아시아·태평양입니다.

오답 피하기 ① 냉동 액화 기술이 개발된 이후 소비가 급증한 것은 천연가스(나)입니다. ② 세계 1차 에너지 소비 구조에서 차지하는 비중이 가장 높은 것은 석유(가)입니다. ③ 석유(가)는 천연가스(나)보다 공업에 본격적으로 이용된 시기가 이릅니다. ⑤ 서남아시아(B)는 석유(가)의 소비량 대비 생산량 비율이 가장 높습니다.

159 주요 에너지 자원의 특성　　　　정답 ④

문제 분석 지도에 표시된 국가는 러시아, 네팔, 오스트레일리아입니다. 러시아의 발전량 비중이 가장 높은 B는 천연가스입니다. C는 신기 습곡 산지인 히말라야산맥에 위치한 네팔의 발전량 비중이 가장 높으므로 수력입니다. A는 석탄 생산량이 많은 오스트레일리아의 발전량 비중이 가장 높으므로 석탄이며, 나머지 D는 석유입니다.

정답 찾기 ④ 석유(D)는 천연가스(B)보다 운송용 연료로 사용되는 비중이 높습니다.

오답 피하기 ① 신생대 제3기층의 배사 구조에 주로 매장되어 있는 자원은 석유(D)와 천연가스(B)입니다. ② 산업 혁명 시기의 주요 에너지 자원은 석탄(A)이었습니다. ③ 냉동 액화 기술의 발달로 사용량이 증가한 자원은 천연가스(B)입니다. ⑤ 세계 에너지 소비량에서 차지하는 비중이 가장 높은 자원은 석유(D)입니다.

160 유럽 주요 국가의 신·재생 에너지 이용　　　　정답 ③

문제 분석 지도에 표시된 국가는 아이슬란드, 노르웨이, 덴마크, 그리스입니다. (가)는 해령에 위치해 지열 에너지가 풍부한 아이슬란드에서 공급량 비중이 가장 높으므로 지열입니다. (나)는 빙하 지형이 잘 발달한 노르웨이에서 공급량 비중이 가장 높으므로 수력입니다. (다)는 편서풍이 탁월한 덴마크에서 공급량 비중이 높으므로 풍력입니다. 나머지 (라)는 태양광(열)로, 지중해성 기후가 나타나 일조량이 많은 그리스에서 상대적으로 공급 비중이 높습니다.

정답 찾기 ③ 풍력(다)은 바람이 꾸준히 많이 부는 곳이 생산에 유리합니다.

오답 피하기 ① 낙차가 크고 수량이 풍부한 지역이 생산에 유리한 에너지는 수력(나)입니다. ② 연간 일조량이 많은 지역이 생산에 유리한 에너지는 태양광(열)(라)입니다. ④ 해령이 위치한 곳에서 이용이 활발한 에너지는 지열(가)입니다. ⑤ 세계 전체 에너지 공급량에서 차지하는 비중은 수력(나)이 가장 큽니다.

161 주요 국가의 1차 에너지 소비량 특성　　　　정답 ④

문제 분석 세 국가 중 1차 에너지 소비량이 가장 많은 국가는 인구가 가장 많고 산업이 급속히 발달하고 있는 중국입니다. (나)는 중국 다음으로 1차 에너지 소비량이 많으므로 미국이며, 나머지 (가)는 러시아입니다. 러시아는 천연가스 소비량이 가장 많고, 미국은 러시아와 중국보다 석유 소비량이 많으며, 중국은 석탄 소비량이 많습니다. 따라서 A는 석유, B는 천연가스, C는 석탄입니다.

정답 찾기 ④ 석유(A)는 석탄(C)보다 매장 지역이 편재되어 있어 국제 이동량이 많습니다.

오답 피하기 ① 냉동 액화 기술의 발달로 소비량이 급증한 에너지 자원은 천연가스(B)입니다. ② 세계 1차 에너지 소비 구조에서 차지하는 비중이 가장 높은 에너지 자원은 석유(A)입니다. ③ 신생대 제3기층의 배사 구조에 주로 매장되어 있는 에너지 자원은 석유(A)와 천연가스(B)입니다. ⑤ 석탄(C)은 천연가스(B)보다 연소 시 대기 오염 물질의 배출량이 많습니다.

162 화석 에너지의 생산과 소비 특성　　　　정답 ⑤

고난도 평가원 기출				
①	②	③	④ 함정	❺
5%	4%	3%	44%	45%

눈으로 보는 해설

그래프는 각 대륙의 화석 에너지 A~C의 생산량 비중을 나타낸 것이다. 이에 대한 설명으로 옳은 것은? (단, (가)~(다)는 각각 아시아, 앵글로아메리카, 오세아니아 중 하나임.)

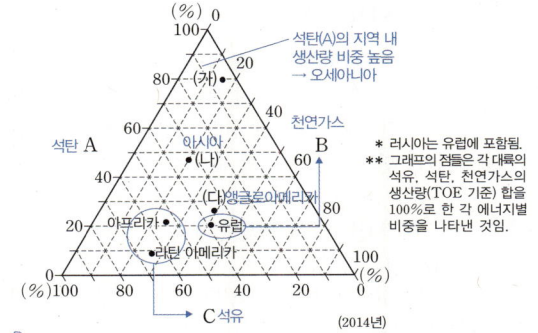

① A는 액화 기술의 발달과 수송관 건설로 국제 이동량이 급증하였다.
② B는 A보다 연소 시 대기 오염 물질의 배출량이 많다. 적다
③ 자원의 상용화 시기는 B가 가장 이르고 C가 가장 늦다. A가 가장 이르다
④ A의 생산량이 가장 많은 국가는 (가)에 위치한다. (나)
⑤ C의 생산량은 (나)가 (다)보다 많다. (○)

문제 분석 아프리카와 라틴 아메리카 내에서 생산량 비중이 가장 높은 C는 석유이고, 유럽 내에서 생산량 비중이 가장 높은 B는 천연가스이며, A는 석탄입니다. (가)는 석탄의 지역 내 생산량 비중이 높은 오세아니아이고, (나)는 석탄과 석유의 생산량 비중이 높은 아시아이며, (다)는 천연가스와 석유의 생산량 비중이 높은 앵글로아메리카입니다.

정답 찾기 ⑤ 석유(C)의 생산량은 페르시아만 연안 국가들이 속해 있는 아시아(나)가 앵글로아메리카(다)보다 많습니다.

오답 피하기 ① 천연가스(B)에 대한 설명입니다. ② 천연가스(B)는 석탄(A)보다 연소 시 대기 오염 물질의 배출량이 적습니다. ③ 자원의 상용화 시기는 석탄(A)이 가장 이릅니다. ④ 석탄(A)의 생산량이 가장 많은 국가는 중국으로, 중국은 아시아(나)에 위치합니다.

★ 함정 피하기

자료에 노출된 유럽, 아프리카, 라틴 아메리카를 활용하여 A~C를 판별해야 한다. 라틴 아메리카와 아프리카에서 지역 내 생산량 비중이 높은 C는 석유이고, 유럽의 생산량 비중이 높은 B는 천연가스이다. 한편, 서남아시아가 아시아에 포함되어 있는지, 아시아에 포함되어 있지 않은지를 판별하는 것도 중요하다.

163 화석 에너지 자원의 이동　　　　정답 ②

문제 분석 중국이 세계 총 생산량의 절반 가까이를 생산하는 (가)는 석탄입니다. 매장량과 생산량이 모두 미국에 이어 러시아가 세계 2위이며, 수출량은 러시아가 세계 1위인 (나)는 천연가스입니다.

정답 찾기 ② 산업용 비중이 높은 A는 석탄, 수송용 비중이 높은 B는 석유, C는 천연가스입니다. 따라서 (가)는 A, (나)는 C와 연결됩니다.

164 화석 에너지의 국가 및 대륙별 생산 특성　　　　정답 ④

문제 분석 아시아의 생산량 비중이 높은 (나)는 석탄이며, 2014년 기준 석탄은 중국＞미국＞오스트레일리아＞인도＞인도네시아 순으로 생산량이 많습니다. 앵글로아메리카와 유럽의 생산량 비중이 높은 (가)는 천연가스이며, 천연가스는 2014년 기준 미국＞러시아＞이란＞카타르＞캐나다 순으로 생산량이 많습니다.

정답 찾기 ㄴ. 천연가스(가)는 석탄(나)보다 연소 시 대기 오염 물질의 배출량이 적습니다. ㄹ. 석탄(나)은 천연가스(가)보다 세계의 에너지 소비량에서 차지하는 비중이 높습니다.

오답 피하기 ㄱ. 천연가스(가)는 석탄(나)보다 상용화된 시기가 늦습니다. ㄷ. 석탄(나)은 천연가스(가)보다 신생대 지층의 매장 비중이 낮습니다.

165 국가별 화석 에너지 생산량   정답 ③

문제 분석 (가)는 미국>사우디아라비아>러시아>캐나다>이란의 순으로 생산량이 많으므로 석유입니다. (나)는 미국>러시아>이란>캐나다>카타르 순으로 생산량이 많으므로 천연가스입니다. (다)는 중국>미국>오스트레일리아>인도>인도네시아 순으로 생산량이 많으므로 석탄입니다.

정답 찾기 ③ 천연가스(나)는 석유(가)보다 세계 1차 에너지 소비에서 차지하는 비중이 낮습니다.

오답 피하기 ① 석유(가)는 천연가스(나)보다 연소 시 대기 오염 물질 배출량이 많습니다. ② 석유(가)는 석탄(다)보다 매장 지역이 편재되어 있는 정도가 큽니다. ④ 천연가스(나)는 석탄(다)보다 파이프라인을 통한 수송이 쉽습니다. ⑤ 석탄(다)은 석유(가)보다 상업적으로 이용된 시기가 이릅니다.

166 화석 에너지의 국가 간 이동   정답 ④

문제 분석 (가)는 서남아시아로부터 세계 각지로의 이동이 활발하므로 석유이고, (나)는 오스트레일리아와 인도네시아로부터 아시아 지역으로의 이동이 활발하므로 석탄입니다.

정답 찾기 ④ 석탄은 석유에 비해 세계 생산량 대비 국제 무역량이 적고, 상용화된 시기가 이르며, 세계 전력 생산량에서 차지하는 비중이 높습니다. 이러한 특징을 나타낸 점은 D입니다.

167 주요 국가의 화석 에너지 소비량 비중 변화   정답 ②

문제 분석 (가)는 화석 에너지 소비량 비중이 급격히 증가했으며, 세계에서 소비량 비중이 가장 높으므로 중국입니다. (나)는 세계에서 화석 에너지 소비량 비중이 중국 다음으로 높은 미국입니다. (다)는 산업화 과정에서 중국과 더불어 화석 에너지의 소비량 비중이 증가하고 있는 인도이며, 나머지 (라)는 러시아입니다.

정답 찾기 ㄱ. 산업이 급속하게 발달하고 있는 중국(가)은 선진국인 미국(나)보다 1980년 이후 연평균 경제 성장률이 높은데, 이는 화석 에너지 소비 비중이 증가하는 것을 통해 알 수 있습니다. ㄷ. 인도(다)는 러시아(라)보다 천연가스 생산량이 적습니다. 2017년 기준 러시아의 천연가스 생산량은 미국에 이어 세계 2위를 차지합니다.

오답 피하기 ㄴ. 미국(나)은 인도(다)보다 2016년의 총인구가 적습니다. 인도는 중국에 이어 세계에서 두 번째로 인구가 많습니다. ㄹ. 러시아(라)는 중국(가)보다 석탄 소비량이 적습니다. 중국은 세계에서 석탄 생산량과 소비량이 가장 많습니다.

168 신·재생 에너지의 발전(설비)량 분포   정답 ②

눈으로 보는 해설

지도는 두 신·재생 에너지의 발전량 또는 발전 설비 용량의 지역적 차이를 나타낸 것이다. (가), (나)에 들어갈 부분도를 A~C에서 고른 것은? (단, 수력, 지열, 풍력만 고려함.)

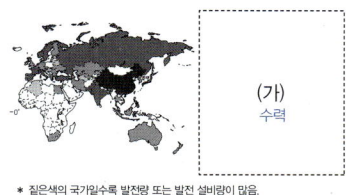

(가) 수력

* 짙은색의 국가일수록 발전량 또는 발전 설비량이 많음.

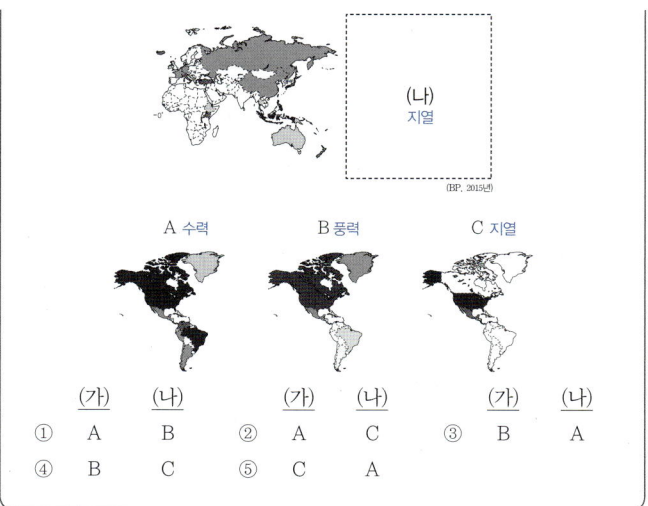

	(나) 지열
(BP, 2015년)	

A 수력   B 풍력   C 지열

	(가)	(나)		(가)	(나)		(가)	(나)
①	A	B	②	A	C	③	B	A
④	B	C	⑤	C	A			

문제 분석 (가)는 중국, 인도, 러시아 등 국토 면적이 넓은 국가와 노르웨이, 스웨덴 등 빙하 지형이 발달한 지역에서 발전(설비)량이 많은 수력 발전입니다. (나)는 인도네시아, 아이슬란드, 터키, 케냐 등 신기 조산대나 해령이 위치한 국가에서 발전(설비)량이 많으므로 지열 발전입니다.

정답 찾기 ② A는 캐나다, 미국, 브라질에서 발전(설비)량이 많고, 다양한 국가에서 고루 나타나므로 수력 발전입니다. C는 미국, 멕시코 등 일부 국가를 중심으로 나타나므로 지열 발전입니다. 지열 발전량은 미국에서 가장 많으며, 그밖에 인도네시아, 필리핀, 뉴질랜드, 이탈리아 등에서 많습니다.

오답 피하기 B. 풍력 발전입니다.

> **함정 피하기**
>
> (가)의 경우 오스트레일리아에 음영이 표시된 것을 보고 수력이 아니라고 판단했을 가능성이 높다. 오스트레일리아는 건조 기후가 넓게 나타나지만, 남동부 및 동부 지역은 강수량이 많고 산지가 분포해 수력 발전이 이루어진다. 한편 2016년 기준 수력은 중국>캐나다>브라질>미국>노르웨이 순으로, 지열은 미국>필리핀>인도네시아>뉴질랜드>이탈리아 순으로 전력 생산량이 많다는 점을 알아 두자.

169 지역별 1차 에너지 소비 현황   정답 ④

눈으로 보는 해설

그래프는 지역별 1차 에너지 소비 현황을 나타낸 것이다. 이에 대한 설명으로 옳은 것은? (단, (가)~(라)는 아시아, 아프리카, 유럽, 서남아시아 중 하나이고, A~D는 석유, 석탄, 원자력, 천연가스 중 하나임.)

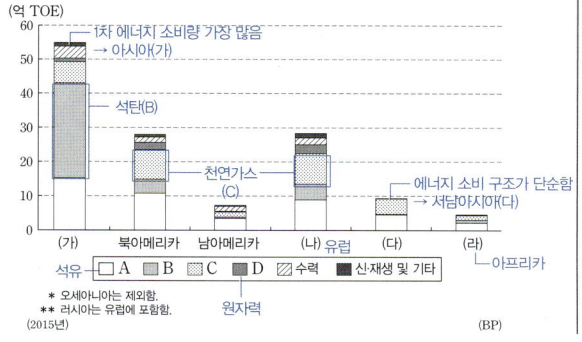

① (가)에는 세계 1위 에너지 소비국이 포함되고, (나)에는 세계 2위 에너지 소비국이 포함된다. └중국   북아메리카 └미국

② (다)는 (라)보다 석유 수출량이 적다. 많다

③ A는 B보다 국제 무역량이 적다. 많다

④ C는 D보다 수송용으로 사용되는 에너지의 양이 많다. (○)

⑤ A의 최대 생산국은 (가), B의 최대 생산국은 (나)에 위치한다. └중국   (가)

문제 분석 (가)는 세계에서 1차 에너지 소비량이 가장 많으므로 아시아·이며, (나)는 북아메리카와 소비량이 비슷하므로 유럽입니다. (다)는 에너지 소비 구조가 매우 단순한 것으로 보아 서남아시아이며, 나머지 (라)는 아프리카입니다. B는 아시아에서 소비량이 많으므로 석탄이고, A는 세계에서 고루 소비량이 많으므로 석유이며, C는 북아메리카와 유럽의 소비량이 많으므로 천연가스입니다. 나머지 D는 원자력입니다.

정답 찾기 ④ 천연가스(C)는 원자력(D)보다 수송용으로 사용되는 에너지의 양이 많습니다.

오답 피하기 ① 세계 1위 에너지 소비국은 중국이고, 세계 2위 에너지 소비국은 미국입니다. 미국은 북아메리카에 위치합니다. ② 서남아시아(다)는 아프리카(라)보다 석유 수출량이 많습니다. ③ 석유(A)는 석탄(B)보다 국제 무역량이 많습니다. ⑤ 석탄(B)의 최대 생산국은 중국으로, 아시아(가)에 위치합니다.

> ★ **함정 피하기**
> 무작정 (가)~(라), A~D 순서로 자료를 분석할 필요는 없다. 자료에서 가장 두드러지는 부분을 찾아 파악한 뒤, 이것과 관련된 요소부터 연이어 차근차근 분석해 나가면 된다. 예를 들어 본 문항의 자료에서는 에너지 소비 총량을 비교해 (가)의 아시아와 (나)의 유럽을 구분한 다음, 아시아에서 가장 소비량이 많은 B가 석탄임을 파악한다. 그 다음 석탄(B) 소비량이 미미한 (다)를 보고 에너지 소비 구조가 단순한 서남아시아임을 판별하고, 나머지 (라)가 아프리카임을 알 수 있다.

170 아메리카의 국가별 전력 생산 방식의 차이   정답 ①

문제 분석 (가)는 미국에서 발전 비중이 가장 높으므로 화력입니다. (나)는 캐나다와 브라질에서 발전 비중이 가장 높으므로 수력입니다. (다)는 미국, 캐나다 등 기술 수준이 높은 선진국을 중심으로 발전 비중이 높게 나타나므로 원자력입니다.

정답 찾기 ① 화력(가)은 수력(나)보다 세계 전력 생산량이 많습니다.

오답 피하기 ② 화력(가)은 원자력(다)보다 상업적인 발전이 시작된 시기가 이릅니다. ③ 수력(나)은 화력(가)보다 발전 시 대기 오염 물질을 적게 배출합니다. ④ 수력(나)은 원자력(다)보다 기상 조건에 따른 전력 생산량 변동 폭이 큽니다. ⑤ 원자력(다)은 화력(가)보다 전력 생산 시 화석 에너지의 사용량이 적습니다.

171 화석 에너지의 용도별 이용 특성   정답 ③

문제 분석 (가)는 수송용으로 이용되는 에너지의 비중이 높은 석유이고, (나)는 산업용으로 이용되는 에너지의 비중이 높은 석탄이며, (다)는 산업용과 가정용으로 이용되는 비중이 높은 천연가스입니다.

정답 찾기 ③ 산업 혁명의 원동력이 되었으며, 가채연수가 화석 에너지 중에서 가장 긴 자원은 석탄(A)입니다. 세계 에너지 소비 구조에서 차지하는 비중이 가장 높고, 생산량 조절을 위한 석유 수출국 기구(OPEC)가 있는 자원은 석유(B)입니다. 냉동 액화 기술 발달로 사용량이 증가한 자원은 천연가스(C)입니다. 따라서 (가)는 B, (나)는 A, (다)는 C와 연결됩니다.

172 주요 국가의 신·재생 에너지 생산   정답 ④

문제 분석 (나)는 수력 발전 비중이 가장 높으므로 빙하 지형이 많이 발달한 노르웨이입니다. (다)는 풍력 발전의 비중이 가장 높으므로 독일입니다. (가)는 지열 발전의 비중이 상대적으로 높으므로 신기 조산대에 위치한 이탈리아입니다.

정답 찾기 ④ 인구 규모가 월등히 큰 이탈리아(가)는 노르웨이(나)보다 전체 에너지 소비량이 많습니다.

오답 피하기 ① 세 국가 중 가장 고위도에 위치하는 국가는 노르웨이(나)입니다. ② 노르웨이(나)는 고기 조산대에 위치합니다. ③ 독일(다)은 석유를 수입하는 국가입니다. ⑤ 고위도에 위치한 노르웨이(나)는 상대적으로 저위도에 위치한 이탈리아(다)보다 가구당 난방용 에너지 사용량이 많습니다.

Ⅳ. 몬순 아시아와 오세아니아

08강 자연환경에 적응한 생활 모습

○× 문장 바로 알기

02 몬순 아시아 지역은 여름 강수량이 겨울 강수량보다 많다.

03 인도의 북부에는 ~~고기~~ 습곡 산지가 분포한다.
　　　　　　　　신기

04 일본과 필리핀은 환태평양 조산대에 위치한다.

05 말레이반도와 인도네시아는 신기 조산대가 지나는 곳으로 지진과 화산 활동이 활발하다.

06 필리핀과 인도네시아는 경사지가 많아 ~~벼농사가 이루어지지 않는다.~~
　　　　　　　　　　　　　　계단식 논에서 벼농사가 활발하다.

07 데칸고원에서는 목화 재배가 활발하다.

08 중국과 스리랑카는 세계적인 ~~커피~~ 생산국이다.
　　　　　　　　　　　　　　차

09 베트남의 전통 의상으로는 아오자이가 있다.

10 일본은 주로 ~~인디카종~~ 쌀을 주식으로 한다.
　　　　　　자포니카종

11 다양한 채소와 향신료를 밥과 함께 볶은 나시고렝은 ~~타이~~의 전통 음식이다.
　　　　　　　　　　　　　　　　　　인도네시아

12 ~~합장~~ 가옥은 'ㅁ'자형의 폐쇄적 구조로 방어에 유리한 중국의 전통 가옥이다.
　사합원

13 열대 기후 지역에서는 라테라이트로 벽돌을 만들어 건물을 짓는다.

14 ~~사합원~~은 눈이 쌓이는 것을 방지하기 위해 지붕 경사를 급하게 만든 일본의 전통 가옥이다.
　합장 가옥

173 동남아시아의 계절별 특징   정답 ⑤

자료 분석

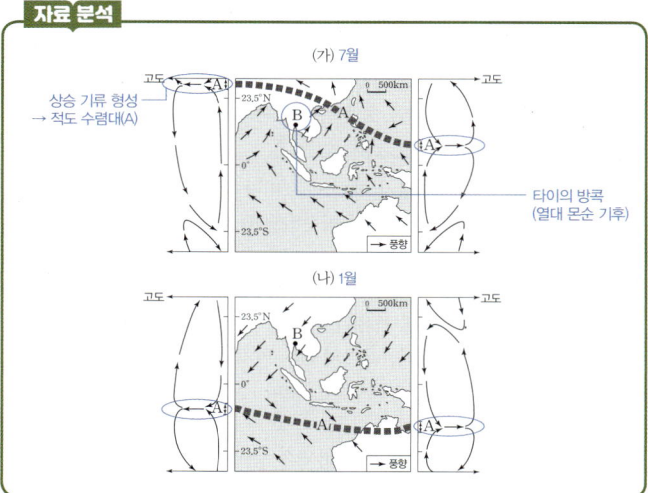

문제 분석 A는 북동 무역풍과 남동 무역풍이 수렴하여 상승 기류가 형성되므로 적도 수렴대를 나타낸 것입니다. (가)는 적도 수렴대가 주로 북반구에 자리 잡고 있으므로 7월, (나)는 적도 수렴대가 주로 남반구에 위치하므로 1월입니다. B는 타이의 방콕으로 열대 몬순 기후가 나타납니다.

정답 찾기 ㄷ. 방콕은 계절풍의 영향을 받으므로 여름철인 7월 강수량이 겨울철인 1월 강수량보다 많습니다. ㄹ. 방콕은 열대 기후가 나타나므로 기온의 일교차가 기온의 연교차보다 큽니다.

오답 피하기 ㄱ. 적도 수렴대는 상승 기류가 형성되는 저기압 지대이므로 흐리고 비가 오는 날이 많습니다. ㄴ. 적도 수렴대는 북동 무역풍과 남동 무역풍이 수렴하는 지점에 형성됩니다. 무역풍과 편서풍이 시작되는 지점은 아열대 고압대입니다.

174 몬순 아시아의 여러 하천   정답 ①

문제 분석 A는 중국 내륙의 쿤룬산맥에서 발원하여 보하이만으로 유입하는 황허강, B는 티베트고원에서 발원하여 동중국해로 흐르는 창장강, C는 티베트고원에서 발원하여 남중국해로 유입하는 메콩강, D는 히말라야산맥에서 발원하여 벵골만으로 흐르는 갠지스강, E는 티베트고원에서 발원하여 아라비아해로 흐르는 인더스강입니다.

정답 찾기 ㄱ. 중국은 북부의 부족한 수자원을 확보하기 위해 창장강에 운하를 뚫어 황허강 유역으로 보내는 계획을 진행하고 있습니다. ㄴ. 황허강 유역의 비옥한 황토 지대에서는 황하 문명이, 인더스강 유역에서는 인더스 문명이 발생하였습니다.

오답 피하기 ㄷ. 메콩강은 중국에서 발원하여 미얀마, 타이, 베트남 등을 거쳐 흐르는 국제 하천입니다. 그러나 창장강은 중국 내에서만 흐릅니다. ㄹ. 인더스강은 타르 사막을 관통하는 외래 하천이지만, 갠지스강 유역에는 건조 기후 지역이 없습니다.

175 동부 아시아의 기온 및 강수 분포   정답 ①

문제 분석 (가)는 사막 기후가 나타나는 타커라마간 사막, (나)는 스텝 기후가 나타나는 티베트고원, (다)는 온난 습윤 기후가 나타나는 도쿄입니다.

정답 찾기 ① (가)는 사막 기후가 나타나는 지역이므로 연 강수량이 250mm 미만인 A입니다. (나)는 스텝 기후가 나타나므로 연 강수량이 250~500mm인 B입니다. (다)는 습윤 기후가 나타나므로 연 강수량 500mm 이상인 C입니다. 한편 (가)~(다) 중 가장 고위도에 있으면서 대륙 내부에 위치한 (가)는 기온의 연교차가 가장 큽니다. (나)는 가장 저위도에 있지만 해발 고도가 가장 높으므로 최난월 평균 기온이 가장 낮습니다.

176 일본의 지형 및 기후 정답 ③

문제 분석 일본은 환태평양 조산대에 해당하여 지각이 불안정하고 지진 및 화산 활동이 빈번합니다. 또한 계절풍의 영향으로 여름에는 남동풍, 겨울에는 북서풍의 영향을 주로 받습니다. 여름 계절풍의 바람받이 사면에 해당하는 태평양 연안은 여름 강수량이 많은 편이고, 겨울 계절풍의 바람받이 사면에 해당하는 동해 연안은 겨울 강수량이 많은 편입니다. A는 홋카이도에 있는 삿포로, B는 화산에 해당되는 아카다케산, C는 나고야입니다.

정답 찾기 ㄴ. A는 북서 계절풍의 바람받이 사면에, C는 북서 계절풍의 비그늘 사면에 위치합니다. 따라서 겨울 강수량은 A가 C보다 많습니다. ㄷ. C는 여름 계절풍의 바람받이 사면에, A는 여름 계절풍의 비그늘 사면에 위치합니다. 따라서 C는 A보다 여름철에 맑은 날이 적기 때문에 일조 시수가 적습니다.

오답 피하기 ㄱ. 일본의 산지는 대부분 신기 습곡 산지에 해당합니다. ㄹ. 계절풍의 영향을 받는 일본은 여름철에는 남동풍이, 겨울철에는 북서풍이 탁월합니다.

177 몬순 아시아의 계절별 특징 정답 ①

문제 분석 태양이 북회귀선 근처에 있는 (가)는 7월, 남회귀선 근처에 있는 (나)는 1월입니다. A는 온난 습윤 기후가 나타나는 상하이, B는 열대 몬순 기후가 나타나는 양곤, C는 열대 우림 기후가 나타나는 싱가포르입니다.

정답 찾기 ① 7월은 북반구의 고위도로 갈수록 낮의 길이가 길어집니다. 따라서 A는 B보다 7월의 낮 길이가 깁니다.

오답 피하기 ② 1월에 태양은 남회귀선 근처에 있고, 남회귀선에 가까울수록 정오에 태양 고도는 높습니다. 따라서 북반구에 위치한 B는 적도 근처에 있는 C보다 1월에 정오의 태양 고도가 낮습니다. ③ 북반구 중위도에 위치한 A는 여름인 7월 평균 기온이 겨울인 1월 평균 기온보다 높습니다. ④ 계절풍의 영향을 받는 B는 여름에는 해양에서 대륙으로, 겨울에는 대륙에서 해양으로 바람이 붑니다. 따라서 북풍 계열의 바람이 탁월한 시기는 1월입니다. ⑤ C는 열대 우림 기후가 나타나는 지역이므로 연중 습윤합니다. B는 열대 몬순 기후가 나타나는 지역이므로 건기와 우기의 구분이 뚜렷합니다. 따라서 1월과 7월 강수량의 차이는 B가 C보다 큽니다.

178 몬순 아시아의 하천 특징 정답 ⑤

문제 분석 A는 티베트고원에서 발원하여 파키스탄을 가로질러 아라비아해로 흐르는 인더스강, B는 히말라야산맥에서 발원하여 벵골만으로 흐르는 갠지스강, C는 티베트고원에서 발원하여 남중국해로 유입하는 메콩강, D는 티베트고원에서 발원하여 동중국해로 흐르는 창장강입니다.

정답 찾기 ⑤ 삼각주는 하천 운반 물질의 양이 많은 대하천의 하구에 주로 형성됩니다. 지도의 A~D 하천 하구에는 모두 삼각주 형성되어 있습니다.

오답 피하기 ① A의 유역에는 건조 기후 지역이, B의 유역에는 여름 계절풍의 바람받이 사면에 해당하는 지역이 넓게 분포합니다. 따라서 A는 B보다 하구에서의 평균 유량이 적습니다. ② 갠지스강은 중국 티베트고원에서 발원하며, 일부 지류는 네팔에서 발원합니다. 대부분의 유역은 인도 영토에 해당하며 하류에서 분류하여 일부는 방글라데시로 흘러갑니다. 메콩강은 중국 티베트고원에서 발원하여 미얀마, 타이, 라오스, 캄보디아, 베트남을 거쳐 남중국해로 흘러갑니다. 따라서 메콩강이 갠지스강보다 많은 국가의 영토를 거쳐 흘러갑니다. ③ 갠지스강의 발원지는 히말라야산맥으로 신기 습곡 산지에 해당합니다. ④ 갠지스강, 메콩강, 창장강 유역은 대부분 계절풍의 영향을 받습니다. 따라서 여름인 7월의 평균 유량이 겨울인 1월의 평균 유량보다 많습니다.

179 인도와 인도네시아의 자연환경 비교 정답 ②

문제 분석 (가)는 대부분 계절풍의 영향을 받는 인도, (나)는 대부분 열대 우림 기후가 나타나는 인도네시아입니다.

정답 찾기 ② 인도는 계절풍의 영향을 크게 받으므로 여름과 겨울 강수량의 차가 큽니다. 반면 대부분 열대 우림 기후가 나타나는 인도네시아는 연중 습윤합니다. 대륙판과 대륙판의 충돌로 형성된 인도 북부의 히말라야산맥은 지각이 불안정하여 지진 빈도가 높으나, 두꺼운 지각판이 형성되어 있어 화산 활동은 거의 없습니다. 반면 인도네시아는 지각판의 경계에 해당하여 화산 활동이 빈번하게 나타납니다. 1월에 적도 수렴대는 남반구로 남하하므로 북반구에 위치한 인도는 1월에 남회귀선과의 거리가 멀어지지만, 열대 우림 기후가 나타나는 인도네시아는 연중 적도 수렴대의 영향을 받아 연중 강수량이 많은 편입니다. 이러한 특성을 나타낸 점은 그림의 B에 해당합니다.

180 몬순 아시아의 지형환경 정답 ⑤

정답 찾기 ⑤ 아열대 고압대의 영향으로 사하라 사막, 룹알할리 사막 등이 형성된 북아프리카와 서남아시아 일대에 대한 설명입니다. 몬순 아시아의 대륙 내부는 바다로부터 멀리 떨어져 습윤한 공기가 도달하지 못하므로 사막이 형성되며, 타커라마간 사막과 고비 사막이 대표적입니다.

오답 피하기 ③ 대규모 습곡 작용으로 형성된 히말라야산맥과 티베트고원은 해발 고도가 높아 문물 교류에 장애물로 작용하여 동부 아시아와 남부 아시아 문화권의 경계를 이룹니다. ④ 인도네시아, 필리핀, 일본은 유라시아판, 인도 · 오스트레일리아판, 태평양판, 필리핀판 등의 경계에 위치해 지진과 화산 활동이 빈번합니다.

181 동남아시아의 계절별 특징 정답 ④

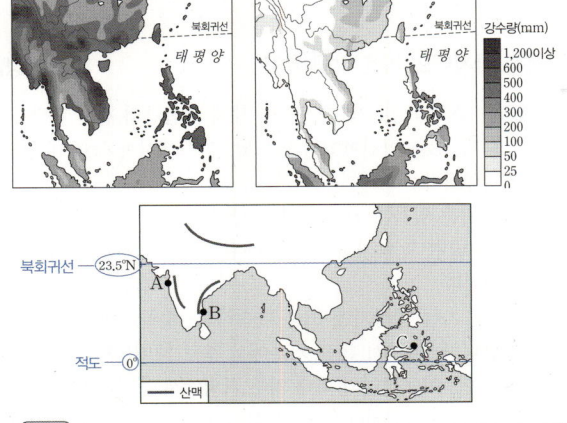

🔍 **눈으로 보는 해설**

(가), (나)는 두 시기별 동남아시아 지역의 강수량 분포를 나타낸 것이다. 이에 대한 옳은 설명만을 〈보기〉에서 있는 대로 고른 것은? (단, (가), (나) 시기는 1월, 7월 중 하나임.)

(가) 7월   (나) 1월

강수량(mm)
1,200이상 / 600 / 500 / 400 / 200 / 100 / 50 / 25

북회귀선 ─ 23.5°N
적도 ─ 0°
─ 산맥

보기
ㄱ. (가) 시기에 A는 B보다 강수량이 많다. (○) ─ 바람받이 사면 / 비그늘 사면
ㄴ. (가) 시기에 A는 B보다 정오에 태양 고도가 높다. (○)
ㄷ. (나) 시기에 C의 화산이 분출하면 화산재는 남반구보다 북반구로 더 많이 확산된다. ─ 북동 무역풍의 영향 / 북반구 / 남반구
ㄹ. (가)와 (나) 시기의 일몰 시각 차이는 A가 C보다 크다. (○) ─ 고위도일수록 큼

① ㄱ, ㄴ   ② ㄱ, ㄷ   ③ ㄷ, ㄹ
④ ㄱ, ㄴ, ㄹ   ⑤ ㄴ, ㄷ, ㄹ

문제 분석 (가)는 7월, (나)는 1월입니다. A~C는 적도 수렴대가 북상한 7월에 남동 무역풍의 영향을 받는데, 남동 무역풍은 적도를 지나 북반구로 넘어오면서 오른쪽으로 방향이 휘어져 남서풍이 됩니다. 1월에는 북동 무역풍의 영향을 받으므로 북동풍이 붑니다. A는 뭄바이, B는 첸나이입니다. C는 술라웨시섬의 화산인 소푸탄산이 위치한 지점입니다.

정답 찾기 ㄱ. 7월에 남서풍이 불면 A는 바람받이 사면, B는 비그늘 사면이 됩니다. 따라서 7월에 A는 B보다 강수량이 많습니다. ㄴ. 7월에 A는 B보다 북회귀선에 근접해 있으므로 정오에 태양 고도가 높습니다. ㄹ. 계절별 낮의 길이 차이는 고위도로 갈수록 길어지며, 고위도 지역일수록 여름에 일출 시각이 이르고 일몰 시각은 늦습니다. 겨울에는 고위도 지역일수록 일출 시각이 늦고 일몰 시각은 이릅니다. 따라서 1월과 7월의 일몰 시각 차이는 고위도의 A가 적도 부근의 C보다 큽니다.

오답 피하기 ㄷ. C는 1월에 북동 무역풍의 영향을 받으므로 화산재는 남쪽으로 더 많이 확산됩니다.

☆ 함정 피하기
> 대기 대순환의 계절적 이동과 전향력의 영향으로 북반구 저위도 지역은 1월에 북동풍이, 7월에 남서풍이 분다는 점을 알아 두어야 한다.

182 열대 기후와 건조 기후의 식생활 비교 　　　정답 ⑤

문제 분석 (가)는 코코넛 밀크와 바나나 잎을 사용한다는 점에서 열대 기후 지역임을, 쌀밥을 통해 몬순 아시아 지역임을 유추할 수 있습니다. 쌀은 몬순 아시아에서 대부분이 생산되고 몬순 아시아에서 대부분이 소비됩니다. (나)는 잡곡을 사용한다는 점, 조리에 땔감을 이용하지 않는다는 점에서 강수량이 적고 수목이 빈약한 지역임을 알 수 있습니다. 또한 추위에 강한 가축인 '야크'로부터 버터를 얻고, 휴대가 간편하다는 점에서 유목 생활을 하고 있음을 짐작할 수 있습니다. 따라서 (가)는 아시아의 열대 몬순 기후 지역, (나)는 대륙 내부의 건조 기후 지역의 음식을 설명한 것입니다. 나시르막은 말레이시아, 참파는 티베트의 전통 음식입니다.

정답 찾기 ⑤ (나)는 (가)보다 최한월 평균 기온이 낮으며, 연 강수량이 적으며, 단위 면적당 수목 밀도가 낮습니다. 이러한 특징을 나타낸 점은 그림의 E에 해당합니다.

183 몬순 아시아의 기호 작물 분포 　　　정답 ⑤

문제 분석 A는 중국과 인도의 생산량이 세계 생산량의 절반 가량을 차지하므로 차입니다. B는 아시아에서 베트남, 인도네시아 등에서 생산량이 많으므로 커피입니다.

정답 찾기 ㄷ. 차는 잎을 말리거나 볶은 상태에서 주로 판매되며, 커피는 열매 속 씨앗을 말린 후 볶아서 주로 판매됩니다. ㄹ. 차와 커피는 대부분 음료로 섭취됩니다.

오답 피하기 ㄱ. 차는 성장기에 고온 다습하고, 수확기에 건조한 환경이 재배에 적합합니다. 따라서 몬순 기후에서 주로 재배됩니다. ㄴ. 커피는 아메리카, 아시아, 아프리카의 열대 기후 지역에서 생산되어 대부분 선진국에서 소비됩니다. 생산지에서 소비되는 비중이 높은 작물로는 쌀, 차 등이 있습니다.

184 몬순 아시아의 전통 의복 　　　정답 ②

문제 분석 베트남의 전통 의복인 아오자이는 중국의 전통복인 치파오를 베트남의 풍토와 민족성에 동화시켜 만든 것입니다. 따라서 (가)는 베트남, (나)는 중국입니다.

정답 찾기 ② 중국의 서부 내륙은 건조 지역, 동부 해안은 습윤 지역입니다. 중국의 서부에는 타커라마간 사막 등이 분포합니다.

오답 피하기 ① 세계 최대 차 생산국은 중국입니다. 베트남은 차보다 커피 생산량이 많습니다. ③ 중국이 베트남보다 국토 면적이 넓습니다. ④ 중국 영토의 대부분은 베트남보다 고위도에 위치합니다. ⑤ 베트남은 동남아시아, 중국은 동부 아시아 국가입니다.

185 몬순 아시아의 국가별 차 생산량 　　　정답 ②

문제 분석 차는 중국 샤먼 지방의 방언인 '테(Te)'에서 유래하였습니다. Tea를 의미하는 '테'의 북경어가 'Cha'입니다. 차는 잎을 말리거나 볶아서 음료로 대부분 섭취하고 있습니다. 따라서 (가)는 차이고, A는 중국입니다.

정답 찾기 ② 차는 세계 생산량의 절반 가량을 중국과 인도가 차지합니다. 스리랑카는 홍차인 실론티로 유명합니다.

오답 피하기 ①은 돼지 사육 두수, ③은 쌀 생산량, ④는 밀 생산량, ⑤는 양 사육 두수의 국가별 비중을 나타낸 그래프입니다.

186 몬순 아시아의 주요 농작물 재배지 　　　정답 ④

문제 분석 (가)는 하천 주변 충적 평야와 강수량이 많은 해안을 중심으로 재배지가 분포하므로 쌀입니다. (나)는 인도 북서부와 파키스탄 등 건조 기후 지역에서 주로 재배되므로 밀입니다. (다)는 중국 화중 지방과 데칸 고원에서 많이 재배되므로 목화입니다. (라)는 중국 화중 지방, 인도의 아삼 지방, 스리랑카 등에서 재배되므로 차입니다.

정답 찾기 ④ 차는 잎을 말리거나 볶은 후 물에 우려내어 음료로 대부분 섭취합니다.

오답 피하기 ① 쌀의 원산지는 몬순 아시아입니다. 서남아시아가 원산지인 작물로는 밀이 있습니다. ② 쌀은 대부분 식량으로 이용됩니다. 옷감의 원료로 이용되는 작물로는 목화가 있습니다. ③ 목화는 상품 작물로 수출되는 비중이 높습니다. 생산지에서 대부분 소비되는 대표적인 작물은 쌀입니다. ⑤ 쌀과 밀은 식량 작물, 목화와 차는 상품 작물입니다.

187 몬순 아시아의 국가별 전통 음식 　　　정답 ①

문제 분석 ㉠은 쌀입니다. 자포니카종은 한국, 중국, 일본 등 비교적 고위도 지방에서 재배됩니다. 인디카종은 타이, 필리핀, 베트남 등 저위도 지방에서 주로 재배됩니다. 지도의 A는 몽골, B는 일본, C는 타이, D는 베트남, E는 인도네시아입니다.

정답 찾기 ① 몽골은 대부분 건조 기후 지역에 해당되므로 쌀 재배에 부적합합니다. 몽골의 전통 생활은 유목입니다. 쌀과 누룩으로 발효시킨 술은 우리나라의 전통주인 막걸리입니다. 몽골의 아이락은 가축의 젖을 발효시킨 술입니다.

오답 피하기 ② 일본은 벼농사가 활발한 지역입니다. ③ 타이는 쌀 생산량과 수출량이 많은 국가입니다. ④ 베트남은 쌀 생산량이 많은 국가입니다. ⑤ 신기 습곡 산지가 분포하는 인도네시아는 급경사 산지를 깎아 만든 계단식 논에서 벼를 재배합니다.

188 몬순 아시아의 전통 음식과 기후 　　　정답 ④

문제 분석 인도와 중국 요리의 영향을 받고, 남중국해와 접해 있으며, 남부 지방이 말레이시아와 가까운 ○○ 국가는 베트남입니다. 베트남의 수도인 ㉠은 하노이이며, 코코넛 밀크를 사용한다는 점에서 열대 기후가 나타나는 지역임을 알 수 있습니다.

정답 찾기 ④ D는 최한월 평균 기온이 18℃ 이상이므로 열대 기후입니다. 그리고 강수량이 60mm 미만인 건기가 나타나므로 계절풍의 영향을 받는 하노이의 기후로 볼 수 있습니다.

오답 피하기 ① A는 최한월 평균 기온이 −3℃~18℃, 연중 고른 강수, 최난월 평균 기온이 22℃ 미만인 서안 해양성 기후 그래프입니다. ② B는 최한월 평균 기온이 −3℃~18℃이고, 최한월에 비해 최난월의 강수량이 적은 지중해성 기후 그래프입니다. ③ C는 연중 기온이 12℃~13℃로 일정한 열대 고산 기후 그래프입니다. ⑤ E는 연중 강수량이 적은 사막 기후 그래프입니다.

189 몬순 아시아의 전통 가옥과 계절별 기후   정답 ⑤

🔍 눈으로 보는 해설

자료는 몬순 아시아에 대한 탐구 보고서의 일부이다. 이에 대한 설명으로 옳은 것은?

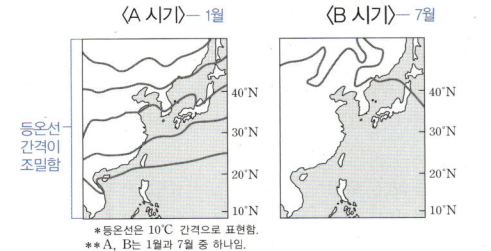

〈탐구 보고서〉
※ 주제 : 몬순 아시아의 계절별 기후 특성과 전통적 생활 모습
◎ 동부 아시아의 시기별 기온 분포

〈A 시기〉 — 1월   〈B 시기〉 — 7월

등온선 간격이 조밀함

* 등온선은 10℃ 간격으로 표현함.
** A, B는 1월과 7월 중 하나임.

◎ 몬순 아시아에 속한 두 지역의 전통 가옥

• **(가)** 의 전통 가옥은 바닥이 목조와 돌로 만들어졌다. 목조로 된 바닥은 거실로 이용하는데, 외벽이 없고 지면과의 공간이 있어 통풍이 잘 된다. 돌로 된 바닥은 침실로 이용하는데, 불을 때면 열기가 아래의 빈 공간을 지나면서 돌을 데워 열기가 전달된다.
(대청마루 / 북반구 중위도의 온대 기후 지역 / 온돌)

• **(나)** 의 전통 가옥은 구조물의 대부분이 나무와 풀잎으로 만들어졌다. 가옥 전체가 지면에서 1~2m 정도 띄워져 있으며 문과 창문이 상당히 큰 편이다. 지붕의 경사는 가파르게 만들어져 있고 천정이 높아 전체적으로 개방적인 구조에 시원한 느낌을 준다.
(고상 가옥 / 열대 기후 지역)

① A 시기에 (가)는 벼농사가 이루어진다. (안 이루어진다)
② B 시기에 (나)는 편서풍의 영향을 받는다. (남동 무역풍)
③ A 시기의 평균 기온은 (가)가 (나)보다 높다. (낮다)
④ B 시기의 풍향은 (가)와 (나) 모두 북풍 계열이 탁월하다. (남풍)
⑤ 정오에 A와 B 시기의 태양 고도 차이는 (가)가 (나)보다 크다. (○)

문제 분석 A는 B보다 등온선의 간격이 조밀하므로 기온의 지역 차가 크며, 해양에서는 고위도에 분포하는 등온선이 대륙에서는 저위도로 내려와 있습니다. 따라서 A는 겨울인 1월이며, B는 여름인 7월입니다. (가)에서 목조로 만든 바닥은 대청마루, 돌로 된 바닥은 온돌입니다. 따라서 (가)는 사계절이 뚜렷한 북반구 중위도의 온대 기후 지역입니다. (나)는 바닥이 지면에서 떨어져 있고 급경사의 지붕, 개방적 구조 등을 통해 고상 가옥이 나타나는 열대 기후 지역임을 알 수 있습니다.

정답 찾기 ⑤ 적도 주변에 위치한 (나)는 연중 태양 고도가 높습니다. 북반구 중위도에 위치한 (가)는 1월에는 태양 고도가 낮고, 7월에는 태양 고도가 높습니다. 따라서 정오에 A와 B 시기의 태양 고도 차이는 (가)가 (나)보다 큽니다.

오답 피하기 ① 북반구 중위도에 위치한 (가)에서는 기온이 낮은 겨울에 벼농사가 이루어지지 않습니다. ② 저위도에 위치해 연중 무역풍의 영향을 받습니다. 편서풍의 영향을 받는 지역은 중위도입니다. ③ 북반구 중위도의 (가)는 1월이 겨울이므로 기온이 낮습니다. 저위도 열대 기후 지역인 (나)는 연중 기온이 높습니다. ④ 중위도에 위치한 (가)는 1월에 대륙에서 해양으로 바람이 불기 때문에 북풍 계열, 7월에 해양에서 대륙으로 바람이 불기 때문에 남풍 계열이 탁월합니다. 적도 주변에 위치한 (나)는 1월에는 북동 무역풍의 영향을, 7월에는 남동 무역풍의 영향을 받습니다.

💣 함정 피하기

구체적 기온이 주어지지 않았기 때문에 등온선의 형태만으로 계절을 파악하기 어려웠을 가능성이 높다. 대륙은 해양보다 기온의 연교차가 크다. 여름에는 대륙이 해양보다 기온이 높고, 겨울에는 대륙이 해양보다 기온이 낮다. 또한 고위도로 갈수록 기온은 낮아지고, 저위도로 갈수록 기온이 높아진다. 예를 들어 10℃ 등온선보다 고위도에 위치한 지점은 10℃보다 기온이 낮은 곳이다. A 시기 지도에서는 등온선이 대륙보다 해양에서 올라가 있으므로 대륙이 해양보다 기온이 낮다. 이를 통해 A는 겨울임을 판단할 수 있다. 또한 중위도 지역의 경우 여름철보다 겨울철에 기온의 지역 차가 크다. 따라서 중위도 지역의 등온선 간격이 조밀한 시기를 겨울로 판단하면 된다.

09강 자원, 산업, 민족 및 종교적 차이

핵심 개념 CHECK!   ▶ 본문 093쪽

01 (1) D (2) A (3) B (4) C   02 ○   03 ○   04 ×   05 ○   06 ×
07 ×   08 ○   09 ○   10 ×

O|X 문장 바로 알기

02 오스트레일리아와 인도네시아는 대표적인 석탄 수출국이다.

03 인도는 저렴하면서 우수한 인재, 영어 구사력 등을 토대로 정보 통신 산업이 발달하였다.

04 오스트레일리아는 풍부한 자원을 바탕으로 세계적인 공업국으로 성장하였다.
(노동력 부족, 국내 시장 협소 등의 요인으로 공업 발달이 미약하다.)

05 동남아시아 국가들은 저렴한 노동력을 바탕으로 한 노동 집약적 공업의 비중이 높다.

06 중국의 신장 웨이우얼 자치구에서는 라마교를 믿는 소수 민족이 독립을 요구하고 있다.
(이슬람교)

07 동남아시아로 진출한 중국계들은 경제적 지위가 낮아 원주민과 갈등을 빚는 경우가 많다.
(높아)

08 필리핀의 민다나오섬에서는 이슬람교도들이 독립을 요구하고 있다.

09 카슈미르는 이슬람교와 힌두교 간 분쟁이 일어나는 지역이다.

10 스리랑카는 불교를 신봉하는 타밀족과 힌두교를 신봉하는 신할리즈족과의 갈등이 빚어졌다.
(신할리즈족)(타밀족)

기출+예상 문제로 주제 정복하기   ▶ 본문 095~099쪽

190 ⑤	191 ④	192 ④	193 ④	194 ①	195 ①
196 ③	197 ③	198 ①	199 ④	200 ③	201 ②
202 ⑤	203 ②	204 ③	205 ④	206 ⑤	207 ④

190 동남아시아 국가별 산업 구조   정답 ⑤

자료 분석

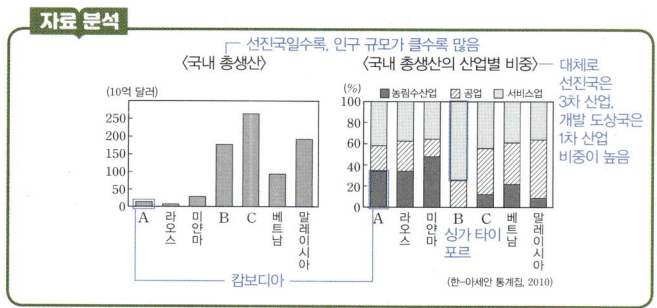

문제 분석 인도차이나 반도에 속한 국가로는 미얀마, 타이, 라오스, 베트남, 캄보디아, 말레이시아, 싱가포르가 있습니다. 따라서 A~C는 타이, 캄보디아, 싱가포르 중 하나입니다. 국내 총생산은 선진국일수록, 또는 인구 규모가 클수록 많습니다. 산업 구조의 경우 경제 발전 수준이 높은 선진국은 대체로 서비스업 등의 3차 산업 비중이 높고 농림수산업 등의 1차 산업 비중이 낮은 반면, 개발 도상국은 대체로 1차 산업의 비중이 높습니다. 따라서 1차 산업 비중이 높고 국내 총생산이 적은 A는 캄보디아이며, 3차 산업의 비중이 높고 1차 산업의 비중이 낮은 B는 싱가포르이고, 나머지 C는 타이입니다. 싱가포르는 타이보다 경제 발전 수준이 높아 1인당 국내 총생산이 많지만, 인구 규모가 작아 전체 국내 총생산은 타이보다 적습니다.

정답 찾기 ⑤ 메콩강 하구에 위치한 국가는 베트남입니다. 베트남은 메콩강 하구 삼각주에서 벼농사를 많이 하고 있습니다.

오답 피하기 ① 캄보디아는 서비스업 비중이 약 40%, 공업의 비중은 약 20%입니다. ② 싱가포르는 인도양과 태평양을 잇는 길목에 위치하며, 이러한 이점을 활용하여 중계 무역이 발달하였습니다. ③ 쌀은 대체로 몬순 아시아에서 생산되어 몬순 아시아에서 소비됩니다. 따라서 쌀 수출국과 수입국은 주로 몬순 아시아 국가들입니다. 대표적인 쌀 수출국으로는 인도, 타이, 베트남 등이 있습니다. ④ 싱가포르는 캄보디아보다 경제 수준이 높은 국가입니다. 따라서 자본 및 기술 집약적 산업은 캄보디아보다 싱가포르에서 잘 발달하였습니다.

191 인도의 정보 기술(IT) 산업   정답 ④

문제 분석 인도, 필리핀 등은 영어를 공용어로 사용하고 미국과 약 12시간의 시차가 발생하는 점 때문에 많은 미국 업체들이 콜센터를 운영하고 있습니다. 특히 인도는 임금 대비 우수한 인재들이 풍부하여 IT 산업도 발달하였습니다.

정답 찾기 ㄴ. 인도는 미국과 12시간의 시차가 발생하여 미국의 퇴근 시간이 인도의 출근 시간이 됩니다. 따라서 미국과 인도의 업체들이 협력하면 업무가 중단되지 않고 연속적으로 운영될 수 있습니다. ㄹ. 인도의 공용어 중에는 영어가 포함되어 있고, 영어 사용자의 비중이 높은 편입니다.

오답 피하기 ㄱ. 인도와 미국은 경도가 약 180° 차이가 나타납니다. ㄷ. 인도는 유전 지대가 분포해 있으나 석유 소비량에 비해 생산량이 적어 대부분의 석유는 수입에 의존합니다. 또한 IT 산업은 연료비가 차지하는 비중이 낮아 석유 자원 보유 유무와 IT 산업의 발달과는 직접적인 관련성이 적습니다.

192 일본의 공업 분포   정답 ⑤

문제 분석 자원이 부족한 일본은 원자재를 수입하여 이를 가공한 후 수출하는 가공 무역이 발달하였습니다. 이에 석탄, 철광석 등 자원 수입이 유리한 태평양 연안을 중심으로 중화학 공업이 분포합니다.

정답 찾기 갑. 제철소를 운영하기 위해서는 석탄과 철광석이 필수적입니다. 일본은 석탄과 철광석을 수입해야 하므로 태평양 연안을 중심으로 제철소가 입지합니다. 병. 가공 무역이 발달한 일본의 주요 공업 지역은 대부분 태평양 연안에 자리합니다. 정. 최근 일본 정부는 태평양 연안에 집중된 공업의 내륙 분산을 유도하고 있습니다. 내륙으로 분산되는 공업은 주로 운송비가 차지하는 비중이 낮은 반도체 등 첨단 산업입니다.

오답 피하기 을. 제철소에 대한 설명입니다. 첨단 산업은 우수한 인력이 풍부한 곳, 정보 획득이 용이한 곳 등이 중요한 입지 조건이 됩니다. 첨단 산업에 속하는 반도체 공업은 원료에 대한 의존도가 낮습니다.

193 몬순 아시아와 오세아니아의 자원   정답 ④

문제 분석 오스트레일리아의 서부에 풍부하게 매장되어 있고 중국, 일본, 한국 등으로 이동하는 (가)는 철광석입니다. 오스트레일리아의 동부에 매장되어 있고 일본, 인도, 한국 등으로 이동하는 (나)는 석탄입니다. 자원이 풍부한 오스트레일리아는 한국, 중국, 일본 등 공업이 발달한 동부 아시아 지역으로의 자원 수출이 많습니다.

정답 찾기 ④ 석탄은 주로 고기 습곡 산지에 매장되어 있습니다. 오스트레일리아의 동부 해안은 고기 습곡 산지인 그레이트디바이딩산맥이 분포합니다.

오답 피하기 ① 철광석은 제철 공업의 주요 원료입니다. 대표적인 화학 공업의 원료에는 석유 화학 공업에 사용되는 석유가 있습니다. ② 철광석은 주로 안정육괴나 고기 습곡 산지에 매장되어 있습니다. ③ 첨단 제품 생산에 들어가는 대표적인 자원은 희토류입니다. ⑤ 철광석은 금속 광물 자원, 석탄은 에너지 자원입니다.

194 몬순 아시아와 오세아니아의 수출 구조   정답 ①

문제 분석 의류, 섬유 직물 등 노동 집약적 상품의 수출 비중이 높은 (가)는 중국입니다. 기술 집약적 상품인 자동차의 수출 비중이 높은 (나)는 일본입니다. 석탄, 천연가스, 원유 등의 자원과 파유 수출이 많은 (다)는 인도네시아입니다. 철광석과 석탄의 수출이 많은 (라)는 오스트레일리아입니다.

정답 찾기 ① 국내 총생산(GDP)은 경제 발전 수준의 영향뿐만 아니라 인구 규모의 영향도 받습니다. 중국은 일본보다 1인당 국내 총생산이 적지만, 인구 규모는 일본보다 10배 이상 큽니다. 따라서 중국은 일본보다 국내 총생산이 많습니다.

오답 피하기 ② 일본의 인구는 약 1억 2천만 명으로 인구 규모 세계 10위 전후의 국가입니다. 인도네시아의 인구는 약 2억 6천 만 명으로 세계 4위의 인구 대국입니다. 따라서 일본은 인도네시아보다 인구 규모가 작습니다. ③ 인도네시아의 국토는 대부분 적도 주변에 위치합니다. 오스트레일리아는 남위 10°~30°에 위치합니다. 따라서 인도네시아는 오스트레일리아보다 저위도에 위치합니다. ④ 오스트레일리아는 석탄 생산량이 많은 세계적인 석탄 수출국입니다. 중국은 세계 석탄 생산량의 절반 가량을 생산하지만, 소비량이 많아 석탄을 수입하고 있습니다. 따라서 석탄 수출량은 오스트레일리아가 중국보다 많지만, 석탄 생산량은 오스트레일리아가 중국보다 적습니다. ⑤ 환태평양 조산대는 일본, 타이완, 필리핀, 뉴기니섬, 뉴질랜드 등을 지나가지만, 오스트레일리아는 안정육괴와 고기 습곡 산지로 이루어져 있습니다.

195 몬순 아시아와 오세아니아의 에너지 소비 구조   정답 ①

문제 분석 오스트레일리아, 일본, 중국 중 에너지 소비량은 중국>일본>오스트레일리아 순으로 많습니다. 따라서 (가)~(다) 에너지 모두 소비량이 가장 많은 A는 중국, 두 번째로 많은 B는 일본, 가장 적은 C는 오스트레일리아입니다. 경제 발달 수준이 낮은 국가일수록 대체로 석탄 소비 비중이 높고, 천연가스 소비 비중은 낮습니다. 중국은 석탄에 대한 의존도가 높고, 천연가스 소비 비중은 낮습니다. 경제 발달 수준이 높은 일본과 오스트레일리아는 중국에 비해 상대적으로 천연가스가 차지하는 소비 비중이 높습니다. 따라서 중국과 일본·오스트레일리아 간 소비량 격차가 가장 큰 (다)는 석탄입니다. 중국과 일본, 오스트레일리아 간 소비량 격차가 가장 작은 (가)는 천연가스이며, 나머지 (나)는 석유입니다.

정답 찾기 ① 중국은 석탄에 대한 의존도가 높은 국가입니다. 중국의 화석 에너지별 소비량은 석탄>석유>천연가스 순으로 많습니다.

오답 피하기 ② 중국은 세계 석탄 생산량의 절반 가량을 생산하는 석탄 생산량 1위 국가입니다. ③ 일본은 자원이 부족하기 때문에 대부분의 자원을 수입에 의존하며, 에너지 자원 중 석유의 소비량이 가장 많습니다. 따라서 일본은 에너지 자원 중 석유를 가장 많이 수입합니다. ④ 일본은 석유를 전량 수입에 의존하므로 수입 의존도는 100%입니다. 반면, 오스트레일리아와 중국은 석유를 수입하고 있으나, 유전 지대가 분포하여 자국에서 생산한 석유를 일부 소비합니다. ⑤ 오스트레일리아에서 가장 많이 수출하는 화석 에너지는 석탄입니다. 오스트레일리아는 인도네시아와 함께 석탄 수출량 상위국에 해당합니다. 반면 석유는 생산량보다 소비량이 많아 수입하고 있으며, 천연가스는 소량 수출하고 있습니다.

196 오스트레일리아의 무역 상대국 변화   정답 ③

문제 분석 오스트레일리아는 과거 미국이나 유럽 중심의 무역에서 동아시아 중심의 무역으로 무역 구조가 변화하고 있습니다. 1980년대에는 선진 공업국인 일본과의 무역 비중이 높았으나, 최근에는 빠르게 경제가 성장하는 중국과의 무역 비중이 높아지고 있습니다. 따라서 A는 일본, B는 중국입니다.

정답 찾기 ③ 기술 집약적 산업은 중국보다 기술력이 앞선 일본에서 발달하였습니다. 따라서 중국보다 일본과의 무역 거래에서 기술 집약적 상품이 차지하는 비중이 높습니다.

오답 피하기 ① 일본과의 무역 비중은 지속적으로 감소하고 있습니다. 그러나 무역액의 증가폭이 무역 비중의 감소폭보다 크기 때문에 일본과의 무역액은 증가하고 있습니다. ② 1985년에 5위에 해당하는 뉴질랜드가 무역 비중의 4.1%를 차지하므로, 1985년에 무역 상대국 상위 5개국에 포함되지 않은 중국의 비중은 4.1% 미만입니다. 1985년에 총 무역액이 459억 달러이므로 중국과의 무역액은 최대 19억 달러를 넘지 않습니다. 2005년에 무역 상대국에서 중국이 차지하는 비중은 12.7%, 총 무역액은 2,247억 달러이므로 중국과의 무역액은 약 285억 달러입니다. 따라서 중국과의 무역액은 1985년에 비해 2005년 최소 15배 이상 증가하였습니다. ④ 1985년에 일본과의 무역액은 약 113억 달러이고, 중국과의 무역액은 최대 약 19억 달러를 넘지 않습니다. 2012년에 일본과의 무역액은 약 694억 달러이고, 중국과의 무역액은 약 1,216억 달러입니다. 일본과 중국 간의 무역액 격차는 1985년에 약 94억 달러~113억 달러이고, 2012년에 약 522억 달러입니다. 따라서 일본과 중국 간의 무역액 격차는 1985년에 비해 2012년에 커졌습니다. ⑤ 광산 자원이 풍부한 오스트레일리아는 석탄, 철광석 등 세계적인 광물 수출국이지만, 제조업 발달이 미약해 공업이 발달한 중국, 일본으로부터 공산품을 주로 수입합니다.

197 몬순 아시아의 에너지 소비 구조   정답 ③

문제 분석 1인당 에너지 소비량은 경제 발전 수준과 대체로 비례합니다. 따라서 인도, 일본, 중국 중 경제 수준이 높은 일본의 1인당 에너지 소비량이 가장 많고, 상대적으로 경제 수준이 낮은 인도의 1인당 에너지 소비량이 가장 적습니다. 따라서 A~C 에너지 자원 모두 1인당 소비량이 적은 (다)는 인도이며, B와 C의 1인당 소비량이 가장 많은 (나)는 일본입니다. 나머지 (가)는 중국이며, A는 중국(가)의 1인당 소비량이 세 국가 중 가장 많은 것으로 보아 석탄입니다. 중국은 석탄에 대한 의존도가 매우 높습니다. C는 세 국가 중 일본에서 1인당 소비량이 가장 많고, 인도에서 거의 없는 것으로 보아 선진국에서 주로 소비되는 천연가스입니다. 따라서 나머지 B는 석유입니다.

정답 찾기 ③ 천연가스는 화석 에너지 중 이산화탄소 배출량과 대기오염 물질 배출량이 가장 적습니다.

오답 피하기 ① 석유에 대한 설명입니다. ② 석유는 석탄보다 상용화된 시기가 늦습니다. ④ 그래프를 보면 1인당 석탄 소비량은 일본이 인도보다 약 3배 많습니다. 그러나 인구 규모는 인도가 일본보다 약 10배 정도 크므로, 석탄의 총 소비량은 인도가 일본보다 많습니다. ⑤ 그래프를 보면 1인당 석유 소비량은 중국이 인도보다 많고, 인구 규모 또한 중국이 인도보다 큽니다. 따라서 석유의 총 소비량은 중국이 인도보다 많습니다.

198 몬순 아시아와 동남아시아의 광물 자원   정답 ①

문제 분석 주석은 신기 조산대, 석탄과 철광석은 고기 조산대와 안정육괴에 주로 매장되어 있습니다. (가)는 말레이시아, 싱가포르 등 신기 조산대가 지나는 동남아시아 국가에서 수출량이 많으므로 주석이며, A는 인도네시아입니다. 오스트레일리아는 대부분 안정육괴와 고기 조산대로 이루어져 있어 석탄과 철광석의 매장량이 풍부합니다. 따라서 (나)와 (다)의 수출량 비중이 높은 B는 오스트레일리아이며, 오스트레일리아와 함께 인도네시아에서 수출량이 많은 (나)는 석탄입니다. 나머지 (다)는 철광석입니다.

정답 찾기 ㄱ. 신기 조산대에 위치한 인도네시아는 오스트레일리아보다 석유 매장량이 풍부합니다. ㄹ. 주석(가)과 철광석(다)은 금속 광물에 해당하며, 석탄(나)은 에너지 자원에 해당합니다. 나머지 (다)는 철광석입니다.

오답 피하기 ㄴ. 지진 및 화산 활동은 신기 조산대가 지나는 인도네시아가 안정육괴와 고기 조산대로 이루어진 오스트레일리아보다 활발합니다. ㄷ. 주석은 주로 신기 조산대에, 철광석은 안정육괴나 고기 조산대에 매장되어 있습니다. 따라서 철광석이 주석보다 오래된 지층에 매장되어 있습니다.

199 몬순 아시아와 오세아니아의 산업 구조   정답 ④

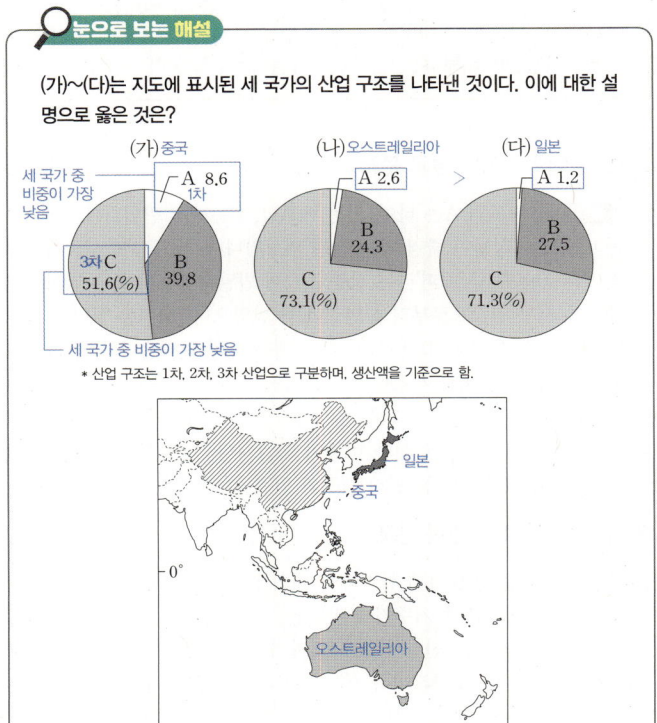

눈으로 보는 **해설**

(가)~(다)는 지도에 표시된 세 국가의 산업 구조를 나타낸 것이다. 이에 대한 설명으로 옳은 것은?

(가) 중국   (나) 오스트레일리아   (다) 일본

세 국가 중 비중이 가장 낮음 — A 8.6 1차
3차 C 51.6(%)
B 39.8
세 국가 중 비중이 가장 낮음

A 2.6 > C 73.1(%) B 24.3

A 1.2 B 27.5 C 71.3(%)

* 산업 구조는 1차, 2차, 3차 산업으로 구분하며, 생산액을 기준으로 함.

① (가)는 세계적인 육우 수출국이다.
② (나)는 (다)보다 인구 규모가 크다. ^{작다}
③ (다)는 (가)와 (나)로 석탄을 ~~수출한다.~~
④ A의 노동 생산성은 (나)가 (가)보다 높다. (○)
⑤ 국내 총생산에서 광업이 차지하는 비중은 (다)가 (나)보다 높다.
　　　　　　　　　　　　　　　　　　　　　　　　　　　　낮다

문제 분석 지도에 표시된 국가는 중국, 일본, 오스트레일리아입니다. 일부 저개발국을 제외한 대부분의 국가는 3차 산업의 비중이 가장 높습니다. 특히 오스트레일리아, 일본 등 경제 수준이 높은 선진국은 산업 구조의 고도화가 진행되어 3차〉2차〉1차 산업 순으로 비중이 높습니다. (가)~(다)는 모두 C〉B〉A 순으로 비중이 높으므로 A는 1차, B는 2차, C는 3차 산업입니다. 세 국가 중 (가)는 3차 산업의 비중이 가장 낮고, 1차 산업의 비중이 가장 높으므로 경제 수준이 가장 낮은 중국입니다. 중국은 빠르게 산업화가 진행되고 있어 2차 산업의 비중이 높습니다. 세계적인 육우, 양모, 밀 수출국인 오스트레일리아는 일본보다 1차 산업의 비중이 높습니다. 따라서 (나)는 오스트레일리아이며, 나머지 (다)는 일본입니다.

정답 찾기 ④ 노동 생산성은 종사자 1인당 생산액을 의미합니다. 오스트레일리아는 중국보다 상업적 농목업의 비중이 높습니다. 따라서 1차 산업의 노동 생산성은 오스트레일리아가 중국보다 높습니다.

오답 피하기 ① 오스트레일리아에 대한 설명입니다. ② 오스트레일리아는 건조 기후가 널리 나타나 인구 밀도가 낮습니다. 반면 인구 부양력이 높은 작물인 쌀을 재배하는 몬순 아시아 지역은 인구 밀도가 높습니다. 실제로 오스트레일리아의 인구는 약 2,500만 명, 일본의 인구는 약 1억 2,000만 명입니다. ③ 자원이 부족한 일본은 석탄과 철광석 등을 주로 오스트레일리아로부터 수입합니다. 중국은 석탄 생산량 세계 1위 국가이지만, 소비량이 많아 오스트레일리아로부터 석탄을 수입합니다. ⑤ 국내 총생산에서 광업이 차지하는 비중은 일본이 오스트레일리아보다 낮습니다. 오스트레일리아는 세계적인 광물 수출국입니다.

> **함정 피하기**
> C의 비중이 가장 높은 것을 보고 (나)를 오스트레일리아가 아닌 일본으로 착각했을 가능성이 높다. 오스트레일리아는 경제 발전 수준이 높은 선진국이지만 기업적 농목업이 이루어져 밀, 육우, 양모 등 농축산물의 수출이 많기 때문에 일본에 비해 1차 산업의 비중이 높다는 점을 알아 두어야 한다.

200 동남아시아의 종교 분포　　　　　　　　정답 ③

정답 찾기 ③ 지도의 A는 타이, B는 베트남, C는 필리핀입니다. '아오자이'는 베트남 여성들이 즐겨 입는 전통 의상입니다. 베트남에서는 육수에 쌀로 만든 국수를 넣은 '퍼'라는 전통 음식이 발달하였습니다. 동남아시아는 대부분 서구 열강으로부터 식민 지배를 받았으나, 타이는 식민지 경쟁에서의 완충 지대로 선택되면서 식민 지배를 받지 않았습니다. 동남아시아에서 영어를 공용어로 사용하는 대표적인 국가는 싱가포르와 필리핀입니다. 싱가포르는 다양한 종교가 혼재하지만 불교의 비중이 높은 편입니다. 필리핀은 크리스트교 신자 비중이 높습니다. 따라서 (가)는 베트남 (B), (나)는 타이(A), (다)는 필리핀(C)과 연결됩니다.

201 중국의 소수 민족 분포　　　　　　　　정답 ②

문제 분석 중국은 약 93%의 한족과 55개의 소수 민족으로 구성되어 있습니다. 중국은 소수 민족 거주지에 자치권을 부여하며 전통성을 인정하고 있습니다. 지도의 A는 신장 웨이우얼 자치구, B는 시짱 자치구, C는 네이멍구 자치구, D는 닝샤후이족 자치구, E는 광시좡족 자치구입니다.

정답 찾기 ② 이슬람교를 신봉하는 위구르족이 거주하면서 중국으로부터

분리, 독립을 요구하는 지역은 신장 웨이우얼 자치구입니다. 신장 웨이우얼 자치구는 석유, 천연가스 매장량이 많습니다. 라마교를 신봉하는 티베트족이 거주하면서 중국으로부터 독립을 요구하며 갈등을 빚고 있는 지역은 시짱 자치구입니다. 칭하이성과 티베트를 연결하는 칭짱 철도는 독립 요구가 끊이지 않는 티베트족을 민족 단합이라는 명목으로 통치하기 위한 수단으로 건설하였으며 2006년에 완공되었습니다. 현재는 많은 관광객들이 칭짱 철도를 이용하고 있습니다. 중국 최대의 소수 민족인 좡족이 거주하는 지역은 광시좡족 자치구입니다. 따라서 (가)는 A, (나)는 B, (다)는 E와 연결됩니다.

202 몬순 아시아의 지역 갈등　　　　　　　　정답 ⑤

문제 분석 A는 신장 웨이우얼 자치구로 중국으로부터 독립을 요구하면서 갈등을 빚는 지역입니다. B는 시짱 자치구로 중국으로부터 독립을 요구하는 지역입니다. C는 카슈미르 지역으로 종교 간 분쟁이 끊이지 않는 지역입니다. D는 미얀마로 소수 민족에 대한 탄압이 자행되고 있습니다. E는 민다나오섬으로 필리핀으로부터 독립을 요구하며 무장 항쟁이 벌어지는 지역입니다.

정답 찾기 ⑤ 민다나오섬은 이슬람교를 신봉하는 모로족이 거주하고 있습니다. 모로족은 가톨릭교 신자 비중이 높은 필리핀 정부로부터 독립을 요구하며 갈등을 빚고 있습니다.

오답 피하기 ① 신장 웨이우얼 자치구는 이슬람교를 신봉하는 위구르족이 중국으로부터 독립을 요구하며 갈등이 일어나고 있습니다. ② 시짱 자치구는 라마 불교를 신봉하는 티베트족이 중국으로부터 분리, 독립을 요구하고 있습니다. ③ 카슈미르는 영국으로부터 독립할 당시 이슬람교를 신봉하는 다수의 주민들이 파키스탄으로 편입되기를 희망하였으나, 힌두교를 신봉하는 지도층에 의해 인도로 편입되면서 갈등이 빚어지고 있는 지역입니다. ④ 미얀마는 이슬람교를 신봉하는 소수 민족인 로힝야족에 대한 차별과 탄압으로 국제적으로 지탄받고 있습니다.

203 남부 아시아의 종교 분포　　　　　　　　정답 ②

문제 분석 지도에 제시된 지역은 인도, 네팔, 방글라데시입니다. 인도와 네팔은 힌두교 신자의 비중이 높고, 방글라데시는 이슬람교 신자의 비중이 높습니다. (가), (다)에서 비중이 높은 A는 힌두교이고, (가), (다)는 인도와 네팔 중 하나입니다. 나머지 (나)는 방글라데시가 되며, 방글라데시에서 비중이 높은 B는 이슬람교입니다. (가)는 이슬람교 신자 비중이 13%입니다. 인도에서 힌두교 다음으로 신자 수 비중이 높은 종교는 이슬람교입니다. 따라서 (가)는 인도이고, (다)는 네팔입니다. 네팔에서 힌두교 다음으로 신자가 많은 종교는 불교입니다. 따라서 C는 불교입니다.

정답 찾기 ② 차 생산량은 인도가 방글라데시보다 많습니다. 세계 차 생산량의 약 70%를 중국과 인도가 차지합니다.

오답 피하기 ① 인도는 네팔보다 국내 총생산이 많습니다. ③ 네팔은 히말라야산맥이 지나가고 세계 최고봉인 에베레스트산이 있습니다. 따라서 최고봉의 해발 고도는 네팔이 방글라데시보다 높습니다. ④ 힌두교 신자 수는 인도가 세계에서 가장 많습니다. ⑤ 이슬람교는 서남아시아의 메카에서 창시되었고, 불교는 남부 아시아의 부다가야에서 창시되었습니다.

204 스리랑카의 지역 갈등　　　　　　　　정답 ③

문제 분석 신할리즈족과 타밀족과의 갈등이 있는 (가)는 스리랑카입니다. 인도 반도는 영국의 식민 지배를 받았고, 제2차 세계 대전 이후 영국으로부터 독립하면서 종교적 차이로 인해 국가가 분리되었습니다. 스리랑카는 영국 식민 지배 당시 대규모 차 플랜테이션이 이루어지는 과정에서 인도(나)의 타밀족이 이주해왔습니다.

정답 찾기 ③ 인도에서 이주한 타밀족은 대부분 힌두교를 신봉하며, 스리

랑카의 원주민인 신할리즈족은 대부분 불교를 신봉합니다. 힌두교와 불교는 모두 윤회 사상을 바탕으로 성립된 종교입니다.

오답 피하기 ① 커피의 원산지는 아프리카입니다. 커피는 다양한 종이 있는데, 대표적인 것이 아라비카종과 로부스타종입니다. 아라비카종의 원산지는 열대 고산 기후가 나타나는 아비시니아고원이며, 로부스타종의 원산지는 열대 우림 기후가 나타나는 콩고입니다. ② 인도와 스리랑카 모두 대표적인 차 수출국이지만, 차 생산량은 인도가 스리랑카보다 많습니다. 세계 차의 약 70%를 중국과 인도에서 생산합니다. ④ 플랜테이션은 선진국의 기술과 자본, 식민지의 저렴한 노동력과 유리한 기후를 바탕으로 상품 작물을 생산하는 상업적 농업입니다. ⑤ 타밀족은 대부분 힌두교를, 신할리즈족은 대부분 불교를 신봉합니다. 따라서 스리랑카의 분쟁은 힌두교와 불교 간의 갈등입니다.

205 필리핀과 오스트레일리아의 특징   정답 ④

문제 분석 7,000여 개의 섬으로 구성되어 있고, 에스파냐와 미국의 식민 지배를 받은 (가)는 필리핀입니다. 영국이 원주민인 애버리지니들을 강제로 몰아내고 식민지로 삼은 (나)는 오스트레일리아입니다.

정답 찾기 ④ 필리핀은 에스파냐의 식민 지배 영향으로 가톨릭교 신자가 많고, 미국 식민 지배의 영향으로 영어 사용자가 많습니다. 필리핀의 공용어는 영어와 타갈로그어입니다. 오스트레일리아는 영국 식민 지배의 영향으로 영어가 공용어입니다.

오답 피하기 ① 필리핀 남부의 민다나오섬은 이슬람교를 신봉하는 모로족이 무장 항쟁을 하며 독립을 요구하고 있습니다. ② 오스트레일리아는 유색 인종 차별 정책인 백호주의를 고수하였으나 노동력 부족 등의 문제를 해결하기 위해 1970년대부터 유색 인종 이민 차별 정책을 철회하였습니다. ③ 오스트레일리아의 주요 수출품은 석탄, 철광석, 양모, 육우, 밀 등 농축산물이 차지하는 비중이 높습니다. 필리핀의 수출품은 농산물과 노동 집약적 상품이 차지하는 비중이 높습니다. ⑤ 필리핀은 에스파냐의 영향으로 가톨릭교 신자의 비중이 높고, 오스트레일리아는 영국의 영향으로 개신교 신자의 비중이 높습니다.

206 중국과 부탄의 종교 특징   정답 ⑤

문제 분석 55개의 소수 민족으로 구성되어 있으며 소수 민족의 자치권을 인정해 주는 (가)는 중국입니다. 윤회 사상을 믿는 대표적인 종교로는 힌두교와 불교가 있습니다. 라마 불교는 몽골, 티베트, 부탄 등에서 많이 신봉합니다. (나)는 히말라야에 위치해 있으므로 부탄입니다.

정답 찾기 ⑤ 부탄과 접해 있는 중국의 자치구는 시짱 자치구입니다. 시짱 자치구에는 라마 불교를 신봉하는 티베트족이 중국으로부터 분리·독립을 요구하고 있습니다.

오답 피하기 ① 종교 성지 방문을 의무적으로 규정한 대표적인 종교는 이슬람교입니다. 중국의 내륙에 거주하는 위구르족이 이슬람교를 신봉하고 있으나 중국에서 위구르족이 차지하는 비중은 낮습니다. 중국은 과거 공산주의의 영향으로 무교가 가장 많은 비중을 차지하고 유교, 도교 등의 비중도 높은 편입니다. ② 라마 불교는 불교의 한 종파입니다. 신분 제도를 바탕으로 성립된 종교는 힌두교입니다. 불교는 힌두교의 신분 제도에 대한 반발로 창시된 종교로, 깨달음을 얻는 자는 누구든지 부처가 될 수 있다는 평등을 강조하고 있습니다. ③ 주요 종교 중 부탄에서 창시된 종교는 없습니다. ④ 부탄은 1949년에 인도로부터 독립하였습니다.

207 남부 아시아와 동남아시아의 지역 갈등   정답 ④

눈으로 보는 해설

다음 퍼즐의 〈가로 열쇠〉에 들어갈 설명으로 적절하지 않은 것은?

〈가로 열쇠〉
ⓛ _____
ⓔ _____
ⓜ _____
→ⓐ 사회주의 국가로 베트남 전쟁을 겪었으며, 탑 카르스트 지형이 형성된 할롱 베이가 있다.
ⓩ _____

〈세로 열쇠〉
㉠ 인도와 종교로 인한 영토 분쟁을 빚는 이슬람 국가 — 파키스탄
㉡ 이슬람교와 힌두교의 갈등이 있는 인도의 북서부 지방 — 카슈미르
ⓗ 라마 불교를 신봉하면서 중국에서 독립하려는 소수 민족 — 티베트족
ⓞ 뉴질랜드의 원주민 — 마오리족

① ⓛ – 타밀족과 신할리즈족 간의 갈등이 빚어진 국가 — 스리랑카
② ⓔ – 이슬람교도인 로힝야족에 대한 탄압이 자행되는 국가 — 미얀마
③ ⓜ – 2002년에 인도네시아로부터 독립한 신생 국가 — 동티모르
④ ⓐ – 급진 공산 세력에 의한 대량 양민 학살이 있었으며 앙코르와트 유적으로 유명한 국가 — 캄보디아(×)
⑤ ⓩ – 이슬람교도인 '모로족'이 독립을 요구하며 무장 항쟁을 펼치는 국가 — 필리핀

문제 분석 ㉠은 파키스탄, ㉡은 카슈미르, ⓗ은 티베트족, ⓞ은 마오리족입니다. 따라서 〈가로 열쇠〉 ⓛ은 스○○카, ⓔ은 미○마, ⓜ은 ○티○르, ⓐ은 ○트○, ⓩ은 ○리○이 들어가면 됩니다.

정답 찾기 ④ 급진 공산 세력에 의한 대량 양민 학살 사건이 있었던 국가는 캄보디아입니다. 또한 캄보디아에는 12세기 초에 라테라이트 벽돌 등을 이용하여 건설한 앙코르와트 사원이라는 유명한 유적이 있습니다.

오답 피하기 ① 타밀족과 신할리즈족 간의 갈등이 빚어진 국가는 스리랑카입니다. 민족 간의 갈등이면서 힌두교와 불교 간의 종교 갈등이기도 합니다. ② 이슬람교도인 로힝야족을 탄압하는 국가는 미얀마입니다. ③ 2002년에 인도네시아로부터 독립한 신생 독립국은 동티모르입니다. ⑤ 이슬람교도인 모로족이 독립을 요구하는 국가는 필리핀입니다. 필리핀 남부에 위치한 민다나오섬에 거주하는 모로족은 독립을 위해 필리핀 정부와 무장 항쟁 중입니다.

함정 피하기

ⓐ에 들어갈 수 있는 국가는 베트남이다. 베트남은 사회주의 국가로 베트남 전쟁을 겪었으며, 탑 카르스트 지형이 형성된 할롱 베이가 있다.

Ⅴ. 건조 아시아와 북부 아프리카

10강 자연환경, 자원과 산업, 사막화 문제

핵심 개념 CHECK!
▸본문 103쪽

01 (가)—카나트, (나)—바드기르   02 A—석유, B—천연가스
03 ◯   04 ◯   05 ◯   06 ✕   07 ◯   08 ✕   09 ◯   10 ✕

◯✕ 문장 바로 알기

03 나일강과 티그리스·유프라테스강 유역의 평야 지대는 고대 문명의 발상지이다.

04 인근 배후 산지에서 내려오는 지하수를 마을이나 농경지로 보내는 지하 관개 수로를 이란에서는 카나트라고 한다.

05 전 세계 석유와 천연가스의 절반 이상이 건조 아시아와 북부 아프리카에 매장되어 있다.

06 사우디아라비아, 쿠웨이트, 이라크 등은 세계적인 ~~석탄~~ 수출국이다.
_{석유}

07 카타르와 이란은 세계적인 천연가스 수출국이다.

08 이집트와 터키는 화석 에너지 매장량이 ~~많아 광업이 발달하였다.~~
_{부족해 1차 및 3차 산업 비중이 높다.}

09 사막화의 인위적 요인으로는 지나친 관개 농업과 방목을 들 수 있다.

10 아랄해는 사막화로 호수 규모가 축소되면서 호수 염분 농도가 ~~낮아지고~~ 있다.
_{높아지고}

기출+예상 문제로 주제 정복하기
▸본문 105~109쪽

208 ③	209 ②	210 ②	211 ③	212 ④	213 ⑤
214 ③	215 ①	216 ③	217 ⑤	218 ③	219 ④
220 ②	221 ②	222 ③	223 ②	224 ⑤	225 ①

208 건조 기후 지역의 주민 생활   정답 ③

정답 찾기 ③ 습기를 차단하고 해충 피해를 막기 위한 고상(高床) 가옥(ⓒ)은 열대 기후 지역의 주민 생활과 관련 있는 모습입니다. 건조 기후 지역에서는 주로 벽이 두껍고 창이 작으며, 지붕이 평평한 흙집을 짓고 살아갑니다.

오답 피하기 ① 곡물과 생필품을 공급해 주는 대상(隊商)들의 행렬(㉠)은 서남아시아 건조 기후 지역의 전통적인 생활 모습입니다. 대상은 사막이나 초원에서 낙타에 짐을 싣고 무리를 지어 먼 곳으로 다니면서 생활필수품을 교역하는 상인들을 말합니다. ② 양, 염소 등의 가축을 사육하는 유목민(ⓒ)은 서남아시아 건조 기후 지역의 전통적인 생활 모습입니다. 서남아시아 사막 주변의 초원 지대에서는 양, 염소, 낙타 등을 기르며 목초지를 찾아 이동하는 유목이 이루어집니다. ④ 서남아시아 건조 기후 지역의 주민들은 전통적으로 강한 햇볕으로부터 몸을 보호하기 위해 온몸을 가리는 의복(ⓔ)을 입고 다닙니다. ⑤ 서남아시아 건조 기후 지역의 이슬람교도들은 술과 돼지고기를 금기시하는 음식 문화(ⓜ)를 가지고 있습니다.

209 건조 기후 지역의 관개 시설   정답 ②

문제 분석 제시된 자료는 건조 기후 지역에서 볼 수 있는 지하 관개 수로(카나트)입니다. 카나트는 산지에 내린 강수로 형성된 지하수층까지 수직으로 굴을 판 다음 필요한 지점까지 물을 보내는 지하 관개 수로를 의미합니다.

정답 찾기 ② 짧은 풀과 이끼류를 찾아다니며 순록을 유목하는 것은 툰드라 기후 지역의 주민 생활 모습입니다. 건조 기후 지역의 주민들은 전통적으로 물과 풀을 찾아 이동하며 낙타, 양, 염소, 말 등의 가축을 기르는 유목 생활을 하였습니다.

오답 피하기 ① 건조 기후 지역에서는 한낮의 뜨거운 햇볕과 모래바람으로부터 피부를 보호하기 위해 온몸을 감싸는 형태의 헐렁한 옷을 주로 입습니다. ③ 건조 기후 지역에서는 기온의 일교차가 큰 것을 조절하고 강한 햇볕과 모래바람을 막을 수 있도록 창문은 작고 벽은 두꺼운 흙집을 짓습니다. ④ 건조 기후 지역의 주민은 유목을 통해 얻은 가축의 고기를 활용한 음식을 덖거나 밀로 만든 빵과 난을 주로 먹습니다. ⑤ 건조 기후 지역의 주민들은 오아시스나 외래 하천 주변에서 오아시스 농업이나 관개 농업을 하며 대추야자, 밀, 목화 등을 주로 재배합니다.

210 건조 기후 지역의 전통 가옥   정답 ②

문제 분석 지호가 여행하고 있는 아이트 벤 하두의 전통 주거지인 크사르(Ksar)를 보면 창문이 작고 지붕이 평평하며, 흙을 높게 쌓아 올려 지은 건물들이 모여 있음을 알 수 있습니다. 이러한 형태의 가옥은 주로 건조 기후 지역에서 볼 수 있습니다. 지도의 A는 런던, B는 아이트 벤 하두, C는 싱가포르, D는 배로, E는 몬트리올입니다.

정답 찾기 ② 지도의 B는 건조 기후가 나타나는 아이트 벤 하두입니다. 건조 아시아와 북부 아프리카의 건조 기후 지역에서는 창문이 작고 지붕이 평평한 형태의 전통 가옥이 나타납니다.

오답 피하기 ① 지도의 A는 서안 해양성 기후가 나타나는 런던입니다. ③ 지도의 C는 열대 우림 기후가 나타나는 싱가포르입니다. 열대 우림 기후 지역에서는 땅의 열기를 피하기 위한 고상 가옥이 전통적으로 나타납니다. ④ 지도의 D는 툰드라 기후가 나타나는 배로입니다. 툰드라 기후 지역에서는 순록의 천막으로 지은 이동식 가옥이나 땅이 녹아 가옥이 붕괴되는 것을 막기 위한 고상 가옥이 주로 나타납니다. ⑤ 지도의 E는 냉대 기후가 나타나는 몬트리올입니다. 냉대 기후 지역에서는 주변에 많은 통나무로 지은 전통 가옥이 주로 나타납니다.

211 건조 기후 지역의 자연환경과 주민 생활   정답 ③

고난도 평가원기출

①	②	❸	④	⑤ 함정
3%	2%	81%	5%	9%

🔍 눈으로 보는 해설

다음 글은 지도의 (가), (나) 지역에 대한 여행기의 일부이다. 밑줄 친 ㉠~㉢에 대한 옳은 설명만을 〈보기〉에서 고른 것은?

<small>오아시스 농업, 관개 농업</small>   <small>건조 기후 지역에서 주로 재배</small>

(가) ㉠ 이 지방에서 재배하는 보리나 밀은 11월에 파종해서 3월에 거둬들인다. 이 시기가 지나면 5월에 수확하는 대추야자를 제외하고는 ㉡ 지상에서는 무엇 하나 푸른 잎을 볼 수가 없다. 모든 것을 말라버리게 하는 맹렬한 더위 탓인 것이다.
<small>사막</small>
<small>└ 아열대 고압대의 영향</small>   …(중략)…
㉢ 신선한 물이 땅 밑으로 흐르는 수로에 도달하게 되는데, 이 수로를 따라 연이어 조성된 수직굴이 있어 물이 지나가는 것을 볼 수 있다.
<small>└ 지하 관개 수로(카나트)</small>

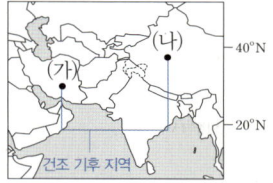

ⓔ 바람은 그들이 간 길을 모래로 덮어 버린다. 그렇기 때문에 그들이 어디로 갔는지 보이지도 않거니와 아예 사람이나 동물이 그리로 간 것처럼 느껴지지도 않는다.
― 『동방견문록』 ―
└ 바람의 퇴적 작용

〈 보기 〉
└ 열대 기후 지역의 전통적인 농업 형태
ㄱ. ⓐ－주로 이동식 화전 농업의 형태로 재배된다. ✗
ㄴ. ⓑ－아열대 고압대의 영향이 강한 시기에 나타나는 현상이다. (○)
ㄷ. ⓒ－인근의 산지로부터 공급되는 지하수를 이용한 관개 시설이다. (○)
ㄹ. ⓔ－'그들이 간 길'이 사막 포도로 변화되는 모습을 보여준다. ✗
└ 바람에 의한 모래의 제거로 형성

① ㄱ, ㄴ   ② ㄱ, ㄷ   ③ ㄴ, ㄷ   ④ ㄴ, ㄹ   ⑤ ㄷ, ㄹ

문제 분석 제시된 자료의 (가)와 (나)는 건조 아시아에 해당하는 지역입니다. (가)의 대추야자, 푸른 잎을 볼 수가 없다, 맹렬한 더위, 땅 밑으로 흐르는 수로, (나)의 바람은 그들이 간 길을 모래로 덮어 버린다 등의 표현에서 해당 지역이 건조 기후 지역임을 알 수 있습니다.

정답 찾기 ㄴ. 지상에서 푸른 잎을 볼 수 없고, 모든 것을 말라버리게 하는 맹렬한 더위는 아열대 고압대의 영향이 강한 시기에 나타나는 현상입니다. ㄷ. 신선한 물이 땅 밑으로 흐르는 수로는 카나트입니다. 카나트는 인근의 산지로부터 공급되는 지하수를 이용한 관개 시설입니다.

오답 피하기 ㄱ. 보리나 밀은 오아시스 농업이나 관개 농업을 통해 재배됩니다. 이동식 화전 농업은 열대 기후 지역의 전통적인 농업 형태입니다. ㄹ. 사막 포도는 사막 지역에서 바람에 의해 모래가 제거되고 자갈만 남게 된 지표면을 말합니다. 따라서 ⓔ에서 바람이 모래로 길을 덮어 버린 것은 사막 포도로 변화되는 모습으로 볼 수 없습니다.

💣 **함정 피하기**
사막 포도는 건조 기후에 형성되는 지형이다. 건조 기후 지역에서는 바람에 의해 형성되는 지형이 많은데, 바람에 날려 온 모래가 쌓여 이루어진 모래 언덕인 사구(바르한)가 있는 반면, 바람에 모래가 날려 자갈만 남겨진 사막 포도가 있다.

212 건조 기후 지역의 전통 가옥   정답 ④

문제 분석 (가)는 평평한 지붕과 작은 창문, 두꺼운 흙벽이 특징인 사막 기후 지역의 가옥입니다. (나)는 동물의 가죽이나 털로 만든 이동식 가옥으로 스텝 기후 지역의 가옥입니다.

정답 찾기 ④ 스텝 기후 지역은 사막 기후 지역에 비해 아열대 고압대의 영향을 받는 정도가 작으며, 강수량 대비 증발량 비율이 낮습니다. 또한, 이동식 가옥에 사는 스텝 기후 지역 주민들은 흙집에 사는 건조 기후 지역 주민들에 비해 거주지의 이동 빈도가 높습니다. 이러한 특성을 나타낸 점은 D에 해당합니다.

213 건조 기후 지역의 주민 생활과 기후 특성   정답 ⑤

문제 분석 자료의 바드기르는 건조 기후 지역에서 가옥 내부의 공기 정화와 냉방을 위해 만들어진 바람탑을 말합니다. 바드기르는 더운 열을 식혀 실내를 냉각하고 내부의 더운 열기를 밖으로 배출하는 역할을 합니다.

정답 찾기 ⑤ 바드기르는 건조 기후 지역의 가옥에서 볼 수 있는 바람탑이며, 연강수량이 250mm이하인 ⑤는 사막 기후 지역의 기후 그래프입니다.

오답 피하기 ① 최한월 평균 기온이 －3~18℃이며, 최난월 평균 기온이

22℃ 미만이므로 서안 해양성 기후를 나타낸 것입니다. ② 최난월 평균 기온이 0~10℃이므로 툰드라 기후를 나타낸 것입니다. ③ 최한월 평균 기온이 18℃ 이상이므로 열대 기후를 나타낸 것입니다. ④ 제시된 기후 그래프는 최한월 평균 기온이 －3~18℃이며 여름이 건조한 지중해성 기후를 나타낸 것입니다.

214 스텝 기후 지역의 전통 가옥   정답 ③

문제 분석 제시된 글에서 키 작은 풀이 자라 초원을 이루며 말과 염소, 양 등을 유목하는 것으로 보아 해당 지역은 스텝 기후 지역에 해당합니다.

정답 찾기 ③ 스텝 기후 지역에서 주로 볼 수 있는 전통 가옥은 조립과 분해가 쉬운 이동식 천막입니다.

오답 피하기 ① 지붕이 가파른 형태의 고상 가옥으로 열대 기후 지역의 전통 가옥입니다. ② 지붕이 평평하고 작은 창문의 가옥 구조가 나타나며 가옥 간의 간격이 좁은 사막 기후 지역의 전통 가옥입니다. ④ 통나무를 이용해 만든 가옥으로 주로 냉대 기후 지역에서 볼 수 있습니다. ⑤ 토양의 융해와 동결이 반복되어 가옥이 붕괴되는 것을 막기 위해 만들어진 고상 가옥으로 툰드라 기후 지역에서 볼 수 있습니다.

215 주요 화석 에너지 자원의 국가별 분포   정답 ①

자료 분석

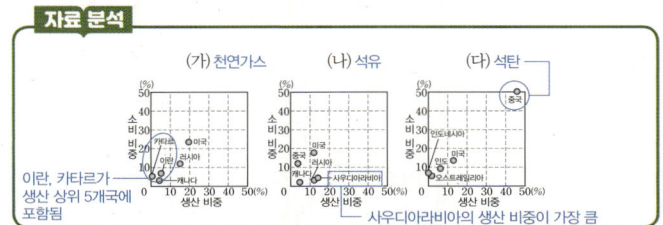

문제 분석 (가)는 미국과 러시아의 생산 비중과 소비 비중이 가장 크며, 이란과 카타르가 생산 상위 5개국에 포함된 천연가스이며, (나)는 사우디아라비아의 생산 비중이 가장 큰 석유입니다. (다)는 중국의 생산 비중과 소비 비중이 압도적으로 높은 석탄입니다.

정답 찾기 ① 천연가스(가)는 냉동 액화 기술이 개발된 이후 소비가 급증하였습니다.

오답 피하기 ② 석유(나)는 수송용으로 이용되는 비중이 큽니다. 제철 공업용, 발전용으로 주로 이용되는 자원은 석탄입니다. ③ 석탄(다)은 세계 1차 에너지 소비 구조에서 차지하는 비중이 두 번째로 높습니다. 세계 1차 에너지 소비 구조에서 차지하는 비중이 가장 큰 자원은 석유입니다. ④ 석탄(다)은 천연가스(가)보다 연소 시 대기 오염 물질의 배출량이 많습니다. ⑤ 석유(나)는 석탄(다)보다 산업에 본격적으로 이용된 시기가 늦습니다.

216 주요 화석 에너지 자원의 국가별 분포   정답 ③

문제 분석 (가)는 베네수엘라 볼리바르의 매장량이 가장 많으며, 사우디아라비아, 이란, 이라크, 쿠웨이트, 아랍 에미리트 등의 건조 아시아에 매장량이 많은 석유입니다. (나)는 이란, 카타르, 투르크메니스탄, 사우디아라비아, 아랍 에미리트 등의 건조 아시아에 매장량이 많은 천연가스입니다.

정답 찾기 ③ (가)는 석유이며, (나)는 천연가스입니다. 석유는 천연가스보다 세계 1차 에너지 소비 구조에서 차지하는 비중이 높으며, 지역 편재성이 커서 국제 이동량이 많습니다.

오답 피하기 ① 산업 혁명 시기의 주요 에너지 자원은 석탄입니다. ② 석유와 천연가스는 모두 신기 조산대 주변에 주로 분포합니다. 고기 조산대 주변에 주로 분포하는 화석 에너지는 석탄입니다. ④ 천연가스(나)는 석유(가)보다 수송용 연료로 이용되는 비중이 작습니다. ⑤ 천연가스(나)는 세계 1차 에너지 소비 구조에서 세 번째로 높은 비중을 차지하고 있으며, 석

유(가)는 세계 1차 에너지 소비 구조에서 가장 높은 비중을 차지합니다. 따라서 천연가스는 석유보다 세계 1차 에너지로서 소비되는 양이 적습니다.

217 주요 화석 에너지 자원의 분포와 특징　　　정답 ⑤

문제 분석 지도에서 A는 페르시아만 연안에 집중적으로 분포하는 등 서남아시아 및 북부 아프리카에 매장량이 많은 석유이며, B는 카자흐스탄에 주로 분포하는 석탄입니다.

정답 찾기 ㄷ. 석유(A)는 건조 아시아와 북부 아프리카에 세계 매장량의 절반 이상이 매장되어 있습니다. 따라서 석유(A)는 석탄(B)보다 서남 아시아의 경제에 미치는 영향력이 큽니다. ㄹ. 석탄(B)은 산업 혁명 시기의 주요 에너지 자원으로 석유(A)보다 산업에 본격적으로 이용된 시기가 이릅니다.

오답 피하기 ㄱ. 석유(A)는 주로 신기 조산대 주변에 분포하여, 고기 조산대 주변에 주로 분포하는 에너지 자원은 석탄(B)입니다. ㄴ. 냉동 액화 기술의 개발 이후 소비가 급증한 에너지 자원은 천연가스입니다.

218 건조 아시아와 북부 아프리카의 산업 구조　　　정답 ③

문제 분석 (가)는 2차 산업의 비중이 상대적으로 높고 연료 및 광물의 수출 비중이 높은 사우디아라비아이며, (나)는 1차 산업의 비중이 상대적으로 높고 무역액이 가장 적은 이집트입니다. (다)는 무역 구조에서 공업 제품의 수출 비중이 높은 터키입니다.

정답 찾기 ③ 사우디아라비아(가)는 원유 개발과 건설업에 필요한 외국인 청장년 남성들의 인구 유입이 활발하여 터키(다)보다 청장년층의 성비가 높습니다.

오답 피하기 ① 사우디아라비아(가)는 아시아에 위치합니다. ② 이집트(나)는 터키(다)보다 저위도에 위치합니다. ④ 터키(다)의 무역액을 보면 수출액보다 수입액이 많습니다. 따라서 터키는 무역 구조가 적자입니다. ⑤ 이집트(나)는 세 국가 중 1차 산업 종사자 비율이 가장 높습니다.

219 건조 아시아와 북부 아프리카의 산업 구조　　　정답 ④

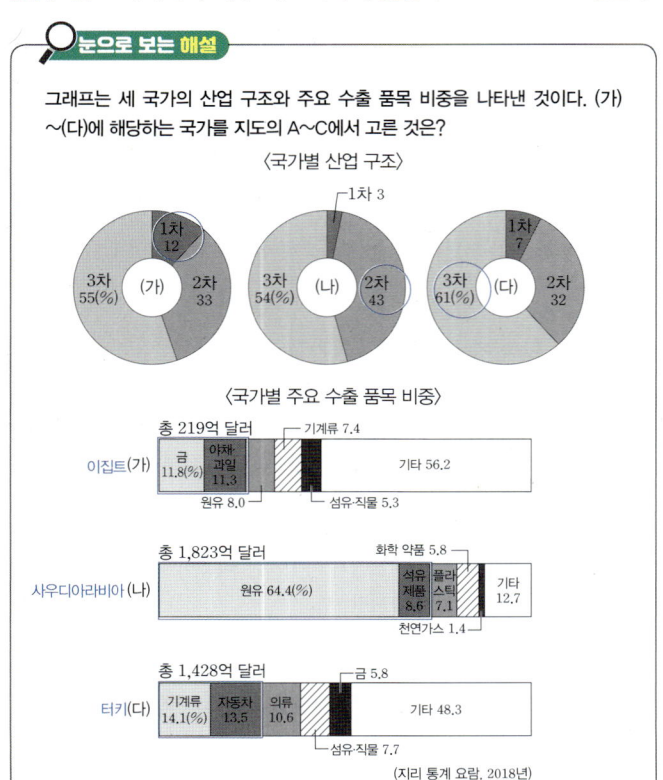

눈으로 보는 해설

그래프는 세 국가의 산업 구조와 주요 수출 품목 비중을 나타낸 것이다. (가)~(다)에 해당하는 국가를 지도의 A~C에서 고른 것은?

〈국가별 산업 구조〉

1차 12 / 2차 33 / 3차 55(%) (가)
1차 3 / 2차 43 / 3차 54(%) (나)
1차 7 / 2차 32 / 3차 61(%) (다)

〈국가별 주요 수출 품목 비중〉

이집트(가) 총 219억 달러
금 11.8(%) / 야채·과일 11.3 / 원유 8.0 / 기계류 7.4 / 섬유·직물 5.3 / 기타 56.2

사우디아라비아(나) 총 1,823억 달러
원유 64.4(%) / 석유 제품 8.5 / 플라스틱 7.1 / 천연가스 1.4 / 화학 약품 5.8 / 기타 12.7

터키(다) 총 1,428억 달러
기계류 14.1(%) / 자동차 13.5 / 의류 10.6 / 섬유·직물 7.7 / 금 5.8 / 기타 48.3

(지리 통계 요람, 2018년)

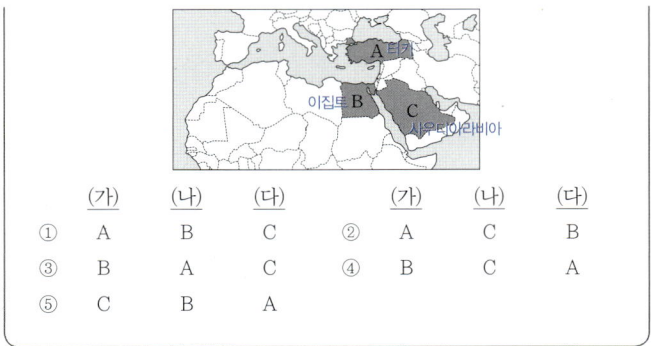

	(가)	(나)	(다)		(가)	(나)	(다)
①	A	B	C	②	A	C	B
③	B	A	C	④	B	C	A
⑤	C	B	A				

문제 분석 (가)는 1차 산업이 차지하는 비중이 상대적으로 높고 금, 야채·과일의 수출 비중이 높은 이집트입니다. 이집트는 지중해성 기후를 이용하여 오렌지를 생산하는 세계적인 오렌지 수출국입니다. (나)는 2차 산업이 차지하는 비중이 상대적으로 높으며 원유와 석유 제품의 수출 비중이 총 수출의 절반 이상을 차지하는 사우디아라비아입니다. (다)는 3차 산업이 차지하는 비중이 상대적으로 높으며, 기계류와 자동차의 수출 비중이 높은 터키입니다. 터키는 유럽과의 지리적 인접성, 저렴한 인건비를 활용한 제조업이 발달하고 있습니다.

정답 찾기 ④ 세 국가 중 상대적으로 농업이 발달한 (가)는 이집트, 원유 수출 비중이 높은 (나)는 사우디아라비아, 기계류와 자동차의 수출 비중이 높은 (다)는 터키입니다. 지도의 A는 터키, B는 이집트, C는 사우디아라비아이므로 (가)는 B, (나)는 C, (다)는 A입니다.

함정 피하기

건조 아시아와 북부 아프리카에 위치하는 국가 내에서도 국가별 산업 구조는 다양하게 나타난다. 건조 아시아와 북부 아프리카에서도 화석 에너지 생산이 많은 국가와 화석 에너지 생산이 적은 국가의 산업 구조를 비교할 수 있어야 한다. 특히 이곳에 위치한 대표적인 국가인 사우디아라비아, 이집트, 터키의 산업 구조가 분포 자원, 지리적 위치, 기후 등에 따라 다르게 나타남을 이해할 수 있도록 한다.

220 사막화와 지구 온난화　　　정답 ②

자료 분석

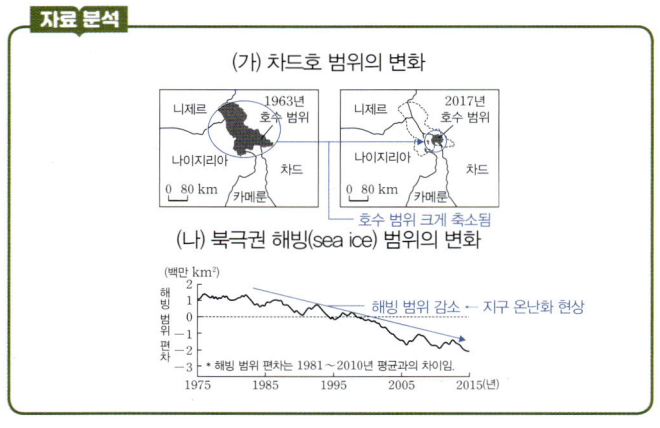

(가) 차드호 범위의 변화

(나) 북극권 해빙(sea ice) 범위의 변화

해빙 범위 감소 ← 지구 온난화 현상

* 해빙 범위 편차는 1981~2010년 평균과의 차이임.

문제 분석 자료 (가)에서 1963년에 비해 2017년 차드호의 범위가 크게 축소되었음을 알 수 있습니다. 이는 해당 지역의 사막화 현상에 따라 나타난 변화입니다. 자료 (나)에서 북극권 해빙(sea ice)의 범위가 지속적으로 감소하고 있습니다. 이는 지구 온난화 현상에 따라 나타난 변화입니다.

정답 찾기 갑. 사막화 현상은 장기간의 가뭄이라는 자연적 요인과 과도한 방목이라는 인위적 요인에 의해 발생합니다. 병. 지구 온난화 현상의 가장 주요한 요인 중 하나는 이산화탄소, 메탄 등의 온실 가스 증가입니다.

오답 피하기 을. 사막화로 드러난 호수 바닥은 토양의 염류화 현상으로 염분 농도가 높아 농경지로의 이용이 어렵습니다. 정. 지구 온난화에 대응하기 위해 국제 사회는 교토 의정서, 파리 협정을 체결하였습니다. 바젤 협약은 유해 물질의 국제 이동을 막기 위해 맺어졌습니다.

221 사막화와 지구 온난화　　　　　　정답 ②

문제 분석 (가) 북극권 해빙(sea ice)의 축소는 지구 온난화에 따라 나타난 현상입니다. (나) ○○해는 아랄해이며 사막화의 영향으로 그 규모가 점차 축소되고 있습니다.

정답 찾기 ② (가)는 지구 온난화에 따라 나타난 현상이며, 이러한 문제 해결을 위해 국제 사회는 교토 의정서, 파리 협정을 체결하였습니다. 바젤 협약은 유해 물질의 국제 이동을 막기 위해 맺어졌습니다.

오답 피하기 ① 지구 온난화 현상의 가장 주요한 요인 중 하나는 이산화탄소, 메탄 등의 온실가스 증가입니다. ③ 사막화로 인해 ○○해의 호수 면적은 점차 축소되었으며, 평균 수심은 얕아졌습니다. ④ ○○해 주변 사막화의 주요 요인은 ○○해로 흘러드는 하천의 물을 관개용수로 활용하는 관개 농업이 지나치게 이루어졌기 때문입니다. ⑤ ○○해는 염분 농도가 높은 호수였으나, 사막화로 호수의 물이 증발되어 토양의 염분 농도가 더욱 높아지게 되었습니다. 이를 토양 염류화라 하며, 토양 염류화로 인해 사막화는 더욱 가속화되고 있습니다.

222 사막화와 열대림 파괴 문제　　　　　정답 ③

고난도 평가원 기출

	①	②	❸	④	⑤
함정	8%	0%	88%	1%	3%

🔍 눈으로 보는 해설

다음 자료의 (가), (나) 지역과 A, B 환경 문제에 대한 설명으로 옳지 않은 것은?

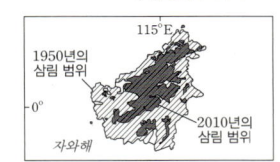

(가) 아프리카의 차드호　　　(나) 동남아시아의 보르네오섬

○○ 호 주변 지역에서는 장기간 가뭄과 과도한 경작으로 초목이 사라지고 토양이 황폐해지는 **A** 이/가 진행되고 있다.
└ 사막화

△△섬에서는 농경지 확대와 과도한 벌목으로 울창했던 삼림 면적이 급격히 감소하는 **B** 이/가 진행되고 있다.
└ 열대 우림 파괴

① (가)는 아프리카 사헬 지대에 위치한다.(○)
② (나)에서는 열대림이 축소되었다.(○)
③ A 문제 해결을 위해 바젤 협약이 체결되었다.
　　　　└ 사막화 방지 협약
④ B는 아마존강 유역에서도 발생하고 있다.(○)
⑤ B가 일어난 (나) 지역에서는 토양 침식이 가속화되고 있다.(○)

문제 분석 제시된 자료의 A는 장기간 가뭄과 과도한 경작으로 초목이 사라지고 토양이 황폐해지는 사막화이며, (가)의 ○○호는 아프리카의 차드호입니다. B는 농경지 확대와 과도한 벌목으로 울창했던 삼림 면적이 급격히 감소하는 열대 우림 파괴이며, (나)의 △△섬은 동남아시아의 보르네오섬입니다.

정답 찾기 ③ 사막화 문제를 해결하기 위해 사막화 방지 협약이 체결되었습니다. 바젤 협약은 유해 물질의 국제 이동을 막기 위해 맺어졌습니다.

오답 피하기 ① 차드호(가)는 사막화의 대표적 사례 지역인 아프리카 사헬 지대에 위치합니다. ② 보르네오섬(나)의 열대림은 1950년 이후 축소되었습니다. ④ 열대 우림 파괴(B)는 아마존강 유역에서도 발생하고 있습니다. ⑤ 열대 우림 파괴(B)로 식생 밀도가 낮아지면서 보르네오섬에서는 토양 침식이 가속화되고 있습니다.

💣 함정 피하기

지도에 표시된 위도와 경도를 통해 (가)와 (나) 지역이 어느 곳인지를 추론할 수 있다. (가)의 경우 북반구의 저위도(13°N)에 위치하며, 본초 자오선과 가까운 14°E에 위치한다. 따라서 아프리카 북쪽의 사헬 지대 부근임을 알 수 있다. (나)의 경우 적도 부근에 위치하며 115°E에 위치한다. 따라서 (나)는 아시아의 적도 부근에 위치한 섬이며, 이 지역의 삼림은 열대림임을 알 수 있다.

223 사막화에 따른 지역 문제　　　　　정답 ②

문제 분석 위성 영상에서는 1977년보다 2016년에 아랄해의 면적이 크게 축소되었음을 알 수 있습니다. 이는 사막화 현상에 따른 변화입니다.

정답 찾기 갑. 아랄해 면적 축소의 주요 요인은 아랄해로 흘러드는 하천의 물을 관개용수로 활용하는 관개 농업이 지나치게 이루어졌기 때문입니다. 병. 아랄해의 면적이 축소되면서 염분 농도는 증가하고 토양의 염류화 현상이 나타납니다.

오답 피하기 을. 사막화 현상은 주로 스텝 기후 지역에서 발생합니다. 정. 사막화를 막기 위해 국제 사회는 사막화 방지 협약을 체결하였습니다. 몬트리올 의정서는 오존층 파괴 물질의 배출을 제한하기 위해 체결되었습니다.

224 사막화에 따른 지역 문제　　　　　정답 ⑤

정답 찾기 ⑤ 사막화를 막기 위해 체결된 국제 협약은 사막화 방지 협약입니다. 파리 협약은 지구 온난화의 원인이 되는 온실 가스를 감축하기 위해 체결된 협약입니다.

오답 피하기 ① 사막화의 자연적 요인으로는 오랜 가뭄을 들 수 있습니다. ② 사막화의 인위적 요인으로는 지나친 방목과 관개 농업을 들 수 있습니다. ③ 아프리카의 사헬 지대는 변두리라는 의미로 사하라 사막 남부의 사막과 스텝의 점이 지역을 일컫는 말입니다. ④ 중국 내몽골 지역의 사막화로 우리나라에서는 황사 현상이 심화됩니다.

225 사막화의 주요 요인　　　　　　정답 ①

문제 분석 제시된 지도와 그래프를 보면 차드호의 면적이 점차 줄어들고 있음을 알 수 있습니다. 차드호의 면적 감소는 사막화의 영향을 받은 것으로 사막화의 요인이 무엇인지를 묻는 문항입니다.

정답 찾기 ㄱ. 사막화의 자연적 요인으로는 기후 변화로 인한 오랜 가뭄을 들 수 있습니다. ㄴ. 인구 증가에 따른 과도한 방목은 사막화의 인위적 요인으로 볼 수 있습니다.

오답 피하기 ㄷ. 차드호의 면적 감소는 농지 개발을 위한 대규모 간척 사업과는 관련이 없습니다. ㄹ. 지나친 벌목은 사막화의 요인이 될 수 있지만, 차드호 주변에서 대규모 산업 단지 건설을 위한 벌목이 행해지지는 않았습니다.

Ⅵ. 유럽과 북부 아메리카

핵심 개념 CHECK!
▶ 본문 113쪽

01 A-요크셔·랭커셔, B-로렌, C-소피아 앙티폴리스
02 A-태평양 연안, B-오대호 연안, C-멕시코만 연안
03 ◯ **04** × **05** ◯ **06** ◯ **07** × **08** ◯ **09** ◯ **10** ×

◯× 문장 바로 알기

03 영국에서 시작된 산업 혁명의 확산은 석탄 분포의 영향을 받았다.

04 영국의 랭커셔·요크셔, 독일의 루르 지방은 <s>첨단 산업</s>이 발달한 곳이다.
중화학 공업

05 프랑스의 로렌 지방은 풍부한 철광석을 바탕으로 제철 공업이 발달하였다.

06 유럽은 석유가 공업의 에너지원으로 이용되고 해외의 값싼 철광석 수입이 증가하면서 임해 지역에 새로운 공업 지역이 형성되었다.

07 미국 최초의 공업 지역은 <s>오대호 연안 공업</s> 지역이다.
뉴잉글랜드 공업 지역

08 선벨트 지대에서는 항공, 우주, 전자, 정보 통신 등의 기술 집약적 첨단 산업이 발달하고 있다.

09 디트로이트는 자동차 산업이 쇠퇴하면서 인구가 감소하였다.

10 실리콘밸리는 미국 <s>남부의 플로리다주</s>에 위치해 있다.
서부의 캘리포니아주

기출+예상 문제로 주제 정복하기
▶ 본문 115~119쪽

226 ⑤	**227** ④	**228** ②	**229** ②	**230** ②	**231** ②
232 ③	**233** ②	**234** ②	**235** ④	**236** ⑤	**237** ④
238 ②	**239** ③	**240** ①	**241** ②	**242** ①	**243** ④
244 ④	**245** ④				

226 소피아 앙티폴리스와 로테르담의 공업 특성
정답 ⑤

자료 분석

> (가) 소규모 관광 도시였던 지역이 정보 통신 및 생명 과학 분야의 연구소, 대학, 산업체 등이 집중된 첨단 산업 단지로 변모하였다. 이 지역은 연중 맑은 날이 많아 연구 환경이 쾌적하다. → 프랑스의 소피아 앙티폴리스
> (나) 교통이 발달하고 석탄을 대신하여 석유가 주요 에너지원으로 사용되면서 등장한 공업 지역이다. 해운과 수운을 이용한 무역의 중심지이며 석유 정제 및 석유 화학 공업이 크게 발달하였다. → 네덜란드의 로테르담
> 원료 수입과 제품 수출에 유리한 임해 공업 지역

문제 분석 (가)는 소피아 앙티폴리스, (나)는 로테르담입니다.
정답 찾기 ⑤ 프랑스 남동부에 위치한 소피아 앙티폴리스(C)는 쾌적한 기후 환경이 나타나고, 정보 통신 및 생명 과학 분야의 연구소, 대학, 산업체 등이 집중되어 첨단 산업 단지로 발달하였습니다. 네덜란드의 로테르담(B)은 원료 수입과 제품 수출에 유리한 항만 지역으로, 석유 정제 및 석

유 화학 공업이 크게 발달하였습니다.
오답 피하기 A. 요크셔와 랭커셔는 석탄, 철광석 등 풍부한 원료 산지를 바탕으로 중화학 공업이 발달하였으나 자원 생산량 감소 및 시설 노후화로 공업이 쇠퇴하였습니다.

227 유럽 공업 지역의 입지 특성
정답 ④

문제 분석 (가)는 대도시와 그 주변 지역 및 연구소와 대학이 인접한 지역에 입지한 첨단 산업 지역이고, (나)는 원료 및 연료 산지에 입지한 전통 공업 지역이며, (다)는 내륙 수운과 해운이 편리한 지역을 중심으로 입지한 신흥 중화학 공업 지역입니다.
정답 찾기 ④ 첨단 산업 지역(가)은 신흥 중화학 공업 지역(다)보다 공업 지역 형성 시기가 늦습니다.
오답 피하기 ① 풍부한 석탄과 철광석을 바탕으로 공업이 발달했던 지역은 (나)의 전통 공업 지역입니다. ② 자원의 해외 의존도 증가로 공업이 성장한 지역은 (다)의 신흥 중화학 공업 지역입니다. ③ 대도시와 연구소, 대학 등을 중심으로 발달한 첨단 산업 지역은 (가)입니다. ⑤ 운하의 발달로 (나)의 주요 생산 시설이 (다)로 이전하였습니다.

228 유럽 공업 지역의 특성
정답 ②

문제 분석 (가)는 유럽의 대도시 및 대학과 연구소를 중심으로 발달한 첨단 산업 지역이고, (나)는 원료 및 연료 산지를 중심으로 중화학 공업이 발달했던 전통 공업 지역입니다.
정답 찾기 ② 전통 공업 지역(나)은 자원 고갈과 시설 노후화로 중화학 공업이 쇠퇴하고 있습니다.
오답 피하기 ① 첨단 산업 지역(가)의 경우 고급 인력에 의존하므로, 종사자의 평균 임금 수준이 매우 높습니다. ③ 공업이 발달하기 시작한 시기는 첨단 산업 지역(가)보다 전통 공업 지역(나)이 이릅니다. ④ 지식 집약적인 고부가 가치 공업은 첨단 산업 지역(가)을 중심으로 발달해 있습니다. ⑤ 총 생산비에서 원료 운송비가 차지하는 비중이 높은 공업은 전통 공업 지역(나)에서 발달하였습니다.

229 첨단 산업 및 전통 공업이 발달했던 도시
정답 ②

문제 분석 (가)에 속하는 시스타, 케임브리지 사이언스 파크, 소피아 앙티폴리스는 모두 첨단 산업이 발달한 도시인 반면, (나)에 속하는 맨체스터와 도르트문트는 모두 전통 공업이 발달했던 도시입니다.
정답 찾기 ㄱ. 전통 공업은 첨단 산업보다 발달의 역사가 오래되었습니다. ㄷ. 전통 공업은 첨단 산업보다 원료 자원에 대한 의존도가 높습니다.
오답 피하기 ㄴ. 전통 공업은 대기 오염 물질의 배출량이 많습니다. ㄹ. 전통 공업은 지식 정보 산업의 생산액 비중이 낮습니다.

230 루르 공업 지역과 제3 이탈리아
정답 ②

눈으로 보는 해설

다음 글의 (가), (나) 지역을 지도의 A~C에서 고른 것은?
중화학 공업 발달
전통 공업 지역

> (가) 사람들은 촐페라인 등에서 나온 석탄을 '검은 황금'이라고 불렀다. 일자리를 만들고 국가 경제를 일으켰기 때문이다. 그러나 검은 황금의 빛은 영원하지 않았다. 1986년 촐페라인 탄광은 폐쇄됐고, 지역 경제에 찬바람이 불었다. 주 정부는 촐페라인이 소중한 지역 유산이라 생각해 2억 유로를 들여 문화 공간으로 탈바꿈시켰다. → 독일의 루르 공업 지역(A)
> (나) 이곳에는 대기업도 없고, 대규모 공단도 없다. 수많은 중소 기업이 내수와 수출을 담당하며 경제를 떠받치고 있고, 수많은 협동조합이 존재하여 제2차 세계 대전 이후 경제를 크게 부흥시켰다. 이러한 협동 경제 모델은 '에밀리아 모델'이라는 이름으로 불리고 있다. → 이탈리아의 제3 이탈리아(C)

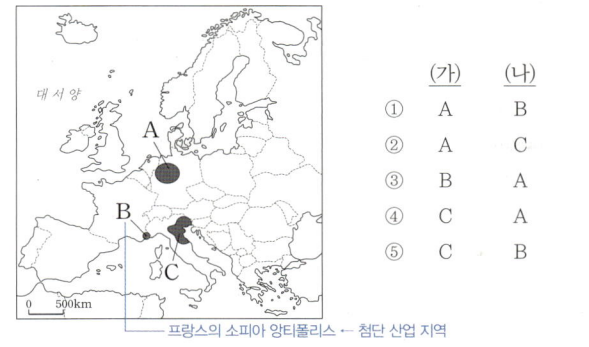

	(가)	(나)
①	A	B
②	A	C
③	B	A
④	C	A
⑤	C	B

프랑스의 소피아 앙티폴리스 ← 첨단 산업 지역

문제 분석 지도의 A는 독일의 전통 공업 지역인 루르 공업 지역, B는 프랑스 남부의 첨단 산업 지역인 소피아 앙티폴리스, C는 협동조합을 중심으로 고급 소비재 제품을 생산하는 이탈리아 북부의 제3 이탈리아입니다.

정답 찾기 ② 지역에서 생산된 석탄을 바탕으로 중화학 공업이 발달했으나 탄광이 폐쇄되면서 탄광 시설 등을 문화 공간으로 탈바꿈시킨 (가)는 독일의 루르 공업 지역입니다. 수많은 중소기업이 협동조합을 통해 고급 소비재 생산을 이어오고 있는 지역인 (나)는 이탈리아의 제3 이탈리아입니다. 제3 이탈리아는 에밀리아로마냐, 롬바르디아, 베네토 등지로 신발, 가죽, 가구, 도예 등 전통적인 중소 규모의 제조업이 지역별로 특화되어 있습니다. 따라서 (가)는 A, (나)는 C와 연결됩니다.

오답 피하기 B. 소피아 앙티폴리스는 정보 통신 및 생명 과학 분야의 연구소, 대학, 기업 등이 집중된 첨단 산업 지역입니다.

💣 함정 피하기

특정 공업 지역에 대한 설명이 구체적 사례로 제시되어 헷갈렸을 가능성이 높다. 보통 큰 범위의 공업 지역 이름과 위치만 외우는 경우가 많은데, 시험에서는 대체로 공업 지역에 대한 구체적 사례와 지도를 함께 묻기 때문에 문제를 풀 때마다 공업 지역별 주요 내용은 따로 정리해 두는 것이 좋다. 루르 지방(졸페라인, 뒤스부르크 등)과 같이 탄전을 중심으로 한 전통적 공업 지역은 과거의 산업 시설을 활용해 문화 시설로 탈바꿈하고 있으며, 소피아 앙티폴리스에는 쾌적한 환경을 바탕으로 다국적 기업이 다수 입지한 첨단 산업 클러스터가 형성되어 있다. 제3 이탈리아는 패션 및 디자인 산업을 전통적 장인의 제조업으로 육성한 고부가 가치의 산업 단지이다.

231 맨체스터 일대의 광공업 변화　　정답 ②

문제 분석 영국의 전통 공업 지역을 대표하는 요크셔·랭커셔 지역의 변화를 나타낸 것입니다. 전체적으로 광업이 쇠퇴하고 공업 구조가 변화하였음을 알 수 있습니다.

정답 찾기 ㄱ. 지도를 보면 석탄 광산이 감소하였으므로 지역의 광업 종사자 수는 감소하였습니다. ㄷ. 광산 중심의 노팅엄은 시가지 크기의 변화가 작은 반면 바다를 끼고 있는 리버풀은 시가지가 크게 확대되었습니다. 이를 통해 리버풀이 노팅엄보다 인구 증가율이 높다는 것을 추론해 볼 수 있습니다.

오답 피하기 ㄴ. 지도를 보면 화학·합성 수지·약품 공업이 성장한 것을 알 수 있습니다. ㄹ. 1950년 대비 2006년에 섬유 공장은 크게 줄어들었지만, 새로운 기계가 개발·이용되면서 섬유 공업의 노동 생산성은 높아졌다고 볼 수 있습니다.

232 전통 공업 지역과 신흥 중화학 공업 지역　　정답 ③

문제 분석 (가)는 원료 및 연료 산지를 중심으로 중화학 공업이 발달했던 유럽의 전통 공업 지역이고, (나)는 수운 및 해운 등 편리한 교통 여건을 바탕으로 중화학 공업이 발달한 유럽의 신흥 중화학 공업 지역입니다.

정답 찾기 ③ 신흥 중화학 공업 지역(나)은 전통 공업 지역(가)보다 원료 자원의 매장량이 적고, 공업 지역의 형성 시기가 늦으며, 해운(하운) 교통이 편리합니다. 따라서 (가) 공업 지역과 비교한 (나) 공업 지역의 상대적 특성은 그림의 C에 해당합니다.

233 전통 공업 지역의 특성　　정답 ②

문제 분석 지도에 표시된 지역은 영국의 요크셔·랭커셔, 프랑스의 로렌, 독일의 루르와 작센 공업 지역으로, 이 지역들은 모두 원료 및 동력 산지를 기반으로 중화학 공업이 발달했던 곳입니다.

정답 찾기 ② 지도에 표시된 지역은 모두 석탄이나 철광석 등의 지하자원을 바탕으로 공업이 발달했던 전통 공업 지역입니다.

오답 피하기 ① 첨단 산업이 발달한 곳은 영국의 케임브리지 사이언스 파크, 프랑스의 소피아 앙티폴리스 등입니다. ④ 장인(匠人)에 의해 전통 산업이 보존되고 있는 대표적인 지역은 제3 이탈리아와 같은 이탈리아 북부 지방입니다. ⑤ 첨단 산업 지역에 대한 설명입니다. 고급 인력 확보에 용이한 유럽의 대도시는 세계 도시인 런던, 파리 등으로 지도에 표시된 지역과는 관련이 없습니다.

234 빌바오의 변화　　정답 ②

🔍 눈으로 보는 해설

다음 글의 밑줄 친 '이 도시'를 포함하고 있는 공업 지역을 지도의 A~E에서 고른 것은?

지난 15세기 이후 제철, 철강, 조선이 주력 산업이었던 이 도시는 한국을 비롯한 아시아 지역에서 조선 및 철강 산업이 발달하면서 주력 산업이 쇠퇴하였으며, 그에 따라 인구도 감소하였다. 이 도시는 구겐하임 미술관의 유럽 분관을 유치하는 등 '도시 재생 프로젝트'를 추진하여 제조업 도시에서 문화 도시로 탈바꿈하게 되었다. 이 도시의 변화를 흔히 '빌바오 효과'라고 부른다. → 에스파냐의 빌바오

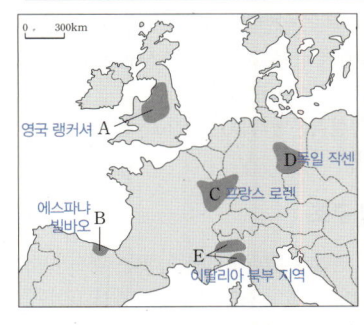

① A
② B
③ C
④ D
⑤ E

정답 찾기 ② 제철, 철강, 조선 공업이 주력 산업이었으나, 구겐하임 미술관의 유럽 분관을 유치하는 등 도시 재생 프로젝트를 통해 문화 도시로 거듭나게 된 도시는 에스파냐 북부에 위치한 빌바오입니다. 빌바오는 지도의 B에 위치합니다.

오답 피하기 ① 영국의 랭커셔 공업 지역입니다. ③ 프랑스의 로렌 공업 지역입니다. ④ 독일의 작센 공업 지역입니다. ⑤ 이탈리아 북부의 공업 지역입니다.

💣 함정 피하기

빌바오는 에스파냐 북부 바스크 지방의 중심 도시이다. 과거 철광석 산지를 바탕으로 제철 공업이 발달한 곳이었으나, 제조업이 쇠퇴한 이후 미술관 유치를 통해 문화 도시로 거듭나고 있다. 구체적인 지역 변화의 내용을 담고 있는 문항을 해결하기 위해서는 각 공업 지역의 특색을 잘 알아 두어야 한다.

235 첨단 산업 지역의 특성 　　　　　정답 ④

문제 분석 유럽에서는 1960년대 이후 고부가 가치의 첨단 산업 지역이 성장하고 있는데, 프랑스의 소피아 앙티폴리스, 영국의 케임브리지 사이언스 파크, 스웨덴의 시스타 사이언스 시티, 핀란드의 오울루 테크노폴리스 등이 대표적입니다.

정답 찾기 ㄴ. 첨단 산업은 지식 및 정보 집약적인 산업으로 부가 가치가 높습니다. ㄹ. 첨단 산업 지역은 연구소, 대학, 기업 간 연계를 통한 산업 클러스터가 조성되어 있습니다.

오답 피하기 ㄱ. 첨단 산업은 종사자의 학력 수준이 매우 높습니다. ㄷ. 첨단 산업은 기술의 변화 속도가 빠르기 때문에 첨단 산업 제품은 제품의 수명 주기가 짧은 것이 특징입니다.

236 미국의 주요 공업 도시 　　　　　정답 ⑤

자료 분석

오대호 →
(가) 도시의 특징 ─ 디트로이트 ─── 철광석 등
- 편리한 수운과 주변의 지하자원을 바탕으로 중화학 공업 발달
- 1900년대 초 ○○사 설립 이후 자동차 산업 성장
- 제조업 침체 지역인 '러스트벨트'에 위치 ← 동아시아 신흥 공업 지역의 성장으로 경제력 약화
(나) 도시의 특징 ─ 휴스턴
- 면화 집산지와 선적 항구로 발달
- 1900년대 초 주변에서 석유가 발견된 이후 석유 화학 산업의 중심지로 성장
- 항공 우주국을 중심으로 첨단 우주 항공 산업 발달

문제 분석 (가) 도시는 자동차 산업을 통해 성장하였으며 러스트벨트에 위치해 있습니다. (나) 도시는 면화 집산지였으나 석유 발견 이후 석유 화학 산업의 중심지로 성장하였습니다.

정답 찾기 ⑤ 오대호의 편리한 수운과 주변 지역의 풍부한 철광석 등을 바탕으로 중화학 공업이 발달했으며, 자동차 산업으로 성장한 도시는 디트로이트(C)입니다. 디트로이트는 우리나라, 일본, 독일 등의 자동차 산업이 성장하면서 경제가 쇠퇴하고 인구가 감소하는 문제점이 나타났습니다. 면화 집산지와 면화 선적 항구로 발달한 도시로 석유 발견 이후 석유 화학 산업이 발달하고, 오늘날에는 항공 우주국을 중심으로 첨단 우주 항공 산업이 발달하고 있는 도시는 휴스턴(B)입니다.

오답 피하기 A. 인근에 위치한 실리콘밸리를 중심으로 첨단 산업이 발달하고 있는 샌프란시스코입니다.

237 미국의 지역별 제조업 구조 　　　　　정답 ④

문제 분석 지도의 A는 태평양 연안의 캘리포니아주, B는 멕시코만 연안의 텍사스주, C는 오대호 연안의 오하이오주입니다. 그래프 (가)는 기계 및 운송 장비>석유 화학>금속 순으로 제조업 출하액 비중이 높고, (나)는 석유 화학>컴퓨터 및 전자>기계 및 운송 장비 순으로 출하액 비중이 높으며, (다)는 석유 화학 공업이 전체 출하액의 2/3 정도를 차지합니다.

정답 찾기 ④ 텍사스주(B)는 석유 화학 공업 의존도가 매우 높으므로 (다)이고, 캘리포니아주(A)는 컴퓨터 및 전자 공업이 발달했으므로 (나)이며, 오하이오주(C)는 기계 및 운송 장비 공업, 즉 자동차 공업이 발달했으므로 (가)입니다. 따라서 (가)는 C, (나)는 A, (다)는 B와 연결됩니다.

238 선벨트와 러스트벨트 지역 　　　　　정답 ②

문제 분석 A는 풍부한 철광석과 석탄, 편리한 수운을 바탕으로 제철, 자동차, 기계 공업이 발달한 오대호 연안 공업 지역입니다. B는 선벨트 지역으로 우주 항공, 반도체, 전자 산업 등이 발달한 태평양 연안 공업 지역입니다. C는 선벨트 지역으로 석유 화학, 우주 항공 산업 등이 발달한 멕시코만 연안 공업 지역입니다.

정답 찾기 ㄴ. 태평양 연안 공업 지역(B)은 온화한 기후 조건과 고급 기술

인력을 바탕으로 영화 제작, 컴퓨터 관련 산업 등이 발달하였습니다. ㄷ. 멕시코만 연안 공업 지역(C)에는 석유 자원을 바탕으로 대규모 석유 화학 공업 단지가 조성되어 있습니다.

오답 피하기 ㄱ. 우주 항공 산업은 B, C와 같은 선벨트 지역에서 급속히 성장하고 있습니다. ㄹ. 첨단 산업이 발달한 태평양 연안 공업 지역(B)은 철강 산업 발달과 관련이 적습니다.

239 미국 내 주별 제조업 종사자 수 변화 　　　　　정답 ③

문제 분석 (가)는 오대호 연안 공업 지역의 제조업 종사자 수가 많으므로 1950년입니다. (나)는 오대호 연안 공업 지역의 제조업 종사자 수가 상대적으로 적은 반면, 선벨트에 해당하는 캘리포니아주와 텍사스주 등의 제조업 종사자 수가 상대적으로 많으므로 2015년입니다.

정답 찾기 ㄴ. 1950년에는 북동부 지역, 즉 오대호 연안 공업 지역을 중심으로 제조업이 발달하였습니다. ㄷ. 2015년 제조업 종사자 수가 100만 명 이상인 주는 태평양 연안에 위치한 캘리포니아주입니다.

오답 피하기 ㄱ. (가)는 1950년이고, (나)는 2015년입니다. ㄹ. 제조업의 중심이 러스트벨트 지역에서 선벨트 지역으로 이동하는 과정에서 제조업 종사자 10만 명 미만인 주의 수는 감소하였습니다.

240 미국 주요 공업 지역의 특성 　　　　　정답 ①

문제 분석 지도의 A는 오대호 연안 공업 지역, B는 뉴잉글랜드 공업 지역, C는 태평양 연안 공업 지역, D는 멕시코만 연안 공업 지역입니다.

정답 찾기 ① 오대호 연안 공업 지역(A)은 풍부한 철광석, 편리한 수운 등을 배경으로 제철 공업이 발달하였습니다.

오답 피하기 ②, ③ 첨단 산업이 집중된 실리콘밸리를 포함하면서, 우주 항공 및 영화 산업이 발달한 공업 지역은 태평양 연안 공업 지역(C)입니다. ④ 부가 가치가 높은 첨단 산업이 발달한 태평양 연안 공업 지역(C)이 철강 공업과 자동차 공업 등 전통 공업이 주를 이루는 오대호 연안 공업 지역(A)에 비해 노동 생산성이 높습니다. ⑤ 지도의 지역 중 러스트벨트에 위치하는 공업 지역은 오대호 연안 공업 지역(A)과 뉴잉글랜드 공업 지역(B)입니다.

241 미국의 지역별 공업 생산액 비중 변화 　　　　　정답 ②

문제 분석 (가)는 미국 내에서 차지하는 공업 생산액 비중이 점차 감소하는 것으로 보아 러스트벨트의 북동부 지역입니다. 반면, (나)는 미국 내에서 차지하는 공업 생산액 비중이 증가하고 있으므로 선벨트의 서부 지역입니다. 북동부 지역은 철강, 자동차 등의 전통 공업이 발달하였으며, 서부 지역은 컴퓨터, 전자 등의 첨단 산업이 발달하였습니다.

정답 찾기 ② 미국 서부 지역은 북동부 지역보다 첨단 산업의 비중이 높고, 제품의 평균 수명 주기가 짧으며, 주요 산업의 화석 연료 의존성이 낮습니다. 따라서 미국 북동부 지역(가)과 비교한 미국 서부 지역 공업(나)의 상대적 특성은 그림의 B에 해당합니다.

242 유럽과 미국의 공업 지역 특성 　　　　　정답 ①

문제 분석 (가)는 유럽과 미국의 전통 공업 지역이며, (나)는 유럽과 미국의 첨단 산업 지역입니다.

정답 찾기 ① 전통 공업 지역(가)과 첨단 산업 지역(나)을 비교하면 지하자원 의존도는 전통 공업 지역이 높고, 평균 임금은 첨단 산업 지역이 높으며, 출하액 대비 연구 개발비는 첨단 산업 지역이 높습니다. 따라서 (가), (나) 공업 지역의 상대적 특성을 옳게 나타낸 그림은 ①번입니다.

243 미국 주요 공업 지역의 특성 　　　　　정답 ④

문제 분석 (가)의 뉴잉글랜드 공업 지역은 미국 최초의 공업 지역으로 대서양 연안에 위치합니다. (나)의 오대호 연안 지역의 공업 지역은 오대호

의 수운과 주변의 지하자원을 결합시켜 발달한 중화학 공업 지역입니다. 멕시코만 연안 공업 지역과 태평양 연안 공업 지역은 선벨트에 위치해 첨단 산업이 발달한 지역입니다.

정답 찾기 ㄱ. 뉴잉글랜드 공업 지역(가)은 대서양 연안에 위치합니다. ㄷ. 멕시코만 연안 공업 지역(다)에서는 석유 화학 및 우주 항공 산업 등이 발달하였습니다. ㄹ. 선벨트에 위치한 태평양 연안 공업 지역은 다른 공업 지역에 비해 쾌적한 기후 환경이 나타납니다.

오답 피하기 ㄴ. 중화학 공업이 발달한 오대호 연안 공업 지역(나)은 첨단 산업이 발달한 선벨트 지역 등과 비교할 때 고부가 가치 산업이 차지하는 비중이 낮습니다.

244 영국과 미국의 주요 공업 지역 비교　　　정답 ④

문제 분석 A는 영국의 전통 공업 지역인 요크셔 · 랭커셔 공업 지역이고, B는 영국의 첨단 산업 지역인 런던과 주변 지역의 공업 지역입니다. C는 미국의 전통 공업 지역인 오대호 연안 공업 지역이고, D는 미국의 첨단 산업 지역인 멕시코만 연안 공업 지역입니다.

정답 찾기 ㄴ. 영국의 전통 공업 지역에 해당하는 요크셔 · 랭커셔 공업 지역(A)은 첨단 산업이 발달한 런던과 그 주변 지역(B)보다 공업이 발달한 시기가 이릅니다. ㄹ. 영국과 미국의 전통 공업 지역(A, C)은 풍부한 원료 자원을 바탕으로 공업이 발달하였습니다.

오답 피하기 ㄱ. 석유 화학 및 항공 우주 산업이 발달한 곳은 미국의 멕시코만 연안 공업 지역(D)입니다. ㄷ. 멕시코만 연안 공업 지역(D)이 오대호 연안 공업 지역(C)보다 지식 집약적인 산업이 잘 발달하였습니다.

245 미국 공업 지역 비교　　　정답 ④

문제 분석 (가) 드라마는 정보 통신 기술(IT) 기업이 배경인 반면, (나) 영화는 자동차 산업이 발달한 도시가 배경입니다.

정답 찾기 ④ (가)는 '검색 엔진 플랫폼', '무손실 압축 프로그램' 등을 통해 IT 산업이 발달한 태평양 연안 공업 지역을 배경으로 한 드라마임을 알 수 있고, (나)는 '자동차 공장', '자동차 산업 성쇠 과정과 지역 경제 상황'을 통해 자동차 공업이 발달한 오대호 연안 공업 지역임을 알 수 있습니다. 따라서 환경의 쾌적성은 (가)가 (나)보다 높고, 제품의 수명 주기는 (나)가 (가)보다 깁니다. 연구 개발비의 비중은 (가)가 (나)보다 높으며, 운송비 비중은 (나)가 (가)보다 높습니다. 따라서 (가), (나)공업 지역의 상대적 특성을 옳게 나타낸 그림은 ④번입니다.

핵심 개념 CHECK!　　▶ 본문 121쪽

```
01 (가)-동심원 모형, (나)-선형 모형, (다)-다핵심 모형
02 A-스코틀랜드, B-카탈루냐, C-플랑드르, D-파다니아
03 ○   04 ○   05 ×   06 ×   07 ×   08 ○   09 ○   10 ×
```

○× 문장 바로 알기

03 미국 북동부에는 거대 도시를 잇는 메갈로폴리스가 발달해 있다.

04 도심은 주변(외곽) 지역보다 접근성과 지대가 높다.

05 ~~도시 주변 지역에서~~ 젠트리피케이션 현상이 나타난다.
　　 도심과 그 주변부를 중심으로

06 유럽의 대도시는 북부 아메리카의 주요 도시보다 도심 빌딩의 평균 층수가 ~~많다.~~
　　　　　　　　　　　　　　　　　　　　　적다

07 ~~유럽 연합(EU)~~이 발전하여 ~~유럽 공동체(EC)~~가 되었다.
　　 유럽 공동체　　　　　　　　유럽 연합

08 북아메리카 자유 무역 협정(NAFTA)에 속한 국가는 미국, 캐나다, 멕시코이다.

09 마킬라도라는 멕시코 북부 미국 접경 지대에 위치한 조립 가공 및 수출 중심의 산업 단지이다.

10 캐나다 퀘벡주는 ~~영어와 프랑스어를 모두~~ 공용어로 지정하고 있다.
　　　　　　　　　　프랑스어만을

기출+예상 문제로 주제 정복하기　　▶ 본문 123~127쪽

246 ①	247 ③	248 ①	249 ①	250 ⑤	251 ⑤
252 ⑤	253 ④	254 ②	255 ②	256 ④	257 ②
258 ①	259 ①	260 ③	261 ②	262 ②	263 ①
264 ⑤					

246 영국 런던과 스위스 바젤　　　정답 ①

자료 분석

> (가) 이 도시는 세계 3대 금융 중심지의 하나이다. 특히 금융 회사들의 진출이 급증하면서 기존 중심지 외에 '카나리워프'라는 새로운 금융 중심 지구를 개발하여 최고의 국제 금융 도시라는 위상을 공고히 하였다. → 영국의 런던
>
> (나) 이 도시는 이웃한 두 나라의 국경과 가까워 상업과 교통의 중심지 역할을 하고 있으며, 세계 최대의 시계 박람회가 열리는 곳이다. 전통적으로 이 도시는 시계 산업으로 유명하였고, 최근에는 판매의 중심지로도 부상하고 있다. → 스위스의 바젤

문제 분석 (가)는 영국의 런던, (나)는 스위스의 바젤입니다.

정답 찾기 ① 카나리워프는 영국 런던의 템스강 도크랜드에 건설된 신도시로, 도심 재활성화가 이루어지면서 비즈니스 중심지로 변모해 런던의 금융 중심지 역할을 하고 있습니다. 따라서 (가)는 지도의 A입니다. 상업과 교통 중심지이고 세계 최대의 시계 박람회가 열리는 곳은 스위스의 바젤입니다. 따라서 (나)는 지도의 B입니다.

247 뉴욕의 도시 특성　　　　　　　　　　정답 ③

문제 분석 글 자료에 나타난 도시는 최상위 계층의 세계 도시인 뉴욕입니다. 뉴욕의 맨해튼과 브루클린은 대규모 상업·업무 지구가 형성된 도심이며, 뉴욕의 상징인 브로드웨이, 자유의 여신상, 타임스퀘어 등은 세계적인 관광지로 알려져 있습니다.

정답 찾기 ㄱ. 세계 도시(㉠)는 도시의 기능과 영향력에 따라 계층 체계가 형성됩니다. 뉴욕은 런던, 도쿄와 함께 최상위 계층의 세계 도시에 속합니다. ㄴ. 뉴욕이 세계적인 경제·정치·문화의 중심지로 등장한 것은 교통·통신의 발달에 따른 세계화의 사례로 볼 수 있습니다. ㄷ. 뉴욕의 도심에는 대규모 상업·업무 지구가 형성되어 있으며, 이곳에서는 생산자 서비스업이 발달해 있습니다.

오답 피하기 ㄹ. 뉴욕의 상징인 브로드웨이, 자유의 여신상, 타임스퀘어 등을 관광 중심지로 개발한 것은 장소 마케팅에 해당합니다.

248 런던과 파리의 지리적 특성　　　　　　정답 ①

정답 찾기 ① 지도의 A는 런던, B는 파리, C는 베를린, D는 로마입니다. (가)는 미국의 뉴욕과 함께 세계 금융의 중심지로 불리며, 템스강이 흐르는 것으로 보아 영국의 런던입니다. 런던의 카나리워프는 최근 도심 재활성화가 이루어지면서 새로운 금융 중심 지구로 성장하였습니다. (나)는 세계 문화·예술의 중심지이고, 에펠탑이 위치한 것으로 보아 프랑스의 파리입니다. 프랑스 정부는 부르카 금지법을 발의하는 등 최근 이민자의 유입이 많아 무슬림과 원주민 간 갈등이 자주 발생하고 있습니다.

249 미국의 도시 내부 구조　　　　　　　정답 ①

정답 찾기 ① (가)는 도시 내부에서 외곽으로 가면서 중심 업무 지구, 점이 지대, 주택 지대가 원형으로 분화되는 동심원 모형(A)입니다. (나)는 도심에서 도시 주변으로 가면서 주거지가 교통축을 따라 부채꼴로 분화되는 선형 모형(B)입니다. (다)는 도시의 토지 이용이 여러 개의 핵을 중심으로 분화되는 다핵심 모형(C)입니다.

250 미국 동부의 메갈로폴리스　　　　　　정답 ⑤

문제 분석 보스턴, 뉴욕, 워싱턴 등 거대 도시들을 중심으로 인접한 여러 개의 대도시권이 띠 모양으로 연결된 것으로 보아, 지도는 미국 북동부의 메갈로폴리스를 나타낸 것입니다. 메갈로폴리스는 개별 도시권이 확대되면서 인접한 대도시권의 시가지가 연결돼 연속적으로 나타납니다.

정답 찾기 ㄱ. 메갈로폴리스에서 각 중심 도시는 주변 지역과 하나의 대도시권을 이루고 있으므로, 중심 도시와 주변 지역 간의 연계성이 높습니다. ㄷ. 시가지가 서로 연결된 것을 통해 행정 경계를 넘어 도시화가 진행되었음을 알 수 있습니다. ㄹ. 미국 북동부의 메갈로폴리스는 보스턴, 뉴욕, 워싱턴 등 인구 100만 이상의 거대 도시들이 결합하여 다핵적 구조를 형성하고 있습니다.

오답 피하기 ㄴ. 미국 동부의 메갈로폴리스 지역에는 공업 도시가 많지 않아 2차 산업에 종사하는 주민들의 비중이 낮은 편입니다. 대체로 도시의 규모가 클수록 산업 구조가 고도화되어 3차 산업에 종사하는 주민 비중이 높습니다.

251 도시 관련 여러 개념　　　　　　　　정답 ⑤

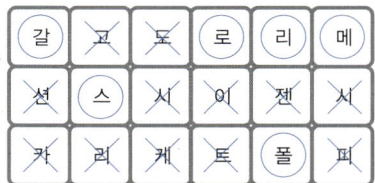
눈으로 보는 해설

다음은 도시와 관련된 낱말 퍼즐이다. (가)에 들어갈 내용으로 가장 적절한 것은?

※ 질문 1~3에 해당하는 용어의 글자를 모두 지운 후, 남는 글자를 전부 사용하여 4.의 (가)에 들어갈 용어에 대한 설명을 쓰시오.

갈	고̶	도̶	로	리	메
션̶	스	시̶	이̶	젠̶	시̶
카̶	리̶	케̶	토̶	폴	피̶

1. 현대인들의 주요 생활 공간이자 변화와 혁신이 이루어지는 곳으로, 촌락의 상대적인 개념 — 도시
2. 낙후된 도심이나 중간 지대에 업무용 빌딩을 건축해 주거·여가·문화 공간으로 재개발하여 고소득층 인구가 유입되는 현상 — 젠트리피케이션
3. 오대호와 미시시피강을 연결하는 미국의 거점 도시 — 시카고
4. _____(가) 메갈로폴리스_____.

① 도시적 생활 양식이 확산되는 현상 — 도시화
② 도시의 인구가 촌락으로 이동하는 현상 — 이촌 향도 현상
③ 도심의 기온이 주변(외곽) 지역보다 높은 현상 — 열섬 현상
④ 도심과 주변(외곽) 지역 사이의 여러 기능이 혼재된 지역 — 중간 지대
⑤ 대도시권의 시가지들이 띠 모양으로 연결되어 있는 거대한 도시 집중 지대(○)

문제 분석 1. 촌락의 상대적인 개념은 '도시'입니다. 2. 낙후된 도심이나 중간 지대에 재개발이 이루어져 고소득층 인구가 유입되는 현상은 '젠트리피케이션'입니다. 3. 오대호와 미시시피강을 연결하는 미국의 거점 도시는 수상 및 내륙 철도 교통의 요충지인 '시카고'입니다.

정답 찾기 ⑤ 주어진 글자 표에서 도시, 젠트리피케이션, 시카고를 삭제하면, '갈, 로, 메, 스, 리, 폴'의 여섯 글자가 남습니다. 이들 글자를 조합하면 '메갈로폴리스'라는 단어를 얻을 수 있는데, 메갈로폴리스는 대도시와 그 주변 지역의 시가지들이 띠 모양으로 연결되어 있는 거대한 도시 집중 지대를 말합니다.

오답 피하기 ①은 도시화, ②는 이촌 향도 현상, ③은 열섬 현상, ④는 중간 지대에 대한 설명입니다.

★ 함정 피하기

'낱말 퍼즐'이라는 게임 상황에 개념을 적용하여 정답을 도출해야 했기 때문에 다소 낯설게 느꼈을 수도 있다. 낱말 퍼즐은 제시문과 선지 모두에서 여러 가지 개념을 종합하여 묻기 좋은 유형으로, 도시처럼 한자어나 영어로 된 개념이 많은 주제에서 종종 활용된다. 용어를 잘못 알고 있거나 실수로 다른 글자를 지우면 정답에 필요한 글자가 사라지기 때문에, 비교적 난도가 낮은 문항임에도 불구하고 자료 분석에 긴 시간이 소요될 수 있다. 따라서 개념에 대한 정확한 이해를 바탕으로 서두르지 말고 차근차근 풀어나가야 한다.

252 파리의 도시 구조　　　　　　　　　　정답 ⑤

문제 분석 제시된 도시는 센강을 중심으로 발달한 프랑스의 수도인 파리입니다.

정답 찾기 ⑤ 자료의 지도를 보면 부유층의 주거지는 남서쪽을 중심으로 확대되고 있습니다. 반면 서민들이 주로 거주하는 공영 주택은 도시 외곽

에 띠 모양으로 형성되어 있으며, 외국인 집중 지역은 북동쪽에 주로 형성되어 있습니다.

오답 피하기 ① 파리는 유럽에 위치합니다. ② 파리를 비롯한 유럽의 주요 대도시들은 도시의 역사가 긴 편입니다. 중세 시대에 형성된 내부 구조가 현대 도시에도 남아 있으며, 전통 경관을 중시해 도심에 역사적 도시 건축물이 많이 남아 있습니다. ③ 라데팡스는 파리의 서부 외곽에 건설된 신도시로, 주로 도심의 상업·업무 기능을 분담합니다. ④ 북부 아메리카 도시의 경관에 대한 설명입니다. 도시화의 역사가 긴 유럽의 주요 도시는 전통 경관을 중시하기 때문에 도심의 구시가지가 그대로 유지되면서 도시 외곽에 새로운 중심지가 만들어지는 경우가 많습니다. 따라서 중심부에 비교적 높이가 낮은 역사적 건축물이 남아있고, 새로운 중심지가 형성된 외곽 지역의 건물 높이가 높게 나타나기도 합니다.

253 미국 뉴욕 도심의 지리적 특성　　　정답 ④

문제 분석 왼쪽 지도는 낮 인구의 분포를, 오른쪽 지도는 밤 인구의 분포를 나타낸 것입니다. 이와 같이 야간에는 인구가 많지 않고, 주간에는 인구가 많은 곳은 대도시의 도심 지역입니다.

정답 찾기 ㄱ. 대도시의 도심 지역은 토지 이용의 집약도가 높게 나타납니다. 접근성이 높아 지대와 지가가 높기 때문입니다. ㄴ. 대도시의 도심 지역에서는 상주인구 밀도가 감소하여 주야간 인구 밀도에 차이가 나타나는 인구 공동화 현상이 나타납니다. ㄷ. 대도시의 도심 지역은 도시 내에서 접근성이 가장 높습니다.

오답 피하기 ㄹ. 대도시의 도심 지역은 유동 인구에 비해 상주인구가 적습니다.

254 런던의 도시 구조　　　정답 ②

정답 찾기 ② 런던의 재개발은 대부분 도시 외곽에서 이루어집니다. 오른쪽 지도를 보면 재개발 지역이 그린벨트를 넘어 시가지 바깥에 위치하는 것을 볼 수 있습니다. 대체로 역사가 오랜 유럽의 대도시들은 도시 확장 시 전통적인 도심의 구시가지는 유지하면서 도시 외곽으로 새로운 중심지가 만들어지는 경우가 많습니다.

오답 피하기 ①, ④ 은행·기업 본사가 밀집해 있는 시티 오브 런던은 런던의 중심 업무 지구로 도심에 해당하며, 템스강 북쪽에 위치합니다. 실제로 시티 오브 런던은 영국 중앙은행과 전 세계적으로 유명한 금융 회사들의 본사, 회계 법인, 로펌 등이 집결되어 있어 세계적인 금융 중심지 역할을 하고 있습니다. ③ 그린벨트 바깥쪽에 조성되어 있는 뉴타운은 런던의 기능을 분담하는 역할을 합니다. ⑤ 그린벨트는 개발 제한 구역으로 시가지의 무질서한 팽창을 막는 역할을 합니다.

255 유럽과 미국의 도시 구조 비교　　　정답 ②

문제 분석 (가)는 도시의 중심에 오래된 도심이 위치하고, 그 가까이에 신흥 업무 지역이 위치하며, 주변(외곽) 지역에 주거 지역과 공업 지역이 위치하는 유럽의 도시 경관을 나타낸 것입니다. (나)는 도심에 마천루를 이루는 고층 빌딩들이 집중되어 있고, 외곽으로 갈수록 건물의 고도가 낮아지며, 근교 지역에 고급 주택들이 분포하는 것으로 보아 미국의 도시 경관을 나타낸 것입니다.

정답 찾기 ② 미국의 도시가 유럽의 도시보다 도심 건물의 평균 층수는 많고, 시가지의 범위는 넓으며, 시가지 발달의 시기는 늦습니다. 따라서 (가)와 비교한 (나)의 상대적 특성은 그림의 B에 해당합니다.

256 유럽과 북부 아메리카의 분리 운동　　　정답 ④

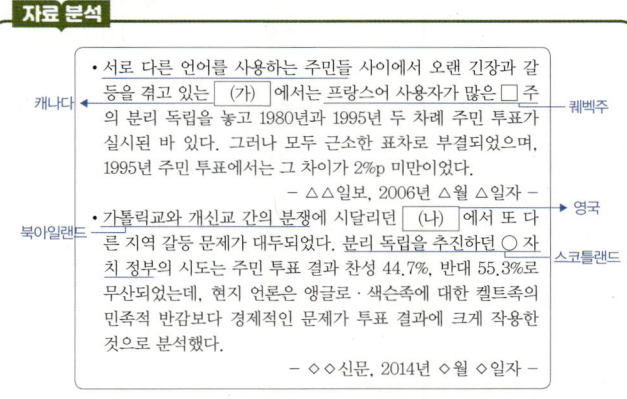

자료 분석

• 서로 다른 언어를 사용하는 주민들 사이에서 오랜 긴장과 갈등을 겪고 있는 (가) 에서는 프랑스어 사용자가 많은 □주의 분리 독립을 놓고 1980년과 1995년 두 차례 주민 투표가 실시된 바 있다. 그러나 모두 근소한 표차로 부결되었으며, 1995년 주민 투표에서는 그 차이가 2%p 미만이었다.
－ △△일보, 2006년 △월 △일자 －

• 가톨릭교와 개신교 간의 분쟁에 시달리던 (나) 에서 또 다른 지역 갈등 문제가 대두되었다. 분리 독립을 추진하던 ○ 자치 정부의 시도는 주민 투표 결과 찬성 44.7%, 반대 55.3%로 무산되었는데, 현지 언론은 앵글로·색슨족에 대한 켈트족의 민족적 반감보다 경제적인 문제가 투표 결과에 크게 작용한 것으로 분석했다.
－ ◇◇신문, 2014년 ◇월 ◇일자 －

문제 분석 (가)는 서로 다른 언어를 사용하는 주민들 사이에서 갈등이 발생하고 있는 국가이고, (나)는 가톨릭교와 개신교 간의 분쟁이 발생하였고, 앵글로·색슨족과 켈트족 간 갈등이 발생하고 있는 국가입니다. 지도의 A는 영국, B는 스위스, C는 캐나다입니다.

정답 찾기 ④ 프랑스어 사용자가 많은 퀘벡주의 분리 독립을 두고 두 차례 주민 투표가 실시되었으나 부결된 곳은 캐나다(C)입니다. 북아일랜드에서 가톨릭교와 개신교 간 갈등을 겪고, 켈트족의 비중이 높은 스코틀랜드가 앵글로·색슨족의 비중이 높은 잉글랜드로부터 분리 독립을 시도했던 지역은 영국(A)입니다.

오답 피하기 스위스(B)는 지역에 따라 독일어, 프랑스어, 이탈리아어, 로만슈어 등 다양한 언어를 사용하지만, 큰 갈등이 나타나지 않습니다.

257 유럽 여러 지역의 분리 운동　　　정답 ②

문제 분석 지도에 표시된 지역은 영국의 북아일랜드, 벨기에, 에스파냐의 바스크와 카탈루냐 지방, 구 유고슬라비아 중 보스니아 헤르체고비나·마케도니아 등지입니다.

정답 찾기 ② 북아일랜드에서는 가톨릭과 개신교 간 종교적 갈등, 벨기에에서는 네덜란드어를 사용하는 플랑드르 지방과 프랑스어를 사용하는 왈로니아 지방 간 갈등, 에스파냐의 카탈루냐와 바스크 등지에서는 민족과 경제력 등의 차이에서 비롯된 갈등으로 인해 분리 운동이 나타나고 있습니다.

오답 피하기 ① 유럽에서 첨단 산업이 발달한 지역은 영국 남동부, 프랑스 남부, 독일 남부, 이탈리아 북부 등지입니다. ③ 국제 하천의 수자원을 둘러싸고 상류 국가와 하류 국가 간 갈등이 발생하는 곳은 다뉴브강 유역입니다. ④ 지중해성 기후를 이용하여 대규모 과수 재배가 이루어지는 지역은 남부 유럽 일대입니다. ⑤ 석탄 및 철광석 산지를 배경으로 중화학 공업이 발달했던 곳은 영국의 요크셔·랭커셔, 프랑스의 로렌, 독일의 루르 지역 등지입니다.

258 유럽 연합과 유럽 자유 무역 연합　　　정답 ①

문제 분석 A와 B는 유럽 연합(EU)의 회원국, C는 유럽 자유 무역 연합(EFTA) 회원국입니다.

정답 찾기 ㄱ. A는 서부 유럽에 위치한 국가들로 2004년 이전에 유럽 연합에 가입한 반면, B는 동부 유럽에 위치한 국가들로 2004년 이후에 유럽 연합에 가입하였습니다. ㄴ. 2004년 이후 유럽 연합에 가입한 동부 유럽 국가(B)는 2004년 이전에 유럽 연합에 가입한 서부 유럽 국가(A)에 비해 경제 발전 수준이 낮습니다. 따라서 B 국가들이 유럽 연합에 가입한 이후, B에서 A로의 노동력 이동이 크게 증가하였습니다.

오답 피하기 ㄷ. C(아이슬란드, 노르웨이, 스위스, 리히텐슈타인)는 유럽 연합의 회원 국가가 아닌, 유럽 자유 무역 연합의 회원 국가입니다. ㄹ. A와 B의 일부 국가들이 국가 단일 통화로서 유로화를 사용하고 있습니다. 유럽 연합의 회원국이면서 유로화를 쓰지 않는 대표적 국가로는 영국과 스웨덴 등이 있습니다.

259 캐나다 퀘벡주와 벨기에의 갈등   정답 ①

문제 분석 A는 캐나다 동부에 위치한 퀘벡주이고, B는 프랑스와 네덜란드 사이에 위치한 벨기에입니다.

정답 찾기 ① A의 캐나다 퀘벡주는 프랑스어 사용자 비중이 높은 곳으로, 영어 사용자 비중이 높은 캐나다로부터 분리 독립을 하려는 움직임이 있습니다. B는 프랑스어, 네덜란드어, 독일어를 공용어로 사용하는 벨기에로, 북부 네덜란드어권(플랑드르)과 남부 프랑스어권(왈로니아) 지역 사이에 대립이 극심합니다.

오답 피하기 ② 댐 건설을 둘러싼 물 분쟁은 나일강, 메콩강 등 국제 하천에서 발생하고 있습니다. ③ 이슬람교와 크리스트교의 대립이 발생하고 있는 곳은 수단─남수단, 나이지리아 등지입니다. ④ 석유 자원 소유권을 둘러싸고 갈등이 발생하고 있는 지역은 북극해 일대, 카스피해 일대, 난사 군도 등지입니다. ⑤ 종족을 무시한 국경 획정에 따른 갈등이 발생하고 있는 지역은 아프리카입니다.

260 벨기에와 에스파냐의 분리 운동   정답 ③

문제 분석 지도의 A는 영국의 스코틀랜드, B는 벨기에의 플랑드르, C는 에스파냐의 카탈루냐, D는 이탈리아의 파다니아입니다.

정답 찾기 ③ (가)는 벨기에의 플랑드르(B)입니다. 벨기에는 네덜란드어, 프랑스어, 독일어가 공용어이며 북부의 네덜란드어를 사용하는 플랑드르 지역과 남부의 프랑스어를 사용하는 왈로니아 지역 간에 갈등이 발생하고 있습니다. (나)는 에스파냐의 카탈루냐(C)입니다. 카탈루냐는 다른 지역과 달리 카탈루냐어를 사용하는 등 고유의 문화가 있고, 국내 총생산의 약 20%가 창출되지만 지역 주민들이 내는 세금이 안달루시아 등의 다른 지역을 위해 사용되자 불만이 커져 분리 독립 움직임이 일어나고 있습니다.

오답 피하기 영국의 스코틀랜드(A)는 켈트족의 비중이 높아 앵글로 · 색슨족의 비중이 높은 잉글랜드로부터 분리 독립을 추구하는 지역입니다. 이탈리아 북부의 파다니아(D)는 일찍이 산업화를 이루어 농업에 대한 의존도가 높은 남부 지방에 비해 소득 수준이 높아 분리 독립 또는 자치권 확대를 추구하고 있습니다.

261 유럽 연합과 북아메리카 자유 무역 협정   정답 ②

문제 분석 지도의 (가)는 유럽 연합, (나)는 북아메리카 자유 무역 협정입니다. 표의 D는 자유 무역 협정, C는 관세 동맹, B는 공동 시장, A는 완전 경제 통합의 유형입니다.

정답 찾기 ② 유럽 연합(가)은 회원국 간 상품 · 자본 · 노동력의 자유로운 이동을 보장하고, 역내 관세 철폐 및 단일 화폐 사용을 추구하므로 가장 통합 수준이 높은 A에 해당합니다. 반면, 북아메리카 자유 무역 협정(나)은 역내 관세를 철폐하는 데 그치는 D에 해당합니다. 자유 무역 협정은 지역 경제 통합의 유형 중 통합 수준이 가장 낮습니다.

262 북아메리카 자유 무역 협정과 유럽 연합   정답 ②

문제 분석 (가)는 1994년 캐나다, 미국, 멕시코 세 국가 간 자유 무역을 추진하기 위해 결성된 북아메리카 자유 무역 협정입니다. (나)는 1952년에 출범한 유럽 석탄 철강 공동체로부터 시작되어 정치 · 경제 통합을 위해 협력 범위를 점차 확대해 오다가, 마스트리흐트 조약에 의해 1993년에 탄생한 유럽 연합입니다.

정답 찾기 ② 북아메리카 자유 무역 협정에 비해 유럽 연합은 회원국의 수가 많고, 정치 · 경제적 통합 수준이 높으며, 역내 무역 비중이 높습니다. 따라서 북아메리카 자유 무역 협정과 비교한 유럽 연합의 상대적 특성은 그림의 B에 해당합니다.

263 유럽 연합과 영국   정답 ①

문제 분석 A는 영국, B는 벨기에, C는 스위스, D는 에스파냐, E는 보스니아 헤르체고비나입니다.

정답 찾기 ① 지도에 표시된 국가들 중 유로화를 자국의 통화로 사용하지 않는 국가는 영국(A), 스위스(C), 보스니아 헤르체고비나(E)입니다. 세 국가 중 종교 갈등으로 분리 독립 요구가 있고, 유럽 연합 소속국이지만 탈퇴를 도모하고 있으며, 대서양에 접해 있는 나라는 영국(A)입니다.

264 유럽 연합과 유럽 자유 무역 연합   정답 ⑤

문제 분석 (가)는 루마니아, 불가리아 등 2004년 이후 유럽 연합에 가입한 동유럽 국가들이고, (나)는 영국, 프랑스, 독일 등 2004년 이전 유럽 연합에 가입한 국가들입니다. (다)는 아이슬란드, 스위스, 노르웨이 등 유럽 연합이 아닌 유럽 자유 무역 연합에 소속된 국가들입니다.

정답 찾기 ⑤ 동부 유럽(가)에서 서부 유럽(나)으로의 인구 이동이 서부 유럽(나)에서 동부 유럽(가)으로의 인구 이동보다 활발합니다. 서부 유럽이 동부 유럽보다 경제 발전 수준이 높아 일자리가 많기 때문입니다.

오답 피하기 ① 2004년 이전 유럽 연합 가입국 중에서 영국, 스웨덴 등은 유로화를 단일 통화로 사용하지 않고 있습니다. ② 유럽 자유 무역 연합 소속국은 정치 통합을 추구하고 있지 않습니다. ③ (가)는 2004년 이후, (나)는 2004년 이전 유럽 연합에 가입하였습니다. ④ 동부 유럽 국가(가)들이 유럽 자유 무역 연합 소속 국가들(다)보다 냉전 시대에 구소련의 영향을 많이 받았습니다.

13강 도시화, 지역 분쟁과 저개발, 자원 개발 과제

핵심 개념 CHECK!
▶ 본문 131쪽

01 A─원주민, B─유럽계, C─아프리카계 02 A─석유, B─철광석
C─구리 03 × 04 ○ 05 ○ 06 ○ 07 × 08 × 09 ×

○|× 문장 바로 알기

03 안데스 산지와 아마존강 유역에는 주로 유럽계가 분포한다.
　　　　　　　　　　　　　　　　　　　　　　　원주민

04 중·남부 아메리카의 아프리카계는 노예 무역을 통해 강제 이주된 이들의 후손이 대부분이다.

05 중·남부 아메리카의 도시에서는 주로 역전된 동심원 구조가 나타난다.

06 멕시코에서는 종주 도시화 현상이 나타난다.

07 아프리카의 국가 경계는 민족(종족)의 경계와 정확히 일치한다.
　　　　　　　　　　　　　　　　　　　　일치하지 않는다.

08 북부 아프리카는 크리스트교, 사하라 이남 아프리카는 이슬람교의 신
　　　　　　　　　이슬람교　　　　　　　　　　　크리스트교
자 수 비중이 높다.

09 중·남부 아메리카에서 구리 생산량이 가장 많은 국가는 브라질이다.
　　　　　　　　　　　　　　　　　　　　　　　　　　칠레

기출+예상 문제로 주제 정복하기
▶ 본문 133~137쪽

265 ①	266 ②	267 ③	268 ①	269 ③	270 ④
271 ⑤	272 ①	273 ③	274 ⑤	275 ④	276 ③
277 ⑤	278 ②	279 ②	280 ②	281 ③	282 ②
283 ④	284 ④				

265 중·남부(라틴) 아메리카의 인종(민족)과 언어　　정답 ①

문제 분석 브라질에서 가장 높은 비중을 차지하는 인종(민족)인 A는 유럽계이며, 멕시코에서 가장 높은 비중을 차지하는 인종(민족)인 B는 혼혈입니다. 안데스산맥이 지나는 페루에서 가장 높은 비중을 차지하는 상위 두 인종은 혼혈(B)과 원주민(C)입니다.

정답 찾기 ㄱ. 라틴 아메리카에서 유럽계(A)는 원주민(C)보다 경제적 지위가 높습니다. ㄴ. 혼혈(B)은 원주민(C)보다 라틴 아메리카 전체 인구에서 차지하는 비중이 높습니다.

오답 피하기 ㄷ. 원주민(C)은 유럽계(A)보다 라틴 아메리카에서의 거주 역사가 깁니다. ㄹ. 유럽 식민 지배의 영향으로 브라질에서는 포르투갈어(㉠), 멕시코에서는 에스파냐어(㉡)를 공용어로 사용하고 있습니다.

266 중·남부 아메리카 주요 국가의 인종(민족) 구성　　정답 ②

문제 분석 지도의 (가)는 페루, (나)는 브라질, (다)는 우루과이입니다. 나머지 두 국가에 비해 페루(가)에서 비중이 높은 A는 원주민이며, 브라질(나)과 우루과이(다)에서 차지하는 비중이 높은 B는 유럽계입니다. 페루(가)와 브라질(나)에서 비교적 비중이 높은 C는 혼혈입니다.

정답 찾기 ② 라틴 아메리카에 정착한 시기는 유럽계(B)가 원주민(A)보다 늦습니다.

오답 피하기 ① 라틴 아메리카 전체 인구에서 차지하는 비중은 혼혈(C)이 가장 높습니다. ③ 브라질에서는 원주민(A)이 유럽계(B)보다 경제적 지위가 낮습니다. ④ 한류의 영향을 받아 형성된 해안 사막은 주로 중위도 대륙 서안에 나타나며, 중·남부 아메리카에서는 칠레 해안의 아타카마 사막이 대표적입니다. ⑤ 유럽 식민 지배의 영향으로 페루에서는 에스파냐어, 브라질에서는 포르투갈어를 공용어로 사용하고 있습니다.

267 중·남부 아메리카 주요 국가의 인종(민족) 구성　　정답 ③

문제 분석 (가)는 멕시코, (나)는 자메이카, (다)는 페루, (라)는 브라질입니다. 멕시코에서 가장 비율이 높은 A는 혼혈, 페루에서 가장 비율이 높은 B는 원주민입니다. 브라질에서 가장 비율이 높은 C는 백인, 카리브해 연안의 자메이카에서 가장 비율이 높은 D는 흑인입니다.

정답 찾기 ③ 혼혈(A)은 흑인(D)보다 라틴 아메리카 전체 인구에서 차지하는 비중이 높습니다.

오답 피하기 ① 과거 플랜테이션 노동력 확보를 위해 강제로 이주된 인종(민족)은 흑인(D)입니다. ② 잉카 문명과 아스테카 문명을 발달시킨 인종(민족)은 원주민(B)의 조상들입니다. ④ 원주민(B)은 백인(C)보다 라틴 아메리카에서 경제적 지위가 낮습니다. ⑤ (가)~(라) 중 백인(C)의 비중이 가장 높은 국가는 브라질(라)이며, 브라질의 공용어는 포르투갈어입니다.

268 중·남부 아메리카의 화폐 속 인종(민족)　　정답 ①

정답 찾기 ㄱ. 백인(㉠)과 원주민(㉢)의 혼혈을 메스티소라고 합니다. ㄴ. 백인(㉠)은 식민지 개척과 함께 중·남부 아메리카로 이주하였습니다. 흑인(㉡)은 백인의 플랜테이션 경영 이후 플랜테이션의 노동력 확보를 위해 강제 이주되었습니다. 따라서 백인(㉠)은 흑인(㉡)보다 중·남부 아메리카로 이주하기 시작한 역사가 깁니다.

오답 피하기 ㄷ. 흑인(㉡)은 주로 카리브해 연안과 브라질 동부 해안에, 원주민(㉢)은 주로 안데스 산지와 아마존 열대 우림에 거주합니다. 따라서 흑인(㉡)은 원주민(㉢)보다 안데스 산지에서의 거주 비율이 낮습니다. ㄹ. 원주민(㉢)은 백인(㉠)보다 중·남부 아메리카 내 경제적 지위가 낮습니다.

269 중·남부 아메리카 주요 국가의 인종(민족) 구성　　정답 ③

고난도 평가원 기출				
①	②	❸	④	⑤
10%	19%	58%	4%	9%

🔍 눈으로 보는 해설

그래프는 A~C 인종(민족)의 국가별 인구의 합을 나타낸 것이다. 이에 대한 옳은 설명만을 〈보기〉에서 고른 것은? (단, (가)~(다)는 지도에 표시된 국가 중 하나임.)

(천만 명) ● A~C는 아프리카계, 유럽계, 혼혈 중 하나임.

A~C합이 가장 큼 → 브라질(나)

혼혈 / 인종(민족) / 원주민 및 기타 (2015년)

브라질 인구가 대부분 → 아프리카계

브라질과 아르헨티나 인구가 많음 → 유럽계

보기
ㄱ. 유럽계 인구는 아르헨티나가 가장 많다.
ㄴ. (가)는 에스파냐어를 공용어로 사용한다. (○)
ㄷ. (나)에서는 매년 리우 카니발이 열린다. (○) 브라질
ㄹ. 브라질은 멕시코보다 국가 전체 인구에서 A의 비중이 높다.
　　　　　　　　　　　　　　　　　　　　　　　낮다

① ㄱ, ㄴ ② ㄱ, ㄷ ③ ㄴ, ㄷ ④ ㄴ, ㄹ ⑤ ㄷ, ㄹ

문제 분석 지도에 표시된 국가는 멕시코, 브라질, 아르헨티나입니다. 원주민 및 기타 인구가 가장 많은 (가)는 멕시코입니다. A~C를 모두 합한 값이 가장 큰 (나)는 총인구가 가장 많은 브라질이며, 나머지 (다)는 아르헨티나입니다. 멕시코와 브라질에서의 인구가 많은 A는 혼혈이며, 브라질과 아르헨티나에서의 인구가 많은 B는 유럽계입니다. 마지막으로 브라질 인구가 대부분을 차지하고 있는 C는 아프리카계입니다.

정답 찾기 ㄴ. 멕시코(가)에서는 에스파냐어를 공용어로 사용합니다. ㄷ. 브라질(나)에서는 매년 리우 카니발이 개최됩니다.

오답 피하기 ㄱ. 유럽계(B)의 인구가 가장 많은 국가는 브라질입니다. ㄹ. 브라질(나)은 국가 전체 인구에서 차지하는 혼혈(A)의 비중이 50% 미만이지만, 멕시코(가)는 국가 전체 인구에서 차지하는 혼혈(A)의 비중이 50% 이상입니다. 따라서 브라질은 멕시코보다 국가 전체 인구에서 혼혈(A)의 비중이 낮습니다.

> 💣 **함정 피하기**
>
> 세 국가 중 국가 전체 인구에서 유럽계가 차지하는 비중이 가장 높은 국가는 아르헨티나이다. 하지만 전체 인구는 브라질이 많기 때문에 유럽계 인구는 브라질이 아르헨티나보다 많다. 비중이 높다고 해서 절대량도 많은 것은 아님을 인지하고 있어야 한다.

270 중·남부 아메리카의 도시 내부 구조   정답 ④

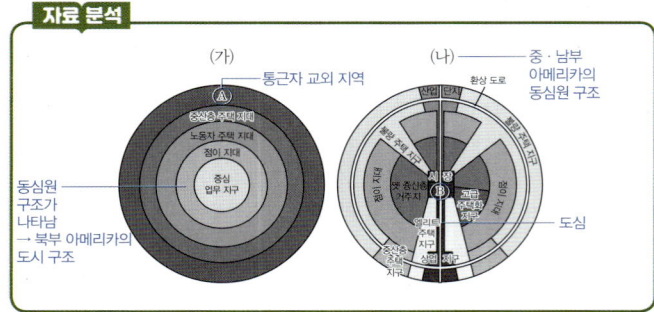

문제 분석 (가)는 중심 업무 지구에서 점이 지대, 노동자 주택 지대, 중산층 주택 지대가 차례로 나타나는 동심원 구조이며, 이는 미국의 시카고를 모델로 한 것입니다. 따라서 (가)는 북부 아메리카의 도시 구조입니다. (나)는 도심에 중심 업무 지구가 형성되고 도시 외곽에 불량 주택 지구가 나타나는 것으로 보아 역전된 동심원 구조가 나타나는 중·남부 아메리카의 도시 구조입니다.

정답 찾기 ㄴ. 중·남부 아메리카의 도시 구조에서 B는 도심이며, 중·남부 아메리카의 도심에서는 중앙 광장을 중심으로 성당과 정부 주요 기관이 입지하는 경우가 많습니다. ㄹ. 중·남부 아메리카에서는 북부 아메리카보다 도시 기반 시설 부족 등의 과도시화 문제가 심각하게 나타납니다.

오답 피하기 ㄱ. 북부 아메리카 도시 내부 구조에서는 도시 외곽인 A에 통근자 교외 지역이 형성됩니다. ㄷ. 중·남부 아메리카의 도시 내부 구조에서는 식민 지배의 영향으로 도심에 중앙 광장을 중심으로 성당과 정부 주요 기관이 입지합니다. 따라서 (나)는 (가)보다 도심 형성 과정에서 유럽 식민 지배의 영향을 크게 받았습니다.

271 중·남부 아메리카의 도시 내부 구조   정답 ⑤

문제 분석 (가)는 항구를 중심으로 도심이 형성되고 외곽으로 가면서 점이 지대, 중산층 고밀도 주거 지구 등이 차례로 나타나는 동남아시아의 도시 내부 구조입니다. (나)는 도심 주변에 성장 지대가 위치하고 도시 외곽에 불량 주택 지구가 형성된 중·남부 아메리카의 도시 내부 구조입니다.

정답 찾기 ㄱ. 동남아시아의 도시 내부 구조를 살펴보면 무역을 위한 항구 지역을 중심으로 도시가 성장하였으며, 항구 지역이 도시 성장의 거점이 되었음을 알 수 있습니다. ㄷ. 급속한 도시화가 이루어진 동남아시아와 중·남부 아메리카는 모두 선진국에 비해 과도시화 현상이 뚜렷하게 나타납니다. 이로 인해 도시 외곽에 불량 주거 지역이 형성되는 경우가 많습니다. ㄹ. 동남아시아와 중·남부 아메리카 모두 도시 내부 구조에 식민 지배의 영향이 반영되어 있습니다.

오답 피하기 ㄴ. 중·남부 아메리카의 도시 내부 구조에서 정치·경제 핵심 지역은 도심에 위치하며, 도시 외곽에는 불량 주거 지역이 위치합니다.

272 종주 도시화 현상과 역전된 동심원 구조   정답 ①

정답 찾기 ① 멕시코의 수위 도시인 멕시코시티의 인구는 인구 규모 2위 도시인 과달라하라 인구의 2배 이상입니다. 이와 같은 현상을 종주 도시화 현상이라고 하며, (가)에 들어갈 용어는 종주 도시화 현상입니다. 중·남부 아메리카의 주요 도시들은 도심부에 유럽인들이 조성한 규칙적이고 근대화된 경관이 나타나며, 외곽으로 갈수록 건물의 질이 나빠지며 저급 주택지와 빈민촌이 형성되는데 이를 역전된 동심원 구조라고 합니다. 따라서 (나)에 들어갈 용어는 역전된 동심원 구조입니다.

273 계층별 거주지 분리 현상   정답 ③

문제 분석 주어진 자료를 보면 리우데자네이루의 도시 내부 구조 속에서 주거 환경이 쾌적한 지역에 소득이 높은 계층이 집중하여 사는 반면, 도시 곳곳에 거주 환경이 열악한 파벨라(슬럼)가 분포함을 알 수 있습니다.

정답 찾기 ③ 리우데자네이루의 도시 내부 구조를 살펴보면, 소득이 높은 계층은 해안이나 호숫가 등의 주거 환경이 쾌적한 지역에 집중하여 사는 반면, 빈민층은 파벨라라고 불리는 성냥갑 같은 집에서 살아갑니다. 이를 통해 경제적 차이에 따른 계층별 거주지 분리 현상을 파악할 수 있습니다.

오답 피하기 ① 교통 발달에 따른 대도시권의 형성은 교통이 발달하면서 도시의 외곽까지 도시의 영향력이 확대되는 것을 말합니다. ② 제시된 글에는 낙후된 시설 개선을 위한 도시 재생 사업의 내용이 나타나 있지 않습니다. ④ 세계화에 따른 세계 도시 간 계층 질서의 형성은 최상위 세계 도시와 상위 세계 도시, 하위 세계 도시 간의 상호 작용에 따른 계층 질서 형성을 의미합니다. ⑤ 종주 도시화 현상은 수위 도시의 인구가 인구 규모 2위 도시 인구의 2배 이상일 정도로 수위 도시로 인구가 집중된 현상을 말합니다.

274 중·남부 아메리카의 도시화 과정과 도시 문제   정답 ⑤

정답 찾기 ⑤ 비공식 부분 경제 활동이란 공식 경제 부문과 달리 국가의 공식적인 통계에 잡히지 않고 국민 총생산 통계에도 포함되지 않는 경제 활동 부문을 의미합니다. 따라서 1차 산업은 비공식 부분 경제 활동으로 볼 수 없습니다.

오답 피하기 ① 개발 도상국 농촌의 인구 배출 요인으로는 일자리 부족 등이 있습니다. ② 도시의 인구 흡인 요인으로는 도시의 풍부한 일자리와 편리한 시설 등이 있습니다. ③ 과도시화 현상은 도시 기반 시설에 비해 지나치게 많은 인구가 도시로 집중하는 현상을 말합니다. ④ 스프롤 현상은 도시 계획 또는 정비 사업이 도시 발전을 따르지 못하거나, 처음부터 고려되어 있지 않을 때 발생하는 무분별한 도시 팽창 현상입니다. 따라서 지나친 인구 집중으로 도시 내부로 들어가지 못한 사람들에 의해 도시 외곽에 형성되는 불량 주택 지구는 스프롤 현상의 사례로 볼 수 있습니다.

275 아프리카의 국경과 민족(종족) 경계   정답 ④

자료 분석

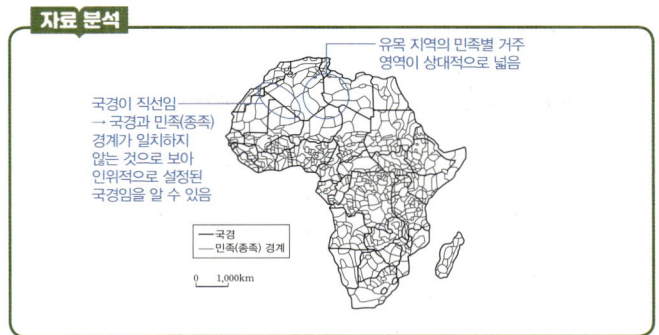

제시된 지도를 보면 아프리카의 국경과 민족(종족) 경계가 서로 일치하지 않음을 알 수 있습니다.

문제 분석 제시된 지도를 보면 아프리카의 국경과 민족(종족) 경계가 서로 일치하지 않음을 알 수 있습니다.

정답 찾기 갑. 민족(종족) 경계를 보면 대체로 경계가 좁게 나타나는 것을 알 수 있습니다. 이를 통해 아프리카에서는 다양한 민족(종족)들이 주로 혈연 중심의 소집단을 이루며 생활했을 것임을 추론할 수 있습니다. 을. 국가 간 경계는 하천이나 산맥 등을 경계로 설정되는 경우가 많습니다. 곳곳에서 국경이 직선 모양인 것으로 보아 이는 식민지 시기 유럽 열강들에 의해 인위적으로 국경이 설정된 것으로 추론할 수 있습니다. 병. 민족(종족) 경계와 국경이 일치하지 않고, 다수의 민족(종족)이 하나의 국경 안에 있는 경우에는 국가 간 또는 지역 내 분쟁의 가능성이 있습니다.

오답 피하기 정. 이동식 화전 농업 지역은 주로 열대 우림 기후가 나타나는 사하라 이남 아프리카 지역입니다. 유목 지역은 주로 건조 기후가 나타나는 북부 아프리카 지역입니다. 지도를 보면 사하라 이남 아프리카 지역은 북부 아프리카 지역에 비해 민족(종족)별 거주 영역이 상대적으로 좁게 나타나고 있습니다.

276 아프리카의 국경과 민족(종족) 경계   정답 ③

문제 분석 제시된 지도에는 20세기 초 사하라 이남 아프리카의 식민 지배 국가, 국가 경계와 민족(종족) 경계가 표시되어 있습니다. 이를 보면 아프리카의 국경과 민족(종족) 경계가 서로 일치하지 않음을 알 수 있습니다.

정답 찾기 ③ 제시된 지도를 보면 사하라 이남 아프리카의 국가 경계와 민족(종족) 경계가 다릅니다. 또한 이 지역의 국경이 사하라 이남 아프리카의 식민 지배 국가의 경계와 대체로 일치합니다. 즉, 아프리카는 식민 지배의 영향으로 국경과 민족(종족) 경계가 다르게 나타나며 이는 부족 및 국가 간 잦은 분쟁의 역사적 배경이 되었습니다.

오답 피하기 ① 아프리카에서 사막화는 주로 사헬 지대에서 발생하며, 사막화에 따른 환경 난민 발생을 학습하기 위해서는 사막화 지도와 난민의 이동 지도가 제시되는 것이 더 적합합니다. ② 주어진 지도를 통해 세계화에 따라 소수 문화가 소멸되는 것을 확인할 수 없습니다. ④ 식민 지배 이후 혼혈 인종(민족)이 많이 나타나는 지역은 중·남부 아메리카이며, 주어진 지도를 통해 혼혈 인종(민족)의 분포를 알 수 없습니다. ⑤ 아프리카 내 이슬람교와 크리스트교의 점이 지대에서 두 종교 간 갈등이 주로 나타나며, 주어진 지도를 통해서는 이를 알 수 없습니다.

277 기니만 연안의 철도망과 민족(종족) 경계   정답 ⑤

고난도 평가원 기출

①	②	③	④	❺
3%	1%	10%	2%	84%

다음 자료는 아프리카 지역에 대한 수업 장면이다. 발표한 내용이 옳은 학생만을 있는 대로 고른 것은?

교사 : A~D 지도에 대해 조사해 온 내용을 발표해 볼까요?

A   B

국가 간 연결되어 있지 않음
→ 자원 수탈 목적의 철도망

C   D

갑 : A는 인접한 국가들 간의 상호 교류 증진을 위해 건설한 철도망을 나타낸 것이에요. [자원을 수탈하기]

을 : B의 사헬 지대는 지나친 방목과 경작지 확대 등으로 사막화 현상이 나타나는 곳이에요. (○)

병 : C의 작물들은 유럽 열강의 자본이 유입되면서 대량으로 생산되기 시작했어요. (○)

정 : D는 이 지역이 민족(종족) 경계와 국경이 일치하지 않아 분쟁 가능성이 있음을 보여주고 있어요. (○)

① 갑, 을   ② 을, 병   ③ 병, 정
④ 갑, 을, 병   ⑤ 을, 병, 정

문제 분석 제시된 A~D 지도는 각각 기니만 연안의 다양한 지리적 특성을 표현한 지도입니다. A는 기니만 연안의 철도망, B는 사헬 지대, C는 기니만 연안의 플랜테이션 작물 분포, D는 기니만 연안의 민족(종족)의 경계를 각각 표현하였습니다.

정답 찾기 을. B의 사헬 지대는 지나친 방목과 경작지 확대 등으로 사막화 현상이 나타나는 지역입니다. 병. C의 기름야자, 카카오, 커피 등의 기호 작물은 유럽 열강의 자본이 유입되면서 플랜테이션을 통해 대량으로 생산되기 시작했습니다. 정. D를 통해 이 지역이 민족(종족) 경계와 국경이 일치하지 않아 분쟁 가능성이 있음을 알 수 있습니다.

오답 피하기 갑. A는 기니만 연안의 철도망이 표현되어 있습니다. A를 보면 철도망이 내륙에서 해안으로 연결되고 철도망이 서로 연결되어 있지 않습니다. 이는 식민지 시기 국가들 간의 상호 교류보다는 자원을 수탈하기 위한 목적으로 철도가 건설되었기 때문입니다.

함정 피하기

철도망 건설이 국가들 간 상호 교류 증진을 위해 설치된 것으로 생각하기 쉽다. 그러나 아프리카의 철도망 건설은 국가 간 상호 교류보다는 유럽 열강들의 자원 수탈이 목적이었다. 따라서 철도망이 내륙에서 항구로 이어지고 서로 연결되어 있지 않음을 알 수 있다.

278 사하라 이남 아프리카의 지역 분쟁   정답 ②

문제 분석 (가)는 크리스트교와 이슬람교 간의 갈등이 나타나고 있는 국가이며, (나)는 과거 인종 차별 정책인 아파르트헤이트가 시행되었고 인종 차별에 대한 논쟁이 지속되고 있는 국가입니다. 지도의 A는 나이지리아, B는 소말리아, C는 남아프리카 공화국입니다.

정답 찾기 ② (가)는 북부 지역과 남부 지역의 종교 차이와 경제적 격차로 인한 갈등이 나타나고 있는 나이지리아입니다. 나이지리아는 북부 지역의 이슬람교와 남부 지역의 크리스트교 간 갈등이 나타나고 있습니다. (나)는 과거 아파르트헤이트라 불리는 인종 차별 정책이 시행되었으며, 현재 아파르트헤이트가 폐지되었으나 인종 차별에 대한 논쟁이 지속되고 있는 남아프리카 공화국입니다. 따라서 (가)는 A, (나)는 C와 연결됩니다.

279 사하라 이남 아프리카의 지역 분쟁 정답 ②

정답 찾기 ② 수단의 북부는 이슬람교를 믿는 아랍계, 수단의 남부는 크리스트교와 토속 신앙을 믿는 아프리카계 흑인이 많이 거주하였습니다. 이들 간의 내전이 지속되어 남부 지역이 2011년 분리·독립하였는데, 이에 해당하는 ⊙은 남수단입니다. 남수단은 지도의 B입니다.

오답 피하기 ① 지도의 A는 나이지리아입니다. 나이지리아 역시 북부의 이슬람교도와 남부의 크리스트교도 간의 갈등이 발생하고 있으나 2011년 분리·독립한 국가는 아닙니다. ③ 지도의 C는 케냐입니다. ④ 지도의 D는 나미비아입니다. ⑤ 지도의 E는 남아프리카 공화국입니다. 남아프리카 공화국에서는 과거 인종 차별 정책이 시행되었으며, 지금도 인종 차별에 대한 논쟁이 지속되고 있습니다.

280 브라질의 열대 우림 분포 변화 정답 ②

문제 분석 지도는 브라질의 열대 우림 분포 변화를 나타낸 것이며, 아마존강 유역이 도로와 댐 등으로 개발되며 파괴된 열대 우림 지역이 표현되어 있습니다.

정답 찾기 ② 아마존강 유역에서는 도로와 댐 건설, 경지 및 목장 조성 등으로 인해 많은 열대 우림이 벌목되면서 토양 침식과 생태계 파괴, 생물종 다양성 감소 등의 문제가 나타나고 있습니다.

오답 피하기 ① 아마존강 유역은 열대 우림 기후가 나타나는 연중 습윤한 지역으로 건조 환경을 극복하기 위해 댐이 건설된 것은 아닙니다. ③ 아마존강 유역의 개발은 해저 자원 고갈, 해양 오염 심화와는 직접적인 관련이 없습니다. ④ 아마존강 유역은 열대 우림 기후가 나타나는 연중 습윤한 지역이며, 과도한 관개 농업으로 인한 지하수의 고갈은 주로 건조 기후 지역에서 나타나는 현상입니다. ⑤ 지도에서와 같이 열대 우림이 파괴되면 원주민의 전통 문화와 근거지가 축소될 것입니다.

281 아마존 열대림 파괴의 영향 정답 ③

정답 찾기 밑줄 친 ⊙에는 열대림 파괴로 인해 나타나는 현상이 들어가야 합니다. ㄴ. 아마존강 유역의 열대림 파괴는 생태계 파괴로도 이어져 생물 종의 다양성은 감소할 것입니다. ㄷ. 아마존강 유역의 열대림 파괴로 열대림을 거주지로 삼는 원주민의 전통문화는 파괴될 것입니다.

오답 피하기 ㄱ. 아마존강 유역의 열대림 파괴로 토양의 침식량은 증가할 것입니다. ㄹ. 아마존강 유역의 열대림 파괴로 대기 중 이산화탄소의 농도는 증가할 것입니다.

282 중·남부 아메리카와 아프리카의 자원 분포 정답 ②

문제 분석 지도의 A는 베네수엘라 볼리바르와 멕시코만 연안, 기니만 연안에 주로 분포하는 석유입니다. B는 브라질에 주로 분포하는 철광석이며, C는 칠레, 잠비아 일대에 주로 분포하는 구리입니다.

정답 찾기 ㄱ. 세계 1차 에너지 소비 구조에서 가장 높은 비중을 차지하는 자원은 석유(A)입니다. ㄷ. 구리(C) 생산량이 세계에서 가장 많은 국가는 아메리카에 위치한 칠레이며, 전 세계 구리의 약 30%를 생산합니다. 이밖에 미국, 페루 등의 구리 생산량이 많으며, 아메리카에서는 전 세계 구리의 약 50%를 생산하고 있습니다. 따라서 구리(C)는 아프리카보다 아메리카에서 많이 생산됩니다.

오답 피하기 ㄴ. 철광석(B)은 주로 순상지에 매장되어 있으며, 신기 습곡 산지에 주로 매장된 자원은 석유, 천연가스, 구리 등입니다. ㄹ. 석유(A)는 구리(C)보다 사용량이 많아 국제 이동량 또한 많습니다.

283 중·남부 아메리카의 자원 분포와 수출 구조 정답 ④

문제 분석 제시된 표에서 (가)는 주로 콩류, 기계류, 고기류, 철광석 등을 수출하는 국가입니다. (나)는 구리류가 전체 수출의 50% 이상을 차지하며, 과일류, 어패류, 목재·펄프의 수출이 많은 국가입니다. 지도의 A는 멕시코, B는 브라질, C는 칠레입니다.

정답 찾기 ④ (가)는 콩류, 기계류, 고기류, 철광석의 수출이 많은 브라질입니다. (나)는 구리류의 수출이 전체 수출의 50% 이상을 차지하는 칠레입니다. 따라서 (가)는 B, (나)는 C와 연결됩니다.

284 중·남부 아메리카의 자원과 인종(민족) 분포 정답 ④

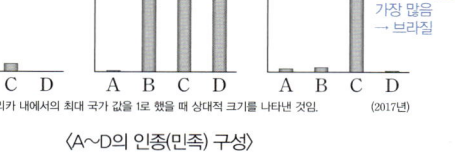

	①	② 합정	③	❹	⑤
고난도 평가원 기출	6%	20%	10%	61%	3%

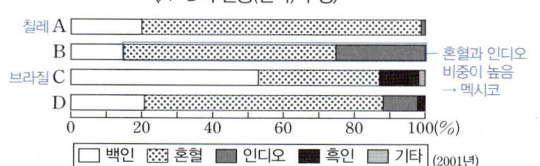

눈으로 보는 해설

그래프는 중·남부 아메리카 A~D 국가의 주요 지하자원 생산량 비중과 인종(민족) 구성을 나타낸 것이다. 이에 대한 설명으로 옳지 않은 것은?

〈A~D의 주요 지하자원 생산량 비중〉

〈A~D의 인종(민족) 구성〉

① A는 우리나라와 자유 무역 협정을 맺은 국가이며 공산품보다 농산물과 원자재의 수출 비중이 크다.
② B는 북아메리카 자유 무역 협정에 가입한 국가이며 고지대에 아스텍 문명의 흔적이 남아 있다.
③ C는 중·남부 아메리카에서 인구가 가장 많으며 세계 제일의 커피 생산 국가이다.
④ D는 팜파스라고 불리는 초원 지대에서 기업적 목축이 발달한 국가이다. (×) └─ 아르헨티나
⑤ A, B, D의 공용어는 에스파냐어이고, C의 공용어는 포르투갈어이다.

문제 분석 A는 구리의 생산량 비중이 가장 높고 혼혈의 인구 비중이 높은 칠레입니다. B는 석유의 생산량 비중이 높고, 혼혈과 인디오의 인구 비중이 높은 멕시코입니다. C는 철광석의 생산량 비중이 가장 높고, 백인의 인구 비중이 가장 높으며, 흑인의 인구 비중이 상대적으로 높은 브라질입니다. D는 석유의 생산량 비중이 높고, 혼혈의 인구 비중이 높은 베네수엘라 볼리바르입니다.

정답 찾기 ④ 팜파스라고 불리는 초원 지대에서 기업적 목축이 발달한 국가는 아르헨티나와 우루과이입니다.

오답 피하기 ① 칠레(A)는 우리나라와 자유 무역 협정(FTA)을 맺은 국가이며, 공산품보다 농산물과 원자재의 수출 비중이 큽니다. 특히 원자재 중 구리류의 수출 비중이 전체 수출액의 50% 이상을 차지하고 있습니다. ② 멕시코(B)는 북아메리카 자유 무역 협정(NAFTA)에 가입한 국가이며, 고지대에 아스텍 문명의 흔적이 남아 있습니다. ③ 브라질(C)은 중·남부 아메리카에서 인구가 가장 많으며, 세계 제일의 커피 생산국입니다. ⑤ 칠레(A), 멕시코(B), 베네수엘라 볼리바르(D)의 공용어는 에스파냐어이고, 브라질(C)의 공용어는 포르투갈어입니다.

함정 피하기

그래프를 통해 A~D 국가를 모두 구분하기는 어려웠을 것이다. 이런 경우에는 거꾸로 주어진 선지를 통해 A~D에 해당하는 국가를 추론하는 것도 방법이다. 그리고 해당 국가의 지하자원 생산량 비중이나 인종(민족) 구성이 맞는지를 확인하며 문항을 해결하면 된다.

VIII. 평화와 공존의 세계

14강 평화와 공존의 세계

핵심 개념 CHECK!

▸ 본문 141쪽

01 A−유럽 연합, B−동남아시아 국가 연합, C−북아메리카 자유 무역
협정 **02** A−팔레스타인, B−카슈미르, C−퀘벡주 **03** ×
04 × **05** × **06** ○ **07** × **08** × **09** ○

○× 문장 바로 알기

03 북아메리카 자유 무역 협정의 회원국 수는 동남아시아 국가 연합의
회원국 수보다 ~~많다~~. 적다

04 유럽 연합의 모든 회원국이 단일 화폐를 ~~사용한다~~. 사용하는 것은 아니다.

05 지구 온난화로 극지방과 고산 지대의 빙하 범위는 ~~확대된다~~. 축소

06 오존층 파괴는 염화플루오린화탄소(CFCs)의 사용량 증가가 주된 요
인이다.

07 유해 폐기물의 국가 간 이동을 규제하는 협약은 ~~몬트리올 의정서~~이다. 바젤 협약

08 팔레스타인 지역에서는 이슬람교와 ~~힌두교~~ 간의 종교 갈등이 나타난다. 유대교

09 국경 없는 의사회는 의료나 보건 지원을 도와주는 비정부 기구(NGO)
이다.

기출+예상 문제로 주제 정복하기

▸ 본문 143~147쪽

285 ②	**286** ⑤	**287** ②	**288** ④	**289** ③	**290** ②
291 ④	**292** ③	**293** ②	**294** ②	**295** ⑤	**296** ④
297 ①	**298** ②	**299** ①	**300** ⑤	**301** ①	**302** ②
303 ③					

285 유럽 연합과 동남아시아 국가 연합 　　　　정답 ②

자료 분석

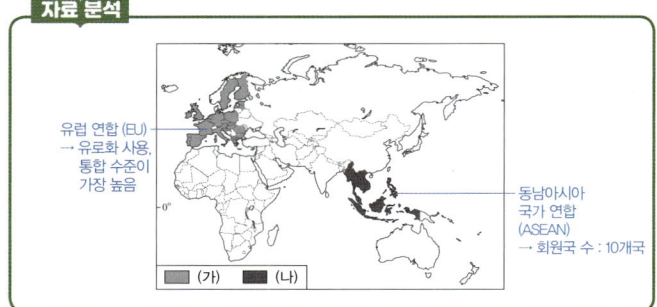

유럽 연합 (EU)
→ 유로화 사용,
통합 수준이
가장 높음

동남아시아
국가 연합
(ASEAN)
→ 회원국 수 : 10개국

　(가)　　(나)

문제 분석 (가)는 유럽 연합(EU), (나)는 동남아시아 국가 연합(ASEAN)
입니다.

정답 찾기 ㄱ. 유럽 연합은 단일 통화인 유로화를 만들어 다수의 국가들
이 사용하고 있습니다. ㄷ. 유럽 연합은 동남아시아 국가 연합보다 정치
적 통합 수준이 높습니다.

오답 피하기 ㄴ, ㄹ. 동남아시아 국가 연합은 유럽 연합보다 회원국 수가
적고, 생산 요소의 역내 이동이 자유롭지 못합니다.

286 동남아시아 국가 연합의 특징 　　　　정답 ⑤

문제 분석 제시된 자료는 동남아시아 국가 연합(ASEAN)에 대한 분석의
일부입니다.

정답 찾기 ⑤ ㉤ − 쿠릴(지시마) 열도와 센카쿠(댜오위다오) 열도 분쟁은
동아시아에서의 영토 분쟁으로, 동남아시아 국가 연합의 영역 분쟁 사례
로 적절하지 않습니다. 동남아시아에서는 시사(파라셀, 호앙사) 군도, 난
사(스프래틀리, 쯔엉사, 카라얀) 군도 등에서 자원을 둘러싼 영토 분쟁이
나타납니다.

오답 피하기 ① ㉠ − 동남아시아 국가 연합의 인도네시아, 말레이시아,
브루나이 등에는 석유와 천연가스 자원이 풍부합니다. ② ㉡ − 동남아시
아 국가 연합은 선진국 위주로 구성된 유럽 연합(EU)보다 역내 총생산액
이 적습니다. ③ ㉢ − 동남아시아 국가 연합은 동아시아의 한국, 중국,
일본과 자유 무역 협정(FTA)을 체결하였으며 이로 인해 동아시아 국가들
과의 교역이 증가할 것입니다. ④ ㉣ − 알프스−히말라야 조산대와 환태
평양 조산대에 위치한 인도네시아와 필리핀 등지에서 화산 활동 및 지진
에 의한 피해가 나타납니다.

287 유럽 연합과 북아메리카 자유 무역 협정 　　　정답 ②

문제 분석 미국이 인접한 국가인 캐나다, 멕시코와 관세 철폐를 위해 체
결한 (가)는 북아메리카 자유 무역 협정(NAFTA)입니다. 영국이 일명 '브
렉시트(Brexit)'라는 탈퇴 움직임을 보이고, 역내에서 단일 통화를 사용하
는 (나)는 유럽 연합(EU)입니다.

정답 찾기 ② (가)는 북아메리카 자유 무역 협정, (나)는 유럽 연합입니다.
유럽 연합은 북아메리카 자유 무역 협정에 비해 회원국 수가 많으며, 역내
무역 비중이 높습니다. 또한 유럽 연합은 생산 요소의 이동이 자유로우
며, 정치 · 경제 · 사회 분야의 공동 정책을 펼치는 등 북아메리카 자유 무
역 협정보다 경제적 통합 수준이 높습니다. 이러한 특성을 나타낸 점은 그
림의 B에 해당합니다.

288 경제 통합의 유형별 특징 　　　　정답 ④

문제 분석 유럽에서 1993년 출범한 경제 블록인 (가)는 유럽 연합(EU)입
니다. 미국을 중심으로 캐나다, 멕시코 3개국이 체결하여 형성된 경제 블
록인 (나)는 북아메리카 자유 무역 협정(NAFTA)입니다. 남아메리카에서
브라질, 우루과이, 아르헨티나, 파라과이 등을 중심으로 무역 장벽을 철
폐한 (다)는 남아메리카 공동 시장(MERCOSUR)입니다.

정답 찾기 ④ 유럽 연합(가)은 모든 경제 정책의 공조화가 이뤄지는 완전
경제 통합(C)의 단계에 속하여 경제 통합의 수준이 가장 높습니다. 북아
메리카 자유 무역 협정(나)은 회원국 간의 관세를 철폐하는 자유 무역 협
정(A) 단계에 속합니다. 남아메리카 공동 시장(다)은 역외 공동 관세를 부
과하는 관세 동맹(B) 단계에 속합니다.

289 유럽 연합의 특징 　　　　정답 ③

정답 찾기 ㄴ. ㉡ − 유럽 자유 무역 연합(EFTA)은 유럽 연합에 가입하지
않은 아이슬란드, 노르웨이, 스위스가 맺은 자유 무역 협정입니다. 따라
서 유럽 연합은 유럽 자유 무역 연합보다 경제적 통합 수준이 높습니다.
ㄷ. ㉢ − 2016년 유럽 연합에서 탈퇴를 결정한 국가는 영국입니다.

오답 피하기 ㄱ. ㉠ − 유럽 연합 회원국 중 영국, 덴마크, 스웨덴, 폴란드,
체코, 헝가리, 크로아티아, 루마니아, 불가리아 등은 유로화를 사용하지
않습니다. ㄹ. ㉣ − 우리나라와 유럽 연합 간의 자유 무역 협정 체결로
생산 요소의 이동이 자유로워지지는 않습니다. 생산 요소의 자유로운 이
동은 공동 시장 단계의 특징입니다.

290 다양한 경제 블록의 특징　　　　정답 ②

문제 분석 지도에 표시된 (가)는 유럽 연합(EU)이고, (나)는 북아메리카 자유 무역 협정(NAFTA)이며, (다)는 남아메리카 공동 시장(MERCOSUR)입니다.

정답 찾기 ② 유럽 연합은 완전 경제 통합 단계에 속하며, 정치·경제·사회의 각 분야에서 공동 정책을 펼치는 경제 블록으로 그림의 A에 해당합니다. 북아메리카 자유 무역 협정은 자유 무역 협정 단계에 속하며, 회원국 간 생산 요소의 자유로운 이동이 가능하지 않으며, 역외국에 공동 관세가 적용되지 않으므로 그림의 D에 해당합니다. 남아메리카 공동 시장은 관세 동맹 단계에 속하며 회원국 간 생산 요소의 자유로운 이동은 가능하지 않지만, 역외국에 공동 관세를 부과하므로 그림의 C에 해당합니다. 따라서 (가)는 A, (나)는 D, (다)는 C와 연결됩니다.

291 다양한 경제 블록의 특징　　　　정답 ④

🔍 **눈으로 보는 해설**

그래프는 (가)~(라) 경제 블록의 현황을 나타낸 것이다. 이에 대한 옳은 설명만을 〈보기〉에서 고른 것은? (단, (가)~(라)는 지도에 표시된 경제 블록 중 하나임.)

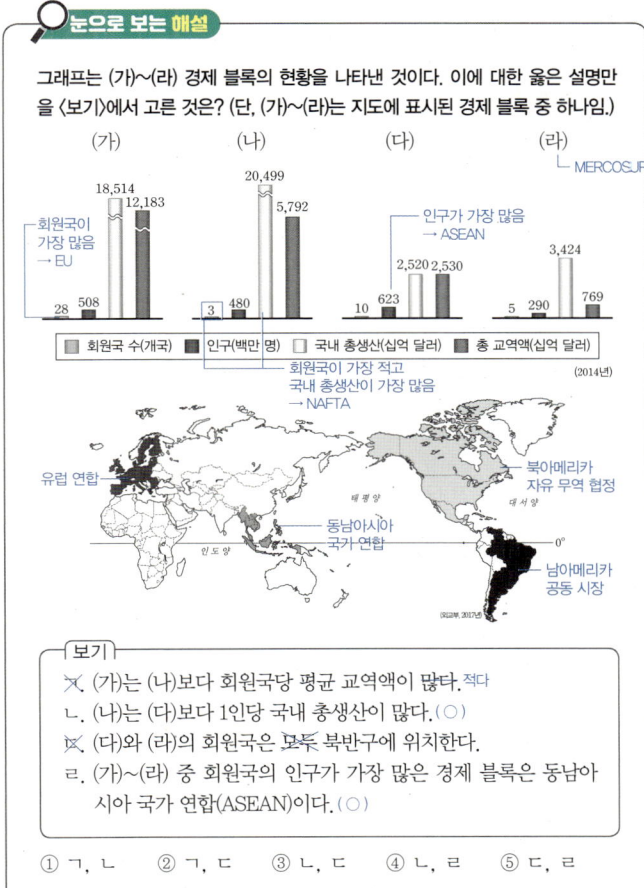

보기
ㄱ. (가)는 (나)보다 회원국당 평균 교역액이 많다. 적다
ㄴ. (나)는 (다)보다 1인당 국내 총생산이 많다. (○)
ㄷ. (다)와 (라)의 회원국은 모두 북반구에 위치한다.
ㄹ. (가)~(라) 중 회원국의 인구가 가장 많은 경제 블록은 동남아시아 국가 연합(ASEAN)이다. (○)

① ㄱ, ㄴ　② ㄱ, ㄷ　③ ㄴ, ㄷ　④ ㄴ, ㄹ　⑤ ㄷ, ㄹ

문제 분석 (가)는 회원국 수가 28개국으로 가장 많으며 총 교역액이 가장 많은 유럽 연합(EU)입니다. (나)는 회원국 수가 3개국으로 가장 적지만, 국내 총생산의 합이 가장 많은 북아메리카 자유 무역 협정(NAFTA)입니다. (다)는 회원국 수가 10개국이며, 인구가 가장 많지만 국내 총생산의 합이 가장 적은 동남아시아 국가 연합(ASEAN)입니다. (라)는 회원국 수가 5개국이며, 총 교역액이 가장 적은 남아메리카 공동 시장(MERCOSUR)입니다.

정답 찾기 ㄴ. 북아메리카 자유 무역 협정에 속한 국가의 총 인구는 약 4.8억 명이며, 총생산액은 약 20조 달러입니다. 동남아시아 국가 연합에 속한 국가의 총 인구는 약 6.2억 명이며, 총생산액은 약 2.5조 달러입니다. 따라서 (나)는 (다)보다 1인당 국내 총생산이 많습니다. ㄹ. 동남아시아 국가 연합은 총인구가 약 6.2억 명으로 가장 많습니다.

오답 피하기 ㄱ. 유럽 연합의 회원국은 28개국이며, 총 교역액은 약 12조 달러입니다. 북아메리카 자유 무역 협정의 회원국은 3개국이며, 총 교역액은 약 5.8조 달러입니다. 따라서 (가)는 (나)보다 회원국당 평균 교역액이 적습니다. ㄷ. 동남아시아 국가 연합과 남아메리카 공동 시장의 회원국이 모두 북반구에 위치하지는 않습니다.

💣 **함정 피하기**

유럽 연합과 북아메리카 자유 무역 협정을 비교했을 때, 국내 총생산의 합은 북아메리카 자유 무역 협정이 많다. 반면, 총 교역액은 상대적으로 인구가 적고 국토가 좁은 여러 국가들로 이뤄진 유럽 연합이 많으며, 총 무역액 중 역내 무역액 비중이 높다는 점을 파악해야 한다.

292 자유 무역 협정이 지역에 끼치는 영향　　　　정답 ③

문제 분석 제시된 그림에서는 자유 무역 협정(FTA)에 대한 찬반 토론이 진행되고 있습니다. 토론 내용을 보고 자유 무역 협정에 찬성하는 측에서 자유 무역 협정의 긍정적인 영향에 대해 옳게 진술하고 있는지, 반대하는 측에서 자유 무역 협정의 부정적인 영향에 대해 옳게 진술하고 있는지 판단하는 문항입니다.

정답 찾기 을. 자유 무역 협정이 체결된 이후에는 관세 철폐로 인한 무역 장벽의 해소로 국가 간 교류가 활발해 질 것입니다. 병. 자유 무역 협정 체결 이후 경쟁력이 취약한 산업의 경우 고용이 줄고 생산량이 감소하는 등의 부정적 영향이 나타날 우려가 있습니다.

오답 피하기 갑. 자유 무역 협정 체결 이후 경쟁력을 갖춘 선진국과 경쟁력이 약한 개발 도상국 간의 빈부 격차와 무역 불균형 문제는 심화될 우려가 있습니다. 정. 자유 무역 협정이 체결되면 관세 철폐로 소비자가 값싼 제품을 선택할 기회가 늘어날 것입니다.

293 지구적 환경 문제　　　　정답 ②

자료 분석

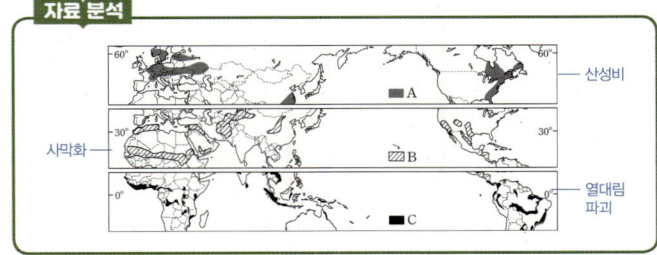

문제 분석 지도의 A는 유럽과 북아메리카의 동부 지역에서 주로 환경 문제가 나타난 산성비입니다. B는 사헬 지대를 비롯한 사막 주변의 스텝 기후 지역에서 주로 환경 문제가 나타난 사막화입니다. C는 적도 부근의 열대 우림 지역에서 주로 환경 문제가 나타난 열대림 파괴입니다.

정답 찾기 ② 사막화(B) 문제를 해결하기 위해 국제 사회에서는 사막화 방지 협약을 체결하였습니다. 몬트리올 의정서는 오존층 파괴 문제를 해결하기 위한 협약입니다.

오답 피하기 ① 산성비(A)는 호수의 산성화와 건축물의 부식을 일으킵니다. ③ 열대림 파괴(C)가 지속되면 생물 종 다양성이 감소하고 토양 침식이 심화됩니다. ④ 사막화(B)는 주로 사막 주변의 초원 지역에서 발생하므로 열대림 파괴(C)에 비해 강수량이 적은 지역에서 발생할 가능성이 높습니다. ⑤ 산성비, 사막화, 열대림 파괴는 모두 식생의 감소를 초래합니다.

294 지구 온난화와 오존층 파괴　　　　정답 ②

문제 분석 제시된 글은 지구 온난화와 오존층 파괴에 대해 진술하고 있습니다.

정답 찾기 ㄱ. 지구 온난화에 대응하고자 1997년 국제 사회에서 채택한

㉠은 교토 의정서입니다. ㄷ. 오존층 파괴에 큰 영향을 미치는 물질은 염화플루오린화탄소(CFCs)입니다.

오답 피하기 ㄴ. 파리 협정에서는 선진국의 온실가스 감축 의무를 면제하고 있지 않습니다. 교토 의정서에서는 선진국만 온실가스 감축 의무가 있었지만, 파리 협정에서는 참여하는 195개 당사국 모두가 감축 목표를 지켜야 합니다. ㄹ. 오존 홀(구멍)은 남극 주변의 상공에서 가장 크게 나타나고 있습니다.

295 사막화와 산성비   정답 ⑤

문제 분석 (가)는 사헬 지대를 비롯한 사막 주변의 스텝 기후 지역에서 주로 환경 문제가 발생한 사막화입니다. (나)는 주로 북아메리카의 동부 지역에서 주로 환경 문제가 발생한 산성비입니다.

정답 찾기 ⑤ (가)는 사막화, (나)는 산성비입니다. 그림의 A는 염화플루오린화탄소(CFCs)의 배출로 인해 발생하며 피부암 발병률을 높이는 오존층 파괴입니다. B는 질소 산화물과 황산화물의 배출로 인해 발생하며 삼림의 고사, 호소의 무생물화 문제를 유발하는 산성비입니다. C는 기후 변동과 삼림의 파괴, 과도한 방목과 경작으로 발생하는 사막화입니다. 따라서 (가)는 C, (나)는 B와 연결됩니다.

296 지구 온난화의 영향   정답 ④

문제 분석 제시된 글에서 몰디브 대통령은 해수면 상승으로 인한 피해의 경각심을 심어주기 위해 바닷속에서 회의를 개최하였습니다. 따라서 해수면 상승의 원인이 된 (가)는 지구 온난화입니다.

정답 찾기 ④ 지구 온난화가 지속되면 평균 기온 상승으로 영구 동토층의 분포 면적이 감소하고, 설선의 고도 한계는 상승할 것입니다. 또한 열대성 질병의 가능성은 증가할 것입니다. 이러한 특성을 나타낸 점은 그림의 D에 해당합니다.

297 태평양의 쓰레기 섬 문제   정답 ①

문제 분석 지도는 북태평양 해류가 약한 수역에 나타나는 환경 문제를 나타냈으며, 이는 쓰레기 섬 문제입니다. 각국의 하천, 해안, 바다에서 버려진 쓰레기 중 쉽게 분해되지 않는 물질은 해안에 쌓이거나 해류를 타고 일정한 해역에 모여 쓰레기 섬을 형성하기도 합니다.

정답 찾기 ㄱ. 쓰레기 섬이 형성된 지역에서는 쉽게 분해되지 않는 플라스틱 쓰레기로 인한 피해가 발생합니다. ㄴ. 쓰레기 섬은 해류를 타고 일정한 해역에 쓰레기가 모여 형성되므로 해류의 방향에 따라 피해 범위가 달라집니다.

오답 피하기 ㄷ. 쓰레기 섬은 석유 시추 시설과 유조선 등에서 원유가 유출된 지역은 아닙니다. ㄹ. 람사르 협약은 쓰레기 섬 문제가 아닌 물새 서식지로서의 습지를 보호하기 위해 체결된 협약입니다.

298 세계의 지역 분쟁   정답 ②

문제 분석 제시된 지도의 A는 북극해, B는 카스피해, C는 카슈미르 지역, D는 쿠릴(지시마) 열도입니다.

정답 찾기 ② 카스피해를 둘러싼 갈등의 주된 요인은 석유와 천연가스를 둘러싼 갈등입니다. 석유와 천연가스가 풍부한 카스피해가 호수인지 바다인지에 따라 영유권을 갖는 국가가 달라져 논쟁이 벌어지고 있습니다.

오답 피하기 ① 북극해(A)에서는 해저 자원을 둘러싼 갈등이 있습니다. ③ 카슈미르 지역(C)에서는 이슬람교(파키스탄)와 힌두교(인도) 간 갈등이 있습니다. ④ 쿠릴(지시마) 열도(D)는 러시아와 일본의 영토 분쟁 지역이며, 러시아가 실효 지배하고 있습니다. ⑤ 북극해의 자원을 둘러싼 갈등의 당사국은 러시아, 캐나다, 미국, 덴마크, 노르웨이의 5개국이며, 쿠릴(지시마) 열도를 둘러싼 갈등의 당사국은 러시아와 일본입니다. 따라서 북극해(A)는 쿠릴(지시마) 열도(D)보다 분쟁 당사국의 수가 많습니다.

299 민족 분쟁과 자원 분쟁   정답 ①

문제 분석 지도에서 (가)에는 바스크족의 분리 독립 운동, 팔레스타인 분쟁, 쿠르드족 자치권 확대 독립 운동, 티베트인의 독립 운동, 퀘벡주 분리 독립 운동 등이 포함됩니다. (나)에는 아부무사섬, 카스피해, 기니만, 남중국해와 동중국해, 오노리코강 유역 등이 포함됩니다.

정답 찾기 ① (가)는 민족의 차이로 인한 분쟁이 나타난 지역입니다. (나)는 석유와 천연가스 자원이 풍부한 지역으로 에너지 자원 확보를 둘러싼 분쟁이 나타난 지역입니다.

300 카스피해를 둘러싼 분쟁   정답 ⑤

고난도 평가원 기출				
①	②	③ (함정)	④	❺
5%	5%	13%	11%	66%

🔍 **눈으로 보는 해설**

다음 자료는 지리 용어 낱말 맞추기의 일부이다. (가)에 들어갈 내용으로 가장 적절한 것은?

〈세로 열쇠〉
ⓐ 주로 영어를 일상어로 사용하고, 유럽 북서부 지역과 풍속·관습이 유사한 북반구의 문화 지역 ── 앵글로아메리카
ⓑ 독일어, 프랑스어, 이탈리아어, 로망슈어(Romansh) 등 4개 언어를 공용어로 사용하는 유럽의 중립 국가 ── 스위스
ⓒ 풍부한 해저 자원을 둘러싸고 북극권 5개 국가들 사이에 영유권 분쟁이 발생하고 있는 바다 ── 북극해

〈가로 열쇠〉
㉠ (가) 카스피해

① 난사(스프래틀리, 쯔엉사, 카라얀) 군도를 둘러싼 영유권 분쟁이 발생하고 있는 바다 ── 남중국해
② 히말라야산맥 서부의 고지대로 파키스탄과 인도 간 국경 분쟁이 발생하고 있는 지역 ── 카슈미르
③ 면적이 세계에서 4위일 정도로 넓은 호수였으나 지나친 관개용수 개발로 사막화된 염호 ── 아랄해
④ 대서양의 부속 해역으로 파나마 운하 개통 후 해상 교통의 요충지가 된 중앙아메리카의 바다── 카리브해
⑤ 지하자원 매장 지역의 영유권을 둘러싸고 주변국들이 바다 또는 호수라고 서로 다르게 주장하는 곳 (○)

문제 분석 주로 영어를 일상어로 사용하고, 유럽 북서부 지역과 풍속·관습이 유사한 북반구의 문화 지역인 ⓐ는 앵글로아메리카입니다. 독일어, 프랑스어, 이탈리아어, 로망슈어(Romansh) 등 4개 언어를 공용어로 사용하는 유럽의 중립 국가인 ⓑ는 스위스입니다. 풍부한 해저 자원을 둘러싸고 북극권 5개 국가들 사이에 영유권 분쟁이 발생하고 있는 바다인 ⓒ는 북극해입니다. 따라서 ㉠은 '카스○해'이며, (가)에는 이에 대한 설명이 들어가야 합니다.

정답 찾기 ⑤ 지하자원 매장 지역의 영유권을 둘러싸고 주변국들이 바다 또는 호수라고 서로 다르게 주장하는 곳은 카스피해입니다. 따라서 (가)에 들어갈 내용으로는 ⑤가 가장 적절합니다.

오답 피하기 ① 난사(스프래틀리, 쯔엉사, 카라얀) 군도를 둘러싼 영유권 분쟁이 발생하고 있는 바다는 남중국해입니다. ② 히말라야산맥 서부의 고지대로 파키스탄과 인도 간 국경 분쟁이 발생하고 있는 지역은 카슈미르입니다. ③ 면적이 세계에서 4위일 정도로 넓은 호수였으나 지나친 관개용수 개발로 사막화된 염호는 아랄해입니다. ④ 대서양의 부속 해역으로 파나마 운하 개통 후 해상 교통의 요충지가 된 중앙아메리카의 바다는 카리브해입니다.

> **★ 함정 피하기**
>
> 지리 용어 낱말 찾기 문제에서 어려운 용어를 모두 찾기 어려운 경우가 있다. 이러한 경우에는 답지에 나온 용어들을 먼저 찾아 써 보고, 그 이후에 해당 답이 맞는지를 제시된 자료에서 찾아 거꾸로 풀어 보는 방법도 있음을 기억하자.

301 유엔(UN) 평화 유지군　　　　정답 ①

문제 분석 자료에는 (가)에 대한 설명과 (가)가 주로 활동하는 지역이 표시되어 있습니다. (가)는 주로 아프리카와 서남아시아 등지의 분쟁 지역에서 활동하고 있으며, 분쟁 지역의 긴장 완화와 휴전 지역의 휴전 협정 위반 사항 감시 등을 목적으로 국제 연합에서 파견한 유엔 평화 유지군입니다.

정답 찾기 ① 유엔 평화 유지군의 엠블럼에는 'UN'이 새겨진 헬멧과 평화를 상징하는 월계수 잎이 함께 표현되어 있습니다.

오답 피하기 ② 유니세프(unicef)는 국적이나 이념, 종교 등의 차별 없이 어린이를 구호하기 위해 설립된 국제 연합의 상설 보조 기관 중 하나로, 유엔 아동 기금이라고도 합니다. ③ 유네스코(UNESCO)는 교육·과학·문화의 보급 및 교류를 통하여 국가 간 협력 증진을 목적으로 설립된 국제 연합의 전문 기구입니다. ④ 유엔 난민 기구(UNHCR)는 유럽 연합의 산하 기구로 국내·국제 분쟁이나 재해에 의한 난민의 보호, 구제, 자발적 귀국 등을 돕는 역할을 합니다. ⑤ 유엔 식량 농업 기구(FAO)는 각국 국민의 영양과 생활 수준 향상, 식량과 농산물의 생산·분배 개선을 목적으로 설립되었습니다.

302 세계의 주요 분쟁 지역　　　　정답 ②

문제 분석 지도의 A는 벨기에, B는 이스라엘–팔레스타인 지역, C는 카스피해, D는 카슈미르 지역, E는 퀘벡주입니다.

정답 찾기 ② (나)는 분쟁의 주된 원인이 종교 차이 때문이며 분쟁과 관련된 종교에 힌두교가 포함되지 않은 분쟁 지역입니다. 이에 해당하는 분쟁 지역은 이스라엘–팔레스타인 지역(B)입니다. 이 지역에서는 유대교를 믿는 유대인과 이슬람교를 믿는 팔레스타인인 간의 갈등이 나타났습니다. 따라서 (나)는 B와 연결됩니다.

오답 피하기 ① (가)는 분쟁의 주된 원인이 종교 차이 때문이며, 분쟁과 관련된 종교에 힌두교가 포함된 분쟁 지역입니다. 이에 해당하는 분쟁 지역은 카슈미르 지역(D)입니다. 이 지역에서는 이슬람교를 믿는 파키스탄과 힌두교를 주로 믿는 인도 간 영유권 분쟁이 발생하였습니다. ③ (다)는 분쟁의 주된 원인이 언어 차이 때문이며, 분쟁과 관련된 언어에 영어가 포함된 분쟁 지역입니다. 이에 해당하는 지역은 퀘벡(E)입니다. 퀘벡에서는 프랑스어를 사용하는 주민들이 영어를 사용하는 캐나다에서 분리·독립하려는 움직임이 있습니다. ④ (라)는 분쟁의 주된 원인이 언어 차이 때문이지만, 그 언어에 영어가 포함되지 않은 분쟁 지역입니다. 이에 해당하는 지역은 벨기에(A)입니다. 벨기에에서는 네덜란드어를 사용하는 주민과 프랑스어를 사용하는 주민 간의 갈등이 있습니다. ⑤ (마)는 분쟁의 주된 원인이 지하자원 개발과 관련이 있는 분쟁 지역이며, 이에 해당하는 지역은 카스피해(C)입니다. 카스피해에서는 석유와 천연가스를 둘러싼 연안 국가들 간 갈등이 발생하였습니다.

303 시리아의 난민 문제　　　　정답 ③

문제 분석 자료에는 시아파와 수니파 간의 내전으로 2011년 이후 난민이 가장 많이 발생한 (가) 국가에 대한 설명이 제시되어 있습니다. (가)는 시리아이며, 시리아를 지도에서 찾는 문항입니다.

정답 찾기 ③ 시리아(C)는 정부군인 시아파와 반군인 수니파 간의 내전이 발생한 국가이며, 2016년 기준 세계에서 가장 많은 난민이 발생한 국가입니다.

오답 피하기 ① 지도의 A는 리비아입니다. ② 지도의 B는 이스라엘이며, 이스라엘과 팔레스타인 간의 분쟁이 발생한 지역입니다. ④ 지도의 D는 사우디아라비아입니다. ⑤ 지도의 E는 이란입니다.

memo

memo

BON. N제

BON.제 N제

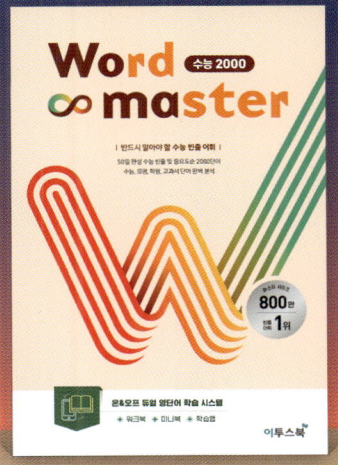